Terrorismus – Versuch einer Definition und Analyse internationaler Übereinkommen zu seiner Bekämpfung

Europäische Hochschulschriften

Publications Universitaires Européennes
European University Studies

Reihe II

Rechtswissenschaft

Série II Series II
Droit
Law

Bd./Vol. 1150

PETER LANG
Frankfurt am Main · Bern · New York · Paris

Thomas Herzog

Terrorismus – Versuch einer Definition und Analyse internationaler Übereinkommen zu seiner Bekämpfung

PETER LANG
Frankfurt am Main · Bern · New York · Paris

Die Deutsche Bibliothek- CIP-Einheitsaufnahme

Herzog, Thomas:
Terrorismus : Versuch einer Definition und Analyse internationaler Übereinkommen zu seiner Bekämpfung / Thomas Herzog. - Frankfurt am Main ; Bern ; New York ; Paris : Lang, 1991
(Europäische Hochschulschriften : Reihe 2, Rechtswissenschaft ; Bd. 1150)
Zugl.: Köln, Univ., Diss., 1991
ISBN 3-631-44261-0

NE: Europäische Hochschulschriften / 02

ISBN 3-631-44261-0

Printed in Germany 1 2 3 5 6 7

Meinen Eltern

Ursula und Prof. Christian Herzog

Man darf nicht bedingungslos
von dem Grundsatz ausgehen,
auch alle die, die intolerant sind,
zu tolerieren.
Denn sonst vernichtet man nicht
nur sich selbst, sondern auch die
Toleranz.

Karl Popper

Vorwort

Die vorliegende Untersuchung hat der Rechtswissenschaftlichen Fakultät der Universität zu Köln als Dissertation im Wintersemester 1990/1991 vorgelegen. Die herangezogene Rechtsprechung und Literatur sind auf dem Stand vom Herbst 1990.

Herrn Professor Dr. Dr. h.c. mult. H. J. Hirsch schulde ich besonderen Dank für die Eröffnung der Möglichkeit, über das Thema des Terrorismus zu promovieren.

Mein Dank gilt auch Frau Hentges, die mir bei der Herbeischaffung von Literatur behilflich war, und Frau Josten, die das Typoskript mit großer Sorgfalt erstellte.

Besonders danken möchte ich schließlich meiner Frau, die mich während der Jahre des Entstehens der Arbeit vielfältig unterstützte - nicht zuletzt auch dadurch, daß sie mich von häuslichen Pflichten befreite.

Bonn, im Januar 1991 Thomas Herzog

Inhaltsverzeichnis I

Abkürzungsverzeichnis XV

Literaturverzeichnis XX

A Einführung 1

B Erscheinungsformen des Terrorismus/ Beispiels- und Zweifelsfälle 5

I Als Terrorismus bezeichnete Aktionen in der Bundesrepublik Deutschland 5

II Als Terrorismus bezeichnete Aktionen im benachbarten Ausland, hier: in Frankreich/bzw. von Franzosen 9

III Internationale Operationen und Aktionen in Drittländern, die die Bezeichnung "terroristischer Akt" gefunden haben 11

C Definition des Terminus Terrorismus 17

I Etymologischer Definitionsansatz 18

II Politikwissentschaftliche Definitionsansätze 21

III Die Definition des Terminus Terrorismus in einzelstaatlichen Gesetzeskodifikationen des Straf- und Strafprozeßrechts 24

1 Die Verwendung des Begriffs Terrorismus in der (bundes-)deutschen Gesetzgebung 25

2 Die Verwendung des Begriffs Terrorismus in der französischen Gesetzgebung 30
a Der Straftatenkatalog 32
b Das subjektive Element 34

3 Zwischenergebnis 36

4 Terrorismusdefinitionen in sonstigen Staaten 39
a Terrorismusdefinition in den USA 40
b Terrorismusdefinition in der ehemaligen DDR 44

5 Zwischenergebnis 48

IV Die Verwendung des Begriffs Terrorismus in internationalen Übereinkommen und anläßlich internationaler Konferenzen 50

1 Die internationalen Konferenzen zur Vereinheitlichung des Strafrechts 51
a Ausgangslage/historischer Hintergrund 51
b Lauf und Ergebnisse der Arbeiten der internationalen Konferenzen zur Vereinheitlichung des Strafrechts 52
c Zwischenergebnis 59

2 Die Genfer Konvention zur Verhütung und Bekämpfung des Terrorismus vom 16.11.1937 60
a Ausgangslage/historischer Hintergrund 60
b Gegenstand der Betrachtungen des Völkerbundes 61
c Zwischenergebnis 69

3 Die Arbeiten der Vereinten Nationen/ die "Draft Convention for the prevention and

punishment of certain acts of internatio-nal terrorism" 70

4 Die IV. Rotkreuz-Konvention von 1949 und die Zusatzprotokolle vom 12.12.1977 79
a Ausgangslage/historischer Hintergrund 79
b Für die Terrorismusdefinition wesentliche Regelungen der Konvention 80

V Die Verwendung des Begriffs Terrorismus bei den Sicherheitsbehörden der Bundesrepublik Deutschland (Bundeskriminalamt und Bundesamt für Verfassungsschutz) 85

1 Die Verwendung des Begriffs Terrorismus durch das Bundeskriminalamt 87
2 Die Verwendung des Begriffs Terrorismus durch das Bundesamt für Verfassungsschutz 89

VI Versuch einer eigenen Definition 91

1 Terrorismus und Allgemeinkriminalität 93
2 Terrorismus/Extremismus und Radikalismus 98
3 Terrorismus/Staatsterror(ismus) 99
4 Terrorismus/Verstöße gegen das humanitäre Kriegsvölkerrecht durch Soldaten 102
5 Terrorismus/Guerilla 103
6 Zusammenfassung 106

D Erklärungsversuche/Ursachen 108

E Strategien zur Abwehr der terroristischen Bedrohung 113

1 Effektivität von Maßnahmen zur Verbesserung der ökonomischen Situation als Mittel zur Bekämpfung des Terrorismus 116
2 Reformgesetzgebung als Strategie zur Bekämpfung des Terrorismus 117
3 Stillhalteabkommen als Strategie zur Bekämpfung des Terrorismus 118
4 Maßnahmen der Störerbeseitigung als Strategie zur Bekämpfung des Terrorismus 120
5 Kollektivstrafen als Strategie zur Bekämpfung des Terrorismus 121
6 Der Einsatz der Streitkräfte als Strategie zur Bekämpfung des Terrorismus 122
7 Der Einsatz von "Gegenterror" zur Bekämpfung des Terrorismus 128

F Terrorismusbekämpfung als Staatenverpflichtung 131

G Internationale Übereinkommen zur Bekämpfung des Terrorismus 142

I Die (wesentlichen) Hindernisse bei der Bekämpfung international operierender Terroristen 144

1 Die mangelnde Strafgewalt des Staates, in dem der verdächtige Terrorist sich aufhält 145
2 Die Verweigerung der Rechtshilfe, insbesondere die Auslieferungsausnahme bei politischen Delikten 150

a Die geschichtliche Entwicklung des Privilegs der Nichtauslieferung wegen politischer Taten 152
b Die Definition des politischen Delikts/ die Bedeutung der Auslieferungsausnahme des politischen Delikts in der Praxis 156
c Grenzen der Auslieferung im Lichte des Asylrechts 163

3 Das Fehlen von Strafgesetzen für terroristische Akte 166

II Die einzelnen internationalen Übereinkommen zur Bekämpfung des Terrorismus 169

1 Die Konvention zur Verhütung und Bekämpfung des Terrorismus vom 16.11.1937 170
a Ausgangslage/historischer Hintergrund 171
b Der wesentliche Regelungsgehalt der Konvention 172
aa Konventionsregelungen mit (überwiegend) präventivem Charakter 172
bb Konventionsregelungen mit (überwiegend) repressivem Charakter 176
cc Konventionsregelungen von Problemen der internationalen Rechtshilfe 179
c Bewertung 183

2 Die Konvention über die Gründung eines Internationalen Strafgerichtshofes vom 16.11.1937 187
a Ausgangslage/historischer Hintergrund 187
b Wesentlicher Regelungsgehalt der Konvention 189
c Bewertung 192

3 Die Konventionen zum Schutz des Luftverkehrs 201
a Das Abkommen vom 14. September 1963 über

strafbare und bestimmte andere an Bord von Luftfahrzeugen begangene Handlungen (Tokioter Abkommen) 204
aa Ausgangslage/historischer Hintergrund 205
bb Der wesentliche Regelungsgehalt des Tokioter Abkommens 206
(1) Der sachliche Anwendungsbereich des Abkommens 207
(2) Die wesentlichen Vertragspflichten 210
(a) Erweiterung der "Gerichtsbarkeit" 210
(b) Befugnisse des Luftfahrzeugkommandanten 212
(c) Befugnisse und Pflichten der Vertragsstaaten bei strafbaren und bestimmten anderen an Bord von Luftfahrzeugen begangenen - sicherheitsgefährdenden - Handlungen 214
(d) Die widerrechtliche Inbesitznahme eines Luftfahrzeugs 215
cc Bewertung des Tokioter Abkommens 217
b Das Übereinkommen zur Bekämpfung der widerrechtlichen Inbesitznahme von Luftfahrzeugen vom 16.12.1970 (Haager Übereinkommen) 218
aa Ausgangslage/historischer Hintergrund 218
bb Der wesentliche Regelungsgehalt des Haager Übereinkommens 222
(1) Regelungsgegenstand und sachlicher Anwendungsbereich des Übereinkommens 222
(2) Die wesentlichen Vertragspflichten nach dem Haager Übereinkommen 226
(a) Pönalisierungsverpflichtung 226
(b) Erweiterung der Strafgewalt 227
(c) Der Grundsatz "aut dedere aut iudicare" 230

(d) Pflichten im Zusammenhang mit der praktischen "Abwicklung" einer Luftfahrzeugentführung und "sonstige Rechtshilfe" 239
cc Bewertung des Haager Übereinkommens 240
c Das Übereinkommen vom 23. September 1971 zur Bekämpfung widerrechtlicher Handlungen gegen die Sicherheit der Zivilluftfahrt (Montrealer Übereinkommen) 243
aa Ausgangslage/historischer Hintergrund 243
bb Der wesentliche Regelungsgehalt des Montrealer Übereinkommens 244
(1) Regelungsgegenstand und sachlicher Anwendungsbereich des Montrealer Übereinkommens 244
(2) Die wesentlichen Vertragspflichten 247
(a) Pönalisierungsverpflichtung 247
(b) Erweiterung der Strafgewalt 248
(c) Verpflichtung zur Auslieferung oder Strafverfolgung u.a. 250
cc Bewertung 253
d Das Protokoll zur Bekämpfung widerrechtlicher gewalttätiger Handlungen auf Flughäfen, die der internationalen Zivilluftfahrt dienen, in Ergänzung des am 23. September 1971 in Montreal beschlossenen Übereinkommens zur Bekämpfung widerrechtlicher Handlungen gegen die Sicherheit der Zivilluftfahrt (Ergänzungs-Protokoll vom 24. Februar 1988 zum Montrealer Übereinkommen) 254
aa Ausgangslage/historischer Hintergrund 255
bb Wesentlicher Regelungsgehalt des Ergänzungs-Protokolls zum Montrealer Übereinkommen 256
cc Bewertung 257

e Das Abkommen zwischen den Vereinigten Staaten von Amerika und Kuba zur Bekämpfung von Flugzeug- und Schiffsentführungen vom 15. Februar 1973 258
aa Ausgangslage/historischer Hintergrund 259
bb Der wesentliche Regelungsgehalt des US-amerikanisch-kubanischen Abkommens 260
(1) Der Regelungsgegenstand 260
(2) Der Grundsatz "aut dedere aut punire" und die Pönalisierungsverpflichtung 261
(3) Weitere Vertragspflichten 263
cc Bewertung des US-amerikanisch-kubanischen Abkommens 265
f Boykottabkommen/Die Erklärung des Bonner Weltwirtschaftsgipfels vom 17. Juli 1978 zu Flugzeugentführungen in der durch die Erklärung von Venedig von 1987 erweiterten Fassung 266
aa Ausgangslage/historischer Hintergrund 266
bb Der Regelungsgehalt der "Bonner Erklärung" des Weltwirtschaftsgipfels vom 17. Juli 1978 zu Flugzeugentführungen, ergänzt durch die Anlage der Erklärung zum Terrorismus vom 09.06.1987 auf dem Weltwirtschaftsgipfel in Venedig 272
(1) Rechtsqualität der "Bonner Erklärung" 272
(2) Anwendungsbereich der "Bonner Erklärung" 274
(3) Die angedrohten Sanktionen 277
(4) Die Vereinbarkeit der angedrohten Sanktionen mit dem Völkerrecht 279
(a) Das Gewaltverbot gem. Art. 2 Ziff. 4 Charta der Vereinten Nationen 279

(b) Bilaterale und multilaterale Luftverkehrsabkommen 280

(c) Der Sonderfall der Verhängung von Sanktionen gegenüber einem Drittstaat 281

(d) Der Sonderfall der Verhängung von Sanktionen durch einen Drittstaat gegenüber dem Verletzerstaat 282

cc Bewertung der "Bonner Erklärung" in der durch die Erklärung von Venedig von 1987 erweiterten Fassung 282

4 Konventionen zum Schutz der Seeschiffahrt 284

a Genfer Übereinkommen vom 29. April 1958 über die Hohe See und das Seerechtsübereinkommen der Vereinten Nationen von 1987 285

b Das Übereinkommen vom 10. März 1988 zur Bekämpfung widerrechtlicher Handlungen gegen die Sicherheit der Seeschiffahrt (Römisches Seeschiffahrtübereinkommen) und das Protokoll vom 10. März 1988 zur Bekämpfung widerrechtlicher Handlungen gegen die Sicherheit fester Plattformen, die sich auf dem Festlandsockel befinden (Protokoll zum Römischen Seeschiffahrtübereinkommen) 290

aa) Ausgangslage/historischer Hintergrund 291

bb) Regelungsgegenstand des Römischen Seeschiffahrtübereinkommens und des Protokolls zum Römischen Seeschiffahrtübereinkommen 293

(1) Regelungsgegenstand und sachlicher Anwendungsbereich des Römischen Seeschiffahrtübereinkommens 293

(2) Die wesentlichen Vertragspflichten 295

(a) Pönalisierungsverpflichtung 295

(b) Erweiterung der Strafgewalt und Nebenpflichten im Zusammenhang mit einer tatbestandsmäßigen Handlung 299
(c) Der Grundsatz "aut dedere aut iudicare" 302
(d) Sonstige Vertragspflichten 305
(3) Das Protokoll zum Römischen Seeschiff-fahrtübereinkommen 306
cc) Bewertung 308

5 Die Convention to Prevent and Punish the Acts of Terrorism Taking the Form of Crimes against Persons and Related Extortion that are of International Significance vom 02. Februar 1971 (OAS-Diplomatenschutzkonvention) und das Übereinkommen über die Verhütung, Verfolgung und Bestrafung von Straftaten gegen völkerrechtlich geschützte Personen einschl. Diplomaten vom 14. Dezember 1973 (UN-Diplomatenschutzkonvention) 310
a Die OAS-Diplomatenschutzkonvention 310
aa Ausgangslage/historischer Hintergrund 310
bb Wesentlicher Regelungsgehalt der OAS-Diplomatenschutzkonvention 313
cc Bewertung der OAS-Diplomatenschutzkonvention 318
b Das Übereinkommen über die Verhütung, Verfolgung und Bestrafung von Straftaten gegen völkerrechtliche geschützte Personen einschließlich Diplomaten vom 14.12.1973 319
aa Ausgangslage/historischer Hintergrund 319
bb Wesentlicher Regelungsgehalt der UN-Diplomatenschutzkonvention 321
(1) Regelungsgegenstand der Konvention 321
(a) Persönlicher Schutzbereich 321
(b) Sachlicher Schutzbereich 322

(2) Die wesentlichen Vertragspflichten 326
(a) Pönalisierungsverpflichtung 326
(b) Erweiterung der Strafgewalt 327
(c) Der Grundsatz "aut dedere aut iudicare" 328
(d) Präventionspflichten und Informationspflichten 332
(e) Weitere Pflichten im Zusammenhang mit einer tatbestandsmäßigen Handlung 335
cc Bewertung der UN-Diplomatenschutzkonvention und die Bedeutung der Entschließung der Generalversammlung A/9407 338

6 Das Internationale Übereinkommen vom 18. Dezember 1979 gegen Geiselnahme 343
a Ausgangslage/historischer Hintergrund 343
b Wesentlicher Regelungsgehalt des Übereinkommens gegen Geiselnahme 348
aa Regelungsgegenstand: Geiselnahme 348
bb Anwendungsbereich 355
cc Die wesentlichen Vertragspflichten 357
(1) Pönalisierungsverpflichtung 357
(2) Erweiterung der Strafgewalt 358
(3) Der Grundsatz "aut dedere aut iudicare" 359
(4) Spezielle Auslieferungsschranken 360
(5) Die Sonderregelung für Geiselnahmen 362
in Befreiungskonflikten 362
(6) Weitere Pflichten im Zusammenhang mit einer tatbestandsmäßigen Handlung 365
(a) Maßnahmen zur Beendigung der Geiselnahme 365
(b) Die Vorbereitung und Durchführung von Verfahren 367
(c) Zusammenarbeit auf präventivem Gebiet 369

dd Das Verhältnis zu anderen Konventionen 370
c Bewertung 372

7 Das Europäische Übereinkommen vom 27. Januar 1977 zur Bekämpfung des Terrorismus und das Übereinkommen über die Anwendung des Europäischen Übereinkommens zur Bekämpfung des Terrorismus zwischen den Mitgliedstaaten der Europäischen Gemeinschaften 375
a Das Europäische Übereinkommen vom 27. Januar 1977 zur Bekämpfung des Terrorismus (Europäische Terrorismuskonvention) 375
aa Ausgangslage/historischer Hintergrund 376
bb Wesentlicher Regelungsgehalt der Europäischen Terrorismuskonvention 381
(1) Auslieferungsrechtliche Bestimmungen der Europäischen Terrorismuskonvention 382
(a) Dem Auslieferungsprivileg des politischen Delikts obligatorisch entzogene Straftaten 382
(b) Dem Auslieferungsprivileg des politischen Delikts gem. Art. 2 fakultativ entzogene Straftaten 390
(c) Die Asylklausel, Art. 5 Europäische Terrorismuskonvention 394
(d) Der Grundsatz "aut dedere aut iudicare" 398
(2) Sonstige Rechtshilfe in Strafsachen 407
(3) Vorbehalte 412
(a) Die Vorbehaltsmöglichkeit des Art. 13 Europäische Terrorismuskonvention 412
(b) Vorbehalte zu anderen Konventionsbestimmungen 415
cc Bewertung 419

b Das Übereinkommen über die Anwendung des Europäischen Übereinkommens zur Bekämpfung des Terrorismus zwischen den Mitgliedstaaten der Europäischen Gemeinschaften (Dubliner Übereinkommen) 423
aa Ausgangslage/historischer Hintergrund 424
bb Wesentlicher Regelungsbereich 424
cc Bewertung 427

H Schlußbetrachtung 432

I Defizite im völkerrechtlichen Regelwerk zur Bekämpfung des Terrorismus und Vorschläge zu deren Beseitigung 432

II Die Gesetzgebung der Bundesrepublik Deutschland zur Bekämpfung des Terrorismus - Ansatzpunkte für weitere internationale Übereinkommen zur Bekämpfung des Terrorismus? 453

1 Überblick über die bisherigen gesetzgeberischen Maßnahmen mit Bezug zur Terrorismusbekämpfung 456

2 Relevanz der bisherigen gesetzgeberischen Maßnahmen in der Bundesrepublik Deutschland für neue Initiativen auf völkerrechtlichem Gebiet 466

3 Aktuelle Initiativen zur Verbesserung des gesetzlichen Instrumentariums zur Bekämpfung des Terrorismus in der Bundesrepublik Deutschland 470

III Epilog **487**

Abkürzungsverzeichnis

a.A.	anderer Ansicht
a.a.O.	am angegebenen Ort
Abs.	Absatz
Anm.	Anmerkung
AnwBl	Anwaltsblatt
AJIL	American Journal of International Law
ArchVR	Archiv des Völkerrechts
Art.	Artikel
Ass. Nat.	Assemblée Nationale
Aufl.	Auflage
Az.	Aktenzeichen
BayVBL	Bayerische Verwaltungsblätter
Bd.	Band
bdk	Bund Deutscher Kriminalbeamter
BfV	Bundesamt für Verfassungsschutz
BGBl.	Bundesgesetzblatt
BGH	Bundesgerichtshof
BGH St	Entscheidungen des Bundesgerichtshofs in Strafsachen
BGH Z	Entscheidungen des Bundesgerichtshofs in Zivilsachen
BK	Bonner Kommentar
BKA	Bundeskriminalamt
BMI	Bundesminister des Innern
BMJ	Bundesminister der Justiz/Bundesministerium der Justiz
BR	Bundesrat
BRAO	Bundesrechtsanwaltsordnung
BT	Bundestag
Buchst.	Buchstabe
BVerfGE	Entscheidungen des Bundesverfassungsgerichts
BVerwGE	Entscheidungen des Bundesverwaltungsgerichts
BW	Baden-Württemberg
BYIL	The British Yearbook of International Law
bzgl.	bezüglich
CDU	Christlich Demokratische Union
CEDRE	The Lebanese Center for Documentation and Research
CIF	Confederation Internationale Des Fonctionnaires (Offizielles Presseorgan des Internationalen Beamtenbundes)
CP	Code pénal

CPP	Code de procédure pénale
CSU	Christlich Soziale Union
CYIL	Canadian Yearbook of International Law
DDR	Deutsche Demokratische Republik
Déb.	Débat (Debatte)
ders.	derselbe
Dez.	Dezember
dies.	dieselbe(n)
Diss.	Dissertation
d.J.	dieses Jahres
DNP	Die neue Polizei
Doc.	Document (Dokument)
DÖV	Die Öffentliche Verwaltung
DRB	Deutscher Richterbund
DRiZ	Deutsche Richterzeitung
Drs.	Drucksache
dt.	deutsch
dtv	Deutscher Taschenbuch Verlag
DVBl	Deutsches Verwaltungsblatt
EA	Europa Archiv
E-AZRG	Entwurf eines Gesetzes über das Ausländerregister
ebd.	ebenda
EGGVG	Einführungsgesetz zum Gerichtsverfassungsgesetz
EOKA	Ethniki Organosis Kypriaku Agoniston (Nationale Organisation der zypriotischen Kämpfer)
EP	Europäisches Parlament
ETA	Euskadi Ta Askatasuna (Baskenland und Freiheit)
EuGRZ	Europäische Grundrechte Zeitschrift
f.	folgende
FAZ	Frankfurter Allgemeine Zeitung
ff.	fortfolgende
FLNC	Front de Liberation National Corse
FN	Fußnote(n)
FS	Festschrift
G-10	Gesetz zur Beschränkung des Brief-, Post- und Fernmeldegeheimnisses
GA	Goltdammer's Archiv für Strafrecht
GBl.	Gesetzblatt
Geb.	Geburtstag
gem.	gemäß

GG	Grundgesetz
GMBl.	Gemeinsames Ministerialblatt
GSG	Grenzschutzgruppe
GVG	Gerichtsverfassungsgesetz
HLKO	Haager Landkriegsordnung
h.M.	herrschende Meinung
hrsg.	herausgegeben
Hrsg.	Herausgeber
ICAO	International Civil Aviation Organization (Internationale Zivilluftfahrt-Organisation)
ICLQ	International and Comparative Law Quarterly
i.e.	id est
IGH	Internationaler Gerichtshof (Den Haag)
ILM	International Legal Materials
IMO	International Maritime Organization
insbes.	insbesondere
IRG	Gesetz über die internationale Rechtshilfe in Strafsachen
i.w.S.	im weiteren Sinne
JA	Juristische Arbeitsblätter
J.O.	Journal Officiel (de la République Française)
JR	Juristische Rundschau
JuS	Juristische Schulung
JZ	Juristenzeitung
KritJ	Kritische Justiz
LK	Leipziger Kommentar
m.a.W.	mit anderen Worten
MDR	Monatsschrift für deutsches Recht
min.	ministre
m.w.N.	mit weiteren Nachweisen
NJW	Neue Juristische Wochenschrift
No.	numero
Nr.	Nummer
NStZ	Neue Zeitschrift für Strafrecht
NZW	Neue Zeitschrift für Wehrrecht

o.a.	oben angeführt
OAS	Organization of American States
o.g.	oben genannt
OLG	Oberlandesgericht
ÖstJZ	Österreichische Juristen-Zeitung
PFA	Polizei-Führungsakademie (Münster)
PFLP	Popular Front for the Liberation of Palestine
PolG	Polizeigesetz(e)
RAF	Rote Armee Fraktion
Rdnr.	Randnummer
Rec.	Recueil (Sammlung)
Red.	Redaktion
RGBl.	Reichsgesetzblatt
RG St	Entscheidungen des Reichsgerichts in Strafsachen
RIDC	Revue International de Droit Comparé
Rz.	Randziffer
RZ	Revolutionäre Zellen
s.	siehe
S.	Seite, Satz
S.D.N.	Societé Des Nations
StGB	Strafgesetzbuch
StPO	Strafprozeβordnung
StrafVert	Strafverteidiger
taz	Tageszeitung
u.	und
u.a.	und andere, unter anderem
UdSSR	Union der Sozialistischen Sowjetrepubliken
UN	United Nations
UNO	United Nations Organization
unstr.	unstreitig
US	United States
USA	United States of America, Vereinigte Staaten von Amerika
u.v.a.	und viele andere
v.	von
VGH	Verwaltungsgerichtshof
vgl.	vergleiche
VN	Vereinte Nationen
Vorbem.	Vorbemerkung
VuV	Völkerbund und Völkerrecht
v.v.	vice versa

W&S	Zeitschrift für das Sicherheitswesen in der Wirtschaft
WVRK	Wiener Konvention über das Recht der Verträge vom 23.05.1969
ZaöRV	Zeitschrift für ausländisches öffentliches Recht und Völkerrecht
Ziff.	Ziffer
ZLW	Zeitschrift für Luftrecht und Weltraumrechtsfragen
ZRP	Zeitschrift für Rechtspolitik
ZStW	Zeitschrift für die gesamte Strafrechtswissenschaft
z.T.	zum Teil

Literaturverzeichnis

Achenbach, Hans

Kriminalpolitische Tendenzen in den jüngeren Reformen des Besonderen Strafrechts und des Strafprozeßrechts, in: JuS 1980, S. 81 ff.

ders.
Terrorismusgesetz 1986
- Schnelle Reaktion auf aktuelle terroristische Anschläge,
in: Kriminalistik 1987, S. 297 ff.

ders.
Die Startbahn-West-Novelle
- Das "Artikelgesetz" 1989 ist in Kraft,
in: Kriminalistik 1989, S. 633 ff.

Adler, Dieter (u.a.), Hrsg.

Dokumentation zum Verfahren gegen Brigitte Mohnhaupt und Christian Klar vor dem OLG Stuttgart. Einstellungsantrag der Verteidigung - 13.12.1984 -

Alexander, Y./
Browne, M.A./
Nanes, A.S. (Hrsg.)

Control of Terrorism, International Documents, New York 1979

Alexander, Yonah und
Nanes, Allan S. (Hrsg.)

Lesiglative responses to terrorism, Dordrecht/Boston/Lancaster 1986

Althammer, Walter

Gegen den Terror,
Texte/Dokumente,
1978

Analysen zum Terrorismus

Band 1: Ideologien und Strategien, Iring Fetscher/Günter Rohrmoser unter Mitarbeit von J. Fröhlich, H. Ludwig und H. Münkler, 1981

Band 2: Lebenslaufanalysen,
Herbert Jäger/Gerhard Schmidtchen/Liselotte Süllwold unter Mitarbeit von L. Böllinger, 1981

Band 3: Gruppenprozesse,
Wanda v. Baeyer-Katte/Dieter Claessens/ Hubert Feger/Friedhelm Neidhardt unter Mitarbeit von K.d. Ahna und J. Groebel, 1982

Band 4.1: Gewalt und Legitimität,
Ulrich Matz/Gerhard Schmidtchen unter Mitarbeit von H.M. Vehlinger, 1983

Band 4.2: Protest und Reaktion,
Fritz Sack/Heinz Steinert unter Mitarbeit von U. Berlit, H. Dreier, H. Hess, S. Karstedt-Henke, M. Moerings, D. Paas, S. Scheerer und H. Treiber, 1984

Arge, Voldemar-Paul

Das Auslieferungsrecht am Ende des zweiten Weltkriegs und seine Fortentwicklung,
Diss. Göttingen 1950

Arzt, Gunther

Geldwäscherei - Eine neue Masche zwischen Hehlerei, Strafvereitelung und Begünstigung,
in: NStZ 1990, S. 1 ff.

Aulard, A.

Histoire politique de la Révolution francaise,
Paris 1901

Bartsch, Hans-Jürgen

Das Europäische Übereinkommen zur Bekämpfung des Terrorismus,
in: NJW 1977, S. 1985 ff.

Bassiouni, M. Cherif

International Extradition and World Public Order, 1974

ders.
International Terrorism and Political Crimes,
Springfield, Illinois (USA) 1975

ders.
A draft international criminal code and draft statute for an international criminal tribunal,
Dordrecht 1987

Basten, Thomas

Von der Reform des politischen Strafrechts bis zu den Anti-Terror-Gesetzen,
Diss. Köln 1983

Baum, Gerhart Rudolf

Die Herausforderung des Terrorismus an Staat und Gesellschaft,
in: Freiheit und Sicherheit - Die Demokratie wehrt sich gegen den Terrorismus, Schriftenreihe der Bundeszentrale für politische Bildung, Band 148, Bonn 1979, S. 9 ff.

Baumann, Jürgen/Weber, Ulrich

Strafrecht Allgemeiner Teil,
9. Aufl. 1985

Baumann, Jürgen

Ergebnisse der (Anti-)Gewaltkommission der Bundesregierung,
in: ZRP 1990, S. 103 ff.

Bechtolsheim, Otto Freiherr von

Die Zwanzigste (außerordentliche) Versammlung der Internationalen Zivilluftfahrt-Organisation (ICAO) und die Internationale Konferenz über Luftrecht,
in: ZLW 1974, S. 3 ff.

Benfer, Jost

Die Errichtung von Kontrollstellen (§ 111 StPO),
in: Die Polizei 1978, S. 282 ff.

Berber, Friedrich

Lehrbuch des Völkerrechts,
Bd. 1, Allgemeines Friedensrecht,
2. Aufl. 1975

Bernsmann, K./Kunert, K.H.

Neue Sicherheitsgesetze - mehr Rechtssicherheit ?,
in: NStZ 1989, S. 449 ff.

Bettati, Mario

La lutte international contre le terrorisme.
Qu'est-ce que le terrorisme?...,
Dossier constitué par Mario Bettati, Problèmes politiques et sociaux, 1975, Nr. 259

BfV (Bundesamt für Verfassungsschutz)

Die Tätigkeit des Bundesamtes für Verfassungsschutz,
in: Freiheit und Sicherheit - Die Demokratie wehrt sich gegen den Terrorismus,
Schriftenreihe der Bundeszentrale für politische Bildung, Band 148, Bonn 1979, S. 68

Bigo, Didier
Hermant, Daniel

La relation terroriste,
in: Etudes polémologiques 1984, Bd. 30, S. 45 ff. u. Bd. 31, S. 117 ff.

ders.
Simulation et dissimulation. Les politiques de lutte contre le terrorisme en France,
in: Violence politique et terrorisme.
Montrouge: Dunod 1986, S. 506 ff.

Binder, Sepp

Terrorismus. Herausforderung und Antwort.
(Hrsg.: Friedrich-Ebert-Stiftung)
2. Aufl., Bonn 1980

Bindschedler, Rudolf L.

Die Zukunft des Kriegsrechts,
in: Festschrift für Berber, 1973, S. 61 ff.

BKA

Aufgabe und Arbeit der Polizei und des Bundeskriminalamtes,
in: Freiheit und Sicherheit - Die Demokratie wehrt sich gegen den Terrorismus.
Schriftenreihe der Bundeszentrale für politische Bildung, Bd. 148, Bonn 1979, S. 65 ff.

Black, Henry Campbell

Black's Law Dictionary,
5. Aufl., St. Paul Minnesota 1979

Blankenburg, Erhard

Politik der inneren Sicherheit.
Eine Einleitung,
1980

Blath, Richard/Hobe, Konrad

Strafverfahren gegen linksterroristische Straftäter und ihre Unterstützer,
hrsg. v. BMJ 1982

Blumenwitz, Dieter

Der völkerrechtliche Schutz vor internationalem Terrorismus,
Referat gehalten auf der Internationalen Fachtagung zum Thema "Staatsschutz und Terrorismusbekämpfung",
Berlin 9. - 12. März 1986,
Manuskript - nicht veröffentlicht

Böckenförde, Wolfgang

Der verdrängte Ausnahmezustand
- Zum Handeln der Staatsgewalt in außergewöhnlichen Lagen,
in: NJW 1978, S. 1881 ff.

Boeden, Gerhard

Entwicklung und Tendenzen des Terrorismus (Schwerpunkt: Linksextremistischer Terrorismus),
in: Gewalt und Terrorismus
- Texte zur inneren Sicherheit,
Bericht über ein Seminar, veranstaltet vom Bundesministerium des Innern, 1987, S. 65 ff.

Boge, Heinrich

Neue Entwicklungen des Terrorismus,
in: Gewalt und Kriminalität, BKA Vortragsreihe Bd. 31, 1986, S. 51 ff.

Bonner Kommentar zum Grundgesetz

(Bonner Kommentar)
1950 ff.

Borchmann, Michael

Die Bundesgesetzgebung zu internationalen Abkommen 1986/87,
in: NJW 1988, S. 596 ff.

Bouloc, Bernard

Le problème des repentis.
La tradition francaise relativement au statut des repentis,
in: Revue de Science Criminelle et de droit Pénale Comparé

Brach, Richard

The Inter-American Convention on the Kidnapping of Diplomats,
in: Columbia Journal of Transnational Law 10 (1971), S. 392 ff.

Breitschwerdt, Marcus

Schutz der Opfer bewaffneter Konflikte.
Fortschritte im Prozeß der Ratifikation der Genfer Zusatzprotokolle,
in: EA 1989, S. 361 ff.

Brockhaus Enzyklopädie

Stichwort: Terrorismus
Band 18,
17. Aufl., 1973

Bruchec, Joseph Le

Polizei in Europa - zwischen Euroterrorismus und Gewaltkriminalität -
Referat des Sous - directeur de la police judiciaire française,
in: CIF 1987, S. 21 ff.

Bull, Hans Peter

Die Staatsaufgabe nach dem Grundgesetz,
1977

Bund Deutscher Kriminalbeamter (bdk)

Dokumentation zur Verbrechensbekämpfung,
Verband BKA,
März 1988

Bundeskriminalamt (Hrsg.)

Bericht über die Auswertung der Lebensläufe von 40 zum Zeitpunkt der Untersuchung mit Haftbefehl gesuchten Terroristen,
1977

Bundeskriminalamt (Hrsg.)

Das Bundeskriminalamt.
Seine Aufgaben und Funktionen im föderalistischen Sicherheitssystem der Bundesrepublik Deutschland, 1984

Bundesminister des Innern (Hrsg.)

Terroristen im Kampf gegen Recht und Menschenwürde, Bonn 1985

Bundesministerium der Justiz (Hrsg.)

Kontaktsperre. Informationen über ein Gesetz zur Bekämpfung des Terrorismus,
Bonn 1978

Buback, Siegfried

Zusammenarbeit von Staatsanwaltschaft und Polizei bei der Aufklärung von Staatsschutzdelikten,
in: Polizei und Justiz,
BKA-Vortragsreihe Band 23, 1977, S. 47 ff.

Burghard, Waldemar

"Skandalland" Niedersachsen?,
in: Kriminalistik 1989, S. 2 ff.

Busch, Heiner

Europa - ein >Mekka der Kriminalität<?
EG-Grenzöffnung und internationale Polizeikooperation,
in: KritJ 1990, S. 1 ff.

Busuttil, James J.

The Bonn declaration on international terrorism. A non-binding international agreement on aircraft hijacking,
in: The International Comparitive Law Quarterly.
London 1982, S. 475 ff.

CEDRE

The Lebanese Center for Documentation and Research (CEDRE), Hrsg.
Political violence in the world 1967 - 1987,
Chronology, Bibliography, Documents, Beit al - Mustaqbal, Naccache-Antelias-Lebanon, 1988,
Volume 1 und 2

Chaliand, Gérard

Terrorismes et guerillas.
Techniques actuelles de la violence,
Paris 1985

Chemin, B. und Hebert, J.-M.

La lutte contre le terrorisme,
in: Revue de la Police nationale
Nr. 125 - Juni 1987, S. 32 ff.

Cheng, Bin

Das Haager Übereinkommen über die Entführung von Luftfahrzeugen,
in: ZLW 1973, S. 223 ff.

Chladek, Tilmann

Die westlichen Demokratien im Kampf gegen den internationalen Terrorismus,
in: Europa Archiv 1987, S. 577

Clutterbuck, R.C.

Terrorismus ohne Chance,
Analyse und Bekämpfung eines internationalen Phänomens,
1975

Code de procédure pénale
29. Aufl. - Paris: Dalloz 1987/88

Code pénale
85. Aufl. - Paris: Dalloz 1987/88

Conférences internationales pour l'unification du droit pénal

- Actes de la 1re Conférence de Varsovie de novembre 1927, Paris 1929
- Actes de la 3ième Conférence de Bruxelles de juin 1930, Bruxelles 1931
- Actes de la 4ième Conférence de Paris de décembre 1931, Paris 1933
- Actes de la 5ième Conférence de Madrid, d'octobre 1933, Paris 1935
- Actes de la 6ième Conférence de Copenhagne, août - septembre 1935, Paris 1938

Corves, E./Bartsch, H.J.

Strukturen und Methoden internationaler und regionaler Zusammenarbeit auf dem Gebiet des Strafrechts,
in: ZStW 96 (1984), S. 522

CSU, Arbeitskreis "Juristen" der CSU

Recht sichert die Freiheit
- eine rechtspolitische Dokumentation,
1987

Czesany, Maximilian

Nie wieder Krieg gegen die Zivilbevölkerung.
Eine völkerrechtliche Untersuchung des Luftkriegs 1939 - 1945, 2. Aufl. Graz 1964

Dahs, Hans

Das "Anti-Terroristen-Gesetz"
- eine Niederlage des Rechtsstaats,
in: NJW 1976, S. 2145 ff.

David, Eric

Le terrorisme en droit international,
in: Réflexions sur la définition et la répression du terrorisme, Centre de droit international, Actes du Colloque
Editions de l'Université de Brüssel, 1974

della Porta, Donatella

Protestbewegung und Terrorismus in Italien,
in: Aus Politik und Zeitgeschichte,
Beilage zur Wochenzeitung Das Parlament,
B 45/88, 4. November 1988, S. 20 ff.

Dencker, Friedrich

Das "Gesetz zur Bekämpfung des Terrorismus",
in: StrafVert 1987, S. 117 ff.

ders.
Kronzeuge, terroristische Vereinigung und rechtsstaatliche Strafgesetzgebung,
in: KritJ 1987, S. 36 ff.

Donnedieu de Vabres, Henri

Précis de droit criminel,
3. Aufl. Paris 1953

Dreher/Tröndle

Strafgesetzbuch mit Nebengesetzen
44. Aufl. 1988

DUDEN

Fremdwörterbuch (Band 5)
3. Aufl. 1974

Dugard, John

Towards the Definition of International Terrorism,
in: ASIL Proceedings of the 67th Annual Meeting, AJIL 67 (1973) Nr. 5

Dunkel, Klaus D.

Kooperation ist alles...
Zusammenarbeit zwischen Wirtschaft und Staat bei der Bekämpfung wirtschaftsbedrohender Kriminalität,
in: W & S 1988, S. 745 ff.

Eaubonne, Françoise de

Feminismus und Terror.
Contre-Violence ou la résistance à l'état,
München 1978

Ebert, Udo

Tendenzwende in der Straf- und Strafprozeßgesetzgebung?,
in: JR 1978, S. 136 ff.

Eisele, Willi

Bedarf Demokratie des Schutzes?
Die Weimarer Republik als "Lehrbeispiel" der Geschichte,
in: Texte zur Inneren Sicherheit:
Abwehrbereite Demokratie und Verfassungsschutz,
Herausgeber: Der Bundesminister des Innern,
Aufl. April 1989, S. 7 ff.

EKA: Ein Kriminalamt für Europa.

Europäische Kooperation im Kampf gegen das Verbrechen/
Wie ist der Stand, wie könnte es weitergehen?,
in: Kriminalistik 1987, S. 424 ff.

Ellerich, Heinz

Immer noch Handlungsbedarf beim Gesetzgeber.
Terrorismus: Ursachen, Bedrohung, Abwehr
(Bericht über Expertentagung in der Hanns-Seidel-Stiftung e.V. im Mai 1987),
in: W & S 1987, S. 341 ff.

Erhard, Benno

Initiativen, Alternativen, Verbesserungen
Die Rechtspolitik der CDU/CSU im vergangenen Jahrzehnt,
in: ZRP 1980, S. 25 ff.

Eustathiades, C.

La Cour pénale internationale pour la répression du terrorisme et le problème de la responsabilité des Etats,
in: Revue générale de droit international public 1936, S. 385 ff.

Evans, Alona E.

Aircraft Hijacking:
What ist being done,
in: International Terrorism and Political Crimes, hrsg. v. Charles C. Thomas, 1975, S. 219 ff.

Evans/Murphy (Hrsg.)

Legal Aspects of International Terrorism,
1978

Evers, Hans-Ulrich

Sprengung an der Celler Gefängnismauer:
Darf der Verfassungsschutz andere Behörden und die Öffentlichkeit täuschen?,
in: NJW 1987, S. 153 ff.

Faller, Edmund W.

Gewaltsame Flugzeugentführungen aus völkerrechtlicher Sicht,
Diss., Köln 1972

Felchlin, Peter

Das politische Delikt.
Entwicklung, Problematik und Wandel im Auslieferungsrecht.
Unter Berücksichtigung der Rechtsprechung des schweizerischen Bundesgerichts,
Zürich 1979

Ferrari, Vincenzo

Symbolischer Nutzen der Gesetzgebung zur inneren Sicherheit in Italien,
in: Blankenburg, E.
Politik der inneren Sicherheit, 1980

Fetscher, I.

Terror,
in: Die Religion in Geschichte und Gegenwart,
Bd. 6
3. Aufl., Tübingen 1986, S. 698

Fischer, Peter (Hrsg.)

Reden der Französischen Revolution,
1974 (dtv 6029)

Fitzgerald, Gerald F.

Development of international legal rules for the repression of the unlawful seizure of aircraft,
in: Canadian Yearbook of International Law, 1969, S. 286 ff.

Franz, Fritz

Grenzfragen des Asylrechts: Der politische Mord,
in: JR 1961, S. 441 ff.

Fromkin, David

Die Strategie des Terrorismus,
in: Terrorismus, Untersuchungen zur Strategie und Struktur revolutionärer Gewaltpolitik,
hrsg. und eingeleitet v. Manfred Funke, Schriftenreihe der Bundeszentrale für politische Bildung Band 123, Bonn 1977, S. 83 ff.

Frowein, Jochen Abr.

Die Verpflichtungen erga omnes im Völkerrecht und ihre Durchsetzung,
in: Völkerrecht als Rechtsordnung. Internationale Gerichtsbarkeit. Menschenrechte. Festschrift für Hermann Mosler 1983, S. 241 ff.

Füllkrug, Michael

Freiheit für den "Kronzeugen"?
Die Grenzen zulässiger Vorteilsversprechung zur Erlangung von Täteraussagen,
in: Kriminalistik 1985, S. 410 ff.

Funk, Albrecht / Kauß, Udo / Zabern, Thomas von

Die Ansätze zu einer neuen Polizei
- Vergleich der Polizeientwicklung in England/Wales, Frankreich und der Bundesrepublik Deutschland,
in: Blankenburg, E.
Politik der inneren Sicherheit, 1980

Funke, Manfred

Terrorismus - Ermittlungsversuch zu einer Herausforderung,
in: Terrorismus. Untersuchungen zur Strategie und Struktur revolutionärer Gewaltpolitik, hrsg. und eingeleitet von Manfred Funke, Schriftenreihe der Bundeszentrale für politische Bildung, Band 123, Bonn 1977, S. 9 ff.

Gasser, Hans-Peter

Verhaltenskodex für Unruhen und Spannungen
und
Kurzer Kommentar zu den dreizehn Regeln des "Verhaltenskodexes für Unruhen und Spannungen",
in: Revue des Internationalen Komitees vom Roten Kreuz, Band XXXIX Nr. 1 (1988), S. 18 ff. und 22 ff.

Geiger, Rudolf

Die Auslieferung des politischen Straftäters im Lichte des Grundrechts auf Asyl.
Zur verfassungsrechtlichen Beurteilung von Zustimmungsgesetzen zu einigen Auslieferungsverträgen der Bundesrepublik Deutschland,
in: Staatsrecht - Völkerrecht - Europarecht, Festschrift für H.-J. Schlochauer zum 75. Geburtstag, 1981, S. 79 ff.

Gerber Rudolf

Materiellrechtliche Probleme zur Bekämpfung des Terrorismus,
in: Kriminalistik 1979, S. 71 ff.

Geuenich, Mario

Die Erweiterung des Begriffs des Kriegsverbrechens durch das Erste Zusatzprotokoll zu den Genfer Abkommen von 1949,
Diss. Köln 1985

Glaser, Stefan

Droit international pénal conventionel, Volume II,
Brüssel 1978

ders.
Le terrorisme international et ses divers aspects,
in: Revue International de Droit Comparé (RIDC), 25, 1973, S. 825 ff.

Golsong, Heribert

Zur Bekämpfung des Terrorismus - europäisches Übereinkommen,
in: Europa Union 1977, Nr. 2, S. 2

Gössner, Rolf

Terrorismus als Kampfbegriff der Herrschenden,
in: Atom ("Szenen-Blatt"), April/Mai 1987, S. 57 ff.

Götz, Albrecht und Göhler, Erich

Der Code pénal,
Textausgabe mit Übersetzung,
1963

Grebing, Gerhardt

Zur Frage der Schaffung eines Internationalen Strafgerichtshofs - Bilanz und Perspektiven,
in: GA 1976, S. 97 ff.

Green, L.C.

Double Standards in the United Nations:
The Legalization of Terrorism,
in: Archiv des Völkerrechts, 18. Band, 1979, S. 129 ff.

v. Gretschaninow

Der Plan eines internationalen Abkommens betreffend die Bekämpfung politischer Verbrechen und die Errichtung eines internationalen Strafgerichtshofes, in: ZaöRV, Bd. V, 1935, S. 181 ff.

Gros, Bernard

Le Terrorisme,
Paris: Hatier 1976

Die GRÜNEN und das Recht

in: DRiZ 1986, S. 322 f.

Grützner, Heinrich/Pötz, Paul-Günter

Internationaler Rechtshilfeverkehr in Strafsachen. Die für die Rechtsbeziehungen der Bundesrepublik Deutschland mit dem Ausland maßgeblichen Bestimmungen, 2. Aufl., 26. Lieferung, Stand: Sept. 1988

Guillaume, Gilbert

Le terrorisme aérien,
in: Guillaume/Levasseur,
Terrorisme international
Institut des Hautes Etudes Internationales de Paris,
Paris 1976/1977, S. 1 ff.

Gusy, Christoph

Bekämpfung von Flugzeugentführung und Geiselnahme im Lichte des Asylrechts,
in: NJW 1978, S. 1717 ff.

Hahlweg, Werner

Moderner Guerillakrieg und Terrorismus - Probleme und Aspekte ihrer theoretischen Grundlagen als Wiederspiegelung der Praxis,
in: Terrorismus. Untersuchungen zur Strategie und Struktur revolutionärer Gewaltpolitik, hrsg. und eingeleitet von Manfred Funke, Schriftenreihe der Bundeszentrale für politische Bildung, Band 123, Bonn 1977, S. 118 ff.

Hailbronner, Kay

Aktuelle Fragen der Luftpiraterie,
in: NJW 1973, S. 1636 ff.

Hannover, Heinrich

Kollaboration mit der Justiz als Kriterium der Freund-Feind-Unterscheidung.
Ein Beitrag zum Kronzeugen-Syndrom,
in: KritJ 1989, S. 394 ff.

ders.
Keine Gnade für Terroristen?
in: Demokratie und Recht 1990, S. 277 ff.

Harmsen, Hans

Bekämpfung des Terrorismus
- Grenzen des Asylanspruches,
in: AWR - Bulletin 1977, S. 243 f.

Haurand, G.

Der Kronzeuge - wirksame Waffe gegen Terrorismus?,
in: Kriminalistik SKRIPT 1988, S. 33 ff. und 89 ff.

Haut, Francois

Terrorisme et guérilla:
une nouvelle approche juridique,
in: Stratégies indirectes,
Notes & Etudes de l'Institut de Criminologie de Paris,
No. 10 - Mai 1989, S. 43 ff.

Herbertz, Claus-Walter

Sicherheit im Luftverkehr,
in: Terrorismus Informationsdienst Nr. 12. Dezember 1989, S. 3 f.

Hertel, Gerhard

Terrorismus und Politikwissenschaft in der Bundesrepublik Deutschland,
München 1986

Heuer, Gerhard

Widerstand - Protest - Ziviler Ungehorsam und ihre Verfassungsgrundlagen,

in: Gewalt und Terrorismus
- Texte zur inneren Sicherheit,
Bericht über ein Seminar, veranstaltet vom Bundesministerium des Innern, 1987, S. 37 ff.

van den Heuvel, Gerd

Terreur, Terroriste, Terrorisme,
in: Rolf Reichardt und Eberhard Schmitt (Hrsg.),
Handbuch politischer Grundbegriffe in Frankreich 1680 - 1820,
München 1985, S. 89 ff.

Hewitt, Christopher

The effectiveness of anti-terrorist policies.
Lanham, Md.
1984

Horchem, Hans Josef

Fünfzehn Jahre Terrorismus in der Bundesrepublik Deutschland,
in: Aus Politik und Zeitgeschichte,
Beilage zur Wochenzeitung Das Parlament,
B 5/87 v. 31.01.1987, S. 3 ff.

ders.
Die verlorene Revolution,
Terrorismus in Deutschland,
1988

ders.
Der Verfall der Roten Armee Fraktion,
in: Aus Politik und Zeitgeschichte,
Beilage zur Wochenzeitung Das Parlament,
B 46-47/90 v. 09.11.1990, S. 54 ff.

Institut für Internationale Beziehungen an der Akademie für Staats- und Rechtswissenschaft der DDR

Wörterbuch der Außenpolitik und des Völkerrechts,
Berlin (Ost) 1980

Institut für praxisorientierte Sozialforschung - ipos

Einstellungen zu aktuellen Fragen der Innenpolitik 1987,
Mannheim 1987

Jahn, Ingrid

Geiselnahme-Konvention jetzt in Kraft,
in: VN 1983, S. 97

Jahrreiss, Hermann

Zum Ruf nach dem sog. Kronzeugen,
in: FS für R. Lange zum 70. Geb., S. 765 ff.

Jenkins, Brian Michael

Der internationale Terrorismus,
in: Aus Politik und Zeitgeschichte.
Beilage zur Wochenzeitung Das Parlament,
B 5/87 v. 31.01.1987, S. 17 ff.

Jescheck, Hans-Heinrich

Die an Bord von Luftfahrzeugen begangenen Straftaten und ihre Rechtsfolgen,
in: Deutsche Beiträge zum VII. Internationalen Strafrechtskongreß in Athen, 1957, S. 195 ff.

ders.
Lehrbuch des Strafrechts,
Allgemeiner Teil,
4. Aufl. 1988

ders.
Entwicklung, gegenwärtiger Stand und Zukunftsaussichten des internationalen Strafrechts,
in: Goltdammer's Archiv für Strafrecht 1981, S. 49 ff.

Jesse, Eckard

Das Instrumentarium einer "Streitbaren Demokratie" am Beispiel der Bundesrepublik Deutschland,
in: Texte zur Inneren Sicherheit:
Abwehrbereite Demokratie und Verfassungsschutz.
Herausgeber: Der Bundesminister des Innern,
Aufl. April 1989, S. 55 ff.

Jung, Heike

Gesetzgebungsübersicht
- 14. Strafrechtsänderungsgesetz,
in: JuS 1976, S. 477 f.

ders.
Der Kronzeuge - Garant der Wahrheitsfindung oder Instrument der Überführung,
in: ZRP 1986, S. 38 ff.

ders.
Straffreiheit für den Kronzeugen?,
1974

Kahl, Werner

Akteure und Aktionen während der Formationsphase des Terrorismus,
in: Terrorismus: Untersuchungen zur Strategie und Struktur revolutionärer Gewaltpolitik, hrsg. von Manfred Funke, Schriftenreihe der Bundeszentrale für politische Bildung, Band 123, Bonn 1977, S. 272 ff.

Kaiser, Günther

Kriminologie,
7. Aufl. 1985

Kaiser/Kerner/Sack/Schellhoss

Kleines Kriminologisches Wörterbuch,
2. Aufl. 1985

Kalinowsky, Harry H.

Rechtsextremismus und Strafrechtspflege.
Eine Analyse von Strafverfahren wegen mutmaßlicher rechtsextremistischer Aktivitäten und Erscheinungen.
Hrsg. BMJ 1985

Kapp-Schwoerer, Ulrich

Der politische Strafprozeß in Frankreich,
Diss. Freiburg (1971), 1973

Karstedt-Henke, Susanne

Soziale Bewegung und Terrorismus:
Alltagstheorien und sozialwissenschaftiche Ansätze zur Erklärung des Terrorismus,
in: Blankenburg, E.
Politik der inneren Sicherheit
1980

Kausch, Hans G.

Das internationale Übereinkommen gegen Geiselnahme.
Erfolg einer deutschen Initiative,
in: VN 1980, S. 77 ff.

Kearney, Richard D.

The Twenty-Fourth Session of the International Law Commission,
in: American Journal of International Law (AJIL), 67, 1973, S. 84 ff.

Kilian, Michael

Zur völkerrechtlichen Verantwortlichkeit des Staates bei Akten des Internationalen Terrorismus,
in: Neue Zeitschrift für Wehrrecht 1982, S. 121 ff.

Kimnich, Otto

Einführung in das Völkerrecht,
2. Aufl. 1983

Kissel, Otto Rudolf

Gerichtsverfassungsgesetz,
Kommentar,
1. Aufl. 1981 mit Nachtrag 1988

Kittrie, W.

Reconciling the irreconcilable: The quest for international agreement over political crime and terrorism,
in: Yearbook of World Affairs 1978, S. 208 ff.

Klein, Kurt

Die geistigen und die politisch-sozialen Ursachen des deutschen Terrorismus,
in: Der Terrorismus - eine akute Bedrohung der Menschenrechte,
Texte zur Inneren Sicherheit,
hrsg. vom Bundesministerium des Innern 1985,
S. 131 ff.

ders.
Die geistigen und politisch-sozialen Ursachen des deutschen Terrorismus,
in: Gewalt und Terrorismus
- Texte zur inneren Sicherheit,
Bericht über ein Seminar, veranstaltet vom Bundesministerium des Innern, 1987, S. 47 ff.

Klink, Manfred

Die Zusammenarbeit europäischer Polizeien in Sicherheitsfragen,
in: Die Polizei 1987, S. 183

Klückmann, Harald

Zur behördlichen Hilfe der Streitkräfte.
Die Truppe als Adressat staatlichen und kommunalen Hilfeersuchens,
in: DVBl 1977, S. 952 ff.

Klughard, Werner

Die Gesetzgebung zur Bekämpfung des Terrorismus aus strafrechtlich-soziologischer Sicht, 1984

Kniesel, Michael

Die Verhinderung von Gewalttätigkeiten bei Demonstrationen, in: Die Polizei 1989, S. 231 ff.

Kniesel/Tegtmeyer/Vahle

Handbuch des Datenschutzes für Sicherheitsbehörden Datenschutz und Informationsverarbeitung in der sicherheitsbehördlichen Praxis, 1986

Kovacic, Anton

Der legale Terror: das Jahrzehnt der Scharfmacher, Bornheim 1987

Kreis, Karl Markus

Der internationale Terrorismus, in: EA 1976, S. 367 ff.

ders.
Der internationale Terrorismus
in: Untersuchungen zur Strategie und Struktur revolutionärer Gewaltpolitik, hrsg. v. Manfred Funke, Schriftenreihe der Bundeszentrale für politische Bildung, Bd. 123, Bonn 1977, S. 158 ff.

Krekeler, Wilhelm

Strafverfahrensrecht und Terrorismus. Bewährung oder Niederlage des Rechtsstaates?, in: AnwBl 1979, S. 212 ff.

Krey, Volker

Der Fall Peter Lorenz - Probleme des rechtfertigenden Notstandes bei der Auslösung von Geiseln, in: ZRP 1975, S. 97 ff.

Kühl, Kristian

Neue Gesetze gegen terroristische Straftaten, in: NJW 1987, S. 737 ff.

Kunath, Klaus

Zur Einführung eines einheitlichen Straftatbestandes gegen "Luftpiraterie" durch das Elfte Strafrechtsänderungsgesetz vom 16. Dezember 1971,
in: JZ 1972, S. 199 ff.

Kunz, Gerhard

Ursachen des Terrorismus in der Bundesrepublik Deutschland,
in: Freiheit und Sicherheit - Die Demokratie wehrt sich gegen den Terrorismus,
Schriftenreihe der Bundeszentrale für politische Bildung, Band 148, Bonn 1979, S. 18 ff.

Kurth

Rechtsgrundlagen der Terrorismusbekämpfung,
in: Geistig-politische Auseinandersetzung mit dem Terrorismus, hrsg. vom Bundesministerium des Innern, Bonn 1979, S. 101 ff.

Kurtz, Georg

Übersicht über das Projekt "Ursachenforschung Terrorismus"
in: Auseinandersetzung mit dem Terrorismus - Möglichkeiten der politischen Bildungsarbeit.
Hrsg.: Bundesministerium des Innern, 1981

Lackner, Karl

Strafgesetzbuch mit Erläuterungen,
18. Aufl. 1989

Lacoste, Ilse

Die Europäische Terrorismus-Konvention,
Schweizer Studien zum Internationalen Recht,
Zürich 1982

Lagodny, Otto

Grundrechte als Auslieferungs-Gegenrechte,
in: NJW 1988, S. 2146 ff.

Lagoni, Rainer

Die Vereinten Nationen und der Internationale Terrorismus,
in: Europa Archiv, Bd. 32, 1977, S. 171 ff.

Lameyer, J.

Streitbare Demokratie contra Terrorismus?
in: ZRP 1978, S. 49 ff.

Lange, Richard

Terrorismus kein Notstandsfall?
Zur Anwendung des § 34 StGB im öffentlichen Recht,
in: NJW 1978, S. 784 ff.

Langer-Stein, Rose

Legitimation und Interpretation der strafrechtlichen
Verbote krimineller und terroristischer Vereinigungen
(§§ 129, 129 a StGB),
Diss., München 1987

Langguth, G.

Protestbeweguung
Entwicklung, Niedergang, Renaissance/Die neue Linke
seit 1968,
1983

ders.
Ursprung und Ziele des Terrorismus in Europa,
in: Außenpolitik 1986, S. 162 ff.

Laqueur, Walter

Terrorismus,
Kronberg/Ts 1977

ders.
Interpretationen des Terrorismus: Fakten, Fiktionen
und politische Wissenschaft,
in: Terrorismus, Untersuchungen zur Strategie und
Struktur revolutionärer Gewaltpolitik,
hrsg. und eingeleitet von Manfred Funke,
Schriftenreihe der Bundeszentrale für politische
Bildung, Band 123, Bonn 1977, S. 37 ff.

ders.
Terrorismus - Wurzeln und Wirkungen,
in: Meyers Enzyklopädisches Lexikon, Bd. 23, 1978

Larguier, Jean

droit pénal général et procédure pénale,
11. Aufl.,
Paris 1987

Laufhütte, Heinrich

Das vierzehnte Strafrechtsänderungsgesetz
in: MDR 1976, S. 441 ff.

Leichter, Otto

Die Vereinten Nationen und der internationale Terrorismus,
in: VN 1973, S. 8 ff.

Leipziger-Kommentar zum Strafgesetzbuch

Großkommentar (8 Bände)
10. Aufl. 1985 - 1989

Levasseur, George

Les aspects répressifs du terrorisme international,
in: Guillaume/Levasseur,
Terrorisme International,
Institut des Hautes Etudes Internationales de Paris,
Paris 1976/77, S. 59 ff.

Linde, Gerd

Mittelost-Terrorismus:
Indigen oder fremdgesteuert?
Berichte des Bundesinstituts für ostwissenschaftliche und internationale Studien, 25 - 1989

Linke, Robert

Internationaler Terrorismus als Rechtsproblem,
in: ÖstJZ 1976, S. 230 ff.

ders.
Das Europäische Übereinkommen zur Bekämpfung des Terrorismus vom 27. Jänner 1977,
in: ÖJZ 1977, S. 232 ff.

Linkvogel, Peter

Der Zweck heiligt die Mittel?,
in: Kriminalistik 1989, S. 12 f.

Lisken, Hans

Neue polizeiliche Ermittlungsmethoden im Rechtsstaat des Grundgesetzes,
in: DRiZ 1987, S. 184 ff.

Lochte, Christian

Das terroristische Umfeld des deutschen Terrorismus,
in: Geistig-politische Auseinandersetzung mit dem Terrorismus,
hrsg. v. Bundesministerium des Innern,
Bonn 1979, S. 15 ff.

Löchner, Gerhard

Politische Verteidigung im Verfahren gegen terroristische Gewalttäter,
in: FS für Kurt Rebmann zum 65. Geburtstag
1989, S. 303 ff.

Lubenoff

Die völkerrechtliche Lage im Balkan,
in: ZaöRV 1934, S. 129 ff.

Maaß, Harald

Keimzelle einer "Euro-Kripo"?
Erfahrungen mit dem Europäischen Regionalsekretariat (EuSec) und dem Technischen Komitee für die Zusammenarbeit in Europa,
in: Kriminalistik 1987, S. 431 ff.

von Mangoldt/Klein

Das Bonner Grundgesetz,
2. Aufl., 1957 ff.

Mannheimer, Ludwig

Luftpiraterie,
in: JR 1971, S. 227 f.

Marqua, Peter

Stellvertreterkrieg,
in: DRiZ 1988, S. 26

Martitz, Ferdinand von

Internationale Rechtshilfe in Strafsachen,
2. Band, Leipzig 1897

Masson, Paul

Rapport,
Fait au nom de la commission de contrôle des conditions de fonctionnement, d'intervention et de coordination des services de police et de sécurité engagés dans la lutte contre le terrorisme, créée en vertu de la résolution adoptée par le Sénat le 18 novembre 1983,
No. 322, 1984

Maunz-Dürig-Herzog

Grundgesetz,
Kommentar,
Band III, 1987

Mayer-Tasch

Guerillakrieg und Völkerrecht,
1972

Mc Whinney, Edward

Aerial piracy and international terrorism. The illegal diversion of aircraft and international law. 2nd rev. ed. - Dordrecht 1987

Merle, R./Vitu, A.

Traité de droit criminel,
Band 1,
5. Aufl. 1984

Merten, Karlheinz

Mißachtungen der Polizeihoheit der Länder durch den Bund,
in: DVBl. 1987, S. 395 ff.

ders.
Erwiderung zur Antwort auf Schoen,
in: DVBl 1988, S. 19 f.

Mettgenberg, W.

Vor und nach dem Anschlag von Marseille,
in: Völkerbung und Völkerrecht, 1934/35, S. 596-602

ders.
Internationale Strafgerichtsbarkeit für Terrorakte,
in: Völkerbund und Völkerrecht 1935/36, S. 18 ff.

Meyer, Alex

Internationale Luftfahrtabkommen,
Schriftenreihe des Instituts für Luftrecht und Weltraumrechtsfragen der Universität Köln,
Band V, 1964
Band VI, 1972

Meyer, Jürgen

Brauchen wir den Kronzeugen?,
in: ZRP 1976, S. 25 ff.

Meyers Enzyklopädisches Lexikon

Stichwort: Terrorismus
Band 23,
9. Aufl., Mannheim 1978

Meyrowitz, Henry

Die Ratifizierung der Genfer Zusatzprotokolle durch die Sowjetunion,
in: EA 1989, S. 685 ff.

Middendorff, Wolf

Menschenraub, Flugzeugentführungen, Geiselnahme, Kidnapping,
Bielefeld 1972

ders.
Der Kronzeuge.
Historisch-Kriminalistisches Gutachten,
in: ZStW
85, S. 1102

ders.
Die Persönlichkeit des Terroristen
- insbesondere die Frau als Terroristin,
in: Kriminalistik 1976, S. 289 ff. und 357 ff.

Ministerium der Justiz, Akademie für Staats- und Rechtswissenschaft der DDR, Potsdam-Babelsberg (Hrsg.)

Strafrecht der Deutschen Demokratischen Republik
Kommentar zum Strafgesetzbuch, 1984

Moehlmann, Claus C.

Strafzweck und Amnestie nach französischem Strafrecht,
Diss., 1980

Moore, Barrington

Ungerechtigkeit - Die sozialen Ursachen von Unterdrückung und Widerstand,
Frankfurt/M. 1982

Mosler, Hermann

Die Konferenz zur internationalen Bekämpfung des Terrorismus (Nov. 1937),
in: ZaöRV 8 (1938), S. 99 ff.

Mouel, Francois Le

L'unité de coordination de lutte anti-terroriste (UCLAT),
in: Revue Administration Nr. 134, Dezember 1986, S. 31 f.

Mueller, Gerhard O.W.

Two Enforcement Models For International Criminal Justice,
in: Etudes en l'honneur de Jean Graven, Genf 1969, S. 107 ff.

Müller-Dietz, Heinz

Vorschlag zur Pönalisierung verbaler Gewalt,
in: JZ 1976, S. 141

Multhaupt, Wulf Friedrich

Die Irisch Republikanische Armee,
Geschichte, Ziele und Aktivitäten,
in: Aus Politik und Zeitgeschichte
Beilage zur Wochenzeitung Das Parlament
B 45/88, 4. November 1988, S. 35 ff.

ders.
Die Irisch Republikanische Armee (IRA) -
Die Entwicklung einer modernen Untergrundorganisation,
in: Terrorismus, Informationsdienst,
Hrsg. Institut für Terrorismusforschung, Bonn,
Nr. 5 (Mai) 1988

von Münch, Ingo

Grundgesetz-Kommentar
Band 3,
2. Aufl. 1983

ders.
Völkerrecht
in programmierter Form,
2. Aufl. 1982

Nuclear Control Institute, The

Report of the International Task Force on Prevention of Nuclear Terrorism,
Washington, 1988

Oehler, Dietrich

Internationales Strafrecht,
2. Aufl. 1983

ders.
Kronzeugen und Erfahrungen mit Kronzeugen im Ausland,
in: ZRP 1987, S. 41 ff.

Oppermann, Thomas

Der Beitrag des Internationalen Rechts zur Bekämpfung des internationalen Terrorismus,
in: Staatsrecht-Völkerrecht-Europarecht, Festschrift für H.-J. Schlochauer zum 75. Geburtstag, 1981, S. 495 ff.

Ott, Hans-Peter

Vertrag auf französisch
- 17 Staaten unterzeichneten Anti-Terror-Konvention-,
in: Münchner Merkur v. 28.01.1977

Pallasch, Horst

Analyse des Terrors,
in: Die Polizei 1975, S. 167 ff.

Partsch, Karl Josef

Humanität im Bürgerkrieg,
in: Staatsrecht-Völkerrecht-Europarecht, FS für H.-J. Schlochauer zum 75. Geburtstag, 1981, S. 515 ff.

ders.
Regeln für den Aufstand?
- Ein Versuch zur Erfassung von Unruhen und Spannungen,
in: Neue Zeitschrift für Wehrrecht, 1989, S. 1 ff.

Pella, V.-V.

Les conventions de Genève pour la prévention et la répression du terrorisme et pour la création de la Cour pénale internationale,
in: Revue de droit pénal et de criminologie 1938, S. 409 ff.

Pesch, Ulrike

Diplomaten - Entführungen als politisches Kampfmittel,
in: Terrorismus. Untersuchungen zur Strategie und Struktur revolutionärer Gewaltpolitik, hrsg. und eingeleitet von Manfred Funke, Schriftenreihe der Bundeszentrale für politische Bildung, Band 123, Bonn 1977, S. 100 ff.

Petschenig, M./Skutsch, F.

Der Kleine Stowasser,
Lateinisch Deutsches Wörterbuch,
München 1971

Pfiszter, Franz

Möglichkeiten und Grenzen der Gewährleistung innerer Sicherheit im Rahmen des geltenden Rechts bei der Bekämpfung der Organisierten Kriminalität,
in: Polizei-/Strafprozeßrecht und aktuelle Kriminalitätslage - Notwendigkeit und Grenzen eines Neuzuschnitts der PolG und der StPO - Arbeitstagung v. 25. - 27.03.1987 in der PFA Münster, Schlußbericht, S. 51 ff.

Philonenko, Maximilian

Le refus d'extradition des terroristes croates,
in: Journal du Droit International (Clément), 1934, S. 1157 ff.

Pictet, Jean S.

The Geneva Conventions of 12 August 1949, Commentary, IV Geneva Convention Relative to the Protection of Civilian Persons in Time of War, Genf 1958

Platz, Klaus-Wilhelm

Internationale Konvention gegen Geiselnahme,
in: ZaöRV, 40, 1980, S. 276 ff.

Pollern, Hans-Ingo von

Europäisches Übereinkommen zur Bekämpfung des Terrorismus vom 11. November 1976,
in: BayVBl 1977, S. 692 f.

Pötz, Paul-Günter

Das Recht der Auslieferung in der Rechtsprechung des Bundesgerichtshofes,
in: Geburtstagsgabe für Heinrich Grützner 1970, S. 127 ff.

ders.
Die strafrechtliche Ahndung von Flugzeugentführungen,
in: ZStW 1974, S. 489 ff.

Pradel, Jean

Droit Pénal, Tome I, Introduction générale, Droit pénal général,
5. Aufl., Paris 1986

ders.
Les infractions de terrorisme, un nouvel exemple de l'éclatement du droit pénal,
in: Recueil Dalloz Sirey 1987, S. 39 ff.

Presse- und Informationsamt der Bundesregierung

Dokumentation zu den Ereignissen und Entscheidungen im Zusammenhang mit der Entführung von Hanns Martin Schleyer und der Lufthansa-Maschine "Landshut",
2. Aufl., Bonn 07.11.1977

Raufer, Xavier

Terrorisme: maintenant, la France?
La guerre des partis communistes combattants,
Paris 1982

Raufer, Xavier et Haut, Francois (Directeur de la publication)

Révolution & Lutte Armée en France 1969 - 1987 -Action Directe,
in: Notes & Etudes De L'Institut De Criminologie De Paris, No. 718 Octobre - Décembre 1988

Rebmann, Kurt

Terrorismus und Rechtsordnung - Erfahrungen mit den Rechtsänderungen der vergangenen Jahre - Vorschläge de lege ferenda?, in: DRiZ 1979, S. 363 ff.

ders.
Inhalt und Grenzen des Straftatbestands "Werben für eine terroristische Vereinigung" nach § 129 a StGB, in: NStZ 1981, S. 457 ff.

ders.
Probleme und Möglichkeiten der Bekämpfung des internationalen Terrorismus, in: NJW 1985, S. 1735 ff.

ders.
Probleme bei der Bekämpfung des Terrorismus, (Straßburger Gespräche. 4.), 1986

ders.
Die Zuständigkeit des Generalbundesanwalts zur Verfolgung terroristischer Straftaten. - Vorschläge zu notwendiger Ergänzung -, in: NStZ 1986, S. 289 ff.

ders.
Strafverfolgung im Bereich terroristischer Publikationen, in: NStZ 1989, S. 97 ff.

Renner, Günter

40 Jahre Asylgrundrecht - Zeit für eine grundlegende Reform?, in: NJW 1989, S. 1246 ff.

Renner, Rüdiger/Haensch, Günther/Kostine, Michael Campart De

Französisch-Deutsche Rechtssprache, 1966

Reschetow, Juri

Rechtliche Aspekte des internationalen Terrorismus, in: Neue Zeit, Moskau 1981, S. 20 - 22

Richter, Walter

Aufstockung: Vergehen werden Verbrechen
- Gesetz zur Bekämpfung des Terrorismus: Parteienzwist,
in: W+S 1987, S. 196 ff.

Riedel, Eibe

Auslieferung und Asylgewährung am Beispiel der Terrorismusbekämpfung in Europaratsstaaten,
in: DÖV 1979, S. 27 ff.

Rieß, Peter

Die "Anti-Terrorismusgesetzgebung" in der Bundesrepublik Deutschland,
in: Freiheit und Sicherheit - Die Demokratie wehrt sich gegen den Terrorismus,
Schriftenreihe der Bundeszentrale für politische Bildung, Band 148, Bonn 1979, S. 69 ff.

Riggle, R.

L'affaire Abou Daoud: Some problems of extraditing an international terrorist,
in: International Lawyer 1978, S. 333

Robert, Jacques

Terrorisme, idéologie sécuritaire et libertés publiques,
in: Revue du Droit Publilc. Paris. 1986, S. 1651 ff.

Röbbert, Manfred

Die internationale Luftrechtskonferenz in Montreal 1971,
in: ZLW 1972, S. 133 ff.

Rohrmoser, Günter

Die Frage der Gewalt am Ende des Jahrhunderts,
in: Auseinandersetzung mit dem Terrorismus
- Möglichkeiten der politischen Bildungsarbeit,
Hrsg. Bundesministerium des Innern, 1981

Roux, J.-A.

Le projet de convention internationale pour la répression des crimes présentant un danger public,
in: Revue international de droit pénal, 1935,
S. 99 ff.

Rozakis, Christos L.

Terrorism and the Internationally Protected Persons in the Lights of the ILC's Draft Articles,
in: International and Comparative Law Quarterly, (ICLQ), 23, 1974, Nr. 1, S. 32 ff.

Rubin, Alfred P.

Terrorism, "Grave Breaches" and the 1977 Geneva Protocols,
in: American Society of International Law, Procedings of the 74th annual meeting, Washington, D.C., 1980, S. 192 ff.

Rudolf, Alfred

Die Bordgewalt des Flugzeugkommandanten in ihrer Ausgestaltung durch das Tokioter Abkommen von 1963,
in: ZLW 1972, S. 151 ff.

Rudolphi, H.-J.

Die Gesetzgebung zur Bekämpfung des Terrorismus. Versuch einer kritischen Würdigung,
in: JA 1979, S. 1 ff.

Rumpf, Helmut

Völkerrechtliche Probleme des Terrorismus,
in: Außenpolitik 1985, S. 383 ff.

Rupprecht, Reinhard

Einführung in die Tagung Terrorismus der Polizei-Führungsakademie Münster v. 27. - 30.04.1981,
in: Schlußbericht (Protokoll) über die Arbeitstagung Terrorismus vom 27. bis 30. April 1981 bei der Polizei-Führungsakademie in Münster, S. 5 ff.

ders.
Bedingungen des sozial-revolutionären Terrorismus in der Bundesrepublik Deutschland
- Kurzbericht über ein Forschungsprojekt,
in: Kriminalistik 1981, S. 386 ff.

ders.
Lebenslaufanalysen von Terroristen
- Bericht über ein Projekt zur Erforschung von Bedingungen des sozialrevolutionären Terrorismus,
in: Kriminalistik 1982, S. 298 ff.

ders.
Terrorismus - Versuch einer Definition,
in: Materialien zur Politischen Bildung 1984,
S. 88 ff.

ders.
Polizei Lexikon,
1986

ders.
Polizei in Europa - zwischen Euroterrorismus und Gewaltkriminalität -
Referat anläßlich des Kolloquiums des Internationalen Beamtenbundes am 04.02.87 in Straßburg,
in: CIF 1987, S. 26 ff.

Schäfer, Herbert (Schriftleitung und Redaktion)

Im Vorfeld des Terrorismus,
Bd. 2: Angst und Gewalt,
1986

Scheerer, Sebastian

Gesetzgebung im Belagerungszustand,
in: Blankenburg, E.
Politik der inneren Sicherheit,
1980

Schiller, David Thomas

Terrorismus im Nahen Osten,
in: Aus Politik und Zeitgeschichte,
Beilage zur Wochenzeitung Das Parlament,
B 5/87 v. 31.01.1987

Schiller, S./Drettmann, F.

Probleme einer gesetzlichen Verpflichtung zur Eigensicherung gefährdeter Objekte,
in: DVBl 1977, S. 956 ff.

Schlögel, Anton

Genfer Abkommen zum Schutze der Kriegsopfer vom 12.08.1949,
in: Wörterbuch des Völkerrechts,
Hrsg. Schlochauer, H.-J.,
1. Band, Berlin 1960

Schmid, Hans

Ein Überblick über das Strafverfahrensgesetz 1979 (StVÄG 1979),
in: Das Polizeiblatt für das Land Baden-Württemberg 1978, S. 178 ff.

Schmidt, Hans Wolfgang

Aus der Rechtsprechung des Bundesgerichtshofs in Staatsschutzsachen,
in: MDR 1990, S. 102 ff.

Schmidt-Jortzig, Edzard

Möglichkeiten einer Aussetzung des strafverfolgerischen Legalitätsprinzips bei der Polizei,
in: NJW 1989, S. 129 ff.

Schmidt-Nothen, Rainer

Der lange Marsch durch viele Konferenzen. Es gibt noch viel zu tun: Verträge und Abkommen, die dem Kampf gegen das Verbrechen dienen,
in: Kriminalistik 1987, S. 406 ff.

Schmidt-Räntsch, Günther

Die internationale Luftrechtskonferenz in Tokio (1963) und das Abkommen über strafbare und bestimmte andere Handlungen an Bord von Luftfahrzeugen,
in: ZLW 1964, S. 75 ff. und
in: Meyer, Internationale Luftfahrtabkommen, Band V, S. 330 ff.

ders.
Die internationale Luftrechtskonferenz in Den Haag und das Abkommen zur Bekämpfung der widerrechtlichen Inbesitznahme von Luftfahrzeugen,
in: ZLW 1971, S. 63 ff.

ders.
Zur Luftpiraterie,
in: JR 1972, S. 146 f.

Schnarr, Karl Heinz

Irritationen um § 120 Abs. 2 S. 1 Nr. 2 GVG,
in: MDR 1988, S. 89 ff.

Schnorr von Carolsfeld, Ludwig

Straftaten in Flugzeugen,
Erlangen 1965

Schoen, Gerd-Dieter

Nochmals: Mißachtungen der Polizeihoheit der Länder durch den Bund? - Antwort auf Merten in DVBl 1987, S. 395 ff.
in: DVBl 1988, S. 16 ff.

Schöneich

Rechtsgrundlagen der Terrorismusbekämpfung,
in: Geistig-politische Auseinandersetzung mit dem Terrorismus,
hrsg. vom Bundesministerium des Innern, Bonn 1979, S. 110 ff.

Schoreit, Armin

Datenschutz kontra Sicherheit,
in: ZRP 1987, S. 153 ff.

Schreiber, Manfred

Stichwort: Terrorismus,
in: Evangelisches Staatslexikon,
hrsg. v. Herzog, Kunst, Schlaich, Schneemelcher, 3. Aufl. 1987

Schreiber, Mathias

Die Wucht der Gefühle.
Zur deutschen Vorgeschichte des Terrorismus,
in: FAZ v. 12.09.86

Schreiber, Wolfgang

Die Befugnisse der Streitkräfte nach Art. 87 a Abs. 3 GG,
in: DÖV 1969, S. 729 ff.

ders.
Politische Initiativen und Perspektiven zur Terrorismusbekämpfung,
in: Schlußbericht (Protokoll) über das Seminar Terrorismusbekämpfung, Internationales Seminar vom 12. bis 16. Dezember 1988 in Münster, S. 27 ff.

Schüle, Adolf

Völkerrechtliches Delikt,
in: Wörterbuch des Völkerrechts,
Hrsg. H.-J. Schlochauer, 1960

Schueler, Hans

Totale Vorsorge - Soldaten in Wackersdorf?,
in: Die Zeit v. 12.08.1988

Schultze-Willebrand, Bernd

Das Strafrecht der europäischen sozialistischen Staaten:
Gemeinsamkeiten und Unterschiede,
1980

ders.
Strafrecht der Deutschen Demokratischen Republik:
Gemeinsamkeiten und Unterschiede,
1980

Schulz, Burkhard

Bericht aus Bonn
-"Lex Baader-Meinhof",
in: ZRP 1975, S. 19

Schulz, H./Hermann, I.

Bekämpfung der organisierten Kriminalität,
in: Der Kriminalist 1983, S. 385 ff.

Schuster, Leo

Privates Sicherheitsgewerbe - Bedrohung des staatlichen Gewaltmonopols oder Notwendigkeit?,
in: Die Polizei 1989, S. 5 ff.

De Schutter, Bart

Problems of Jurisdiction in the International Control and Repression of Terrorism,
in: Bassouni, M. Cherif (Hrsg.),
International Terrorism and Political Crimes,
1975, S. 377 ff.

ders.
Prospective Study of the mechanisms to repress Terrorism,
in: Réflexions sur la définition et la répression du terrorisme, Centre de droit international, Actes du Colloque, Brüssel 1974, S. 253 ff.

Schütz, Joachim

Der völkerrechtliche Rahmen zur Bekämpfung von Flugzeugentführungen und anderen Terrorakten gegen die internationale Zivilluftfahrt,
in: ÖJZ 30 (1975), S. 225 ff.

Schwenk

Bekämpfung des internationalen Terrorismus,
in: VN 1976, S. 97 ff.

Schwind, Hans-Dieter

Kriminologie.
Eine praxisorientierte Einführung mit Beispielen,
1986

Schwind, H.-D./Baumann, J./Schneider, U./Winter, M.

Gewalt in der Bundesrepublik Deutschland,
Endgutachten der Unabhängigen Regierungskommission zur Verhinderung und Bekämpfung von Gewalt (Gewaltkommission),
1989

Schwind, H.-D./Winter, M.

Die (Anti-)"Gewaltkommission" der Bundesregierung
- Auftrag, Arbeitsweise und Ergebnisse im Überblick -,
in: NStZ 1990, S. 105 ff.

Schwindt, F.

Verdeckte Ermittlungen der Polizei - Ermächtigungsgrundlage aus § 34 StGB,
in: Kriminalistik 1987, S. 309

Seidl-Hohenveldern, Ignaz

Völkerrecht,
6. Aufl. 1987

Shubber, Sami

The International Convention Against the Taking of Hostages,
in: BYIL 52 (1981), S. 205 ff.

Spetzler, Eberhard

Luftkrieg und Menschlichkeit.
Die völkerrechtliche Stellung der Zivilpersonen im Luftkrieg,
1956

Spranger, Carl-Dieter

Die Antwort des demokratischen Rechtsstaates auf die Herausforderung des Terrorismus,
in: Gewalt und Terrorismus
- Texte zur inneren Sicherheit,
Bericht über ein Seminar, veranstaltet vom Bundesministerium des Innern, 1987, S. 105 ff.

Stanciu, V.

Terrorisme et crime politique,
in: Revue politique et parlementaire (Paris)
(Année 74) 1972, S. 28 ff.

Stein, Torsten

Die Europäische Konvention zur Bekämpfung des Terrorismus,
in: ZaöRV, 37, 1977, S. 668 ff.

ders.
Die Bekämpfung des Terrorismus im Rahmen der Mitgliedstaaten der Europäischen Gemeinschaften,
in: ZaöRV (40) 1980, S. 312 ff.

ders.
Die Auslieferungsausnahme bei politischen Delikten,
1983

Steinke, Wolfgang

Internationale Zusammenarbeit von Polizei und Justiz,
in: Polizei und Justiz
BKA-Vortragsreihe Band 23, 1977, S. 39 ff.

ders.
Das organisierte Verbrechen,
in: Kriminalistik 1982, S. 78 ff.

Stohl, Michael
Lopez, George H.

The state as terrorist: the dynamics of governmental violence and repression,
London 1984

Strafrechtskommission des DRB

Vermummte bestrafen oder nicht?
- Überlegungen der Kleinen Strafrechtskommission des DRB,
in: DRiZ 1988, S. 29 f.

Stree, Walter

Strafrechtsschutz im Vorfeld von Gewalttaten
- Das 14. Strafrechtsänderungsgesetz,
in: NJW 1976, S. 1177 ff.

Strupp-Schlochauer

Wörterbuch des Völkerrechts,
Bd. 1 1960,
Bd. 2 1961,
Bd. 3 1962

Sturm, Richard

Die Strafrechtsreform,
in: JZ 1970, S. 82 ff.

ders.
Zum Vierzehnten Strafrechtsänderungsgesetz
(Gewaltbekämpfung) vom 22.04.1976,
in: JZ 1976, S. 347 ff.

ders.
Zur Bekämpfung terroristischer Vereinigungen - Ein
Beitrag zum Gesetz vom 18. August 1976,
in: MDR 1977, S. 6 ff.

Stümper, Alfred

Erfordert die Bekämpfung des Terrorismus ein erweitertes polizeiliches Instrumentarium?,
in: CIF 1987, S. 31 ff.

ders.
Unsere Kriminalpolitik liegt im Argen,
in: Kriminalistik 1987, S. 630 ff.

Terrorist Group Profiles,

Superintendent of Documents, U.S. Government Printing
Office, Washington, D.C. 1988

Tegtmeyer, Henning

Gesetz zur Änderung des Straßenverkehrsgesetzes,
in: DNP 1987, S. 103 ff.

Tophoven, Rolf

Der internationale Terrorismus - Herausforderung und
Abwehr,

in: Terrorismus. Untersuchungen zu Strategie und Struktur revolutionärer Gewaltpolitik, hrsg. von Manfred Funke, Schriftenreihe der Bundeszentrale für politische Bildung, Band 123, Bonn 1977, S. 240 ff.

ders.
Zusammenarbeit mit Terroristen,
in: Informationsdienst Terrorismus (Bonn) Nr. 9 - September 1989, S. 5 f.

Turner, George

Rechtsstaat und Interessenpolitik.
Vom gebrochenen Verhältnis zum Recht,
in: ZRP 1987, S. 73 ff.

US-Department of State

Patterns of Global Terrorism 1989,
1990

Vallée, Charles

Organisation de l'Europe,
La Convention Européene pour la répression du terrorisme,
in: Annuaire francais de droit international, 22, 1976, S. 756 ff.

Verdross, Alfred/Simma, Bruno

Universelles Völkerrecht: Theorie und Praxis,
3. Aufl. 1984

Verfassungsschutzbericht 1986
Verfassungsschutzbericht 1987
Verfassungsschutzbericht 1988

Hrsg.: Der Bundesminister des Innern, Bonn 1987, 1988 und 1989

Verwey, Wil D.

The International Hostages Convention and National Liberation Movements,
in: AJIL 75 (1981), S. 69 ff.

Völz, Gerhard

Zuständigkeit und Aufgaben des Generalbundesanwalts bei der Verfolgung terroristischer Gewalttäter,

in: Gewalt und Terrorismus
- Texte zur inneren Sicherheit,
Bericht über ein Seminar, veranstaltet vom Bundesministerium des Innern, 1987, S. 87 ff.

Vogel, Hans-Jochen

Bekämpfung der Gewaltandrohung,
in: DRiZ 1976, S. 88 f.

ders.
Worum es wirklich geht
- Scheinbare und wirkliche Felder der Auseinandersetzung mit dem Terror,
in: DRiZ 1977, S. 303 f.

ders.
Strafverfahrensrecht und Terrorismus - eine Bilanz,
in: NJW 1978, S. 1217 ff.

Voss/Marqua/Bietz/Burckhardt/Voß (Red.)

Gewaltbekämpfung - innere Sicherheit.
Die wichtigsten rechts- und innenpolitischen Gesetzesvorhaben der 11. Legislaturperiode,
in: DRiZ 1987, S. 282

Waciorski, Jerzy

Le terrorisme politique,
Paris 1949

Waldmann, Peter

Die Bedeutung der ETA für Gesellschaft und Politik im spanischen Baskenland,
in: Aus Politik und Zeitgeschichte,
Beilage zur Wochenzeitung Das Parlament
B 45/88, 4. November 1988, S. 3 ff.

Walter, Dieter

Terrorismus in der Bundesrepublik Deutschland,
in: Geistig-politische Auseinandersetzung mit dem Terrorismus,
hrsg. v. Bundesministerium des Innern, Bonn 1979, S. 10. ff.

Wassermann, Rudolf (Hrsg.)

Kommentar zum Grundgesetz für die Bundesrepublik Deutschland
(Reihe Alternativkommentare)
Band 2, 1984

ders.
Möglichkeiten staatlicher Reaktion gegen politisch motivierte Gewalt,
in: Texte zur inneren Sicherheit:
Abwehrbereite Demokratie und Verfassungsschutz, Hrsg.: Der Bundesminister des Innern, April 1989, S. 145 ff.

Weber, H. von

Die Befugnisse nach Art. 5-10 des Münchener Entwurfs eines Abkommens über strafbare Handlungen und bestimmte andere Handlungen an Bord von Luftfahrzeugen, in: ZLW 1960, S. 215 ff.

ders.
Wörterbuch des Völkerrechts,
Dritter Band, Berlin 1962,
S. 439 f.
(Stichwort: Terrorismus)

Weichert, Thilo

Schengen - Keimzelle einer Euro-Polizei,
in: Demokratie und Recht, 1990, S. 251 ff.

Welter, Gilbert

Der Weg nach Europa
- Lage und Ausblick im Bereich der Inneren Sicherheit,
in: Die Polizei 1989, S. 207 ff.

Westerburg, W.

Die Polizeigewalt des Luftfahrzeugkommandanten,
Rechtsvergleichende Untersuchungen zur Gesamten Strafrechtswissenschaft.
Heft 28, Bonn 1961

Wilde, Harry

Der politische Mord - Morde und Attentate in der Weltgeschichte. Ihre Hintergründe, Triebkräfte und Folgen. Von Napoleon III. bis Kennedy,
1962

Wilkinson, Paul

Terrorism and the liberal state,
2. Aufl. 1986

ders.
Terrorismus als Ersatz für die Führung des Krieges,
in: Krieg im Frieden? Theorien und Praktiken des Terrorismus,
Hrsg. Deutsches Strategie-Forum e.V.,
Bonn 1987, S. 13 ff.

Wille, Jörn

Die Verfolgung strafbarer Handlungen an Bord von Schiffen und Luftfahrzeugen,
1974

Wingenter, Raimund

Das Fernverkehrsnetz der Kriminalpolizei.
Zentralstelle der IKPO-Interpol/Strukturveränderungen im Generalsekretariat,
in: Kriminalistik 1987, S. 415 ff.

Winterfeld, Achim von

Terrorismus
- "Reform" ohne Ende?,
in: ZRP 1977, S. 265 ff.

Witte, Leo

Rechtsstaat und Terrorismus,
in: DRiZ 1978, S. 289 ff.

Wittke, Thomas

Terrorismusbekämpfung als rationale politische Entscheidung
- Die Fallstudie Bundesrepublik,
1983

Wördemann, Franz

Terrorismus -
Motive, Täter, Strategien,
1977

ders.
Anmerkungen zum Thema "Internationaler Terrorismus",
in: Geistig-politische Auseinandersetzung mit dem Terrorismus, hrsg. vom Bundesministerium des Innern, Bonn 1979, S. 21 ff.

Wood, M.C.

The Convention on the Prevention and Punishment of Crimes against Internationally Protected Persons, Including Diplomatic Agents,
in: ICLQ, 23, 1974, S. 791 ff.

Zachert, Hans

Polizeiliche Maßnahmen zur Bekämpfung des Terrorismus,
in: Gewalt und Terrorismus
- Texte zur inneren Sicherheit,
Bericht über ein Seminar, veranstaltet vom Bundesministerium des Innern, 1987, S. 77 ff.

Zeiger, Jürgen

Aus der Sicht der polizeilichen Praxis:
Möglichkeiten und Grenzen der Gewährleistung innerer Sicherheit im Rahmen des geltenden Rechts -
Bei der Bekämpfung des Terrorismus,
in: Polizei-/Strafprozeßrecht und aktuelle Kriminalitätslage - Notwendigkeit und Grenzen eines Neuzuschnitts der PolG und der StPO - Arbeitstagung v. 25.-27.03.1987 in der PFA Münster, Schlußbericht, S. 71 ff.

Zierl, Gerhard

Der Vergleich im Strafverfahren:
"Tausche Geständnis gegen Bewährung",
in: AnwBl 1985, S. 505

Zimmermann, Friedrich

Grundgedanken zu Fragen der Inneren Sicherheit für 1989,
in: Die Polizei 1989, S. 1 ff.

Zlataric, Bogdan

Erwägungen zum Abkommen über strafbare und bestimmte andere Handlungen an Bord von Luftfahrzeugen,
in: Geburtstagsgabe für Heinrich Grützner 1970, S. 160 ff.

ders.
Erwägungen zum Abkommen über strafbare und bestimmte andere Handlungen an Bord von Luftfahrzeugen vom 14. September 1963,
in: Festschrift für Heinrich Grützner, S. 160 ff.

ders.
History of International Terrorism and its legal Control,
in: Bassiouni, M. Cherif (Hrsg.), International Terrorism and Political Crimes, 1975, S. 474 ff.

Zuck, Rüdiger

Der Kronzeuge,
in: MDR 1989, S. 1065 f.

A. Einführung

Eine Arbeit, die sich mit internationalen Übereinkommen zur Bekämpfung des Terrorismus befaßt, muß zunächst klarstellen, was Gegenstand ihrer Untersuchung ist. Obwohl der Begriff Terrorismus in der Medienberichterstattung wie auch der juristischen Fachliteratur verbreitet ist, findet sich - auch in letztgenannter - eine allgemein anerkannte Definition nicht. Weder im internationalen noch im nationalen Bereich ist es bislang gelungen, sich auf eine allgemein gültige Definition zu einigen(1). Dennoch befassen sich eine Vielzahl auch wissenschaftlicher Abhandlungen mit dem Thema, ohne dieses klar abzugrenzen; sie legen vielmehr überwiegend ohne rechtfertigende Begründung einen eingeschränkten Terrorismusbegriff im Sinne eines gegen Staaten gerichteten gewalttätigen Angriffs im weitesten Sinne zugrunde(2). Das Unvermögen, sich auf eine - allgemein gültige - Formel zu einigen, muß um so mehr verwundern, als terroristische Akte bei genauerer Analyse keine Neuheit unserer Zeit

(1) Gerber, Kriminalistik 1979, S. 72; Lagoni, EA 1977, S. 171; Rebmann, NJW 1985, S. 1736; Rumpf, Außenpolitik, S. 384; Wilkinson, S. 181; Masson, in: Rapport Sénat Nr. 322 (1984), S. 11; Jenkins, S. 17;
BT-Drs. 11/2608 vom 01.07.1988 (Antwort zu Frage 11); US-Department of State, Patterns of Global Terrorism: 1989, S. V.

(2) Vgl. exemplarisch: Klughardt, der auf eine Definition gänzlich verzichtet, und Lacoste, die eine Definition zumindest versucht (S. 26).

darstellen(3) und auch die internationale Kooperation zu ihrer Bekämpfung nicht erst - wie es bei Lektüre nicht nur der Tagespresse häufig den Anschein hat - im vergangenen Jahrzehnt begonnen hat.
Nicht einmal die ersten Bemühungen auf internationaler Ebene, den Terminus Terrorismus zu definieren, sind jüngeren Datums(4). Wie schwierig dessen Definition ist, erhellt bereits aus der Umschreibung des Begriffs im Duden(5); danach bedeutet Terrorismus

"1. Schreckensherrschaft
2. das Verbreiten von Terror durch Anschläge und Gewaltmaßnahmen zur Erreichung eines bestimmten (politischen) Ziels".

Diese Umschreibung ist deshalb wenig befriedigend, da - ohne daß auf einen unmittelbaren Zusammenhang hingewiesen wird - sie zweigliedrig und zudem mit einer tautologischen Wendung versehen ist.

---

(3) Hahlweg, S. 127; Barrington Moore bezeichnet gar den von Cato wiederholt getätigten Ausspruch "ceterum censeo Carthaginem delendam esse" als Zeichen terroristischer Politik. Siehe aber etwa Dahs, NJW 1976, S. 2146, der im Zusammenhang mit dem sog. '1. Anti-Terror-Gesetz' vom 18.08.1976 von "neuartigen Typen von Straftaten und Straftätern" spricht. Rohrmoser, S. 125, behauptet: "Politischer Terrorismus ist nur eine Erscheinung illegaler revolutionärer Gewalt in unserem Jahrhundert." Das Gegenteil offenbart sich z.B. bei der Lektüre des Werkes "Der politische Mord" von Wilde, in dem eine Vielzahl politisch motivierter Morde mit den politischen Hintergründen dargestellt wird, u.a. an Zar Alexander II. von Rußland und Abraham Lincoln. Vgl. weiterhin Mc Whinney, S. 127 f.

(4) S. hierzu die Akten (Actes) der Internationalen Konferenz zur Vereinheitlichung des Strafrechts und die Arbeiten für die Genfer Konventionen von 1937 nachfolgend unter Punkt C IV; Oppermann, FS Schlochauer, S. 496; Waciorski, S. 54; Pella, S. 412 ff.

(5) Duden, Bd. 5, Fremdwörterbuch, 3. Aufl. 1974

Ebenso schwierig wie die Definition des Begriffs Terrorismus scheint es zu sein, die Ursachen für das Erwachen des Terrorismus zu ergründen und Erklärungsansätze für seine Verbreitung zu finden. Dies läßt sich wohl nur teilweise damit erklären, daß seine Erscheinungsformen überaus mannigfaltig sind.

Mit vorgenannten Schwierigkeiten korrespondiert die, eine einheitliche Strategie zur Abwehr terroristischer Gefahren zu finden. Weltweit gesehen finden sich zur Bekämpfung des Terrorismus zahlreiche, mit anderen kaum zu vereinbarende Gefahrenabwehrstrategien, die zu einem nicht unerheblichen Teil rechtsstaatlichen Anforderungen nicht genügen. Krasse Verstöße gegen rechtsstaatliche Anforderungen in europäischen Ländern sind jedoch nicht evident. Auch besteht in diesen Ländern - namentlich in der Bundesrepublik Deutschland und Frankreich - weitgehende Einigkeit hinsichtlich des Ziels, das mit den Maßnahmen zur Bekämpfung des Terrorismus - dieser hier jeweils verstanden als ein gegen den Staat gerichteter Kampf - erreicht werden soll.
Nuancierungen ergeben sich primär aus unterschiedlichen Auffassungen über Art und Umfang staatlicher Sicherheitsplanungen(6). Hierbei wird der Schwerpunkt gesetzt(7):

- teils auf Gesellschaftspolitik mit pazifierender Wirkung,
- teils auf die Störerbeseitigung durch präventive und/oder repressive Maßnahmen oder

(6) Einen aktuellen Überblick hierzu gibt aus der Sicht des damals zuständigen Bundesministers: Zimmermann, Die Polizei 1988, S. 1 ff.
(7) Zu den Möglichkeiten staatlicher Reaktion gegen politisch motivierte Gewalt s. Wassermann, in: Texte zur Inneren Sicherheit, S. 145 ff.

- ein Bündel von Zwangsmaßnahmen, die auch Wirkung gegenüber strafrechtlich Nichtverantwortlichen haben.

Es soll jedoch an dieser Stelle nur ein einleitender Überblick über die in der vorliegenden Arbeit angesprochenen Themenkomplexe gegeben werden. Von daher verbietet es sich hier, tiefer auf die einzelnen Probleme einzugehen, zumal der der Arbeit zugrunde gelegte Terrorismusbegriff bislang nicht geklärt ist.
Diese Klärung in Angriff nehmen zu können, setzt voraus, daß man sich der Bandbreite von Aktionsformen bewußt ist, die in der Literatur und den Medien als terroristisch bezeichnet werden.

B. Erscheinungsformen des Terrorismus/Beispiels- und Zweifelsfälle

Bereits in den einleitenden Bemerkungen ist zum Ausdruck gekommen, daß die unterschiedlichsten soziopolitischen Aktionsformen das Prädikat "terroristisch" gefunden haben. Das läßt sich z.T. damit erklären, daß im begrifflichen Umkreis des Terminus Terrorismus auch solche gewalttätigen Formen des politischen Machtkampfes liegen, wie der Polizei- und Justizterror (Staatsterrorismus), der Guerilla- oder Partisanenkrieg, der Aufstand, der Widerstand und die Revolution(8), bei denen aufgrund der widersprüchlichen Begriffsverwendung nicht prima facie eindeutig ist, ob es sich um Terrorismus handelt. Um so mehr erscheint eine möglichst präzise Abgrenzung vonnöten, zumal - worauf bereits hingewiesen wurde - eine Vielzahl auch von rechtswissenschaftlichen Arbeiten sich mit Problemen des Terrorismus befassen, ohne den Begriffsinhalt im gebotenen Umfang abzugrenzen(9). Ansatzpunkt hierfür bilden die zugrundeliegenden - als Terrorismus bezeichneten - Sachverhalte. Als solche seien nachfolgend Beispielsfälle aufgeführt, die nicht zuletzt im Hinblick auf das unterschiedliche Verständnis des Terrorismusbegriffs nach regionalen Gesichtspunkten unterteilt sind.

I. Als Terrorismus bezeichnete Aktionen in der Bundesrepublik Deutschland

Die folgenden Ausführungen sind - wie klarzustellen ist - nicht dazu bestimmt, einen Überblick über die

---

(8) Vgl. die Begriffsdefinitionen in: Meyers Enzyklopädisches Lexikon, Bd. 23, 1978, S. 342 ff.; Brockhaus Enzyklopädie, Bd. 18, 1973, S. 578; Fetscher, in: Die Religion in Geschichte und Gegenwart, Bd. 6, 1986, S. 698; von Weber, in: Wörterbuch des Völkerrechts, S. 439.

(9) S.o. Anm. 2.

Anfänge und Ausbreitung terroristischer Aktionen in der Bundesrepublik Deutschland zu verschaffen(10). Es handelt sich vielmehr um die gekürzte Schilderung von Einzelfällen, die eines gemeinsam haben: sie wurden - von den unterschiedlichsten Seiten - als terroristische Akte bezeichnet.

1. Am 5. September 1977 entführten in Köln Mitglieder der "Roten Armee Fraktion" den Präsidenten des deutschen Arbeitgeberverbandes, Dr. Hanns Martin Schleyer, nachdem sie sein Fahrzeug angehalten und seinen Fahrer sowie drei zu seinem Schutz eingesetzte Beamte erschossen hatten.
Die Entführer verlangten im wesentlichen die Freilassung von elf Gesinnungsgenossen, darunter drei Führer der "Baader-Meinhof-Bande". Diese war aus der studentischen Protestbewegung Ende der 60er/Anfang der 70er Jahre hervorgegangen. Ihr Endziel war die Beseitigung der gegenwärtigen staatlichen und sozialen Ordnung mit Waffengewalt und die Errichtung einer neuen, repressionsfreien "sozialistischen Gesellschaft", von der sie allerdings keine klare und realistische Vorstellung hatte.
Am 19. Oktober wurde Dr. Schleyer in Mühlhausen/Elsaß im Kofferraum eines Pkw's ermordet aufgefunden. Den Forderungen der Entführer war nicht nachgegeben worden(11).

---

(10) Insoweit sei primär auf die Veröffentlichungen von Praktikern aus den Sicherheitsbehörden verwiesen - Boeden, S. 65 ff.; Boge, S. 51 ff.; Lochte, S. 15 ff.; Walter, S. 10 ff - sowie auf die Verfassungsschutzberichte des Bundes- und der Landesämter für Verfassungsschutz. Vgl. weiterhin: BMI, Texte zur Inneren Sicherheit, Terroristen im Kampf gegen Recht und Menschenwürde, S. 42 ff.; Funke (Hrsg.), Terrorismus, m.w.N.; s. ebenda, S. 331 ff. "Auszug aus der Chronik des Terrorismus"; Horchem, Fünfzehn Jahre Terrorismus in der Bundesrepublik Deutschland; Horchem, Die verlorene Revolution, und Langguth, S. 202 ff.

(11) Presse- und Informationsamt der Bundesregierung, Dokumentation Entführung Schleyer, S. 7 ff.

2. Am 13. Oktober 1977 brachten vier Personen ein Flugzeug der deutschen Lufthansa, das sich auf dem Weg von Mallorca nach Frankfurt/Main befand, in ihre Gewalt. Auf ihrem Flug, der sie über Aden nach Mogadischu führte, töteten sie den Kapitän des Luftfahrzeugs.
Die Entführer verlangten 15 Millionen US-Dollar sowie die Freilassung zweier in der Türkei inhaftierter Palästinenser und der elf Gesinnungsgenossen, die bereits durch die Entführung Schleyers freigepreßt werden sollten.[12]

3. Ab April 1987 gab es wiederholt Protestresolutionen gegen die "Ausbeutung von Arbeiterinnen" durch den Textilkonzern Adler in dessen Zweigwerk im südkoreanischen Iri. Sie endeten in Folge von Entlassung und Verhaftungen von Streikenden am 11. Mai. Daraufhin unternahm die im niedersächsischen Verfassungsschutzbericht als "Frauengruppe" der "Revolutionären Zellen" ausgemachte "Rote Zora" (RZ) am 21.06.1987 einen Sprengstoffanschlag auf das Adler-Stammwerk in Haibach. Schon früher hatte die Gruppe ähnliche Taten begangen.
Am 15.08. legten Mitglieder der "Roten Zora" Brandsätze in acht Adler-Niederlassungen. Daraufhin beschloß der Verwaltungsrat des Konzerns, keine Lieferungen mehr im südkoreanischen Zweigwerk zu bestellen[13].

4. Im Sommer 1978 hatte der in der Justizvollzugsanstalt Celle einsitzende terroristische Gewalttäter Debus von dem ebenfalls einsitzenden Loudil, der von der niedersächsischen Landes-

(12) A.a.O., S. 88.
(13) Sachverhalt gemäß Pressemitteilung des niedersächsischen Innenministers Nr. 301/87 vom 21.10.1987.

behörde für Verfassungsschutz als V-Mann angeworben worden war, u.a. verlangt, er solle von einem Freigang nicht in die Justizvollzugsanstalt zurückkehren und eine gewaltsame Befreiungsaktion - und sei es auch nur als ein Signal der beabsichtigten gewaltsamen Befreiung - durchführen. Die Landesbehörde für Verfassungsschutz erkannte in dem Verlangen des Debus eine Möglichkeit, Loudil - und einem Berger - eine Handlung zuzuschreiben, die sie als "Gewalttäter" in bestimmten Terroristenkreisen empfehlen werde, ohne daß jemand gefährdet oder verletzt werden konnte. Mit Genehmigung bzw. in Abstimmung mit den niedersächsischen Ministern des Innern und der Justiz, dem Ministerpräsidenten und dem Bundesminister des Innern, einem Abteilungspräsidenten des Bundeskriminalamtes (BKA), dem zuständigen Abteilungsleiter im Landeskriminalamt (LKA) und dem Leiter der Justizvollzugsanstalt Celle wurde ein "Sprengstoffanschlag" auf die Außenmauer der Justizvollzugsanstalt Celle inszeniert und am 25.07.1978 von Beamten der Grenzschutzgruppe-9 (GSG-9) ausgeführt. Dabei war Vorsorge dafür getroffen worden, daß Personen nicht verletzt wurden und daß Gefangene nicht entweichen konnten. Das Loch hatte einen Durchmesser von etwa 40 cm. Sonstige Schäden sind nicht entstanden. Die örtliche Kriminalpolizei nahm erste Ermittlungen auf und verständigte den Staatsanwalt, der ein Ermittlungsverfahren einleitete; die Sache wurde wegen des Verdachts eines Vergehens nach § 129 a StGB an den Generalbundesanwalt weitergeleitet, der sie an den Generalstaatsanwalt bei dem OLG Celle abgab(14).

---

(14) Sachverhalt gemäß Evers, NJW 1987, S. 153; vgl. aber auch Burghard, Kriminalistik 1989, S. 2 ff. und Linkvogel, a.a.O., S. 12 f. sowie den Bericht des Elften Parlamentarischen Untersuchungsausschusses des Niedersächsischen Landtages (Drs. 11/4380 des Niedersächsischen Landtages, Elfte Wahlperiode).

II. Als Terrorismus bezeichnete Aktionen im benachbarten Ausland, hier: in Frankreich/bzw. von Franzosen

Weit mehr sozio-politische Erscheinungsformen als in der Bundesrepublik Deutschland könnten in Frankreich die Bezeichnung terroristisch verdienen. Dies beruht im wesentlichen darauf, daß nur einer der drei "Auslöser" für politisch motivierte Gewalt in Frankreich ein Pendant in der Bundesrepublik Deutschland gefunden hat: die Studentenunruhen von 1968, in deren Folge sich "linksterroristische" Gruppierungen gebildet haben.
Anderes gilt hingegen für die Algerienkrise, für die es an einer Parallele in der Geschichte der Bundesrepublik Deutschland fehlt, ebenso wie für Bestrebungen regionaler, national-separatistischer Gruppierungen, wie z.B. der Front de Liberation Nationale de Corse (FLNC) und der IPARRETARAK, dem französischen Gegenstück der "ETA" (Euskadi TA Askatasuna; Baskenland und Freiheit)(15).
Die nachfolgende Fallaufzählung beschränkt sich jedoch wiederum auf wenige Fälle, da es nicht Aufgabe dieser Arbeit ist, ein vollständiges Bild des Terrorismus in Frankreich nachzuzeichnen(16).

1. 1934 stattete der jugoslawische König Alexander I., der seit 1921 König der Serben, Kroaten und Slowenen war und 1929 durch Staatsstreich den Einheitsstaat Jugoslawien gebildet hatte, Frankreich einen Besuch ab. Bei einem Besuch in Marseille am 09.10.1934 wurden er sowie der französische Außenminister Louis Barthou durch Schüsse kroatischer Nationalisten tödlich verletzt.

---

(15) Masson, Rapport Sénat Nr. 322 (1984), S. 106.
(16) S. dazu Masson, a.a.O., S. 91 ff.; speziell zur terroristischen Vereinigung "Action Directe" s. Bruchec, CIF 1987; S. 21 ff. und Raufer/Haut, Révolution & Lutte Armée en France 1969 - 1987 - Action Directe.

Zwei Attentäter konnten nach Italien flüchten, dessen Regierung die Auslieferung wegen der politischen Natur der Delikte ablehnte. Die jugoslawische Regierung behauptete, der Anschlag sei von terroristischen Gruppen, denen die ungarischen Behörden weitgehend Duldung und Förderung hätten zuteil werden lassen, ausgegangen und auf ungarischem Boden vorbereitet worden(17).

2. In der Nacht zum 02.02.88 verübten unbekannte korsische Separatisten der FLNC drei Sprengstoffanschläge, zwei gegen Büros des Fernmeldeamtes, einen weiteren gegen die Wohnung eines Beamten. Die Anschläge richteten erheblichen Sachschaden an(18).
Am 31.05.1988 verkündete die FLNC, 120 Tage keine Anschläge zu verüben, um ihre Gesprächsbereitschaft deutlich zu machen und der Regierung die Möglichkeit zu politischen Reformen i.S. der Korsischen Befreiungsfront zu geben(19).

3. Am 10. Juli 1985 wurde das Schiff "Rainbow Worrier" der Umweltschutzgruppe Green Peace im Hafen Auckland/Neuseeland durch Agenten des dem französischen Verteidigungsminister unterstehenden Dienstes DGSE (Direction Générale de la Sécurité Extérieure) versenkt, bevor es zur Verhinderung französischer Kernwaffenversuche im Südpazifik in das militärische Sperrgebiet auslaufen konnte. Das Attentat kostete ein Menschenleben(20).

(17) Mettgenberg, VuV 1934/35, S. 596, 601; Lacoste, S. 37; s. näher unter C IV 2a m.w.N.
(18) dpa-Meldung 099 vom 02.02.1988; zur FLNC (Front de Liberation National Corse) s. Le Bruchec, S. 22.
(19) Bonner General-Anzeiger vom 16.08.1988, "Chancen für Verlängerung der Attentatspause".
(20) BT-Drs. 10/3858, 10/5397, 10/5855, 11/2124; Plenarprotokoll 10/159, S. 11852 f.

III. Internationale Operationen und Aktionen in Drittländern, die die Bezeichnung "terroristischer Akt" gefunden haben.

Die nachfolgend aufgeführten Beispiele stellen einen minimalen Auszug terroristischer Akte im Ausland und 'internationaler terroristischer Akte' dar. Umfassende Darstellungen der internationalen Operationen und Aktionen in Drittländern, die die Bezeichnung terroristischer Akt gefunden haben, existieren nicht. Insoweit kann nur auf einen mit großer Sorgfalt zusammengetragenen Ereigniskalender des 'Lebanese Center for Documentation and Research'(21), und die von US Department of State herausgegebenen Reporte 'Patterns of Global Terrorism'(22) und 'Terrorist Group Profiles'(23) verwiesen werden(24).

1. Ein 39jähriger Pole brachte eine zweimotorige Maschine der polnischen Luftfahrtgesellschaft LOT in seine Gewalt und zwang sie zur Landung in West-Berlin; dort bat der Entführer um politisches Asyl(25).

2. Am 14. Oktober 1986 wurden libysche Städte von US-amerikanischen Bomben getroffen. Der Präsident der USA teilte mit, "at 7 o'clock this

---

(21) Political Violence in the World, Naccache - Antelias - Lebanon, 1988.
(22) US Department of State, Patterns of Global Terrorism: 1989.
(23) Washington 1988.
(24) Einen kurzen Aufriß von Ursprung und Zielen des Terrorismus in Europa gibt Langguth in: Außenpolitik 1986, S. 162 ff.
(25) CEDRE, Bd. 1, Nr. 2031; nach Faller, S. 183, müßte bei einer Flugzeugentführung mit dem Ziel, vermeintlicher oder tatsächlicher politischer Verfolgung zu entfliehen, der terroristische bzw. politische Charakter verneint werden; a.A. Wille, S. 252.

evening Eastern Time, air naval forces of the United States launched a series of strikes against the headquarters, terrorist facilities and military assets that support (Col.) Muammer (el-) Quaddafi's subversive activities.
The attacks were concentrated and carefully targeted to minimize casualties among the Libyan people, with whom we have no quarrel."[26]

3. Im Befreiungskampf der Zyprioten gegen die britische Herrschaft auf der Insel Zypern - Zypern war seit 1878 britische Kolonie - beging die griechisch-zypriotische "Terrororganisation" EOKA (Ethniki Organosis Kypriaku Agoniston - Nationale Organisation der zypriotischen Kämpfer) zahlreiche Bombenanschläge gegen britische Einrichtungen[27].

4. Während noch zu Beginn des Zweiten Weltkrieges die Luftwaffe vor allem zu taktischen Zwecken eingesetzt wurde, gingen die kriegführenden Parteien im weiteren Verlauf dazu über, Städte und die dort lebende Zivilbevölkerung anzugreifen[28]. Ein Beschluß des britischen Kabinetts aus dem Jahre 1940 beauftragte die britische Luftwaffe offiziell, das deutsche Hinterland anzugreifen[29]. Diese Angriffe gegen nahezu alle deutschen Großstädte - insbesondere Dresden (14./15.02.1945) - wurden gezielt gegen die Zivilbevölkerung vor allem in Form des sogenannten "Flächenangriffs" geflogen, bei dem ganze Gebiete mit verschiedenartigen Zielobjekten bombardiert wurden[30]. Da die britischen Bomber-

---

(26) CEDRE, Bd. 2, S. 315.
(27) Hewit, S. 1 ff.
(28) Czesany, S. 93.
(29) Czesany, S. 82.
(30) Spetzler, S. 285.

verbände vorwiegend in der Nacht flogen, waren wegen ungenügender Erdsicht darüber hinaus weder eine ausreichende Unterscheidung ziviler und militärischer Objekte noch ein sicherer Zielwurf möglich[31].
Diese Angriffe werden in militärwissenschaftlichen Abhandlungen als "Terrorangriffe" bezeichnet[32].

Die vorgeschilderten Akte sind derart vielschichtig[33], daß die Frage gerechtfertigt erscheint, ob für den Fall, daß die Analyse ergibt, daß sie alle terroristische Aktionsformen darstellen, der Terminus Terrorismus überhaupt einer einheitlichen Definition zugänglich ist. Denn diese Akte sind anscheinend in fast allen denkbaren Kriterien unterschiedlich:

- In bezug auf den/die Agierenden: Teils ist eine Einzelperson (LOT-Entführung), teils eine - organisierte - Gruppe von Personen (Schleyer-Entführung) aktiv, die jeweils ohne staatliche Unterstützung handeln. In anderen Fällen geht die Gewaltanwendung verdeckt (Versenkung der Rainbow Worrier) oder gar offen von staatlichen Stellen aus (Bombardierung Dresdens durch die Royal Air Force).

- In bezug auf die Aktionsform: Hier stehen die häufigen Formen der Entführung und Geiselnahme einschließlich der Flugzeugentführung denjenigen des Bomben-Legens (einschl. Bombardements) gegenüber, sei es mit dem Ziel, beliebige Menschenleben zu "treffen", oder auch "nur" dem, Sachschäden zu verursachen.

(31) Bindschedler, S. 63.
(32) Spetzler, S. 286 ff.; vgl. auch David, S. 153.
(33) Daß terroristische Verhaltensweisen sich durch eine nahezu unbegrenzte Fülle von tatsächlichen Handlungen auszeichnen, betont Oppermann, FS Schlochauer, S. 495 (497).

- In bezug auf das/die Opfer: Es handelt sich dabei teils um Repräsentanten von Staat und/oder Wirtschaft, teils um "notwenigerweise" - in ihrer Dienstausübung - Mitbetroffene (den Piloten der LOT-Maschine), teils um gänzlich "Unbeteiligte" (die zivilen Bewohner von Tripoli und Benghazi, Dresden, Köln und Hamburg)(34).

- In der Zielrichtung der Tat: Der Angriff ist in einem Fall das primär gewollte Ziel der Tat (Ermordung Alexanders), in einem anderen Fall nur das in Kauf genommene Mittel zur Erreichung eines mit der Tat unmittelbar verfolgten dritten Ziels (Fall der Flucht mit der LOT-Maschine). Wieder in anderen Fällen hat der Angriff die Verwirklichung eines damit nur mittelbar zu erreichenden "Erfolgs" zum Ziel (z.B. die Freipressung von Gesinnungsgenossen).

- In bezug auf den Bedingungsrahmen: In den meisten genannten Fällen ist bei natürlicher Betrachtung nicht erkennbar, daß die Gewaltanwendung Teil eines militärischen Konflikts, eines Krieges, ist; anders bei der Bombardierung Dresdens und vielleicht zweifelhaft im Fall manchen "Befreiungskrieges", für die hier derjenige der Zyprioten steht.

- In bezug auf das Ziel, das teils in der Beibehaltung einer bestimmten staatlichen Machtstellung (Anschlag auf die Rainbow Worrier) teils in der Bekämpfung bestimmter soziopolitischer Herrschaftsstrukturen durch Privatpersonen, teils aber auch unabhängig von dem Ziel der Beibehal-

---

(34) Die "Beliebigkeit des Opfers" ist gemäß Oppermann, FS Schlochauer, S. 498, für den Terrorismus kennzeichnend.

tung oder Veränderung eines Systems ist und nur in der "Flucht" an sich besteht (Fall der LOT-Entführung).

- In bezug auf die Auswirkungen im weitesten Sinne durch den Akt: Sie können beschränkt sein auf einen Staat, etwa weil der Täter mit der Staatsangehörigkeit des Staates A im Staat A ein Opfer mit gleicher Staatsangehörigkeit angreift; es können sich aber auch internationale Bezugspunkte ergeben,
  - o weil der Täter aus der Sicht des Staates des Tatortes Ausländer ist;
  - o weil der Täter die Tat an verschiedenen Orten im In- und Ausland begangen hat, entweder weil er eine Vorbereitungshandlung im Ausland und die Ausführungshandlung im Inland begangen hat, oder weil die Tathandlung (insgesamt) im Ausland begangen ist, der Erfolg aber im Inland eingetreten ist (vgl. § 9 StGB),
  - o weil der Täter eine (politische) Veränderung im Ausland anstrebt,
  - o weil der Täter und das Opfer verschiedene Staatsangehörigkeiten besitzen,
  - o weil der Täter nach Tatbegehung in einen anderen Staat geflüchtet ist.

Die aufgeführten historischen Begebenheiten stehen demnach ohne erkennbaren Zusammenhang nebeneinander. Eine Klammer läßt sich jedoch für alle o.a. unterschiedlichen Sachverhalte finden: Sie werden - respektive wurden - als "Terrorismus" bezeichnet(35).

Nun gäbe es wenig Sinn, sie insgesamt ohne Differenzierung in einer Untersuchung, die sich

(35) S. oben FN 11-32.

mit internationalen Übereinkommen zur Bekämpfung des Terrorismus befaßt, zu behandeln, denn der Gegenstand der Untersuchung ließe keine klaren, abgrenzbaren Konturen erkennen. Es würden so unterschiedliche Themenbereiche erfaßt wie zum einen die Absicherung vor Menschenleben mißachtenden Übergriffen der Staatsgewalt - etwa der Geheimdienste (Fall Rainbow Worrier), zum zweiten das Kriegsvölkerrecht (Bombardierung Dresdens und anderer Städte), zum dritten Kolonialismus und Befreiungskämpfe gegen Kolonialismus (und/ oder auch Apartheid), zum vierten gewalttätige Bestrebungen separatistischer Gruppierungen gegen einen zentralistisch organisierten Staat oder auch - fünftens - gewalttätige Bestrebungen links- (wie rechts-)revolutionärer Gruppierungen, die sich gegen bestehende sozio-politische Strukturen richten. Dies belegt das Befürfnis nach einer klärenden Definition des Terminus Terrorismus.

C. Definition des Terminus Terrorismus

Bei einem Begriff wie demjenigen des Terrorismus, dessen Herkunft aus dem lateinischen und französischen offenkundig ist, erscheint vor dem Hintergrund des eingangs mitgeteilten Faktums, daß es eine allgemein gültige Definition nicht gibt, die sprach-/wortgeschichtliche Analyse geboten.
Zwar kann die etymologische Ableitung eines Begriffs nicht für sich beanspruchen, daß so gefundene "Ergebnis" sei zwingend das einzig richtige, denn: "Wörter sind soziale Angelegenheiten. Sie bedeuten das, was sie den Menschen bedeuten, die sie gebrauchen. Indem sie diese gebrauchen, beteiligen sie sich an ihrer Definition. Im Sprechen und Schreiben werden herkömmliche Bedeutungen bestätigt oder aber korrigiert. Wörter erfahren auf diese Weise eine fortlaufende Geschichte - bleiben stehen, werden umgewidmet, verschleißen sich, erfahren Auf- und Abwertungen... Es gibt so etwas wie Sprachpolitik, und dahinter stehen die Bemühungen von vielerlei Instanzen..."[(36)].
Nicht dennoch, sondern gerade deshalb ist bei einem so schillernden Begriff wie dem des Terrorismus die etymologische Ableitung geboten, um ihm, der denkbar pejorativ unterlegt ist[(37)], hierdurch von kurzfristigen zeitgeschichtlichen Strömungen und Interpretationen unabhängige Konturen zu geben[(38)].

---

(36) Neidhardt, zitiert nach Zachert, S. 77.
(37) Schwenk, VN 1976, S. 97: "Der Begriff Terrorismus ist vielschillernd. Als gemeinsamer Nenner läßt sich sagen, daß es ein negativer Begriff ist. Das schließt nicht aus, daß ein und dieselbe Personengruppe als Terroristen und als Freiheitskämpfer eingruppiert werden können. ...".
(38) Auf die Verschiebung des Bedeutungsinhaltes weist insbesondere Laqueur (Terrorismus-Wurzeln und Wirkungen) hin.

I. Etymologischer Definitionsansatz

Bei dem Terminus Terrorismus handelt es sich um eine Neologie, die vor der französischen Revolution nicht existierte. Der Wortteil vor dem Suffix "ismus" ist lateinischen Ursprungs. Terror bedeutet soviel wie Schreck(en) aber auch Schreckensnachricht, schreckerregender Gegenstand(39). Aus der Zusammensetzung des Wortes Terror mit dem lateinisch-griechischen Suffix "ismus" erhellt alsdann der ursprüngliche Sinn des Wortes: "Le terrorisme est le système de la terreur"(40). Mit anderen Worten: Wesentlich ist ihm die systematische Erregung von Schrecken. Da sie nicht ziellos erfolgt, sondern die Einschüchterung eines "Gegners" bezweckt, um auf diese Weise eine bestimmte Absicht durchzusetzen, hat auch diese noch Gegenstand unserer Betrachtung zu sein. Denn mit der Analyse des o.g. Wesensmerkmals ist noch keine Eingrenzung erfolgt, die den Begriff juristisch "faßbar" macht. Hierfür bedarf es vielmehr einer vertiefenden Analyse des Terrorismus, um den (ursprünglichen) sozialen Sinngehalt zu erfassen. Diese zwingt dazu, sich eine bestimmte Periode der französischen Revolution vor Augen zu führen. Denn das Wort Terror - genauer: seine französische Form "terreur" - gab einer Regierung und einer ganzen Periode (10. August 1792 bis 27. Juli 1794) ihrer Herrschaft den Namen(41): das "Régime de la terreur" des "Comité de Salut Publique".
Die radikalen Jakobiner mit ihrem Führer Robespierre hatten bereits am 05.09.1793 im Konvent geäußert: "Eh bien, législaturs, placez la terreur à l'ordre du jour"(42). Bedroht durch ihre Schreckensherrschaft war jeder, der in dem von wirtschaftlicher Not nicht befreiten revolutionären Frankreich in den

(39) Petschenig/Skutsch, Der kleine Stowasser, S. 492.
(40) Waciorsky, S. 28.
(41) Aulard, S. 357 ff.; Laqueur, S. 7.
(42) Waciorsky, S. 27.

Verdacht von Wucher, Warenhortung und sonst eines Verstoßes gegen das "Maximum-Gesetz" geriet. Eine einfache Anzeige bei einem der zahlreichen Revolutionsausschüsse genügte für einen Haftbefehl. Die Aufgabe, die Herrschaft des Schreckens zu verwirklichen, fiel wesentlich den Revolutionstribunalen zu. Das von Robespierre redigierte Gesetz vom 22. Prairial des Jahres II (10. Juni 1794) modifizierte dessen Verfahren:
"On ôtait aux accusés les défenseurs, on supprimait l'audition des témoins, on n'édictait que la peine de mort. Les jugements étaient exécutoires sans aucun appel de recours."[(43)]

In nur 49 Tagen wurden 1380 Todesurteile verhängt[(44)]. Nach Schätzungen kam es unter der Herrschaft Robespierres zu 40.000 Todesurteilen und 300.000 Verhaftungen[(45)]. Die Jakobiner versuchten durch summarische Justiz, der schon die "Verdächtigen" - nicht erst die Überführten - zum Opfer fielen, ihr Ziel, die Errichtung einer egalitären, radikaldemokratischen Republik, durchzusetzen. Robespierre "rechtfertigte" die Schreckensherrschaft am 17. Pluviôse An II (05.02.1794) mit den Worten: "So wie im Frieden die Triebfeder der Volksregierung die Tugend ist, so ist es in einer Revolution die Tugend und der Schrecken zugleich; die Tugend, ohne welche der Schrecken verderblich, der Schrecken, ohne den die Tugend ohnmächtig ist"[(46)]. Neben dem Versuch, die Anwendung eines "Régimes de la terreur" mit dem erstrebten Ziel zu rechtfertigen, erhellt aus Vorstehendem, daß "la terreur" jedenfalls ursprünglich (auch) für ein Mittel der Herrschenden zur Verwirklichung ihrer Ideen "stand", nicht hingegen für ein solches des Volkes oder von Teilen desselben gegen die Herrschenden.

(43) A.a.O.
(44) Aulard, S. 358 f.
(45) Fromkin, S. 85.
(46) Fischer, S. 349; Rede Robespierres "Über die Prinzipien der politischen Moral".

Denn der Terror des Comité de Salut Publique war ein "Terror von oben", ausgehend von der etablierten Macht gegen ihre Gegner.
Die dargestellte Deutung des Begriffs Terror - unter Einschluß seiner Zielrichtung "von oben gegen ihre (politischen) Gegner" - hat gleichermaßen für den des Terrorismus Geltung(47). Denn der Sinn, der dem Wort "la terreur" bis zum Sturz Robespierres beigelegt war, wurde ab dem 9. Thermidor des Jahres II (27. Juli 1794) dem Wort "terrorisme" unterlegt(48). Wortgeschichtlich ist das so zu erklären, daß es damals galt, einen strafrechtlichen Begriff für ein "Regierungsverhalten" zu finden, das strafwürdig erschien, das bis dahin jedoch als legitim - zumal den Ideen der Revolution zunächst förderlich - anerkannt worden war. Folgerichtig heißt es bei Waciorsky(49):

"La terreur est un moyen légitime de défense de l'ordre social établi par la révolution; le terrorisme est un moyen criminel.
A la différence de la terreur, le terrorisme n'a pas eu sa période de bien être social. Il désigne un système exercé par un gouvernement déclu et condamné à mort.
La terreur n'a pas légué son caractère légitime au terrorisme. Celui-ci n'a hérité d'elle que son élément d'intimidation, d'épouvante."(50)

---

(47) Green, Arch VR 1979, S. 129 zitiert Murray's Oxford English Dictionary, in dem Terrorismus definiert wird als "Government by intimidation as directed and carried out by the party in power in France during the Revolution of 1789 - 1794; the system of the 'Terror'. A policy intended to strike with terror those against whom it is adopted; the employment of methods of intimidation ...".

(48) Vgl. Waciorsky, S. 28 f.

(49) S. 30.

(50) Zur Etymologie der Worte "Terreur, Terroriste, Terrorisme" während der Jahre 1789 bis 1799 in Frankreich s. Heuvel, S. 89 - 132.

II. Politikwissenschaftliche Definitionsansätze

Bereits im Hinblick auf die zeitliche Komponente, die die Möglichkeit der Veränderung des Bedeutungsinhalts des Terminus Terrorismus impliziert, bedarf es der Überprüfung, ob in aktuellen Veröffentlichungen der Begriff Terrorismus inhaltsgleiche Verwendung findet. Dabei erscheint ein Vergleich mit politikwissenschaftlichen Veröffentlichungen besonders geeignet, weil diese Wissenschaft im Gegensatz zur Rechtswissenschaft sich "zunächst nicht mit dem Sollen, sondern dem Sein" befaßt(51).
Es lassen sich mit Wittke(52) drei verschiedene Ansätze feststellen:

- Der empirische Ansatz geht von den Handlungsformen aus. Die Summe von Aktionseinheiten wie Mord, Totschlag, Sabotage, die Zerstörung öffentlicher Einrichtungen u.ä. schwere Delikte stellen, sofern sie auf ein gemeinsames (politisches) Ziel gerichtet sind, Terrorismus dar. Langguth(53) definiert Terrorismus beispielsweise als "illegale Gewaltakte, die durch Schrecken politische Wirkungen erzielen sollen. Durch diese Zielsetzung unterscheiden sich terroristische Gewaltakte von gewöhnlichen Verbrechen, die ihnen sonst weithin gleichen mögen."
  Dieser Ansatz erscheint vertraut, weil er zumindest auf den ersten Blick allein Taten einzelner oder von Gruppen von Bürgern als Terrorismus begreift und damit den "Angriff gegen den Staat", sei er mittelbar oder unmittelbar erfolgt; er stellt damit die dem Durchschnitts-

(51) Bull, S. 35 ff.
(52) S. 8 ff.
(53) S. 202.

Zeitungsleser bekannteste Form des Terrorismus in den Vordergrund[54].

- Entsprechendes gilt für den normativen Ansatz; der normative Ansatz sucht - nach Wittke[55] - "Terrorismus aus der subjektiven Werterhaltung heraus zu verstehen, so wenn er beispielsweise Terrorismus als 'Praxis der Terrormethoden durch die Machtlosen, Verachteten und Verzweifelten' charakterisiert".
  Ähnlich Wördemann[56], der Terrorismus definiert als "Gewaltanwendung durch eine kleine isolierte Gruppe, die nicht über die Kraft verfügt, die etablierte Macht ... auf breiterer Front, durch den Aufstand der Masse oder mit konventionellen Mitteln anzugreifen."

  Die vorgenannten Ansätze zur Definition des Terrorismus spiegeln jedoch die geschichtliche Entwicklung des Terrorismus mit dem wortgeschichtlichen Ausgangspunkt der französischen Revolution nicht befriedigend wieder, wie die Ausführungen zur Etymologie des Begriffs[57] zeigen.

- Vor diesem Hintergrund gewinnt der historische Definitionsansatz an Bedeutung. Er legt im

(54) Vgl. Lagoni, EA 1977, S. 176; Linke, ÖJZ 1976, S. 232; Schwind, S. 343. Damit korrespondiert, daß sich das seit den 70er Jahren gestiegene wissenschaftliche Interesse am "Terrorismus" in erster Linie auf das Problem des revolutionären und gegen den Staat gerichteten "Terrorismus" konzentriert. Relativ wenige Studien haben sich mit dem Problem der Art von Terrorismus befaßt, die sich auf das Vorgehen von Staaten bezieht, das andere Formen annimmt als das, was man gemeinhin als "Terrorismusbekämpfung" bezeichnet. S. hierzu z.B. Stohl/ Lopez, S. 1 ff.; Middendorff, Kriminalistik 1976, S. 289, 293. Vgl. auch Gössner, S. 57 ff.

(55) S. 10.

(56) S. 24.

(57) S.o. C I.

Gegensatz insbesondere zum empirischen größeres Gewicht auf die Hintergründe der Gewalt, indem er ihn als die Summe von "Verfolgungen aus religiösen oder politisch ideologischen Gründen ..., einzelne Schreckenstaten begangen aus Gründen einer revolutionären oder anarchistischen Strategie oder im Gefolge von Guerilla-, Partisanen- oder Bürgerkriegen, ... Konzentrationslager als politische Umerziehungs- oder Vernichtungslager" begreift(58).

Der historische Definitionsansatz bezieht zudem im Gegensatz zu vorgenannten insbesondere staatsterroristische Aktionen ein. Deutlich wird dies bei von Weber, der unter Berufung auf F. von Hippel (Die Perversion von Rechtsordnungen, 1953) eine offen mehrgliedrige Definition versucht: "Mit dem Begriff Terrorismus wird bei sozialen, insbesondere politischen Auseinandersetzungen die Einschüchterung des Gegners durch Gewaltakte gegen Personen (wie etwa Attentate) oder Sachen insbesondere durch gemeingefährliche Handlungen, bezeichnet. Staatsterrorismus, wie z.Z. der Schreckensherrschaft während der französischen Revolution, ist die 'permanente normale Herrschaftsform'... totalitärer Diktaturen... Er kann u.a. die Formen des Polizei- oder Justizterrors und im Kriege die des Besatzungs- oder Luftterrors annehmen. Der Gruppenterror ist ein Kampfmittel revolutionärer Bewegungen. ...
Der Gruppenterror, der in neuerer Zeit wiederholt den Weltfrieden bedrohte (Attentat von Sarajewo 1914), veranlaßte die Staaten zur Zusammenarbeit bei seiner Bekämpfung."(59)

---

(58) v. Baeyer-Katte/Grimm, zitiert nach Wittke, S. 9.
(59) Weber, Wörterbuch, S. 439.

Die aufgezeigten Definitionsansätze sind zu verschieden, als daß sie gemeinsam die Basis für eine einheitliche Definition des Terminus Terrorismus darstellen könnten, mittels der der Rahmen dieser Arbeit abgesteckt wäre. Sie umfassen - prima facie - alle eingangs(60) beschriebenen Fallkonstellationen.
Die politikwissenschaftlichen Definitionsansätze offenbaren sich als Spiegelbild der Vielfalt von Meinungen über den Bedeutungsinhalt des Terminus Terrorismus. Allenfalls das den Ausgangspunkt der Wortbildung darstellende Merkmal der "Erregung von Schrecken" ist allen Ansätzen gemein.
Es soll im Rahmen dieser Arbeit auf die Synthese der aufgezeigten politikwissenschaftlichen Ansätze zur Definition des Terrorismus(61) verzichtet werden. Denn ihre Darstellung dient dazu, bewußt zu machen, daß nicht intersubjektiv nachprüfbar und objektivierbar ist, wovon gesprochen wird, wenn - z.B. in der Tagespolitik - der Begriff Terrorismus verwandt wird(62).
Der juristische Bedeutungsgehalt des Terminus Terrorismus müßte sich jedoch bei einer Analyse internationaler Übereinkommen und einzelstaatlicher Gesetzgebung erschließen, sollte er ohne eigene Definition im Rahmen dieser Arbeit verwendet werden können; andernfalls wäre eine solche geboten.

III. Die Definition des Terminus Terrorismus in einzelstaatlichen Gesetzeskodifikationen des Straf- und Strafprozeßrechts

Die Überschrift scheint das Ergebnis der nachfolgenden Fragestellung, in welcher Weise einzelne Staaten

(60) S.o. B.
(61) S. dazu Hertel, S. 4 ff.
(62) Vgl. insoweit den Vorwurf der GRÜNEN an die Bundesregierung zu ihrer Großen Anfrage zu Staatsterrorismus und Terrorismus, BT-Drs. 11/2124 vom 14.04.1988, S. 1.

den Terminus Terrorismus definieren, insofern vorwegzunehmen, als unterstellt wird, es gebe in allen (untersuchten) nationalen Gesetzeskodifikationen zumindest "irgendeine" Legaldefinition. Klargestellt sei hier bereits, daß dieser Rückschluß nicht zutrifft.

1. Die Verwendung des Begriffs Terrorismus in der (bundes-)deutschen Gesetzgebung

Eingang in die bundesdeutsche Strafgesetzgebung fand der Begriff Terrorismus in adjektivischer Form mit dem sogenannten Gesetz zur Änderung des StGB, der StPO, des GVG, der BRAO und des Strafvollzugsgesetzes vom 18.08.1976(63), dem sogenannten "1. Anti-Terrorismus-Gesetz", mit dem der Tatbestand der "Bildung terroristischer Vereinigungen" als § 129 a in das StGB eingeführt wurde. Der Wortlaut dieser Vorschrift, die Anknüpfungspunkt mannigfacher Folgeregelungen(64) und damit Ausgangspunkt und Kern der deutschen Anti-Terrorismus-Gesetzgebung wurde, beinhaltet jedoch keine Legaldefinition der "terroristischen Vereinigung"(65). Der allein in der Überschrift verwandte Begriff "terroristisch" wird jedoch in Absatz 1 des § 129 a StGB mittelbar definiert(66), in dem die Tätigkeit bzw. der Zweck einer Vereinigung umschrieben werden, die zu gründen usw. die Strafbarkeit nach § 129 a StGB wegen "Bildung einer terroristischen Vereinigung" nach sich

(63) BGBl. 1976 I, S. 1056.

(64) §§ 138 Abs. 2, 139 Abs. 3 StGB; §§ 100 a Nr. 1 c, 103 Abs. 1 S. 2, 111, 112 Abs. 3, 138 a Abs. 2, 5, 148 Abs. 2, 153 c - 153 e, 163 d Abs. 1 Nr. 1 StPO; §§ 120 Abs. 1 Nr. 6, Abs. 2 Nr. 2, 142 a GVG; § 31 EGGVG; § 2 Abs. 1 Nr. 6 G-10;
Art. 4 Gesetz zur Änderung des Strafgesetzbuches, der Strafprozeßordnung und des Versammlungsgesetzes und zur Einführung einer Kronzeugenregelung bei terroristischen Straftaten; vgl. auch Rebmann, DRiZ 1979, S. 364 f. und Rudolphi, JA 1979, S. 3 sowie § 3 Abs. 2 Nr. 6 des Entwurfs eines Gesetzes über das Ausländerzentralregister (Stand: 21.03.1989).

(65) S. aber Schnarr, MDR 1988, S. 89: "eine Art Legaldefinition"; ähnlich Rupprecht, Materialien, S. 90.

(66) LK- v. Bubnoff, § 129 a Rz. 7.

zieht. Zweck oder Tätigkeit müssen darauf gerichtet sein, bestimmte schwere Straftaten zu begehen, nämlich:

- Mord (§ 211), Totschlag (§ 212) oder Völkermord (§ 220 a)
- erpresserischer Menschenraub oder Geiselnahme (§§ 239 a, b)
- Zerstörung wichtiger Arbeitsmittel (§ 305 a), Brandstiftung, schwere Brandstiftung, besonders schwere Brandstiftung (§§ 306-308), Herbeiführen einer Explosion durch Kernenergie (§ 310 b Abs. 1), Herbeiführen einer Sprengstoffexplosion (§ 311 Abs. 1), Herbeiführen einer lebensgefährdenden Überschwemmung (§ 312), gefährlicher Eingriff in den Bahn-, Schiffs- und Luftverkehr (§ 315 Abs. 1), Störung öffentlicher Betriebe (§ 316 b Abs. 1), Angriff auf den Luftverkehr (§ 316 c Abs. 1), gemeingefährliche Vergiftung (§ 319 StGB).

Die aufgeführten Katalogstraftaten lassen sich in vier Gruppen gliedern:

- Angriffe auf das Leben,
- schwerste Straftaten gegen die persönliche Freiheit und
- (sogenannte) gemeingefährliche Taten, bei denen grundsätzlich das pönalisierte Verhalten eine konkrete oder auch nur eine abstrakte Gefahr für Menschen beinhaltet, sowie schließlich
- als vierte Gruppe den in vorstehendes Schema nicht einzuordnenden Tatbestand der Zerstörung wichtiger Arbeitsmittel (§ 305 a StGB).

Abgesehen von der vierten Gruppe bezwecken alle im Katalog des § 129 a StGB aufgeführten Taten, sei es mittelbar oder unmittelbar, den Schutz fundamentaler Rechte des Menschen: seines Lebens, seiner körperlichen Unversehrtheit und seiner persönlichen Freiheit. Auch wenn der erst durch Gesetz vom 19.12.1986 in § 129 a StGB eingefügte § 305 a StGB aus diesem Rahmen fällt, so wird durch die Begrenzung des Katalogs auf schwere Vorsatztaten die Tendenz deutlich, mit § 129 a StGB (grundsätzlich nur) schwerste Angriffe gegen o.g. Rechtsgüter einer besonderen Regelung zu unterwerfen.

Der Begriff der terroristischen Vereinigung hat für die Auslegung des § 129 a StGB weder in der strafrechtsdogmatischen Literatur noch in der Rechtsprechung eine eigenständige Bedeutung erlangt(67). Dabei hätte es doch prima facie nahe gelegen, auf diesem Wege die (politische) Motivation der Täter tatbestandlich zu erfassen(68). Denn durch die Einfügung des § 129 a StGB sollte eine besondere Strafandrohung geschaffen werden für besonders gefährliche Gruppen, deren Mitglieder unter Vorgabe politisch-ideologischer Motive besonders schwere Gewalttaten begehen oder planen. Es galt, Lücken im System der strafrechtlichen Kontrolle durchorganisierter Gruppen mit besonderen Kommunikations-, Rekrutierungs- und ähnlichen Strukturen vom Typus etwa der "Roten Armee Fraktion", der "Bewegung 2. Juni" und der "Revolutionären Zellen" zu schließen(69). § 129 a StGB in seiner derzeitigen Fassung müßte aber auch auf Vereinigungen Anwendung finden, die ohne entsprechende Zielsetzung - aus allgemeinkriminellen Motiven - die im Katalog des Absatz 1 aufgeführten Straftaten begehen (z.B. die Mafia)(70). Der zeitgeschichtliche Hintergrund für die Einfügung von § 129 a StGB war nichtsdestoweniger der vorstehend angerissene.

(67) LK - v. Bubnoff, § 129 a Rz. 7.
(68) S. aber Langer-Stein, S. 195.
(69) BT-Drs. 7/4005, S. 9; Klughardt, S. 113.
(70) Rebmann, NJW 1985, S. 1736.

Festzuhalten bleibt: Eine Legaldefinition des Begriffs Terrorismus gibt es in der Bundesrepublik Deutschland nicht. Der Tatbestand des § 129 a StGB, der die Bildung (usw.) von Vereinigungen bestraft, deren Zweck oder Tätigkeit die Begehung schwerster Straftaten ist, berücksichtigt insbesondere nicht das Motiv der Handelnden. Die Begründung des Gesetzes zeigt jedoch die Zielrichtung: die Verbesserung der Voraussetzungen zur Bekämpfung von Gruppierungen, die Tötungsdelikte und andere schwere Straftaten gegen die körperliche Unversehrtheit, die Freiheit oder fremdes Eigentum mit dem - unausgesprochenen - Ziel der Veränderung der verfassungsmäßigen Ordnung im eigenen oder in einem dritten Staat beabsichtigen.

Neben dem Mangel der fehlenden Abgrenzung zu Vereinigungen mit allgemeinkrimineller Zielsetzung, wie etwa der Mafia und damit einer im Sinne der ethymologischen und politikwissenschaftlichen Ableitung ausufernden Anwendungsbreite des § 129 a StGB auf der einen Seite, stellt sich auf der anderen Seite die Frage, ob der Tatbestand des § 129 a in anderer Hinsicht zu eng ist, konkreter: ob nicht auch die Verwirklichung anderer als der im Straftatenkatalog des § 129 a Abs. 1 StGB genannten Delikte - etwa die Nötigung von Verfassungsorganen gemäß § 105 StGB - als Terrorismus zu begreifen ist(71). Es soll an dieser Stelle jedoch kein Versuch gemacht werden, die zuletzt aufgeworfene Frage zu beantworten; denn die für die weitere Betrachtung in erster Linie wesentliche Klärung hat § 129 a StGB erbracht: nicht die Mißachtung der Menschenrechte im Widerspruch zu rechtsstaatlichen Grundsätzen durch Organe oder Handlanger eines Staates im Frieden oder im Kriege, mit anderen Worten: nicht der von Staaten

(71) A.a.O.

ausgeübte bzw. ausgehende Terror, sondern die von in der Regel extremistischen Gruppierungen (dabei kann es sich aber auch um von einem Drittstaat Gelenkte handeln (Tarhoni-Fall[72])) innerhalb einer bestehenden Ordnung ausgeübte Gewalt wird in § 129 a StGB mit dem Begriff terroristisch unterlegt.

Eine weitere Vorschrift im (bundes-)deutschen Recht, in der der Terminus "terroristisch" mit entsprechendem Sinngehalt Verwendung findet, stellt § 31 EGGVG dar. Da sich § 31 EGGVG jedoch expressis verbis auf § 129 a StGB bezieht[73], ist er für eine Analyse, die zusätzliche Definitionsmerkmale ergeben soll, unergiebig.
Kein Anlaß besteht mehr zu der Befürchtung, daß in naher Zukunft der Begriff "terroristisch" ohne ausdrückliche Bezugnahme auf § 129 a StGB in die deutsche Gesetzgebung Eingang findet.
Der Entwurf eines Gesetzes über das Ausländerzentralregister (E-AZRG)[74] sah in § 3 Abs. 2 Nr. 6 die Möglichkeit der Speicherung der Daten von Ausländern vor, deren Erfassung zur Verhütung oder Verfolgung von "terroristischen Straftaten" erforderlich ist. Der Begriff wurde - auch hier - nicht definiert. Die Bestimmung des § 3 Abs. 2 Nr. 6 E-AZRG ließ keine neuen Anhaltspunkte für die Definition des Terminus Terrorismus erkennen und ließ daher die gebotene Rechtsklarheit vermissen; sie wurde jedoch zwischenzeitlich neu gefaßt und enthält nunmehr eine Bezugnahme auf § 129 a StGB.

Auf den Bedeutungsgehalt des in der englischen und der französischen Fassung des von der Bundesrepublik Deutschland ratifizierten IV. Genfer Abkommens vom

(72) Tarhoni hatte am 06.04.1985 seinen Landsmann, den Ghaddafi-Gegner Denali in Verfolgung der Maxime, daß Oppositionelle zu liquidieren sind, ermordet (CEDRE, Nr. 3653).
(73) Kissel, § 31 EGGVG, Rz. 14.
(74) Stand: 21.03.1989. Der Gesetzentwurf wird in der 11. Legislaturperiode nicht mehr abschließend beraten werden können.

12.08.1949 zum Schutze von Zivilpersonen in Kriegszeiten (IV. Rotkreuz-Konvention)[75] verwendeten Terminus "terrorisme" soll im Zusammenhang mit dessen Erörterung bei den internationalen Übereinkommen[76] näher eingegangen werden. Verwendung findet der Begriff "Terrorismus" außerdem im Europäischen Übereinkommen vom 27. Januar 1977 zur Bekämpfung des Terrorismus[77], in den Präambeln des Internationalen Übereinkommens vom 18.12.1979 gegen Geiselnahme[78] und des Übereinkommens zur Bekämpfung widerrechtlicher Handlungen gegen die Sicherheit der Seeschiffahrt vom 10.03.1988[79], ohne daß hieraus weitere wesentliche Erkenntnisse für die Definition des Terminus gewonnen werden könnten.

2. Die Verwendung des Begriffs Terrorismus in der französischen Gesetzgebung

Da ähnlich wie die Bundesrepublik Deutschland vom Phänomen des Terrorismus linksextremistischer Gruppierungen betroffen, stellt sich die Frage, wie der Begriff in Frankreich definiert wird.
In die französische Gesetzgebung hat der Terminus Terrorismus bislang keinen direkten Eingang gefunden. Er wird allerdings in der Überschrift des Gesetzes Nr. 86-1020 vom 09.09.1986 "relative à la lutte contre le terrorisme et aux atteintes à la sureté de l'état" (Gesetz zur Bekämpfung des Terrorismus und der Anschläge gegen die Staatssicherheit)[80] genannt. Auch wenn damit - ebenso wie im deutschen Strafrecht - eine Legaldefinition des Terminus Terrorismus nicht erfolgt ist, so kann jedoch anhand der im Gesetz behandelten Materie

(75) BGBl. 1954 II, S. 917; 1956 II, S. 1586.
(76) S. unten C IV 4.
(77) BGBl. 1978 II, S. 321; s. unten G II 7.
(78) BGBl. 1980 II, S. 1361; s. unten G II 6.
(79) BR Drs. 207/89 vom 21.04.1989, S. 7 ff. s. unten G II 4 b.
(80) J.O. vom 10.09.1986, S. 10956.

ermittelt werden, welche Verstöße der französische Gesetzgeber als terroristische betrachtet. Diese Arbeit wird dadurch erleichtert, daß der französische "Conseil constitutionel" Art. 4 des vorerwähnten Gesetzes durch Entscheidung vom 03.09.1986 wegen Verletzung des Grundsatzes der Gleichheit vor der Justiz(81) für verfassungswidrig erklärt hat. Art. 4 des Gesetzes vom 09.09.1986 unterwarf die Anschläge gegen die Staatssicherheit den gleichen Regeln wie terroristische Taten. Durch den Wegfall dieser Bestimmung beinhaltet das Gesetz vom 09.09.1986 nur noch Bestimmungen "relative à la lutte contre le terrorisme"(82).

Allerdings enthält das Gesetz vom 09.09.1986 keinen neuen, spezifischen Tatbestand für "terroristische Akte". Davon, einen solchen zu schaffen, sah der französische Gesetzgeber vor dem Hintergrund der Schwierigkeit, eine befriedigende Definition zu finden, ab, zumal er der Auffassung war, das französische Strafrecht stelle in ausreichendem Umfang Straftatbestände zur Verfügung, die solches Verhalten pönalisierten(83). Außerdem sah er sich zwei Schwierigkeiten gegenüber:

- Im Falle der Flucht eines Täters ins Ausland, könnte seine Auslieferung nicht erlangt werden, weil in einer Vielzahl von Auslieferungsübereinkommen der französischen Republik mit Drittstaaten die der Auslieferung unterliegenden Taten enumerativ aufgeführt sind (z.B. in denen mit den USA, Kanada, Großbritannien und Belgien, anders aber derjenige mit der Bundesrepublik Deutsch-

---

(81) J.O. vom 05.09.1986, S. 10786.

(82) Hieraus wurde mit Gesetz No. 1322 vom 30.12.1986 die Konsequenz gezogen und in der Gesetzesüberschrift die Bezugnahme auf "(et aux) atteintes à la sûreté de l'état" gestrichen.

(83) S. Paul Masson, rapporteur commission des lois, J.O. Déb. Sénat 25.07.1986, S. 3298.

land), der neue Tatbestand aber nicht erfaßt wäre.

- Die unterschiedlichsten Sachverhalte würden in einem Tatbestand zusammengefaßt mit der Folge, daß ein einheitlicher Strafrahmen gefunden werden müßte für Taten, deren "Schwere" nicht vergleichbar sei.

Deshalb wählte der französische Gesetzgeber die Methode, bestimmte bereits existierende Deliktstatbestände zusammenzustellen um hierfür jedesmal dann, wenn sie in besonderem, nämlich terroristischem Kontext begangen wurden, besondere Regeln aufzustellen(84).

Die zusammengefaßten Straftatbestände - als objektives Element - und der besondere Kontext - als subjektives Element erfaßt - bilden die Elemente dessen, was nach Auffassung des französischen Strafgesetzgebers Terrorismus ausmacht.

a) <u>Der Straftatenkatalog</u>

Die aufgeführten Delikte - das objektive Element - lassen sich in drei Gruppen unterteilen.
Die erste Gruppe wird im wesentlichen gebildet von Taten gegen das Leben, die körperliche Unversehrtheit und die persönliche Freiheit:

- Mord und Totschlag mit Ausnahme von Vatermord und Kindestötung (Art. 295 bis 298, 301, 303, 304 CP),
- Körperverletzung mit Todesfolge und schwere Körperverletzung (Art. 310 f. CP) sowie Körperverletzung zum Nachteil von Kindern unter 15 Jahren (Art. 312 CP),
- Freiheitsberaubung und Geiselnahme (Art. 341-344 CP),
- Kindesentführung (Art. 354, 355 CP),

(84) Pradel, Rec. Dalloz 1987, S. 42.

- Drohungen (Art. 305 CP),
- Flugzeugentführungen (Art. 462 CP).

Die zweite Gruppe wird geprägt von Sachbeschädigungsdelikten, die eine "Gemeingefahr" hervorrufen können:

- Beschädigung von Denkmälern durch Brand- und Explosivstoffe (Art. 257 - 3 CP),
- Störung und Beschädigung von Gebäuden entweder um Richter, Rechtsanwalt oder Staatsanwalt in seiner Funktionsausübung zu beeinflussen, oder Zeugen (u.a.) in ihrer Aussage zu beeinflussen,
- Zerstörung und Beschädigung von Gebäuden mit Brand- oder Explosivstoffen mit Gefahr für Leib oder Leben von Personen (Art. 435 bis 437 CP),
- schwerer Diebstahl (Art. 379, 382 Abs. 3 CP),
- gefährlicher Eingriff in den Bahnverkehr (Art. 16 f. des Gesetzes vom 15.07.1845 über die Bahnpolizei).

Zur dritten Gruppe gehören Vereinigungs- und Vorbereitungsdelikte:

- Verbindung von Missetätern (Art. 265 - 267 CP),
- Herstellung und Besitz, Kauf und Verkauf von Waffen im weitesten Sinne sowie Brand- und Explosivstoffen (Art. 3 des Gesetzes vom 19.06.1871 zur Aufhebung des Dekrets vom 04. September 1870 über die Herstellung von Kriegswaffen, Art. 6 des Gesetzes Nr. 70-575 vom 03.07.1970 zur Novellierung der Regelung über Sprengstoffe und Pulver, Art. 1 und 4 des Gesetzes Nr. 72-467 vom 09.06.1972 zum Verbot der Entwicklung, Herstellung des Besitzes, der Lagerung, des Erwerbs und der Weitergabe von biologischen oder auf Toxinen beruhenden Waffen, Art. 38 sowie, was Waffen und Munition der Kategorien 1 und 4 angeht, Art. 31 und 32 des Gesetzesdekrets vom

18. April 1939 zur Regelung des Umgangs mit Kriegsmaterialien, Waffen und Munition).

Dieser ohnehin weite Bereich wird noch dadurch vergrößert, daß der mit dem Gesetz vom 09.09.1986 in den Code de Procédure Pénale (CPP) eingefügte Art. 706-16 im letzten Satz die besonderen Vorschriften dieses Gesetzes auch auf konnexe Delikte für anwendbar erklärt[85].
Die Einbeziehung von konnexen Delikten erscheint zwar - worauf Pradel[86] hinweist - im Hinblick auf den Zusammenhang zu den aufgeführten Delikten folgerichtig; sie ist hingegen nicht selbstverständlich. Im Falle (sonstiger) politischer Verbrechen wird das konnexe Delikt im französischen Recht nach herrschender Meinung dem politischen nicht gleichgestellt[87].

b) <u>Das subjektive Element</u>

Die zweite Voraussetzung, die erfüllt sein muß, damit ein Akt nach französischer Rechtsauffassung einen solchen des Terrorismus darstellt, ist eine subjektive: Er muß in Verbindung stehen mit einem Unternehmen, einem "entreprise ayant pour but de troubler gravement l'ordre public par l'intimidation ou la terreur"[88].

---

(85) Dabei handelt es sich gemäß Art. 203 CPP um solche, die zur selben Zeit von mehreren 'verbundenen' Personen begangen wurden,
um solche, die von mehreren Personen, auch zu unterschiedlichen Zeiten und an verschiedenen Orten, aufgrund eines gemeinsamen Planes begangen wurden,
um solche, die dazu dienten, sich die Mittel zu verschaffen, um ein anderes Delikt zu begehen, zu erleichtern, zu vollenden oder sich die Nicht-Bestrafung zu sichern und
um solche, die den Absatz (die Hehlerei) zuvor angeeigneter Sachen zum Gegenstand haben.

(86) Rec. Dalloz 1987, S. 42.

(87) Merle/Vitu, S. 499.

(88) Art. 706 - 16 Abs. 1 CPP.

Die Feststellung, daß eines der wesentlichen Charakteristika des modernen Terrorismus die Suche nach möglichst großer Öffentlichkeitswirkung ist, da die Wirkung des Aktes in der Öffentlichkeit mehr zählt als der Akt selbst(89), veranlaßte den französischen Gesetzgeber dieses Ziel als subjektive Voraussetzung zur Abgrenzung "terroristischer" Akte zu verwenden(90). Er hat damit Schwierigkeiten umschifft, die der Vorschlag enthielt, das Ziel mit "porter atteinte à la démocratie" oder "aux institutions" zu umschreiben(91). Die Erfüllung dieser Voraussetzungen wäre den Tätern fraglos ungleich schwerer zu beweisen(92).

Eine weitere in diesem Zusammenhang interessierende Frage ist, was ein Unternehmen ("entreprise") im Sinne von Art. 706-16 CPP ist. Gesetzlich ist dieser Begriff nicht definiert; er wird allerdings im französischen Code Pénal (CP) wiederholt verwandt - so in den Art. 84 [Demoralisierung der Armee] und 405 [Hochstapelei]. In Literatur und Rechtsprechung wird der Begriff "entreprise" in diesen Fällen übereinstimmend mit "tout dessein formé, qui se met à exécution" (jeder gehegte Plan, dessen Ausführung begonnen wurde)(93) umschrieben. Dementsprechend wurde der Begriff auch in den Gesetzesberatungen für das Gesetz vom 09.09.1986 verwandt(94). Die Tatbe-

---

(89) Limouzy, rapporteur commission des lois, J.O. Débat. Ass. Nat. 25.06.1986, S. 2414 und 27.06.1986, S. 2520; vgl. auch Pallasch, Die Polizei 1975, S. 167 (170).

(90) Décl. min justice, J.O. Déb. Sénat 25.07.1986, S. 3294.

(91) S. Décl. min. justice, J.O. Déb. Ass. Nat. 27.06.1986, S. 2521.

(92) Chemin, Revue de la Police Nationale, S. 28.

(93) Pradel, Rec. Dalloz 1987, S. 43 m.w.N.

(94) Chalandon, J.O. Déb. Ass. Nat. 08.08.1986, S. 4125 und im Sénat, J.O. 08.08.1986, S. 3795 f. Chalandon bestätigt o.a. Definition, indem er von "dessein formé ou d'un plan concerté se traduisant par des efforts coordonnés en vue de l'objectif à atteindre" spricht.

standsvoraussetzung "entreprise" verlangt demnach ein einem Plan folgendes, mit anderen Worten: vorsätzliches Vorgehen. Den Nachweis hierfür wird häufig bereits das bei politisch motivierten Gewalttaten zumeist von den Tätern hinterlassene Selbstbezichtigungsschreiben erbringen können.

Abschließend sei festgehalten, daß gemäß Art. 706-16 Abs. 1 CPP das Unternehmen "individuelle ou collective" begangen sein kann. Dem Anwendungsbereich des Gesetzes unterfallen also Taten von ("terroristischen") Einzeltätern ebenso wie solche, die von einer ("terroristischen") Bande begangen wurden.

3. <u>Zwischenergebnis:</u>

Weder im Strafgesetzbuch der Bundesrepublik Deutschland noch im Code Pénal oder Code de Procédure Pénale in Frankreich gibt es Legaldefinitionen des Terminus Terrorismus.

In beiden Ländern jedoch werden ausdrücklich als Terrorismus bezeichnete Erscheinungsformen besonderen Vorschriften unterworfen. Hieraus resultieren mittelbare Definitionen. Diese sind in drei wesentlichen Punkten vergleichbar:

- Hinsichtlich der Straftatenkataloge, die die Grundlage für die Anwendung der speziellen Terrorismus-Vorschriften - in Deutschland über die als Anknüpfungsnorm dienende Vorschrift des § 129 a StGB, in Frankreich kraft ausdrücklicher Bestimmung - bilden, ist festzustellen, daß sie zwar im Detail Unterschiede, jedoch in ihrer Struktur große Ähnlichkeiten aufweisen. Sowohl in Deutschland als auch in Frankreich werden sie angeführt von Straftaten gegen das Leben. Es folgen schwere Straftaten gegen die persönliche Freiheit und gemeingefährliche Straftaten. In jeder dieser

Gruppen sind wiederum gleichgerichtete Tatbestände enthalten, in der ersten Gruppe Mord und Totschlag, in der zweiten Gruppe z.B. die Geiselnahme und in der dritten Gruppe z.B. der gefährliche Eingriff in den Bahnverkehr und der Angriff auf den Luftverkehr.

- § 129 a StGB als Anknüpfungspunkt mannigfacher Folgeregelungen betrifft nur (terroristische) "Vereinigungen". Der Ansatz, im Vorfeld der Verletzung der Rechtsgüter Leib und Leben, persönliche Freiheit und Eigentum einen Straftatbestand zu schaffen, in dem bereits die Verbindung von Personen pönalisiert wird, deren Zweck (oder Tätigkeit) darauf gerichtet ist, solche Taten zu begehen, hatte die zwingende Konsequenz, daß politisch motivierte Einzeltäter nicht erfaßt werden.
  Demgegenüber bestimmt Art. 706-16 CPP ausdrücklich, daß sowohl Straftaten politisch motivierter Einzeltäter als auch solche, die "collective" begangen wurden, den Regeln des Gesetzes vom 09.09.1986 "relative à la lutte contre le terrorisme" unterfallen.

- Die Abgrenzung der terroristischen Straftaten von nicht-politischen, schweren allgemeinkriminellen Delikten ist auch in Frankreich nur ansatzweise erfolgt.
  Während in der Bundesrepublik Deutschland die Gründung einer Vereinigung, die eines der im Straftatenkatalog des § 129 a Abs. 1 StGB aufgeführten Delikte "bezweckt", unabhängig von der dahinter stehenden Motivation ohne Ausnahme eine terroristische Vereinigung im Sinne des Strafrechts darstellt, spielt die Motivation in Frank-

reich eine - zumindest "gewisse" - Rolle. Die begangene Tat muß zum Ziel gehabt haben "de troubler gravement l'ordre public par l'intimidation ou la terreur" - ein typisches Ziel politisch motivierter Taten. Allerdings kann von dieser Zielsetzung nicht zwingend auf eine politische Motivation geschlossen werden, denn auch allgemeinkriminelle Taten können im Einzelfall dieses Ziel - sei es als Zwischenziel - verfolgen. Somit sind auch Taten mit allgemeinkrimineller Motivation (etwa der Absicht sich zu bereichern) denkbar, die dem Regelungsbereich des Gesetzes vom 09.09.1986 unterfallen: die Androhung eines schweren Anschlags auf eine öffentiche Einrichtung, allein um Geld zu erpressen.
Daß es aber allgemeinkriminellen Terrorismus geben soll, erscheint fremd. Die politikwissenschaftlichen Definitionsversuche sprechen teils expressis verbis von "politisch ideologischen Gründen"(95), teils wird die politische Motivation stillschweigend vorausgesetzt. Auch die etymologische Ableitung spricht eher dafür, daß dem Terrorismus eine politische Komponente inhärent ist. Die historischen Beispiele für Terrorismus hatten (in aller Regel) einen politischen Hintergrund. Eindeutig ist dies jedoch nicht, wie auch der oben(96) geschilderte Fall einer Flugzeugentführung zur Flucht aus nicht näher bekannten Motiven zeigt. Bereits die Überschrift der Arbeit von Waciorski, der in den 30er Jahren in seinem Werk "Le terrorisme politique" um eine Definition des Begriffs Terrorismus bemüht war, deutet darauf hin, daß Terrorismus nicht auf den Bereich der "politischen Kriminalität" beschränkt ist(97). Waciorski führt sodann auch den Nach-

(95) S.o. B II.
(96) S.o. B III 1.
(97) S. auch Gerber, Kriminalistik 1979, S. 71.

weis, daß zumindest bis zur Ermordung Alexanders I. von Jugoslawien Terrorismus in die Kategorien des allgemeinkriminellen und des politischen unterteilt wurde(98). Heute aber werden grundsätzlich auch Akte schwerster nicht politisch motivierter Kriminalität, Akte der Allgemeinkriminalität, im allgemeinen Sprachgebrauch ebensowenig wie in der Politikwissenschaft als Terrorismus bezeichnet(99); dabei gilt allenfalls eine Ausnahme für Flugzeugentführungen(100). Die aufgezeigte Inkongruenz zwischen politikwissenschaftlichen Definitionsansätzen und allgemeinem Sprachgebrauch einerseits sowie den verschiedenen juristischen Definitionen andererseits legt ein deutliches Zeichen für die fehlende begriffliche Klarheit des Terminus Terrorismus ab.
Dennoch sind die in der deutschen und französischen Strafgesetzgebung dem Begriff Terrorismus untergeordneten Sachverhalte im Kern derart gleichgerichtet, daß man von einer Teilkongruenz in wesentlichen Punkten sprechen kann: dem Straftatenkatalog und der fehlenden klaren Abgrenzung zu nicht politisch motivierten, allgemeinkriminellen Taten.

4. Terrorismusdefinitionen in sonstigen Staaten

Die Terrorismus-"Definitionen" in Deutschland und Frankreich sind sich - wie dargestellt - in wesentlichen Punkten ähnlich. Ein Vergleich der Legalordnungen zweier Länder in bezug auf ihre Terrorismusdefinitionen, die derartige Ähnlichkeiten ergeben, wirft die Frage auf, ob (auch) in dritten Staaten

(98) S. 77 ff.
(99) Lagoni, EA 1977, S. 176; Linke, ÖJZ 1976, S. 233; Oppermann, FS Schlochauer, S. 499; Rupprecht, Materialien, S. 89; Schreiber, Stichwort: Terrorismus; s. aber auch Gerber, Kriminalistik 1979, S. 71 und UN Doc. A/C. 6/418, S. 6.
(100) Vgl. David, S. 111 einerseits und Faller, S. 138, andererseits.

Terrorismusdefinitionen existieren, die mit diesen weitgehend übereinstimmen mit der Folge, daß die deutsche und französische im Kern als allgemein anerkannt zu gelten haben und daher keiner weiteren Infragestellung bedürfen, oder ob ein davon (gänzlich) verschiedener dritter Weg eingeschlagen wurde. Beispielhaft seien hier Bestimmungen in den Vereinigten Staaten von Amerika - als von politisch motivierten Gewaltakten am stärksten betroffenem Land(101) - und solche der ehemaligen DDR aufgeführt, die Einblick in das Terrorismus-Verständnis in den Staaten des kommunistischen Machtbereichs geben sollen.

a) <u>Terrorismusdefinition in den USA</u>

Bedingt dadurch, daß die Kompetenz zur Strafgesetzgebung bei den Bundesstaaten liegt, gibt es keine einheitliche Legaldefinition in den USA(102). 1978 stellte jedoch die National Governors' Association die "State Statues concerning terroristic acts" zusammen, in der die Straftatbestände für terroristische Akte von 16 Bundesstaaten zusammengefaßt sind(103).

In diesen 16 Bundesstaaten - Arkansas, Kalifornien, Delaware, Georgia, Hawai, Iowa, Kansas, Maine, Michigan, Minnesota, New Hamshire, Nord-Dakota, Pensylvania, Tennessee, Texas und Utah - gibt es

---

(101) Alexander/Nanes, S. 305.

(102) Die Regierung der Vereinigten Staaten von Amerika benutzt jedoch seit Jahren einen in den USA zumindest für die Erstellung einer Statistik über den 'Global Terrorism' anerkannten Begriff. Danach ist "'terrorism' ... premeditated, politically motivated violence perpetrated against noncombatant targets by subnational groups or clandestine state agents, usually intended to influence an audience. 'Interntional terrorism' is terrorism involving the citizens or territory of more than one country." S. US Department of State, Patterns of Global Terrorism: 1987, S. IV, V.

(103) Alexander/Nanes, S. 305.

spezielle "Terroristic Threatening" oder "Threat(s), Terroristic Act, Terrorism, Terrorizing" genannte Straftatbestände. Die Strafgesetzbücher der Staaten Arkansas, Delaware, Georgia, Hawai, Kansas, Maine und Utah enthalten sogar Legaldefinitionen der Begriffe "Terroristic Threatening" oder "Threat(s), Terroristic Act" und "Terrorizing".
Teils sind diese aufgrund tautologischer Wendung wenig brauchbar. So bestimmt der Arkansas Criminal Code in § 41-1608:

"(1) A person commits the offense of terroristic threatening if with the purpose of terrorizing another person he threatens to cause death or serious physical injury or substantial property damage to another person.
(2) Terroristic threatening is a class D felony."(104)

Die Bestimmung des § 41-1608 des Arkansas Criminal Code gibt jedoch Anlaß zu zwei Bemerkungen:

1. Ebenso wie in Deutschland und in Frankreich spielt das politische Moment, die Absicht der Veränderung (respektive Beibehaltung) bestimmter gesellschaftlicher Strukturen, keine Rolle für die Definition.
2. Neben dieser Übereinstimmung des arkansischen Rechts mit den dargestellten Bestimmungen in Deutschland und Frankreich zeigt es jedoch einen Unterschied gesetzestechnischer Art.

Es ist nicht eine Bestimmung geschaffen, die lediglich in Form des Verweises auf andere Strafvorschriften bestimmtes, wegen qualifizierender Umstände - wie einer bestimmten Absicht - besonders strafwürdig erscheinendes Verhalten mit einer erhöhten Strafandrohung belegt (so in Frankreich), auch wird nicht die Verbindung zu einer Vereinigung, die besonders schwere Verbrechen plant, besonders unter Strafe gestellt (so in Deutschland), sondern es ist eine eigenständige Strafvorschrift geschaffen, die nicht zu einer in das Stadium der

(104) Zitiert nach Alexander/Nanes, S. 308.

Vorbereitungshandlung ohne Ausführungsakt vorverlagerten Strafbarkeit führt.

Solche Bestimmungen enthalten auch die Rechtsordnungen der anderen oben genannten amerikanischen Staaten, in denen jedoch zum Teil die Motivation des Täters für die Frage der Strafbarkeit relevant ist, indem die Verfolgung eines gesellschaftlichen oder politischen Ziels zur Tatbestandsvoraussetzung erhoben wird. Beispielhaft sei hier der California Penal Code zitiert:

"§ 422
Any person who willfuly threatens to commit a crime which will result in death or great bodily injury to another person, with intent to terrorize or with reckless disregard of the risk of terrorizing another, and who thereby either:

a) Causes another person reasonably to be in sustained fear for his or hers or their immediate family's safety;
b) Causes the evacuation of a building, place or assembly or facility used in public transportation;
c) Interferes with essential public services; or
d) Otherwise causes serious disruption of public activities,

is guilty of a felony and shall be punished by imprisonment in the state prison.
As used in this title, 'terrorize' means to create a climate of fear and intimidation by means of threats or violent action causing sustained fear for personal safety in order to achieve social or political goals."(105)

Beachtenswert ist, daß die in § 422 California Penal Code genannten Tathandlungen nach dieser Bestimmung zwar nur strafbar sind, wenn sie begangen wurden "in order to achieve social or political goals", dann aber ungeachtet des gesellschaftlichen oder politischen Ziels, das mit der Tat erreicht werden soll. Der Bestimmung kann also - trotz der ausdrücklichen Berücksichtigung des politischen Charakters der Tat - nicht eine auf die Erhaltung bestehender

---

(105) Alexander/Nanes, S. 308 f.

(gesellschaftlicher und) politischer Strukturen gerichtete - einseitige - Tendez "unterstellt" werden. Vielmehr ist die Bestimmung gesellschaftspolitisch neutral. Die in der Vorschrift zum Tatbestandsmerkmal erhobene Absicht des Täters "to achieve social or political goals" deckt sich zudem mit dem Verständnis von Terrorismus als politisch motivierter Gewalttat.

Weiterhin beachtenswert ist das beiden amerikanischen Vorschriften gemeinsame Merkmal, das das Moment der Bedrohung herausgestellt wird, das in § 129 a StGB keinen Niederschlag gefunden hat und im französischen Recht nur mittelbar durch das subjektive Tatbestandsmerkmal der Absicht "de troubler gravement l'ordre public par l'intimidation ou la terreur". Hier offenbart sich erneut, daß in den genannten Rechtsordnungen unterschiedliche Anknüpfungspunkte für die Bestrafung gewählt wurden. Weder die Ausführung leibes- oder lebensbedrohlicher Handlungen ist in Kalifornien als Terrorismus strafbar - so aber in Frankreich - noch die Bildung einer Vereinigung zu diesem Zweck - so in Deutschland -, sondern die Drohung mit ersterem.

Ein Vergleich mit den Regelungen in Frankreich und Deutschland gebietet schließlich, die "Katalogstraftaten" den in den USA, genauer den im Arkansas Penal Code unter Strafe gestellten Verhaltensweisen gegenüberzustellen. Dabei zeigt sich, daß anders als in Arkansas, wo auch die Verursachung von "substantial property damage" die Strafbarkeit wegen "Terroristic Threatening" nach sich zieht, in Kalifornien nur die Drohung mit dem Tod oder schwerer Körperverletzung die Bestrafung wegen "Terroristic Threats" zur Folge haben kann.

Der Anwendungsbereich der Vorschrift erscheint damit erheblich kleiner als der terroristisches Verhalten umschreibende Straftatbestand in Deutschland (§ 129 a StGB), in dem auch Verhaltensweisen - wie etwa die Zerstörung wichtiger Arbeitsmittel (§ 305 a StGB) - den Vorschriften über den Terrorismus unterfallen, die keinen Bezug zu Tatbeständen gegen das Leben oder die körperliche Unversehrtheit haben. Dieser Unterschied ist bei näherer Betrachtung jedoch nicht so gravierend, wie es prima facie den Schein hat. Die anderen Katalogstraftaten in § 129 a StGB - entsprechendes gilt auch für Art. 706-16 des französischen CPP - haben entweder unmittelbar das Ziel, Leben und körperliche Unversehrtheit zu schützen - neben § 211 und § 212 z.B. §§ 310, 312, 315 a und 324 StGB - oder ihre Auflistung ist mittelbar damit gerechtfertigt, daß die Delikte regelmäßig mit Straftaten gegen Leben und/oder die körperliche Unversehrtheit begangen werden bzw. diese Rechtsgüter mit bedroht sind - z.B. bei § 316 c StGB.
Eine weitere Parallele zeigt sich in der Einbeziehung der Transportgefährdung (§ 422 Buchst. b California Penal Code). Die damit verwandten Tatbestände des gefährlichen Eingriffs in den Bahnverkehr in Frankreich und Deutschland sind dort ebenfalls in den Katalog einbezogen.

b) <u>Terrorismusdefinition in der ehemaligen DDR</u>

Der vorstehende Überblick über Terrorismusdefinitionen in Rechtsordnungen westlicher Staaten, wirft die Frage auf, was in den osteuropäischen Staaten des - ehemals - kommunistischen Machtbereichs unter Terrorismus verstanden wird. Dies gilt umsomehr als

1. mit diesen Staaten in internationalen Gremien, insbesondere den Vereinten Nationen, über Abkommen zur Bekämpfung des Terrorismus verhandelt wird und
2. die Führungsmacht im Osten, die UdSSR, in den vergangenen Jahren wiederholt ihr Interesse an einer intensiveren Zusammenarbeit mit "dem Westen" bei der Bekämpfung des Terrorismus bekundet hat(106).

Festzustellen ist bei Analyse der Legalordnungen der osteuropäischen Staaten zunächst, daß in sämtlichen sowohl der terroristische Akt als auch bereits die Propaganda gegen den Staat unter Strafe gestellt ist (Bulgarien: Art. 96, 97 StGB; Jugoslawien: §§ 122, 123, 125 StGB; Polen: Art. 126 StGB, Rumänien: Art. 160, 161 StGB; RSFSSR: Art. 66 StGB; Tschechoslowakei: Art. 93, 94 StGB; Ungarn: § 143 StGB). In der ehemaligen DDR, die aus naheliegenden Gründen das Interesse des deutschen Lesers am stärksten auf sich zieht, trugen §§ 101 und 102 StGB die Überschrift Terror.
Sie lauteten (Strafgesetzbuch vom 12.01.1968 in der Fassung vom vom 29.11.1985):

" § 101
(1) Wer bewaffnete Anschläge oder Geiselnahmen oder Sprengungen durchführt, Brände legt oder Zerstörungen oder Havarien herbeiführt oder andere Gewaltakte begeht, um gegen die sozialistische Staats- und Gesellschaftsordnung der Deutschen Demokratischen Republik Widerstand zu leisten oder Unruhe hervorzurufen, wird mit Freiheitsstrafe nicht unter drei Jahren bestraft.
(2) Vorbereitung und Versuch sind strafbar.
(3) In besonders schweren Fällen kann auf lebenslängliche Freiheitsstrafe oder Todesstrafe erkannt werden.

§ 102
(1) Wer das Leben oder die Gesundheit eines Bürgers der Deutschen Demokratischen Republik bei der

---

(106) So soll dem Auswärtigen Amt seit spätestens 1988 ein - soweit ersichtlich nicht veröffentlichter - sowjetischer Vorschlag eines bilateralen Vertrages mit der Bundesrepublik Deutschland über die Zusammenarbeit bei der Terrorismusbekämpfung vorliegen. Vgl. Linde, S. 46 f.

Ausübung oder wegen seiner staatlichen oder gesellschaftlichen Tätigkeit angreift oder in anderer Weise gegen ihn Gewalt anwendet, um die sozialistische Staats- und Gesellschaftsordnung der Deutschen Demokratischen Republik zu schädigen, wird mit Freiheitsstrafe nicht unter drei Jahren bestraft.
(2) Vorbereitung und Versuch sind strafbar.
(3) In besonders schweren Fällen kann auf lebenslängliche Freiheitsstrafe oder Todesstrafe erkannt werden."

Unter den Begriff des Terrors fielen die Tathandlungen des § 101 StGB DDR

- Begehen von bewaffneten Anschlägen; hierunter sind Gewaltakte unter Anwendung oder Androhung der Anwendung von Schußwaffen, mittels Sprengmitteln, Stichwaffen oder anderen Mitteln mit Waffencharakter (Brandflaschen), z.B. Überfälle auf öffentliche Einrichtungen (aber auch Angriffe auf die Staatsgrenze) zu verstehen(107),
- Geiselnahmen,
- Sprengungen, Brandlegungen, Zerstörungen und Havarien

sowie das

- Begehen anderer Gewaltakte, das sind solche, die in ihrer Bedeutung den vorher genannten Begehungsweisen entsprechen, z.B. schwere Anschläge gegen Grenzsicherungsanlagen,

und die Tathandlungen des § 102 StGB DDR,

- Angriffe auf Leben und Gesundheit von Bürgern der DDR, die staatliche oder gesellschaftliche Tätigkeiten ausüben,
- Gewaltanwendung in anderer Weise gegen vorbezeichneten Personenkreis, wozu jede Form der Gewaltanwendung gegen eine Person zählt, die sich nicht als ein unmittelbarer Angriff gegen Leben oder Gesundheit richtet, z.B. die Freiheitsberaubung(108).

Der Katalog von unter Strafe gestellten Handlungen in §§ 101, 102 StGB DDR ist nicht wesentlich

(107) Ministerium der Justiz, S. 102 Anm. 2.
(108) A.a.O.

verschieden von dem in den vorstehend dargestellten westlichen Gesellschaftsordnungen. Geschützte Rechtsgüter sind bzw. waren in weitem Umfang Leben und Gesundheit eines bestimmten (großen) Personenkreises, die persönliche Freiheit, aber auch Sachgüter. Erfaßt sind bzw. waren insbesondere auch gemeingefährliche Taten (z.B. Sprengungen) nicht hingegen ausdrücklich Flugzeugentführungen[109].

Die nähere Eingrenzung der Terrortatbestände erfolgte mittels subjektiver Tatbestandsmerkmale. Der Täter mußte mit dem Ziel gehandelt haben, "gegen die sozialistische Staats- und Gesellschaftsordnung der Deutschen Demokratischen Republik Widerstand zu leisten oder Unruhe hervorzurufen" (§ 101) bzw. "die sozialistische Staats- und Gesellschaftsordnung der Deutschen Demokratischen Republik zu schädigen" (§ 102 StGB DDR).
Wie in der kalifornischen Gesetzgebung wurde also das politische Moment der Tat herausgestellt. Anders als dort offenbaren die Tatbestände der §§ 101, 102 StGB DDR jedoch ihre einseitige Zielrichtung. Durch §§ 101, 102 StGB DDR geschütztes Rechtsgut ist bzw. war nur eine bestimmte, die - ehemals - sozialistische Staats- und Gesellschaftsordnung der DDR; sie sollte vor Angriffen im Landesinnern, die die äußere Sicherheit grundsätzlich nicht tangierten, geschützt werden. Es zeigt sich darin die gegenüber den westlichen Vergleichsbeispielen andersartige Struktur der "Terror" bezeichneten Delikte.
Wesensmerkmal ist weder die Auswahl einzelner besonders schwerer Delikte, die bei planmäßiger Verfolgung zu irgendeinem Ziel besonders bestraft

(109) Diese waren in der DDR durch Gesetz vom 12.07.1973 (GBl. I, S. 337) - außerhalb des StGB DDR - unter Strafe gestellt.

wurden, noch die Verbindung zu einer Vereinigung, die solche plant und auch nicht das Ziel "de troubler gravement l'ordre public par l'intimidation ou la terreur". Das Wesen der Normen offenbart sich vielmehr durch das Tatbestandsmerkmal der sozialistischen Staats- und Gesellschaftsordnung: bestehende Machstrukturen sollten erhalten werden. Die Norm stellt demnach eine typische Staatsschutzbestimmung dar.
Wie ein Vergleich der Strafandrohungen der in den wesentlichen Punkten vergleichbaren Bestimmungen der anderen osteuropäischen Staaten erkennen läßt, halten bzw. hielten zumindest bis zu den politischen Umwälzungen Ende der 80er Jahre die dortigen Gesetzgeber die Überzeugungshandlung gegen die bestehende Ordnung für schwerer als die vergleichsweise "normale" Tötung oder Körpverletzung usw.(110).

5. Zwischenergebnis

Das Verständnis von Terrorismus in den geschilderten Rechtsordnungen ist trotz zahlreicher Unterschiede im Detail in wesentlichen Punkten gleich.
Insbesondere in der (bundes-)deutschen und französischen Gesetzgebung zeigen sich Parallelen bei den Katalogen der terroristischen Straftaten, die insbesondere Straftaten gegen das Leben, gegen die persönliche Freiheit und gemeingefährliche Straftaten umfassen. In beiden Fällen spielt auch die politische Motivation des Täters keine besondere Rolle dafür, ob die besonderen Regeln für terroristische Taten Anwendung finden.
In den Strafgesetzbüchern der US-amerikanischen Bundesstaaten hingegen stellt zumindest teilweise die Absicht, gesellschaftliche oder politische Ziele zu erreichen, ein wesentliches Merkmal des Terrorismusbegriffs dar. Hier steht auch nicht die Vollendung bestimmter Taten gegen das Leben usw. im

(110) Schultze-Wildebrand, S. 44.

Vordergrund, sondern die Androhung solcher Taten. Mit anderen Worten, nicht - wie in Deutschland - bereits die Verbindung zum Zweck, noch erst - wie in Frankreich - die Verwirklichung selbst, sondern die Androhung schwerer Straftaten gegen o.g. Rechtsgüter ist pönalisiert. Geschützt sind damit die freie Willensentschließung und -betätigung und das Gefühl der Rechtssicherheit. Dieses wiederum ist auch in Frankreich geschützt. Wie das subjektive Tatbestandsmerkmal des Art. 706-16 CPP zeigt, welches verlangt, daß die Absicht bestehen muß "l'ordre public par l'intimidation ou la terreur" in Aufruhr zu versetzen, schützt Art. 706-16 CPP jedoch nur das Gefühl der Rechtssicherheit der Allgemeinheit. Anders im US-amerikanischen Bundesstaat Kalifornien: § 422 Buchst. (a) California Penal Code beweist, indem er abstellt auf "another person reasonably to be in sustained fear for his or hers or their immediate family's safety", daß - neben der politischen Entscheidungsfreiheit - auch das Gefühl der Rechtssicherheit des einzelnen geschützt ist. Eine entsprechende Schutzrichtung steht bei § 129 a StGB - jedenfalls nach neuerer Ansicht - nicht im Vordergrund(111). Hier steht vielmehr der Schutz der durch die Katalogtaten geschützten Individualrechtsgüter im Vordergrund. Der bei Einführung der Norm wesentliche Gesichtspunkt des öffentlichen Friedens hat in der Fassung der Vorschrift keinen Niederschlag gefunden: der Begriff terroristisch findet sich nur in der Überschrift, eine politische Motivation ist nicht Tatbestandsvoraussetzung, folglich wären Mafia-Morde auch vom Anwendungsbereich des § 129 a StGB erfaßt(112). Nicht wesentlich verschieden von demjenigen in der Bundesrepublik Deutschland und Frankreich ist der Katalog von Handlungen, die gemäß §§ 101, 102 StGB DDR die Bestrafung wegen

---

(111) Zum Meinungsstand vgl. Langer-Stein, S. 24 ff.
(112) Rebmann, NJW 1985, S. 1736.

"Terrors" nach sich zogen. Hier war jedoch das primär geschützte Rechtsgut weder das Gefühl der Rechtssicherheit, noch waren es Leben und/oder körperliche Unversehrtheit. §§ 101, 102 StGB DDR hatten vielmehr in erster Linie den Staatsschutz zum Ziel, genauer: den Schutz der sozialistischen Staats- und Gesellschaftsordnung der ehemaligen DDR.

IV. Die Verwendung des Begriffs Terrorismus in internationalen Übereinkommen und anläßlich internationaler Konferenzen

Die Parallelen in o.g. Rechtsordnungen deuten darauf hin, daß die Gesetzgeber nicht nur in o.a. Ländern zumindest den Begriffskern von Terrorismus gleichermaßen interpretieren. Zweifel an dieser Folgerung kommen jedoch auf, wenn man internationale Übereinkommen zur "Terrorismus-Bekämpfung" und die Ergebnisse internationaler Konferenzen zu diesem Fragenkomplex analysiert. Die folgende Analyse kann naturgemäß nicht alle entsprechenden Konferenzen und Konventionen umfassen. Vier Marksteine auf dem Weg zur Definition des Terrorismusbegriffs werden jedoch nachfolgend der Analyse unterzogen:
die Arbeiten der internationalen Konferenzen zur Vereinheitlichung des Strafrechts, die Arbeiten, die zur Genfer Konvention zur Verhütung und Bekämpfung des Terrorismus vom 16.11.1937 führten, die Arbeiten der Vereinten Nationen an einer Anti-Terrorismus-Konvention und die IV. Rotkreuz-Konvention von 1949. Ihre Auswahl beruht darauf, daß sie sich explizit um die Definition des bzw. die Regelung des Gesamtbereichs des Terrorismus bemüht haben, nicht hingegen nur um die Regelung von Teilbereichen.

1. Die internationalen Konferenzen zur Vereinheitlichung des Strafrechtes

a) Ausgangslage/historischer Hintergrund

Die internationalen Konferenzen zur Vereinheitlichung des Strafrechts 1927-1935 waren die ersten, die sich mit der juristischen Analyse des Begriffs Terrorismus befaβten(113). Ein Bedürfnis hierfür wurde in der (weiteren) Zunahme unter anderem auch politisch motivierter Gewalttaten nach dem ersten Weltkrieg gesehen(114). Die Bedeutung ihrer Arbeit wird deutlich, wenn man sich vor Augen hält, daβ die Arbeit der internationalen Konferenzen zur Vereinheitlichung des Strafrechts noch bei den unten dargestellten Bemühungen der Vereinten Nationen um eine Definition des Begriffs Terrorismus eingehend berücksichtigt werden(115).

Auf den ersten der Konferenzen im November 1927 in Warschau wurde allerdings der Begriff Terrorismus selbst (noch) nicht gebraucht. Die Idee der Konferenzen war vielmehr, Ansatzpunkte für eine Vereinheitlichung des Strafrechts zu finden(116), um so eine Verbesserung bei der Strafverfolgung zu erreichen. Dementsprechend erschien es vorrangig, solche Verhaltensweisen festzustellen, die eine Gefahr in allen Staaten darstellten. Denn solche Delikte, die gegen Rechtsgüter gerichtet sind, an deren Unversehrtheit alle Staaten interessiert sind, und die daher als "delicta iuris gentium" gelten, schienen in besonderer Weise geeignet, einheitlichen, universellen, vom Tatort und der Staatsangehörigkeit des Täters unabhängigen Regelungen unterworfen zu werden. Hierzu zählten die Konferenzteilnehmer die in

(113) Waciorski, S. 54; falsch insoweit Oppermann, FS-Schlochauer, S. 496.
(114) Lacoste, S. 14.
(115) UN Doc. A/C. 6/418, 2. November 1972, S. 10 ff.
(116) Art. 1 b des Statut du bureau international pour l'unification du droit pénal, Actes Copenhague, S. 9.

den Résolutions: Délits du droit des gens, Art. 6, aufgeführten:

"a) piraterie;
b) falsification de monnaies métalliques, autres effets publics ou billets de banque;
c) traite des esclaves;
d) traite des femmes ou enfants"

und insbesondere auch

"e) employ intentionel de tous moyens capables de faire courir un danger commun;.."[117].

Die unter Buchstabe e) mit dem Kriterium der "Gemeingefahr" umschriebenen Delikte wurden Ausgangspunkt der folgenden Überlegungen zur Definition des Terminus Terrorismus, indem das Organisationskomitee der dritten, der Brüsseler Konferenz im Juni 1930, der in Warschau gefundenen Formulierung in Parenthese das Wort "Terrorisme" anfügte[118]. Damit war die Definition des Begriffs Terrorismus selbst Gegenstand der Beratungen auf den internationalen Konferenzen zur Vereinheitlichung des Strafrechts geworden.

b) <u>Lauf und Ergebnisse der Arbeiten der internationalen Konferenzen zur Vereinheitlichung des Strafrechts</u>

Die oben gefundene Umschreibung konnte jedoch nicht befriedigen. Das Kriterium der Gemeingefahr war allein nicht geeignet, über die Einordnung der Tat als terroristisch zu entscheiden. Dies verdeutlicht die Anwendung der gefundenen Formel auf die eingangs [119] aufgeführten Fälle: Die Emordung eines Staatsoberhaupts durch einen gezielten Schuß[120] fiele nicht darunter, hingegen aber wohl jeder Fall einer Flugzeugentführung[121]. Gunsburg, der erste

(117) Conférences, Actes Varsovie, S. 133.
(118) Conférences, Actes Bruxelles, S. 17.
(119) B I - III.
(120) B II 1.
(121) S.o. B III 1.

Berichterstatter zum Thema Terrorismus bei den internationalen Konferenzen, entwickelte die in Warschau gefundene Formulierung weiter. Er verlangte, die Tat müsse eine Gefahr für Leben, Körper oder Gesundheit oder wichtige Güter darstellen(122). Zugleich wandte er sich gegen eine Definition des Begriffs Terrorismus bei den internationalen Konferenzen unter Hinweis darauf, daß der Eindruck entstehen könne, man wolle ein neues Delikt schaffen, anstatt bestehendes Recht zu vereinheitlichen.
Dies hinderte den fünften Ausschuß nicht, sich mit der weiteren juristischen Analyse des Begriffs zu befassen, und der Vollkonferenz einen Vorschlag zu unterbreiten. Danach sollte der absichtliche Gebrauch von Mitteln, die geeignet sind, eine Gemeingefahr herbeizuführen, dann als "acte de terrorisme" anzusehen sein, wenn sich die Handlung gegen das Leben, die Freiheit von Personen, den Leib oder gegen öffentliches oder privates Eigentum richtete und der Förderung oder Verwirklichung politischer oder sozialer Ideen dienen sollte.
Der Vorschlag lautete im einzelnen:
"L'emploi intentionnel des moyens capables de produire un danger commun sera établi chaque fois qu'un accusé aura commis un acte mettant en péril la vie, l'intégrité corporelle, la santé humaine ou menaçant de détruire des biens importants, et notamment:

a) L'incendie volontaire, l'explosion, l'inondation ..." u.v.a.

Art. 2: "Sera puni l'emploi intentionnel de moyens capables de produire un danger commun, qui constituera un acte de terrorisme à charge de quinconque se sert de crimes contre la vie, la liberté ou l'intégrité corporelle des personnes ou contre les biens de l`Etat ou des particuliers en

(122) Conférences, Actes Bruxelles, S. 47.

vue de manifester ou de réaliser des idées politiques ou sociales."(123)

Konstitutive Elemente des Terrorismusbegriffs sind demnach

- der Gebrauch bestimmter Mittel, nämlich solcher, die geeignet sind eine Gemeingefahr herbeizuführen,
- die (unmittelbare) Wirkung: der Eintritt einer Gefahr für Leib und Leben usw.,
- das Ziel: die Förderung politischer oder sozialer Vorstellungen.

Ohne Abstimmung wurden die Vorschläge an die vierte internationale Konferenz zur Vereinheitlichung des Strafrechts verwiesen, die im Dezember 1931 in Paris stattfand. Dort stieß jedoch auch die in Brüssel gefundene Definition auf heftigen Widerstand. Der Berichterstatter Radulesco machte auf das oben angesprochene Bedenken aufmerksam, daß die Definition des Terrorismus mit dem Kriterium der Gemeingefahr nicht alle Verhaltensweisen erfasse, die als terroristisch zu bezeichnen seien, umgekehrt aber gemeingefährliche Taten nicht notwendig terroristische seien(124).

Dieses Bedenken wurde auch von Roux in seinem Bericht für die 5. Konferenz im Oktober 1933 in Madrid aufgegriffen:

"L'emploi intentionel de moyens capables de faire courir un danger commun ... ne suppose nécessairement ni comme intention, ni comme effet, le terrorisme qui est l'apeurement d'une population par des actes de violence. Inversement, le terrorisme n'implique pas obligatoirement l'emploi de moyens propres à faire naître un danger commun. On peut terroriser une population par le lâche assassinat d'hommes politiques, chefs de parti, sans que l'ensemble de la population soit en péril."(125)

---

(123) Conférences, Actes Copenhague, S. 47 f.
(124) Conférences, Actes Paris, S. 48 ff.
(125) Conférences, Actes Madrid, S. 42 f.

Die Gemeingefahr als (alleiniger) Ausgangspunkt für die Definition des Begriffs Terrorismus hat die Konferenz von Brüssel daher nicht überlebt. Vielmehr war schon auf der vierten Konferenz ein Vorschlag vorgelegt worden, der nicht (mehr) das Moment der Gemeingefahr als essentielles Kriterium in den Vordergrund stellte, sondern besonderes Gewicht auf das Tatmittel legte.

Art. 1 dieses Textes lautete:

"Quiconque aura, en vue de terroriser la population, fait usage, contre les personnes ou les biens, de bombes, mines, machines ou produits explosifs ou incendiaires, armes à feu ou autres engins meurtriers ou destructeurs, ou aura provoqué ou tenté de provoquer, propagé ou tenté de propager une épidémie, une épizootie ou une autre calamité, interrompu ou tenté d'interrompre un service public ou d'utilité, sera puni..."(126).

Die fünfte internationale Konferenz zur Vereinheitlichung des Strafrechts in Madrid, an die die Vollversammlung der vierten Konferenz das Problem nach Diskussion darüber verwiesen hatte, stimmte jedoch auch dieser Fassung nicht zu. Sie legte vielmehr den Schwerpunkt statt auf das Tatmittel auf das anarchistische Ziel der Tat. Den Ausschlag dafür, das (anarchistische) Ziel der Tat als primäres Kriterium zu wählen, hatten die italienischen Juristen d'Amélio und Ugo Aloisi gegeben. Sie hatten vorgeschlagen, als terroristische Tat anzusehen:

"1) Le fait de celui qui, dans le but de renverser toute organisation juridique et économique de la société, emploie des moyens violents ou frauduleux, capables de produire un danger commun, lorsque du fait dérive un dommage ou un danger pour la sécurité publique;
2) la dévastation et le pillage, lorsqu'ils sont commis dans le même but;

(126) Conférences, Actes Copenhague, S. 49.

3) usage de bombes et d'autres matériaux explosifs, inflammables ou similaires, aptes à porter la terreur parmi la population, chaque fois que le coupable aura agi dans le but précédemment indiqué"[127].

In dieser Umschreibung finden sich abgesehen von dem übergreifenden Kriterium der Absicht, jede rechtliche und ökonomische Organisation der Gesellschaft umzustürzen, drei Kategorien von Delikten:

- gemeingefährliche Taten gegen die öffentliche Sicherheit,
- Verwüstung und Plünderung,
- Mißbrauch von Brand- und Explosivstoffen.

In der ersten und dritten Gruppe ist die Anwendung eine Gemeingefahr verursachender Mittel offensichtlich. Zumindest in diesen zwei Fällen ist daran - wenn auch nicht als Ausgangspunkt so doch als ein Kriterium für eine Definition - festgehalten worden, weil es sich dabei um ein für seine Definition zwar nicht wesentliches, aber ein typisches Mittel des Terrorismus handelt. Daß dies auch in der zweiten Gruppe gilt, wie die italienischen Juristen meinten, weil Opfer dieser Taten jedermann sein könne, begegnet Zweifeln[128].
Die Vollversammlung der internationalen Konferenz zur Vereinheitlichung des Strafrechts von Madrid hat den Ansatz der italienischen Juristen weiter verfolgt und deren Vorschlag um einen weiteren Aspekt ergänzt, den der Erregung von Schrecken. Sie stimmte der Fassung zu:

---

(127) Conférences, Actes Madrid, S. 347.

(128) Gemeingefährliche Taten i.w.S. sind solche, bei denen der Täter Kräfte, insbesondere Naturgewalten in Bewegung setzt, deren Auswirkung auf eine unbestimmte Vielzahl von Menschen oder Sachwerte er nicht in der Hand hat (Dreher/Tröndle Vorbem. vor § 306 Rz. 1). Diese Voraussetzungen erfüllen Verwüstungen und Plünderungen zumindest nicht zwingend.

"Celui qui, en vue de détruire toute organisation sociale aura employé un moyen quelconque de nature à terroriser la population, sera puni de ..."(129).

Damit fiel zugleich das Kriterium der Gemeingefahr vollends. Insgesamt war jedoch keine grundlegende Verbesserung erreicht. Einerseits war mit der Wahl des "anarchistischen" Ziels einer Tat als primäres Kriterium automatisch eine Vielzahl politisch motivierter Gewaltdelikte nicht erfaßt, andererseits war durch den Wegfall des Kriteriums der Gemeingefahr eine Vielzahl von Taten erfaßt, die nicht die Anwendung von Gewalt zum Inhalt hatten, sondern lediglich Propagandataten darstellten(130). So wären z.B. Aktionen von "Terroristen" der IRA nicht umfaßt (131), weil sie nicht gegen jedwede staatliche Ordnung gerichtet sind, sondern gegen die britische Vorherrschaft im Nordteil der Insel und den (vermeintlich) dominierenden Einfluß der Protestanten (132). Erfaßt wäre wohl auch nicht der Fall des Mordes von König Alexander I. von Jugoslawien(133). Denn durch diesen Anschlag war die französische und jugoslawische Öffentlichkeit ohne Zweifel erregt; aber war sie wirklich auch "terrorisé"?(134).

---

(129) Conférences, Actes Madrid, S. 355 u. Actes Copenhague, S. 50.

(130) Rechtsgeschichtlich bemerkenswert ist in diesem Zusammenhang, daß das Deutsche Reich am 26.11.1909 einen Auslieferungsvertrag mit Paraguay abgeschlossen hat (RGBl. 1915, 571, 582), in dessen Art. 3 Abs. 2 bestimmt ist, daß die Regel, daß wegen politischer Taten nicht ausgeliefert wird, keine Anwendung auf "anarchistische Verbrechen und Vergehen" findet. Eine ebensolche Regelung enthält auch der deutsch-türkische Auslieferungsvertrag vom 11.01.1917 (RGBl. 1918, 264, 354).
Vgl. hierzu Mettgenberg, VuV 1934/35, S. 596 (599).

(131) S. auch Waciorski, S. 64.

(132) Multhaupt, Beilage zu Das Parlament B 45/88, S. 1 f.

(133) S. o. B II Fall 1.

(134) Zweifelnd Roux, S. 111.

Die sechste Konferenz zur Vereinheitlichung des Strafrechts in Kopenhagen im August/September 1935 befaßte sich schließlich erneut mit dem Thema. Sie war beeinflußt[135] vom Attentat gegen den jugoslawischen König Alexander I. 1934 in Marseille[136] und[137] den nachstehend geschilderten Vorarbeiten der französischen Regierung für eine Konvention zur Verhütung und Bekämpfung des Terrorismus, den "Bases pour la conclusion d'un accord international en vue de la repression des crimes commis dans un but de terrorisme politique". Vor dem Hintergrund der Ermordung des jugoslawischen Königs wurde auf der Konferenz von Kopenhagen besonderes Gewicht darauf gelegt, auch Taten gegen Staatsoberhäupter, Diplomaten und ähnliche Personen zu erfassen. In der Präambel des Textes über Terrorismus[138], der auf der Konferenz von Kopenhagen 1935 angenommen wurde, wird angeregt, ein besonderes Kapitel in die Kodifikationen des materiellen Strafrechts einzufügen für Akte, die darstellen "eine Gemeingefahr oder einen Zustand des Schreckens, der geeignet ist, Veränderungen oder Störungen in der Ausübung der Staatsgewalt oder in den internationalen Beziehungen hervorzurufen".

Damit hat sich die Konferenz zwar nicht auf eine klare Grenzen aufzeigende Definition geeinigt, aber doch Charakteristika solcher Taten herausgearbeitet, die ihres Erachtens als terroristisch anzusehen sind. Konkret handelt es sich um sieben Artikel, die nach ihrem Willen in die Strafgesetzbücher in einem neuen Kapitel mit dem Titel "Des attentats ayant créé un danger commun ou un état de terreur" aufzunehmen wären. Auf deren Aufzählung soll hier wegen der Parallelität zu den nachfolgend geschilderten (sich zeitlich überlappenden) Arbeiten im

(135) Conférence, Actes Copenhague, S. 47 und S. 147.
(136) S. o. B II Fall 1 und nachstehend 2.
(137) Conférence, Actes Copenhague, S. 147.
(138) Conférence, Actes Copenhague, S. 420.

Völkerbund verzichtet werden[139], zumal die 1935 in Kopenhagen angenommene Resolution keine rechtsetzenden Auswirkungen hatte[140].

c) <u>Zwischenergebnis</u>

Die umfangreichen Analysen der internationalen Konferenzen zur Vereinheitlichung des Strafrechts haben nicht nur die Schwierigkeiten verdeutlicht, die für den Terrorismus wesentlichen, unterschiedlichen Merkmale einer einheitlichen Definition zuzuführen. Ihnen ist es vielmehr zu verdanken, daß einzelne Merkmale, die terroristisches Verhalten kennzeichnen, offengelegt wurden. Im einzelnen handelt es sich um folgende Charakteristika:

- Gebrauch gemeingefährlicher Mittel,
- Eintritt einer Gefahr für hochwertige Rechtsgüter, insbesondere für Leib und Leben,
- Förderung politischer einschließlich sozialer Ziele (nicht hingegen unbedingt anarchistischer Ziele),
- (durch) Störungen der Ausübung der Staatsgewalt oder internationaler Beziehungen,
- dies insbesondere durch Taten gegen Staatsoberhäupter, diplomatisch geschützte u.ä. Personen.

Zugleich haben die Analysen gezeigt, daß keines der vorgenannten Charakteristika geeignet ist, allein oder im Zusammenwirken mit den anderen eine genaue Umschreibung des Begriffs Terrorismus zu leisten. Dieses Problem war nur dadurch auszuräumen, daß in dem von der 6. internationalen Konferenz angenommenen Text die als terroristisch bezeichneten Taten in sieben Artikeln im einzelnen aufgeführt wurden. Diese Aufgabe aber mußte der im Anschluß an den ungarisch-jugoslawischen Streit[141] durch Beschluß

---

(139) Vgl. im einzelnen Conférences, Actes Copenhague, S. 420 f.
(140) Felchlin, S. 247.
(141) S. o. B II Fall 1.

des Völkerbundrats vom 10.12.1934(142) eingesetzte Sachverständigenausschuß auch nicht erfüllen, wollte er der ihm übertragenen Aufgabe gerecht werden, eine internationale Konvention zur Bekämpfung des Terrorismus auszuarbeiten; er konnte vielmehr gleich auf eine Aufzählung bestehender Delikte zurückgreifen.

2. Die Genfer Konvention zur Verhütung und Bekämpfung des Terrorismus vom 16.11.1937

a) Ausgangslage/historischer Hintergrund

Am 09.10.1934 wurden in Marseille König Alexander I. von Jugoslawien und der französische Außenminister Louis Barthou von kroatischen Nationalisten der Ustascha ermordet. Den Attentäter Georgijew erschoß die Polizei am Tatort, seinen Mittätern Kvaternik und Pavelic gelang die Flucht ins faschistische Italien. Frankreich verlangte von Italien die Auslieferung, die der italienische Corte d'Apello unter Berufung auf die Ausnahmeregelung der Art. 2 und 3 (politische Verbrechen) des (Auslieferungs-)Vertrages zwischen den beiden Ländern vom 12.05.1870 ablehnte(143). Die jugoslawische Regierung behauptete, der Anschlag sei in Ungarn von terroristischen Gruppen vorbereitet worden, denen die ungarischen Behörden weitgehend Duldung und Förderung hätten

(142) S.D.N., J.O. Dez. 1934, S. 1760
= ZaöRV 1394, Bd. V, S. 135.

(143) Bassiouni, S. 408; Kilian, S. 128 f.; Lubenoff, ZaöRV 1934, Bd. V, S. 129 ff.;
Philonenko, S. 1157 ff., erkennt die politischen Motive in bezug auf die Ermordung Alexanders I. an. Die Ermordung von Barthou sei hingegen ein allgemeinkrimineller Akt. Mc Whinney nennt die Gründe für die italienische Weigerung, die Attentäter auszuliefern: "... Mussolini's italian Government ... was interested in sponsoring Croat nationalist, separatist movements as a means of challenging the new 'succession' state of Yugoslavia, its rival across the Adriatic, and also of weakening French political hegemony in the Balkans generally" (S. 129).

zuteil werden lassen(144). Deshalb legte sie am 22.11.1934 dem Generalsekretär des Völkerbundes eine Beschwerdeschrift vor mit der Bitte um Prüfung der Zusammenhänge auf der nächsten ordentlichen Ratstagung des Völkerbundes.

Zugleich hatte sie die Forderung nach einem Verbot terroristischer Maßnahmen in der Außenpolitik erhoben. Die ungarische Regierung bat daraufhin am 24. November, den Streitfall schon im Dezember zu erörtern.
Der Streit wurde im Völkerbund durch Beschluß des (Völkerbund-)Rates vom 10.12.1934(145) beigelegt. In dessen Ziffer 4 war die Einberufung eines elfköpfigen Sachverständigenausschusses angeordnet, dem es obliegen sollte, den Entwurf einer Konvention zur Bekämpfung politischer Verbrechen und Terrorakte auszuarbeiten. Die Bedeutung der dort ausgearbeiteten Konvention wird unterstrichen dadurch, daß noch im "Sixth Report on the draft code of crimes against the peace and security of mankind" der "terroristic act" unter ausdrücklicher Bezugnahme auf die Konvention von 1937 definiert wird(146).

b) <u>Gegenstand der Betrachtungen des Völkerbundes</u>

Diskussionsgrundlage in o.a. Sachverständigenausschuß, dem vier Teilnehmer der internationalen Konferenzen zur Vereinheitlichung des Strafrechts angehörten(147), waren bereits am 09./10.12.1934 von der französischen Regierung in Genf vorgelegte

(144) Waciorski, S. 115 f.; Felchlin, S. 240 m.w.N.; zum Hintergrund der Tat s. auch Mc Whinney, S. 128 f.
(145) ZaöRV 1934, Bd. V, S. 135 = Roux, S. 108 = Conférences, Actes Copenhague, S. 52 (Auszug).
(146) UN Doc. General Assembly, Distr. General A/CN. 4/411 vom 19.02.1988.
(147) Conférences, Actes Copenhague, S. 52.

Anregungen für ein allgemeines Abkommen zur "Bekämpfung von Verbrechen mit dem Ziel des politischen Terrorismus"(148). Bereits diese Anregungen der französischen Regierung, die o.a. "Bases pour la conclusion d'un accord international en vue de la répression de crimes commis dans un but de terrorisme politique"(149), enthielten eine nicht nur umfangreiche, sondern auch weitgehend konkrete Umschreibung der "crimes commis dans un but de terrorisme politique". Sie stellten aufgrund der konkreten Umschreibung einen wesentlichen Fortschritt gegenüber den Versuchen einer Definition seitens der internationalen Konferenzen zur Vereinheitlichung des Strafrechts dar, die teils einen zu breiten, teils einen zu engen Bereich von Straftaten erfaßten (150). Im einzelnen waren nach den französischen Anregungen ("Bases...") Gegenstand der Betrachtungen (151):

"a) l'attentat à la vie ou à la liberté soit des chefs d'Etat, soit des membres du Gouvernement, des assemblées politiques ou administratives ou des corps judiciaires, soit de fonctionnaires, soit de personnes privées à raison de l'attitude politique de celles-ci;
b) l'attentat contre des bâtiments publics, chemins de fer, navires, aéronefs et autres moyens de communication;
c) l'association en vue de commettre les mêmes faits;
d) la détention d'armes, munitions, explosifs ou engins incendiaires en vue de commettre les mêmes faits;
e) la provocation à commettre les faits ci-dessus spécifiés ou l'apologie de ceux-ci."

Unter Vorsitz des Belgiers Wiart erarbeiteten die Sachverständigen auf der Grundlage eines Vorent-

(148) S.D.N. Drs. C 542. M. 249. 1934, VII, S.D.N. J.O. 1934, S. 1839 = ZaöRV, Bd. V, S. 185 ff. = Roux, S. 101 = Conférences, Actes Copenhague, S. 180 f.
(149) S. hierzu v. Gretschaninow, ZaöRV, Bd. V, S. 181 ff.
(150) S.o. C IV 1 b.
(151) ZaöRV, Bd. V, S. 185; Roux, S. 101.

wurfs des Rumänen Pella[152] ein "Avant Projet de Convention Internationale Pour la Repression du Terrorisme"[153]. Dessen Art. 1 und 2 lauten:

"Acticle Premier,
Le but de la présente Convention est d'assurer entr'aide internationale en vue de prévenir et de réprimer les actes délictueux qui sont de nature, par leur violence ou par la création d'un danger commun ou d'un état de terreur, à provoquer soit un changement ou une entrave dans le fonctionnement des pouvoirs ou services publics des Hautes Parties Contractantes, soit un trouble dans les relations internationales.

Article 2

Doivent être punis:

1. Les faits intentionnels qui sont dirigés contre la vie, l'intégrité corporelle, la santé ou la liberté:
a) des chefs d'Etat ou des personnes exercant les prérogatives du chef d'Etat ainsi que des princes héritiers;
b) des membres du Gouvernement;
c) des représentants diplomatiques;
d) des membres des Corps constitutionnels, législatifs ou judiciaires.
2. Le fait intentionnel de causer une catastrophe en entravant le fonctionnement des communications ferroviaires, aériennes, maritimes ou fluviales ou en interrompant certains services publics ou d'utilité publique et le fait intentionnel de provoquer toutes calamités, soit par l'emploi de produits explosifs ou incendiaires, soit par la propagation de maladies confagieuses ou l'empoisonnement des eaux potables et des produits alimentaires ainsi que tout autre fait intentionnel qui met en péril les vies humaines en créant un danger public;
3. Le fait intentionnel de détruire par des moyens capables de créer un danger commun, des bâtiments publics, des voies et moyens de transport et de communication et leurs installations, des établissements hydrauliques, d'éclairage, de chaleur ou de force motrice appartenant à des services publics ou d'utilité publique;
4. L'instigation suivie d'effet, la participation intentionnelle ainsi que le tentative des faits pévus par les paragraphes 1, 2 et 3 du présent article;

(152) Conférences, Actes, Copenhague, S. 52 ff. u. S. 182 ff.
(153) Roux, S. 120 f.

5. Le fait de former une association ou d'établir une entente pour commettre les actes indiqués aux paragraphes 1, 2 et 3 et le fait d'y participer;
6. L'instigation, par un moyen quelconque de publicité, à commettre les actes prévus aux paragraphes 1, 2 et 3;
7. Le fait de fabriquer, détenir, exporter, importer, transporter, vendre, céder ou distribuer des matières ou des objets en sachant qu'ils sont destinés à la préparation ou à l'exécution des actes prévus aux paragraphes 1, 2 et 3 ci-dessus;
8. Le fait intentionnel d'assister par tout moyen les auteurs des mêmes actes et leurs complices.

Si les faits prévus aux paragraphes précédants sont commis dans des pays différents, chacun d'eux doit être consideré comme une infraction distincte."

Bei Betrachtung dieses Konventions-Entwurfs fällt auf, daß darin - anders als in den französischen Anregungen und in dem Ratsbeschluß - weder von der Unterdrückung des "terrorisme" noch von "activité terroriste" die Rede ist, sondern von der internationalen zwischenstaatlichen Hilfe um präventiv und repressiv zu bekämpfen "les actes délictueux, qui sont de nature, par leur violence ou par la création d'un danger commun ou d'un état de terreur, à provoquer soit un changement ou une entrave dans le fonctionnement des pouvoirs ou services publics des Hautes Parties Contractantes, soit un trouble dans les relations internationales."

Die Streichung des Terminus Terrorismus war von der rumänischen Regierung angeregt worden, letztlich weil es unmöglich schien, ihn juristisch präzise zu erfassen(154). Der Konventionsentwurf erinnert in weiten Teilen an die auf der 6. internationalen Konferenz in Kopenhagen angenommene Präambel(155). Die Überschrift des Entwurfs bezeugt eindeutig, daß die untersuchten Sachverhalte die gleichen geblieben

(154) Roux, S. 110.
(155) S.o. C IV 1 b, FN 112.

waren: "terroristische". Dies belegt auch der in Art. 2 zusammengefaßte Katalog von dem Abkommen unterfallenden Straftaten. Er orientiert sich offensichtlich an den französischen "Bases", deren Bestimmungen im wesentlichen lediglich konkretisiert wurden. Daher ist o.a. Umschreibung als eine solche terroristischer Akte zu verstehen, die demnach gekennzeichnet sind durch die Merkmale "gegen den Staat" und das angewandte Mittel, konkret

1. der Geeignetheit
   - entweder eine Änderung oder Behinderung der Funktionstüchtigkeit der öffentlichen Gewalt oder der öffentlichen Dienste
   - oder eine Verwirrung in den internationalen Beziehungen herbeizuführen,

und

2. die Mittel
   - der Gewalt,
   - der Gemeingefahr,
   - eines Schreckenszustandes.

Im einzelnen erfaßt werden neben

1. Anschlägen auf Leib und Leben sowie die Freiheit von Staats- und Regierungschefs, Regierungsmitgliedern, diplomatischer Vertreter und der Gesetzgebungskörperschaften sowie der Justiz, Art. 2 Nr. 1,
2. Anschlägen gegen den Bahn-, Luft-, Seeschiffahrt- und/oder Binnenschiffahrtverkehr durch Sprengstoffanschläge und Bomben-Attentate u.a. lebensbedrohende gemeingefährliche Taten, Art. 2 Nr. 2,
3. der Zerstörung von öffentlichen Gebäuden etc. durch gemeingefährliche Mittel, Art. 2 Nr. 3, und

4. Formen der Teilnahme - Anstiftung, Mittäterschaft, Beihilfe - sowie des Versuchs und anderer Vorbereitungshandlungen, Art. 2 Nr. 4 und Nr. 7, 8,

auch bereits

5. die Bildung einer Bande, um o.g. Straftaten zu begehen, Art. 2 Nr. 5, und
6. die öffentliche Aufforderung hierzu, Art. 2 Nr. 6.

Es handelt sich im Vergleich zu den zuvor dargestellten Definitionsversuchen um einen umfassenderen Katalog von Taten, auf den die besonderen Bestimmungen terroristischer Akte Anwendung finden sollen. Der Wegfall des Begriffs Terrorismus im (Entwurf des) Vertragstext(es) zeigt keine Nachteile. Vielmehr bewirkt er, daß der Anwendungsbereich des vorgesehenen Übereinkommens nicht in Folge von Auslegungsproblemen wenig präzise abgegrenzt erscheint. Dies um so mehr, als das Merkmal des "Angriffs gegen den Staat" nicht subjektiv erfaßt war als Absicht des Täters, sondern objektiv durch das Kriterium der Eignung, die Funktionstüchtigkeit öffentlicher Gewalt zu beeinträchtigen.

Dennoch wurden die Regelungen des Entwurfs einer Konvention (auch) in diesem Punkt nicht in den endgültigen Text der "Convention pour la prévention et la repression du terrorisme"(156) übernommen. Vielmehr einigte man sich in den folgenden Beratungen folgendermaßen über die Bestimmung des Begriffs Terrorakt:
"L'expression 'actes de terrorisme' s'entend des faits criminels dirigés contre un Etat et dont le but ou la nature est de provoquer la terreur chez

(156) S.D.N. Drs. C. 546, M. 383, 1937. V = S.D.N. J.O. 1938, S. 22 = (englisch) Alexander, Browne, Nanes, S. 19.

des personnalités déterminées, des groupes de personnes ou dans le public."

Diese Definition ist offensichtlich wenig für eine allgemeine Verwendung geeignet.

- Sie stellt eine Tautologie dar; der Begriff "terrorisme" wird unter Bezugnahme auf das Wort "terreur" umschrieben(157).
- Sie setzt "faits criminels", kriminelle Taten, voraus, ohne daß sich aus ihr selbst ergibt, welche damit gemeint sind:
  * irgendwelche am Tatort unter Strafe stehende oder
  * (nur) solche, die in allen Staaten unter Strafe stehen, oder
  * nur die in Art. 2 genannten; dafür spricht, daß der Regelungsbereich der Konvention auf diese Taten beschränkt ist(158).
- Sie umfaßt Taten "dirigés contre un état", damit gegen eine Struktur, zu der ein (Staats-)Volk, (Staats-)Gebiet und eine (Staats-)Gewalt gehören (159). Die einleitend beschriebenen(160), als terroristisch bezeichneten Akte, richteten sich regelmäßig aber nicht gegen alle diese Merkmale, sondern zumeist nur gegen eines oder einzelne davon(161). Hinzu kommt die fragwürdige Ausgrenzung von Taten, die sich nicht "gegen einen Staat", sondern eine bestimmte Politik, ein Regime, eine gesellschaftliche Organisation, eine Philosophie oder eine Religion richten.

Diese Kritik ist deshalb umso bedeutungsvoller, als die Regelungen der Konvention gemäß Art. 2 Satz 1 ausdrücklich nur dann Anwendung finden sollten auf die in Art. 2 Satz 2 genannten Straftaten,

(157) Darauf weist zu Recht bereits David, S. 109, hin.
(158) Ebenso: Pella, S. 417 ff.
(159) A.a.O.
(160) S.o. B I - B III.
(161) Vgl. auch David, S. 110.

wenn es sich dabei um Terrorakte im Sinne des Art. 1 handelt. Der (endgültige) Konventionstext setzt damit eine Definition des Terrorismus - bzw. des terroristischen Aktes - voraus.
Von diesem wesentlichen Mangel abgesehen, ist die Konvention wegen ihres Anwendungsbereichs gemäß Art. 2 beachtlich. Im Kern wurden die gleichen Taten erfaßt wie im Vorentwurf:

"(I) Les faits intentionnels dirigés contre la vie, l'intégrité corporelle, la santé ou la liberté:
a) Des chefs d'Etat, des personnes exercant les prérogatives du chef d`Etat, de leurs successeurs héréditaires ou désignés;
b) Des conjoints des personnes ci-dessus énumérées;
c) Des personnes revêtues de fonctions ou de charges publiques lorsque le dit fait à été commis en raison des fonctions ou charges que ces personnes exercent.

(2) Le fait intentionnel consistant à détruire ou à endommager des biens publics ou destinés à un usage public qui appartiennent à une autre Haute Partie contractante ou qui relèvent d'elle.
(3) Le fait intentionnel de nature à mettre en péril des vies humaines par la création d'un danger commun.
(4) La tentative de commettre les infractions prévues par les dispositions ci-dessus du présent article.
(5) Le fait de fabriquer, de se procurer, de détenir ou de fournir des armes, munitions, produits explosifs ou substances nocives en vue de l'exécution, en quelque pays que ce soit, d'une infraction prévue par le présent article."

In Art. 3 werden als Vorbereitungs- und Teilnahmehandlungen zu den in Art. 2 aufgeführten Delikten unter Strafe gestellt:

"(1) L'association ou l'entente en vue de l'accomplissement de tels actes;
(2) L'instigation à de tels actes, lorsqu'elle à été suivie d'effet;
(3) L'instigation directe publique aux actes prévus par les numéros 1, 2 et 3 de l'article 2, qu'elle soit ou non suivie d'effet;
(4) La participation intentionnelle;
(5) Toute aide donnée sciemment en vue de l'accomplissement d'un tel acte".

c) <u>Zwischenergebnis</u>

Die Arbeiten des Völkerbundes an einer Konvention zur Verhütung und Bekämpfung des Terrorismus konnten auf den bei den internationalen Konferenzen zur Vereinheitlichung des Strafrechts gewonnenen Erkenntnissen aufbauen. Dort war eine zufriedenstellende abstrakte Definition des Terrorismus nicht gelungen. Es war danach folgerichtig, daß bereits die "Bases pour la conclusion d'un accord international ..." nicht den Versuch unternahmen, den Begriff Terrorismus abstrakt zu definieren, sondern vielmehr konkrete Taten nannten, deren Verwirklichung die Anwendung des Abkommens zur Folge haben sollte. Der dortige Straftatenkatalog fand in modifizierter Form Eingang in die Konvention, die als "terroristische" Akte solche erfaßt

- auf Leib, Leben oder persönliche Freiheit von Staatschefs, ihrer designierten Nachfolger, ihrer Eheleute oder anderer mit öffentlichen Funktionen oder Aufgaben betrauten Personen,
- der Zerstörung oder Beschädigung öffentlicher Güter einer anderen vertragschließenden Partei,
- lebensbedrohende gemeingefährliche Taten,
- Vorbereitungshandlungen, insbesondere den Besitz usw. von Waffen, Sprengstoff etc. um eine der vorgenannten Taten zu begehen.

Darüberhinaus setzt die Anwendung der Konvention voraus, daß es sich bei oben genannten Taten um "terroristische" im Sinne von Art. 2 Abs. 2 handelt. Diese wenig befriedigende Lösung, stellt die erste und bisher einzige Umschreibung terroristischer Akte in einem völkerrechtlichen Dokument dar(162). Hinsichtlich der o.a. Akte ist festzustellen, daß abgesehen von der Einbeziehung der "Zerstörung oder Beschädigung öffentlicher Güter einer anderen ver-

(162) Rumpf, Außenpolitik 1985, S. 386.

tragschließenden Partei", einer Bestimmung die dem Schutz insbesondere des diplomatischen Verkehrs dient, die aufgeführten Delikte überwiegend solche darstellen, die von den Regelungen des § 129 a StGB bzw. des Art. 706-16 CPP umfaßt werden. Enger ist der Katalog insoweit, als nicht alle Menschen, sondern nur Staatschefs etc. und andere mit öffentlichen Funktionen betraute Personen erfaßt werden, weiter insoweit, als jede (vorsätzliche) lebensbedrohende gemeingefährliche Handlung erfaßt wird.
Nur gegenüber § 129 a StGB weiter ist er insoweit, als auch selbständige Vorbereitungshandlungen wie der Besitz von Waffen und Sprengstoff erfaßt sind.
Die Beschränkungen auf das Leben usw. von Staatschefs und anderen mit einem öffentlichen Amt betrauten Personen wird verständlich vor dem historischen Hintergrund, der den Anstoß für die Ausarbeitung der Konvention gab: die Ermordung von König Alexander I. und Außenminister Barthou.
Dem entsprechende den internationalen Frieden bedrohende Taten, sollten verhindert werden. Die Gefahr, daß er durch Anschläge auf gewöhnliche Dritte in gleicher Weise bedroht sein könnte, erschien zumindest nicht akut. Auch die Einbeziehung selbständiger Vorbereitungshandlungen - wie der Besitz von Waffen - ist mit o.g. historischem Ereignis zu erklären, konkret: dem Umstand, daß sich die Täter auf ungarischem Boden derartig auf das Attentat gegen Alexander I. sollen vorbereitet haben können.

3. Die Arbeiten der Vereinten Nationen/die "Draft Convention for the prevention and punishment of certain acts of international terrorism"

Die Vereinten Nationen haben sich wiederholt mit der Bekämpfung von einzelnen Erscheinungsformen des (internationalen) Terrorismus befaßt[163], insbesondere mit Akten der internationalen Luftpiraterie[164].

Die Ereignisse bei den Münchener Olympischen Spielen waren Anlaß für eine allgemeine, umfassende Behandlung des Themas Terrorismus in den Vereinten Nationen. Am 04.09.1972 hatten acht palästinensische Fedayeen das israelische Quartier im Olympischen Dorf in München gestürmt. Die Palästinenser hatten die Freilassung von 230 arabischen Gefangenen, fünf syrischen und einem libanesischen Offizier, die am 21.06.1972 (von Israelis) gefangengenommen worden waren, verlangt. Mit neun israelischen Geiseln waren die Geiselnehmer am 05. September per Helikopter von München zum Militärflugplatz nach Fürstenfeldbruck geflogen worden, von wo aus sie nach Kairo ausfliegen sollten. Nach Besichtigung des Flugzeugs, das sie ausfliegen sollte, eröffneten die deutschen Sicherheitskräfte das Feuer auf die Geiselnehmer. Bei dem anschließenden Feuergefecht verloren 15 Personen das Leben, darunter die neun israelischen Geiseln und ein deutscher Polizist[165].

Unter dem unmittelbaren Eindruck dieser Tragödie während der Münchener Olympischen Spiele - allerdings ohne hierauf unmittelbar zu verweisen - beantragte der damalige UNO-Generalsekretär Kurt Waldheim, die "Terrorfrage" auf die Tagesordnung der unmittelbar bevorstehenden 27. Generalversammlung der Vereinten Nationen zu setzen. Der vorgeschlagene Tagesordnungspunkt lautete: "Measures to prevent terrorism and other forms of violence which

---

(163) Vgl. David, S. 125 ff.; Jescheck, GA 1981, S. 62 f.; Lagoni, EA 1977, S. 171 ff.; Leichter, VN 1973, S. 8 ff.; Linke, ÖJZ 1976, S. 231 f.; Platz, ZaöRV, 40, 1980, S. 276 (283); Rebmann, NJW 1985, S. 1736.
(164) S. dazu unten G II 3.
(165) CEDRE, Nr. 721.

endanger or take innocent human lives or jeopardize fundamental freedoms" (Maßnahmen zur Verhütung von Terrorismus und anderen Formen von Gewalttätigkeit, welche Menschenleben gefährden oder kosten oder Grundfreiheiten beeinträchtigen)(166). Die Reaktion der UNO-Mitgliedsländer auf die Initiative des Generalsekretärs war gespalten. Die arabischen Länder brachten die Initiative in Zusammenhang mit dem Nah-Ost-Problem; vor allem afrikanische und auch einige asiatische Länder stellten im Zusammenhang mit den Terrordebatten die Frage nach der Berechtigung von Widerstandshandlungen von Kolonialvölkern. Ein drittes Bedenken gegen die Aufnahme des Waldheim-Vorschlags in die Tagesordnung war die Unklarheit des Begriffs des (internationalen) Terrorismus (167). Zu diesen Punkten stellte Waldheim klar, er wolle nur den internationalen Terror, nicht den in innenpolitischen Kämpfen, behandelt wissen. Auch die Widerstandsakte gegen koloniale oder rassistische Unterdrückung sollten nicht diskutiert werden(168). Das Plenum der Generalversammlung beschloß schließlich am 23.09.1972 das Thema in veränderter Form auf die Tagesordnung zu setzen. Auf Antrag von Jamaika und Saudi-Arabien wurde das Thema wie folgt geändert als Tagesordnungspunkt angenommen: "Measures to prevent international terrorism and other forms of violence which endanger or take innocent human lives or jeopardize fundamental freedoms, and study of the underlying causes of those forms of terrorism which lie in misery, frustration, grievance and despair and which cause some people to sacrifice human lives,

(166) Übersetzung nach Leichter, VN 1973, S. 8.
(167) Leichter, VN 1973, S. 9.
(168) UN-Press Release SG/SM/1753 vom 20.09.1972.

including their own, in an attempt to effect radical changes"(169) (Maßnahmen zur Verhinderung von internationalem Terrorismus und anderen Formen der Gewalt, die unschuldige Menschenleben gefährden oder kosten oder Grundfreiheiten beeinträchtigen, sowie Untersuchung der jenen Formen von Terrorismus zugrundeliegenden Ursachen, welche in Elend, vergeblichen Mühen, Mißständen und Verzweiflung wurzeln und welche manche Menschen beim Versuche, radikale Veränderungen zu bewirken, veranlassen, Menschenleben zu opfern, einschließlich ihrer eigenen).
Der Grund für die Änderung lag darin, daß nach Auffassung der Länder der Dritten Welt Kolonialismus, Apartheid und Fremdherrschaft die Hauptursachen des Terrorismus sind/waren. Ursachen und Motive von Terrorakten wurden - worauf Lacoste(170) zu Recht hinweist - mit dieser Beschlußfassung als rechtlich bedeutsam herausgestellt. Eine Definition des Terrorismus war damit aber nicht erfolgt. Vielmehr zeigte sich in den Beratungen in den UNO-Gremien, daß, je eingehender die Terrorismusfrage diskutiert wurde, eine juristisch einwandfreie, von politischen Gesichtspunkten freie Definition des Terrorismus kurzfristig kaum erreichbar sein würde.

Ein von den Vereinigten Staaten vorgelegter Resolutionsentwurf, dem der Entwurf einer Anti-Terrorismus-Konvention beigefügt war(171), wurde nicht

(169) Measures to prevent ...; Study prepared by the Secretariat in accordance with the decision taken by the Sixth Comitee at its 1314th meeting, on 27 September 1972; UN Doc. A/C. 6/418, 2. November 1972, S. 5 (Rz. 1).
(170) Die Europäische Terrorismus-Konvention, S. 16.
(171) US-Draft Convention for the Prevention and Punishment of Certain Acts of International Terrorism, UN Doc. A/C. 6/L. 850 vom 25.09.1972 = UN Doc. A/9028 (1973) = Alexander, Browne, Nanes, S. 113.; s. hierzu näher Stein, S. 138 ff.

einmal zur Abstimmung gestellt(172).
Auch ein von 14 westlichen Industriestaaten vorgelegter Kompromißvorschlag(173), der eine klare Verurteilung internationaler Terrorakte vorsah, und eine Aufforderung an die Völkerrechtskommission enthielt, den Text einer Konvention gegen den internationalen Terrorismus zu entwerfen und ihn der 28. Generalversammlung im Herbst 1973 vorzulegen, war erfolglos.
Angenommen wurde von der Generalversammlung am 18.12.1972 vielmehr ein unter Führung Algeriens im wesentlichen von Ländern der Dritten Welt vorgelegter Antrag. Die entsprechende Resolution(174)

---

(172) Er enthält keine Definition des Begriffs Terrorismus, befaßte sich vielmehr explicit nur mit "Certain Acts of International Terrorism", nämlich rechtswidriger Tötung, Körperverletzung, Entführung sowie Versuch dieser und Teilnahme an diesen Taten (vgl. Rumpf, Außenpolitik 1985, S. 391). In Art. 1 Ziff. 1 bestimmt er:

"Any person, who unlawfully kills, causes serious bodily harm or kidnaps another person, attempts to commit any such act, or participates as an accomplice of a person who commits or attempts to commit any such act, commits an offense of international significance if the act:
a) is committed or takes effect outside the territory of a State of which the alleged offender is a national; and
b) is committed or takes effect:
   i) outside the territory of the State against which the act is directed, or
   ii) within the territory of the State against which the act is directed and
   the alleged offender knows or has reason to know that a person against whom the act is directed is not a national of that State; and
c) is committed neither by nor against a member of the Armed Forces of a State in the course of military hostilities; and
d) is intended to damage the interest of or obtain concessions from a State or an international organization."

(173) UN Doc. A/C. 6/L. 879 vom 27.11.1972 und A/C. 6/L. 879/Rev. 1 vom 08.12.1972.

(174) UN Doc. A/Res/3034 (XXVII); dt. Übersetzung in VN 1973, S. 29.

enthielt den Beschluß, einen Ad-hoc-Ausschuß über den internationalen Terrorismus einzusetzen. Der aus den Mitgliedern von 35 Staaten bestehende Ausschuß beriet neben den dem internationalen Terrorismus zugrundeliegenden Ursachen und den zu seiner Verhütung erforderlichen Maßnahmen insbesondere auch Fragen des Terrorismusbegriffs; er konnte sich jedoch 1973 auf eine Definition nicht einigen(175). Er nahm aber in seinen Bericht für die Generalversammlung einen - denkbar weiten, juristisch nicht faßbaren - Katalog von Verstößen mit "anerkannt terroristischem Inhalt" auf, so:

- Gewalt und andere Unterdrückungsakte kolonialistischer und rassistischer Regime,
- Gewaltakte von einzelnen oder Gruppen, durch die unschuldige Menschenleben oder Grundfreiheiten gefährdet oder vernichtet werden,
- Gewaltakte von einzelnen oder Gruppen zur persönlichen Bereicherung,
- staatliche Duldung oder Unterstützung von Organen, deren terroristische Handlungen gegen andere souveräne Staaten gerichtet sind(176).

In den Folgejahren 1974 und 1975 wurde das Thema in der Generalversammlung aus Zeitgründen nicht behandelt(177). 1976 forderte die Generalversammlung den Ad-hoc-Ausschuß jedoch auf, seine Tätigkeit wieder aufzunehmen(178). Doch gelang ihm weder auf seiner zweiten Tagung im März 1977 noch auf seiner dritten Tagung im März/April 1979 eine Definition des internationalen Terrorismus. Streitig blieben vielmehr die Probleme

---

(175) Bericht des Ad-hoc-Ausschusses an die Generalversammlung, UN Doc. A/9028, Report of the Ad hoc Committee on International Terrorism, General Assembly Official Records 28th Session, Supplement No. 28, 1973; s. auch VN 1973, S. 168 f.

(176) VN 1973, S. 168.

(177) VN 1977, S. 28.

(178) VN 1977, S. 28.

- der Ausklammerung von Aktionen nationaler Befreiungsbewegungen und
- der Ausklammerung der Gewalthandlungen von Völkern bei der Ausübung ihrer Rechte auf Unabhängigkeit und Selbstbestimmung

sowie

- der Einbeziehung des sogenannten Staatenterrorismus: der kolonialen Fremdherrschaft, des Rassismus und der Apartheid(179).

Die Generalversammlung hat vor dem Hintergrund der vergeblichen Bemühungen im Sonderausschuß über die Umschreibung des Beratungsgegenstandes im Dezember 1979 die Arbeiten des Ad-hoc-Ausschusses "Terrorismus" suspendiert(180).

Doch haben sich die Vereinten Nationen in der Folgezeit weiterhin mit dem Problem des Terrorismus und seiner Definition befaßt(181), u.a. im Zusammenhang mit dem "Draft code of crimes against the peace and security of mankind". Im sechsten Report

---

(179) S. "Bericht des Ad-hoc-Ausschusses zur Frage des internationalen Terrorismus", UN Doc. A/34/37 (1979); VN 1979, S. 107 f.

(180) Platz, ZaöRV 1980, S. 283 unter Hinweis auf die UN-Resolution 34/145.

(181) Anläßlich der 42. Generalversammlung der Vereinten Nationen hat Syrien eine Konferenzinitiative ergriffen "Convening under the auspices of the United Nations, of an international conference to define terrorism and to differentiate it from the struggle of peoples for national liberation" (Entschließung der Generalversammlung 42/159). Vgl. auch die Übersicht im Report des Generalsekretärs betreffend die "Measures to prevent ..." in der "Annotated preliminary list of items to be included in the provisional agenda on the 42nd regular session of the General Assembly", UN Doc. A/42/100, Ziff. 128, S. 364 ff.
S. weiterhin die zusammenfassende Übersicht in der "... provisional agenda on the fortieth Session of the General Assembly", UN Doc. A/40/100, Ziff. 130, S. 421 ff. und - zuletzt - die Resolution 44/29 der Generalversammlung der Vereinten Nationen, UN Doc. A/Res/44/29 vom 31. Januar 1990. Die Beratungen zu dieser Resolution hatten die UdSSR

zu oben genanntem "Draft code ..."[182] wird für die Definition des Terrorismus explicit auf die Genfer Konvention von 1937 Bezug genommen; darin heißt es:

"(a) Definition of terrorist acts
The term "terrorist acts" means criminal acts directed against a State or the population of a State and calculated to create a state of terror in the minds of public figures, or a group of persons or the general public.
b) Terrorist acts
The following constitute terrorist acts:
(i) Any act causing death or grievous bodily harm or loss of liberty to a head of State, persons exercising the prerogatives of the head of State, their hereditary or designated successors, the spouses of such persons, or persons charged with public functions or holding public positions when the act is directed against them in their public capacity;
(ii) Acts calculated to destroy or damage public property or property devoted to a public purpose;
(iii) Any act calculated to endanger the lives of members of the public, in particular the seizure of aircraft, the taking of hostages and any form of violence directed against persons who enjoy international protection or diplomatic immunity;
(IV) The manufacture, obtaining, possession or supplying of arms, ammunition, explosives or harmful substances with a view to the commission of a terrorist act."

Sollte eine Einigung auf diese Definition zu erreichen sein, so wäre ein erheblicher Fortschritt in den Bemühungen der Vereinten Nationen zur Bekämpfung des internationalen Terrorismus gelungen, denn es gäbe eine erste Umschreibung des Terminus Terrorismus in einem völkerrechtlichen Vertrag.

---

u.a. dazu genutzt, die Einrichtung eines "fact-finding body to deal with acts of international terrorism" vorzuschlagen (vgl. UN Doc. A/44/762 vom 01.12.1989, S. 6); s. dazu unten H I.
S. auch Mc Whinney, S. 142 f., 234 ff.

(182) UN Doc. A/CN. 4/411 vom 19.02.1988, S. 16.

Festzuhalten bleibt jedoch, daß bis heute in den Vereinten Nationen eine Definition des Begriffs des (internationalen) Terrorismus nicht gelungen ist.

Sie scheiterte vielmehr an der oben dargelegten unterschiedlichen Beurteilung von politischen Zuständen und Ereignissen in Teilen der Dritten Welt(183). Dennoch sind die Arbeiten der Vereinten Nationen für hiesige Analysen von Bedeutung, da sie die "neueren" Streitpunkte um diesen Terminus verdeutlichen. Sie ranken nicht mehr primär um die Fragen, ob oder inwieweit Terrorismus mit (vorsätzlichen) gemeingefährlichen Taten gleichzusetzen ist oder ob die terroristische Tat eine politische Motivation voraussetzt.
Streitig ist nun vielmehr - wie dargelegt - neben der Einbeziehung des Staatenterrorismus primär die Frage, ob (gewalttätige) Aktionen von nationalen Befreiungsbewegungen terroristische Aktionen darstellen.
Zugleich zeigt das Scheitern einer international verbindlichen Anti-Terrorismus-Konvention in den Vereinten Nationen, daß der Mangel eines präzisen und anerkannten Begriffs des Terrorismus kein esoterisches Problem der Politik- und

---

(183) Hieran hat sich bis heute nichts geändert. Die praktische Bedeutung der Definition des Terminus Terrorismus wird weiterhin - in besonderer Weise - deutlich bei Bewertung der "Aktionen" von Palästinensern in Israel. Auf der sog. "Intifada-Tagung" des Palästinensischen Nationalrats in Algier vom 12. - 15.11.1988 wurde Arafats Kairo-Erklärung vom 07.11.1985, in der er sich vom internationalen Terrorismus distanziert, übernommen, zugleich aber auf das nationale Widerstandsrecht im Unabhängigkeitskampf verwiesen, der in israelischen Augen "palästinensischen Terrorismus" darstellt.

Auf der 42. Generalversammlung der Vereinten Nationen hatte demgegenüber Syrien eine Initiative zur Definition des Terrorismus unter Ausgrenzung von Taten sog. Befreiungsbewegungen ergriffen; Entschließung der Generalversammlung der Vereinten Nationen 42/159. Zu den Hintergründen s. auch Linde, S. 46.

Rechtswissenschaften ist, sondern gravierende (kriminal-)politische Konsequenzen hat(184).

4. Die IV. Rotkreuz-Konvention von 1949 und die Zusatzprotokolle vom 12.12.1977

Bei dem Versuch der Definition des Terrorismus ist auch auf die sogenannte IV. Rotkreuz-Konvention von 1949, das IV. Genfer Abkommmen vom 12.08.1949 zum Schutze von Zivilpersonen in Kriegszeiten(185), einzugehen, die in den einschlägigen (juristischen) Abhandlungen jedoch regelmäßig übergangen wird (186). Deren Beachtung ist aber geboten, da es sich um das erste und - abgesehen von dem ergänzenden zweiten Zusatzprotokoll - immer noch einzige "weltweite" internationale Übereinkommen handelt, das im (englischen bzw. französischen) Originaltext "terrorism(e)" ausdrücklich verbietet(187).

a) Ausgangslage/historischer Hintergrund

Die vier Rotkreuz-Konventionen von 1949 ergänzen die Abkommen der Ersten und Zweiten Haager Friedenskonferenz (1899 bzw. 1907) und regeln mit diesen zusammen immer noch weitgehend, wenn auch keines-

---

(184) Deutlich wurde dies - soweit ersichtlich - zuletzt auf der Internationalen Konferenz über Luftrecht vom 09. - 24. Februar 1988 in Montreal. Die Niederlande hatten angeregt, in die Präambel des dort erarbeiteten Ergänzungs-Protokolls zum Montrealer Übereinkommen (s. unten G II 3 d) einen (neuen) Abschnitt aufzunehmen, in dem ein Abschreckungsmechanismus angekündigt wird im Hinblick auf die weltweite Eskalation "terroristischer" Gewaltakte. Die beabsichtigte Verwendung der Vokabel Terrorismus/terroristisch ließ sogleich den PLO-Vertreter auf der Konferenz das Wort ergreifen; zu einer vertiefenden Erörterung des Themas kam es jedoch nicht.

(185) BGBl. 1954 II, S. 917; 1956 II, S. 1586.

(186) S. z.B. bei Lacoste, S. 37 ff.; Linke, ÖJZ 1976, S. 230 ff; Rebmann, NJW 1985, S. 1737.

(187) David, S. 127.

wegs vollständig, das humanitäre Kriegsvölkerrecht(188). Ihr Grundanliegen ist - vereinfacht ausgedrückt -, "Menschlichkeit auch im Krieg zu üben"(189).

Die aufgrund der Entwicklung der Kriegstechnik im 20. Jahrhundert immer vordringlicher werdende Frage des Schutzes der Zivilbevölkerung gegenüber den Kriegsgefahren hatte bereits vor dem Zweiten Weltkrieg zu entsprechenden diplomatischen Bemühungen geführt, die jedoch durch Ausbruch des Kriegs im Herbst 1939 durchkreuzt wurden(190), so daß der Schutz der Zivilbevölkerung im Zweiten Weltkrieg praktisch ohne wirksame völkerrechtliche Rechtsbasis war(191). Diesen Mangel im humanitären Kriegsvölkerrecht behob die IV. Genfer Rotkreuz-Konvention weitgehend, deren Grundnorm, Art. 27 Abs. 1, bestimmt:

"Die geschützten Personen haben unter allen Umständen Anspruch auf Achtung ihrer Person, ihrer Ehre, ihrer Familienrechte, ihrer religiösen Überzeugungen und Gepflogenheiten, ihrer Gewohnheiten und Gebräuche. Sie werden jederzeit mit Menschlichkeit behandelt und insbesondere vor Gewalttätigkeit oder Einschüchterung, vor Beleidigungen und der öffentlichen Neugier geschützt."

b) <u>Für die Terrorismusdefinition wesentliche Regelungen der Konvention</u>

Eine wesentliche Konkretisierung des in Art. 27 Abs. 1 zum Ausdruck gebrachten Grundanliegens enthält Art. 33 der IV. Rotkreuz-Konvention von 1949. In deren französisch-sprachigen Originaltext heißt es:

"Aucune personne protegée ne peut être punie pour une infraction qu'elle n'a pas commise personellement. Les peines collectives, de même que tout

(188) Seidl-Hohenveldern, Rz. 1314.
(189) Schlögel, Wörterbuch, S. 644.
(190) Schlögel, Wörterbuch, S. 647.
(191) Die einschlägigen Vorschriften der Haager Landkriegsordnung sind sehr lückenhaft, da sie lediglich die Frage betreffen, welche Befugnisse eine Besatzungsmacht während der Dauer des Krieges gegenüber Zivilpersonen hat.

mesure d'intimidation ou de terrorisme, sont interdites".(192)
Der in Art. 33 Abs. 1 verwandte Begriff "terrorisme" wird in der Konvention nicht weiter konkretisiert. Der Gesamtzusammenhang, in dem o.a. Verbot ausgesprochen wird, gibt jedoch wertvolle Anhaltspunkte für die Auslegung des Begriffs.
Erstens:
Das Verbot richtet sich an die hohen Vertragsparteien, die Regierungen, Art. 1 der Konvention. Ihnen wird die Terrorisierung der geschützten Zivilbevölkerung untersagt. Hintergrund für die Aufnahme dieser Regelung kann also nur die Möglichkeit staatsterroristischer Aktionen sein, d.h. solcher Aktionen, die eine Regierung an der Zivilbevölkerung "vollzieht". Laut Pictet(193) entstand die Regelung vor dem Hintergrund, daß in militärischen Konflikten vor 1949 Kollektivstrafen und andere einschüchternde Maßnahmen, um die Bevölkerung in Schrecken zu versetzen, nicht nur verhängt wurden, um Gesetzesbrüche zu sanktionieren, sondern bereits um solchen zuvor zu kommen. Man hoffte, auf diese Weise feindliche Akte der Zivilbevölkerung verhindern zu können.
Art. 33 regelt damit speziell den in Art. 27 der IV. Konvention aufgestellten Grundsatz, daß die geschützte Zivilbevölkerung "mit Menschlichkeit behandelt und insbesondere vor Gewalttätigkeit oder Einschüchterung" zu schützen ist. Dieses Ziel wird verfolgt, indem die Anwendung einschüchternder oder schreckenerregender Maßnahmen - wie präventive Kollektivstrafen - zur Erreichung auch eines mit der Kriegsführung in Zusammenhang stehenden Ziels - der Verhinderung von feindlichen Akten seitens der Zivilbevölkerung - verboten wird.

(192) BGBl. 1954 II, S. 929.
(193) S. 225 f.

Zweitens:
Das o.a. Verbot findet gemäß Art. 2 (unmittelbar nur) "Anwendung in allen Fällen eines erklärten Krieges oder eines anderen bewaffneten Konflikts (zwischen ... hohen Vertragsparteien)". Mit anderen Worten es gilt nicht (unmittelbar) im Frieden und im Bürgerkrieg[194].

Jedoch liegt es nahe, daß eine Regel, die im "Ausnahmezustand" Krieg gilt, "erst recht" im Frieden Geltung beansprucht (argumentum a maiore ad minus) [195].

Hinzu kommt, daß es Tendenzen gibt, den Anwendungsbereich des Übereinkommens zu erweitern. Unter dem prägenden Einfluß von Regierungen des kommunistischen Bereichs wurden ab 1974 Verhandlungen geführt, die ihren Abschluß fanden in zwei Zusatzprotokollen vom 12. Dezember 1977 zu den Genfer Abkommen vom 12. August 1949[196]. Art. 1 Ziffer 4 Zusatzprotokoll zu dem Genfer Abkommen vom

---

(194) Vgl. aber Art. 3 der Konvention.
Die durch die Genfer Rotkreuz-Abkommen geschützten Personen sind - abgesehen von dem gemeinsamen Art. 3 - nicht Angehörige des Staates, in dessen Machtbereich sie sich befinden. Nach klassischem Völkerrecht abgefaßt, sehen die Abkommen nichts hinsichtlich der Beziehungen des Staates zu seinen eigenen Staatsangehörigen vor. Anders verhält es sich bei dem gemeinsamen Art. 3 der 4 Genfer Konventionen. Er wird als Miniaturkonvention bzgl. nichtinternationaler Konflikte bezeichnet. In ihm wird nur ein rudimentärer Mindeststandard eines Schutzes zur Einhaltung humanitärer Grundsätze geschaffen, und zwar im Falle eines nicht internationalen bewaffneten Konflikts.

(195) Ebenso David, S. 129.

(196) Zur Vorgeschichte s. Kimnich, S. 427 f. m.w.N.
Zu Fortschritten im Prozeß der Ratifikation, der sich deshalb hinzieht, weil einzelne Staaten eine Begünstigung des Terrorismus befürchten, s. Breitschwerdt, EA 1989, S. 361 ff. (362, 367). Am 21.06.1989 hat der ständige Beobachter Palästinas beim Büro der Vereinten Nationen in Genf der schweizerischen Mission bei den internationalen Organisationen in Genf "a communication concerning the participation of Palestine to the four Geneva Conventions of 12 August 1949 and their two additional Protocols of 8 June 1977" übergeben.

12. August 1949 über den Schutz der Opfer internationaler bewaffneter Konflikte (Protokoll I)[197] bezieht in den Regelungskomplex der Rotkreuz-Konvention(en) von 1949 "bewaffnete Konflikte, in denen Völker gegen Kolonialherrschaft und fremde Besatzung sowie gegen rassistische Regime in Ausübung ihres Rechts auf Selbstbestimmung kämpfen", ein. Es betrifft damit die Rechtstellung sogenannter "Freiheitskämpfer"[198], die von den für die (aktive) Kombattanteneigenschaft wesentlichen Voraussetzungen[199], daß sie

- einen verantwortlichen Vorgesetzten an der Spitze haben,
- ein aus der Ferne erkennbares Abzeichen tragen,
- die Waffen offen führen und
- die Gesetze und Bräuche des Krieges beachten,

weitestgehend befreit und zu "terroristischen Kampfmethoden" berechtigt sein sollen.
Sie wären bei Gefangennahme als Kriegsgefangene zu behandeln, auch wenn sie nicht die Gebräuche des Krieges achten und/oder in neutralen Staaten kämpfen.
Das zweite Protokoll, das "Zusatzprotokoll zu den Genfer Abkommen vom 12. August 1949 über den Schutz der Opfer nicht internationaler bewaffneter Konflikte (Protokoll II)"[200] will das Kriegsrecht im Bürgerkrieg an das des zwischenstaatlichen bewaffneten Konflikts stärker angleichen. Es soll sicher stellen, daß fundamentale Menschenrechte auch in

---

(197) BT-Drs. 10/406.
(198) S. hierzu Seidl-Hohenveldern, Rz. 585a, 1231a.
(199) Vgl. Art. 1 - 3 der Anlage zum IV. Haager Abkommen betreffend die Gesetze und Gebräuche des Landkriegs vom 18. Oktober 1907.
(200) Randelzhofer, S. 539 ff.

bewaffneten Konflikten nicht-internationaler Art Beachtung finden(201).
Hinsichtlich des sachlichen Anwendungsbereichs ist insbesondere Art. 1 Nr. 2 zu beachten, der bestimmt, daß das Protokoll nicht auf Fälle innerer Unruhen und Spannungen wie Tumulte, vereinzelt auftretende Gewalttaten und andere ähnliche Handlungen Anwendung (findet), die nicht als bewaffnete Konflikte gelten(202).
In Art. 4 Nr. 2 d Protokoll I wird (erneut) das Verbot "terroristischer" Handlungen ausgesprochen.

---

(201) Maßgebende Staaten des westlichen Bündnisses haben die Protokolle bislang nicht ratifiziert; zu den Hintergründen und Folgen vgl. Borchmann, NJW 1988, S. 596, und Breitschwerdt, EA 1989, S. 361 ff; Meyrowitz, EA 1989, S. 685 ff.. In der Bundesrepublik Deutschland wird das entsprechende Gesetzgebungsverfahren noch in der laufenden Legislaturperiode abgeschlossen werden; vgl. Beschluß des Bundestages vom 12.10.1990, BT-Drs. 11/6770.

(202) Der Rechtsberater des Internationalen Komitees vom Roten Kreuz in Genf (IKRK) Gasser hat für diesen Bereich den Entwurf eines Verhaltenskodexes mit "Grundregeln" erstellt (Revue des IKRK, Band XXXIX, Nr. 1 (1988), S. 18 ff.) und kommentiert (ebendort, S. 22 ff.). S. hierzu Partsch, Neue Zeitschrift für Wehrrecht 1989, S. 1 ff.
Die Bemühungen zielen darauf ab - ohne Schaffung neuen Rechts - einige humanitäre Grundregeln in einem Verhaltenskodex für Unruhen und Spannungen zusammenzufassen und diesen möglicherweise in der nächsten internationalen Rotkreuz-Konferenz im Jahre 1991 oder in der VN-Vollversammlung zur Diskussion zu stellen.
An diese Grundregeln (z.B. keine Tötung ohne Gerichtsverfahren) sollen sich nicht nur die staatlichen Behörden, sondern auch die Aufständigen oder Terroristen halten, die sich bei einem Verstoß hiergegen der besonderen Ächtung der Völkergemeinschaft ausgesetzt sehen müßten. Die Zielrichtung des Verhaltenskodexes ist es deshalb zu versuchen, bei internen Auseinandersetzungen die jeweiligen Konfliktparteien - auch wenn es sich auf der einen Seite um Straftäter handelt - zu mehr Humanität anzuhalten. Gedacht ist dabei etwa an Auseinandersetzungen in der Dritten Welt wie in Nicaragua, aber auch an Auseinandersetzungen wie in Nordirland und im Baskenland. Zu beachten ist in diesem Zusammenhang, daß es nicht zu einer Scheinlegalisierung oder Privilegierung bestimmter, politischer, Krimineller kommt.

Der Regelungskomplex der Rotkreuz-Konventionen von 1949 und der Zusatzprotokolle von 1977 verdeutlicht damit, daß im internationalen Bereich der Begriff Terrorismus nicht beschränkt ist auf Aktionen einzelner oder einer Gruppe "gegen den Staat (i.W.S.)", sondern gerade auch Formen willkürlicher Gewaltanwendung durch staatliche Organe - nämlich solche gegen die Zivilbevölkerung in Fällen bewaffneter Konflikte - umfaßt(203).

V. Die Verwendung des Begriffs Terrorismus bei den Sicherheitsbehörden der Bundesrepublik Deutschland (Bundeskriminalamt und Bundesamt für Verfassungsschutz)

Bei der Arbeitstagung Terrorismus in der Polizei-Führungsakademie Münster vom 27. bis 30. April 1981 wies der Leiter der Unterabteilung P I im Bundesministerium des Innern, in deren Zuständigkeitsbereich auch die Terrorismusbekämpfung fällt, auf das auch polizeilich noch nicht geklärte definitorische Problem des Terrorismus hin(204).
Seines Erachtens sind "alle gängigen Terrorismus-Definitionen ... zu weit gefaßt, so weit, daß sich streng genommen jede politisch motivierte Gewaltanwendung unter den Begriff fassen lassen würde" (205). Er hält folgende "restriktive" Formulierung für geboten: "Terrorismus ist eine regelmäßig nur von Gruppen verfolgbare Strategie der Anwendung oder Androhung schwerer Gewalttaten, mit denen nicht nur bei den Opfern oder ihrer unmittelbaren Umgebung, sondern generell in Staat und Gesellschaft Furcht verbreitet werden soll, um auf diese Weise

(203) Zum Anwendungsbereich der Rotkreuz-Konvention und der Zusatzprotokolle vgl. Partsch, FS Schlochauer, S. 515 ff.
(204) Rupprecht, Schlußbericht, S. 8.
(205) Rupprecht, a.a.O.

einen Umsturz oder andere gewichtige politische Ziele durchzusetzen"[206].
Diese Definition wird durch vier Merkmale gekennzeichnet:

- Sie ist beschränkt auf politisch motivierte Taten, eine Beschränkung die § 129 a StGB - wie auch Art. 706-16 CPP - nicht vorgeben.
- Sie betont das Element der vorbereitenden Planung (Strategie)[207].
- Sie erfaßt nicht "staatsterroristische" Handlungen einer Regierung, Terrorismus "von oben nach unten"[208]; zwar sind "gewichtige politische Ziele" nicht eo ipso nur solche, die sich "gegen den Staat"[209] richten müssen. Die gewählte sprachliche Verbindung dieser Ziele mit einem Umsturz weist jedoch darauf hin, daß die "anderen gewichtigen Ziele" als Minus gegenüber dem Umsturz zu verstehen sind, etwa die Verhinderung der Realisierung eines staatlichen Vorhabens (z.B. Bau der Wiederaufbereitungsanlage Wackersdorf). Nicht erfaßt wird damit die Verfolgung (politisch) Andersdenkender durch den Sicherheitsapparat, etwa diejenige von Exil-Libyern durch Revolutionsführer Ghaddafi (Fall Tarhoni).
- Sie bezieht das im deutschen StGB in § 129 a anders als in Art. 706-16 CPP nicht zum Ausdruck gekommene Merkmal der Erregung von Furcht ein. Zumindest Sympathiewerbung für terroristische Vereinigungen dürfte demnach abweichend von § 129 a StGB noch keinen Terrorismus darstellen.

(206) Rupprecht, a.a.O.; Rupprecht in: Polizeilexikon, Stichwort: Terrorismus.
(207) Der Aspekt systematischen Gebrauchs zu einem strategischen Ziel wird in "allen wichtigen sozialwissenschaftlichen Kompendien" betont (vgl. Funke, S. 13).
(208) Ausdrücklich Rupprecht, Materialien, S. 93.
(209) S. hierzu die bei David, S. 109, vorgetragenen Bedenken.

Die zahlreichen Abweichungen o.a. Terrorismus-Definition von der gesetzlichen Regelung in § 129 a StGB legen nahe, daß die Strafverfolgungsbehörden einen abweichenden Terrorismus-Begriff zugrundelegen (müssen).

1. Die Verwendung des Begriffs Terrorismus durch das Bundeskriminalamt

Seit 1975 existiert im Bundeskriminalamt (BKA) eine eigene Abteilung Terrorismus-Bekämpfung (Abteilung TE)[210]. Ihr Tätigkeitsbereich sind primär Ermittlungen im Zusammenhang mit der Roten Armee Fraktion (RAF), Militanten aus dem RAF-Umfeld (Kämpfende Einheiten) sowie den Revolutionären Zellen/Rote Zora (RZ). Das Hauptaufgabengebiet liegt also bei sogenannten "sozialrevolutionären Gruppen", die sich insbesondere mittels gezielter Morde sowie Brand- und Sprengstoffanschlägen gegen die bestehende Machtstruktur auflehnen. Die Mitglieder der genannten Gruppen sind dadurch gekennzeichnet, daß sie

- außerhalb des staatlichen Machtapparates stehen und von dort aus
- zur Erreichung eines politischen Ziels
- systematisch und
- mit dem Bewußtsein, bestehende Machtverhältnisse durch ihre Taten nicht ändern zu können, sondern allenfalls den eigenen Zielen förderliche staatliche (Über-)Reaktionen provozieren zu können,
- Gewaltakte bis hin zu Verbrechen gegen das Leben begehen.

Entsprechend hat 1986 der Präsident des BKA versucht, Terrorismus zu umschreiben[211]. Bewußt ausgeklammert sind danach "staatsterroristische Aktionen"; denn erfaßt wird nur der Kampf "gegen beste-

(210) bdk, S. 7; Bundeskriminalamt, S. 84; zu Aufgabe und Arbeit des BKA bei der Terrorismusbekämpfung s. BKA, S. 65 ff.
(211) Boge, S. 51.

hende Machtverhältnisse" u.a. mittels Provokation "staatlicher (Über-)Reaktionen".
Keine Berücksichtigung findet auch das vorstehend von Rupprecht[212] als wesentlich herausgestellte Merkmal der Erregung von Furcht.
Ausgeklammert ist schließlich auch der mit vorstehendem Kriterium eng verbundene Bereich der Androhung von Gewalt, obwohl die politisch motivierte Androhung zumindest schwerer Gewaltakte als Vorstufe zu deren Verwirklichung durch Erstellung unzähliger Analysen zur terroristischen Bedrohungslage[213] in der Abteilung Terrorismus bearbeitet wird.
Dementsprechend richtig formuliert auch der Bund Deutscher Kriminalbeamter (bdk) in seiner Dokumentation zur Verbrechensbekämpfung bei der Frage der Zuständigkeiten der Abteilung TE: "Die 'Politik' des politischen Terrorismus ist allgemein bestimmt als systematische, planmäßige Androhung oder Anwendung von organisierter, verbrecherischer Gewalt. Die Erzielung eines zweifelhaften Propagandaeffekts durch eine Terrortat ist im Hinblick auf das Ziel des revolutionären Umsturzes auf Machtdeflation, Autoritätsverlust der Herrschenden und auch auf Gewinnung der Jugend für die neuen Ideen ausgerichtet."[214]
Die vorstehend dargestelten nur teilidentischen Begriffsumschreibungen sind wesentliche Anhaltspunkte für das Verständnis von Terrorismus im BKA; denn eine offizielle, genaue Begriffsbestimmung ist das BKA bislang schuldig geblieben. Dies ist deutlicher Beleg für die Unsicherheit - auch - des BKA bei einer Definition des Terminus Terrorismus. Des Problems bewußt und daher entsprechend vorsichtig benutzt das BKA den Begriff Terrorismus: Wegen der

(212) Schlußbericht, S. 8.
(213) Zum Problem der Lagebeurteilung als Grundlage für die Einstufung und Durchführung von Personenschutzmaßnahmen s. Zumhof, Die Polizei 1988, S. 315 ff.
(214) bdk, S. 9.

Erkenntnis, daß es eine allgemeingültige Definition dieses Begriffs nicht gibt, werden in einschlägigen Statistiken und anderen Veröffentlichungen regelmäßig keine Daten über "den Terrorismus" oder von "terroristischen Aktionen" publiziert, sondern von "politisch motivierten" Brand- und Sprengstoffanschlägen, Sachbeschädigungen usw.(215). Folgerichtig befaßt sich die Abteilung Terrorismus des BKA nicht nur mit Straftaten gemäß § 129 a StGB. Vielmehr wird der eigenen Arbeit ein demgegenüber erweitertes - aber nicht abschließend geklärtes - Verständnis zugrundegelegt, nach dem "Terrorismus" grundsätzlich jedwede politisch motivierte Androhung oder Anwendung von (schweren) Gewaltakten umfassen kann.

2. <u>Die Verwendung des Begriffs Terrorismus durch das Bundesamt für Verfassungsschutz</u>

Anders als das Bundeskriminalamt hat sich das Bundesamt für Verfassungsschutz (BfV)(216) - und zwar nicht erst mit dem Verfassungsschutzbericht 1986(217) - auf eine Definition sowohl des Terrorismus als auch des terroristischen Akts festgelegt: Danach ist "Terrorismus" der "nachhaltig geführte Kampf für politische Ziele, die mit Hilfe von Anschlägen auf Leib, Leben und Eigentum anderer Menschen durchgesetzt werden sollen, insbesondere durch schwere Straftaten, wie sie in § 129 a Abs. 1 des Strafgesetzbuches genannt sind (vor allem: Mord, Totschlag, erpresserischer Menschenraub, Brandstiftung, Herbeiführung einer Explosion durch Sprengstoff) oder durch andere Gewalttaten, die der Vorbereitung solcher Straftaten dienen."
Terrorakte sind demnach "Anschläge, d.h. schwerwiegende Straftaten, wie sie insbesondere in § 129 a

---

(215) S. statt vieler Zachert, S. 81.
(216) Zu den Aufgaben des BfV bei der Terrorismusbekämpfung s. BfV, S. 68.
(217) S. 22.

Abs. 1 des Strafgesetzbuches genannt sind (vor allem: Mord, Totschlag, erpresserischer Menschenraub, Brandstiftung, Herbeiführung einer Explosion durch Sprengstoff) und andere Gewalttaten, die der Vorbereitung solcher Straftaten dienen, sofern diese Taten gezielt im Rahmen eines nachhaltig geführten Kampfes für politische Ziele begangen werden. Nicht hierunter fallen Anschläge, die spontan, etwa aus gewalttätig verlaufenden Demonstrationsveranstaltungen heraus, durchgeführt werden."

Diese scheinbar klaren Umschreibungen wurden im Verfassungsschutzbericht 1987(218) beibehalten. Wie wenig Allgemeingültigkeit sie besitzen, erhellt aus der Bezugnahme auf § 129 a StGB, einer Vorschrift, die gerade zwischen dem Erscheinen der beiden genannten Verfassungsschutzberichte durch das Gesetz zur Bekämpfung des Terrorismus vom 19.12.1986 erweitert wurde. Dementsprechend heißt es im Verfassungsschutzbericht 1987(219) auch: Den bisher dem linken Spektrum zugerechneten Terroraktionen "hinzugezählt werden müssen erstmals aufgrund der Erweiterung des Straftatenkatalogs des § 129 a StGB durch das Gesetz zur Bekämpfung des Terrorismus vom 5. Dezember 1986 (richtig: 19. Dezember 1986, der Verfasser) 179 Taten (u.a. gefährliche Eingriffe in den Bahnverkehr; Zerstörungen an öffentlichen Versorgungsbetrieben, Einrichtungen der öffentlichen Sicherheit oder Ordnung und wichtigen technischen Arbeitsmitteln), die bisher unter den sonstigen Gewalttaten erfaßt wurden ...". Mögen die Begriffsumschreibungen daher für die praktische Arbeit des BfV von Nutzen sein, für eine Analyse des Begriffs Terrorismus geben sie aufgrund ihrer Bezugnahme auf die insoweit bereits erörterte Vorschrift des § 129 a StGB kaum wesentliche zusätzliche Anhaltspunkte,

---
(218) S. 72.
(219) A.a.O.

zumal sich auch die Elemente des "nachhaltig geführten Kampfes für politische Ziele" bereits in der Begriffsumschreibung des BKA wiederfinden.
Etwas anderes gilt allerdings für die Ergänzung, daß auch "Gewalttaten, die der Vorbereitung solcher (der in § 129 a StGB genannten) Straftaten dienen" mit erfaßt sind[220].

VI. Versuch einer eigenen Definition

Die vorstehenden Ausführungen haben belegt, daß eine allgemeingültige Definition des Terminus Terrorismus bislang nicht gelungen ist.
Die Probleme ergaben sich aus den Fragen:

- welche Bedeutung dem Merkmal der Erregung von Furcht und Schrecken zukommt (damit im Zusammenhang, ob die Androhung schwerster Gewalttaten oder ihre Verwirklichung im Vordergrund steht),
- welche Bedeutung der Motivation der Täter zukommt, insbesondere ob die Förderung politischer oder sozialer Ideen im Vordergrund stehen muß, und im Zusammenhang damit,
- welche Bedeutung dem Merkmal der Systematik/ Strategie der Gewaltanwendung zukommt,
- der Bewertung des Bewußtseins der Täter, bestehende Machtverhältnisse durch ihre Taten unmittelbar nicht ändern zu können,
- ob ein Angriff auf andere Rechtsgüter als Leben, Körper und Gesundheit ausreicht und
- welche Bedeutung dem Merkmal der Gemeingefahr zukommt,
- der Einbeziehung von konnexen Delikten ("Zusammenhangstaten") und insbesondere,
- ob gewaltfreie Formen der Apologie einzubeziehen sind,

(220) Beachte die Parallele zu Art. 706-16 CPP letzter Absatz, zum konnexen Delikt.

- welche Bedeutung dem Merkmal des Angriffs gegen bestehende - staatliche - Machtstrukturen zukommt,
- ob die Tat eine Störung in der Ausübung der Staatsgewalt oder in internationalen Beziehungen zur Folge haben/bzw. bezwecken muß,
- der Einbeziehung von Gewalthandlungen von Völkern bei Ausübung ihrer Rechte auf Unabhängigkeit und Selbstbestimmung, insbesondere der Einbeziehung/ Ausgrenzung von Aktionen von Befreiungsbewegungen/Guerilleros,
- der Einbeziehung von willkürlichen Gewaltakten (regulärer Truppen) im Krieg insbesondere gegen die Zivilbevölkerung - Besatzungs- und/oder Luftterror -,
- der Einbeziehung des Staatsterrorismus, insbesondere in Form des Polizei- und Justizterrors durch - insbesondere - kolonialistische, rassistische Regime und Apartheids-Regime.

Die aufgeworfenen Fragen spiegeln die ungeklärte Abgrenzung des Terrorismus insbesondere von
- Formen der Allgemeinkriminalität,
- Extremismus und Radikalismus,
- (sogenanntem) Staatsterror(ismus) - Terror von oben - insbesondere durch Verstöße gegen das humanitäre Kriegsvölkerrecht durch Soldaten und
- von der Guerilla

wieder.

Sie ist Folge der im Laufe der Geschichte mehrfach geänderten und regional unterschiedlichen Auslegung des Begriffs und bedingt das Bedürfnis eigener Abgrenzungsbemühungen.

Bei einer Definition des Begriffs Terrorismus sollte allgemeinen Auslegungsregeln entsprechend ausgegangen werden vom Wortkern "Terror", d.h. Furcht und Schrecken(221), der durch die Aktion bei unmittelbar Betroffenen oder einer bestimmten Zielgruppe - sei es der Öffentlichkeit allgemein oder "nur" bei politisch Verantwortlichen - erzeugt werden soll. Eine Vielzahl auch nicht unter Strafe gestellter Akte ist hierzu geeignet, so daß es weiterer Abgrenzungskriterien bedarf. Davon ist einzig unstreitig, daß der "terroristische" Akt einen Gewaltakt bzw. dessen Androhung darstellen muß.

1. <u>Terrorismus und Allgemeinkriminalität</u>

Nach ganz herrschender Meinung(222) wird heute unter Terrorismus nur diejenige Gewaltanwendung/-androhung erfaßt, die - nach dem Selbstverständnis der Täter - "politisch" motiviert ist. Dem ist zu folgen. Diese Auslegung entspricht zum einen hiesigem allgemeinen Sprachgebrauch(223), zum anderen bietet sie den Vorteil, eine Abgrenzung vornehmen zu können zu - sei es noch so brutalen - Gewalttätigkeiten, die lediglich auf die Erringung sonstiger Vorteile - häufig materieller Natur - gerichtet sind. Dies ist geboten, da andernfalls der Begriff Terrorismus "nur" ein Synonym für schwere Gewalttaten darstellen würde. Zu beachten ist jedoch, daß der Begriff des "Politischen", der (auch) im Auslieferungsrecht im Hinblick auf die Auslieferungsausnahme bei politischen Delikten von Bedeutung ist (s. § 6 IRG), dort keine verbindliche allgemein anerkannte Definition mehr erfahren hat(224).

Für den Zweck der Abgrenzung des Terrorismus

(221) Rupprecht, Materialien, S. 89; Jenkins, S. 17 ff.
(222) S. FN 76.
(223) Rupprecht, Materialien, S. 89.
(224) S. statt vieler Stein, S. 62 ff. m.w.N. und Wille, S. 246 ff.

von der Allgemeinkriminalität kann jedoch auf den allgemeinen Sprachgebrauch bzw. auf kriminologische Umschreibungen zurückgegriffen werden. Danach sind unter "politisch" motiviert zu verstehen Akte, die durch eine Maßnahme zur Führung, Erhaltung oder inneren Verwaltung eines Staates oder anderen Gemeinwesens sowie zur Wahrung der Interessen und Ziele im Verhältnis zu anderen Staaten u.a. Gemeinwesen(225) bestimmt sind einschließlich solcher, die sozial, rassistisch oder religiös, nationalistisch oder separatistisch oder in anderer Weise wertbezogen motiviert sind(226). M.a.W. politisch motiviert ist ein Akt, den der Täter als Instrument zu einem wertbezogenen über ihn hinausgehenden Zweck einsetzt, im Gegensatz zu demjenigen, der private und individuell bestimmbare Bedürfnisse des Täters befriedigen soll(227).
Dieser Akt muß die Einwirkung auf das "politische" System bezwecken - insbesondere seine Veränderung; nicht ausreichend ist demgegenüber die - einfache, d.h. nicht mit darüber hinausgehenden Zwecken verbundene - Flucht vor dem System, da diese zwar mittels einer Gewalttat (z.B. einer Flugzeugentfüh-

(225) S. DUDEN, Fremdwörterbuch, Stichworte Politik, politisch.
(226) Ebenso: Rupprecht, Materialien, S. 89.
(227) S. Kaiser, S. 300 und Kaiser/Kerner/Sack/ Schellhoss, S. 325. Hierin liegt auch der Grund dafür, daß der politische Täter damit rechnen kann, neben der Verurteilung durch einen Teil der Gesellschaft regelmäßig auch offene oder "klammheimliche" Anerkennung durch einen anderen Teil zu erfahren.

rung[228]) begangen sein kann, damit aber das politische Motiv "erschöpft" wäre und kein Anlaß bestünde, weiterhin in "Furcht und Schrecken" versetzt zu sein.
Das Erfordernis der gewollten Einwirkung auf ein System bedingt zugleich, daß die Gewaltanwendung einer bestimmten Strategie folgen muß. Denn Zielgerichtetheit und Nachhaltigkeit, Planung und Systematik sind wesentliche Voraussetzungen dafür, durch eine Tat - zumindest mittelbar - Veränderungen in einem Gemeinwesen herbeiführen zu können. Diese - politische - Strategie offenbart sich auch im Verhalten von Terroristen vor Gericht. Sie "stehen" zu ihrer Tat und nutzen noch den Prozeß als Multiplikator ihrer Botschaft. Der Allgemeinkriminelle sucht hingegen zumeist seine Tat zu leugnen oder herunterzuspielen.
Die angesprochene Veränderung des politischen Systems erfolgt - zumindest in aller Regel - nicht unmittelbar dadurch, daß durch den "terroristischen Gewaltakt" selbst die bestehende politische Struktur reformiert wird, indem etwa die Regierung beseitigt und durch eigene Anhänger ersetzt wird, sondern durch die Erregung von Furcht und Schrecken durch die "terroristische" Aktion bei den unmittelbar Betroffenen und/oder bei einer bestimmten Zielgruppe, bei politisch Verantwortlichen bzw. in der Öffentlichkeit. Dieses Procedere kann bezwecken,

(228) Allerdings trägt nach Wille, S. 252, auch "die Flucht ins Ausland, um dort in Freiheit leben zu können ... schon für sich allein politischen Charakter"; Faller, S. 183, verneint demgegenüber den politischen Charakter in diesen Fällen. Der Streit mag dahingestellt bleiben, denn jedenfalls stellt die in unmittelbarem Zusammenhang mit der Flucht begangene Tat aus o.g. Grund keine terroristische dar.
Die Begriffe "politisches" und "terroristisches" Delikt sind nicht identisch. Diese Inkongruenz erscheint nicht zuletzt im Hinblick auf die Pejoration des Begriffs Terrorismus geboten.

den Gegner zu zermürben (so z.B. die IRA-Taktik) (229) oder aber auch, die politisch Verantwortlichen zu Gegenmaßnahmen zu veranlassen, die Überreaktionen erkennen lassen, um sie auf diese Weise zu "demaskieren" und so eine steigende Zahl von Anhängern für die eigenen Ideen zu gewinnen(230).
An der vorbeschriebenen Systematik dürfte es zumeist bei aus Demonstrationen heraus begangenen Straftaten fehlen. Dies schließt jedoch nicht aus, daß Terroristen die Anonymität in der Masse einer Demonstration dazu nutzen, aus dieser heraus einen "terroristischen" Akt zu begehen (z.B. Attentat vom 02.11.1987 an der Startbahn-West)(231).
Das Merkmal der Erregung von Furcht und Schrecken bildet zugleich ein - wenn auch untergeordnetes - Abgrenzungskriterium des Terrorismus von der Allgemeinkriminalität, insofern als sie nur bei ersterem primär gewollt ist, bei letzterer hingegen grundsätzlich nicht. Hier stehen eigensüchtige Motive - insbesondere materieller Art - im Vordergrund.

Ist demnach das Merkmal der Erregung von Furcht und Schrecken auch insoweit kennzeichnend für den Terrorismus, so erhellt auch die lange streitige Bedeutung des Merkmals der Gemeingefahr: Schwere gemeingefährliche Straftaten sind in besonderer Weise geeignet, Furcht und Schrecken zu erregen, weil sie in besonderer Weise fähig sind, Einzelne, "Unbeteiligte", - bisweilen mißverständlich auch "Unschuldige" genannt - willkürlich zu treffen. Terroristische Taten sind daher häufig gemeingefährliche Taten und umgekehrt; nicht aber können

(229) Vgl. Multhaupt, Beilage zu: Das Parlament B 45/88, S. 1 f.
(230) Baum, S. 12.
(231) S. taz vom 04.11.1987, S. 1 und FAZ vom 06.11.1987 "Bundesanwaltschaft vermutet geplantes Vorgehen beim Polizistenmord in Frankfurt".

die Begriffe gleichgesetzt werden, denn auch andere Taten sind geeignet, Furcht und Schrecken zu erregen, umgekehrt aber sind nicht alle gemeingefährlichen hierzu geeignet. Taten, die geeignet sind, Furcht und Schrecken zu erregen, sind insbesondere auch solche gegen die Rechtsgüter Leben, körperliche Unversehrtheit und Gesundheit sowie die persönliche Freiheit. Morde, Brand-, Spreng- und Schußwaffenattentate sowie Geiselnahmen bilden daher den Kern terroristischer Straftaten.

Die Anleitung zu und die Belohnung und Billigung von - vorstehend umschriebenen - politisch motivierten Gewalttaten sollte ebenfalls zu den "terroristischen" Taten gezählt werden. Zwar sind diese "Propaganda-Delikte"(232) nur bedingt geeignet, Furcht und Schrecken zu erregen, mag auch die Empörung über diese Verhaltensweisen groß sein; aber hierdurch wird ein Klima geschaffen, in dem "terroristische" Gewalt "gedeihen" kann. Ähnliches gilt für konnexe Delikte. Zusammenhangstaten wie die betrügerische Beschaffung von Waffen für einen geplanten Anschlag sollten der terroristischen Tat gleichgestellt werden(233). Denn sie sind Teil der Gesamt-Strategie der Täter.
Dies entspricht auch der Behandlung konnex politischer Delikte in der Auslieferungspraxis. Sie behandelt das konnex politische Delikt als politisches: es erfolgt keine Auslieferung(234). Die angestrebte Durchbrechung des Grundsatzes der Nichtauslieferung bei politischen Delikten im Falle terroristischer Taten gebietet ebenfalls die Einbeziehung von terroristischen Zusammenhangstaten,

(232) Zu den besonderen Problemen der Strafverfolgung im Bereich terroristischer Publikationen vgl. Rebmann, NStZ 1989, S. 97 ff.
(233) Im Ergebnis ebenso: David, S. 146.
(234) Zur Bedeutung des konnex politischen Delikts und Fragen der Auslieferbarkeit s. Felchlin, S. 122 ff. (127).

nicht zuletzt damit das Geflecht von Zusammenhängen überhaupt offengelegt werden kann. Dies ist in einem Verfahren - nicht etwa getrennten Verfahren in verschiedenen Nationalstaaten - am besten möglich.

2. Terrorismus/Extremismus und Radikalismus

Terrorismus und Extremismus bilden ein häufig zusammen gebrauchtes Begriffspaar. Es handelt sich jedoch um einander nicht bedingende Erscheinungsformen. Weder ist ein Extremist in der Regel Terrorist, noch der Terrorist notwendig Extremist [235]. Der Extremist und "Radikale" bekämpft ein System, zu dessen Mitte er in einer äußersten Position steht[236]. Für seinen Kampf nutzt er regelmäßig legale Kampfformen, insbesondere die Auseinandersetzung in Diskussionen und die Agitation in den Medien. Im Einzelfall kann er - insbesondere wenn er die Erfolglosigkeit seiner bisherigen Bemühungen zur Systemüberwindung erkennt - auch schwere Gewalttaten im o.g. Sinne begehen.
Der Terrorismus ist im Gegensatz dazu dadurch geprägt, daß seine Anhänger schwere Gewalttaten begehen, um ihre politischen Ziele durchzusetzen. Diese aber müssen nicht notwendig extrem sein. Wer mit schweren Gewalttaten das hohe Rüstungsniveau anprangert, ist Terrorist im oben genannten Sinne; sein Ziel hingegen wird nicht nur von Personen "am äußersten Rand des politischen Spektrums", sondern einem Großteil der Bevölkerung für gut geheißen. Diese begrifflich klare Trennung beider Erscheinungsformen darf aber nicht darüber hinwegtäuschen, daß Terroristen in der Regel der sogenannten rechts- oder wie in Deutschland überwiegend - der links-

(235) Ungenau insoweit Langguth, Außenpolitik 1986, S. 163, der Terrorismus als "Kampfesform des politischen Extremismus" definiert.
(236) Funke, S. 28.

extremistischen Szene[237] zuzuordnen sind. Dies ist dadurch erklärbar, daß der Extremist eo ipso geringere Möglichkeiten hat, seine politischen Vorstellungen durchzusetzen, als der "Mann der Mitte".

3. Terrorismus/Staatsterror(ismus)

Auch und gerade Staaten haben die Möglichkeit, gegenüber ihren Bürgern oder Dritten[238] Mittel anzuwenden, die geeignet sind, deren Freiheitsrechte drastisch einzuschränken und die Bevölkerung durch Gewaltakte in Furcht und Schrecken zu versetzen, ein Gefühl der Angst und Einschüchterung zu erzeugen, um sie so unter Druck zu halten, wie es ihnen durch direkte physische Gewalt kaum möglich ist. Hierzu können sie sich legislativer und auch exekutiver Mittel bedienen[239]. So können sie beispielsweise Taten im Widerspruch zu rechtsstaatlichen Grundsätzen und den Menschenrechten mit Strafe belegen und entsprechend verfolgen (Apartheids-Gesetzgebung

(237) Lochte, S. 15; Langguth, Außenpolitik 1986, S. 163; ausführliches statistisches Material enthalten die Veröffentlichungen von Blath/Hobe, Strafverfahren gegen linksterroristische Straftäter und ihre Unterstützer, und Kalinowsky, Rechtsextremismus und Strafrechtspflege. S. auch BT-Drs. 11/2446 vom 09.06.1988, 11/2474 vom 11.08.1988, 15/5442 vom 23.10.1989.

(238) Schiller, S. 35 ff. stellt plakativ die Rolle Syriens und Libyens als Sponsoren im internationalen Terrorismus heraus.

(239) Middendorf, Kriminalistik 1976, S. 289, 294 erwähnt im Zusammenhang mit dem Staatsterrorismus u.a. die Einrichtung von Konzentrationslagern im Dritten Reich.

in Süd-Afrika)[240]. Auch können sie sich eigener Anhänger "bedienen" und quasi als Hintermann tätig werden (Erstürmung des US-amerikanischen Botschaftsgebäudes in Teheran durch iranische "Studenten" im November 1979)[241].

Dabei handelt es sich um zwei zu unterscheidende Formen staatlicher Gewaltanwendung.

- Die - geheim gehaltene - Beauftragung von Handlangern, die - auch im Widerspruch zu staatlich gesetztem Recht - Gegner als Geisel nehmen oder "liqudieren" (Tarhoni-Fall).[242]
- Die Anwendung oder Androhung von staatlichem, nach dem Buchstaben des Gesetzes womöglich rechtmäßigem Zwang; auch sie kann gegenüber (potentiellen) Gegnern (um deren Fähigkeit zu schwächen, sich den Behörden und deren Vorgehen zu widersetzen), insbesondere in Staaten, in denen soziale und wirtschaftliche Privilegien einer ganzen Klasse von Menschen willkürlich verweigert werden (z.B. Süd-Afrika), gewalttätige Formen annehmen, die

---

(240) "Formen von Staatsterrorismus" werden lt. Bonner General-Anzeiger vom 10.02.1989, S. 2, in dem Report der Arbeitsgruppe der UNO-Menschenrechtskommission über Südafrika angeprangert. Die Experten sollen in dem Bericht zu der Überzeugung gelangt sein, "daß die Regierung in Pretoria in ihrer Apartheid-Politik 'Greueltaten' begehen lasse, darunter vor allem Überfälle, Entführungen, Ermordungen sowie verschiedene andere Formen der Einschüchterung und der Repression".

(241) CEDRE, Nr. 1751.

(242) Zu eng erscheint jedoch die Definition des Staatsterrorismus von Langguth, in: Außenpolitik 1986, S. 166: "Unter Staatsterrorismus ist zu verstehen, daß ein Nachrichtendienst eines Staates mit terroristischen Mitteln tätig wird." Diese Beschränkung ist nur vor dem Hintergrund der Ausführungen Langguths verständlich, die sich lediglich mit Ursprung und Zielen terroristischer Erscheinungen im heutigen West-Europa befassen.
Zum Fall Tarhoni s.o. FN 72.

den in Ziffer 1 genannten gleichzusetzen sind. Das Beispiel für derartigen Terror stellt die Gewaltherrschaft der Jakobiner dar. Als Staatsterrorismus werden von Staaten der Dritten Welt namentlich auch Formen des Kolonialismus, Rassismus, Zionismus und der Apartheid angesehen(243). Die totalitären Diktaturen eines Hitler oder Stalin ebenso wie die religiös motivierte Mißachtung des internationalen Minimumstandards in Recht und Moral durch Ayatollah Khomeini(244) sind ebenfalls genauso verabscheuungswürdig wie der grausame Anschlag einer "terroristischen" Gruppe im vorgenannten Sinne(245). Jescheck spricht im letztgenannten Fall von der "Übernahme der Methoden des Terrorismus durch die Regierung selbst"(246).

Nur der erstgenannte Fall soll nachfolgend jedoch Untersuchungsgegenstand sein, und dies nur insoweit, als die Tat durch das individuelle Verhalten des "Handlangers" geprägt wird.

Der Zweitgenannte soll "sogar" insgesamt nicht Gegenstand der Analyse dieser Arbeit sein. Denn bei ihm geht es primär um eigenständige Probleme des Völkerrechts: das Gewaltverbot, das Souveränitätsprinzip und die Menschenrechte.

Die damit verbundene Eingrenzung des Begriffs "Terrorismus" ist zwar - wie die etymologische Analyse ergeben hat - wortgeschichtlich nicht geboten(247). Dies bestätigen die kontroversen Bera-

---

(243) S.o. C IV 3.

(244) S. hierzu die Entscheidung des IGH v. 24.05.1980, ICJ Reports 1980, S. 42, Par. 91 sowie Frowein, S. 244 und - zu Sanktionen der Staatengemeinschaft in Folge der Teheraner Geiselaffäre, S. 251.

(245) Hierauf weist Oppermann, FS Schlochauer, S. 498, zu Recht hin; vgl. auch Jenkins, S. 26 f.

(246) GA 1981, S. 62.

(247) S.o. C I.

tungen in den Vereinten Nationen zum Terrorismus (248). Sie entspricht jedoch durchweg dem Verständnis von "Terrorismus" in einzelstaatlichen Strafrechtskodifikationen(249) und dem herrschenden Sprachgebrauch in der Bundesrepublik Deutschland (250). Dem soll hier nicht zuletzt auch im Hinblick auf das Gebot, dem Untersuchungsgegenstand sinnvolle Grenzen zu setzen, gefolgt werden. Diese Eingrenzung des Terrorismus-Begriffs entspricht zudem der weit verbreiteten Differenzierung zwischen "gegen den Staat" gerichtetem Terrorismus und dem vom Staat ausgehenden (Staats-)Terror(251).

4. Terrorismus/Verstöße gegen das humanitäre Kriegsvölkerrecht durch Soldaten

Aus nämlichem Grund sollen nachfolgend auch Verstöße gegen das humanitäre Kriegsvölkerrecht, "Kriegsverbrechen", nicht unter den Begriff des Terrorismus subsumiert werden(252), auch wenn als einzige weltweite völkerrechtliche Abkommen gerade die IV. Rotkreuz-Konvention von 1949 explizit "toute mesure... de terrorisme" bzw. das zweite Zusatzprotokoll von 1977 "terroristische Handlungen" verbieten und einzelne vorstehend in Ziffer 1 genannte "terroristische" Handlungen auch im Kriegsfall Verletzungen des Kriegsrechts bedeuten, z.B. die Geiselnahme gemäß Art. 34 der IV. Rot-kreuz-Konvention von 1949(253).

---

(248) S.o. C IV 3; vgl. auch Jenkins, S. 22 und den "Bericht des Ad-hoc-Ausschusses zu Fragen des Internationalen Terrorismus", UN Doc. A/34/37 (1979).

(249) S.o. C III.

(250) Kreis, S. 158 f.

(251) Lt. Wilkinson, "Terrorisme ...", ist "the only real common ground, the sine qua non, of all revolutionary terrorists' political strategy ... the aim of smashing the existing political system (and seizing power in the name of revolution)".

(252) Ebenso: Jenkins, S. 18 f.; Entschließung 199 (1988) der Nordatlantischen Versammlung, BT-Drs. 11/3799 vom 28.12.1988, S. 27.

(253) Hier könnte man auch mit David, S. 114 ff., von "absolutem" Terrorismus sprechen.

5. Terrorismus/Guerilla

Der vorstehende Rekurs auf das humanitäre Kriegsvölkerrecht gibt Veranlassung, "Terroristen" von Guerillakämpfern abzugrenzen.
Die Vergünstigungen des humanitären Kriegsvölkerrechts nämlich fordern z.B. auch inhaftierte Mitglieder der Roten Armee Fraktion(254), die ihren Kampf als Guerillakampf verstehen(255).

Der Partisan ist zu diesem Zweck zunächst vom Soldaten abzugrenzen.

- Wie dieser ist er an einem Krieg im Sinne des Völkerrechts beteiligt und kämpft landgebunden (tellurisch).
- Anders als der Soldat, der den Krieg nach Regeln (im offenen Kampf) führt, kämpft der Partisan jedoch bewußt unter Ausnutzung der sich daraus ergebenden Vorteile (gesteigerte Mobilität) irregulär (aus dem Hinterhalt).
- Guerilla-Kämpfe sind dazu bestimmt und geeignet, die materielle Basis der Gegenseite zu zerstören und Landstriche zu befreien(256).
- Sie richten sich gegen das feindliche Militär (257).

Wesentlich für die Partisaneneigenschaft sind demnach die Kriterien(258):

- Beteiligung an einem Krieg,
- tellurischer Charakter,

---

(254) S. Adler, S. 31 ff. Auch im Fall des New Yorker "Brink's Case", einem Raubüberfall auf einen Geldtransporter, bei dem drei Wachleute getötet worden waren, versuchten die Angeklagten - letztlich ohne Erfolg - Kriegsgefangenenstatus geltend zu machen, s. Breitschwerdt, EA 1989, S. 367.
(255) Vgl. Völz, S. 101; Rupprecht, Materialien, S. 93; s. hierzu auch Haut, S. 43.
(256) Laqueur, Terrorismus - Wurzeln und Wirkungen; Chladek, EA 1987, S. 577.
(257) David, S. 116.
(258) Vgl. Rumpf, Außenpolitik 1985, S. 386.

- Irregularität,
- gesteigerte Mobilität und
- Intensität des politischen Engagements.

Die drei letztgenannten Kriterien treffen offensichtlich auch auf den Großteil der Terroristen im vorstehend genannten Sinne zu. Zumindest im Fall national-separatistisch orientierter Gruppen wie der EOKA, FLNC, der ETA oder der IRA ist auch das Kriterium der Landgebundenheit erfüllt.

Terroristen im vorstehend genannten Sinne fehlt jedoch der Bezug zum Krieg und zu einem Kriegsschauplatz(259). Während allen Guerilla-Strategien gemeinsam ist, daß sie ihre politisch-militärischen Ziele durch die Anwendung von Gewalt unmittelbar zu erreichen versuchen, sind Terroristen wegen ihrer mangelnden personellen und logistischen Stärke und fehlenden Unterstützung im Volk nicht in der Lage, einen Krieg zu entfalten und einen Landstrich zu befreien(260). Ihre Aktionen sind dementsprechend auch nicht - zumindest nicht primär - gegen das Militär gerichtet. Bisweilen haben die unmittelbaren Opfer nicht einmal eine Funktion, mit der sich der Anschlag gegen sie begründen ließe. Sie sind sogenannte "Unbeteiligte" oder "Unschuldige" wie im Fall der oben(261) geschilderten Entführung eines Flugzeugs nach Mogadischu, bei der die Passagiere

---

(259) Ebenso: Schütz, ÖJZ 1975, S. 230 f. Zweifel ergeben sich insoweit allenfalls hinsichtlich palästinensischer Untergrundorganisationen wie der Volksbefreiungsfront Palästinas (PFLP, Popular Front for the Liberation of Palestine), die ihre Aktionen wie z.B. Flugzeugentführungen als neue Form des Befreiungskrieges begreifen. Denn bis heute beharren einige arabische Staaten (z.B. Syrien) ausdrücklich auf der Fortdauer des Kriegszustandes mit Israel. Allerdings können Aktionen der PFLP kriegerischen deshalb nicht gleichgestellt werden, weil die Akteure der PFLP nicht die oben (C IV 4) genannten Voraussetzungen für die Anerkennung als Kombattant erfüllen.
Zu einer abweichenden Bewertung könnte man bei Geltung der Zusatzprotokolle von 1977 gelangen. Vgl. Faller, S. 47 ff., s. auch Jenkins, S. 19 f.

(260) Wördemann, S. 24; Rupprecht, Materialien, S. 93.

(261) B I 2.

nur durch die Buchung eines bestimmten Flugs zum Ziel bestimmt wurden[262]. Terroristen im oben genannten Sinne greifen punktuell und unvorhersehbar beliebige Objekte[263] an[264], weil sie - wie sie wissen - zu einer militärischen Auseinandersetzung nicht in der Lage sind, und verüben Taten, die selbst in Kriegszeiten verboten sind, z.B. Geiselnahmen (s. Art. 34 der IV. Rotkreuz-Konvention). Zwar wollen auch Terroristen mit ihren Anschlägen materielle Schäden verursachen und mit Mord-Attentaten "Lücken in den 'Apparat des Feindes' reißen"; dahinter steht jedoch die entscheidende Absicht, mit den "Terror-Akten" psychische Reaktionen zu provozieren[265].

Im Sinne des Völkerrechts befindet sich die terroristische Gruppe oder der terroristische einzelne in seiner tatsächlichen (quantitativen, effektiven) Bedeutsamkeit unterhalb eines Status, wie ihn nach allgemeinem Völkerrecht Aufständische innehaben können; dies auch unter Berücksichtigung der Ausweitungen, die der klassische Aufständigenstatus zugunsten sogenannter Befreiungsbewegungen im Kriegsvölkerrecht neuerdings erfahren soll[266]. Dort ist - wie oben angedeutet - versucht worden, den irregulären Kämpfer, der an einem nationalen oder internationalen Krieg beteiligt ist, dem regulären Kombattanten so weit wie möglich anzugleichen, um ihm das Stigma des Verbrechers zu nehmen und den Schutz des humanitären Völkerrechts zu gewähren, d.h. nach Ergreifung als Kriegsgefangenen zu behandeln[267]. Zudem gibt es Überlegungen dahin, die Regeln des

(262) Vgl. Rupprecht, Materialien, S. 93.
(263) Oppermann, FS Schlochaueer, S. 498.
(264) David, S. 116; Tophoven, S. 241.
(265) Chladek, EA 1987, S. 577.
(266) Oppermann, FS Schlochauer, S. 498.
(267) Rumpf, S. 385 ff. m.w.N.; Blumenwitz, S. 9 f.

humanitären Kriegsvölkerrechts auf Akte von Terroristen im o.g. Sinne zu erweitern(268). Hintergrund dafür ist nicht zuletzt, daß der Übergang fließend sein kann. Als Beispiel nennt Rupprecht(269) den Kampf der Sandinisten gegen das Somoza-Regime: wurden die Sandinisten bei ihren ersten Aktionen um 1980 noch als Terroristen bezeichnet, galten sie nach weiteren Erfolgsmeldungen als Rebellen und Guerilleros bis sie nach Machtübernahme diplomatisch anerkannt wurden. Die Schwierigkeiten exakter Abgrenzung im Einzelfall können jedoch den zumindest in aller Regel offen zutage tretenden tatsächlichen und den daraus resultierenden rechtlichen Unterschied nicht verdecken.

6. Zusammenfassung

Unter Berücksichtigung vorstehender Einschränkungen sind für den Begriff Terrorismus folgende Elemente wesentlich:

- die Androhung und Begehung schwerer Gewaltakte, insbesondere solcher gegen Leib und Leben sowie gegen die persönliche Freiheit, besonders auch in Form gemeingefährlicher Taten,
- durch Personen, die nicht hoheitliche Staatsgewalt ausüben, und die
- aus - zumindest nach eigenem Selbstverständnis - politischen (einschließlich insbes. sozialen, rassistischen, religiösen, nationalistischen oder separatistischen) Motiven, d.h. solchen, die nicht von den privaten und individuellen Bedürfnissen des Täters bestimmt sind,
- um Furcht und Schrecken zu erzeugen und damit

(268) Z.B. Mayer-Tasch, S. 21 und Rubin, S. 194 ff.; dagegen explicit: Oppermann, FS Schlochauer, S. 504 und Schütz, ÖJZ 1975, S. 230 f. m.w.N.; vgl. auch die oben - C IV 4 - angesprochenen Bemühungen zur Erarbeitung eines Verhaltenskodexes für Unruhen und Spannungen.

(269) Materialien, S. 93.

unmittelbar oder mittelbar politische Forderungen im oben genannten Sinne durchzusetzen,

- wobei die Täter einer - regelmäßig längerfristigen - Strategie folgen, weil sie wissen, daß der einzelne Gewaltakt für sich allein nicht geeignet ist, die bestehenden Strukturen in ihrem Sinne zu ändern,
- ohne daß die punktuellen und unvorhersehbaren Gewalttaten eine tatsächliche (quantitative und effektive) Bedeutsamkeit erlangen, die, weil auf Befreiung und Regierung eines Landes bzw. Landstrichs gerichtet, geeignet ist, eine Gleichstellung mit einem Krieg zu rechtfertigen.

Verkürzt: Unter Terrorismus ist zu verstehen: die Androhung und Anwendung punktueller und unvorhersehbarer Gewalt (1. Merkmal) durch "Private" (2. Merkmal) aus politischen Motiven (3. Merkmal) im Rahmen einer politischen Strategie (4. Merkmal) mit dem primären Ziel einer psychischen Wirkung (5. Merkmal).

Wenn nachfolgend der Terminus Terrorismus verwandt wird, so geschieht dies im Sinne vorgenannter Definition.

Das Verhältnis des Terrorismus, wie er vorstehend eingegrenzt ist, zu Formen von Staatsterror, Verletzungen des Kriegsvölkerrechts, Guerilla und Allgemeinkriminalität verdeutlicht nachfolgendes Schaubild.

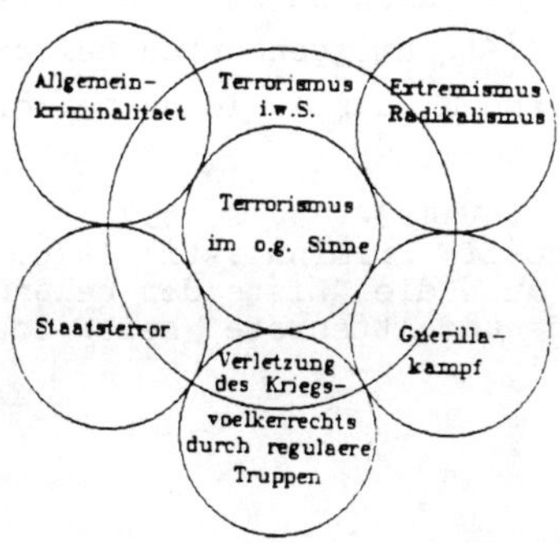

...

D. Erklärungsversuche/Ursachen

Eine Analyse der völkerrechtlichen Maßnahmen zur Bekämpfung des Terrorismus setzt eine möglichst gute Kenntnis der Ursachen des Terrorismus voraus. Denn ohne sie kann kaum verifiziert werden, ob und ggf. inwieweit bestehende oder zu schaffende Vorschriften zur Bekämpfung des Terrorismus geeignet sind, die erwünschte Wirkung zu entfalten.
Wirft man also die Frage nach den Ursachen des Terrorismus auf, so muß man zunächst berücksichtigen, daß es sich hierbei nicht um eine Erscheinung der jüngsten Zeitgeschichte handelt, sondern ein Phänomen, daß es zu allen Zeiten und wahrscheinlich in allen Teilen der Erde gegeben hat.
Dies wird z.B. durch das eingangs(270) aufgeführte Beispiel der Ermordung des jugoslawischen Königs Alexander I. belegt.
Erinnert sei auch an das von in Belgien wohnenden Franzosen versuchte Attentat auf den französischen König Napoleon III., in dessen Folge die Attentatsklausel (zunächst) in das belgische Auslieferungsrecht Aufnahme fand: Auf Napoleon III. sollte bei Lambersart während der Rückfahrt mit dem Zug von einem Besuch beim belgischen König ein Sprengstoffattentat verübt werden(271). Die Aufzählung könnte nicht nur mit Beispielen aus der österreichischen Geschichte - z.B. der Ermordung der österreichischen Kaiserin Elisabeth am 10.09.1898 durch den italienischen Anarchisten Luccheni in Genf und der Ermordung des Thronfolgers Franz Ferdinand von Habsburg-Este am 28.06.1914 durch serbische Nationalisten in Sarajewo - und der russischen Geschichte weiter fortgesetzt werden(272). Die genannten Beispiele belegen jedoch ausreichend, daß Aktionen terroristischer

---

(270) S.o. B II 1.
(271) Mettgenberg, VuV 1934/35, S. 597.
(272) Vgl. Middendorff, Kriminalistik 1976, S. 289, 291 ff.; s. auch die "Liste der bekanntesten politischen Morde und Attentate" bei Wilde, S. 285 ff.

Gewalt unterschiedlichste Ursachen haben, was schon daraus resultiert, daß auch die politische Motivation der Täter keine einheitliche ist. Denn die sozialhistorischen Wurzeln des Terrorismus liegen fast immer in der nach der Natur der Sache sehr unterschiedlichen sozialen oder geistigen Geschichte des jeweiligen Landes.
Für nationalistisch und/oder seperatistisch motivierte Aktionen, z.B. der spanischen ETA(273) oder der IRA(274), sind also nicht die gleichen Faktoren bestimmend wie für den in Deutschland und Frankreich dominierenden sogenannten sozialrevolutionären Terrorismus, insbesondere der Roten Armee Fraktion bzw. der Action Directe(275). Hier soll wegen dessen dominanter Bedeutung - seperatistische Bestrebungen gibt es in der Bundesrepublik Deutschland nicht, der Rechtsterrorismus (nicht der Rechtsextremismus) spielt nur eine untergeordnete Rolle - allein den Ursachen des sozialrevolutionären Terrorismus nachgegangen werden.
Anlässe und Motive für einzelne terroristische Karrieren und Gruppenbildungen waren Gegenstand unzähliger Erklärungsversuche, deren größter Mangel darin besteht, daß sie weitgehend nicht auf entsprechend fundierten Analysen beruhen. Dies änderte sich in der Bundesrepublik Deutschland erst mit einem 1978 von einer Bund-/Länder-Arbeitsgruppe in seinen Grundzügen beschlossenen und später vom Bundesministerium des Innern durchgeführten interdisziplinären Forschungsprojekt, das jedoch erwartungsgemäß nicht alle Bedingungsfaktoren lückenlos aufhellen, einander zuordnen und gewichten konnte (276). Weiterhin erfassen die Erklärungsversuche

(273) Zur ETA s. Waldemann, Beilage zu Das Parlament B 45/88, S. 3 ff.
(274) Zur IRA s. Multhaupt, Beilage zu Das Parlament B 45/88, S. 36 ff.
(275) Della Porta, Beilage zu Das Parlament B 45/88, S. 20 ff.
(276) Die Ergebnisse sind festgehalten in den vom Bundesminister des Innern herausgegebenen "Analysen zum Terrorismus", insbesondere Bd. 2 "Lebenslaufanalysen".

zudem allein für den sozialrevolutionär motivierten Terrorismus eine große Spannbreite von Ansätzen. Als Teilursachen werden von Kaiser(277) folgende Faktoren hervorgehoben:

- Generationenkonflikt mit gestörten Beziehungen zum Elternhaus,
- spätpubertäre Entwicklungsstörungen,
- Orientierungslosigkeit und Rollenkonflikt von sozialen Aufsteigern nach Hochschulstudium verbunden mit beruflicher Unsicherheit,
- allgemeine Gewöhnung an Sicherheit und Wohlstand,
- Fehleinschätzung radikaler Systemveränderungsversuche als kritisches Engagement bei vorausgehender Verzweiflung an der Gesellschaft,
- die Enttäuschung über das Ausbleiben durchschlagender Erfolge der Studentenbewegung sowie kriminalisierende Prozesse als Folge sozialer Protestbewegungen,
- Abbau der Hemmschwelle durch Annahme eines "Kriegszustandes" mit der Bundesrepublik mit sozialisierender Drucksituation,
- Abnormität der Persönlichkeiten (Fanatismus, Geltungssucht), obschon keine Geisteskrankheit.

Andererseits hat das Forschungsprojekt die vermutete Ursächlichkeit weiterer Faktoren widerlegt(278), z.B.

- es handle sich um Nachwirkungen des nationalsozialistischen Regimes (Hitler's children)(279),
- die These von der maßgeblichen (!) Schuld "geistiger Väter des Terrorismus"(280).

Vielmehr waren bestimmte Phasen des Ausstiegs aus der Gesellschaft in den meisten Fällen bereits abgeschlossen, bevor politische Orientierungen im Sinne der später verfolgten Gruppenziele die individuelle Entwicklung zu beeinflussen begannen.

(277) Kaiser, S. 301; vgl. auch: Klein 1985, S. 131 ff. und ders. 1987, S. 51 ff.; Kurtz, S. 59 ff.; Schwind, S. 346.
(278) Rupprecht, Bedingungen, Kriminalistik 1981, S. 387 ff.
(279) S. aber Schreiber, Die Wucht der Gefühle, FAZ vom 12.09.86.
(280) S. Jäger/Böllinger, Lebenslaufanalysen, S. 233; vgl. aber auch Pallasch, Die Polizei 1975, S. 167.

In einer Vielzahl von Fällen hat auch nicht so sehr die politische Motivation einer Gruppe den einzelnen motiviert, sich an terroristischen Aktionen zu beteiligen, sondern dies haben eher individuelle Motive wie das Erlebnis der Stabilisierung und "Sinnorientierung" des eigenen Lebens.
Deutlich ist zudem die Rolle einzelner Einflußpersonen, die in einer labilen Lebensphase mehr oder weniger zufällig Bedeutung erlangt haben, für den individuellen Weg in den Terrorismus(281).
Darüber darf jedoch nicht übersehen werden, daß in aller Regel mehrere Belastungsfaktoren - Belastungen im Elternhaus, Überforderungen und zunehmende Mißer-

---

(281) Süllwold, Lebenslaufanalysen, S. 95. Ihre Analyse ergab, daß ein Einfluß bestimmender Personen für das Abgleiten in den Terrorismus bei weiblichen Mitgliedern von terroristischen Gruppen häufiger festgestellt werden konnte als bei männlichen. Sie bezweifelt jedoch die These, daß für die Beteiligung von Frauen an terroristischen Aktionen andere Bedingungsfaktoren anzunehmen sind, als für männliche Terroristen (a.a.O., S. 106 ff., 108 f.).
Die Bedeutung von Einflußpersonen wird auch belegt durch die Ergebnisse einer 1977 im Bundeskriminalamt gefertigten Analyse der Lebensläufe der 40 zum Zeitpunkt der Untersuchung mit Haftbefehl gesuchten deutschen Terroristen. Danach waren in fünf Fällen die Lebenspartner von Terroristen bereits vor diesen in der Anarchoszene, zwölf hatten als Lebenspartner einen Terroristen und in einem Fall war die Schwester gleichfalls Terroristin.
Auffällig ist der überdurchschnittlich hohe Frauenanteil von 60 % unter den 40, verglichen mit 48 % in der Altersgruppe der 20 - 40-jährigen (1975), 18,7 % bei den in der polizeilichen Bundeskriminalstatistik 1976 aufgeführten Tatverdächtigen und nur 9,2 % der danach des Mordes oder Totschlags Verdächtigen. Als Gründe für den überdurchschnittlich hohen Frauenanteil werden vom Bundeskriminalamt u.a. in Betracht gezogen:
- die natürliche Einbeziehung des anderen Geschlechts in auch auf Zusammenleben angewiesene Gruppenstrukturen und
- die Auflehnung der Terroristen gegen eine Gesellschaftsordnung, die weitgehend von Männern bestimmt ist (Bundeskriminalamt, Bericht, S. 12, 15).

Die Möglichkeit sexueller Abhängigkeit einzelner weiblicher Mitglieder von männlichen Mitgliedern terroristischer Gruppierungen stellt demnach keinen signifikanten Bestimmungsgrund für das Abgleiten von Frauen in den Terrorismus dar (vgl. auch Rupprecht, Kriminalistik 1982, S. 298, 301).

folgserlebnisse in Schule, Studium und Berufsausbildung, Konflikte mit Eltern, Lehrern und anderen Bezugspersonen, Ausbleiben der Kommunikation über personelle und generelle Probleme im Elternhaus und Schule, zunehmende Abkapselung von der gewohnten Umwelt und Anschluß an kommunikativ abgeschottete Gruppen - zusammenkommen, die sich ergänzen und verstärken.
Als Resumee ist das nicht unerwartete, wenig befriedigende Ergebnis festzuhalten:
Bestimmungsgründe, die notwendig oder auch nur mit einer gewissen Wahrscheinlichkeit zum Terrorismus führen, wurden in den Lebenslaufanalysen nicht ausgemacht(282). Binder formuliert treffend wie folgt: "Schwere Familienkonflikte, die gleiche soziographische Herkunft und vergleichbare frühere Erziehungseinflüsse mit dem daraus sich zunächst ergebenden Politikverständnis haben vielleicht Millionen von Kindern, nicht nur spätere Terroristen."(283)

Allerdings haben die Analysen wichtige Detailerkenntnisse erbracht, so beispielsweise, daß (auch) Reaktionen und Maßnahmen des Staates - etwa Haftbedingungen, "militante" Vorgehensweise der Polizei, aber auch die Strafverfolgung als solche - Bestandteile des Bedingungsgefüges terroristischen Handelns sind, wenn auch die sogenannte Eskalationsthese, nach der eine Überreaktion staatlicher Instanzen eine Radikalisierung der Studentenbewegung bis hin zum Terrorismus der Roten Armee Fraktion bewirkt habe, keine Bestätigung fand(284).
Diese Feststellung in der Ursachenanalyse schließt - worauf besonders hingewiesen wird(285) - kein Urteil über die Richtigkeit und Erforderlichkeit solcher Maßnahmen ein, sondern macht nur darauf aufmerksam, daß das Verhalten von Terroristen nicht unabhängig von den Reaktionen und Restriktionen, denen sie begegnen,

(282) Jäger/Böllinger, Lebenslaufanalysen, S. 232.
(283) Binder, S. 66.
(284) S. Matz, in: Analysen, Bd. 4.1, S. 93.
(285) Jäger/Böllinger, Lebenslaufanalysen, S. 235.

gesehen und interpretiert werden kann. Die Frage, ob einzelne staatliche Maßnahmen kriminalpolitisch sinnvoll, verhältnismäßig und notwendig sind, lag jedoch außerhalb des Erkenntnisinteresses des Forschungsprojekts und kann auf der Grundlage der dort gewonnenen Erkenntnisse nicht beantwortet werden(286).

Abschließend ist festzuhalten: Die sozialwissenschaftlichen Erklärungsversuche geben nur geringen Aufschluß darüber, welche Gefahrenabwehrstrategien bei der Bekämpfung des sozialrevolutionären Terrorismus kurzfristig die erfolgreichsten sind.
Um so weniger lassen die sozialwissenschaftlichen Erklärungsversuche Ansätze erkennen, wie dem weltweiten Phänomen des Terrorismus mit seiner unendlichen Ursachenvielfalt bzw. dessen Entstehung durch völkerrechtliche Übereinkommen begegnet werden kann.

E. Strategien zur Abwehr der terroristischen Bedrohung

Die Strategien zur Abwehr terroristischer Gefahren sind naturgemäß abhängig von der Art der verfolgten Ziele.
Kurzfristig kann das Ziel nur lauten, der aktuellen Bedrohung unter Wahrung der Verfassung und unter Beachtung des (nicht nur verfassungs-)rechtlichen Bedingungs- und Werterahmens Herr zu werden.
Langfristig gilt es, das Entstehen neuer terroristischer Gruppen zu verhindern, indem man dem Terrorismus den Nährboden entzieht.
Naturgemäß befaßt sich die vorliegende Untersuchung primär mit der kurzfristigen Zielsetzung. Denn die Verwirklichung der langfristigen Ziele ist weniger mit den Mitteln des (Straf-)Rechts zu erreichen als weiterer intensiver Analyse der Motivations- und

(286) A.a.O.; vgl. hierzu Wittke, Terrorismusbekämpfung als rationale politische Entscheidung.

Mobilisierungsfaktoren[287] und demgemäßer Reaktion, insbesondere auch demokratischer Debatte über soziale Konfliktfelder unter Einbeziehung der Argumente potentieller politisch motivierter Gewalttäter bei gleichzeitigem Beharren auf den grundlegenden Wertentscheidungen unseres Gesellschaftssystems. Denn die gestörte Kommunikation mit der Generation der Eltern und Orientierungslosigkeit gehörten ausweislich der Lebenslaufanalysen zu den wesentlichen Ursachen für terroristische Karrieren.

Der Erfolg der jeweiligen Strategien ist kaum zu messen. Allein der zahlenmäßige Rückgang terroristischer Gewaltakte in einem bestimmten Zeitraum erscheint nur dann hinreichend aussagekräftig, wenn dieser Zeitraum mehrere Jahre umfaßt. Denn gerade im Falle des sozialrevolutionären Terrorismus sind es häufig aktuelle Ereignisse der Zeitgeschichte (z.B. der Beginn der Arbeiten an der Wiederaufbereitungsanlage Wackersdorf), die ein Ansteigen terroristischer Gewalt zur Folge haben. Bei kürzerer Bemessung der Vergleichszeiträume kann daher das Ausbleiben oder der zahlenmäßige Anstieg entsprechender "Auslöser" den Aussagewert der erhobenen Daten wesentlich mindern.

Die selbstverständlich anmutende Vorgabe, daß Strategien zur Abwehr der terroristischen Bedrohung die Verfassung zu wahren und den rechtlichen Bedingungs- und Werterahmen zu beachten haben, gilt es zu betonen. Denn zum einen gab es in der Bundesrepublik Deutschland wiederholt Vorschläge, die mit der Verfassung nicht im Einklang standen, insbesondere die Wiedereinführung der Todesstrafe für terroristische

(287) U.a. hiermit befaßte sich auch die durch Kabinettbeschluß vom 16.12.1987 eingesetzte "Unabhängige Regierungskommission zur Verhinderung und Bekämpfung von Gewalt", die Anfang 1988 ihre Arbeit aufnahm und im Januar 1990 ihr Endgutachten "Gewalt in der Bundesrepublik Deutschland" vorlegte; s. hierzu Schwind/Winter, NStZ 1990, S. 105 ff., und Baumann, ZRP 1990, S. 103 ff.

Gewalttaten[288], zum anderen haben sich - nichteuropäische - Staaten entsprechender mit rechtsstaatlichen Prinzipien nicht zu vereinbarender Mittel bedient.

"Globale" Strategien zur Bekämpfung des Terrorismus haben in der Vergangenheit weltweit ebenso Maßnahmen der Gesellschaftspolitik mit pazifierender Wirkung umfaßt, z.B.

- Maßnahmen zur Verbesserung der ökonomischen Situation,
- Reformgesetzgebung,
- Vereinbarung eines "Waffenstillstands" und Verhandlungen mit Terroristen,

wie andererseits Maßnahmen der Störerbeseitigung mit überwiegend repressivem Charakter unter Einschluß von Zwangsmaßnahmen, die auch Wirkung gegenüber strafrechtlich Nichtverantwortlichen haben. Hierzu zählten beispielsweise

- strafrechtliche Anti-Terrorismus-Gesetzgebung,
- Kollektivstrafen,
- Einsatz des Militärs zur Unterstützung der für die Aufrechterhaltung der inneren Sicherheit zuständigen Stellen,
- Gegenterror

und - bei staatlich gelenktem Terrorismus - Maßnahmen gegen die hinter dem Terrorismus stehenden Staaten wie

- militärische Aktionen,
- Wirtschaftssanktionen (z.B. Einstellung von Entwicklungshilfe, Ex- und Importbeschränkungen) sowie
- Sanktionen auf diplomatischer Ebene (z.B. Rückberufung der Botschafter), die dann wirksam sein können, wenn es dem betreffenden Land auf seine internationale Reputation ankommt.

Der Umschreibung des mit dieser Arbeit untersuchten Themenkreises entsprechend[289] sollen die drei letztgenannten Maßnahmen im folgenden nicht näher behandelt werden.

---

(288) Vgl. Wittke, S. 192.
(289) S.o. C VI 6.

Eine von Hewitt[290] vorgenommene Analyse zur Effektivität der anderen Strategien erbrachte erstaunliche Resultate.

1. Effektivität von Maßnahmen zur Verbesserung der ökonomischen Situation als Mittel zur Bekämpfung des Terrorismus

Entgegen allen Erwartungen konnte kein signifikanter Zusammenhang zwischen unbefriedigender ökonomischer Situation und dem Umfang terroristischer Aktivitäten festgestellt werden. Vielmehr war vereinzelt ein Anstieg terroristischer Aktivitäten unter überdurchschnittlichen ökonomischen Verhältnissen zu konstatieren[291].
Allerdings wurde diese Feststellung nicht bei sozialrevolutionär, sondern bei national-separatistisch motivierten terroristischen Gruppen getroffen (ETA und IRA)[292]. Zudem gilt es zu beachten, daß das Ausbleiben zahlenmäßig faßbarer Erfolge bei allgemeiner Verbesserung der ökonomischen Bedingungen zu Hoch-Zeiten des Terrorismus nicht bedeutet, daß entsprechende Maßnahmen zu einem früheren Zeitpunkt oder unter besonderer Berücksichtigung einzelner Gruppen ebenfalls keinen (meßbaren) Erfolg gehabt hätten.
Auch bei der Analyse des sozialrevolutionären Terrorismus - zumindest so, wie er sich in der Bundesrepublik Deutschland darstellt - gewinnt das Argument der unbefriedigenden ökonomischen Situation als beeinflußbare Variable mit Auswirkung auf den Umfang

---

(290) Hewitt, The Effectiveness of anti-terrorist policies, 1984.
(291) Hewitt, S. 45.
(292) In bezug auf den baskischen Terrorismus ist insoweit auch bemerkenswert, daß das Baskenland eine der traditionellen spanischen Industrieregionen darstellt und weiterhin die ökonomischen Verhältnisse überdurchschnittlich im Vergleich zu anderen spanischen Provinzen waren (s. Waldemann, S. 4). Demgegenüber sind die katholischen Bewohner Nordirlands im Vergleich zu den protestantischen Mitbewohnern schlechter gestellt; die Arbeitslosigkeit unter den Katholiken ist doppelt so groß.

terroristischer Aktivitäten jedoch keine Bedeutung, weil die ökonomische Situation ausweislich der Ergebnisse der Lebenslaufanalysen keine Relevanz für das Aufblühen des Terrorismus hatte; vielmehr befanden sich unter den Terroristen überdurchschnittlich viele soziale Aufsteiger mit - begonnenem - Hochschulstudium und junge Leute aus Elternhäusern mit überdurchschnittlichem Bildungsstand und Einkommen(293).

2. Reformgesetzgebung als Strategie zur Bekämpfung des Terrorismus

Nach weitverbreiteter Ansicht hat eine Reformgesetzgebung mit dem Ziel der Beseitigung willkürlicher Diskriminierung bestimmter Bevölkerungsgruppen und der Gewährung weitgehender Entfaltungsmöglichkeiten für Minderheiten positive Auswirkungen auf die Aktivitäten terroristischer Gewalttäter.
Auch diese These findet in den Untersuchungen von Hewitt keine unmittelbare Stütze. Praktische Reformen in Nordirland mit dem Ziel einer stärkeren Beteiligung der katholischen Bevölkerungsminderheit in den 70er Jahren ebenso wie die Zubilligung regionaler Autonomie für das Baskenland in der zweiten Hälfte der 70er Jahre hatten zunächst - insbesondere in dem Zeitraum, in dem die Reformvorhaben umgesetzt wurden - einen Anstieg terroristischer Aktivitäten zur Folge. Die weitere Entwicklung hat gezeigt, daß der Terrorismus in den genannten Gebieten trotz der Reformen eines der ungelösten Probleme darstellt, die Reformgesetzgebung ihr Ziel bei der Terrorismusbekämpfung also nicht erreicht hat.
Für die Bekämpfung des sozialrevolutionären Terrorismus in der Bundesrepublik Deutschland wie auch in Frankreich ist diese Feststellung insoweit weniger von Bedeutung, als sein Entstehen in diesen Ländern nur bedingt durch objektive gesellschaftliche Mängel verursacht ist. Soweit erkannte oder vermeintliche

(293) Schmidtchen, Lebenslaufanalysen, S. 20.

Mängel Auslöser für die Studentenunruhen waren, in deren Folge sich in der Bundesrepublik Deutschland die ersten sozialrevolutionären terroristischen Gruppen gebildet haben, dürften diese Mängel entweder beseitigt oder zumindest von demokratisch legitimierten Kontrollinstanzen überprüft worden sein.

3. Stillhalteabkommen als Strategie zur Bekämpfung des Terrorismus

Der Gedanke, mit Terroristen ein Stillhalteabkommen zu vereinbaren und über ihre Ziele zu verhandeln(294), mag in Hoch-Zeiten des Terrorismus verlockend sein, wenn deren Aktionen durch ein klar umrissenes politisches Ziel motiviert sind, das zumindest teilweise legitim ist und von größeren Bevölkerungskreisen mitgetragen wird (z.B. angemessene Beteiligung der katholischen Minderheit an den politischen Entscheidungen in Nordirland; Wahrung der kulturellen Identität einer nationalen Minderheit durch Gewährung von Autonomie im Baskenland). Hier besteht für die Regierenden die Möglichkeit, Forderungen der Terroristen entgegenzukommen.
Im Falle des sozialrevolutionären Terrorismus in der Bundesrepublik Deutschland - als auch in Frankreich - besteht diese Möglichkeit jedoch nicht. Zum einen bleiben die Ziele dieser Terroristen - auch in ihren Selbstbezichtigungen - weitgehend diffus bzw. erschöpfen sich in der Forderung nach Abschaffung des gegenwärtigen Systems. Zum zweiten sind ihre Ziele - soweit ausformuliert - regelmäßig nicht verhandlungsfähig, da sie grundlegende Werte in Frage stellen und nicht von größeren Bevölkerungskreisen mitgetragen werden(295). Zum dritten fehlt es zumindest derzeit in Deutschland an einer solchen Intensität terroristischer Aktionen, daß Stillhalteabkommen angemessen erscheinen könnten. Aber auch wenn diese Voraussetzun-

(294) S. hierzu oben B II Fall 2.
(295) Matz, Analysen, Bd. 4.1, S. 33 ff., S. 93.

gen erfüllt wären, müßte der Erfolg eines Stillhalteabkommens und von Verhandlungen mit Terroristen bezweifelt werden. Versuche, auf diese Weise dem Terrorismus Herr zu werden, hat es u.a. in Nordirland (IRA)(296) und in Spanien (ETA)(297) wiederholt gegeben. Während sechs von sieben der einer Untersuchung Hewitts zugrundeliegenden Perioden des Waffenstillstands (in vier Fällen der IRA, in drei Fällen der ETA-militar) zwischen 1972 und 1980 nahmen die terroristischen Gewaltaktionen ab, in vier Fällen wurden sie sogar eingestellt. In einem Fall nahmen sie hingegen um 45% gegenüber dem Vergleichszeitraum vor dem Waffenstillstand zu(298). Mögen diese Zahlen noch einen Teilerfolg belegen, so wird er von den Erfahrungen nach Beendigung des Waffenstillstands in Frage gestellt. In den Fällen kürzerer "Waffenruhe" bis zu einem Monat war keine signifikante Veränderung der Intensität terroristischer Gewalt zu verzeichnen. Bei einem einjährigen "Waffenstillstand" von Februar 1975 bis Februar 1976 in Nordirland, der zudem nur bedingt befolgt wurde, wurden in den sich anschließenden vier Quartalen mehr Morde und Sprengstoffattentate verzeichnet als in denjenigen zuvor.
Ein "Waffenstillstand" birgt zudem immer die Gefahr, daß die Terroristen die Gelegenheit bekommen, neue Mitglieder zu rekrutieren und ungestört neue Anschläge zu planen.

Da bei den vorstehend aufgeführten gesellschaftspolitischen Maßnahmen einschließlich Verhandlungen nicht die erhoffte pazifizierende Wirkung nachzuweisen war, gewinnen Maßnahmen der Störerbeseitigung mit überwiegend präventivem und/oder repressivem Charakter einschließlich der Maßnahmen gegenüber strafrechtlich nicht Verantwortlichen an Bedeutung.

(296) Multhaupt, Beilage zu Das Parlament B 45/88, S. 40.
(297) Waldmann, Beilage zu Das Parlament B 45/88, S. 18.
(298) Hewitt, S. 38.

4. Maßnahmen der Störerbeseitigung als Strategie zur Bekämpfung des Terrorismus

Liberale Demokratien sehen sich vor das Problem gestellt, daß Terrorismus gerade in ihren Staaten zu finden ist und die Machtmittel, die bestmöglich geeignet erscheinen, ihn zu besiegen, diejenigen des - nicht gewünschten - Polizeistaates sind. So stellen alle "belastenden" Maßnahmen zur Störerbeseitigung eine Gratwanderung dar.
Dies gilt insbesondere auch für jedwede Anti-Terrorismus-Gesetzgebung.
Relativ unproblematisch sind insoweit wegen ihrer verhältnismäßig geringen Eingriffsschwere noch Regelungen zur Kontrolle von Erwerb und Besitz von Waffen und solche, die die Pflicht begründen, jederzeit ein Identitätspapier mit sich zu führen. Diese Bewertung ändert sich bei Regelungen, die die bei gewöhnlichen Verbrechen geltenden Schranken für Hausdurchsuchungen und Festnahmen im Falle terroristischer Gewalt weiter ziehen, die spezielle Gerichtszuständigkeiten und Verfahrensbestimmungen treffen oder die die Einschränkung der politischen Rechte, der Meinungs-, Presse- (Zensur) und Versammlungsfreiheit vorsehen.
Hewitt hat in seiner - insoweit allerdings kaum ausreichend differenzierenden - Analyse zur Wirksamkeit von Strategien zur Bekämpfung des Terrorismus in Zypern, Uruguay, Nordirland, Spanien und Italien keine signifikanten Veränderungen terroristischer Aktivitäten infolge einer Anti-Terrorismus-Gesetzgebung, die sich vorgenannter Mittel "bediente", feststellen können, schloß positive Auswirkungen jedoch auch nicht aus(299). Es gilt also, die Wirksamkeit entsprechender Regelungen im Einzelfall genau zu prüfen.

(299) Hewitt, S. 67.

5. Kollektivstrafen als Strategie zur Bekämpfung des Terrorismus

Nicht nur in Deutschland unter verfassungsrechtlichen Gesichtspunkten mehr als bedenklich sind Maßnahmen mit dem Charakter von Kollektivstrafen. Sie sind im übrigen selbst im Kriege gemäß Art. 50 HLKO untersagt, in dem es heißt: "Keine Strafe in Geld oder anderer Art darf über eine ganze Bevölkerung wegen der Handlungen einzelner verhängt werden, für welche die Bevölkerung nicht als mitverantwortlich angesehen werden kann."(300).

Zu den Kollektivstrafen zu zählen sind

- die erhöhte Steuerpflicht für die Bewohner von in besonderer Weise vom Terrorismus betroffenen Gebieten,
- (zeitlich befristete) Geschäftsschließungen in solchen Gebieten,
- die Vermögensbeschlagnahme bei einem jeden Bewohner dieser Gebiete,
- die Schließung und Unnutzbarmachung bestimmter Wohnhäuser.

Entsprechende Maßnahmen waren unter britischem Notstandsrecht 1955 auf Zypern möglich(301). "Geldstrafen" wurden dort in den sechs Monaten der Geltungsdauer des entsprechenden Notstandsrechts in zwölf Fällen, Geschäftsschließungen ebenso wie Wohnhausschließungen in je vier Fällen und Vermögensbeschlagnahme in einem Fall ausgesprochen. Alle diese Maßnahmen hatten bei ihrer erstmaligen Anwendung Erfolg: Die Gewaltanwendung terroristischer Gruppen in den betroffenen Gebieten im Vergleich mit derjenigen in anderen zypriotischen Gebieten ging

(300) S. auch Art. 33 der IV. Rotkreuz-Konvention von 1949 und vgl. dazu oben C IV 4 b.
(301) Hewitt, S. 57 ff.

zwischen 0,8 % und 22 % zurück. Bei wiederholter Anwendung war demgegenüber in der Hälfte der Fälle statt eines Absinkens eine Zunahme der terroristischen Aktivitäten zu verzeichnen(302).
Zur Bekämpfung des westeuropäischen sozialrevolutionären Terrorismus kommen vorgenannte Maßnahmen jedoch nicht nur aus rechtlichen Gründen nicht in Betracht. Voraussetzung für ihren Erfolg ist, daß eine starke terroristische Gruppe Unterstützung bei größeren Bevölkerungskreisen findet. Auf Zypern gehörten 1960 örtlich verschieden zwischen 0,4 und 3,1 °/oo der Griechen der EOKA an, die auch in der sonstigen griechischen Bevölkerung Rückhalt fand. Hiervon unterscheidet sich die Situation in Deutschland und Frankreich wesentlich. Die Zahl der dort mit terroristischen Aktionen in Verbindung gebrachten Personen unterschreitet 500 bei weitem. Zudem ist das Unterstützerpotential sehr gering. Es wird für die Rote Armee Fraktion auf ca. 2.000 Personen geschätzt.

6. Der Einsatz der Streitkräfte als Strategie zur Bekämpfung des Terrorismus

Prima facie nicht rechtsstaatswidrig erscheint der Einsatz der Streitkräfte zur Bekämpfung des Terrorismus. Zwei Einsatzformen sind insoweit denkmöglich:

- Die Heranziehung militärischer Einheiten zur Verstärkung der sonstigen für die innere Sicherheit zuständigen Kräfte und
- die militärische Erwiderung auf einen "vom Ausland aus" verübten terroristischen Angriff.

Die letztgenannte Form hat in Mitteleuropa noch nicht Anwendung gefunden und eignet sich auch nicht zur Bekämpfung des Terrorismus europäischer sozialrevolutionärer Gruppen.
Israel jedoch hat wiederholt militärisch auf terro-

(302) A.a.O.

ristische Angriffe, die vom Libanon ausgingen, reagiert - am schärfsten mit dem Einmarsch im Libanon 1982 (womit Israel sich dem Vorwurf aussetzte, selbst (staats-)terroristische Aktionen zu verüben[303]). Ähnlich reagiert haben die USA nach Sprengstoffanschlägen gegen US-amerikanische Ziele in Griechenland und in Berlin 1986 (Anschlag auf die Diskothek "La Belle"), hinter denen sie die libysche Regierung vermutete, indem sie Luftangriffe auf Tripolis und Benghasi ausführte[304]. Völkerrechtlich ist zweifelhaft, ob das Nichtverhindern terroristischer Akte durch einen Staat den angegriffenen Staat dazu berechtigt, seine Streitkräfte gegen den "angreifenden Staat" einzusetzen, oder ob hierin eine Verletzung von Art. 2 Nr. 4 Charta der Vereinten Nationen zu sehen ist[305]. Die USA haben jedenfalls den Überfall auf ihre Botschaft in Teheran am 04.11.1979[306], für den sie die iranische Regierung verantwortlich hielt, als einen bewaffneten Angriff im Sinne von Art. 51 Charta der Vereinten Nationen angesehen, der sie zu militärischen Gegenmaßnahmen, nämlich dem Versuch, die Geiseln durch eine Helikopter-Operation zu befreien, berechtigt[307].

---

(303) Reschetow, Neue Zeit 1981, S. 21.
(304) Chladek, EA 1987, S. 582 f.
(305) S. Kilian, NZW 1982, S. 128; Blumenwitz, S. 3 ff.; David, S. 147 FN 103 m.w.N. und Verdross, S. 289 ff. sowie Kreis, EA 1976, S. 367, 373, "Terrorismus als Teil eines 'Ersatzkrieges'", und Wilkinson, "Terrorismus als Ersatz für die Führung eines Krieges".
(306) S. hierzu die die Reaktionen der westlichen Welt umfassende Darstellung bei Wilkinson, Terrorism and the liberal State, S. 266 ff.
(307) Seidl-Hohenveldern, S. 211;
weitere Beispiele bei Mc Whinney, S. 175 ff.

Diese Rechtsauffassung der amerikanischen Regierung begegnet Bedenken. Es ist fraglich, ob die Intensität der konkreten Gewaltaktionen unter Einsatz von Privaten unter der planenden und organisierenden Regie (libyscher) staatlicher Stellen ausreichend war, um das Vorliegen eines "bewaffneten Angriffs" i.S.v. Art. 51 Charta der Vereinten Nationen annehmen zu können.

Die oben erstgenannte Einsatzform wird in Europa z.B. in Nordirland praktiziert.
Ohne Frage hätte die Heranziehung militärischer Einheiten eine derartige zahlenmäßige Verstärkung der Sicherheitskräfte zur Folge, daß diese in die Lage versetzt würden, ihre Kontrollen merklich zu verdichten. Allerdings hat der Terrorismus in Westeuropa - abgesehen vielleicht von Nordirland - zu keiner Zeit eine Intensität erreicht, die beispielsweise die Absicherung und Durchsuchung ganzer Häuserzeilen an so vielen Orten erfordert hätte, daß hierzu der Einsatz von Militär erforderlich gewesen wäre. Schließlich ist zu beachten, daß militärische Kräfte in den meisten Fällen für entsprechende Aufgaben nicht die erforderliche Ausbildung besitzen. Auch hat die Untersuchung von Hewitt gezeigt, daß der Einsatz des Militärs in den von ihm untersuchten fünf Ländern keinen Erfolg zeigte, was jedoch auch damit zusammenhängen kann, daß Militär zumeist nur in Hoch-Zeiten des Terrorismus Einsatz fand, der Einsatz nach Abklingen einer Welle von Gewalt dann aber beendet oder reduziert wurde.

In der Bundesrepublik Deutschland können die Streitkräfte nur sehr begrenzt für die Bekämpfung des Terrorismus herangezogen werden. Die Grenzen sind insoweit durch Art. 87 a Abs.2 Grundgesetz gezogen, der zur Vermeidung des innenpolitischen Mißbrauchs der Streitkräfte als Machtinstrument(308) bestimmt, daß die Streitkräfte außer zu Verteidigungszwecken nur in den vom Grundgesetz ausdrücklich vorgesehenen Fällen eingesetzt werden dürfen. Hierbei handelt es sich um die Fälle der Art. 35 Abs. 2 und Abs. 3, Art. 87 a Abs. 3 und Art. 87 a Abs. 4 in Verbindung

(308) Maunz-Dürig-Herzog, Art. 87 a GG Rz. 32.

mit Art. 91 Abs. 2 Grundgesetz.
In aller Regel dürften deren Voraussetzungen für einen "Einsatz der Streitkräfte" bei terroristischen Aktionen nicht vorliegen.

- Art. 35 Abs. 2 Satz 2 und Abs. 3 Grundgesetz beziehen sich auf die Fälle einer regionalen und überregionalen Naturkatastrophe und eines besonders schweren Unglücksfalles, also auf die Fälle des sogenannten "unpolitischen Notstands".
- Art. 87 a Abs. 3 GG regelt den Verteidigungs- und Spannungsfall, also Fälle des "äußeren Notstandes", in denen es um die Abwehr von "außen" gegen die Bundesrepublik Deutschland gerichteter Angriffe geht(309).
- Art. 87 a Abs. 4 in Verbindung mit Art. 91 Abs. 2 Grundgesetz erfaßt zwar den inneren politischen Notstand und läßt den Einsatz der Streitkräfte - als ultima ratio(310) - in diesem Fall zu; die Voraussetzungen
  * drohende Gefahr für den Bestand oder die freiheitlich demokratische Grundordnung des Bundes oder eines Landes,
  * fehlende Bereitschaft oder Unfähigkeit des Landes zur Gefahrenabwehr,

(309) S. hierzu Schreiber, DÖV 1969, S. 729 ff. Für die Zusammenarbeit der Polizeien der Länder mit dem Bundesgrenzschutz (BGS) in Krisenzeiten und im Verteidigungsfall sowie für deren Zusammenarbeit mit den Streitkräften im Spannungs- und Verteidigungsfall nach Art. 87 a Abs. 3 GG haben die zuständigen Bundesminister des Innern und der Verteidigung im November 1988 sog. "Zusammenarbeitsgrundsätze" als Grundlage für einschlägige Planungen erarbeitet, deren Inhalt als Verschlußsache eingestuft ist. Vgl. Frankfurter Rundschau vom 11.07.89, S. 1 "Bundeswehr kann Polizei beherbergen und befördern" und Frankfurter Rundschau vom 10.07.1989 "Hardthöhe dementiert Einsatz von Soldaten gegen Demonstranten".

(310) Hase, in: Wassermann, Alternativkommentar zum Grundgesetz, Bd. 2, S. 1683 ff., Rz. 33 ff.

* Nicht-Ausreichen eines Einsatzes der Länderpolizeien unter Weisung der Bundesregierung und des Bundesgrenzschutzes

sind jedoch derart streng, daß der Einsatz der Streitkräfte bei terroristischen Aktionen faktisch ausgeschlossen ist. Selbst wenn die genannten Voraussetzungen erfüllt sind, ist der Einsatz der Streitkräfte nur zulässig "zur Unterstützung der Polizei und des Bundesgrenzschutzes beim Schutze von zivilen Objekten und bei der Bekämpfung organisierter und militärisch bewaffneter Aufständischer".

Diese Voraussetzungen sind im Falle des Terrorismus, so wie er in der Bundesrepublik Deutschland zum Ausdruck kommt, nicht erfüllt.

Der Terrorismus hat hier zu keinem Zeitpunkt eine qualitative und quantitative Intensität und Effektivität erreicht, die eine Gefahr für die freiheitlich demokratische Grundordnung des Bundes oder eines Landes(311) bedeutet hätte, noch haben die Länderpolizeien sowie der Bundesgrenzschutz in der Vergangenheit zur Bekämpfung des Terrorismus "nicht ausgereicht".

Nicht nur die erfolgreiche Geiselbefreiungsaktion in Mogadischu belegte das Gegenteil. Aufgrund der personellen und materiellen Ausstattung der nichtmilitärischen Sicherheitskräfte in der Bundesrepublik Deutschland ist deren Überforderung in einer innenpolitischen Krise auch in Zukunft mehr als "ganz unwahrscheinlich"(312).

Klargestellt sei, daß die verfassungsrechtliche Verpflichtung zur gegenseitigen Leistung von Amtshilfe, Art. 35 Abs. 1 Grundgesetz, keine zusätzlichen Befugnisse eröffnet; vielmehr wird

---

(311) S. hierzu grundlegend BVerfGE 2, S. 12 f.

(312) Hase, in: Wassermann Alternativkommentar zum GG, Bd. 2, S. 1685 m.w.N. insbesondere zur Ausstattung der Polizeien.

von Art. 35 Abs. 1 Grundgesetz die Befugnis der ersuchten Behörde zur Vornahme der im Einzelfall in Betracht kommenden Amtshandlung vorausgesetzt[313]. Da die Sperrvorschrift des Art. 87 a Abs. 2 Grundgesetz jedoch explicit nur für "Einsätze der Streitkräfte" gilt, verbleibt der Bundeswehr ein Spielraum, innerhalb dessen sie polizeiliche Aktionen unterstützen kann. Einen solchen "Einsatz" stellt neben der eigentlichen militärischen Verwendung - da gerade hier die Gefahr besteht, daß die Streitkräfte selbst auf das innenpolitische Geschehen Einfluß nehmen - jede Inanspruchnahme im Rahmen der vollziehenden Gewalt im Innern dar[314], soweit es sich dabei um Ausübung öffentlicher (- hoheitlicher -) Aufgaben handelt[315]. Da die angesprochene Gefahr jedoch nicht bei schlichten Hoheitstätigkeiten und rein technischer Hilfeleistung besteht - hier fehlt es an der Voraussetzung des Einsatzes von (Streit-)Kräften, da kein Verband, keine Personen, zur Verfügung gestellt werden - unterfallen derartige Hilfeleistungen nicht der Sperre des Art. 87 a Grundgesetz[316].

Der Einsatz von Bundeswehr-Sanitätern bei einer gewalttätig verlaufenden Demonstration ebenso wie die Zurverfügungstellung von Hubschraubern und ähnlichem ist demnach nach Amtshilfegrundsätzen

(313) Maunz-Dürig-Herzog, Art. 35 Rz. 1 und 6; Klückmann, DVBl 1977, S. 952, 954.

(314) BT-Drs. V/2873, S. 13; von Mangoldt-Klein, Art. 87 a Anm. V 5 b; Bonner Kommentar - Ipsen, Art. 87 a Rz. 32.

(315) Arndt, DVBl 1968, S. 729, 730.

(316) Arndt, DVBl 1968, S. 729, 730 f.; Schreiber, DöV 1969, S. 729, 731; von Mangoldt-Klein, Art. 87 a Anm. V 5 b bb.

verfassungsrechtlich zulässig(317).

7. Der Einsatz von "Gegenterror" zur Bekämpfung des Terrorismus

Eine weitere - mit rechtsstaatlichen Grundsätzen evident nicht zu vereinbarende und daher hier nur am Rande genannte - "Strategie gegen terroristische Gewalt" ist der Einsatz von "Gegenterror". Des Einsatzes von "Gegenterror" werden u.a. Israel und Spanien verdächtigt.

Israel wird verdächtigt, eine Reihe von Tätern und Organisatoren der Geiselnahme bei den olympischen Spielen 1972 in München "aufgespürt" und getötet zu haben. Spanien soll mittels in der GAL (GRUPO Antiterrorista de Liberacion) zusammengeschlossenen angeheuerten Allgemeinkriminellen, die den Weisungen spanischer Polizeioffiziere unterstanden, ETA-Terroristen in Südfrankreich verfolgt und getötet haben, bis Frankreich 1984 seine Auslieferungspraxis änderte und ETA-Terroristen an Spanien auslieferte(318).

Als <u>Fazit</u> ist festzuhalten:

Kurzfristig kann in der Bundesrepublik Deutschland nur eine an dem im Grundgesetz zum Ausdruck gekom-

(317) Vgl. zu weiteren Fällen von Amtshilfeersuchen Schreiben des Bundesministers des Innern vom 10.09.1975 und 24.05.1977 sowie Klückmann, DVBl 1977, S. 952, 954 (FN 32a); s. aber auch den Beitrag von Schueler zur Unterstützung der Polizei durch die Bundeswehr anläßlich von Demonstrationen an der "WAA" in Wackersdorf, in: Die Zeit vom 12.08.1988; dagegen Weiß lt. Süddeutsche Zeitung vom 12.08.1988 "Streit um Amtshilfe der Bundeswehr". Vgl. weiterhin Merten, DVBl 1987, S. 395, 396 (Personenschutz durch Feldjäger); ders. DVBl 1988, S. 19 f.; gegen Merten s. Schoen, DVBl 1988, S. 16 ff.

(318) Chladek, EA 1987, S. 583; Reuter-Meldung vom 30. Juni 1989, 18.18 Uhr.

menen rechtlichen Bindungs- und Werterahmen orientierte präventive und repressive Gesichtspunkte berücksichtigende sogenannte "Anti-Terrorismus-Gesetzgebung" eine wirksame Strategie zur Abwehr der terroristischen Bedrohung darstellen.
Entsprechendes gilt auch für andere westliche Demokratien; denn zur Philosophie des Terrorismus gehört auch, daß Terroristen selbst liberalsten Staaten vorwerfen, Terror und Gewalt gegen die Bevölkerung zu verüben, so daß sie, die Terroristen, sich mit Gewalt wehren dürfen. Dabei gehört es zu ihrer Strategie, den liberalen Staat zunächst zu autoritären (Über-) Reaktionen und zur Aufgabe verfassungsrechtlicher Prinzipien zu bewegen, bis er einem Polizeistaat gleicht, den es zu bekämpfen gilt(319).
In diesem Zusammenhang ist klarzustellen, daß innerstaatliche Strategien zur Bekämpfung des Terrorismus nicht separat betrachtet werden können, denn zum einen ist das Beziehungsgeflecht zwischen terroristischen Gruppen, insbesondere im europäischen Raum, relativ eng. So hat eine Vielzahl terroristischer Aktionen eine internationale Dimension, weil die terroristische Tat selbst grenzüberschreitenden Charakter hat. Als Beispiel sei an die zahlreichen Fälle von Flugzeugentführungen erinnert. Deutsche Terroristen der Roten Armee Fraktion und französische Terroristen der Action Directe hatten zudem 1985 in Verfolgung der Idee einer "westeuropäischen Front" eine gemeinsame "Offensive" mit in Zielsetzung und zeitlicher Abfolge aufeinander abgestimmten Anschlägen eingeleitet(320).
Zum zweiten ist bekannt, daß deutsche Terroristen wie auch Aktivisten der Provisional Irish Republican Army (PIRA) nach Anschlägen im Bundesgebiet "Ruheräume"

---

(319) Wilkinson, Terrorism and the liberal state, S. 79 ff.
(320) Zu internationalen Verflechtungen des Terrorismus s. Boeden, Entwicklungen, S. 70, 73 f.

in den Niederlanden und Frankreich nutzten.
Zum dritten werden terroristische Aktionen bisweilen wegen weniger strenger Sicherheitsvorkehrungen im Ausland verübt. Terroristen können ihre Taten auch deshalb im Ausland begehen, um bei einem Anschlag das Moment der Überraschung optimal auszunutzen.

Daraus folgert zum einen, daß Strategien zur Bekämpfung des Terrorismus internationalen Charakter haben müssen, zum anderen, daß sich kein Staat einer wirksamen Anti-Terrorismus-Gesetzgebung entziehen darf. Andernfalls verblieben wegen der in der westlichen Welt offenen Grenzen Aktions- und/oder Fluchträume für Terroristen.

Neben diesen tatsächlichen Faktoren, die eine möglichst koordinierte zumindest aber eine nicht auf einen Staat beschränkte, sondern eine Anti-Terrorismus-Gesetzgebung in allen Rechtsordnungen erfordern, stehen Rechtsgründe, die jeden einzelnen Staat zu wirksamer Terrorismusbekämpfung zwingen.(321)

(321) Dabei handelt es sich neben den im nachfolgenden Kapitel aufgeführten völkerrechtlichen Gründen auch um den Verfassungen immanente. Denn auch und gerade die Demokratie bedarf des Schutzes vor Extremisten und auch Terroristen. Die Geschichte der Weimarer Republik stellt insoweit ein geeignetes Lehrbeispiel dar (s. Eisele, S. 7 ff.). Die Väter des Grundgesetzes haben die Lehre aus der deutschen Geschichte gezogen und dem Schutz der Verfassung große Bedeutung beigemessen, so daß diese als "Prototyp einer Verfassung, die auf dem Demokratieschutz basiert" bezeichnet werden kann (Jesse, S. 55). Vorkehrungen zum Schutz der Verfassung hat das Grundgesetz insbesondere durch Art. 9 Abs. 2, 18, 21 Abs. 2, 20 Abs. 4, 79 Abs. 3, 91, 98 Abs. 2 getroffen (s. BVerfGE 30, S. 45 und BVerfGE 39, S. 334 ff. (349), das sog. "Radikalenurteil"); zu erwähnen ist in diesem Zusammenhang auch die im Grundgesetz ausdrücklich vorgesehene Schaffung eines Bundesamtes für Verfassungsschutz (s. hierzu Fritsch, S. 73 ff.), Art. 87 Abs. 1 GG.

F. Terrorismusbekämpfung als Staatenverpflichtung

Akte des Terrorismus haben - wie ausgeführt - häufig "internationalen" Charakter(322); die Täter überschreiten nicht selten - sei es auch nur zur Flucht - nationalstaatliche Grenzen. In anderen Fällen ergibt sich der internationale Charakter daraus, daß auf Täter- oder Opferseite Ausländer beteiligt sind. In allen solchen Fällen ist der Bereich der vom Völkerrecht geregelten Beziehungen tangiert. Dieses erlegt Staaten (und anderen Völkerrechtssubjekten) bestimmte Pflichten auf, deren Verletzung eine Haftung nach den Grundsätzen des völkerrechtlichen Delikts begründet. Die Haftung von Staaten, die durch aktive Förderung oder passive Hinnahme in völkerrechtswidriger Weise Akten des internationalen Terrorismus Vorschub geleistet haben, erscheint geeignet, eine gewisse Pression auszuüben auf "Problemstaaten, deren Haltung vor vielen anderen einer vollen Überwindung des internationalen Terrorismus im Wege steht"(323). Begehen demnach Terroristen auf dem Gebiet eines bestimmten Staates Delikte gegen Ausländer oder benutzen sie dieses als Basis für Delikte im Ausland, so stellt sich die Frage ob und ggfs. wann dieser Staat sich die Taten zurechnen lassen muß, um wegen Verletzung völkerrechtlicher Pflichten haftbar zu sein.

Da im Rahmen der vorliegenden Arbeit das Verhältnis von Personen, die hoheitliche Staatsgewalt ausüben, nicht behandelt werden soll(324), betrifft vorgenannte Frage die Verantwortlichkeit der Staaten für die Nichtverhinderung oder Nichtverfolgung der von "Privaten" begangenen Unrechtstatbestände.

---

(322) S. o. B III.

(323) Oppermann, FS Schlochauer, S. 514; vgl. hierzu die oben, C IV 3, geschilderten Schwierigkeiten bei den Arbeiten der Vereinten Nationen.

(324) S.o. C VI 3.

Es gilt insoweit zunächst der Grundsatz, daß Staaten für die Handlungen Privater nicht verantwortlich sind.
Es fehlt insoweit an einer Verletzung völkerrechtlicher Normen, da Private grundsätzlich nicht unmittelbar dem Völkerrecht unterliegen und ihr Verhalten nicht dem Staat zugerechnet werden kann. Andererseits trifft jeden Staat die Pflicht, das eigene Territorium nicht zur Operationsbasis gegen fremde Staaten werden zu lassen(325) und Maßnahmen zum Schutz von Leben und Eigentum der Ausländer zu ergreifen(326). Die erstgenannte Pflicht bildet in Form des Gebots der Nichteinmischung und Achtung der territorialen Integrität die Kehrseite des Rechts der einzelnen Staaten auf Souveränität(327). Die zweite Pflicht wurzelt in dem Gedanken, daß die Staaten untereinander verpflichtet sind, in der Person der Ausländer die Menschenwürde zu achten, und begrenzt insoweit die innere Souveränität des Aufenthaltsstaates(328).
Ergreifen die Staatenorgane nicht die (völkerrechtlich) gebotenen Maßnahmen, um vorgenannten Pflichten nachzukommen, so wird der Staat zum "Mittäter des Verbrechens"(329) und muß für das Untätigbleiben seiner Staatsorgane haften(330). Diese "Mittäterschaft" kann sich in zwei Formen äußern.
Zum einen in der Form der Patentia: "Der Staat haftet, wenn er weiß, daß ein einzelner ein Verbrechen gegen einen anderen Staat oder einen fremden Herrscher im

(325) Verdross, S. 278; David, S. 144.
(326) Verdross, S. 801 f.
(327) Seidl-Hohenveldern, S. 296 ff.
(328) Verdross, S. 801.
(329) Kilian, NZW 1982, S. 126, "Fiktion der Komplizenschaft des Staates".
(330) Es kann hier dahingestellt bleiben, ob es sich insoweit um eine direkte (so: Schüle, S. 133 und Kilian, NZW 1982, S. 126) oder indirekte Haftung (so: Seidl-Hohenveldern, S. 357) handelt.
Zur rechtshistorischen Herleitung der Konzeption vgl. Schüle, S. 333, Kilian, NZW 1982, S. 125 und Kimminich, S. 484 ff., zu Kodifikationsentwürfen s. Verdross, S. 845 FN 1.

Schilde führt und es nicht verhindert, wo er es müßte"(331). Seine Haftung beruht darauf, daß die staatlichen Organe die Unrechtshandlungen einzelner geduldet haben.
Anerkannt ist insoweit, daß ein Staat den völkerrechtlichen Mindeststandard für den Schutz von Ausländern gegen Angriffe verletzen würde, wenn er bei voraussehbaren Gefahren keine Schutzvorkehrungen getroffen hätte:
"International Law imposes the duty upon every State as far as possible to prevent its own subjects and such foreign subjects as live within its territory, from committing injurious acts against other States. A State which either intentionally and maliciously or through culpable negligence does not comply with this duty committs an international delinguency for which it has to bear original responsibility."(332)
Die zweite Form der Beteiligung des Staates ist die des Receptus: "Der Staat haftet, wenn er einen solchen Verbrecher aufnimmt, indem er sich weigert, ihn auszuliefern oder selbst zu bestrafen"(333). Hier haftet der Staat, weil er sich moralisch mit den Handlungen der Privaten identifiziert hat. Diese Pflicht ist verletzt, wenn der Staat (terroristische) Angriffe auf Personen und Eigentum von Ausländern weniger streng bestrafen würde, als gleichartige Angriffe gegen Inländer(334).

Abstrakt stellt sich die Frage nach dem Ausmaß der Sorgfaltspflicht des Staates. Diese Frage hängt

---

(331) Kilian, NZW 1982, S. 125.
(332) L. Oppenheim/Lauterpacht, International Law a Treatise Vol. I, 8. Aufl. 1967, S. 365, zitiert nach Kilian, NZW 1982, S. 127.
(333) Kilian, NZW 1982, S. 125.
(334) Seidl-Hohenveldern, S. 346.
Eklatant völkerrechtswidrig war daher die im Juni 1990 bekanntgewordene Aufnahme von bundesdeutschen Terroristen der Roten Armee Fraktion durch das DDR-Regime unter Honecker.

zusammen mit der Streitfrage, ob zum Unrechtstatbestand des völkerrechtlichen Delikts dazugehört, daß er schuldhaft gesetzt wurde(335). Zu bedenken gilt es in diesem Zusammenhang, daß dann, wenn die Sorgfaltspflicht hochgeschraubt und entsprechend früh eine Verfehlung angenommen wird, dies in der Praxis auf eine Erfolgshaftung hinauslaufen kann.
Die Streitfrage um Schuld-, Erfolgs- oder Gefährdungshaftung der Staaten für völkerrechtswidriges Verhalten kann hier keine eingehendere Untersuchung erfahren, zumal die Haftungssachverhalte derart verschieden sein können, daß keine der Regeln für sich beanspruchen kann, allein allen Möglichkeiten gerecht zu werden. Vieles spricht dafür, auf der Grundlage des schon von Grotius(336) aufgestellten Satzes "Qui in culpa non est, natura ad nihil tenetur" die schuldhafte Verletzung einer Völkerrechtsregel zur Voraussetzung der Haftung des Staates für Akte des (internationalen) Terrorismus zu fordern.
Mögen besonders gefahrgeneigte Aktivitäten - z.B. das Betreiben eines Atomkraftwerkes - eine andere Regelung erfordern, und mag im Fall eines Handlungsdeliktes - des völkerrechtswidrigen Handelns eines staatlichen Organs - die bloße, objektive Verletzung einer völkerrechtlichen Norm entscheidend sein(337); im Falle des (internationalen) Terrorismus - der, das gilt es zu betonen, nach hiesiger Definition Akte von Privatpersonen als "Werkzeug eines Staates" nicht erfaßt (hier wäre der Terrorist als Staatsorgan zu behandeln und wohl von einer Erfolgshaftung auszugehen(338)) - erscheint die Schuldhaftung geboten. Denn zum einen macht es vom Unwertgehalt einer Tat her einen Unterschied, ob der Staat durch seine Organe

(335) Vgl. Schüle, S. 336 f.; Seidl-Hohenveldern, S. 349 ff.; Verdross, S. 850 ff.; Kilian, NZW 1982, S. 122 ff.
(336) De iure belli ac pacis, II, cap. 17, § 21.
(337) S. Verdross, S. 852 und Schüle, S. 337.
(338) Kilian, NZW 1982, S. 127; Verdross, S. 852, 861.

selbst aktiv Völkerrechtsregeln verletzt oder sich lediglich wegen Untätigkeit Unrechtshandlungen einer Privatperson zurechnen lassen muß(339). Zum anderen kann der internationale Terrorismus in seiner heutigen Erscheinungsform trotz aller Grausamkeit und Unberechenbarkeit wohl kaum modernen technischen gefahrgeneigten Aktivitäten wie dem Betreiben eines Atomkraftwerkes gleich gestellt werden. Die Ausübung oder Zulassung des letztgenannten beruht auf der freien Entscheidung jedes Staates; ersterer wird ihm regelmäßig "aufgedrängt" und unterliegt nur begrenzt seiner Einflußmöglichkeit(340).

Fraglich ist nach allem, welche Maßnahmen Staaten ergreifen müssen, um nicht wegen schuldhafter Verletzung von Sorgfaltspflichten ("due diligence") völkerrechtlich zu haften.

Da es - von Spezialfällen abgesehen - an einer völkerrechtlich verbindlichen allgemeinen Kodifikation des völkerrechtlichen Delikts, die eine (völker-) rechtsdogmatische Ableitung des Umfangs der Sorgfaltspflicht der Staaten zur Vermeidung von Akten des (internationalen) Terrorismus zuließe, ebenso fehlt wie an allgemeinen die völkerrechtlichen Pflichten zur Verbrechensbekämpfung regelnden Kodifikationen(341), gewinnt die völkerrechtliche Praxis zu ihrer Umschreibung an Bedeutung.

Die von Kilian(342), der erstmals der Frage der völkerrechtlichen Verantwortlichkeit von Staaten speziell bei Akten des internationalen Terrorismus nachgegangen ist, hierzu zusammengetragenen vier Beispielsfälle aus der Völkerrechtsgeschichte sind

(339) Ebenso Schüle, S. 337.
(340) Im Ergebnis ebenso Kilian, NZW 1982, S. 125.
(341) Zu speziellen Abkommen s. die nachfolgend unter G aufgeführten Luftverkehrskonventionen, das Europäische Übereinkommen zur Bekämpfung des Terrorismus, die Diplomatenschutzkonvention und das Internationale Übereinkommen gegen Geiselnahme u.s.w..
(342) Kilian, NZW 1982, Heft 4, S. 121 ff. (126 ff.).

Beleg für die Schwierigkeit einer allgemeinen Umschreibung.

- Nach Ermordung des städtischen Polizeichefs in New Orleans wurden Italiener der Tat bezichtigt. Bürger der Stadt drohten diesen, Vergeltung zu üben. Trotz Warnung der Behörden durch den italienischen Konsul gelang es am 14.3.1891 einer Menschenmenge in das Stadtgefängnis einzudringen und elf vermeintliche Angehörige der Mafia zu ermorden. Der italienische Gesandte in Washington forderte u.a. Entschädigung. 1892 leisteten die USA an Italien eine Entschädigung in Höhe von 125.000 Francs(343). Das Verlangen des italienischen Staates liegt hier in fahrlässig schuldhafter Verletzung von Sorgfaltspflichten begründet, dem Unterlassen von Personenschutzmaßnahmen für die italienischen Staatsangehörigen trotz erkennbarer besonderer Gefährdung. Zu ähnlicher Lynchjustiz an zwei unter Mordverdacht inhaftierten Italienern kam es auch im Arena-Fall am 8.8.1896 in Hahnville (Louisiana), in dessen Folge die USA - ohne Anerkennung einer Rechtspflicht - 6.000 Dollar an Italien zahlten(344).

- Im Janina-Fall wurde von seiten Italiens wider den oben dargestellten Grundsätzen von einer Erfolgshaftung ausgegangen: Italien verlangte neben genereller Bestrafung 50 Millionen Lire Entschädigung für die Ermordung italienischer Mitglieder der "internationalen Kommission zur Überwachung der griechisch-albanischen Grenze" in der griechischen Grenzstadt Janina 1923, ohne daß geprüft worden war, ob denn Griechenland überhaupt in der Lage

(343) Geck, in: Strupp - Schlochauer, Bd. 2, S. 608.
(344) Geck, in: Strupp - Schlochauer, "Arena Fall", Bd. 1, S. 84 f.

gewesen wäre, die Tat zu verhindern.

- Im Fall des im gleichen Jahr in einem Lausanner Hotel von einem Rußland-Schweizer erschossenen sowjetischen Delegierten (Worowski) bei der Friedenskonferenz in Lausanne warf die UdSSR der schweizerischen Regierung vor, sie habe elementare Sicherheitsvorkehrungen zum Schutz der russischen Delegation versäumt und verlangte Genugtuung. Ihrem Verlangen lag der Gedanke einer schuldhaften Verletzung einer Sorgfaltspflicht, der Pflicht zu Personenschutzmaßnahmen für ausländische Diplomaten, zugrunde.

- Im bereits wiederholt erwähnten Fall der Ermordung des jugoslawischen Königs Alexander I. und des französischen Außenministers Barthou am 9.10.1934 in Marseille durch kroatische Terroristen warf die jugoslawische Regierung Ungarn vor, die Terroristen nicht nur weitgehend geduldet, sondern auch gefördert zu haben, so daß Ungarn hierfür völkerrechtlich verantwortlich sei.
  Da der Vorwurf die aktive Förderung des (internationalen) Terrorismus beinhaltet, gibt er selbst keine zusätzlichen Anhaltspunkte für den Mindeststandard der zu beachtenden Sorgfalt. Jedoch legte die jugoslawische Regierung dem Generalsekretär des Völkerbundes eine Beschwerdeschrift vor mit der Bitte um Prüfung der (Mit-) Verantwortlichkeit ungarischer Behörden, der daraufhin feststellte:

  "Le Conseil demande que tous les responsables soient chatieés. Il rapelle que tout Etat a le

devoir de n'encourager ni de tolérer sur son territoire aucune activité terroriste pour des fins politiques. Il rapelle que tout Etat doit ne rien négliger pour prévenir et réprimer les actes de ce genre et pour prêter son secours, aux mêmes fins, aux gouvernements qui le lui demandent."(345)
Die darin postulierten Pflichten(346) hat Kilian(347) wie folgt zusammengefaßt:

- Verbot der Duldung oder gar Ermutigung von Terroristen;
- Gebot, die vorbeugende Bekämpfung nicht zu vernachlässigen;
- Gebot, alle bekannten Betätigungen aktiv zu unterbinden;
- Gebot, fremden Regierungen auf deren Ersuchen bei der Bekämpfung des Terrorismus beizustehen;
- Verpflichtung, eigene Staatsorgane, die sich Nachlässigkeiten bei dessen Bekämpfung schuldig gemacht haben, zur Verantwortung zu ziehen und zu bestrafen;
- Verpflichtung, über die getroffenen Maßnahmen gegenüber einer internationalen Organisation oder dem geschädigten Staat Rechenschaft zu geben.

Aus den vier erstgenannten Pflichten läßt sich zudem eine fünfte, eine völkerrechtliche Rechtsschutzpflicht(348) ableiten, die es gebietet, terroristische Straftäter zur Verantwortung zu ziehen. Auch allzu milde Bestrafung - wie in dem von von Münch(349) mitgeteilten Fall, daß libane-

---

(345) ZaöRV 1934, S. 135 ff.
(346) Vgl. auch Roux, S. 105.
(347) NZW, 1982, Heft 4, S. 121 ff. (129).
(348) Ebenso David, S. 145 f.; Verdross, S. 260, leitet diese Plicht her aus dem Gebot der Genugtuung für die vorangegangene Schädigung; vgl. auch Frowein, S. 243.
(349) Völkerrecht, S. 458.

sische Behörden für die Entführung eines amerikanischen Passagierflugzeugs nach Beirut am 9.12.1970 eine Strafe im Wert von ca. 20,-- DM festgesetzt haben - kann die Form der (völkerrechtswidrigen) Justizverweigerung annehmen(350). Der Bestand der vorerwähnten Pflichten kann als völkerrechtlich gesichert angesehen werden, zumal diese Pflichten weitgehend - wenn auch in unterschiedlichem Umfang - in einer Vielzahl von Abkommen, die Teilbereiche der Terrorismusbekämpfung regeln, festgeschrieben sind, so insbesondere den Luftverkehrsabkommen mit jeweils über 100 Vertragsparteien(351), aber auch dem Übereinkommen über die Verhütung, Verfolgung und Bestrafung von Straftaten gegen völkerrechtlich geschützte Personen einschließlich Diplomaten vom 14.12.73 und z.B. auch dem Europäischen Übereinkommen zur Bekämpfung des Terrorismus vom 27. Januar 1977 sowie der UN-Geiselnahmekonvention vom 18.12.1979.

Konkretisiert man die fünf vorgenannten Pflichten, so lassen sich folgende völkerrechtliche Staatenverpflichtungen im Rahmen des internationalen Terrorismus herausschälen(352):

---

(350) Kimminich, S. 487.

(351) Tokioter Abkommen vom 14. September 1963 über strafbare und bestimmte andere an Bord von Luftfahrzeugen begangene Handlungen, Haager Übereinkommen vom 16. Dezember 1970 zur Bekämpfung der widerrechtlichen Inbesitznahme von Luftfahrzeugen, Montrealer Konvention vom 23. September 1971 zur Bekämpfung rechtswidriger Handlungen gegen die Sicherheit der Zivilluftfahrt.

(352) Vgl. Kilian, NZW 1982, S. 132 f.; s. auch Schütz, ÖJZ 1975, S. 233 ff., der die Pflicht zur Verfolgung von "Hijackern", bei Staaten, die dem Übereinkommen zur Bekämpfung der widerrechtlichen Inbesitznahme von Luftfahrzeugen vom 16.12.1970 (Haager Übereinkommen) nicht beigetreten sind, aus Art. 2 Abs. 4 der Charta der Vereinten Nationen sowie aus dem Grundsatz der "good neighbourliness" herleitet.

- im Rahmen der vorbeugenden Terrorismusbekämpfung
  * die Pflicht zur nachrichtendienstlichen oder polizeilichen Observation von zur Gewaltanwendung (aus politischen Motiven) potentiell bereiten Gruppen, um Informationen über sich anbahnende Terrorakte zu erlangen,
  * die Pflicht auf nationaler und internationaler Ebene Informationen und Erfahrungen auszutauschen,
  * die Pflicht, Personen- und Objektschutzmaßnahmen für besonders Gefährdete durchzuführen,
- im Rahmen der repressiven Terrorismusbekämpfung
  * die Pflicht, Ermittlungsmaßnahmen zu ergreifen, um Kenntnisse über die Identität von Tätern zu erlangen,
  * die Pflicht zur Fahndung nach (den) bekannten Tätern,
  * die Pflicht zur Einleitung strafrechtlicher Verfahren gegen gefaßte Täter(353),
  * die Pflicht zum Strafvollzug bei verurteilten Tätern(354).

Zu alledem gehören - weil zwangsnotwendig zur Erfüllung dieser Pflichten vorausgesetzt - u.a. der Aufbau und die Unterhaltung einer Sicherheitsorganisation mit angemessener technischer,

---

(353) Nicht hingegen die Pflicht zur Auslieferung; sie besteht nach ganz h.M. nur im Falle entsprechender völkerrechtlicher Verträge; s. Lagony, NJW 1988, S. 2140, 2141.

(354) Vgl. auch Rebmann, NJW 1985, S. 1735, 1738: "'Stellvertretende Strafverfolgung' nach den internationalen Übereinkommen beinhaltet nur die Pflicht, der eigenen Justiz eine Beurteilung zu ermöglichen, nicht die Verpflichtung zur Anklage oder Verurteilung zu einer nicht nur geringfügigen Strafe."

personeller und finanzieller Ausstattung sowie ausreichenden Kompetenzen[355].
Insbesondere die Erfüllung der repressiven Pflichten setzt auch ausreichende Strafgesetze voraus[356].
Festzuhalten bleibt: Das Völkerrecht beinhaltet bereits weitgehende Pflichten zur Terrorismusbekämpfung; sie werden jedoch nicht genügend beachtet, wie sowohl die Vielzahl der ohne Sanktionen für die Täter endenden Fälle von Flugzeugentführungen als auch die im Juni 1990 bekannt gewordene Aufnahme bundesdeutscher Terroristen der Roten Armee Fraktion durch das DDR-Regime unter Honecker zeigen.
Hier bietet sich als mögliches Druckmittel die finanzielle Inanspruchnahme sogenannter "Problemstaaten", die durch aktive Förderung oder durch passive Hinnahme in völkerrechtswidriger Weise Akten des internationalen Terrorismus Vorschub leisten, nach den Regeln des internationalen Deliktsrechts an.

(355) David, S. 145.
(356) A.a.O., m.w.N. in FN 96 unter Bezugnahme auf Delbez: "La règle rappelée par les arbitres de l'Alabama est que tout Etat policé doit se donner une législation pénale telle qu'aucune infraction dont un pays étranger pourrait se plaindre ne demeure impunie." (RG.D.L.P. 1930, S. 472 ff.); vgl. auch Glaser, S. 60.

G. Internationale Übereinkommen zur Bekämpfung des Terrorismus

Wiederholt waren terroristische Aktionen mit internationalem Charakter Anlaß für Beratungen in internationalen Organisationen und für das Zustandekommen von internationalen Übereinkommen. Exemplarisch sei hier an die bereits mehrfach erwähnte Ermordung des jugoslawischen Königs Alexander I. und des französischen Außenministers Barthou 1934 in Marseille und die sich daran anschließenden Beratungen im Völkerbund erinnert.
Diese internationalen Übereinkommen ihrerseits gaben wiederum in zahlreichen Fällen Anstoß zu innerstaatlichen Maßnahmen(357). Der Umstand, daß internationale Übereinkommen den Anstoß für innerstaatliche Rechtsänderungen gaben, mag gerade für den Bereich des Terrorismus erstaunen, da dessen Definition auf internationaler Ebene nicht gelungen ist. Es hat sich jedoch in Teilbereichen, die einer gesonderten Regelung zugänglich waren, z.B. in dem der Flugzeugentführungen, die Notwendigkeit intensiver internationaler Zusammenarbeit auf den Gebieten

1. der Verhütung geplanter Taten,
2. der Aufklärung begangener Akte sowie
3. der Fahndung nach (identifizierten) gesuchten Terroristen und der weiteren Strafverfolgung gezeigt.

Die erstgenannten Aufgaben fallen weitgehend in den Bereich der Polizei - die Präventionspflicht als Verpflichtung zur Eigensicherung, insbesondere auch im Bereich des Luftverkehrs, fällt nur in begrenztem Rahmen Privaten zu(358) - und erfordern einen

---

(357) Corves-Bartsch, ZStW 1984, S. 505, 514 f.

(358) Zu deren Grenzen gem. Art. 14 GG s. Schiller/Drettmann, DVBl 1977, S. 956 ff.
Zum Problem des Privaten Sicherheitsgewerbes vgl. Schuster, Die Polizei 1989, S. 5 ff. Neben den dort genannten Grenzen gilt es schließlich auch Art. 33 Abs. 4 GG zu beachten.

umfangreichen Informationsaustausch. Im Bereich des Terrorismus konnte dieser weitgehend nicht über die ansonsten hierfür bekannte Internationale Kriminalpolizeiliche Organisation (IKPO/Interpol)(359) abgewickelt werden(360). Denn Art. 3 IKPO-Statut bestimmt, daß eine Betätigung oder Mitwirkung unter anderem in Fragen oder Angelegenheiten politischen Charakters untersagt ist. Erst 1984 konnte Übereinstimmung erzielt werden, daß terroristische Taten Gegenstand der Zusammenarbeit sein können, wenn die verletzten Stafvorschriften vorrangig Individualgüter schützen sollen(361). Der Ausschluß der internationalen polizeilichen Zusammenarbeit bei terroristischen Taten wegen deren politischen Charakters bei der IKPO findet eine Parallele im Rechtshilferecht: der Auslieferungsausnahme bei politischen Delikten.
Der Terrorismus war aber auch Thema in anderen internationalen Organisationen(362). Dies gilt für die Vereinten Nationen und deren Unterorganisationen, z.B. die Internationale Zivilluftfahrtorganisation (ICAO), ebenso wie für den Europarat und die Europäischen Gemeinschaften (EG). Die Mitgliedstaaten der EG arbeiten gemäß einer Entscheidung des europäischen Rates vom 02. Dezember 1975 auf der Grundlage eines am 29. Juni 1976 von den für Fragen der inneren Sicherheit zuständigen Innen- bzw. Justizministern beschlossenen Arbeitsprogramms seit 1976 im Rahmen der soge-

(359) Zu deren Arbeitsweise s. Randelzhofer, FS für Schlochauer, S. 531 f.; Schneider, H., in: Strupp-Schlochauer Bd. 2, S. 143 f.

(360) Zu aktuellen Entwicklungen in diesem Bereich vgl. Klink, Die Polizei 1987, S. 183, 184 f.; Maaß, Kriminalistik 1987, S. 31 ff.; Schmidt-Nothen, Kriminalistik 1987, S. 406, 409 ff.; EKA, Kriminalistik 1987, S. 424 ff.

(361) Klink, Die Polizei 1987, S. 183, 186; Schmidt-Nothen, Kriminalistik 1987, S. 406, 411; Wingenter, Kriminalistik 1987, S. 419.

(362) Schmidt-Nothen, Kriminalistik 1987, S. 406 ff.; Welter, Die Polizei 1989, S. 207 ff.; Busch, KritJ 1990, S. 1 ff. insbesondere auch zur sog. "Schengen-Gruppe".

nannten TREVI-Kooperation (Terrorismus, Extremismus, Radikalismus, Gewalt (Violence), International)[363] zusammen[364].

Die Arbeiten in den letztgenannten Organisationen dürften zu den weltweit intensivsten zu zählen sein. Damit steht zugleich fest, daß die Mitgliedstaaten der Europäischen Gemeinschaften auf polizeilichem Gebiet ihrer im vorherigen Kapitel umschriebenen völkerrechtlichen Pflicht zur Terrorismusbekämpfung mehr als genügen.

Die Arbeiten in den letztgenannten Organisationen haben zudem wiederholt dazu beigetragen, rechtliche Defizite in den einzelstaatlichen Rechtsordnungen zu erkennen, die die Fahndung nach und die weitere strafrechtliche Verfolgung von Terroristen erschwerten.

I. Die (wesentlichen) Hindernisse bei der Bekämpfung international operierender Terroristen

Die (wesentlichen) Hindernisse bei der Strafverfolgung und Bestrafung[365] von Terroristen im internationalen Bereich, die schon Lacoste[366] zutreffend herausgearbeitet hat, sind:

- die mangelnde Strafgewalt des Staates, in dem der verdächtige Terrorist sich aufhält,
- die Verweigerung der Rechtshilfe, insbesondere die Auslieferungsausnahme, bei politischen Delikten,

---

(363) Zimmermann, Die Polizei 1989, S. 3.

(364) Busch, KritJ 1990, S. 1 ff.; EKA, Kriminalistik 1987, S. 424, 425 f.; Klink, Die Polizei 1987, S. 183, 186; Schmidt-Nothen, Kriminalistik 1987, S. 406, 414; Welter, Die Polizei 1989, S. 210 ff.; Bericht im Namen des Ausschusses für Recht und Bürgerrechte über die Probleme im Zusammenhang mit der Bekämpfung des Terrorismus, Europäisches Parlament, Sitzungsdokumente, Serie A, Dokument AZ-0155/89, 2. Mai 1989, S. 18.

(365) Eine Übersicht über die Entwicklung der Zusammenarbeit in der Strafrechtspflege gibt Jescheck, GA 1981, S. 66 ff.

(366) Die Europäische Terrorismus-Konvention, S. 27 ff.

- das Fehlen von Strafgesetzen für terroristische Akte und damit einer Verpflichtung zur Strafverfolgung.

Welche Bedeutung die Beseitigung dieser Hindernisse hat, wird deutlich vor dem Hintergrund, daß von 267 in den Jahren 1970 bis 1975 verhafteten internationalen Terroristen nur 50 eine Haftstrafe verbüßt haben, während 39 ohne Bestrafung freigelassen wurden und 58 freies Geleit in ein ihnen wohlgesonnenes Land genossen(367).

1. Die mangelnde Strafgewalt des Staates, in dem der verdächtige Terrorist sich aufhält

Der Mangel der Möglichkeit, einen Täter strafrechtlich zu verfolgen, ist in der Vergangenheit insbesondere in Fällen von Flugzeugentführungen aktuell geworden(368). In zahlreichen Staaten hatten die Gerichte nicht die Möglichkeit Taten gegen den Luftverkehr, die nicht im Inland oder auf einem Luftfahrzeug des eigenen Staates begangen worden waren, zu verfolgen; denn nationales Strafrecht fand dort keine Anwendung(369). Flugzeugentführer hatten somit bei der Flucht in das "richtige" Land die Chance, straffrei auszugehen - zumindest dann, wenn ihr Zufluchtsland Täter (auch) nicht an eines

(367) Kittrie, S. 232 zitiert nach Kausch, VN 1980, S. 83 FN 36.
(368) Guillaume, S. 26.
(369) Wegen der fehlenden Kompetenz der Gerichte wird häufig unpräzise von mangelnder "Strafgerichtsbarkeit" gesprochen (s. z.B. Lacoste, S. 27 ff.; Schwenk, S. 581), wo die "Strafgewalt", der Anwendungsbereich nationalen Strafrechts, gemeint ist. Dies gilt namentlich auch für die nachfolgend erörterten Anti-Terrorimus-Konventionen. Dies ist unschädlich, da Strafgerichtsbarkeit und Strafgewalt in aller Regel deckungsgleich sind - cuius iurisdictio, eius lex criminalis.

der Länder auslieferte, nach deren Rechtsordnungen die konkrete Tat verfolgt werden konnte.
Daß Flugzeugentführer, anstatt bestraft zu werden, im Zufluchtsland freundlich aufgenommen wurden, war nicht nur Ende der 60er/Anfang der 70er Jahre im Verhältnis der Vereinigten Staaten von Amerika zu Kuba häufiger der Fall(370).
Mögen damals politische Gründe im Vordergrund gestanden haben; hier gilt es die rechtlichen Aspekte zu beleuchten: "das internationale Strafrecht im engeren Sinne", verstanden als Strafrechts-Anwendungs-Recht(371). Dabei handelt es sich um innerstaatliches Recht. Das "internationale Strafrecht" stellt - im Gegensatz zum internationalen Privatrecht - lediglich "einseitige Kollisionsnormen" dar(372).
Somit ist weder ausgeschlossen, daß ein Täter strafrechtliche Verfolgung in mehreren Staaten zu erwarten hat, noch daß er durch Flucht vor jedweder strafrechtlicher Verfolgung "sicher" sein kann. Denn jeder Staat kann nach allgemeinem Völkerrecht grundsätzlich frei darüber bestimmen, wen er seiner Strafgewalt unterwerfen will. Grenzen sind ihm - völkerrechtlich - nur dadurch gesetzt, daß ein "sinnvoller Anknüpfungspunkt" für die Ausübung der Strafgewalt bestehen muß(373).
Völkerrechtlich anerkannte Anknüpfungspunkte(374) für die Regelungen des internationalen Strafrechts sind u.a.

- das Territorialprinzip (§ 3 StGB),
- das Flaggenprinzip (§ 4 StGB)(375),
- das Realprinzip (Staatsschutz- und passives Individualschutzprinzip) (§ 5 StGB),

---

(370) S. hierzu Guillaume, S. 6 f.
(371) LK-Tröndle, vor § 3 Anm. 2.
(372) Lackner, Vorbem. 1 vor § 3.
(373) Oehler, S. 123 ff.; Faller, S. 139 ff.
(374) S. näher Faller, S. 139 ff.
(375) Zur völkerrechtlichen Zulässigkeit der deutschen Regelung s. Jescheck, Deutsche Beiträge, S. 205 ff.

- das Personalitätsprinzip (§ 7 Abs. 1 StGB),
- das Nationalitätenprinzip (§ 7 Abs. 2 Nr. 1 StGB) und
- das Domizilprinzip(376)(377).

Nach allen diesen Grundsätzen können - selbst bei deren Kombination - Straftaten unter bestimmten Umständen ungesühnt bleiben, weil sie im Ausland oder auf einem "fremden" Schiff oder Luftfahrzeug begangen wurden, der Täter weder "Inländer" ist noch dort wohnt und auch kein inländisches Rechtsgut verletzt hat.

Bedeutung gewinnen daher
- das Universalprinzip(378) (§ 6 StGB) und
- das Prinzip der stellvertretenden Strafrechtspflege(379) (§ 7 Abs. 2 Ziff. 2 StGB).

Ersteres besagt, daß das inländische Strafrecht für Taten gilt, gleichgültig wer sie wo gegen wen begeht, unabhängig von der Strafbarkeit am Tatort. Gerechtfertigt ist diese weite Erstreckung der Strafgewalt bei Taten durch die gemeinsame, in allen Kulturstaaten anerkannte Rechtsgüter verletzt werden.
Ein Beispiel bei dem - völkerrechtlich unbestritten - die Anwendung des Universalprinzips gerechtfertigt ist, stellt seit Jahrhunderten die Piraterie auf hoher See dar(380). Dessen Anwendung ist bzw.

---

(376) Grundlegend Oehler, S. 155 ff.; s. auch LK-Tröndle, vor § 3 Rz. 1 ff.

(377) Völkerrechtlich weniger zweifelsfrei war vor Inkrafttreten der Konventionen zur Sicherung des Luftverkehrs (s. unten G II 3) die von Belgien und Frankreich beanspruchte Befugnis, ihre Strafbarkeit auch für den Fall zu begründen, daß ein ausländisches Flugzeug nach Begehung der Tat im Inland landet (Recht des ersten Landungsortes), vgl. Faller, S. 145.

(378) Oehler, S. 519 ff.

(379) Auch subsidiärer Universalitätsgrundsatz genannt, Faller, S. 143; Oehler, S. 497 ff.

(380) Oehler, S. 520.

war im Falle der Piraterie auf hoher See deshalb geboten, weil der Pirat oft keinem zivilisierten Staat angehörte, ein Tatortrecht nicht bestand und seine Auslieferung unmöglich war(381). Ohne Geltung des Weltrechtsprinzips hätte er daher die Sicherheit des uneingeschränkten Schiffsverkehrs auf hoher See gefährden können, ohne Strafe befürchten zu müssen.
Es stellt sich hier die Frage, ob die Erstreckung des Anwendungsbereichs nationalen Strafrechts gemäß dem Weltrechtsprinzip auch bei (bestimmten) terroristischen Taten gerechtfertigt ist. Dabei gilt es zu berücksichtigen, daß die Erstreckung der Strafgewalt auf im Ausland begangene Taten ohne Rücksicht auf die Strafbarkeit der Tat am Begehungsort zu zahlreichen Konflikten zwischen den Staaten führen kann. Kein Land - stellt Oehler(382) zutreffend fest - wäre sicher, ob nicht seine Staatsangehörigen oder auf seinem Boden handelnde Täter im Wege des Weltrechtspflegeprinzips von dem Staat, in dem sie sich - zufällig - aufhalten, strafrechtlich - womöglich zum wiederholten Male - zur Verantwortung gezogen werden. Somit würde willkürlich in die Gerichtsbarkeit fremder Länder eingegriffen, deren Souveränität u.U. in völkerrechtswidriger Weise verletzt.
Das Weltrechtsprinzip kann daher nur in eng umgrenzten Fällen Anwendung finden, dort wo es völkergewohnheitsrechtlich anerkannt(383) oder völkervertraglich vereinbart ist(384). Das ist bei solchen Taten der Fall, die sich gegen "übernationale Rechtsgüter" richten, an deren Schutz ein gemeinsames Interesse aller Staaten besteht(385). Hierzu zählen auch die sogenannte "Luftpiraterie"(386) und nach Jescheck außerdem der Terrorismus(387).

(381) Oehler, S. 549.
(382) A.a.O., S. 538.
(383) So - jedenfalls bis zum Inkrafttreten des Übereinkommens vom 29. April 1958 über die Hohe See - die Piraterie.
(384) Ebenso: Faller, S. 143 f.
(385) Jescheck, Lehrbuch, S. 152.
(386) Faller, S. 143 f.
(387) Jescheck, Lehrbuch, S. 152.

Die sich aus der Möglichkeit des völkerrechtswidrigen Eingriffs in die Gerichtsbarkeit fremder Länder ergebenden Bedenken gegen das Universalprinzip gelten nicht für das Prinzip der stellvertretenden Strafrechtspflege. Es setzt das Bestehen einer identischen Norm im Tatortstaat voraus. Das inländische Strafrecht gilt danach nur subsidiär und ergänzend für eine ausländische Strafrechtsordnung in dem Fall, daß der "ausländische Staat" seine Strafgewalt aus tatsächlichen oder rechtlichen Gründen nicht ausüben kann. So ist sichergestellt, daß "kein flüchtiger Verbrecher im Zufluchtsstaat straflos bleiben muß, weil es an einem Anknüpfungspunkt für dessen Strafgewalt fehlt"(388). Es gilt der Grundsatz "aut dedere aut iudicare". Dem Gedanken der Solidarität der Staaten bei der Verbrechensbekämpfung wird hiermit Genüge getan. Eine darüber hinausgehende Erstreckung des Geltungsbereichs nationalen Strafrechts im Sinne des Universalprinzips sollte demnach - wie im Falle der Piraterie - nur in solchen Fällen erfolgen, in denen ein in allen Kulturstaaten anerkanntes Rechtsgut verletzt, der Täter einem zivilisierten Staat nicht angehört, ein Tatortrecht nicht besteht oder Tatortrecht völkerrechtswidrig bestimmte Taten nicht erfaßt oder völkerrechtswidrig nicht angewandt wird oder eine Auslieferung generell nicht möglich ist. Anderenfalls beruht die Erstreckung der Strafgewalt des Aufenthaltsstaates auf Straftaten eines Ausländers im Ausland lediglich auf dem Mißtrauen des Aufenthaltsstaates gegenüber der Rechtsordnung des Tatortstaates und begnegnet seinerseits völkerrechtlichen Bedenken.
Vorerwähnte Voraussetzungen sind bei terroristischen Taten im Einzelfall erfüllt.

(388) A.a.O., S. 136.

So berichtet von Münch[389], daß die Entführung eines amerikanischen Passagierflugzeugs nach Beirut am 9.1.1970 von den libanesischen Behörden mit einer "Strafe" von umgerechnet etwa 20 DM geahndet wurde. Auch in der allerjüngsten Vergangenheit konnten Terroristen wiederholt ihrer Bestrafung entgehen, zuletzt im Fall der Entführung eines Passagierflugzeugs der Kuwait-Airlines am 05.04.1988 auf dem Flug von Bangkok nach Kuwait; die Luftpiraten konnten nach längeren Verhandlungen mit der algerischen Regierung am 20.04.1988 das Flugzeug unbehelligt verlassen.

2. Die Verweigerung der Rechtshilfe, insbesondere die Auslieferungsausnahme bei politischen Delikten

Auslieferung ist ein Akt der internationalen Rechtshilfe und Zusammenarbeit in Strafsachen, durch den eine einer Straftat beschuldigte oder wegen einer solchen verurteilte Person von dem ersuchten Aufenthaltsstaat den Behörden des ersuchenden Staates zum Zwecke der Strafverfolgung oder Strafvollstreckung überstellt wird[390].
Sie ist Gegenstand nationaler Gesetzgebung wie völkerrechtlicher Verträge, die das grundsätzlich freie Ermessen[391] der Staaten auszuliefern oder nicht auszuliefern beschränken. In den meisten völkerrechtlichen Verträgen und nationalen Gesetzen wird die Auslieferung u.a. an nachfolgend aufgeführte Grundsätze geknüpft[392]:

- Die Auslieferung erfolgt grundsätzlich nur auf Ersuchen, sogenanntes Antragsprinzip. Von diesem Grundsatz abweichend wurden jedoch die Urheber des Anschlags auf die deutsche Botschaft in Stockholm am 24.4.1975 zwei Tage nach der Tat von

(389) von Münch, Völkerrecht, S. 458.
(390) Stein, S. 4 m.w.N.
(391) Stein, S. 14 u. S. 28 sowie Gusy, NJW 1978, S. 1717 jeweils auch m.w.N. zur gegenteiligen Mindermeinung.
(392) Verdross, § 1231; Stein, S. 34 ff.

Schweden in die Bundesrepublik Deutschland "abgeschoben", ohne daß ein Auslieferungsersuchen vorlag(393).

- Die Auslieferung erfolgt nur bei schweren, in beiden Staaten strafbaren Delikten (Prinzip der beiderseitigen Strafbarkeit). Damit ist u.a. sichergestellt, daß Unterschiede bei der Pönalisierung, die sich aus grundsätzlich anderen politischen Auffassungen und Systemen ergeben, Berücksichtigung finden. Zu Schwierigkeiten führt die Anwendung des Prinzips dort, wo nicht gleiche, sondern nur in Teilen vergleichbare Straftatbestände in den betroffenen Staaten bestehen(394). Auch im Bereich der Bekämpfung des Terrorismus hat das Prinzip der beiderseitigen Strafbarkeit bis in die jüngste Vergangenheit selbst bei befreundeten Staaten mit gleicher Gesellschaftsordnung zu Schwierigkeiten geführt(395).

Die beiden genannten Prinzipien werden ergänzt

---

(393) Stein, S. 35 FN 171; kritisch äußerte sich die Abgeordnete im Europäischen Parlament Frau Heinrich in einem Entschließungsantrag zum "Auslieferungsrecht innerhalb der Gemeinschaft" zur "vielfach geübten Abschiebungspraxis contra legem, durch die förmliche Auslieferungsverfahren umgangen werden", s. Europäisches Parlament, Sitzungsdokumente 1989-90 vom 02.05.1989, Serie A, Dokument A2-0155/89, S. 31. Rebmann hingegen hat sich im Zusammenhang mit einem 'Großverfahren' gegen 17 Mitglieder der kurdischen Arbeiterpartei im Februar 1990 dafür ausgesprochen, Ausländer, die im Terrorismusbereich angeklagt werden, "vor der Durchführung der Hauptverhandlung in ihr Heimatland abzuschieben", taz vom 21.02.1990, S. 2; Frankfurter Rundschau vom 05.02.1990.

(394) Vgl. das Beispiel bei Stein, S. 39 FN 188. Für die Bundesrepublik Deutschland wird dieses Problem jeweils in Fällen von Auslieferungsersuchen an Frankreich wegen Straftaten gem. § 129 a StGB aktuell. Hier verweigert die französische Seite unter Hinweis auf das Fehlen einer entsprechenden Norm im frz. Strafrecht die Rechtshilfe.

(395) Fall de Fries, s. hierzu Stein, S. 252, FN 292 und taz vom 29.10., 05.11. und 12.11.1987.

durch Ausnahmen(396), in denen Rechtshilfe nicht geleistet wird. Hierzu gehört die Verweigerung von Rechtshilfe bei politischen Delikten(397), speziell für Auslieferungsersuchen der Grundsatz "politische Straftäter werden nicht ausgeliefert", vgl. § 6 Gesetz über die Internationale Rechtshilfe in Strafsachen.
Dieser Grundsatz ist heute international weit verbreitet. Ein allgemeines völkerrechtliches Verbot, bei politischen Delikten Rechtshilfe zu leisten und speziell: politische Delinquenten auszuliefern, besteht jedoch - wie bereits das Reichsgericht(398) festgestellt hat - nicht(399). Vielmehr haben sich im Bereich der Auslieferung bei politischen Delikten in den letzten Jahrhunderten wiederholt Kehrtwendungen vollzogen. Für das Verständnis der heutigen Probleme bei der Auslieferung von Terroristen erscheint es geboten, die geschichtiche Entwicklung des Privilegs der Nichtauslieferung wegen politischer Taten zu erläutern.

a) Die geschichtliche Entwicklung des Privilegs der Nichtauslieferung wegen politischer Taten

Im Zeitalter der absoluten Monarchien wurden politische Delikte noch als besonders schwere Strafta-

---

(396) Stein, S. 42 ff.

(397) Demgemäß verbietet Art. 3 Statuten der Internationalen Kriminalpolizeilichen Organisation (IKPO-Interpol) die Betätigung der Organisation in Angelegenheiten politischen Charakters; zu neueren Entwicklungen s. Wingenter, Kriminalistik 1987, S. 419.

(398) RG St 60, S. 202.

(399) Grützner, ZStW, 81, 1969, S. 119, 130 (Anm. 14). Insbesondere ist das Prinzip der Nichtauslieferung politischer Täter keine Regel des völkerrechtlichen ius cogens, von der auch in Verträgen nicht abgewichen werden darf (vgl. Riedel, DöV 1979, S. 32; Stein, ZaöRV 37, 1977, S. 671 f.), wie Irland im Zusammenhang mit seiner Weigerung, das Europäische Übereinkommen zur Bekämpfung des Terrorismus zu unterzeichnen, 1977 geltend machte. Später hat Irland diese Rechtsauffassung aufgegeben; es ratifizierte am 21.02.1989 o.g. Übereinkommen, das für Irland am 22.05.1989 in Kraft trat.

ten angesehen[400]: als Aufstand gegen eine von Gott eingesetzte Obrigkeit, deretwegen auszuliefern war[401]. Auslieferung wurde in diesen Fällen beantragt und auch bewilligt, weil sie dem großen Interesse der herrschenden Königshäuser an der Erhaltung ihrer Macht durch eine Art gegenseitiger Rückversicherung entsprach[402].
In den in der zweiten Hälfte des 18. Jahrhunderts infolge des zunehmenden Verkehrs zwischen den Staaten vermehrt abgeschlossenen Auslieferungsverträgen fand diese Grundhaltung noch Niederschlag; in diesen Auslieferungsverträgen war die Auslieferung politischer Täter noch der Regelfall[403]. Die Privilegierung politischer Täter [404] erwuchs dann aus besonderen geschichtlichen Konstellationen.
Die französische Revolution hatte Erweiterungen des Asylrechts zur Folge[405] und führte dazu, daß dieses Privileg hauptsächlich auf politisch Verfolgte Anwendung fand[406]. Die Revolution diente der Überwindung der (absoluten) Monarchie. Auflehnung und Gewalt fanden aufgrund ihrer Motivation vielfach Billigung. Politische Kämpfer wurden als Freiheitskämpfer, als Kämpfer für politischen Fortschritt betrachtet.
Diese neue Sichtweise fand erstmals Ausdruck in Art. 6 des belgischen Auslieferungsgesetzes vom 1.10.1833, in dem es heißt: "Il sera expressément stipulé que l'étranger ne peut être poursuivi ou puni pour aucun délit politique antérieur à l'éxtradition ni pour aucun fait connexe à un semblable délit."

(400) Nachweise bei Stein, S. 49 FN 1.
(401) Lacoste, S. 176.
(402) Felchlin, S. 140.
(403) Stein, S. 49 f.
(404) Sie wird hier nur im Zusammenhang mit der Problematik von Auslieferungen erörtert. Anders als in Deutschland hat sie aber z.B. in Frankreich auch bei der Vollstreckung Tradition. Vgl. Moehlmann, S. 19, 23, 73; Pradel, Droit Pénal, Rz. 244 ff.
(405) Felchlin, S. 141.
(406) Stein, S. 9, 49 ff.

Hintergrund dieser Regelung war der Umstand, daß Belgien erst drei Jahre zuvor in der Revolution von 1830 die Unabhängigkeit von Holland erlangt hatte und sich aufgrund der eigenen geschichtlichen Entwicklung verpflichtet fühlte, "erfolglosen" Revolutionären eine Heimat nicht zu verweigern. Es herrschte die Überzeugung vor, daß das Delikt eines politischen Täters, eines "Vorkämpfers der Menschenrechte", der verfassungsmäßigen Regierung und möglicherweise auch der nationalen Unabhängigkeit, der Tat eines gemeinen Straftäters nicht gleichgestellt werden könne.
Der eine handle aus edlen und selbstlosen, der andere aus eigensüchtigen Motiven. Zugleich herrschten Zweifel, daß der um Auslieferung ersuchende Staat dem politischen Täter einen "fairen" Prozeß machen würde, ein unbefangener Richter unvoreingenommen Recht sprechen könne.
Die Nichtauslieferung politischer Straftäter wurde zudem auch damit gerechtfertigt, der Angriff des politischen Täters habe sich nur gegen ein bestimmtes System gerichtet(407), im Aufnahmestaat stelle der politische Täter daher keine Gefahr dar(408). Seine Tat könne zudem im Einzelfall vom Widerstandsrecht gedeckt sein und sich - aus Sicht des ersuchenden Staates - als berechtigte Auflehnung gegen totalitäre Herrschaft darstellen(409).

Nicht nur die Vielschichtigkeit politisch motivierter Taten, sondern auch der Umstand, daß die

(407) Vgl. Pella, S. 415 f.
(408) Diese Begründung offenbart, warum das Prinzip der Nichtauslieferung politischer Verbrecher inhaltlich kaum zu bestimmen ist. Denn es kommt allzuhäufig nicht "dem Täter aus politischer Gesinnung überhaupt, sondern dem politischen Gesinnungsfreund des im Aufenthaltsstaat herrschenden politischen Regimes" zugute (Berber, S. 419).
(409) Vgl. die ausführlichen Darstellungen bei Stein, S. 52 ff. und Felchlin, S. 145 ff.

von Befürwortern der Auslieferungsausnahme bei politischen Delikten vorgebrachten o.a. Argumente zwischen politisch nahestehenden Staaten automatisch an Gewicht verlieren, mußte Durchbrechungen des Prinzips der Auslieferungsausnahme bei politischen Delikten zur Folge haben. So wurde das seinerzeit "moderne" belgische Auslieferungsgesetz von 1833 bereits 1856 auf französischen Druck nach dem vergeblichen Auslieferungsbegehren wegen eines Attentats auf Napoleon III.(410) novelliert; es wurde eine die Auslieferungsausnahme beschränkende Klausel eingefügt, die sogenannte "belgische Attentatsklausel": "Als politische Straftat oder als mit einer solchen Tat im Zusammenhang stehende Tat gilt nicht das Attentat gegen die Person des Oberhauptes einer ausländischen Regierung oder seiner Familienmitglieder, wenn dieses Attentat den Tatbestand des Mordes, Totschlags oder Giftmordes erfüllt."(411) Wie schwierig moralische Gesichtspunkte bei Auslieferungsfragen zu berücksichtigen sind, machen die bei Roux und Arge geschilderten Fälle klar, in denen die Anwendung der belgischen Klausel inopportun erscheint.
Roux(412) stellt die Frage "Quel état aurait consenti à remettre à l'Autriche Guillaume Tell, libérateur de son pays du joug étranger, après qu' il eut assassiné Gessler?"
Arge(413) stellt die Frage nach der Zweckmäßigkeit der Attentatsklausel unter Hinweis auf die Attentäter des 20. Juli 1944. Wäre ihnen die Flucht in ein neutrales Land gelungen, z.B. nach Schweden, hätte man sie ausliefern dürfen? Der deutsch-schwedische Auslieferungsvertrag vom 07.03.1907 hätte hierzu verpflichtet.

(410) Zu den Hintergründen s. Felchlin, S. 194 f.
(411) Zu einem Projekt von 1881 eines Vertrages, bestimmte Taten nicht als politische anzusehen, vgl. Mettgenberg, VuV 1934/35, S. 598 f.
(412) Roux, S. 106.
(413) Arge, S. 70.

Weitere normative Eingrenzungen waren auch Folge der Erkenntnis, daß selbst der als legitim empfundene politische Widerstand nicht jedes Mittel rechtfertigen kann.
Vorrang vor der Darstellung der weiteren normativen Eingrenzungen - soweit sie Bezug zur Bekämpfung des Terrorismus haben - hat die Bestimmung der unter die Auslieferungsausnahme des "politischen Delikts" fallenden Taten.

b) <u>Die Definition des politischen Delikts/die Bedeutung der Auslieferungsausnahme des politischen Delikts in der Praxis</u>

Bei der Definition des "politischen Delikts" soll im Hinblick auf die zahlreichen einschlägigen Abhandlungen(414) auf eine weitere Bestimmung der Kriterien des politischen verzichtet werden. In Erinnerung gerufen werden dürfen die im Rahmen der Abgrenzung des terroristischen vom allgemeinkriminellen Delikt(415) genannten Kriterien.
Fraglich ist jedoch, was speziell im Rahmen der Auslieferung den politischen Charakter einer Tat ausmacht - objektive Kriterien, das verletzte Rechtsgut, oder subjektive.
Nach den subjektiven Theorien sind als Kriterium zur Qualifizierung der politischen Natur anzuerkennen: Beweggrund, Ziel und Absicht des Täters. Ein alleiniges Abstellen auf subjektive Kriterien erscheint jedoch nicht möglich; sonst müßte jedes Delikt, dessen Handeln auf politischen Motiven beruht, ein politisches sein. Folge wäre, daß beinahe jede rechtswidrige Handlung zum politischen, nicht auslieferungsfähigen Delikt "umfunktionierbar"

(414) S. insbesondere die Monographie von Stein, "Die Auslieferungsausnahme bei politischen Delikten", S. 62 ff. und die Dissertation von Felchlin, "Das politische Delikt", S. 80 ff.
(415) S. o. C VI 1.

wäre - ein Aspekt, der - wie Felchlin[416] zutreffend feststellt - vor allem bei der Beurteilung des Terrorismus Bedeutung erhält. Ein objektives Moment hat daher hinzuzutreten.
Nach der objektiven Theorie muß der Angriff ein politisches Rechtsgut verletzen. Hierzu zählen nach von Martitz alle Handlungen, welche die Existenz, Integrität, Unabhängigkeit und Zugehörigkeit eines Staates (oder anderen Gemeinwesens) antasten sowie alle Unternehmungen, die auf den Umsturz der Verfassung oder der Regierung gerichtet sind[417].
Die objektive Theorie begegnet ihrerseits Bedenken, gerade da sie - ohne Rücksicht auf die für die Privilegierung des politischen Delikts ursächlichen Voraussetzungen des beginnenden 19. Jahrhunderts - die Motivation, Beweggründe und Zielsetzung des Täters nicht berücksichtigt, das subjektive Moment jedoch jede Straftat mit prägt.
In gewisser Weise vermittelnd zu vorgenannten Theorien hat sich die "Prädominanztheorie"[418] herausgebildet, die danach gewichtet, ob bei der Tat, die ein Täter zu politischen Motiven oder zu politischen Zwecken begangen haben will, der politische oder gemeine Charakter dominiert.
Auch hier ergeben sich jedoch Probleme bei der näheren Bestimmung des Charakters einer Tat. Eindeutig ist diese nur bei den sogenannten absolut (reinen, eigentlichen) politischen Delikten. Dabei handelt es sich um solche, die sich ausschließlich und direkt gegen den Bestand, die Handlungsfähigkeit oder die Sicherheit des Staates (oder anderen Gemeinwesens) richten und ausschließlich eigene Rechte des Staates verletzen[419]; unumstrittene Beispiele sind der Hoch- und Landesverrat. Sie stellen anerkannterweise

(416) Felchlin, S. 109.
(417) von Martitz, S. 273.
(418) Vgl. Felchlin, S. 130 ff.
(419) Stein, S. 65 f.; Felchlin, S. 93 f.; Grützner, in: Strupp-Schlochauer, S. 117.

"das Minimum" dar, das von der Auslieferungsausnahme des politischen Delikts erfaßt wird.
Zweifelhaft ist jedoch die Einbeziehung der relativ politischen Delikte. Damit gemeint sind solche Delikte, die auch oder allein einen Tatbestand gewöhnlicher Kriminalität erfüllen, die aber in Relation zum Bereich des "politischen" stehen(420). Hierzu zählen die komplex und die konnex politischen Delikte(421).
Komplex politische Taten sind solche, die sich aus einem (absolut) politischen Delikt und einem gemeinen Delikt zusammensetzen(422). Als Paradigma gilt das politische Attentat.
Konnex politische Delikte sind solche, die so im Zusammenhang mit einer (absolut) politischen Tat stehen, daß sie diese vorbereiten, sichern, decken oder abwehren sollen(423).
Trotz divergierender Ansichten im Detail(424) herrscht weitestgehend Einigkeit, das komplex und auch das konnex(425) politische Delikt insgesamt als nicht auslieferungsfähig zu behandeln, wenn nicht gegenteilige Normen für bestimmte Fälle bestehen (z.B. die Attentatsklausel)(426).

Die Auslieferungsausnahme des "politischen Delikts" hat nach alledem einen nicht unerheblichen

---

(420) Stein, S. 67.
(421) Zu beachten gilt es, daß die Termini absolut politisches Delikt, relativ politisches Delikt, komplexe und konnexe Tat nicht einheitlich in diesem Sinne und der vorgenommenen Struktur verwandt werden. Die sprachlichen Ungenauigkeiten verdecken z.T., daß Auffassungen sich decken; abweichend von hiesiger Strukturierung z.B. Faller, S. 181.
(422) Felchlin, S. 118.
(423) Felchlin, S. 126.
(424) Das betrifft schon die Definition des komplex und des konnex politischen Delikts.
(425) Felchlin, S. 127.
(426) Felchlin, S. 119.

Umfang[427].

Mag auch die Anzahl der Auslieferungen, die unter Bezugnahme auf die Auslieferungsausnahme bei politischen Delikten verweigert werden, relativ gering sein, so hat die Auslieferungsausnahme dennoch erhebliche Bedeutung. Sie betrifft - uneingeschränkt - auch schwerste terroristische Straftaten, die definitorisch[428] politische Taten darstellen[429]. Die Anzahl der Auslieferungsver-

(427) Zu beachten gilt es die Sonderregelungen in den Auslieferungsverträgen mit Belgien, Frankreich und Monaco, nach denen strafbare Handlungen, zu deren Verfolgung die vertragschließenden Staaten aufgrund internationaler Vereinbarungen verpflichtet sind - z.B. bei Luftfahrzeugentführungen -, nicht als politische Taten angesehen werden, Pötz, ZStW 1974, S. 505. S. außerdem Art. 3 Abs. 2 Vertrag zwischen der Bundesrepublik Deutschland und Australien über die Auslieferung, BGBl. 1990 II, S. 111.

(428) C VI 6.

(429) Hinzu kommt, daß in Einzelfällen die Auslieferungsausnahme bei politischen Delikten Tagesopportunitäten Tribut zollen mußte. Erinnert sei hier an die später vom Areopag korrigierte Entscheidung der Athener Vorinstanz, die die Auslieferung des deutschen Terroristen Pohl wegen Mitgliedschaft in einer kriminellen Vereinigung, Betruges und Urkundenfälschung unter Berufung auf die Auslieferungsausnahme bei politischen Delikten für unzulässig erklärte, weil diese Taten sich "allgemein gegen das politische Establishment der westlichen Gesellschaft wandten" (Stein, S. 2; Riedel, DöV 1979, S. 29; EuGRZ 1977, S. 18-21, S. 21-23; Tophoven, Informationsdienst Terrorismus Nr. 9/1989, S. 5).

weigerungen unter Bezugnahme auf den Grundsatz der Nichtauslieferung bei politischen Delikten dürfte zudem stark davon beeinflußt sein, daß Staaten bereits vor Antragstellung die mögliche Verwei-

---

Besonders in Frankreich wurde (wiederholt) Tagesopportunitäten bei Entscheidungen über Auslieferungsbegehren Tribut gezollt. Dies gilt zwar nur bedingt für die Nichtauslieferung baskischer Terroristen der ETA an Spanien. Ihre Auslieferung wurde von Frankreich bis 1984 wegen der aus französischer Sicht bis dahin fehlenden Bewährung Spaniens als demokratischer Staat verweigert (s. näher Waldmann, S. 16 f.; Horchem, Die verlorene Revolution, S. 214 f.; Stein, S. 233 ff.). Die zahlreichen Fälle der Verweigerung der Auslieferung von Frankreich können nicht alle mit großzügiger Asylpraxis gerechtfertigt werden, die zum Beispiel auch Rechtsanwalt Croissant mißbrauchen wollte. Er war im Juli 1977 nach Frankreich geflohen; sein Asylbegehren wurde jedoch abschlägig beschieden. Croissant wurde am 17.11.1977 deutschen Behörden übergeben und 1979 wegen Unterstützung einer kriminellen Vereinigung verurteilt (Horchem, a.a.O., S. 190, 195, 215; Stein, S. 242 f.). Besonders deutlich wurde die inkonsequente Auslieferungspraxis Frankreichs im Fall Daoud: 1977 verweigerte Frankreich die Auslieferung des am 08.01. d.J. in Paris festgenommenen irakischen Terroristen Abu Daoud, präsumtiver Organisator des Massakers bei den Olympischen Spielen 1972 in München. Er wurde trotz deutschen und israelischen Auslieferungsersuchens unter Hinweis auf den "politischen Charakter der Tat" (EuGRZ 77, 102 f. und 114 ff.) freigelassen (zur Affaire Daoud s. Riggle, S. 333). Hierin kann ein deutlicher Beleg dafür gesehen werden, daß Frankreich - ebenso wie Griechenland - "guten" Beziehungen zu den arabischen Staaten Vorrang einräumt vor Auslieferungsverpflichtungen. Jescheck (GA 1981, S. 62) spricht daher zutreffend vom "Versagen der internationalen Rechtshilfe gegenüber dem Terrorismus". Dieses "Versagen" gilt - wie die vorstehenden Beispiele verdeutlichen - nicht nur im Verhältnis zu Staaten der östlichen Hemisphäre. In den westlichen wie den östlichen Staaten hat die Auslieferung von Terroristen in der Vergangenheit Tagesopportunitäten Tribut gezollt. Für den Ostblock verdeutlichen dies Ereignisse im Jahr 1978 exemplarisch. Einerseits wurden im Juni 1978 die terroristischen Gewalttäter Gabriele Rollnik, Gudrun Stürmer, Angelika Goder und Till Meyer deutschen Behörden aus dem Ostblock übergeben; andererseits ließ Jugoslawien im November 1978 die terroristischen Gewalttäter Boock, Mohnhaupt, Wagner und Hoffman in ein arabisches Land ausreisen, weil die Bundesrepublik Deutschland jugoslawische Exilkroaten nicht ausliefern wollte.

gerung nach dem Grundsatz des "politischen Delikts" prüfen und ggfs. schon von dem Ersuchen Abstand nehmen. Die Auslieferungsausnahme des "politischen Delikts" ist bei terroristischen Taten jedoch (weitgehend) ungerechtfertigt[(430)]. Der moderne Terrorismus in westeuropäischen Staaten kann für sich keine Rechtfertigung unter dem Gesichtspunkt des Widerstandsrechts in Anspruch nehmen. Er ist dort weder Mittel zur Erhaltung oder Wiederherstellung eines Rechtsstaates - diese Staaten können, wie hier nicht näher auszuführen ist, beim besten Willen nicht als Staaten angesehen werden, in denen Unrecht und Willkür Richtschnur staatlichen Handelns sind - noch stellen terroristische Aktionen das letzte und äußerste Mittel dar, um Veränderungen in diesen Gesellschaftsordnungen herbeizuführen und schließlich stellt der Terrorismus - nach seinen Beweggründen, Zielsetzungen und - definitorisch - seinen Erfolgsaussichten keinen ernsthaften und sinnvollen Versuch dar, die bestehende Machtordnung zu beseitigen[(431)]. In Staaten mit gefestigter, gleicher politischer Ausrichtung, in denen - wie z.B. in Deutschland, Italien und Frankreich - Terroristen im Rahmen einer "gemeinsamen Front" abgestimmt gegen vergleichbare Ziele vorgehen, verblaßt auch das zur Rechtfertigung der Auslieferungsausnahme gebrauchte Argument, der terroristische Angriff habe sich nur gegen ein bestimmtes System gerichtet, im Aufnahmestaat stelle der Terrorist daher keine Gefahr dar.

---

(430) Vorschläge, terroristische Gewalttaten generell nicht als politische Delikte i.S. des Auslieferungsrechts anzusehen, wurden in der Vergangenheit vereinzelt gemacht; sie hatten jedoch keine Aussicht auf eine mehrheitliche Unterstützung. S. UN Doc. A/AC. 160/2 vom 22.06.1973, §§ 50 - 54, S. 19 f.; UN Doc. A/AC. 160/4 vom 28.02.1979.
Im Europarat hatte der Versuch, das Prinzip der Verweigerung der Rechtshilfe bei politischen Delikten einzuschränken z.T. Erfolg. Am 27. Januar 1977 wurde das Europäische Übereinkommen zur Bekämpfung des Terrorismus unterzeichnet (s. unten G II 7).

(431) S.o. C VI 6.

Auch, daß der um Auslieferung ersuchende Staat dem terroristischen Täter keinen "fairen Prozeß" machen würde, kein unbefangener Richter unvoreingenommen Recht sprechen könne, erscheint jedenfalls unter den derzeit gegebenen Umständen in den westeuropäischen Ländern nicht als ein die Auslieferungsverweigerung rechtfertigendes Argument(432).

---

(432) Folglich heißt es auch im Bericht im Namen des Ausschusses für Recht und Bürgerrechte über die Probleme im Zusammenhang mit der Bekämpfung des Terrorismus (Europäisches Parlament, Sitzungsdokumente 1989-90, vom 02.05.1989, Serie A, Dokument A 2-0155/89; dort S. 20 f.): "Asylrecht dürfte es in den Beziehungen zwischen den Zwölf nicht geben. ... Der Integrationsprozeß zwischen den Zwölf setzt voraus, daß die Mitgliedstaaten die Ähnlichkeit zwischen ihren politischen Strukturen und ihren Werten anerkennen und daß sie sich als Partner von gleichem Gewicht und gleichem Wert betrachten; daraus ergibt sich, daß ein Mitgliedstaat in Anwendung des Asylrechts keine Auslieferung verweigern kann, um die von einem anderen Staat ersucht wird, weil er sich damit praktisch anmaßt zu behaupten, daß seine eigene Justiz eine größere Unabhängigkeit und mehr Unparteilichkeit besitze und daß er selbst die Menschenrechte besser schütze. Wenn es sich nun nicht um einen bloßen Vorwand zur Verweigerung der Auslieferung handelte und wenn es wirklich ernste Gründe zu der Annahme gäbe, daß in einem EWG-Mitgliedstaat die Gefahr systematischer Verletzungen der Menschenrechte besteht (in der Form der Verfolgung aus rassistischen, religiösen, politischen usw. Gründen), stände man vor einer so schwerwiegenden Tatsache, daß es gerechtfertigt wäre, nicht nur die Auslieferung der geforderten Personen zu verweigern, sondern die weitere Zugehörigkeit dieses Staates zur EWG in Frage zu stellen."
Darüberhinaus hält es der eingangs genannte Ausschuß des Europäischen Parlaments für nicht "wünschenswert", etwaigen neuen Übereinkommen zur Bekämpfung des Terrorismus zwischen den Zwölf ein Konzept wie das der 'Auslieferung' zugrunde zu legen, das sich "besser für Beziehungen zwischen Staaten eignet, die nicht Mitglied der Gemeinschaft sind, und das schon von der Definition her die deutliche Trennung zwischen den verschiedenen Justizräumen bestätigen würde, die man doch anfangen möchte zu überwinden.

Fehlte der Verweigerung der Rechtshilfe, speziell: der Auslieferung, in bezug auf terroristische Taten demnach aber die rechtliche (und moralische) Grundlage, so sollte sie gewährt werden.

c) Grenzen der Auslieferung im Lichte des Asylrechts

Die Möglichkeit der Auslieferung bei terroristischen Taten könnte in der Bundesrepublik Deutschland begrenzt sein durch das verfassungsrechtlich gewährleistete (Grund-)Recht auf Asyl, Art. 16 Abs. 2 S. 2 GG. Denn es gibt dem politisch Verfolgten ein subjektives Recht, einen Anspruch auf Asylgewährung(433) unabhängig davon, ob die politische Verfolgung im Zusammenhang mit einer Straftat - sei sie allgemeinkrimineller oder auch politischer Natur -

---

Die Auslieferung als Überlassung von einem Hoheitsgebiet in ein anderes Hoheitsgebiet ist in den Rechtsordnungen der verschiedenen Mitgliedstaaten zahlreichen und strengen Garantien unterworfen, bei einigen sogar in der Verfassung verankert, aus denen sich Ausschließungs- und Verweigerungsgründe ergeben, die bei näherem Hinsehen überhaupt keine Berechtigung mehr in den Beziehungen zwischen den Zwölf haben; die Garantien bestehen fort als Überbleibsel von nationalistischem Denken und wegen der Langsamkeit, mit der einige traditionelle Rechtsformen sich entwickeln.

Was die verfassungsmäßigen Schwierigkeiten angeht, die in einigen Mitgliedstaaten die Auslieferung für politische Delikte verhindern, so kann man sagen: wenn der Wille bestünde, dann könnte man dieses Hindernis mit Hilfe einer evolutiven Auslegung überwinden, bei der berücksichtigt wird, daß das Hoheitsgebiet eines Staates der Gemeinschaft gegenüber dem eines anderen Mitgliedstaates keineswegs 'Ausland' ist; es ist nicht Ausland für die Arbeitnehmer, die man nicht mehr als "Auswanderer" innerhalb der Gemeinschaft ansehen kann, und dürfte nicht 'Ausland' (und damit ein sicherer Zufluchtsort) für Urheber von politischen Delikten sein, deren Überstellung nicht als eine eigentliche "Auslieferung" angesehen werden dürfte."

(433) BVerfGE 56, S. 216 ff. (235).

steht. Das Asylrecht wegen drohender politischer Verfolgung ist daher geeignet, die Auslieferung zu verhindern[434][435].

Die Auslieferung wegen eines terroristischen Delikts, definitorisch ein politisches, wäre verfassungswidrig, die Bundesrepublik Deutschland könnte entsprechende Verpflichtungen völkervertragsrechtlich nicht eingehen, wenn jede Strafverfolgung wegen eines terroristischen Delikts zugleich auch eine politische Verfolgung im Sinne des Asylrechts darstellen würde[436].
Diese Gleichstellung ist jedoch nicht gerechtfertigt[437]. Die "politische Tat" begründet nicht notwendig "politische Verfolgung" im Sinne des Grundrechts auf Asyl. Beide Begriffe haben vielmehr verschiedenen Inhalt, mögen ihre Voraussetzungen auch in vielen Fällen zugleich gegeben sein.
Das Asylrecht schützt den Täter vor politischer Verfolgung, ohne daß es auf den Charakter einer von ihm begangenen Tat ankommt. Als "politisch verfolgt" ist vielmehr - unabhängig vom Charakter einer ihr zur Last gelegten Tat - jede Person anzusehen, die im Fall ihrer Auslieferung aus politischen Gründen unter Verletzung rechtsstaatlicher Grundsätze Verfolgungsmaßnahmen mit Gefahr für Leib und Leben oder Beschränkungen ihrer persönlichen Freiheit ausgesetzt wäre.
Dem gegenüber stellt der auslieferungsrechtliche Begriff der "politischen Tat" nicht auf die Ver-

(434) Vgl. Gusy, NJW 1978, S. 1717 (1718).
(435) Seine Bedeutung erhält es auch dadurch, daß es bei einer Entscheidung über die Zulässigkeit der Auslieferung von Amts wegen zu berücksichtigen ist, BGH St 3, S. 392.
(436) So: Gusy, NJW 1978, S. 1717 (1718 f.) und Kimminich, Bonner Kommentar, Art. 16 GG Rdnr. 151 ff.
(437) Renner, NJW 1989, S. 1247 m.w.N.; BVerWGE 60, S. 348; Lacoste, S. 149 ff.

folgungsmaßnahmen nach einer Tat, sondern den politischen Gehalt einer Tat selbst ab(438).
Die Verbindung zwischen beiden ergibt sich daraus, daß naturgemäß gerade politische Taten einem angegriffenen Staat Anlaß für Verfolgungsmaßnahmen geben können, die keine rechtsstaatliche Reaktion mehr auf die Straftat darstellen.
Ähnlich wie ein nicht krimineller Oppositioneller oder ein Allgemeinkrimineller unabhängig von seiner Tat aus politischen Gründen Verfolungsmaßnahmen ausgesetzt sein kann, die mit der Tat nicht im Zusammenhang stehen, kann umgekehrt auch die Strafverfolgung wegen einer terroristischen Tat ohne Rücksicht auf die politische Motivation und Überzeugung des Täters erfolgen. Es hat also eine Einzelfallprüfung zu erfolgen, die insbesondere die Frage klären muß, ob der Betroffene durch den Grundsatz der Spezialität in ausreichender Weise geschützt werden kann(439). Hat der Betroffene im Einlieferungsstaat daher keine Bestrafung wegen seiner Rasse, Religion, Nationalität, seiner Zugehörigkeit zu einer bestimmten sozialen Gruppe oder seiner (sonstigen) politischen Überzeugung zu erwarten, ist sie asylrechtlich irrelevant(440).
Es gilt demnach - wie Stein(441) zutreffend ausführt -, "daß die Strafverfolgung wegen eines politischen Delikts nicht in jedem Fall, sondern nur dann eine 'politische Verfolgung' beinhaltet, wenn sie in rechtsstaatswidriger Weise oder unter Verletzung der Menschenrechte durchgeführt wird bzw. wenn schon der 'politische' Straftatbestand selbst Ausdruck eines

(438) S. Pötz, FS Grützner, S. 131 f. und oben G I 2 b.
(439) Vgl. Stein, S. 283 ff. (287 ff.).
(440) VGH BW, Baden-Württembergische Verwaltungspraxis 1981, S. 92.
(441) Stein, S. 287.

rechtsstaats- und menschenrechtswidrigen Systems ist."(442)
Auch wegen einer terroristischen Tat kann folglich - grundsätzlich - ausgeliefert werden.

Zumindest aber müßten terroristische Täter dann, wenn die Auslieferung wegen nicht auszuschließender Parteilichkeit der Rechtsprechung und richterlicher Befangenheit nicht erfolgt, in dem um Auslieferung ersuchten Staat strafrechtlich verfolgt werden (443). Das setzt die vorstehend geforderte Erstreckung der Strafgerichtsbarkeit auf Auslandstaten voraus, ebenso wie das Bestehen ausreichender Straftatbestände.

3. Das Fehlen von Strafgesetzen für terroristische Akte

Eine effektive strafrechtliche Bekämpfung des Terrorismus setzt voraus, daß weltweit in den nationalen Rechtsordnungen ausreichende Straftatbe-

(442) Zum "Zusammenwirken von Asyl und Auslieferung nach deutschem Recht", s. auch Riedel, DÖV 1979, S. 32 f.

Zum Verhältnis des Grundrechts auf Asyl zu terroristischen Aktivitäten des Asylsuchenden siehe Beschluß des BVerfG vom 20.12.1989 - 2 BvR 958/86 -: "Asyl kann nicht beanspruchen, wer im Heimatland unternommene terroristische Aktivitäten oder deren Unterstützung von der Bundesrepublik Deutschland aus in den hier möglichen Formen fortzuführen trachtet."

(443) Daß gerade bei politischen Delikten das Gebot stellvertretender Strafrechtspflege häufig mißachtet wird, zeigt auch das Beispiel Jugoslawiens. 1978 verweigerte Jugoslawien die Auslieferung deutscher Terroristen, weil die Bundesrepublik Deutschland jugoslawische Exilkroaten nicht auslieferte; vgl. Stein, S. 7 FN 18 m.w.N.

stände zur Bekämpfung terroristischer Verhaltensweisen bestehen(444).

Denn wünscht im Falle erfolgreicher Flucht des Terroristen ins Ausland der Heimat- oder Tatortstaat vom Zufluchtsstaat die Auslieferung, so kann diese nach dem im Auslieferungsrecht geltenden Prinzip der beiderseitigen Strafbarkeit nur wegen solcher Delikte bewilligt werden, die in beiden Staaten unter Strafe stehen.

Lehnt aber der Zufluchtsstaat die Auslieferung ab, so trifft ihn - wie beschrieben - die Pflicht zur Strafverfolgung.

Andererseits ist der Fall zu beleuchten, daß es im "Tatortstaat" keine den terroristischen Akt unter Strafe stellende Norm gibt. Hält dennoch der Auf-

---

(444) Denn völkerrechtliche Normen, die Einzelmenschen nicht erst aufgrund staatlicher Durchführungsgesetze, sondern unmittelbar verpflichten und diese mit Strafe belegen, gibt es jedenfalls jenseits der Delikte gegen den Frieden, gegen die Menschheit und Kriegsverbrechen (s. Jescheck, in: Strupp-Schlochauer "Völkerstrafrecht") nicht (Verdross, S. 264 FN 33).
Der Einzelmensch, der einen terroristischen Akt begangen hat, kann demzufolge nur im Rahmen des nationalen Strafrechts mit Strafe belegt werden. Hinsichtlich einiger Verhaltensweisen - z.B. der Piraterie auf hoher See - bestand und besteht jedoch in allen Kulturstaaten Einigkeit, daß ein Bedürfnis besteht, sie zu kriminalisieren. Bei der Piraterie wie auch bei wenigen anderen Unrechtstatbeständen - z.B. dem Sklaven-, Frauen- und Kinderhandel (Verdross, § 432) - sind die Staaten aufgrund Völkergewohnheitsrechts bzw. haben sich völkervertraglich verpflichtet, strafrechtlich einzugreifen. Haben Staaten aufgrund dessen entsprechende Strafnormen erlassen und verstößt ein einzelner gegen diese staatlichen Strafnormen, so begeht er zugleich ein "Delikt wider das Völkerrecht" (delicta iuris gentium). Dies darf aber nicht darüber hinwegtäuschen, daß die strafrechtliche Verpflichtung des einzelnen nur aus der staatlichen Rechtsordnung resuliert. (Heute ganz h.M.; für die Piraterieregeln vgl. die ausführliche Darstellung des Meinungsstreits über ihre Rechtsnatur bei Faller, S. 93 - 108). Es gilt folglich auch für den Bereich des Terrorismus sicherzustellen, daß in den - genauer in "allen" - staatlichen Rechtsordnungen ausreichende Strafnormen für terroristische Akte geschaffen werden.

enthaltsstaat des Terroristen dessen Strafverfolgung für geboten, folgt aber sein internationales Strafrecht dem - grundsätzlich gegenüber dem Weltrechtsprinzip vorzugswürdigen - Prinzip der stellvertretenden Strafrechtspflege, so ist auch hier die strafrechtliche Verfolgung gehindert. Soll also nicht das Weltrechtsprinzip in bedenklicher Weise ausgedehnt werden, sind ausreichende Straftatbestände weltweit in allen nationalen Rechtsordnungen zu schaffen.

Hierzu bedarf es - wie die Erfahrungen der Vergangenheit belegen - entsprechender völkerrechtlicher Verpflichtungen. Bei manchen terroristischen Verhaltensweisen gibt respektive gab es keine - weltweite - Übereinstimmung, sie als besonders strafwürdige Tat zu verfolgen. Die Notwendigkeit völkerrechtlicher Normen, die Rechtsänderungen in nationalen Gesetzen vorschreiben, zeigte sich in der Vergangenheit besonders deutlich bei neuen Erscheinungsformen terroristischen Verhaltens, z.B. den Flugzeugentführungen. Mit dem Aufkommen des Luftverkehrs stieg die Anzahl von Flugzeugentführungen an: bis auf 92 allein im Jahr 1970(445). Im gleichen Jahr wurde in Den Haag das Abkommen zur Bekämpfung der widerrechtlichen Inbesitznahme von Luftfahrzeugen abgeschlossen. Erst danach wurde in der Bundesrepublik Deutschland durch das 11. Strafrechtsänderungsgesetz vom 16.12.1971 § 316 c in das Strafgesetzbuch eingefügt(446).
Frankreich hatte "bereits" ein Jahr zuvor durch Gesetz vom 15.7.1970 Flugzeugentführungen in Art. 462 CP unter Strafe gestellt(447).
Bis dahin hatten aber in Frankreich in zwei Fällen Luftpiraten nur wegen "violence, voies de fait et port illegales d`armes" zu nur sechs bzw. acht Monaten

(445) Vgl. Guillaume, S. 9 f.
(446) BGBl 1971 I, S. 1977.
(447) Loi no. 70-634.

Freiheitsstrafe verurteilt werden können(448). Ein weiterer Luftpirat war in Frankreich nach vorangegangener Verurteilung zu neun Monaten Freiheitsstrafe im Libanon zu (nur) 8 (weiteren) Monaten Freiheitsstrafe verurteilt worden(449).

In der Bundesrepublik Deutschland war die Situation entsprechend; sogenannte Luftpiraten konnten dort - wenn nicht im Einzelfall Körperverletzungs-, Tötungsdelikte oder Verstöße gegen waffenrechtliche Bestimmungen hinzukamen - grundsätzlich nur wegen Freiheitsberaubung in Tateinheit mit Nötigung bestraft werden(450).(451)

II. Die einzelnen internationalen Übereinkommen zur Bekämpfung des Terrorismus

Ziel des vorangegangenen Abschnitts I war, allgemein die Hindernisse bei der Bekämpfung international operierender Terroristen darzustellen. Ziel dieses Abschnitts ist, die einzelnen Übereinkommen zur Bekämpfung international operierender Terroristen und die darin vorgeschlagenen Wege für (Teil-) Lösungen des Problems darzustellen.
Ob und inwieweit neuere Übereinkommen zur Bekämpfung des Terrorismus Fortschritte darstellen, kann nur vor dem Hintergrund älterer Entwürfe zu Übereinkommen beurteilt werden, auch wenn sie nicht in

(448) Guillaume, S. 26 FN 11.
(449) A.a.O.
(450) Meyer, VI, S. 19 ff.
(451) Als erster Staat hatten die USA 1961 Flugzeugentführungen mit einem besonderen materiellrechtlichen Tatbestand unter Strafe gestellt.
Noch bevor in der Bundesrepublik eine spezielle Strafnorm in das StGB eingefügt wurde, waren Flugzeugentführungen u.a. bereits in folgenden Ländern mit einem besonderen Straftatbestand pönalisiert: Argentinien (1968), Mexico (1968), Kuba (1969) und Frankreich (1970). S. detailliert - mit Abdruck der Gesetzestexte in englischer Sprache - Faller, S. 66 ff.

Kraft getreten sind. Der Rückblick beschränkt sich auf Übereinkommen - bzw. Entwürfe zu solchen - aus diesem Jahrhundert und im europäischen Raum. Denn ältere Übereinkommen und Entwürfe

- erfassen zum einen nicht die Bandbreite terroristischer Aktionen (der Begriff Terrorismus wurde in der Rechtssprache erst Anfang dieses Jahrhunderts wieder entdeckt) und
- sind wegen wesentlicher Unterschiede in den Staatsformen der Vertragsstaaten - z.B. Monarchie zaristischer Prägung versus liberaler Rechtsstaat - nicht vergleichbar.

Die nämlichen Gründe lassen auch einen Vergleich neuerer Übereinkommen zu älteren nicht-europäischen von nicht so hohem Wert erscheinen(452).

1. Die Konvention zur Verhütung und Bekämpfung des Terrorismus vom 16.11.1937

Die "Convention pour la prevention et la répression

(452) Ältere Abkommen mit dem Ziel der Bekämpfung terroristischer Aktionsformen, speziell anarchistischer Handlungen, die zumeist Einschränkungen der Auslieferungsausnahme bei politischen Delikten zum Ziel hatten, sind das Sankt Petersburger Protokoll über die Maßnahmen gegen anarchistische Bewegungen vom 01./14.03.1904 (Martens, Nouveau Recueil Général de Traités, 3me série, Bd. 10, S. 81) und der von amerikanischen Staaten am 28. Januar 1902 in Mexico City geschlossene Treaty for the Extradition of Criminals and for Protection Against Anarchism (Martens, a.a.O., Bd. 6, S. 185 ff. = Alexander/Browne, S. 3 ff.). Aus dem nicht-europäischen Raum ist schließlich auf die am 22.08.1988 in Kraft getretene "SAARC Regional Convention on Suppression of Terrorism" der Mitgliedstaaten der South Asian Association for Regional Cooperation (SAARC) Bangladesh, Bhutan, Indien, Malediven, Nepal, Pakistan und Sri Lanka vom 04.11.1987 hinzuweisen. Ihr Regelungsbereich ist teil-identisch, im übrigen weitergehend als der der Europäischen Terrorismuskonvention, s. unten G II 7. Im Hinblick auf ihren regional sehr begrenzten Anwendungsbereich, der Staaten betrifft, die von Aktionen des internationalen Terrorismus mit unmittelbaren Berührungspunkten nach Europa weniger betroffen sind, soll sie nachstehend nicht analysiert werden.

du terrorisme"(453) stellt - soweit ersichtlich - das erste internationale Übereinkommen mit dem auch expressis verbis erklärten Ziel der Terrorismusbekämpfung dar.

a) **Ausgangslage/historischer Hintergrund**

Der historische Hintergrund für das Zustandekommen der Genfer Konvention zur Verhütung und Bekämpfung des Terrorismus vom 16.11.1937(454) wurde bereits dargestellt(455). Die weiteren Ausführungen können sich also auf den Regelungsgehalt konzentrieren.

Ebensowenig soll nachfolgend auf das am 8. Februar 1987 in Kraft getretene Übereinkommen vom 26. Oktober 1979 über den physischen Schutz von Kernmaterial (BT-Drs. 11/3990 vom 14.02.1989) eingegangen werden, dessen Ratifizierung durch die Bundesrepublik Deutschland im Jahr 1990 zu erwarten ist. Zwar wird es vereinzelt zu den "international conventions relating to various aspects of the problem of international terrorism" gezählt (s. UN Res. 44/29, Doc. A/Res/44/29 vom 31.01.1990).
Ebenso vereinzelt wird auch die Gefahr von sog. "Nuklearterrorismus" beschworen (vgl. den Bericht des Nuclear Control Institute ... on Prevention of Nuclear Terrorism). Terroristen i.S. der hier verwendeten Definition haben jedoch in der Vergangenheit keine Anstrengungen zum Erwerb kerntechnischen Materials unternommen. Erkenntnisse über entsprechende Überlegungen in terroristischen Kreisen liegen nicht vor. Der Erwerb kerntechnischen Materials dürfte auch nicht in die Strategie des terroristischen Kampfes passen. Sein Mißbrauch bedroht alle Menschen in gleichem Maße, so daß er sich kaum zum Kampf gegen die Träger eines bestimmten politischen Systems eignet (s. Stenographisches Protokoll der 39. Sitzung des 2. Untersuchungsausschusses des Deutschen Bundestages, 11. Wahlperiode, Protokoll Nr. 39, vom 22.09.1988).

(453) S.D.N. Drs. C. 546.M.383. 1937.V., S.D.N. J.O. 1938, S. 22 ff. = (nur englische Fassung) Alexander/Browne, S. 19.

(454) Grundlegende Materialien waren die "Bases pour la conclusion d'un accord international en vue de la répression de crime commis dans un but de terrorisme politique" (Roux, S. 101 ff.) und das "Avant-Projet de Convention internationale pour la répression du terrorisme" (Roux, S. 120).

(455) S.o. C IV 2 a.

b) **Der wesentliche Regelungsgehalt der Konvention**

Insoweit wurde bereits auf eine wesentliche Leistung hingewiesen: die bislang einzig gebliebene - wenn auch nicht voll befriedigende - Definition des Terminus Terrorismus in einem völkerrechtlichen Vertrag(456). Zum weiteren Regelungsinhalt der Konvention gehören - wie bereits der Name erkennen läßt - präventive wie auch repressive Maßnahmen.

aa) **Konventionsregelungen mit (überwiegend) präventivem Charakter**

Unter präventiven Gesichtspunkten verdient zunächst die in **Art.** 12(457) fixierte allgemeine Verpflichtung der vertragschließenden Parteien Beachtung, auf dem eigenen Gebiet im Rahmen des (geltenden) Rechts und der administrativen Organisation die Maßnahmen zu ergreifen, die sie als angemessen betrachten für eine effektive Verhütung jeglicher Aktivitäten, die im Gegensatz zum Zweck der Konvention - Verhütung (und Bekämpfung) von terroristischen Akten, die gegen einen anderen Staat gerichtet sind (Art. 1 Ziffer 1) - stehen. Zwar ist Art. 12 aufgrund der Regelung, daß jeder Staat selbst entscheiden kann, welche Maßnahmen er für angemessen erachtet, wenig griffig; er gibt insbesondere keine Anhaltspunkte, welche konkreten Forderungen jeder Staat als Minimum zu erfüllen hat. Art. 12 schreibt jedoch den Leitgedanken fest: Jeden Staat trifft die Pflicht, die gebotenen Anstrengungen zur Verhütung (und Bekämpfung) des Terrorismus (mit internationalem Bezug) zu unternehmen. Diese Ver-

---

(456) S.o. C IV 2.

(457) Artikel bzw. §§ ohne Angabe des Abkommens bzw. des Gesetzes sind im folgenden solche der jeweils besprochenen Konvention bzw. des besprochenen Gesetzes, hier: Konvention zur Verhütung und Bekämpfung des Terrorismus vom 16.11.1937.

pflichtung hat eine gegenüber dem Vorentwurf gebotene erweiterte Fassung erhalten. In Art. 12 des Avant-Projet de Convention internationale pour la répression du terrorisme war die o.a. Verpflichtung noch auf Taten von Ausländern beschränkt; er lautete: "Chacune des hautes parties contractantes doit prendre sur son territoire les mesures appropiées en vue de prévenir, de la part des étrangers, tout activité contraire au but indiqué par l'article premier de la présente convention."
Die Beschränkung auf Taten von Ausländern kann damit erklärt werden, daß die Väter des Vorentwurfs mit der internationalen Konvention den internationalen Terrorismus bekämpfen wollten; wie in Art. 1 zum Ausdruck kommt, geht es um die Bekämpfung des Terrorismus, der gegen einen anderen Staat gerichtet ist. Regelfall ist, daß ein ausländischer Staat von seinen eigenen Angehörigen - aus der Sicht des Drittstaates also Ausländern - bekämpft wird, so daß deren Taten primäres Regelungsobjekt der Konventionen sein sollten. Im Hinblick darauf, daß eine Beschränkung auf diesen Zielbereich den internationalen Verflechtungen des Terrorismus, der gegenseitigen Unterstützung von Terroristen verschiedener Staaten, jedoch nicht gerecht wird, ist die Letztfassung von Art. 12 zu begrüßen, der keine Beschränkung auf Akte von Ausländern enthält.

Konkretisiert wird Art. 12 in den nachfolgenden Bestimmungen.

Gemäß **Art. 13** sind der Besitz, die Weitergabe und Verteilung der meisten Feuerwaffen und von entsprechender Munition sowie von Explosivstoffen gesetzlich zu regeln; Verstöße sind unter Strafe zu stellen.

Feuerwaffen sind zudem vom Hersteller individuell zu kennzeichnen.

Art. 14 verpflichtet die Vertragsparteien im Hinblick auf die Bedeutung gefälschter Personalpapiere für die Vorbereitung von Terrorakten, die sich auch bei dem die Konventionsberatungen auslösenden Attentat von Marseille gezeigt hatte(458), folgende Handlungen mit Strafe zu bedrohen, ohne Unterschied, ob es sich um in- oder ausländische Dokumente handelt:

"1. Doivent être punis:
a) Tous les faits frauduleux de fabrication ou d'altération de passeports ou autres documents équivalents;
b) Le fait d'introduire dans le pays, de se procurer ou de détenir de tels documents qui sont faux ou falsifiés, sachant qu'ils le sont;
c) Le fait de se faire délivrer de tels documents sur déclarations ou pièces fausses;
d) L'usage fait sciemment de tels documents faux ou falsifiés ou établis à une autre identité que celle du porteur.
2. Doit être réprimé le fait de la part des fonctionnaires compétents de délivrer sciemment des passeports, autres documents équivalents ou visas, en vue de favoriser une activité contraire au but visé par la présente Convention, à des personnes sachant qelles ont pas le droit, conformément aux lois ou règlements, d'obtenir lesdits documents ou visas."

Art. 15 bestimmt schließlich, daß in jedem Vertragsstaat eine Zentralstelle zu errichten ist, die die Untersuchungsergebnisse zu den in Art. 2 f. genannten terroristischen Akten wie auch Verstöße gegen vorerwähnten Art. 14, sofern sie mit der Vorbereitung von terroristischen Akten in Zusammenhang stehen, zusammenfaßt. Diese Zentralstellen sollen nicht nur mit den Polizeibehörden und Gerichten des eigenen Landes, sondern auch den ihr entsprechenden Zentralstellen in anderen Ländern in

(458) Roux, S. 103 f.

Kontakt stehen. Ihnen obliegen gemäß **Art. 16** umfangreiche Berichtspflichten, die jedoch durch die einschränkende Wendung "dans les limites ou il le jugera désirable" 'verwässert' werden. Im einzelnen umfaßt die Berichtspflicht:

"a) Tout acte prévu par les articles 2 et 3, même s'il est encore à l'état de projet; cette notification sera accompagnée de descriptions, de copies ou de photographies;
b) Les recherches, poursuites, arrestations, condamnations, expulsions de personnes s'étant rendues coupables d'actes visés par la présente Convention, ainsi que le déplacement de ces personnes et tous renseignements utiles, notamment leurs signalement, empreintes digitales et photographies;
c) La découverte des écrits, armes, engins ou autres objets se rapportant aux actes prévus par les articles 2, 3, 13 et 14."

Im Gegensatz zur oben genannten Pflicht zur Erteilung von Auskünften ist die in **Art. 17** geregelte Verpflichtung, Rechtshilfe zu leisten, zwingender Natur.
Auch ist bei Letztgenannter - nicht hingegen bei Erstgenannter - der Übermittlungsweg detailliert bestimmt.
Insbesondere ist bei ersterer nicht geregelt, ob Informationen auch oder nur zwischen den zentralen Dienststellen der verschiedenen Länder übermittelt werden können. Von einer entsprechenden Regelung wurde im Hinblick auf die politischen Implikationen und um die fortschreitende Entwicklung der Zusammenarbeit zwischen den Staaten nicht zu gefährden, abgesehen(459).
Daß jedenfalls der diplomatische Weg wegen des damit verbundenen Zeitverlustes bei der Übermittlung schwerfällig ist, läßt eine Regelung wünschenswert erscheinen, die die Möglichkeit unmittelbarer Informierung eröffnet.

(459) Roux, S. 114 f.

bb) Konventionsregelungen mit (überwiegend) repressivem Charakter

In den Bereich der Regelungen mit (überwiegend) repressivem Chrakter fällt zum ersten die Pflicht zur Schaffung von Straftatbeständen.
Im einzelnen sollen gemäß **Art.** 2 folgende Handlungen mit Strafe bedroht werden.

"(1) Les faits intentionnels dirigés contre la vie, l'intégrité corporelle, la santé ou la liberté:
a) Des chefs d'Etat, des personnes exercant lex prérogatives du chef d'Etat, de leurs successeurs héreditaires ou désignés;
b) Des conjoints des personnes ci-dessus énumérées;
c) Des personnes revêtues de fonctions ou de charges publiques lorsque ledit fait a été commis en raison des fonctions ou charges que ces personnes exercent.
(2) Le fait intentionnel consistant à détruire ou à endommager des biens publics ou destinés à un usage public qui appartiennent à une autre haute Partie contractante ou qui relèvent d'elle.
(3) Le fait intentionnel de nature à mettre en péril des vies humaines par la création d'un danger commun.
(4) La tentative de commettre les infractions prévues par les dispositions ci-dessus du présent article.
(5) Le fait de fabriquer, de se procurer, de detenir ou de fournir des armes, munitions, produits explosifs ou substances nocives en vue de l'exécution, en quelque pays que ce soit, d'une infraction prévue par le présent article."

Einschränkungen enthält die genannte Verpflichtung insofern, als sie sich gemäß **Art.** 3 nur auf Handlungen bezieht, die auf dem Gebiet des verpflichteten Staates gegen andere am Vertrag beteiligte Staaten begangen werden. Diese zweifache Einschränkung in einem völkerrechtlichen Vertrag ist insofern folgerichtig, als keine Veranlassung besteht, einen Staat vertraglich zu verpflichten, auf seinem Gebiet und gegen ihn selbst begangene Handlungen zu pönalisieren. Hieran ist er von sich aus interessiert; auch fehlt der internationale Bezug. Sie ist jedoch nicht gerechtgertigt, soweit auf fremdem Staatsgebiet begangene Handlungen nicht unter Strafe gestellt werden sollen. Denn hierdurch ergibt sich eine Strafbarkeitslücke für den Fall, daß dem Täter die Flucht ins Ausland gelingt und er nicht zwingend auszuliefern ist. Bereits der Wortlaut des Art. 8 ff. der Konvention zeigt, daß auch die Konvention die Auslieferung nicht zwingend vorschreibt. Für den vorgenannten Fall trifft jedoch Art. 8 Ziff. 3 die gebotene Sonderregelung.

Eine Erweiterung erfährt o.g. Verpflichtung durch Art. 3, nach dem als Teilnahmehandlungen i.w.S. zu den in Art. 2 aufgeführten Delikten unter Strafe zu stellen sind,

"(1) ... l'entente en vue de l'accomplissement de tels actes;
(2) instigation à de tels actes, lorsqu'elle a été suivie d'effet;
(3) L'instigation directe publique aux actes prévus par les numéros 1, 2 et 3 de l'article 2, qu'elle soit ou non suivie d'effet;
(4) La participation intentionnelle;
(5) Toute aide donnée sciemment en vue de l'accomplissement d'un tel acte."

Die Strafbarkeit dieser Handlungen ist gemäß Art. 3 Abs. 1 unabhängig vom Tatort der Haupttat.

Entsprechendes gilt für die nach Ziff. (1) ebenfalls zu pönalisierende "association ... en vue de l'accomplissement de tels actes". Mit der Einbeziehung von Vereinigungen, die sich zusammengetan haben, um Straftaten i.S.v. Art. 2 zu begehen, verpflichtet die Konvention, ein Verhalten zu pönalisieren, das im Vorfeld der Verletzung höchster Rechtsgüter liegt. Das Unbehagen, das hierbei aufkommen mag, erscheint mir letztlich nicht begründet. Der Terrorismus stellt eine Erscheinungsform kriminellen Verhaltens dar, die auf längerfristigen systematischen Kampf angelegt ist. Der Kampf in einer Gruppe ist ein Charakteristikum des Terrorismus. Der Zusammenschluß in einer Gruppe festigt den Entschluß zu agieren; die Aktionsgefahr steigt. Es entsteht zudem eine ständige, latente Gefahr von Rechtsgutverletzungen. Außerdem steigt die Gefährlichkeit der Handlungen von Gruppen, da zusätzlich zu den intendierten Delikten auch andere mit dem Ziel des Erhalts und der Tarnung des Zusammenschlusses begangen werden. Diese Momente[(460)] rechtfertigen m.E. die Vorverlagerung des Rechtsgut-Schutzes durch Pönalisierung der Bildung terroristischer Vereinigungen.

Art. 4 ergänzt Art. 3 dahin, daß in solchen Staaten, die die selbständige Strafbarkeit der Teilnahme nicht kennen, o.g. Teilnahmehandlungen als selbständige Strafttaten zu behandeln haben.

Bezüglich des Strafmaßes beinhaltet die Konvention lediglich allgemeine Bestimmungen[(461)]:
Gemäß **Art. 5** hat die vorgesehene Strafe unabhängig davon zu sein, gegen welchen Staat sich der Akt richtet.
Soweit Staaten Strafverschärfungen wegen Rückfalls auch dann vorsehen, wenn eine der den Rückfall begründenden Straftaten im Ausland begangen ist, muß dies gemäß **Art. 6** auch für Verurteilungen wegen der in Art. 2 und 3 genannten Delikte gelten, die von einem ausländischen Gericht in einem der Vertragsstaaten erfolgte.

Einen weiteren abgeschlossenen Regelungskomplex enthalten Art. 8 - 11 und der bereits erwähnte

---

(460) Ausführlich hierzu s. Langer-Stein, S. 150 ff.
(461) S. auch Art. 19 und Art. 11 Ziff. 2.

Art. 17 der Konvention: Rechtshilfefragen.

cc) Konventionsregelungen von Problemen der internationalen Rechtshilfe

Art. 17 trifft detaillierte Regelungen der Rechtshilfe und des dabei zu beachtenden Verfahrens.
Hier gilt, daß die vertragsschließenden Parteien "sont tenues d'exécuter les commissions rogatoires.....", die sich auf Straftaten der in der Konvention genannten Art beziehen. Diese umfängliche Verpflichtung der Vertragsparteien wird eingeschränkt durch die Vorbehalte, daß sie nur gilt "selon leur législation nationale, leur pratique en cette matière et les conventions conclues ou à conclure".
Entsprechend wie bei der Regelung der Auslieferung stellt sich die Frage, ob von dieser Schranke auch Delikte erfaßt werden, die der jeweilig betroffene Staat als politisch ansieht. Hierauf soll im Zusammenhang mit den nachfolgend dargestellten, die Auslieferung betreffenden Bestimmungen eingegangen werden.
Fortschrittlich sind die Bestimmungen zu dem zu beachtenden Verfahren: Sie sehen vor, daß die Übermittlung der Rechtshilfeersuchen auch möglich sind "par voie de communication directe entre les autorites iudiciaires"(462).

Neben der vorerwähnten Verpflichtung zur Leistung von Rechtshilfe behandeln noch Art. 8 bis 11 ein spezielles Rechtshilfeproblem: die Auslieferung.
Art. 8 Ziff. 1 bestimmt, daß die in Art. 2 und 3 genannten Delikte als in bestehenden oder zukünftigen Auslieferungsverträgen zwischen Vertragsparteien eingeschlossen zu betrachten sind. Damit wird

(462) Vgl. aber auch Roux, S. 114.

keine Pflicht zur Auslieferung begründet. Vielmehr werden die in Art. 2 und 3 genannten anderen Straftaten gleichgestellt, hinsichtlich der die Auslieferung vertraglich geregelt ist, so daß sich die Auslieferungshindernisse aus dem Vertrag selbst ergeben. Art. 8 Abs. 4 stellt die Auslieferung weitergehend unter die Bedingung, daß sie Recht und Praxis des ersuchten Staates nicht widersprechen dürfe. Ein "wirksames" Gebot auszuliefern ist damit schon im Hinblick auf die dargestellte Auslieferungsausnahme des politischen Delikts nicht geschaffen.

Entsprechendes gilt für Art. 8 Ziffer 2, der die Auslieferungsbeziehungen zwischen Vertragsstaaten betrifft, die ohne Bestehen eines entsprechenden Vertrages ausliefern.
Art. 8 Ziff. 3 erweitert den Geltungsbereich o.a. Regelungen. Er ist gemäß Ziffer 1 und 2 von Art. 8 auf Taten im Sinne der Art. 2 und 3 beschränkt - also solche, die auf dem Gebiet eines Landes gegen einen anderen Staat begangen wurden. Art. 8 Ziffer 3 gebietet zusätzlich, auch solche Taten als auslieferungsfähige anzusehen, die in dem Land begangen worden sind, gegen das sie gerichtet sind. Damit erst kann auch in jedem Fall ein aus dem Tatortstaat flüchtender Terrorist von letzterem verfolgt werden.
Dieser Klarstellung bedurfte es, da - wie dargelegt - Art. 2 und 3 bei terroristischen Handlungen ohne unmittelbaren internationalen Bezug keine Pflicht zur Pönalisierung konstitutieren.
In Ergänzung vorstehender Bestimmungen verpflichtet zum ersten **Art. 9** diejenigen Staaten, die ihre eigenen Staatsangehörigen nicht ausliefern, letztere selbst strafrechtlich zu verfolgen - wenn sie nicht

in entsprechenden Fällen auch die Auslieferung eines Ausländers verweigern würden - und
zum zweiten regelt Art. 10 dem entsprechend die Fälle, in denen Ausländer nicht ausgeliefert werden.

Die Bestimmungen von Art. 9 und 10 werden in Art. 11 Ziffer 1 entsprechend jener in Art. 8 Ziffer 3 erweitert.
Ziffer 2 von Art. 11 trifft eine Regelung zur Strafhöhe:

"En ce qui concerne l'application des articles 9 et 10, les Hautes Parties contractantes n'assument pas l'obligation de prononcer une peine dépassant le maximum de celle prévue par la loi du pays où l'infraction a été commise."

Ob und inwieweit mit dem Regelungskomplex der Art. 8 ff. ein Einbruch in das Recht zur Nichtauslieferung politischer Täter geschaffen wurde, ist jedoch zweifelhaft(463).
Ein Einfallstor für die Berücksichtigung des politischen Charakters könnte nämlich Art. 8 Ziffer 4 darstellen, wonach "l'obligation d'extrader en vertu du présent article est subordonnée à toute condition et restiction admises par le droit ou la pratique du pays auquel la demande est adressée."
Dafür spricht, daß sich entsprechende Regelungen auch in späteren Auslieferungsfragen regelnden Verträgen wieder finden und für diese eine unbedingte Pflicht zur Auslieferung ohne Rücksicht auf den politischen Charakter der Tat verneint wird(464).
Andererseits hätte eine demgemäße Auslegung zur Folge, daß nicht nur die "Auslieferungspflicht" bedingt wäre(465), sondern ebenso in Art. 10 keine Pflicht zur stellvertretenden Strafverfolgung statuiert wäre.

---

(463) Zeitgenössische Kommentierungen der Konvention schenken diesem Problem keine Berücksichtigung; s. z.B. Pella, S. 420 ff.
(464) Stein, S. 121, 162 ff.
(465) Davon gehen aus De Schutter, S. 386 sowie Zlataric, S. 478 und Lacoste, S. 39.

Denn gehörte der politische Charakter einer Tat zu den gemäß Art. 8 Ziffer 4 zu berücksichtigenden "condition et restriction par le droit ou la pratique" des um Auslieferung ersuchten Staates, wäre sie folgerichtig auch im Rahmen des Art. 10 Buchst. a zu berücksichtigen, der nur dann eine Pflicht zur stellvertretenden Strafverfolgung begründet, wenn die Auslieferung scheiterte "pour une raison étrangère au fait même". Die Konvention hätte mithin die erwünschte Pflicht zu Auslieferung oder stellvertretender Strafverfolgung nicht vollständig begründet(466); sie würde in diesem Bereich keinen echten Fortschritt darstellen.

Unterstellt man, ein solcher sei (übereinstimmend) beabsichtigt gewesen, so müßte Art. 8 Ziffer 4 dahin ausgelegt werden, daß die "condition et restriction par le droit ou la pratique" nur andere Schranken erfaßt als die Auslieferungsausnahme bei politischen Delikten. Hierfür spricht, daß die Konvention zum Ziel hatte zu vermeiden, daß sich die die Konventionsberatungen auslösenden Ereignisse ähnlich wiederholten: das Attentat von Marseille und die Nichtauslieferung der Täter. Diese These ist jedoch überaus fragwürdig, da ein Teil der auf der Konferenz vertretenen Staaten die Möglichkeit, die Auslieferung zu verweigern, für den Fall gewahrt wissen wollte, daß der um Auslieferung ersuchte Staat die Tat als politisches Delikt ansieht(467); auch diese Staaten aber nahmen nach kontroversen Diskussionen Art. 8 unverändert an. Das spricht eher für die herrschende Meinung(468), daß die Konvention die Pflicht zu Auslieferung und ggf. stellvertretender Strafverfolgung nur für nichtpolitische Delikte begründet.

---

(466) Dieser Auffassung folgt Dugard, AJIL 67 (1973) Nr. 5, S. 95; ebenso: Lacoste, S. 38.

(467) S. Mosler, ZaöRV 8 (1938), S. 100, 102.

(468) A.a.O.; Bettati, S. 24; Lacoste, S. 39; offengelassen bei Stein, S. 120 ff.

Die Pflicht zu stellvertretender Strafverfolgung von Auslandstaten von Ausländern ist zudem gemäß Art. 10 Buchst. b und c eingeschränkt. Danach ist sie davon abhängig, daß Zufluchtsland und Herkunftsland des Ausländers "la compétence de ses juridictions à l'égard d'infractions commises par des étrangers à l'étranger" anerkennen.
Da bis heute die Anwendbarkeit nationalen Strafrechts auf Taten von Ausländern im Ausland den Ausnahmefall darstellt, stellen auch Art. 10 Buchst. b und c ganz erhebliche Einschränkungen der Verpflichtung zu stellvertretender Strafverfolgung dar.

c) <u>Bewertung</u>

Betrachtet man neben dem bereits hervorgehobenen Erfolg, eine - wenn auch wenig befriedigende - Definition des Terrorismus erreicht zu haben, die einzelnen Bestimmungen der Konvention, so stellt man fest, daß sie auf den ersten Blick zahlreiche scheinbare Selbstverständlichkeiten regelt: Dies gilt

- für die allgemeinste der Verpflichtungen, die aus Art. 12 zur Verhütung terroristischer Akte, die gegen einen anderen Staat gerichtet sind, wie auch diejenige,
- die unechte Ausweispapiere betrifft, als auch
- die zur Pönalisierung "schwerer" Körperverletzungen und Freiheitsberaubungen (die zudem nur für einen bestimmten Personenkreis vorgeschrieben ist) und der anderen in Art. 2 genannten Taten, schließlich auch für
- die allgemeine Verpflichtung zur Leistung von Rechtshilfe.

Wegen ihres mehr oder weniger selbstverständlichen Charakters scheint eine Konvention, die sich darauf beschränkt, allein diese Bereiche zu regeln, keine herausragende Bedeutung erlangen zu können.
Diese Betrachtungsweise wird der Konvention aber aus zumindest drei Gründen nicht gerecht.

Erstens: Die Bestimmung des Art. 12 stellt erstmals vertraglich die völkerrechtliche Pflicht fest, daß ein Staat in seinem Machtbereich die Maßnahmen treffen muß, die erforderlich sind, damit ein anderer Staat nicht durch im Ausland geplante und geduldete terroristische Akte geschädigt wird. Es hatte sich die Erkenntnis durchgesetzt, daß - wie Roux noch auf Ausländer beschränkend(469) schreibt - "Supporter que sur son territoire des conjurés s'arment librement contre les autorités de leur patrie, c'est indirectement se reconnaître le droit de s'immiscer dans les affaires intérieures de ce pays, de juger les institutions qu'il est données ou qu'il a acceptées, c'est violer le pact social qui unit les nations entre elles et par conséquent agir contre le droit des gens."

Zweitens: Die vorgesehene Verpflichtung zur Pönalisierung bestimmter Handlungen betrifft solche, die sich aus der Sicht des Tatortstaates gerade gegen einen ausländischen Staat richten. Auch diese Bestimmung der Konvention ist damit deutlicher Beleg für eine zunehmende Solidarität zwischen den Staaten. Sie hatten sich nicht hinter nationalen Egoismen versteckt; eine Tat mit politischem Bezug hatte und hat wohl auch heute noch eine besonders konsequente Strafverfolgung zur Folge, wenn sie gegen die politische Ordnung des Tatortstaates gerichtet ist. Das Interesse an konsequenter

(469) Roux, S. 115.

Strafverfolgung schwindet, soweit eine terroristische Handlung sich gegen die politische Ordnung eines ausländischen Staates richtet, mit größer werdender politischer Distanz zu diesem Staat. Diesem Phänomen wirkt die Konvention entgegen. Sie ist Ausdruck der Erkenntnis, daß die Bekämpfung des internationalen Terrorismus im Interesse nicht nur des einzelnen jeweils betroffenen Staates, sondern aller Staaten liegt.

Bedenken sind allerdings wegen der Einschränkung des von Art. 2 Ziffer 1 geschützten Personenkreises angebracht.

Man war der Auffassung, daß es sich hierbei um den am stärksten gefährdeten handelt(470). Für die heutige Zeit gilt das jedoch nur noch bedingt. Insbesondere der in Art. 2 Ziff. 1 Buchst. a und b genannte Personenkreis erfährt solche Personenschutzmaßnahmen, daß er in den westlichen Industriestaaten - insbesondere in den europäischen Ländern - in den letzten Jahren kaum mehr unmittelbares Ziel von Anschlägen war. Diese richteten sich vielmehr ganz überwiegend gegen die sogenannte "zweite Ebene"(471) oder Repräsentanten der Wirtschaft(472).

Auch schon während der Beratungen zu der Konvention waren Bedenken gegen die einschränkende Fassung von Artikel 2 Ziffer 1 laut geworden. Die Idee, dem dort genannten Personenkreis "les persones privées en raison de l`attitude de celles-ci" gleichzustellen, konnte sich jedoch nicht durchsetzen(473).

Insbesondere hinsichtlich Buchstabe a und b orientierte sich die Konvention vielmehr an völkergewohnheitsrechtlich bestehenden besonderen Ver-

(470) Roux, S. 112.

(471) Beispielhaft sei hier das Attentat der "Roten Armee Fraktion" am 10.10.1986 auf Ministerialdirektor Dr. von Braunmühl in Bonn genannt.

(472) Erinnert sei insoweit an die Attentate der "Roten Armee Fraktion" auf Dr. Zimmermann am 01.02.1985 und Prof. Beckurts am 09.07.1986.

(473) Roux, S. 112.

pflichtungen gegenüber "internationally protected persons"(474).

Drittens: Der Wille der Staaten zur internationalen Zusammenarbeit wird auch deutlich bei den die Rechtshilfe betreffenden Bestimmungen, hier speziell bei den die Auslieferung betreffenden, auch wenn Art. 8 der Konvention keine unbedingte Pflicht zur Auslieferung begründet, namentlich keine von politischem Charakter der in Art. 2 und 3 aufgeführten Delikte unabhängige.
Die Staaten haben mit der Annahme des Regelungskomplexes zum Auslieferungsrecht das seinerzeit im Völkerbund politisch Mögliche erreicht und - wenn auch die Auslieferungsausnahme bei politischen Delikten nicht die notwendige Einschränkung gefunden hat - zumindest ein erstes Zeichen gesetzt.
Dieses Zeichen ist ungehört geblieben. Zwar haben 24 Staaten die Konvention gezeichnet und zu ihrem Inkrafttreten waren nur drei Ratifikationen erforderlich (Art. 26 Abs. 1). Sie trat dennoch nie in Kraft, da lediglich Indien die Konvention ratifiziert hat - lt. N.K. Nawaz nur deshalb, weil die damalige britische Regierung Indiens die von Gandhi angeführte Freiheitsbewegung unterdrücken wollte(475).
Über die Gründe für diesen Mißerfolg ist vielfach spekuliert worden; genannt werden neben allgemeingeschichtlichen Gründen - dem Ausbruch des zweiten Weltkrieges(476) - auch inhaltliche Gründe "the Convention's highly particularised fixation upon crimes against heads of state and their immediate families"(477) und der (vermeintliche) "Einbruch in das durch Gewohnheits- und Vertragsvölkerrecht

(474) S. hierzu Rozakis, ICLQ, 23, 1974, S. 32 ff.
(475) Wiedergegeben bei Lacoste, S. 19 FN 40; Mexiko beabsichtigte, lt. Oehler, Internationales Strafrecht, Rz. 1068, im Jahr 1939 der Konvention mit Vorbehalt beizutreten.
(476) Stein, S. 122.
(477) Mc Whinney, S. 130.

gewährleistete Recht zu Nichtauslieferung politischer Verbrecher" bzw. "die Unsicherheit über die Auswirkungen der Konvention auf das politische Delikt"(478). Spekulationen über die näheren Gründe erscheinen müßig.

Die Arbeiten des Völkerbundes und die Genfer Konvention zur Verhütung und Bekämpfung des Terrorismus können keine abschließende Bewertung erfahren, ohne Kenntnis einer zweiten, ebenfalls am 16.11.1937 von der Konferenz im Rahmen des Völkerbundes verabschiedeten Konvention, derjenigen über die Gründung eines Internationalen Strafgerichtshofes.

2. Die Konvention über die Gründung eines Internationalen Strafgerichtshofes vom 16.11.1937

Die Entstehungsgeschichte der "Convention pour la création d'une Cour Pénale Internationale", der Konvention über die Gründung eines Internationalen Strafgerichtshofes vom 16.11.1937(479), ist eng verbunden mit derjenigen der Konvention zur Verhütung und Bekämpfung des Terrorismus vom gleichen Tage.

a) Ausgangslage/historischer Hintergrund

Die Konvention über die Gründung eines Internationalen Strafgerichtshofes vom 16.11.1937 geht ebenso wie diejenige zur Verhütung und Bekämpfung des Terrorismus auf eine Initiative Frankreichs nach dem Marseiller Attentat gegen König Alexander I. von

(478) Stein, S. 121 f.

(479) Völkerbund Drs. C. 547. M. 384, 1937, V.; S.D.N., J.O. 1938, S. 36 ff.; (nur englische Fassung:) Alexander/Browne, S. 31 ff. Eine "offizielle" Übersetzung der Konvention in die deutsche Sprache ist nicht bekannt. Deren Fehlen dürfte verantwortlich sein für die abweichende Bezeichnung der Konvention durch das Europäische Parlament: "Konvention zur Einsetzung eines Internationalen Gerichtshofs für Strafsachen".

Jugoslawien und den französischen Außenminister Barthou im Jahr 1934[(480)] zurück.
Die Arbeiten an der Konvention waren also nicht unmittelbare Folge der bereits zu Beginn unseres Jahrhunderts einsetzenden[(481)] - und bis heute nicht abgerissenen[(482)] - Diskussionen um die Errichtung eines Internationalen Strafgerichtshofes[(483)]. Sie konnten jedoch auf den Vorarbeiten namhafter Wissenschaftler und einer Reihe internationaler Vereinigungen[(484)] aufbauen[(485)].
Konkreter Ausgangspunkt für die 1935 aufgenommenen Beratungen waren die am 09.12.1934 vom französischen Außenminister Laval dem Generalsekretariat des Völkerbundes übermittelten "Bases pour la conclusion d'un accord international en vue de la répression de crimes commis dans un but politique"[(486)], die in ihrem Teil B bereits wesentliche Grundgedanken enthielten: Dem internationalen Strafgericht sollte nicht die Aufgabe zukommen, über Rechtsbrüche der Staaten gegen die internationale Rechtsordnung zu entscheiden. Vielmehr sollte es sich um eine Instanz handeln, die über solche Rechtsbrüche von Individuen entscheidet, die

---

(480) S.o. C IV 2 a.

(481) Auch der Völkerbund hatte sich bereits 1920 mit Überlegungen zur Gründung eines Internationalen Strafgerichtshofes befaßt. S. Gretschaninow, ZaöRV 1935, S. 182; Pella, S. 424 ff.; Grebing, GA 1976, S. 48 m.w.N.

(482) S. Bonner General-Anzeiger vom 01.02.1988; De Schutter, Prospective Study ..., S. 255 f.; Jescheck, GA 1981, S. 49 ff. (59 ff.); Mueller, S. 107 ff.

(483) Einen Überblick über aktuelle und auch ältere Bestrebungen mit dem Ziel der Gründung eines Internationalen Strafgerichtshofes geben Grebing, GA 1976, S. 97 ff. und L. Kos-Rabcewicz Zubkowski in: Bassiouni, International Terrorism..., S. 519 ff. jeweils m.w.N.

(484) Vgl. insbesondere Gretschaninow, ZaöRV 1935, S. 182 ff. und Grebing, GA 1976, S. 98 ff. sowie Zubkowski in: Bassiouni: International Terrorism ..., S. 519 ff.

(485) Roux, S. 99 f.; Gretschaninow, ZaöRV 1935, S. 182 ff.

(486) S.o. C IV 2 b.

einen terroristischen Akt darstellen[487].
Die "Bases" gingen folgerichtig davon aus, daß die Regelungen zur Gründung eines Internationalen Strafgerichtshofes Teil der "Terrorismus-Konvention" würden; ein besonderes Abkommen war nicht vorgesehen. Dem entsprechend sind im "Avant-projet de Convention Internationale pour la Répression du Terrorisme"[488] die Regelungen über "organisation et fonctionnement de la Cour Pénale Internationale" - trotz "Meinungsverschiedenheiten darüber, ob die Errichtung eines internationalen Strafgerichtshofes grundsätzlich wünschenswert und gegenwärtig opportun sei"[489] - enthalten (als Art. 19 ff.).[490]
Diese Verbindung beider Konventionen zeigt sich in Art. 49 und 50 der Konvention über die Gründung eines Internationalen Strafgerichtshofes. Unterzeichnung bzw. späterer Beitritt sind danach von der Annahme der Konvention zur Verhütung und Bekämpfung des Terrorismus abhängig.

b) Wesentlicher Regelungsgehalt der Konvention

Die Konvention sieht die Gründung eines Internationalen Strafgerichtshofes als ständige Körperschaft mit Sitz in Den Haag vor, Art. 1, 3, 4, 25. Dem Gerichtshof sollen fünf ordentliche und fünf

---

(487) Lt. Pella, S. 430, sollte es sich um eine 'erste Stufe' zur Verwirklichung internationaler Strafgerichtsbarkeit handeln.
(488) Abgedruckt bei Roux, S. 120 ff.
(489) S. Mosler, S. 100.
(490) Allerdings ist dieser zweite Teil nicht durchgehend von der ganzen Kommission des Völkerbundes erarbeitet worden - insoweit ungenau Oehler, Internationales Strafrecht, Rz. 1068 -, sondern ausweislich der Note Préliminaire (abgedruckt bei Roux, S. 125) im Avant-Projet de Convention zunächst nur von den Delegierten Belgiens, Spaniens, Frankreichs und Rumäniens (vgl. auch Mosler, S. 100).

stellvertretende Richter - alle unterschiedlicher Nationalität - angehören (Art. 6), deren Qualifikation in Art. 5 näher geregelt ist(491).
Ihre Auswahl erfolgt nach Vorschlag von je zwei Kandidaten durch die dem Abkommen beigetretenen Staaten durch den ständigen Internationalen Gerichtshof, Art. 7. Sie werden für zehn Jahre gewählt, Art. 10(492).
Die Mitglieder des Internationalen Strafgerichtshofs genießen die diplomatischen Vorrechte und Immunitäten, Art. 9.

Die Zuständigkeit des Internationalen Strafgerichtshofes umfaßt Verfahren gegen Personen, die wegen einer der in der Konvention zur Verhütung und Bekämpfung des Terrorismus genannten Straftaten angeklagt sind, Art. 1. Irrelevant ist, ob der Täter Angehöriger eines Vertragsstaates der Konvention ist oder der angegriffene Staat Vertragsstaat ist. Die Konvention über die Gründung eines Internationalen Strafgerichtshofes enthält insoweit keine Zuständigkeitsbeschränkungen. Auch nach allgemeinem Völkerrecht bestehen solche nicht. Der ergreifende Staat könnte den Terroristen gemäß internem Recht vor seine Gerichte bringen. Es besteht kein Grund, ihm zu verwehren, den Tatverdächtigen stattdessen vor einem internationalen Gericht anzuklagen(493).

Das Gericht wird tätig aufgrund einer Anklage eines Staates, Art. 2, 25. Bis dahin stellt sich das Verfahren als ein "rein nationales" dar.
Die Einrichtung einer internationalen Anklagekammer

(491) Es muß sich um Personen mit anerkannter Sachkenntnis auf dem Gebiet des Strafrechts handeln, die Richter eines Strafgerichts sind, gewesen sind oder die in ihrem Land die zur Ernennung zum Richter an einem Strafgericht erforderlichen Voraussetzungen erfüllen.

(492) Die Ersetzung von Richtern ist in Art. 10-13 geregelt. S. hierzu Pella, S. 437.

(493) Pella, S. 434 f.

- laut Grebing[494] im Rahmen aktueller Überlegungen zur Gründung eines internationalen Strafgerichts nach "allgemeiner Ansicht" geboten[495] - ist in der Konvention nicht vorgesehen.
Der anklagende Staat kann sich mit einer Anklage vor dem Internationalen Strafgerichtshof der in der Konvention zur Verhütung und Bekämpfung des Terrorismus eingegangenen Verpflichtung, bestimmte Taten selbst strafgerichtlich zu verfolgen oder wegen dieser Taten auszuliefern[496] entledigen. An die Stelle eigener strafgerichtlicher Verfolgung oder Auslieferung tritt die Verpflichtung, die Anklage zu führen, wenn nicht das Land, gegen das die Tat gerichtet war oder auf dessen Boden sie verübt worden ist, die (weitere) Verfolgung übernimmt, Art. 25 Abs. 3.
Das Gericht ist hinsichtlich angeklagter Person und angeklagter Tat an die Anklage gebunden; es richtet in der Besetzung von fünf Richtern, Art. 18[497] nach einer von ihm selbst erlassenen Verfahrensordnung, Art. 15.
Verfahrensmäßig regelt die Konvention nur Grundzüge: den Grundsatz der Öffentlichkeit der Sitzungen, die Vertraulichkeit der Beratungen, das Prinzip der Mehrheitsentscheidung und die Pflicht, Entscheidungen zu begründen und in öffentlicher Sitzung zu verkünden, Art. 35 bis 38.
Bei der Erhebung von Beweisen ist das Gericht nicht an die Anträge der beteiligten Staaten gebunden, Art. 32. Auch entscheidet es selbständig über Anordnung und Fortdauer der Untersuchungshaft, Art. 31.

---

(494) GA 1976, S. 111.
(495) Sie wird z.B. gefordert vom Abgeordneten Coste-Floret im Europäischen Parlament, EP-Dokument 2-1324/84 und Sitzungsdokumente 1989-90 vom 02.05.1989, Serie A, Dokument A 2-0155/89, S. 27.
(496) Art. 2, 3, 9 und 10 Konvention zur Verhütung und Bekämpfung des Terrorismus.
(497) Diese dürfen sämtlich vorher nicht mit der Sache befaßt gewesen sein, Art. 19.

Schutzbestimmungen zugunsten des Angeklagten enthalten Art. 29 und 34; der Angeklagte muß von einem Anwalt - ggf. einem Pflichtverteidiger - verteidigt werden. Dieser hat ebenso wie die Vertreter der beteiligten Staaten das Recht zur Anwesenheit bei Verhören, Zeugen- und Sachverständigenvernehmungen sowie Gegenüberstellungen.
Bei seiner Entscheidungsfindung berücksichtigt das Gericht das Gesetz des Landes, auf dessen Gebiet die Tat begangen worden ist, und das des anklagenden Staates; das mildere wendet es an, Art. 21.
Gegen die Urteile des Gerichts ist Revision zulässig; deren Voraussetzungen hat das Gericht zu regeln, Art. 43.
Die Vollstreckung der gerichtlichen Entscheidungen über Einziehung, Rückerstattung und Schadensersatz erfolgt durch den Staat, in dem sich das betroffene Vermögen befindet, nach Maßgabe des Landesrechts, Art. 39.
Freiheits- und Todesstrafen sind durch den vom Gericht - mit dessen Zustimmung - gewählten Staat zu vollstrecken, Art. 40. Der anklagende Staat kann diese Zustimmung nicht verweigern.
Todesstrafen kann der zur Vollstreckung berufene Staat in die nach seiner Gesetzgebung höchst zulässige Freiheitsstrafe umwandeln, Art. 41.
Auch steht ihm das Begnadigungsrecht zu, vor dessen Ausübung er den Präsidenten des Internationalen Strafgerichtshofes zu konsultieren hat, Art. 42.

c) Bewertung

Entwürfe und Vorschläge für eine internationale Strafgerichtsbarkeit liegen zahlreich vor(498), ohne daß bis heute auch nur ein einziger verwirklicht worden wäre(499). Die Konvention über die

(498) Grebing, GA 1976, S. 48 m.w.N.; Jescheck, GA 1981, S. 59.
(499) Oehler, Rz. 1066.

Gründung eines Internationalen Strafgerichtshofes vom 16.11.1937 wurde sofort von elf Ländern - Belgien, Bulgarien, Spanien, Frankreich, Griechenland, Monaco, Niederlande, Rumänien, Tschechoslowakei, Türkei und Jugoslawien - unterzeichnet. Ratifiziert wurde sie zwar von keinem Staat(500) nicht zuletzt wegen des bald ausbrechenden Weltkrieges. Dennoch kann sie als Teilerfolg gewertet werden; denn mit dieser Konvention gelang bislang das einzige Mal - abgesehen von vereinzelten Sonderfällen(501) - eine Einigung zwischen Staaten über die Gründung eines Internationalen Strafgerichtshofes.

Dies beruht auf der zumindest für einen kleinen Teilbereich von Straftaten gelungenen Lösung der politischen und juristischen - insbesondere verfassungsrechtlichen - Probleme, die von Anbeginn im Mittelpunkt der Überlegungen über die Schaffung eines Völkerstrafrechts und die einer internationalen Strafgerichtsbarkeit standen:

- die Souveränität der Staaten [nachfolgend 1.],

---

(500) Europäisches Parlament, Sitzungsdokumente vom 02.05.1989, Serie A, Dokument A 2-0155/89, S. 25.

(501) Einen solchen Sonderfall stellen nicht nur die nach Kriegsende ad hoc eingesetzten internationalen Militärgerichte von Nürnberg und Tokio dar. Mettgenberg (VuV 1935/36, S. 19) weist auf in Vergessenheit geratene Sonderfälle hin:
- den gemischten Gerichtshof, der in Tanger ab 1924 die internationale Konsulargerichtsbarkeit in Strafsachen ausgeübt hatte,
- die Zentralkommission für die Rheinschiffahrt,
- den von der Regierungs- und Plebiszitkommission für Oberschlesien durch Verordnungen vom 11. März und 25. September 1920 (Amtsblatt für Oberschlesien 1920, S. 22, 81) geschaffenen besonderen Gerichtshof, der als Strafgericht in Oppeln bis zum Frühjahr 1922 tätig gewesen und durch ein
- international zusammengesetztes Außerordentliches Militärgericht (Amtsblatt für Oberschlesien 1922, S. 282) abgelöst worden ist, und
- den Obersten Gerichtshof, den der Regierungsausschuß für das Saargebiet mit internationaler Besetzung in Saarlouis eingerichtet hat (Amtsblatt der Regierungskommission 1921, S. 11, 125; 1933, S. 528).

- die Garantie des gesetzlichen Richters [1. und 2.],
- die Beachtung des Grundsatzes "nullum crimen, nulla poena sine lege" [3.],
- die Notwendigkeit der Definition internationaler Straftaten [4.] und
- die Organisation und das Verfahren des internationalen Gerichts [5.].

1. Die Lösung des Problems der Einschränkung der Souveränität der Staaten durch die Schaffung eines Internationalen Strafgerichtshofs(502) erreichte die Konvention dadurch, daß sie keine obligatorische Kompetenz des Internationalen Gerichtshofs vorsieht, sondern seine Gerichtsbarkeit fakultativ ist.
Die Befassung des Gerichts ist davon abhängig, daß der Staat, der einen eines Delikts gemäß Art. 2, 3, 9 und 10 der Konvention zur Verhütung und Bekämpfung des Terrorismus Verdächtigen festhält, den Verdächtigen vor dem Internationalen Strafgerichtshof anklagt und ihm die Person zur Verhandlung übergibt.
Es liegt im Ermessen des verfolgenden Staates, die Tat selbst gerichtlich zu verfolgen, auszuliefern oder das Verfahren beim Internationalen Strafgerichtshof anhängig zu machen.
Er kann abwägen, welche Alternative die "vorteilhafteste" ist. Die Kriterien für die Ausübung dieses Ermessens müssen jedoch nach deutschem Verfassungsverständnis abstrakt generell fixiert sein, damit dem Gebot des gesetzlichen Richters genüge getan ist(503). Diese Möglichkeit beläßt die Konvention den Vertragsstaaten(504).
Kriterium für die Ermessensausübung könnte z.B. die Gefahr von Pressionen sein, die ein Staat im Falle

---

(502) S. Pella, S. 445 f.
(503) Art. 101 GG; ähnlich schon § 175 Abs. 2 Paulskirchenverfassung von 1849 und Art. 105 Weimarer Reichsverfassung von 1919.
(504) So auch Pella, S. 431.

eines Freispruchs oder zu "geringer" Strafe seitens des angegriffenen Staates oder bei zu "hoher" Strafe seitens der Sympathisanten des festgenommenen Terroristen zu befürchten hat. Auch könnten mögliche "Erpressungsversuche" von Sympathisanten des festgenommenen Terroristen mit dem Ziel, dessen Auslieferung an den angegriffenen Staat zu verhindern, berücksichtigt werden, die weder die gerichtliche Verfolgung durch eigene Gerichte noch die Auslieferung zweckmäßig erscheinen lassen, sondern allein die Anklage vor dem Internationalen Strafgerichtshof(505).

Daß die vorskizzierte Konstellation nicht theoretisch ist, belegt der "Fall Hamadi"(506).

Wählt ein Staat die letztgenannte Alternative, die

---

(505) Alle diese Gesichtspunkte läßt Mettgenberg (VuV 1935/36, S. 21 ff.) bei seiner Kritik an dem Vorhaben der Errichtung eines Internationalen Strafgerichtshofes unberücksichtigt.

(506) Am 13. Januar 1987 wurde auf dem Flughafen Frankfurt/M. der Libanese Mohamad Ali Hamadi festgenommen, der am 14. Juni 1985 ein US-amerikanisches Verkehrsflugzeug nach Beirut entführt hatte. Angehörige der pro-iranischen "Hizb Allah" (Partei Gottes) entführten am 17.01.1987 in Beirut den Leiter der dortigen Niederlassung der Höchst AG Rudolf Cordes, am 21.01.1987 ebendort den Siemens Techniker Alfred Schmidt und am 27.01.1988 den Deutsch-Libanesen R. Schray. Im Mai 1989 wurden in Sidon/Süd-Libanon Mitglieder der deutschen Hilfsorganisation ASME Humanitas entführt.
Ziel aller Entführungen war, Mohamad Ali Hamadi freizupressen. Dieses Ziel wurde nicht erreicht. Einen "Erfolg" konnten die Entführer jedoch insoweit verbuchen, als die Bundesrepublik Deutschland die von den USA beantragte Auslieferung Mohamad Ali Hamadis ablehnte und den Genannten stattdessen in der Bundesrepublik strafrechtlich verfolgte. Vom Landgericht Frankfurt wurde er am 17.05.1989 zu lebenslanger Haft verurteilt.
Bereits am 19.04.1989 hatte das OLG Düsseldorf den deutschen Staatsangehörigen libanesischer Abstammung Abbas Ali Hamadi u.a. wegen Nötigung von Verfassungsorganen in Tateinheit mit Geiselnahme in zwei Fällen zu einer Freiheitsstrafe von 13 Jahren verurteilt. Das Gericht sah es als erwiesen an, daß der am 26.01.1987 festgenommene Abbas Ali Hamadi am 17.01.1987 an Vorbesprechungen der Entführer von Rudolf Cordes und Alfred Schmidt teilgenommen hatte. Auch hatte er bei Vermittlungsgesprächen mit den Entführern als Dolmetscher fungiert.

Anklage vor dem Internationalen Strafgerichtshof, so verzichtet er endgültig auf die Verfolgung vor den eigenen Gerichten.
Bei seiner Wahl muß der Staat die Möglichkeit einbeziehen, daß nicht er, sondern in erster Linie der Staat, gegen den der Angriff gerichtet war oder - in zweiter Linie - auf dessen Gebiet die Tat begangen wurde, die Anklage führt, Art. 25 Abs. 3. Mit dieser Regelung erhalten der angegriffene und der Tatortstaat ein indirektes "Interventionsrecht", mittels dessen sie ihr besonderes Interesse an der Strafverfolgung zum Ausdruck bringen/verwirklichen können. Die Gründe für diese die Souveränität des anklagenden Staates mehr als "unbedingt nötig" beschränkende Regelung liegen auf der Hand. Man hatte damit gerechnet, daß die Anklage vor einem internationalen Gerichtshof nicht notwendig Ausdruck eines besonderen Gerechtigkeitswillens ist, sondern auch dazu dienen kann, einen Prozeß, ohne sich Vorwürfen ausgesetzt sehen zu müssen, "ins Leere" laufen zu lassen, indem man die Beweise nicht sorgfältig zusammenträgt[(507)].
Zweifelhaft ist jedoch, ob das Ziel möglichst vollständiger Sachverhaltsaufklärung die vorbeschriebene Regelung mit der relativ starken Souveränitätseinschränkung erfordert. Auch wenn praktische Erfahrungen fehlen, so spricht doch vieles dafür, daß auch weniger weitgehende Einschränkungen dieses Ziel hätten erreichen können, z.B. die in Art. 42 des "Avant-Projet ...", nach der ein nicht die Anklage führender Staat lediglich autorisiert war, den internationalen Gerichtshof "in den Besitz von Beweismitteln zu setzen".
Allerdings hatte auch diese die Souveränität des anklagenden Staates weniger beschneidende Regelung bereits Kritiker gefunden[(508)].

(507) Roux, S. 119.
(508) Roux, S. 119 f.

2. Rechtsstaatliche Bedenken gegen einen Internationalen Strafgerichtshof vor dem Hintergrund der Garantie des gesetzlichen Richters bestehen auch insoweit nicht, als durch die Möglichkeit der Verhandlung vor einem internationalen Gericht die Gefahr unbefugter Eingriffe in die Rechtspflege zum Nachteil der Unparteilichkeit der Gerichte vergrößert werden könnte. Denn im Fall der Zuständigkeit eines internationalen Gerichts ist die Möglichkeit der Einflußnahme einzelner Regierungen auf dessen Entscheidungen aufgrund der internationalen Besetzung mehr noch als bei jedem nationalen Gericht ausgeschlossen(509).
Um ein Ausnahmegericht i.S.v. Art. 101 Abs. 1 S. 1 GG hätte es sich bei dem Internatinalen Strafgerichtshof schon deshalb nicht gehandelt, weil er auf gesetzlicher Grundlage, mit den Vertragsstaaten überlassenen detaillierten Bestimmungen über seine Zuständigkeit, für eine Vielzahl von Fällen gemäß der Konvention zur Verhütung und Bekämpfung des Terrorismus errichtet worden wäre.

3. Die Beachtung des Grundsatzes "nullum crimen, nulla poena sine lege" (Art. 103 Abs. 2 GG, § 1 StGB) ist dadurch gesichert, daß Unterzeichnung bzw. späterer Beitritt zu der Konvention über die Gründung eines Internationalen Strafgerichtshofs von der Annahme der Konvention zur Verhütung und Bekämpfung des Terrorismus abhängig sind, Art. 49 und 50. Mit letztgenannter Konvention gehen die Staaten die Verpflichtung ein, die (bestimmten) Handlungen zu pönalisieren, über die allein der Internationale Strafgerichtshof entscheiden kann, soweit Anklage vor ihm erhoben wurde. Auf diese Weise ist sichergestellt, daß der Internationale Strafgerichtshof nur solche Taten bestraft, deren Strafbarkeit gesetzlich bestimmt ist.

(509) So auch Pella, S. 446 ff.

Daß Unterschiede in den Strafandrohungen sich nicht zu Lasten des Täters auswirken, stellt schließlich Art. 21 sicher. Danach berücksichtigt das Gericht das Gesetz des Landes, auf dessen Gebiet die Tat begangen worden ist, und dasjenige des anklagenden Staates und wendet das mildere an.
Das Verfahren vor dem internationalen Strafgerichtshof kann für den Angeklagten daher in keinem Fall zu einer schwereren als der im Staat des Tatortes vorgesehenen Strafe führen; im Einzelfall kann die Strafe jedoch geringer ausfallen.

4. Das grundsätzlich schwierig zu lösende Problem der Definition internationaler Straftaten - einer weiteren Hürde, die es vor Errichtung eines internationalen Strafgerichts zu überwinden gilt(510) - war im Fall der Konvention über die Gründung eines Internationalen Strafgerichtshofs vom 16.11.1937 dadurch einer Lösung zugeführt, daß diese auf die zeitgleich erarbeitete Konvention zur Verhütung und Bekämpfung des Terrorismus Bezug nahm.
Diese Vorgehensweise bot sich an, da beide Konventionen - wie bereits erwähnt - eine gemeinsame Grundlage haben; erst im Lauf der Beratungen über die grundlegenden "Bases pour la conclusion d'un accord international en vue de la répression du crime commis dans un but de terrorisme politique" war es zur Abtrennung der auf die Gründung eines internationalen Strafgerichtshofs abzielenden Vorschläge gekommen. Die beiden Konventionen vom 16.11.1937 sind daher aufeinander abgestimmt. Der Bereich der erfaßten Straftaten ist dadurch eng begrenzt - nämlich auf terroristische Delikte.
Die Eigendynamik, die die Errichtung eines Internationalen Strafgerichtshofs zur Folge hätte haben können, hätte möglicherweise die gebotene Erweiterung des Zuständigkeitsbereichs auf bislang nicht erfaßte Delikte, die moderne terroristische Verhaltensmuster

(510) Vgl. Oehler, Rz. 1070.

inkriminieren, z.B. Flugzeugentführungen, erleichtert. Schließlich kann nicht ausgeschlossen werden, daß die Umsetzung der zweiten Konvention von 1937 auch positive Auswirkungen auf die Gründung internationaler Gerichte für andere Bereiche des Strafrechts gehabt hätte.

5. Organisation und - insbesondere - Verfahren des internationalen Gerichts sind - wie dargelegt - nur in Grundzügen festgeschrieben.
Für die richterliche Unabhängigkeit wesentlich ist die Bestimmung des Art. 9, nach der die Mitglieder des Internationalen Strafgerichtshofs die diplomatischen Vorrechte und Immunitäten genießen.
Kritisch anzumerken ist die personell schwache Besetzung des Gerichts; nicht nur vor dem Hintergrund, daß es über schwerste Straftaten zu entscheiden hat, sondern auch wegen seiner Funktion als erst- und ggf. zweit- und letztinstanzliches Gericht ist die Besetzung mit der Mindestzahl von fünf Richtern zuzüglich fünf stellvertretenden Richtern zu gering. Im Fall der Revisionseinlegung genügte die Verhinderung nur eines Mitgliedes, um das Verfahren "scheitern" zu lassen, da der Gerichtshof in einer Besetzung von fünf Richtern tagt, Art. 18.
Bedenklich stimmt auch, daß das Gericht nach einer von ihm selbst erlassenen Verfahrensordnung richten, Art. 15, und die Voraussetzungen der Revision, Art. 43, selbst regeln sollte. Denn hier liegen

Recht-Setzung und Rechts-Anwendung in einer Hand. Als Lösungsmöglichkeit hätte sich angeboten, bis zu einer Einigung über Verfahrensregelungen durch die Unterzeichnerstaaten zunächst das Verfahrensrecht des Staates entsprechend zur Anwendung zu bringen, das den Angeklagten vor dem internationalen Gericht zur Verantwortung zieht.

Trotz der aufgezeigten Mängel wäre der Konvention ein Erfolg zu wünschen gewesen. Denn ein Urteil eines internationalen Gerichts hat einen ungleich höheren Wert als das eines betroffenen Staates. Dies gilt für politisch motivierte Taten in ganz besonderer Weise, da sie Ausfluß der Mißachtung des bestehenden politischen Systems - zumindest von Teilen desselben - sind.
Außerdem wäre mit der Gründung eines Internationalen Strafgerichtshofes gem. der Konvention von 1937 ein Einstieg in die internationale Strafgerichtsbarkeit gelungen. Dieser hätte Möglichkeiten für Erweiterungen aufzeigen und so zu einer Fortentwicklung des internationalen Strafrechts beitragen können. So sehr das Ziel der Gründung eines internationalen Strafgerichts auch heute noch erstrebenswert sein mag, seine Verwirklichung in näherer Zukunft zu erwarten - sei es auch nur im

europäischen Rahmen[511] - erscheint illusorisch [512].

3. Die Konventionen zum Schutz des Luftverkehrs

Nach den letztlich vergeblichen Bemühungen der Staatengemeinschaft, im Rahmen des Völkerbundes Vereinbarungen zur Bekämpfung des Terrorismus zu schließen, führten entsprechende Initiativen erst nach dem 2. Weltkrieg zu Erfolgen. Im Vordergrund standen Maßnahmen zur Sicherung des Luftverkehrs. Unter der Ägide der Internationalen Zivilluftfahrt-Organisation (International Civil Aviation Organization, ICAO), einer Unter-Organisation der Vereinten Nationen, entstanden in einem ersten Schritt das "Abkommen über strafbare und bestimmte andere an Bord von Luftfahrzeugen begangene Handlungen" vom 14.09.1963, das sog. Tokioter Abkommen[513], das "Übereinkommen über die widerrechtliche Inbesitznahme von Luftfahrzeugen" vom 16.12.1970, das sog. Haager Übereinkommen[514], und das "Übereinkommen zur Bekämpfung widerrechtlicher

---

(511) Entsprechende Forderungen wurden im Europäischen Parlament wiederholt erhoben, EP Sitzungsdokumente 1989-90 vom 02.05.1989, Serie A, Dokument AZ - 0155/89 "Bericht im Namen des Ausschusses für Recht und Bürgerrechte über die Probleme im Zusammenhang mit der Bekämpfung des Terrorismus", S. 10, 14, 24, 27, 51.

(512) Zu entsprechenden Überlegungen vergleiche Grebing, GA 1976, S. 111 f.; Oehler, Rz. 1079; Jescheck, GA 1981, S. 59 ff.; Pötz, ZStW 1986, S. 508 und Schütz, ÖJZ 1975, S. 230. S. auch "Report of the International Preparatory Meeting for the eighth United Nations Congress on the Prevention of Crime and the Treatment of Offenders on Topic III 'Effective national and international action against (a) Organized Crime; (b) Terrorist Criminal Activities'", Wien, 14. - 18. März 1988, UN Doc. A/Conf. 144/PM. 2 vom 11. April 1988, Ziff. 107 und Bassiouni, "A draft International Criminal Code and Draft Statute for an International Criminal Tribunal", 1987.

(513) BGBl. 1969 II, S. 121.

(514) BGBl. 1972 II, S. 1505.

Handlungen gegen die Sicherheit der Zivilluftfahrt" vom 23.09.1971, das sog. Montrealer Übereinkommen [515]. 1988 wurde das Montrealer Übereinkommen durch ein "Protokoll" ergänzt[516]. Eine bilaterale Vereinbarung zur Bekämpfung u.a. von Flugzeugentführungen wurde 1973 zwischen den USA und Kuba getroffen[517] und 1978 sowie 1987 verabschiedete der Weltwirtschaftsgipfel Erklärungen zu Luftfahrzeugentführungen[518]. Die vorerwähnten Konventionen befassen sich mit der Sicherheit des Luftverkehrs, die bereits seinerzeit - zunehmend - durch Gewaltakte bedroht war. Dabei handelte es sich nicht ausschließlich um terroristische Aktivitäten. Vielmehr waren auch Handlungen zu verzeichnen von politisch Verfolgten, die Flugzeuge zu Fluchtzwecken entführten, von Geisteskranken und Tätern, deren Motive ausschließlich in ihrer Person lagen, sei es, daß sie aus Gewinnsucht handelten[519], um eine Straftat zu verdecken oder aus anderen Motiven[520]. In der weit überwiegenden Zahl der Fälle[521] haben Akte gegen die Sicherheit des Flugverkehrs heute jedoch einen politischen, in der Regel terroristischen Hintergrund[522], so daß die Konventionen zum Schutz des Luftverkehrs zu Recht zu den Anti-

(515) BGBl. 1977 II, S. 1229.
(516) ICAO Doc. 9518 (1988).
(517) ILM, XII, 1973, Nr. 2, S. 370 ff.
(518) Bulletin der Bundesregierung Nr. 80 vom 19.07.1978, S. 766 und Nr. 58 vom 12.06.1987, S. 510.
(519) Clutterbuck, S. 144 ff.
(520) Mc Whinney, S. 10 f.; A. Meyer, Bd. VI, S. 8 ff.; Pötz, ZStW 1974, S. 491 ff.; Faller, S. 28 ff.; Guillaume, S. 11 ff.; Clutterbuck, S. 126 ff.
(521) Nach Berechnungen eines senegalesischen Delegierten einer ICAO Konferenz 1973 hatten dies rund zwei Drittel der Fälle (Mc Whinney, S. 57).
(522) Wille, S. 246 ff.; abweichend noch Faller, S. 45 f. und S. 52 f., der jedoch von einer zunehmenden Anzahl terroristischer Fälle ausgeht. Genauere Zahlen für Fälle des "Hijacking" nennt Wilkinson, S. 245, Tafel 15:

Terrorismus-Konventionen gezählt werden(523).

Zu betonen ist, daß gerade die politischen Motive der Luftfahrzeugentführer wesentlich dafür verantwortlich waren, daß Luftfahrzeugentführer über viele Jahre hinweg nicht konsequent verfolgt wurden. Es waren nicht arabische Staaten oder Staaten der östlichen Hemisphäre, die anfangs nicht das notwendige Interesse an konsequenter Verfolgung zeigten. Die ganz überwiegende Zahl der ersten Luftfahrzeugentführungen nach dem 2. Weltkrieg, i.e. mit dem Aufkommen des zivilen Luftverkehrs, wurde von Flüchtlingen aus dem kommunistischen Machtbereich begangen. Sie wurden lt. Clutterbuck(524) von den westlichen Staaten "mit einer gewissen Anteilnahme und nicht ohne Sympathie verfolgt". Kubaner, denen mittels Luftfahrzeugentführung die Flucht in die USA gelungen war, wurden zu einem großen Teil weder ausgeliefert noch strafrechtlich verfolgt, selbst

Table 15 Overt motives, 1974-1983

	1974	1975	1976	1977	1978	1979	1980	1981	1982	1983
Political asylum	8	7	2	11	13	14	25	16	17	21
Political Protest/Blackmail	8	2	8	5	3	7	6	9	6	3
Others (including money demands)	8	9	1	3	7	2	9	7	7	8
Unknown	5	8	6	13	8	4	1	2	6	3

(523) So z.B. Rebmann, NJW 1985, S. 1737; Oppermann, FS Schlochauer, S. 507; Linke, ÖJZ 1976, S. 230; Lacoste, S. 39 ff.; Schwenk, VN 1976, S. 97 ff.; Lagoni, EA 1977, S. 173 f.

(524) S. 126; vgl. auch Wilkinson, S. 245.

wenn die Entführung Menschenleben gekostet hatte [525]. Im Rahmen dieser Arbeit können vorgenannte Fälle jedoch vernachlässigt werden, da es sich bei diesen nicht um terroristische Akte handelt[526].
Als politische "Waffe" wurden Luftfahrzeugentführungen erstmals Ende der 50er Jahre (1958/59) durch Fidel Castros Bruder Raul Castro eingesetzt [527].
Systematische Anwendung fand diese Waffe seit 1968 durch palästinensische Gruppen, erstmals am 23.07.1968 durch Angehörige der (marxistisch orientierten) Volksfront für die Befreiung Palästinas (Popular Front for the Liberation of Palestine, PFLP)[528]. Ziele dieser Aktionen waren, durch Gewaltakte Publizität für das "Palästinenser-Problem" zu erreichen, politischen Druck auf Regierungen auszuüben und insbesondere auch Gesinnungsgenossen freizupressen. Sie stellen damit "typische" terroristische Taten dar.

a) Das Abkommen vom 14. September 1963 über strafbare und bestimmte andere an Bord von Luftfahrzeugen begangene Handlungen (Tokioter Abkommen)

Das Tokioter Abkommen stellt das zeitlich erste der drei oben genannten Konventionen zum Schutz des Luftverkehrs dar. Es ist erst am 04.12.1969 - für die Bundesrepublik Deutschland am 16.03.1970 - in Kraft getreten[529]; 1989 war es für über 130 Staaten in Kraft[530].
Sein spätes Inkrafttreten ist deshalb kaum verständlich, weil das Problem der Straftaten an Bord

(525) Clutterbuck, S. 127.
(526) S.o. C VI 1.
(527) Clutterbuck, S. 126.
(528) Zur Geschichte der Luftfahrzeugentführungen durch Angehörige der PFLP siehe Clutterbuck, S. 130 ff.
(529) BGBl. 1970 II, S. 276.
(530) ICAO Rundschreiben vom 19.07.1989, SG LE 1185/89, LE 3/34, LE 3/32, S. 2: 136 Mitgliedstaaten.

von Luftfahrzeugen und deren strafrechtliche Behandlung bereits seit Beginn des 20. Jahrhunderts erkannt und nicht nur von zahlreichen Rechtswissenschaftlern und rechtswissenschaftlichen Vereinigungen, sondern - später - auch Luftfahrzeugorganisationen behandelt worden war(531).

aa) Ausgangslage/historischer Hintergrund

Die erste Flugzeugentführung weltweit wurde lt. Guillaume(532) 1930 in Peru verübt. Ein Versuch von "Luftpiraterie" in Deutschland ist aus dem Jahr 1933 bekannt, als ein SA-Obergruppenführer an Bord einer Passagiermaschine eine Zwischenlandung erzwingen wollte(533).
Erst mit der Zunahme des zivilen Luftverkehrs seit dem 2. Weltkrieg kam es zu entsprechend mehr Zwischenfällen, zunächst zwischen 1947 und 1953 zu 16 Entführungen, in 14 Fällen durch Asylsuchende aus dem kommunistischen Machtbereich(534). Nach 4 Jahren ohne Zwischenfälle stieg die Zahl der Flugzeugentführungen ab 1958 im Zusammenhang mit dem Umsturz in Kuba wieder an. Zwischen 1958 und 1962 hatten 16 der weltweit insgesamt 25 Flugzeugentführungen Bezug nach Kuba(535).
Die Anzahl der Flugzeugentführungen war damit immer noch so gering, daß sie bei den - insbesondere von

(531) Vgl. A. Meyer, Bd. V, S. 4 ff. und Wille, S. 155 f.
(532) Guillaume, S. 5.
(533) Westerburg, S. 13 ff.
(534) Clutterbuck, S. 126, verzeichnet zwischen 1945 und 1952 21 Luftfahrzeugentführungen, davon 18 durch Asylsuchende.
(535) Guillaume, S. 5 f. und S. 9 f.; Guillaume weist zutreffend darauf hin, daß diese Zahlen nicht absolut exakt sind, da der Begriff der Luftfahrzeug-/Flugzeugentführung im fraglichen Zeitraum nicht einheitlich definiert war und nicht alle Staaten jeden Entführungsfall bekanntgemacht haben. Dementsprechend differieren die Zahlenangaben leicht; vgl. Evans, S. 221 f. und Clutterbuck, S. 126, 162 sowie Wilkinson, S. 227 ff.

der ICAO getragenen - Arbeiten zu einem weltweiten Abkommen zum Schutz des Zivilluftverkehrs nicht im Vordergrund standen(536). Vielmehr galt es zunächst drei vorrangige Fragen des internationalen Luftfahrtverkehrs völkervertragsrechtlich zu regeln(537):

- die Abgrenzung der Strafgerichtsbarkeit der einzelnen Staaten(538),
- die Befugnisse des Luftfahrzeugkommandanten sowie
- die Befugnisse und Pflichten der Staaten bei strafbaren und bestimmten anderen an Bord von Luftfahrzeugen begangenen - sicherheitsgefährdenden - Handlungen.

bb) Der wesentliche Regelungsgehalt des Tokioter Abkommens

Das Tokioter Abkommen enthält im wesentlichen Regelungen der drei oben genannnten Komplexe betreffend strafbare und andere sicherheitsgefährdende(539) Handlungen an Bord eines Luftfahrzeugs, das sich nicht am Boden in dem der Hoheit eines Staates unterliegenden Gebiet befindet,

(536) Kritisch hierzu Mc Whinney, S. 36 ff. und Faller, S. 150 ff., sowie Schütz, ÖJZ 1975, S. 227, der von "damaliger Verkennung der tatsächlichen Probleme im Zusammenhang mit Flugzeugentführungen" spricht.

(537) S. Faller, S. 14 ff.

(538) Dies war der Ausgangspunkt der Überlegungen, wie an Bord von Luftfahrzeugen begangene Straftaten zu "lösen" seien; Zlataric, FS Grützner, S. 163 m.w.N. Es war zunächst beabsichtigt, die ausschließliche Zuständigkeit einer bestimmten Jurisdiktion verbindlich vorzuschreiben, zumindest aber eine Rangordnung in Betracht kommender Jurisdiktionen festzuschreiben (Faller, S. 151 f.).

(539) S. hierzu Schmidt-Räntsch, ZLW 1964, S. 89 f.

Art. 1 Abs. 2[540].

(1) **Der sachliche Anwendungsbereich des Abkommens**

Der sachliche Anwendungsbereich des Tokioter Abkommens ist insbesondere durch seinen Art. 2 begrenzt. Nach dieser auf ursprünglich deutsche Anregung in die Konvention aufgenommenen Norm[541] dürften "unbeschadet des Art. 4 und ausgenommen, daß es die Sicherheit des Luftfahrzeuges oder der Personen oder Sachen an Bord erfordert, ... Bestimmungen dieses Abkommens nicht dahin ausgelegt werden, daß sie im Falle von Zuwiderhandlungen gegen Strafgesetze, die politischen Charakter haben ... zu einer Maßnahme ermächtigen oder sie verlangen." Berücksichtigt man den zumeist politischen Hintergrund von Handlungen gegen die Sicherheit des Luftverkehrs, so wäre die Tokioter Konvention für die Terrorismusbekämpfung von nur geringer Bedeutung, hätte man Art. 2 dahin auszulegen, daß politische Motive eines Täters die Anwendung des Abkommens ausschließen.

Nach Schmidt-Räntsch ist der Anwendungsbereich der Tokioter Konvention durch Art. 2 bei allen Straftaten eingeschränkt, die politischer Natur sind (oder auf rassischer oder religiöser Diskriminierung beruhen), also auch dann, wenn der Verletzung eines Tatbestandes mit allgemeinemkriminellem Charakter, der nicht den Schutz der Handlungsfähigkeit, der Sicherheit oder des Bestandes des Staates unmittelbar bezweckt, nur politische

---

(540) Der Frage, inwieweit die Tokioter Konvention lediglich völkerrechtlich bereits anerkannte Grundsätze vertraglich fixierte, soll hier nicht nachgegangen werden; vgl. dazu insbesondere Faller, S. 138 ff. Daß ein großer Teil der Bestimmungen nur deklaratorischen Charakter hat, bemängelt (auch) Mc Whinney, S. 35 f., 40. S. auch Wille, S. 213 ff. und Lacoste, S. 42 FN 52.

(541) Schmidt-Räntsch, in A. Meyer, Bd. V, S. 338.

Motive zugrunde liegen(542).
Gegen diese Auffassung sprechen jedoch Wortlaut und Entstehungsgeschichte von Art. 2.
Folgt man dem Wortlaut von Art. 2, nach dem "Zuwiderhandlungen gegen Strafgesetze, die politischen Charakter haben", den Anwendungsbereich der Konvention einschränken, so ist nicht die politische Motivation des Täters das entscheidende Kriterium, vielmehr muß der Straftatbestand unmittelbar - also ohne Berücksichtigung einer darüber hinausgehenden Motivation des Täters - die politische Komponente aufweisen(543). Das ist bei den sog. absolut politischen Delikten einschließlich der komplex politischen Taten der Fall, die den Schutz der Handlungsfähigkeit, der Sicherheit oder des Bestandes des Staates unmittelbar bezwecken (544), z.B. bei Hoch- und Landesverrat.
Diese enge Auslegung des Art. 2 deckt sich auch mit seiner Entstehungsgeschichte(545). Art. 2 wurde aufgenommen als "Äquivalent" für abgelehnte Vorschläge, die Geltung der Tokioter Konvention zu beschränken auf strafbare und andere Handlungen, welche die Luftsicherheit gefährden, bzw. sie zu beschränken auf schwere Straftaten im Sinne des Rechts des Eintragungsstaates(546). Ziel war also, sie auf bestimmte Gruppen von Straftaten zu beschränken, nicht aber ihre Geltung bei allen die Luftsicherheit gefährdenden Handlungen auszuschließen, denen eine politische Motivation zugrunde liegt.

---

(542) Schmidt-Räntsch, ZLW 1964, S. 82, 104; ebenso wohl auch A. Meyer, Bd. VI, S. 103 f.; nicht eindeutig ist die Stellungnahme zu dieser Frage in der "Denkschrift" zum Tokioter Abkommen, s. BT-Drs. V/3266, S. 21 (zu Art. 2) einerseits und S. 22 (zu Art. 11) andererseits.
(543) So auch Wille, S. 208 FN 6.
(544) S.o. G I 2 b.
(545) S. Faller, S. 58 FN 12.
(546) Vgl. Schmidt-Räntsch, ZLW 1964, S. 81 f.

Gegen die weite Auslegung von Art. 2 spricht auch, daß bereits zur Zeit der Entstehung des Tokioter Abkommens die Zahl politisch motivierter Akte gegen den Luftverkehr diejenige allgemeinkrimineller weit überstieg und die Bestimmungen des Abkommens in besonderer Weise unmittelbar den Schutz der Luftsicherheit bezwecken, nicht etwa Rechtshilfe-, speziell Auslieferungsfragen im Vordergrund stehen.
Der vorgeschlagenen engen Auslegung des Art. 2 kann auch nicht die in der Vorschrift enthaltene Regelung der "Ausnahme von der Ausnahme" entgegengehalten werden, nach der dann, wenn "es die Sicherheit des Luftfahrzeugs oder der Personen oder Sachen an Bord erfordert", der Anwendungsbereich der Tokioter Konvention nicht eingeschränkt sein soll. Diese Regelung kann im Einzelfall auch bei der einschränkenden Auslegung des Art. 2 auf absolut politische Delikte einschließlich komplex politischer Taten Bedeutung gewinnen, z.B. dem Fall eines (Mord-) Anschlags auf ein Staatsoberhaupt, das sich im Luftfahrzeug befindet.
Zuzugeben ist allerdings, daß sie noch größere Auswirkungen für den Fall hätte, daß man die Auffassung vertritt, Art. 2 schränke den Anwendungsbereich der Tokioter Konvention bei allen politisch motivierten Taten ein.
Auf unrechtmäßige Entführungen von Luftfahrzeugen, auch solche aus politischen Motiven, dürfte das Tokioter Abkommen allerdings uneingeschränkt Anwendung finden, "da dadurch ... die Sicherheit des Luftfahrzeugs und der an Bord befindlichen Personen und Sachen gefährdet wird"(547).
Art. 2 schmälert nach der hier vertretenen Auffassung zwar den Anwendungsbereich des Tokioter Abkommens; es findet dennoch in der weit überwiegenden Anzahl terroristischer Akte Anwendung. Die Darstel-

(547) A. Meyer, Bd. VI, S. 104.

lung des Tokioter Abkommens im Rahmen dieser Arbeit ist daher gerechtfertigt.

(2) **Die wesentlichen Vertragspflichten**

Die wesentlichen Vertragspflichten nach dem Tokioter Abkommen betreffen drei Komplexe:

- Erweiterung der "Gerichtsbarkeit",
- Befugnisse des Luftfahrzeugkommandanten,
- Befugnisse und Pflichten der Vertragsstaaten bei strafbaren und bestimmten anderen an Bord von Luftfahrzeugen begangenen - sicherheitsgefährdenden - Handlungen.

(a) **Erweiterung der "Gerichtsbarkeit"**

Zum ersten verpflichten sich die Vertragsstaaten im Tokioter Abkommen, ihre "Gerichtsbarkeit" - genauer: ihre Strafgewalt(548), denn es geht um die Ausschaltung straffreien Raums - "über strafbare Handlungen zu begründen, die an Bord eines in diesem Staat eingetragenen Luftfahrzeugs begangen werden", Art. 3 Abs. 2, Sonderregelung in Art. 18(549).

Dieser Verpflichtung ist in der Bundesrepublik Deutschland durch § 4 StGB genüge getan. Einer entsprechenden Regelung - der "Gerichtsbarkeit" des Eintragungsstaates - bedarf es, da der überflogene Staat in dessen "Gerichtsbarkeit" eine Straftat (550) nach dem - von Art. 3 Abs. 2 gemäß der ausdrücklichen Regelung in Abs. 3 nicht eingeschränkten - Territorialprinzip fällt, häufig von der Straftat nicht erfahren wird bzw. keine Möglichkeit zum Eingreifen hat(551) bzw. diese "im

(548) Vgl. Zlataric, FS Grützner, S. 164 f.; Jescheck, Deutsche Beiträge, S. 200 f.; s. auch oben G I 1.

(549) Das sogenannte Flaggenstaatsprinzip war bereits vor Geltung des Tokioter Abkommens in vielen Staaten geltendes Recht; s. Jescheck, Deutsche Beiträge, S. 201 ff.

(550) Es muß sich dabei nicht notwendig um eine die Sicherheit des Luftverkehrs beeinträchtigende Tat handeln, Schmidt-Räntsch ZLW 1964, S. 81.

(551) Schwenk, S. 144, 578; Schmidt-Räntsch, ZLW 1964, S. 79.

Interesse der Zuverlässigkeit des Weltluftverkehrs" [552] nicht nutzen soll, wenn seine Interessen nicht ausnahmsweise überwiegen. Hierfür nennt Art. 4, der die Möglichkeiten des überflogenen Staates zur Intervention einschränkt, lediglich fünf Ausnahmetatbestände[553].

Da die "Gerichtsbarkeit" des Eintragungsstaates gemäß Art. 3 Abs. 3 keine ausschließliche ist, läßt die Konvention eine mehrfache Bestrafung des Täters zu. Der Grundsatz "ne bis in idem", den mehrere Vorentwürfe beinhalteten[554], wurde nicht verankert[555]. Mag dies auch zu bedauern sein[556], das Problem von Doppelbestrafungen stellt kein speziell luftstrafrechtliches dar, sondern ein allgemeines Problem des internationalen Strafrechts und bedarf daher nicht vorrangiger Regelung in Luftverkehrskonventionen[557].
Auch gilt es zu beachten, daß der Eintragungsstaat zur Ausübung der Strafgewalt zwar gem. Art. 3 Abs. 1, Abs. 2 befugt ist, er seine Gerichtsbarkeit jedoch nach dem Abkommen nicht ausüben muß[558]. Zwar scheint Art. 3 Abs. 1, Abs. 2 Tokioter Abkommen die Interpretation zuzulassen, daß die Vertragsstaaten nicht nur verpflichtet sind, ihre Gerichtsbarkeit durch entsprechende legislative Maßnahmen zu erweitern. Schließlich spricht das Ziel des Abkom-

(552) BT-Drs. V/3266, S. 21.
(553) Art. 4 beschränkt die Hoheitsrechte des überflogenen Staates, indem er Grenzen des Einschreitens zum Zweck der Strafverfolgung zieht; er beschränkt hingegen nicht die Strafgewalt. Zu Art. 4 s. Zlataric, FS Grützner, S. 167 f.
(554) Art. 4 des Münchner Vorentwurfs (1959), ICAO Doc. 8111/LC 146-2, S. 1 ff.; dt. Übersetzung in ZLW 1960, S. 76 ff.; Art. 3 des Entwurfs von Rom, ICAO Doc. 8302 LC/150-2; dt. Übersetzung in ZLW 1963, S. 179 ff.
(555) BT-Drs. V/3266, S. 21; Schwenk, S. 579.
(556) So Wille, S. 45.
(557) Schmidt-Räntsch, ZLW 1964, S. 93.
(558) Wille, S. 160 f.

mens, von Straftaten gegen die Sicherheit der Zivilluftfahrt an Bord von Luftfahrzeugen abzuschrecken, dafür, daß auch eine Pflicht zur Ausübung der Gerichtsbarkeit begründet wird. Daß das Tokioter Abkommen so weit jedoch nicht geht, wird nicht nur vor dem Hintergrund der späteren Luftverkehrsübereinkommen von Den Haag und Montreal deutlich, die eine derartige Verpflichtung expressis verbis begründen. Dies ergibt sich vielmehr auch aus dem Tokioter Abkommen selbst; gemäß dessen Art. 13 Abs. 5 S. 2 steht es dem Vertragsstaat frei, "ob er seine Gerichtsbarkeit auszuüben beabsichtigt". Sicherzustellen, daß die Verfolgung terroristischer Gewalttäter nicht an den Grenzen des Geltungsbereichs nationalen Strafrechts scheitert, ist ein wesentliches Anliegen der für die Terrorismusbekämpfung Verantwortlichen. Mit dem Tokioter Abkommen ist dies für einen Teilbereich terroristischer Taten gelungen, wenn auch die vorgenannte Bestimmung im Fall politischer Delikte im Sinne des Art. 2 der Konvention nicht anwendbar ist.

(b) **Befugnisse des Luftfahrzeugkommandanten**

Der zweite Regelungskomplex des Tokioter Abkommens hat Bestimmungen zum Inhalt, die dem Luftfahrzeugkommandanten bei internationalen Flügen bestimmte Befugnisse verleihen, um die Sicherheit und Ordnung an Bord des Luftfahrzeuges zu gewährleisten und die Täter nach der Landung den Sicherheitsbehörden zu übergeben, Art. 5 ff. Die Gewährung solcher Befugnisse bei internationalen Flügen - sog. "domestic flights" wurden nicht erfaßt, weil deren Regelung Sache der nationalen Gesetzgebung ist[559] - löste die Probleme, die sich aus der inhaltlichen Verschiedenheit der nationalen Rechte über die Befug-

(559) Zlataric, FS Grützner, S. 168.

nisse des Luftfahrzeugkommandanten ergaben(560). Die ihm durch die Konvention gewährten (Mindest-) Befugnisse sind einheitlich für alle Mitgliedstaaten des Abkommens bindend; sie gelten über den einzelnen Staat hinaus.
Der Luftfahrzeugkommandant kann im Rahmen des Art. 6 Abs. 1 (Zwangs-)Maßnahmen - z.B. Personendurchsuchungen, Freiheitsentziehungen, vorläufige Beschlagnahmen(561) - gegen Personen ergreifen, hinsichtlich der er ausreichende Gründe für die Annahme hat, daß sie eine Straftat oder andere die Sicherheit des Luftfahrzeugs gefährdende Handlungen im Sinne von Art. 1 Abs. 1 begehen bzw. begangen haben. Hierzu kann er sich gem. Art. 6 Abs. 2 der Unterstützung der Besatzungsmitglieder und Fluggäste bedienen. Die Zwangsmaßnahmen, die grundsätzlich nur bis zur nächsten Landung aufrechterhalten bleiben dürfen, Art. 7, müssen zum Ziel haben,

- die Sicherheit des Luftfahrzeugs oder der Personen oder Sachen an Bord zu gewährleisten,
- die Ordnung und Disziplin an Bord aufrechtzuerhalten,
- es ihm - dem Luftfahrzeugkommandanten - zu ermöglichen, diese Personen zuständigen Behörden zu übergeben (Art. 9) oder sie "abzusetzen" (Art. 8 i.V.m. Art. 12).

Neben der unmittelbaren Flugsicherung zielen sie also darauf ab, den Täter einer an Bord begangenen "schweren strafbaren Handlung"(562) nach Beendigung des Fluges den Strafverfolgungsbehörden eines Mitgliedstaates übergeben(563) zu können, vgl. Art. 9.

---

(560) Rudolf, ZLW 1972, S. 151 ff.
(561) Zlataric, FS Grützner, S. 169.
(562) Eine Umschreibung der "schweren strafbaren Handlung" enthält das Tokioter Abkommen nicht. Vielmehr sind die Straftatbestände des Eintragungsstaates zu gewichten; vgl. Wille, S. 179 f.
(563) Hinsichtlich der Abgrenzung der Übergabe von der Auslieferung vgl. Wille, S. 184 f.

Tatbestandsmäßige Probleme werfen Art. 6 und 9 aufgrund ihrer subjektiven Fassung auf, die nicht verlangt, daß objektiv eine Handlung im Sinne von Art. 1 Abs. 1 begangen wird, sondern lediglich, daß der Luftfahrzeugkommandant "ausreichende Gründe für die Annahme hat", es handele sich um eine solche Handlung.
Es erscheint fraglich, ob bereits "ausreichende Gründe für die Annahme" einer Handlung im Sinne von Art. 1 Abs. 1 Maßnahmen des Luftfahrzeugkommandanten rechtfertigen(564). Jedenfalls ist er gem. Art. 10 von jeder Verantwortung, insbesondere der straf- als auch der zivilrechtlichen frei(565).

(c) Befugnisse und Pflichten der Vertragsstaaten bei strafbaren und bestimmten anderen an Bord von Luftfahrzeugen begangenen - sicherheitsgefährdenden - Handlungen

Neben den vorgenannten Bestimmungen betreffend die Gerichtsbarkeit und die Befugnisse des Luftfahrzeugkommandanten enthält das Tokioter Abkommen als dritten Komplex Vorschriften darüber, wie sich die Vertragsstaaten zu verhalten haben. Zum einen ist hier die bereits angesprochene Vorschrift des Art. 4 zu erwähnen, die die völkerrechtlichen Grenzen für Zwangsmaßnahmen gegen ein Luftfahrzeug im Flug im Hinblick auf die mit Flugbehinderungen verbundenen Risiken für das Luftfahrzeug und seine Insassen festlegt. Im Gegensatz zu den nachfolgend aufgeführten gilt diese Bestimmung gem. Art. 2 auch bei allen terroristischen Taten.
Zum anderen sind hier die Vorschriften zu erwähnen, die im Zusammenhang mit dem Absetzen und der Übergabe einer Person stehen.
Gem. Art. 12 muß der Landestaat die Absetzung einer Person, die eine die Sicherheit gefährdende Handlung begangen hat, gestatten.

---

(564) Dagegen: von Weber, ZLW 1960, S. 215.
(565) Rudolf, ZLW 1972, S. 158.

Art. 13 verpflichtet ihn, den Täter einer schweren Straftat, dessen Übernahme der Luftfahrzeugkommandant wünscht, zu übernehmen und eine vorläufige Untersuchung einzuleiten, deren Ergebnis er ebenso wie die Entscheidung über die Ausübung eigener Strafgewalt dem Eintragungs- und dem Heimatstaat des Täters mitzuteilen hat(566). Soweit die Ermittlungen wegen einer Tat geführt werden, die auch nach deutschem Recht als strafbare Handlung zu bewerten ist, findet auf das Untersuchungsverfahren in der Bundesrepublik Deutschland die deutsche StPO Anwendung; andernfalls bestehen keine Möglichkeiten der Anwendung strafprozessualen Zwangs(567). Insbesondere besteht dann in der Bundesrepublik Deutschland keine Möglichkeit, den Betroffenen in Haft zu nehmen. Art. 13 Abs. 2 Satz 2 bestimmt vielmehr für die Haft expressis verbis, daß sie sich nach dem Recht des jeweiligen Vertragsstaates richtet.
Eine wegen einer Gefahr für die Sicherheit gem. Art. 1 Abs. 1 Buchst. b abgesetzte Person ebenso wie ein übergebener Straftäter können vom Landestaat im Rahmen des nationalen Rechts nach seinem Ermessen in die in Art. 14 Abs. 1 genannten Länder zurückgeschickt werden. Festgenommenen ist zwingend die freie Fortsetzung ihrer Reise zu ermöglichen, soweit die Vorschriften des Landestaates seine Gegenwart nicht mehr erfordern, Art. 15.

(d) Die widerrechtliche Inbesitznahme eines Luftfahrzeugs

Über die Bestimmungen in den drei oben genannten Komplexen hinaus enthält das Tokioter Abkommen noch

---

(566) Art. 13 Tokioter Abkommen differenziert nicht danach, ob es sich bei dem Eintragungsstaat des Flugzeuges bzw. dem Heimatstaat des Täters um einen Vertragsstaat der Konvention handelt. Wie auch im Rahmen von Art. 13 UN-Diplomatenschutzkonvention (s. dazu unten G II 5 b bb (2) (e)) dürfte dieses Kriterium folglich nicht zu einer Einschränkung der Verpflichtung geeignet sein.

(567) Wille, S. 166 ff.

eine Definition der widerrechtlichen Inbesitznahme eines Luftfahrzeugs, häufig auch Luftpiraterie genannt(568), Art. 11(569). Die Vertragsstaaten verpflichten sich in diesen Fällen, alle geeigneten Maßnahmen zu treffen, um die Herrschaft des rechtmäßigen Kommandanten wieder herzustellen und das Luftfahrzeug und seine Ladung den zum Besitz berechtigten Personen zurückzugeben sowie Fluggäste und deren Besatzung die sofortige Fortführung der Reise zu gestatten. Da eine Pflicht zur Pönalisierung von Luftfahrzeugentführungen in Art. 11 nicht enthalten ist - vielmehr lediglich das in Art. 14 ff. des Genfer Übereinkommens über die Hohe See vom 29.04.1958(570) kodifizierte Gewohnheitsrecht(571) geringfügig erweitert wird, welches den Staaten generell eine Zusammenarbeit zur Unterdrückung der Seeräuberei vorschreibt - bietet sie kein geeignetes Instrument zu deren Bekämpfung.

Eine auslieferungsrechtlich relevante Bestimmung enthält Art. 16 Tokioter Abkommen. Danach sind für die Zwecke der Auslieferung die strafbaren Handlungen an Bord eines Luftfahrzeugs so zu behandeln, als seien sie auch im Eintragungsstaat begangen. Bedeutung erlangt diese Fiktion im Falle von Auslieferungsverträgen, die die Auslieferung auf im Inland des ersuchenden Staates begangene Straftaten beschränken(572).

---

(568) Gegen die Verwendung dieses Terminus wenden sich mit beachtlichen Argumenten Cheng, ZLW 1973, S. 223 ff.; Wille, S. 213 ff.; Faller, S. 41 ff.
(569) Diese Bestimmung wurde auf Drängen der USA in das Abkommen aufgenommen, s. Schmidt-Räntsch ZLW 1964, S. 102 f.
(570) BGBl. 1972 II, S. 1089.
(571) S. unten G II 3 a.
(572) Zlataric, FS Grützner, S. 171 f.
Dies ist insbesondere bei Verträgen mit Staaten des anglo-amerikanischen Rechtskreises häufig der Fall.

cc) Bewertung des Tokioter Abkommens

Das mit dem Abkommen von Tokio primär verfolgte Ziel, die Verfolgung strafbarer Handlungen an Bord von Luftfahrzeugen so zu regeln, daß in allen Fällen ein für die Strafverfolgung zuständiger Staat zweifelsfrei zu ermitteln ist, wurde - abgesehen von den in Art. 2 geregelten Fällen und mit der Einschränkung, daß eine Einigung auf eine Rangfolge der zur Strafverfolgung berufenen Staaten nicht gelang - erreicht.
Die in dem Abkommen festgeschriebenen Befugnisse und Pflichten der Vertragsstaaten stellen einen wichtigen, ersten Schritt für die Verfolgung strafbarer, an Bord von Luftfahrzeugen begangener Handlungen dar und mögen im Einzelfall eine ausreichende Grundlage schaffen, um die Sicherheit an Bord von Luftfahrzeugen wieder herzustellen. Die nicht zuletzt auch zur Abschreckung terroristischer Täter gebotene strafgerichtliche Verfolgung von terroristischen Taten gegen die Sicherheit des Luftverkehrs ist jedoch nicht gewährleistet. Der Tatbestand der widerrechtlichen Inbesitznahme eines Luftfahrzeugs wird von dem Abkommen zwar umschrieben (Art. 11). Jedoch wird in diesem Zusammenhang neben der Verpflichtung, Passagiere, Besatzung und Luftfahrzeug die Fortsetzung der Reise zu ermöglichen, nur diejenige völkervertraglich festgeschrieben, alle geeigneten Maßnahmen zu treffen, um die Herrschaft des rechtmäßigen Kommandanten wiederherzustellen respektive aufrechtzuerhalten. Insbesondere verpflichtet das Abkommmen von Tokio die Vertragsstaaten weder zur Einführung eines Straftatbestandes der Luftfahrzeugentführung noch zur Auslieferung oder Strafverfolgung von Luftfahrzeugentführern (vgl. Art. 16 Abs. 2 Tokioter Abkommen). Für die effektive Bekämpfung terroristischer Taten konnte diese Regelung

nicht ausreichen. Im Hinblick auf die politischen Motive terroristischer Täter lag es nahe, daß sich immer wieder Staaten finden würden, die Luftfahrzeugentführer nicht strafrechtlich zur Verantwortung ziehen würden. Geboten wäre daher gewesen, im Tokioter Abkommen den Grundsatz "aut dedere aut iudicare" zu verwirklichen.
Das Tokioter Abkommen mit seinem eng begrenzten Bereich von Befugnissen und Pflichten stellte daher zu keinem Zeitpunkt eine ausreichende Antwort auf terroristische Aktionen mit Bezug zur Luftfahrt dar (573).

b) Das Übereinkommen zur Bekämpfung der widerrechtlichen Insbesitznahme von Luftfahrzeugen vom 16.12.1970 (Haager Übereinkommen)

Die widerrechtliche Inbesitznahme von Luftfahrzeugen, der wohl typischste und zugleich folgenschwerste terroristische Akt mit Bezug zur Luftfahrt, mußte aufgrund der unvollständigen Regelungen dieses Phänomens in dem Abkommen von Tokio Gegenstand weiterer Luftrechtskonferenzen werden.

aa) Ausgangslage/historischer Hintergrund

Art. 11 des Tokioter Abkommens vom 14.09.1963 hatte in bezug auf Luftfahrzeugentführungen eine - wie ausgeführt - nur unvollständige Regelung getroffen, obwohl bereits zum Ende der Beratungen über das Tokioter Abkommen Luftfahrzeugentführungen einen solchen Umfang angenommen hatten, daß es trügerisch erscheinen mußte, mit diesem das Problem lösen zu können. Die Entwicklung in den folgenden Jahren zeigte, daß Flugzeugentführungen zu einem weltwei-

(573) Ebenso Schütz, ÖJZ 1975, S. 227 f.

ten, die Sicherheit des internationalen Luftverkehrs bedrohenden Phänomen wurden, dem mit Art. 11 des Tokioter Abkommens kein angemessenes Bekämpfungsinstrument gegenüberstand. Die Schaffung der Jurisdiktionszuständigkeit des Flaggenstaates gewährleistet noch nicht, daß die Gerichtsbarkeit tatsächlich ausgeübt wird. Die Situation spitzte sich Ende der 60er/Anfang der 70er Jahre zu, als die Anzahl der jährlichen Entführungen, die bis dahin (einschl. der Versuche) 10 nie überschritten hatte, über 36 im Jahre 1968, bis auf 91 und 92 in den Jahren 1969 und 1970 anstieg(574). Eine Vielzahl

(574) Vgl. Guillaume, S. 9f.; Wilkinson, S. 227, beziffert die Anzahl von "Hijackings" zwischen 1968 und 1983 wie folgt:

Fälle von Hijacking

Jahr	erfolgreich*	fehlgeschlagen		Total
		im Fluge vereitelt	auf der Erde vereitelt	
1968	33	-	5	38
1969	70	7	5	82
1970	46	10	16	72
1971	24	5	33	62
1972	37	4	29	70
1973	14	4	10	28
1974	10	3	15	29**
1975	6	3	17	26
1976	8	1	8	17
1977	9	4	19	32
1978	11	10	10	31
1979	12	4	11	27
1980	19	4	18	41
1981	14	2	18	34
1982	14	4	18	36
1983	14	6	15	35

der Entführungsfälle wurde durch palästinensische

---

* Erfolgreich = Hijacker wurde zum gewünschten Ziel gebracht, erhielt Lösegeld o.a. Forderung erfüllt.

** In einem Fall ist nicht geklärt, ob er "erfolgreich" oder "nicht erfolgreich" war.

Die Anzahl der Verletzten, Getöteten und der betroffenen Passagiere gibt Wilkinson, S. 244 f. wie folgt an:

Verletzte

Verletzte	1974	1975	1976	1977	1978	1979	1980	1981	1982	1983
Crew	3	1	-	5	3	1	2	2	11	4
Passagiere	*	8	30	13	5	1	11	5	9	2
Hijacker	2	2	3	2	2	-	1	3	4	-

* Eine unbekannte Zahl wurde bei einer Entführung am 11.05.1974 verletzt.

Getötete

Getötete	1974	1975	1976	1977	1978	1979	1980	1981	1982	1983
Crew	9	-	-	10	-	-	-	1	-	3
Passagiere	65	2	13	94	-	-	1	1	-	3
Hijacker	4	3	10	8	2	1	-	6	1	5

Betroffene Passagiere

1969	-	5.000
1970	-	4.300
1971	-	3.697
1972	-	4.011
1973	-	1.700
1974	-	1.800
1975	-	1.350
1976	-	1.160
1977	-	2.428
1978	-	2.028
1979	-	2.750
1980	-	3.250
1981	-	2.382
1982	-	2.288
1983	-	3.422

Terroristen verübt[575]. Die ICAO nahm sich 1968 des Problems an[576], setzte einen Sonderausschuß ein, der bereits 1969 einen ersten Entwurf ausarbeitete, auf dessen Grundlage der Rechtsausschuß der ICAO im ersten Quartal 1970 einen Vorentwurf[577] für die diplomatische Konferenz in Den Haag im Dezember des gleichen Jahres erarbeitete[578]. Auf der diplomatischen Konferenz wurde am 16.12.1970 das Übereinkommen über die Entführung von Luftfahrzeugen unterzeichnet. Es trat bereits am 14.01.1971 zwischen Bulgarien, Costa Rica, Ecuador, Gabun, Israel, Japan, Mali, Norwegen, Schweden, Schweiz, Ungarn und den USA in Kraft. Bis 1975 trat es auch für eine Vielzahl von arabischen Staaten in Kraft, die wiederholt Ziel von Luftfahrzeugentführungen waren, nämlich für Ägypten, Irak, Iran, Jordanien, Libanon, Marokko und Saudi-Arabien. Heute ist es zwischen über 140 Staaten in Kraft, u.a. auch für die arabischen Staaten Libyen, Syrien, Sudan, Tunesien, die Vereinigten Arabischen Emirate und - seit 10.11.1974 - auch für die Bundesrepublik Deutschland[579].

---

(575) Vgl. die Fallschilderungen bei Mannheimer, JR 1971, S. 227.

(576) Zu deren Vorarbeiten s. Faller, S. 59 ff.

(577) Deutsche Übersetzung bei A. Meyer, Bd. VI, S. 158 ff.

(578) Die Entstehungsgeschichte des Haager Übereinkommens ist detailliert dargestellt bei Guillaume, S. 27; A. Meyer, Bd. VI, S. 156 ff. und Schmidt-Räntsch, ZLW 1971, S. 65 f., wo auch die Resolution der Vereinten Nationen UN Doc. A/Res/2645 (XXV) vom 25.11.1970 wiedergegeben ist (S. 67), mit der die Staaten aufgefordert wurden, in umfassender Weise Luftfahrzeugentführungen zu bekämpfen und die Haager Konferenz zu "unterstützen"; die dt. Fassung ist neben der Resolution betreffend die gewaltsame Kursänderung von Privatluftfahrzeugen im Flug (UN Doc. A/Res/2551 (XXIV)) und Vorschlägen zu weiteren Maßnahmen - auch außerhalb der UNO - abgedruckt bei A. Meyer, Bd. VI, S. 84 ff. (s. auch Faller, S. 62 ff.).

(579) BGBl. 1975 II, S. 1204; ICAO Rundschreiben vom 19.07.1989, SG 1185/89, LE 3/34, LE 3/32, S. 2: 142 Mitgliedstaaten.

bb) Der wesentliche Regelungsgehalt des Haager Übereinkommens

Das Haager Übereinkommen will in Ergänzung des Tokioter Abkommens die Bestrafung von Luftfahrzeugentführern weltweit sicherstellen. Die Aussicht, in jedem Fall bestraft zu werden, sollte potentielle Täter von einer Luftfahrzeugentführung abschrecken.

(1) Regelungsgegenstand und sachlicher Anwendungsbereich des Übereinkommens

Art. 1 und 3 bestimmen zunächst Gegenstand und Anwendungsbereich des Haager Übereinkommens.
In Art. 1 wird die Luftfahrzeugentführung definiert (580) als die Handlung einer "Person, die an Bord eines im Fluge befindlichen Luftfahrzeugs widerrechtlich durch Gewalt oder Drohung mit Gewalt oder durch eine andere Form der Einschüchterung dieses Luftfahrzeug in Besitz nimmt, oder die Herrschaft darüber ausübt"(581). Es liegt ein schlichtes Tätigkeitsdelikt vor.
Die einzelnen Tatbestandsmerkmale des Art. 1 Haager Übereinkommen werfen nur geringe Auslegungsprobleme auf, so daß ihre Darstellung weitgehend vernachlässigt werden kann(582). Hervorzuheben sind jedoch zwei Abweichungen des Art. 1 Haager Übereinkommen gegenüber der für dessen Fassung grundlegenden Vorschrift des Art. 11 Tokioter Abkommen.

---

(580) Ein Name ist dem Delikt im Übereinkommen zwar nicht gegeben worden; die Bezeichnung Luftfahrzeugentführung hat sich jedoch durchgesetzt.

(581) Gegenüber Art. 11 Tokioter Abkommen ist Art. 1 Haager Übereinkommen weiter gefaßt; tatbestandsmäßig sind nicht nur die Handlungsalternativen Gewalt oder Drohung mit Gewalt, sondern auch "eine andere Form der Einschüchterung". Diese Erweiterung war geboten, da die Sicherheit des Luftverkehrs im Fall der letzten Alternative in entsprechender Weise wie im Fall der erstgenannten bedroht ist.

(582) Vgl. die Übersicht bei Lacoste, S. 91 ff.

Erstens: Gegenüber Art. 11 Tokioter Abkommen ist Art. 1 insoweit enger gefaßt, als die Handlungsalternative des Behinderns eines im Flug befindlichen Luftfahrzeugs nicht tatbestandsmäßig ist. Da jedoch auch hierdurch die Sicherheit des Luftverkehrs schwerwiegend beeinträchtigt werden kann, begegnet die erfolgte Einschränkung Bedenken(583).
Zweitens: Art. 1 Haager Übereinkommen erfaßt auch Versuch und Beteiligung. Allerdings definiert das Übereinkommen nicht, was hierunter zu verstehen ist. Insbesondere ist unklar, ob auch die Anstiftung eine tatbestandsmäßige "Beteiligung" i.S.v. Art. 1 Buchst. b Haager Übereinkommen darstellt. In den Beratungen zum Haager Übereinkommen wurde das Problem der Einbeziehung der Anstiftung soweit ersichtlich nicht vertieft.
Die deutsche Fassung von Art. 1 Buchst. b Haager Übereinkommen, nach der eine strafbare Handlung begeht, wer "sich an der Begehung oder an der versuchten Begehung einer dieser Handlungen (der im vorausgegangenen Absatz umschriebenen) beteiligt", spricht dafür, daß auch die Anstiftung von Art. 1 Haager Übereinkommen erfaßt wird. Denn "Beteiligter" an einer Straftat ist nach deutschem Recht jeder Täter, Anstifter oder Gehilfe, vgl. § 29 StGB. Der deutsche Text stellt jedoch keinen international verbindlichen Wortlaut des Übereinkommens, sondern lediglich eine Übersetzung dar.
Entgegen Lacoste(584) ist jedoch aufgrund des englischen, nach dem "any person ... who is an accomplice" und des französischen Originaltextes, nach dem "toute personne qui ... est le complice" eine strafbare Handlung begeht, davon auszugehen, daß auch die Anstiftung tatbestandsmäßig ist. Die Termini "accomplice" bzw. "complice" umfassen auch

(583) A.A. Lacoste, S. 91.
(584) Lacoste, S. 109.

die Anstiftung. Nach Black[585] ist ein "accomplice ... one who is guilty of complicity in crime charged, either by being present and aiding or abetting in it...". Nach Reimer/Haensch/Kostine [586] fällt unter den französischen Begriff des "complice" auch "im engeren Sinn" der Gehilfe und der Anstifter. Diese Übersetzung stimmt überein mit Art. 60 Code Pénal betreffend "des personnes punissables", in dem es heißt: "Seront punis comme complices d'une action qualifiée crime ou délit, ceux qui ... auront provoqué à cette action ...". Allerdings ist zu berücksichtigen, daß die Strafbarkeit der Anstiftung im französischen Recht an engere Voraussetzungen als im deutschen Strafrecht geknüpft ist[587].
Die Auffassung, daß auch die Anstiftung unter den Begriff "accomplice" zu subsumieren ist, hat schließlich auch der deutsche Botschafter bei den Vereinten Nationen im Zusammenhang mit den Beratungen zum Internationalen Übereinkommen gegen Geiselnahme vertreten: "an accomplice ... was a person who either incited to ... or assisted in ..." die Begehung der Straftat[588].
Nur diese weite Auslegung wird auch dem Ziel des Haager Übereinkommens gerecht, eine umfassende Regelung zu treffen. Die gegenteilige Auffassung, nach der die Anstiftung nicht tatbestandsmäßig ist [589], berücksichtigt zudem nicht, daß die Gefährlichkeit des Anstifters die eines Gehilfen zu übersteigen vermag.
Bei der Abgrenzung, welche Handlungen als Versuch oder Teilnahme strafbar sind, gebietet das Übereinkommen einen Rückgriff auf das Strafrecht der Vertragsstaaten, dessen Regelungen allein die

(585) Black, S. 16.
(586) Reimer/Haensch/Kostine, S. 205.
(587) Larguier, S. 50.
(588) UN Doc. A/AC. 188/SR. 10, S. 2.
(589) Lacoste, S. 109 f.

fehlende Präzisierung in Art. 1 Buchst. b Haager Übereinkommen auszugleichen vermögen. Insofern sind in einem Grenzbereich Streitfälle vorprogrammiert.

Dabei kann es sich jedoch nur um einen kleinen "Grenzbereich" handeln. Denn ohnehin erfaßt das Haager Übereinkommen gem. Art. 1 erster Satzteil nur Tathandlungen, die "im Flug" des Luftfahrzeugs begangen werden. Gerade die Anstiftung zu Delikten des Haager Übereinkommens dürfte jedoch in aller Regel "am Boden" erfolgen.

Das Tatbestandsmerkmal "im Fluge" wird durch Art. 3 Abs. 1 Haager Übereinkommen ähnlich der Regelung in Art. 5 Abs. 2 Tokioter Abkommen umschrieben; Art. 3 Abs. 2 nimmt bestimmte Staatsluftfahrzeuge vom Geltungsbereich aus(590).
Art. 3 Abs. 3 setzt für die Anwendbarkeit des Haager Übereinkommens einen "internationalen Bezug" der Luftfahrzeugentführung voraus: Abflug- und Landeort dürfen nicht innerhalb des Hoheitsgebietes des Eintragungsstaates des entführten Luftfahrzeugs liegen. Auch dann ist jedoch der Täter, wenn er später im Ausland aufgefunden wird, gem. Art. 3 Abs. 5 auszuliefern oder zu bestrafen. Damit sind wesentliche Grenzen für den Geltungsbereich des Haager Übereinkommens gezogen:

- Er erstreckt sich nur auf Handlungen an Bord eines im Flug befindlichen Luftfahrzeugs. Tathandlungen, die nicht selbst an Bord begangen werden, werden nicht erfaßt(591).
- Auch Angriffe gegen die Besatzung, Sabotage- und andere Handlungen, die nicht die Entführung des Luftfahrzeugs zum Ziel haben, wie die Beibringung von Sprengkörpern, werden nicht erfaßt. Diese offensichtliche Lücke ist damit zu erklären, daß

(590) Inhaltsgleich: Art. 1 Abs. 4 Tokioter Abkommen.
(591) S. Schmidt-Räntsch, ZLW 1971, S. 71.

diese Handlungen Gegenstand eines besonderen Abkommens werden sollten(592).

(2) **Die wesentlichen Vertragspflichten nach dem Haager Übereinkommen**

(a) **Pönalisierungsverpflichtung**

Art. 2 und 4 ff. enthalten die wesentlichen sachlichen Regelungen des Haager Übereinkommens. Art. 2 verpflichtet die Vertragsstaaten, Luftfahrzeugentführungen im Sinne von Art. 1 einschl. deren Versuch und Beteiligungshandlungen mit schwerer Strafe zu bedrohen. Art. 2 verlangt die Schaffung eines einheitlichen Tatbestandes der Flugzeugentführung; die Pönalisierung der einzelnen Akte - z.B. in Form der Nötigung und Freiheitsberaubung - reicht nicht aus(593). Dies ergibt sich aus der Entstehungsgeschichte der Norm; denn Luftfahrzeugentführungen strafrechtlich zu verfolgen, waren die ICAO-Staaten - wie Faller(594) überzeugend darlegt - bereits aufgrund Art. 12 Abkommen vom 7. Dezember 1944 über die Internationale Zivilluftfahrt(595) allgemein verpflichtet. Der gemäß dem Haager Übereinkommen neu zu schaffende Tatbestand sollte eine "schwere Strafe" vorsehen(596). Wegen der unterschiedlichen Sanktionssysteme in den einzelnen Staaten, scheiterten Versuche, diesen

(592) Denkschrift zum Übereinkommen, BT-Drs. VI/3272, S. 10; Schmidt-Räntsch, ZLW 1971, S. 71 FN 21.

(593) Schmidt-Räntsch, ZLW 1971, S. 77; a.A. Lacoste, S. 42 und 54 ff., die jedoch nur allgemeine völkerrechtliche Gesichtspunkte, nicht hingegen die Entstehungsgeschichte der Norm analysiert.

(594) Faller, S. 159 ff.

(595) Abkommen von Chicago, BGBl. 1956 II, S. 411; Satz 4 von Art. 12 über Luftverkehrsregeln lautet: "Jeder Vertragsstaat verpflichtet sich, die Verfolgung aller Personen sicherzustellen, welche die anzuwendenden Vorschriften verletzen."

(596) S. hierzu Schmidt-Räntsch, ZLW 1971, S. 77 f.

Begriff näher zu umschreiben(597); die nähere Bestimmung bleibt den Vertragsstaaten überlassen (598).

(b) **Erweiterung der Strafgewalt**

Um sicherzustellen, daß die Luftfahrzeugentführung in jedem konkreten Fall einen Strafanspruch auslöst, enthält das Haager Übereinkommen neben der Verpflichtung gem. Art. 2, einen Straftatbestand für Luftfahrzeugentführungen zu begründen, auch die Verpflichtung, die nationalen Strafgewalten(599) für diese sowie für Zusammenhangstaten zu erweitern(600). Gem. Art. 4 Abs. 1 sind sie neben den Taten, die ihr aufgrund des Territorialitätsprinzips unterfallen (vgl. Art. 4 Abs. 3) zu erstrecken auf Taten auf im Inland eingetragene

---

(597) Guillaume, S. 32; Mc Whinney, S. 42.

(598) Die nationalen Gesetzgeber haben somit einen gewissen Ermessensspielraum für die "Ausfüllung" des Strafrahmens. Es liegt jedoch in ihrem eigenen Interesse diesen nicht zu tief anzusetzen. Denn das nachfolgend noch zu erörternde Gebot der "Auslieferung oder Strafverfolgung" gem. Art. 7 f. Haager Übereinkommen bezieht sich nur auf Straftaten i.S. des Übereinkommens, konkret: Luftfahrzeugentführungen gem. Art. 1. Es gilt demnach nicht für Zusammenhangstaten wie z.B. Körperverletzung oder Mord. Liefert ein Staat einen Verdächtigen in strikter Befolgung der Konvention ausschließlich wegen der Straftat Luftfahrzeugentführung aus, so kann der um Auslieferung ersuchende Staat den Verdächtigen nach dem auslieferungsrechtlichen Prinzip der Spezialität allein wegen dieser speziellen Tat verfolgen. Jeder Staat, der befürchten muß, einmal in die Situation zu kommen, wegen einer Luftfahrzeugentführung, die Menschenleben gekostet hat, um Auslieferung ersuchen zu müssen, wird daher im eigenen Interesse einen Strafrahmen wählen, der die Verhängung der gebotenen Strafe nicht nur bei einfachen, sondern auch qualifizierten Fällen von Luftfahrzeugentführungen ermöglicht.

(599) Wie bereits im Tokioter Abkommen wird - worauf Wille, S. 211, FN 2, zu Recht hinweist - fälschlicherweise der Terminus Gerichtsbarkeit verwandt. Wie bei o.g. Abkommen ist auch bei dem Haager Übereinkommen eine Erweiterung der Strafgewalt gemeint.

(600) Schmidt-Räntsch, ZLW 1971, S. 79 ff.; Wille, S. 211 f.

Luftfahrzeuge[601], ebenso auf Taten in einem vermieteten Luftfahrzeug, dessen "Halter" im Inland seinen Sitz oder ständigen Aufenthalt hat (Halterprinzip). Diese Regelung beruht auf der Überlegung, daß das Interesse dieses Staates an der Verfolgung vielfach größer ist, als das Interesse des Eintragungsstaates[602]. Sie sind weiterhin gemäß dem sog. Landestaatsprinzips[603] zu erstrecken auf Taten an Bord von Luftfahrzeugen, die mit dem Verdächtigen im "eigenen" Hoheitsgebiet landen. Diese Bestimmung sichert eine nahezu lückenlose Verfolgungsmöglichkeit.
Art. 4 Abs. 2 ergänzt vorgenannte Prinzipien speziell für Luftfahrzeugentführungen - nicht auch für Zusammenhangstaten - um die Verpflichtung, die Strafgewalt auf die Fälle zu erstrecken, daß der Verdächtige sich im "eigenen" Staatsgebiet aufhält und nicht ausgeliefert wird. Diese Bestimmung hat die Funktion einer Auffangzuständigkeit[604], die z.B. dann aktuell wird, wenn der Landestaat nicht Vertragsstaat ist und von der Strafverfolgung absieht[605].
Auch wenn sie nicht das Weltrechtsprinzip[606] verwirklicht, sondern - wie Art. 4 Abs. 2 zeigt - dem Prinzip der stellvertretenden Strafrechtspflege folgt[607] stellt die Regelung der nationalen

(601) Insoweit wiederholt das Haager Übereinkommen das bereits in Art. 3 Abs. 1, 2 Tokioter Abkommen niedergelegte Prinzip des Eintragungs- bzw. Flaggenstaats.
(602) Denkschrift zum Übereinkommen, BT-Drs. VI/3272, S. 11.
(603) Dessen Einführung wurde schon 1929 gefordert, s. Zlataric, FS Grützner, S. 167.
(604) BT-Drs. VI/3272, S. 11.
(605) Sie würde z.B. relevant im Fall der Entführer einer kuwaitischen Boeing 747, die am 20.04.1988 in Algerien unbehelligt das Luftfahrzeug verlassen konnten.
(606) So aber Schmidt-Räntsch, ZLW 1971, S. 80; vgl. auch die Nachweise bei Schütz, ÖJZ 1975, S. 228 FN 28.
(607) Lacoste, S. 41 f.

Strafgewalten in Art. 4 des Haager Übereinkommens eine gelungene Lösung für den Bereich der Luftfahrzeugentführungen dar. Denn mit dieser Gesamtregelung haben die Vertragsstaaten die Anwendbarkeit ihres Strafrechts auf alle Fälle von Luftfahrzeugentführungen, in denen die Täter nicht ausgeliefert wurden, unabhängig von deren Staatsangehörigkeit und vom Begehungsort sichergestellt(608).

Daß diese Regelungen in der Praxis nicht ausreichen würden, die Bestrafung von Luftfahrzeugentführern zu erreichen, hatten die entsprechenden Bestimmungen des Tokioter Abkommens gezeigt.
Denn Art. 4 Abs. 1 Haager Übereinkommen begründet insbesondere keine über die zur Erstreckung der "Gerichtsbarkeit" hinausgehende Verpflichtung - insbesondere keine dahingehende, diese "Gerichtsbarkeit" auch in jedem Fall auszuüben(609).
Das ergibt sich zum einen aus dem an Art. 3 Abs. 2 Tokioter Abkommen angelehnten Wortlaut von Art. 4 Abs. 1(610) und zum anderen aus der Existenz der diesbezüglichen Spezialregelung des Art. 7 Haager Übereinkommen.
Bevor hierauf eingegangen werden soll, sei festgestellt, daß die in Art. 6 Haager Übereinkommen postulierten Pflichten, den Luftfahrzeugentführer nach der Landung in Gewahrsam zu nehmen, Art. 6 Abs. 1, eine vorläufige Untersuchung durchzuführen, Art. 6 Abs. 2, dem festgenommenen Täter eine Verbindung mit der Vertretung seines Heimatstaates zu ermöglichen, Art. 6 Abs. 3, und bestimmte andere Staaten über die Festnahme und etwaige weiter ergriffene Maßnahmen zu unterrichten, denen des

(608) Schütz, ÖJZ 1975, S. 228.
(609) So: Wood, ICLQ, 23, 1974, S. 807; a.A.: Shubber, BYIL, 52, 1981, S. 220, FN 1.
(610) S. dazu oben G II 3 a bb.

Art. 13 Tokioter Abkommen entsprechen(611).

(c) **Der Grundsatz "aut dedere aut iudicare"**

Die Schlüsselvorschriften des Haager Übereinkommens stellen Art. 7 und 8 dar, die die Verpflichtung enthalten "aut dedere aut iudicare".
Sie sollten eine lückenlose Bestrafung sicherstellen. Art. 8 enthält spezielle auslieferungsrechtliche Bestimmungen.
Sofern nach der Rechtsordnung eines Vertragsstaates die Auslieferung wegen einer strafbaren Handlung i.S.v. Art. 1 des Übereinkommens nur bei Bestehen eines Auslieferungsvertrages mit dem ersuchenden Staat oder nur bei ausdrücklicher Erwähnung des Delikts im Auslieferungsvertrag möglich ist, so schafft das Haager Übereinkommen mit seinem Art. 8 selbst die Rechtsgrundlage.

Macht ein Vertragsstaat die Auslieferung vom Bestehen eines Auslieferungsvertrages abhängig, so kann er gem. Art. 8 Abs. 2 das Haager Übereinkommen als Rechtsgrundlage für die Gewährung der Auslieferung an einen anderen Vertragsstaat des Haager Übereinkommens ansehen. Die Auslieferung unterliegt in diesen Fällen "im übrigen den im Recht des ersuchten Staates vorgesehenen Bedingungen".
Macht ein Vertragsstaat die Auslieferung von der ausdrücklichen Erwähnung des Delikts in einem Auslieferungsvertrag abhängig, schafft Art. 8 Abs. 1 S. 1 Haager Übereinkommen die entsprechende Auslieferungsvoraussetzung. Danach gilt die Luftfahr-

---

(611) Sie waren deshalb erneut in die Konvention aufzunehmen, da die Zeichnung des Haager Übereinkommens nicht die des Tokioter Abkommens voraussetzt.

zeugentführung als in jeden zwischen Vertragsstaaten bestehenden Auslieferungsvertrag einbezogen. Dies hat Bedeutung für ältere Auslieferungsverträge, die dem Enumerationsprinzip folgen und Luftfahrzeugentführungen nicht als auslieferungsfähiges Delikt aufführen. Ferner ist die Luftfahrzeugentführung gem. Art. 8 Abs. 1 Satz 2 in künftige Auslieferungsverträge aufzunehmen.
Für den vertragslosen Auslieferungsverkehr - also den Fall, daß ein Staat die Auslieferung nicht vom Bestehen eines Auslieferungsvertrages abhängig macht - bestimmt Abs. 3, daß die Entführung eines Luftfahrzeugs als eine der Auslieferung unterliegende strafbare Handlung anzusehen ist.

Eine vor allem im Hinblick auf die Länder des angelsächsischen Rechtskreises gebotene Sonderregelung trifft Art. 8 Abs. 4. Einige Staaten verlangen als Rechtsvoraussetzung für die Auslieferung, daß die Straftat, derentwegen um Auslieferung ersucht wird, auf dem Hoheitsgebiet des ersuchenden Staates begangen wurde(612). Art. 8 Abs. 3 Haager Übereinkommen fingiert "für die Zwecke der Auslieferung", daß Luftfahrzeugentführungen nicht nur am "Ereignisort", sondern auch im Hoheitsgebiet des um Auslieferung ersuchenden Staates begangen wurden.

Nach den Auslieferungshindernisse ausräumenden Bestimmungen der Absätze 2 und 3 steht die Auslieferung im übrigen expressis verbis unter dem Vorbehalt der "im Recht des ersuchten Staates vorgesehenen Bedingungen". Zu den verbreitetsten Auslieferungsausnahmen gehören

- die Nichtauslieferung eigener Staatsangehöriger, Art. 16 Abs. 2, S. 1 GG, § 2 IRG,

(612) S. hierzu Pötz, ZStW 1974, S. 500 f.

- die Nichtauslieferung wegen drohender Verhängung und Vollstreckung der Todesstrafe im ersuchenden Staat,
- die Nichtauslieferung wegen Nichtgewährung von Spezialitätszusagen und
- der Vorrang des nationalen Strafverfolgungsanspruchs vor einem ausländischen.

Eine weitere, besonders bedeutsame, stellt die Auslieferungsausnahme bei politischen Taten dar.

Für politisch motivierte, also auch terroristische Entführungen räumen Art. 8 Abs. 2 und 3 die weit verbreitete Auslieferungsschranke nicht aus; in diesen Fällen kann die Auslieferung von Terroristen aufgrund des o.a. Vorbehaltes weiterhin am Grundsatz der Nichtauslieferung politischer Täter scheitern (613).
Fraglich ist, ob das auch für die in Abs. 1 geregelten Fälle gilt. In den dort geregelten Fällen der Auslieferung aufgrund von Verträgen wäre dies zu bejahen, wenn auch bei Luftfahrzeugentführungen alle übrigen im Vertrag vorgesehenen Voraussetzungen gegeben sein müssen, damit die Auslieferung zulässig ist(614), also etwa neben vereinbarten Mindeststrafandrohungen(615) auch die in der Regel als negative Voraussetzung enthaltene Bestimmung des Nichtvorliegens eines politischen Delikts(616). Mit dem Wortlaut des Art. 8 Abs. 1

(613) Auch in den Auslieferungsverträgen der Bundesrepublik Deutschland hat der Grundsatz der Nichtauslieferung politischer Taten grundsätzlich Niederschlag gefunden.
(614) Bejahend: Denkschrift zum Übereinkommen, BT-Drs. VI/3272; S. 12; Cheng, ZLW 1973, S. 229.
(615) Insoweit verneinend: Lacoste, S. 43 FN 67 m.w.N.
(616) Insoweit bejahend: Lacoste, S. 42 m.w.N.; verneinend: Glaser, RIDC 1973, S. 838; A. Meyer, Bd. VI, S. 165 in der Kommentierung des Montrealer Entwurfs des Haager Übereinkommens.

läßt sich die Auffassung, damit solle das Prinzip der Nichtauslieferung politischer Täter durchbrochen werden, nicht begründen. Ein argumentum e contrario aus dem Fehlen eines entsprechenden Vorbehalts wie in Abs. 2 und 3 erscheint zwar nicht ausgeschlossen, aber auch nicht geboten, da die speziellen vertraglichen Beziehungen zwischen ersuchendem und ersuchtem Staat grundsätzlich vorgehen; eine Änderung darin enthaltener Regelungen hätte im Interesse der Rechtsklarheit deutlich fixiert werden müssen. Schließlich ist zu beachten, daß die uneingeschränkte Auslieferung politischer Täter im Einzelfall das Recht auf Asyl tangieren kann. Prinzipien des Asylrechts hatten aber bereits den Bestrebungen einiger Staaten, die Auslieferung an einen vorrangig zur Verfolgung zuständigen Staat obligatorisch vorzuschreiben, entgegengestanden[617]. Daß das Problem der Einbeziehung politisch motivierter Taten und eventueller Einschränkungen des Asylrechts im Verlauf der Konferenzen angesprochen worden war[618], jedoch keinen Ausdruck in der Konvention gefunden hat, spricht mitentscheidend für die herrschende Ansicht[619], daß politische Motive einer Flugzeugentführung bei der Frage der Auslieferung berücksichtigt werden können[620]. Schließlich spricht

(617) Schwenk, S. 581.
(618) ICAO-Doc. 8865 LC/159 vom 16.03.1970 = A. Meyer, Bd. VI, S. 162 ff.; Hailbronner, NJW 1973, S. 1637; Faller, S. 178 f.
(619) Hailbronner, NJW 1973, S. 1637; Faller, S. 139; Pötz, ZStW 1974, S. 502.
(620) Gegenteiliges kann sich allerdings aus dem Zusammenwirken multilateraler Übereinkommen mit speziellen, insbesondere zweiseitigen, Auslieferungsverträgen ergeben, die Ausnahmen von der Anwendbarkeit der Auslieferungsausnahme bei politischen Delikten enthalten.
Dies ist der Fall in Auslieferungsverträgen der Bundesrepublik Deutschland mit Frankreich, Jugoslawien und den USA sowie Monaco, das allerdings nicht Ver-

für diese Auslegung auch Art. 1 Europäisches Übereinkommen vom 27. Januar 1977 zur Bekämpfung des Terrorismus. In den Katalog von Straftaten, die gemäß dem Europäischen Übereinkommen zur Bekämpfung des Terrorismus - in Zukunft - nicht als politische angesehen werden sollen, ist (u.a.) das Haager Übereinkommen aufgenommen. Wenn dem nicht nur deklaratorische Bedeutung zukommen soll, kann nicht schon Art. 8 Abs. 1 Haager Übereinkommen eine Durchbrechung des Prinzips der Nichtauslieferung politischer Täter beinhalten. Daß aber Art. 1 Buchst. a Europäisches Übereinkommen zur Bekämpfung des Terrorismus nicht nur deklaratorische Bedeutung hat, ergibt sich aus dessen Art. 13 Abs. 1. Danach ist ausnahmsweise die Berücksichtigung des politischen Charakters der Tat doch zulässig. Da das Europäische Übereinkommen zur Bekämpfung des Terrorismus eine Einschränkung und keinesfalls eine Erweiterung des Auslieferungsprivilegs für politische Täter bezweckt, ist Art. 13 Abs. 1 dahin zu verstehen, daß er die ursprüngliche Rechtslage wiederherstellt: die Möglichkeit der Berufung auf das Auslieferungsprivileg. Sie kann also nicht bereits durch Art. 8 Haager Übereinkommen genommen sein.

---

tragspartei des Haager Übereinkommens ist. Dort ist bestimmt, daß "Straftaten nicht als politische angesehen werden, zu deren Verfolgung die Vertragsparteien aufgrund internationaler Übereinkommen verpflichtet sind." Im Verhältnis zu den USA gilt dies auch in bezug auf Straftaten zu deren Verfolgung allein der ersuchende Staat aufgrund mehrseitiger internationaler Übereinkommen verpflichtet ist.
Im Verhältnis zu Kanada ist von der Auslieferungsausnahme bei politischen Delikten nur der Angriff auf völkerrechtliche Personen ausgenommen.
Im Verhältnis zu 19 der Mitgliedstaaten des Europarats ist schließlich das - noch Gegenstand besonderer Darstellung bildende - Europäische Übereinkommen vom 27.01.1977 zur Bekämpfung des Terrorismus zu beachten.

Ist demnach die Auslieferung von Luftfahrzeugentführern mit terroristischen Motiven nicht obligatorisch vorgeschrieben, so könnte jedoch dem Prinzip "aut dedere aut punire" durch eine entsprechende Verpflichtung des ersuchten Staates Genüge getan werden.

Art. 7 S. 1 verpflichtet den Vertragsstaat, in dessen Hoheitsgebiet der Verdächtige aufgefunden wird, zur Strafverfolgung, "wenn er ihn nicht ausliefert". Nach dem Wortlaut besteht die Verpflichtung unabhängig davon, ob ein ausländischer Staat ein Auslieferungsersuchen gestellt hat. Im Zusammenhang mit späteren Übereinkommens-Entwürfen wurde versucht, diese "Unbedingtheit" zu "vermeiden"(621); diese gegenläufigen Bemühungen, die schließlich im Rahmen des Europäischen Übereinkommens zur Bekämpfung des Terrorismus in dessen Art. 6 f. Niederschlag gefunden haben, lassen den Rückschluß zu, die vorzitierte Voraussetzung darf nicht ihrem Wortlaut zuwider dahin ausgelegt werden, die Verpflichtung gem. Art. 7 S. 1 entstehe nur im Fall der Ablehnung eines Auslieferungsersuchens(622). Zwar greift diese weite Auslegung stark in die Souveränität der

(621) Vorschlag der Niederlande im Zusammenhang mit den Beratungen über ein internationales Übereinkommen gegen Geiselnahme in den Vereinten Nationen, UN Doc. A/AC 188/L 14. S. auch den Vorbehalt der Niederlande zur Geiselnahmekonvention, UN Doc. C.N. 296.1988.Treaties - 6 (Depositary Notification) vom 20.01.1989.

(622) Gem. Art. 7 Europäisches Übereinkommen zur Bekämpfung des Terrorismus ist nur der Vertragsstaat zu stellvertretender Strafverfolgung verpflichtet, "der ein Auslieferungsersuchen ... erhalten hat" und nicht ausliefert. Per argumentum e contrario läßt sich schlußfolgern, daß die nach ihrem Wortlaut weitergehende Verpflichtung gem. Art. 7 Haager Übereinkommen nicht die Ablehnung eines Auslieferungsersuchens voraussetzt (so auch Stein, ZaöRV, 37, 1977, S. 677).

Vertragsstaaten ein, die ausnahmslos ohne Rücksicht auf das Verhalten primär zur Strafverfolgung berufener Staaten die Bürde der Strafverfolgung tragen sollen.
Indes erscheint dies vor dem Hintergrund, daß einzelne Mitglieder der Staatengemeinschaft Terroristen nicht mit der gebotenen Konsequenz verfolgt haben, bewußt in Kauf genommen worden zu sein, um die erstrebte lückenlose Verfolgung sicherzustellen. Für die dargestellte weite Interpretation spricht schließlich, daß nur sie geeignet ist, auch im Fall nicht-universeller Ratifikation des Übereinkommens die Verpflichtung zu stellvertretender Strafverfolgung wirksam werden zu lassen. Die starke Souveränitätseinschränkung erscheint überdies auch aus folgendem Grund hinnehmbar:

Die Verpflichtung zur Strafverfolgung gilt zwar nach Art. 7 Satz 1 "ohne irgendeine Ausnahme", greift also auch dann ein, wenn der Verdächtige politische Motive für sein Handeln geltend macht. Die Bestrafung von Terroristen ist dennoch nicht lückenlos sichergestellt. Die zuständigen Behörden sind nicht einmal verpflichtet, Anklage zu erheben(623) - dahingehende Vorschläge der USA und der UdSSR wurden abgelehnt(624). Art. 7 Satz 1 verpflichtet vielmehr ausschließlich dazu, den Fall den zuständigen Behörden zum Zwecke der Strafverfolgung zu unterbreiten. Sie haben sodann die Strafverfolgung unter Berücksichtigung der nationalen Strafprozeßordnungen einzuleiten. Es verbleibt den zuständigen Behörden demnach die Möglichkeit, aufgrund innerstaatlicher Vorschriften (in Deutschland z.B. §§ 153 ff. StPO)

(623) Unstr., s. Schütz, ÖJZ 1975, S. 228 m.w.N.
(624) A.a.O.,m.w.N.; Schmidt-Räntsch, ZLW 1971, S. 89 ff.

von einer Strafverfolgung abzusehen[625]. Diese Lücke gewinnt an Bedeutung in den Staaten, in denen keine Verpflichtung zur Strafverfolgung besteht, sog. Legalitätsprinzip, sondern diese sich grundsätzlich - wie z.B. in Frankreich - oder aber auch nur in Ausnahmefällen an Kriterien der Opportunität orientiert. Bei diesen Ausnahmefällen ist insbesondere an Straftaten im Luftraum des Auslandes zu denken; unabhängig vom Eintragungsstaat des Luftfahrzeuges zählen dort begangene zu den Auslandstaten[626], bei denen sich die Strafverfolgung auch in Staaten, in denen ansonsten das Legalitätsprinzip gilt, an Kriterien der Opportunität orientiert, s. z.B. § 153 c StPO[627].
Bei den Beratungen zum Haager Übereinkommen wurde das vorstehend skizzierte Problem gesehen und in Art. 7 Satz 2 dahingehend gelöst, daß die Behörden ihre Entscheidung "in gleicher Weise wie im Fall einer gemeinrechtlichen strafbaren Handlung schwerer Art" zu treffen haben. Damit ist zweierlei erreicht. Die Forderung einer Entscheidung wie im Fall einer strafbaren Handlung "schwerer Art" zwingt Vertragsstaaten, in denen für solche besondere Normen gelten - z.B. besondere Verfahrenswege -, diese auch auf strafbare Handlungen i.S.d. Haager Übereinkommens anzuwenden.
Die Forderung einer Entscheidung wie im Fall einer "gemeinrechtlichen" strafbaren Handlung beugt dem vor, daß die politischen Motive bei einer Luftfahrzeugentführung zu einer privilegierten Behandlung der Täter führen[628]. Diese Auslegung ist nicht unbestritten. In der Literatur[629] wird die Auffassung vertreten, aufgrund einer redaktionellen

(625) Mc Whinney, S. 43; Faller, S. 48 f.
(626) Jescheck, Deutsche Beiträge, S. 204.
(627) Hierauf weist zutreffend Schütz, ÖJZ 1975, S. 223 hin.
(628) Zweifelnd: Hailbronner, NJW 1973, S. 1638.
(629) Guillaume, S. 38; Lacoste, S. 122 m.w.N.

Änderung bei der End-Fassung von Art. 7 S. 2 Haager Übereinkommen sei davon auszugehen, der politische Charakter einer Tat dürfe bei der Frage der Entscheidung der Strafverfolgungsbehörden berücksichtigt werden. In einem ersten Entwurf auf der Haager Konferenz hatte Art. 7 S. 2 noch gelautet: "these authorities shall take their decision in the same manner as in the case of any <u>other</u> ordinary offence of a serious nature under the law of that state". Der Gebrauch der Formel "any <u>other</u> ordinary offence" - bzw. "toute <u>autre</u> infraction de droit commun" machte deutlich, daß die Delikte des Haager Übereinkommens in jedem Fall gemeinen gleichzustellen und nicht wie politische zu behandeln sind. Die spätere Streichung des Wortes "other" - bzw. "autre" - bedeute, daß diese Gleichstellung entfallen sei; somit seien auch die Strafverfolgungsbehörden bei ihrer Entscheidung frei(630). M.E. ist diese Ableitung nicht logisch zwingend. Zwar ist zuzustimmen, daß infolge des Wegfalls des Wortes "other" - bzw. "autre" - eine generelle Gleichstellung von Delikten i.S.d. Haager Übereinkommens mit gemeinen nicht geboten ist. Daraus läßt sich aber nicht deduzieren, im speziellen Fall der Entscheidung der Strafverfolgungsbehörde sei eine solche Gleichstellung nicht verlangt, zumal dann die Forderung des Art. 7 S. 2 nach einer "Entscheidung ... wie im Fall einer gemeinrechtlichen strafbaren Handlung" sinnentleert wäre. Daß allein das Wort "other" bzw. "autre" nicht aber auch die Worte "<u>ordinary</u> offence" bzw. "infraction <u>de droit commun</u>" gestrichen wurden, deutet vielmehr darauf hin, daß die Strafverfolgungsbehörden einen politischen Charakter der Tat bei ihrer Entscheidung nicht berücksichtigen dürfen(631).

---

(630) Guillaume, S. 38.

(631) Im Ergebnis ebenso wohl auch Denkschrift zum Haager Übereinkommen, BT-Drs. VI/3272, S. 12.

Völkerrechtlich bildet demnach Art. 7 Satz 2 für Luftfahrzeugentführungen eine wichtige Schranke, die die Berücksichtigung der politischen Motive von Terroristen bei den Entscheidungen der Strafverfolgungsbehörden ausschließt.
Motiv für die Regelung des Art. 7 S. 2 war schließlich auch zu verhindern, daß gegen Luftfahrzeugentführer vor Sondergerichten - z.B. für politische Taten - verhandelt wird(632). Für eine entsprechende "Garantie" bestand und besteht bei terroristischen Taten ein besonderes Bedürfnis; daß bei der Frage der strafrechtlichen Verfolgung terroristischer Taten, staatspolitische, insbesondere außenpolitische Aspekte wiederholt eine Rolle gespielt haben, läßt sich schließlich für eine Vielzahl von Fällen nachweisen(633). Daß sie diese weiterhin spielen können, offenbart sich in der Bundesrepublik Deutschland nicht zuletzt durch die Bestimmungen der §§ 153 d und e StPO - wenn diese auch nicht für Luftfahrzeugentführungen gelten.

(d) Pflichten der Vertragsstaaten im Zusammenhang mit der praktischen "Abwicklung" einer Luftfahrzeugentführung und "sonstige Rechtshilfe"

Abschließend legen Art. 9 bis 11 besondere Pflichten der Staaten(634) nach einer Entführung fest.
Art. 9 wiederholt weitgehend inhaltsgleich(635) die bereits in Art. 11 des Tokioter Abkommens den Vertragsstaaten aufgegebenen - bereits als Völkerge-

(632) Cheng, ZLW 1973, S. 230.
(633) Das gilt z.B. auch für den bereits angesprochenen (s.o. G II 2c) Fall Hamadi. Hier hatten - in "positivem" Sinne - die USA erheblichen politischen Druck auf die Bundesregierung ausgeübt, um die Auslieferung Mohamad Ali Hamadis zu erreichen, zumindest aber die konsequente Verfolgung in der Bundesrepublik Deutschland sicherzustellen.
(634) Vgl. die ausführliche Darstellung bei Schmidt-Räntsch, ZLW 1971, S. 97 f.
(635) S. näher Mc Whinney, S. 44.

wohnheitsrecht für alle Staaten verbindlichen (636) - Pflichten,

- alle geeigneten Maßnahmen zu ergreifen, um die Kontrolle des rechtmäßigen Kommandanten über das Luftfahrzeug wiederherzustellen und aufrechtzuerhalten und
- den Fluggästen und der Besatzung die Fortsetzung der Reise so bald wie möglich zu erleichtern und das Luftfahrzeug dem rechtmäßigen Besitzer zurückzugeben.

Gem. Art. 10 sind die Vertragsstaaten zu weitestgehender Rechtshilfe verpflichtet(637). Anwendbar ist das Recht des ersuchten Staates, soweit nicht zwei- oder mehrseitige Verträge über die Rechtshilfe in Strafsachen abweichende Regelungen enthalten. Aufgrund dieser Bestimmungen wird in einer Vielzahl von Luftfahrzeugentführungen mit terroristischem Hintergrund keine Rechtshilfe geleistet werden, da diese in politischen Strafsachen ausgeschlossen ist(638). Einen gewissen Ausgleich stellt insoweit Art. 11 dar, der Berichtspflichten gegenüber der ICAO im Zusammenhang mit einer Luftfahrzeugentführung festschreibt.

cc) Bewertung des Haager Übereinkommens

Das mit dem Haager Übereinkommen verfolgte Ziel, Luftfahrzeugentführungen mit internationalem Bezug ohne Ausnahme strafrechtlich zu verfolgen, wurde

(636) Hailbronner,NJW 1973, S. 1638; Lagoni, EA 1977, S. 173.
(637) S. hierzu Pötz, ZStW 1974, S. 507 f.
(638) Etwas anderes gilt jedoch für die Mitgliedstaaten des Europäischen Übereinkommens zur Bekämpfung des Terrorismus, s. hierzu unten G II 7.

nur zum Teil erreicht(639).
Hierfür sind zwei Gründe verantwortlich:
Zum ersten beinhaltet das Haager Übereinkommen nur die Pflicht "aut dedere aut iudicare". Sie erfaßt auch von Terroristen verübte Luftfahrzeugentführungen, jedoch ist der Auslieferung kein Vorrang eingeräumt. Dem ersuchten Staat, der häufig kein ebenso starkes Interesse an der Strafverfolgung hat wie der ersuchende, steht es frei, die Tat selbst zu verfolgen. Dabei ist er jedoch nicht - dem Grundsatz des "aut dedere aut punire" entsprechend - zur Bestrafung verpflichtet, sondern nur dazu, die Tat den zuständigen Behörden zum Zweck der Strafverfolgung zu unterbreiten, die ihrerseits zu entscheiden haben in der gleichen Weise wie im Fall einer gemeinrechtlichen strafbaren Handlung schwerer Art. Die Einstellung des Strafverfahrens, besondere Strafmilderungen oder das Absehen von Strafe bleiben möglich.

Zum zweiten ist das Haager Übereinkommen zwar in über 140 Staaten, aber nicht weltweit in Kraft. In vielen Fällen wird der Entführer also nicht damit rechnen können, "eine Zuflucht der Straflosigkeit" zu finden. Letzte straffreie Räume sind jedoch verblieben. Staaten wie Algerien, in denen das Haager Übereinkommen nicht in Kraft ist (640), werden daher von Luftfahrzeugentführern als Zielland angeflogen. Hier verliert sich sodann die

---

(639) Zur Umsetzung dieser Verpflichtung durch die Pönalisierung von Luftfahrzeugentführungen in den nationalen Rechtsordnungen Australiens, Portugals, Mexikos, Irans, Argentiniens, Frankreichs, der Schweiz, der USA und Deutschlands s. Faller, S. 66 ff.; Meyer, S. 198 ff.

(640) Lt. Mc Whinney (S. 66), der sich auf die New York Times vom 17.02.1973 beruft, soll Algerien jedoch bereitgewesen sein, das Problem durch ein bilaterales Abkommen mit den USA, das demjenigen zwischen Kuba und den USA entsprechen sollte, einer (Teil-) Lösung zuzuführen.

Spur der Täter, ohne daß sie strafrechtlich zur Verantwortung gezogen worden wären(641). Dessen Zeichnung durch alle Staaten ist daher zu fordern. Sodann ist dessen strikte Anwendung sicherzustellen, denn wiederholt haben Staaten (z.B. Syrien, Thailand, Äthiopien, Afghanistan und Südafrika) ihre Verpflichtung zur strafrechtlichen Verfolgung gemäß dem Haager Übereinkommen verletzt.
Festzuhalten bleibt, daß seit dessen Inkrafttreten 1971 (14. Oktober 1971) die Anzahl der Luftfahrzeugentführungen zurückgegangen ist: von 91 im Jahre 1969 und 92 im Jahre 1970 über 64 und 69 in den Jahren 1971 und 1972 auf 28 im Jahre 1973 und 10 im Jahre 1974(642). Hier dürfte nicht nur der Umstand von Bedeutung gewesen sein, daß die Täter "aufgrund" des Übereinkommens mit Strafe zu rechnen hatten, denn das Übereinkommen war weithin noch nicht in Kraft; vielmehr dürfte neben Präventivmaßnahmen der mit Abschluß des Übereinkommens erkennbar gewordene Wille der Staatengemeinschaft, Luftfahrzeugentführungen in Zukunft stärker zu bekämpfen, bereits vor Geltung des Haager Übereinkommens in vielen Staaten eine psychologische Wirkung gehabt haben.

(641) So z.B. auch im Fall des am 05.04.1988 entführten kuwaitischen Luftfahrzeugs. Die Entführer ließen nach 15 Tagen am 20.04.1988 in Algier ihre Geiseln frei, nachdem ihre Forderungen zum Teil erfüllt und ihnen Straffreiheit zugesichert worden war.

(642) So Guillaume, S. 10; trotz abweichender Fallzahlen zeigt sich eine parallele Entwicklung auch nach Wilkinson, S. 227:

Jahr	Luftfahrzeugentführungen
1969:	82
1970:	72
1971:	62
1972:	70
1973:	28
1974:	29

c) **Das Übereinkommen vom 23. September 1971 zur Bekämpfung widerrechtlicher Handlungen gegen die Sicherheit der Zivilluftfahrt (Montrealer Übereinkommen)**

Das Montrealer Übereinkommen stellt das dritte internationale Abkommen zur Sicherung der Zivilluftfahrt dar, dessen Zustandekommen auf Vorarbeiten der ICAO beruht.

aa) **Ausgangslage/historischer Hintergrund**

Die Vorarbeiten zum Montrealer Übereinkommen wurden wesentlich von der ICAO getragen. Deren Rechtsausschuß arbeitete 1970 den Entwurf eines Abkommens aus (643). Die Vorarbeiten überschnitten sich zeitlich mit denen zum Haager Übereinkommen, bei denen die damals häufigste Form des terroristischen Angriffs auf den Luftverkehr im Vordergrund stand: die Luftfahrzeugentführung. Von dem Haager Übereinkommen sollten daher Akte nicht erfaßt werden, die nicht die Entführung des Luftfahrzeugs zum Ziel hatten; diese "sonstigen" widerrechtlichen Handlungen gegen die Sicherheit der Zivilluftfahrt sollten einem dritten Abkommen vorbehalten bleiben. Dieses dritte Abkommen galt es ohne Verzug fertigzustellen, nicht zuletzt weil infolge der gesetzlichen, administrativen und speziell polizeilichen Maßnahmen präsumtive Luftfahrzeugentführer zunehmend andere - für sie weniger "riskante" - Methoden des Eingriffs in den Luftverkehr wählten, um ihren terroristischen Kampf fortzusetzen(644). Auf einer von der ICAO einberufenen diplomatischen Konferenz konnte bereits

---

(643) Abgedruckt in: ZLW 1971, S. 10 ff.

(644) Allgemeinkriminelle Akte gegen die Sicherheit des Zivilluftverkehrs i.S.v. Art. 1 Montrealer Übereinkommen wurden nur ganz vereinzelt bekannt (Mc Whinney, S. 45).

am 23.09.1971 das Montrealer Übereinkommen gezeichnet werden.

bb) Der wesentliche Regelungsgehalt des Montrealer Übereinkommens

Das Montrealer Übereinkommen sollte in Verbindung mit dem Haager Übereinkommen die weltweite strafrechtliche Verfolgung von Gewalttaten gegen den zivilen Luftverkehr sicherstellen. Sein Regelungsbereich umfaßt demzufolge mit Ausnahme der Luftfahrzeugentführung eine weite Palette von (Gewalt-) Handlungen "gegen Zivilluftfahrzeuge", die geeignet sind, die Sicherheit von Personen und Gütern sowie den Betrieb des internationalen Luftverkehrs zu gefährden(645).

(1) Regelungsgegenstand und sachlicher Anwendungsbereich des Montrealer Übereinkommens

Den Regelungsgegenstand des Montrealer Übereinkommens bilden

- gewalttätige Handlungen(646) gegen Personen an Bord eines Luftfahrzeugs, Art. 1 Abs. 1 Buchst. a,
- Zerstörungen(647) und Beschädigungen von im

(645) Nach dem Londoner Vorentwurf sollten alle bewaffneten Angriffe ohne Rücksicht auf eine Gefährdung des Luftfahrzeugs tatbestandsmäßig sein. Dies entspricht nicht dem Schutzzweck des Übereinkommens. Die erfolgten Einschränkungen waren daher gerechtfertigt; s. Röbbert, ZLW 1972, S. 137.

(646) Zur Auslegung dieses Tatbestandsmerkmals s. Lacoste, S. 96.

(647) Die Aufnahme dieser Alternative ist durch die Tatschwere begründet. Die Sicherheit des Luftverkehrs dürfte hierdurch nur ausnahmsweise betroffen werden (Ebenso Röbbert, ZLW 1972, S. 137). Allerdings wurden in Einzelfällen auch ganze im Flug befindliche Luftfahrzeuge bei Anschlägen zerstört, z.B. am 21.12.1988 eine Maschine der PanAm auf dem Flug von London nach New York über der schottischen Stadt Lockerbie. Eine Übersicht über Bombenanschläge auf Flugzeuge/Explosionen an Bord von Flugzeugen gibt Herbertz, Terrorismus Informationsdienst Nr. 12, Dezember 1989, S. 3 f.

Einsatz befindlichen Luftfahrzeugen(648), Art.1 Abs. 1 Buchst. b,

- das Verbringen von Sachen in das Luftfahrzeug, die geeignet sind, dieses zu zerstören oder zu beschädigen, Art. 1 Abs. 1 Buchst. c(649),
- die Beschädigung oder Betriebsbeeinträchtigung von Flugnavigationseinrichtungen(650), Art. 1 Abs. 1 Buchst. d,
- wissentlich unrichtige Angaben, Art. 1 Abs. 1 Buchst. e.

Lediglich die beiden ersten in Art. 1 Abs. 1 Buchst. b genannten Alternativen verlangen, daß durch die Tathandlung ein Luftfahrzeug flugunfähig wird, mithin stellen sie einen Verletzungstatbestand dar. Alle anderen sind dem Bereich der Gefährdungstatbestände zuzuordnen, mit dem Ziel, die Sicherheit des Luftverkehrs vor bestimmten gefahrbezogenen Tätigkeiten zu schützen(651).

Die Beschränkung auf die o.a. Taten, deren Versuch und Teilnahmehandlungen (Art. 1 Abs. 2)(652) erscheint zu eng. Die weitergehenden Vorschläge, auch Luftfahrzeugentführer, die sich nicht an Bord der Maschine befinden - und damit nicht dem Rege-

(648) Gleichgültig ist bei beiden Alternativen des Art. 1 Abs. 1 Buchst. b, ob der Täter im Flugzeug handelt oder außerhalb.

(649) Das Verbringen der genannten Sachen kann "auf welche Art auch immer" erfolgen, so daß sichergestellt ist, daß alle von Terroristen benutzten Handlungsformen erfaßt werden, z.B. auch die Einschaltung Gutgläubiger und die Post-/Gepäckbeförderung.

(650) Als Beispiel sei ein Anschlag auf einen Flughafen-Kontrollturm genannt.

(651) S. hierzu Wille, S. 258.

(652) Ebensowenig wie das Haager enthält das Montrealer Übereinkommen eine Bestimmung dessen, welche Voraussetzungen abstrakt für die Strafbarkeit wegen Versuchs oder Beteiligung erfüllt sein müssen, so daß insoweit ein Rückgriff auf das nationale Strafrecht geboten ist. Auch stellt sich beim Montrealer in gleicher Weise wie beim Haager Übereinkommen die Frage, ob die Beteiligung auch die Anstiftung erfaßt; s. dazu oben G II 3 b bb (1).

lungskomplex des Haager Übereinkommens unterfallen -, sowie darüber hinaus auch Vereinigungen mit dem Ziel, widerrechtliche Handlungen gegen die Sicherheit der Zivilluftfahrt zu begehen, zu erfassen, wurden jedoch abgelehnt(653).

Für die in Art. 1 umschriebenen Taten enthält das Montrealer Übereinkommen in offensichtlicher Anlehnung an die Bestimmungen des Haager Übereinkommens sowohl hinsichtlich der Einschränkungen des Anwendungsbereichs als auch hinsichtlich der übernommenen Verpflichtungen diesem ähnliche Regelungen.
Der sachliche Anwendungsbereich hat in Art. 2 und 4 eine weitgehend entsprechende Regelung erfahren. Zwar ist der sachliche Anwendungsbereich des Montrealer Übereinkommens insoweit weiter, als nicht nur im Flug befindliche(654), sondern alle im Einsatz(655) befindlichen Flugzeuge einbezogen werden.(656) Insbesondere der in Art. 1 Abs. 1 c Montrealer Übereinkommen geregelte Fall erforderte diese Erweiterung gegenüber Art. 3 Abs. 1 Haager Übereinkommen, denn ein Verbringen der dort genannten Sachen in ein Luftfahrzeug nach Schließen der Außentüren erscheint kaum jemals möglich.
Die weiteren Vorschriften finden jedoch jeweils eine Parallele im Haager Übereinkommen: Der sachliche Anwendungsbereich erfaßt nur Zivilluftfahrzeuge - Art. 4 Abs. 1 Montrealer Übereinkommen entspricht Art. 3 Abs. 2 Haager Übereinkommen - und ist beschränkt auf Flüge, bei denen entweder der tatsäch-

(653) Guillaume, S. 43.
(654) Die Definition des Begriffs "im Flug" in Artikel 2 Abs. 1 Montrealer Übereinkommen ist identisch mit derjenigen in Art. 3 Abs. 1 Haager Übereinkommen.
(655) Art. 2 Buchst. b Montrealer Übereinkommen.
(656) Eine zusätzliche Erweiterung bedeutet die Regelung des Art. II Protokoll zur Bekämpfung widerrechtlicher gewalttätiger Handlungen auf Flughäfen, die der internationalen Zivilluftfahrt dienen, in Ergänzung des Montrealer Übereinkommens.

liche oder beabsichtigte Abflugort oder Landeort außerhalb des Eintragungsstaates liegt oder die strafbare Handlung im Hoheitsgebiet eines anderen Staates begangen worden ist, Art. 4 Abs. 2. Das Montrealer Übereinkommen ist weiterhin anwendbar, wenn der Täter oder der Tatverdächtige im Hoheitsgebiet eines anderen Staates als des Eintragungsstaates des Luftfahrzeugs aufgefunden wird, Art. 4 Abs. 3[(657)]. Eine Sonderregel enthält Art. 4 Abs. 5: Im Fall der Beschädigung oder Betriebsbeeinträchtigung von Flugnavigationseinrichtungen ist das Abkommen nur anwendbar, wenn diese in der internationalen Luftfahrt verwendet werden. Auch dies entspricht dem Grundsatz, in internationalen Abkommen nur Sachverhalte mit internationalem Bezug zu regeln.

(2) Die wesentlichen Vertragspflichten

Die wesentlichen Vertragspflichten enthalten Art. 3 und 5 ff. Montrealer Übereinkommen.

(a) Pönalisierungsverpflichtung

Art. 3 verpflichtet - in Parallele zu Art. 2 Haager Übereinkommen - die Vertragsstaaten, die in Art. 1 Montrealer Übereinkommen genannten Taten einschließlich deren Versuch oder Beteiligungshandlungen mit schwerer Strafe zu bedrohen. Entsprechend Art. 2 Haager Übereinkommen[(658)] verlangt Art. 3 Montrealer Übereinkommen - wie sich aus seiner Entstehungsgeschichte, insbesondere der Ablehnung eines dem entgegenstehenden Antrags Kanadas[(659)] er-

(657) Vgl. Art. 3 Abs. 5 Haager Übereinkommen.
(658) S.o. G II 3 b bb.
(659) S. Faller, S. 174.

gibt - die Schaffung eines einheitlichen Tatbestandes(660).

(b) **Erweiterung der Strafgewalt**

Art. 5 verpflichtet - in Parallele zu Art. 4 Haager Übereinkommen - die Vertragsstaaten, die nationalen Strafgewalten zu erstrecken(661) auf

- Inlandstaten (Territorialprinzip), Art. 5 Abs. 1 Buchst. a(662),
- Taten auf oder an Bord von im Inland eingetragenen Luftfahrzeugen (Prinzip des Eintragungs- bzw. Flaggenstaates), Art. 5 Abs. 1 Buchst. b (663),
- Taten an Bord von Luftfahrzeugen, die mit dem Verdächtigen im "eigenen" Hoheitsgebiet landen (Landestaatsprinzips), Art. 5 Abs. 1 Buchst. c (664),
- Taten auf und in einem vermieteten Luftfahrzeug, dessen Halter im Inland seinen ständigen Sitz oder Aufenthalt hat (Halterprinzip), Art. 5 Abs. 1 Buchst. d(665).

Art. 5 Abs. 2 ergänzt vorgenannte Prinzipien um die Verpflichtung, die Strafgewalt auf die Fälle zu

(660) Wille, S. 261; Faller, S. 174.
(661) Ebensowenig wie Art. 4 Haager Übereinkommen läßt sich Art. 5 Montrealer Übereinkommen eine Verpflichtung zur Ausübung der Strafgewalt entnehmen; s. dazu oben G II 3 b bb.
(662) Art. 5 Abs. 1 Buchst. a Montrealer Übereinkommen hat keine Parallele im Haager Übereinkommen, da zweitgenanntes nur an Bord eines Luftfahrzeuges begangene Straftaten erfaßt, für die eine Verpflichtung zur Erstreckung der nationalen Strafgewalt nach dem Prinzip des Eintragungs- oder Flaggenstaates begründet wird.
(663) Vgl. insoweit Art. 4 Abs. 1 Buchst. a Haager Übereinkommen.
(664) Vgl. Art. 4 Abs. 1 Buchst. b Haager Übereinkommen.
(665) Vgl. - zur zweiten Alternative - Art. 4 Abs. 1 Buchst. c Haager Übereinkommen.

erstrecken, daß der Verdächtige sich im "eigenen" Gebiet aufhält und nicht ausgeliefert wird(666).
Von diesem Auffangtatbestand werden jedoch nur "die besonders schweren strafbaren Handlungen nach Art. 1 Abs. 1 Buchstabe a, b und c" erfaßt. Für die Beschädigung oder Betriebsbeeinträchtigung von Flugnavigationseinrichtungen, Art. 1 Abs. 1 Buchst. d, sowie dem in Art. 1 Abs. 1 Buchst. e geregelten Fall wissentlich unrichtiger Angaben verbleibt damit eine Regelungslücke, die auch durch keine der älteren Luftverkehrskonventionen von Tokio und Den Haag geschlossen wird.
Es bleibt jedem Vertragsstaat überlassen, diese Lücke zu schließen und - ohne völkerrechtlich hierzu verpflichtet zu sein - seine Strafgewalt über Art. 5 Montrealer Übereinkommen hinaus zu erstrecken; das Montrealer Übereinkommen steht dem expressis verbis nicht entgegen, Art. 5 Abs. 3(667).
Soweit das Montrealer Übereinkommen mit den vorgenannten Bestimmungen solche des Haager Übereinkommens wiederholt, das seinerseits bereits Bestimmungen des Abkommens von Tokio wiederholt, ist dies dadurch gerechtfertigt, daß der Beitritt zu diesem nicht den zu den beiden anderen Konventionen voraussetzt.

Da auch das Montrealer Übereinkommen keinen Vorrang der Strafgewalt für eine bestimmte Straftat schafft (668), stellt sich bei diesem in gleicher Weise wie bei dem Tokioter Abkommen und dem Haager Übereinkommen das Problem mehrfacher Verurteilungen. Hier wie dort(669) richtet sich die Frage, ob mehrfache Verurteilungen durch den Grundsatz "ne

---

(666) Zu den grundlegenden Rechtsfragen in diesem Zusammenhang wird auf die Ausführungen zur Parallelvorschrift des Art. 4 Abs. 2 Haager Übereinkommen verwiesen; s.o. G II 3 b bb.
(667) Dem entspricht Art. 4 Abs. 3 Haager Übereinkommen.
(668) BT-Drs. 8/216, S. 13.
(669) Entsprechendes gilt auch für die nachfolgend erörterten Übereinkommen.

bis in idem" ausgeschlossen sind, nach dem jeweils anwendbaren innerstaatlichen Recht. Für die Bundesrepublik Deutschland bestimmt § 51 Abs. 3 StGB, daß im Ausland vollstreckte Freiheitsentziehungen auf die wegen der selben Tat im Inland verhängte Strafe anzurechnen sind(670).

(c) Verpflichtung zu Auslieferung oder Strafverfolgung u.a.

Art. 6 und 7 Montrealer Übereinkommen bestimmen nahezu(671) wortgleich mit Art. 6 f. Haager Übereinkommen, daß die Vertragsstaaten alle nach ihrem Verfahrensrecht zulässigen Maßnahmen zu ergreifen haben, um den Täter der Strafverfolgung zuzuführen oder seine Auslieferung an einen anderen Vertragsstaat sicherzustellen.
Art. 8 ergänzt diese Verpflichtung ebenfalls inhaltsgleich(672) mit Art. 8 Haager Übereinkommen dahingehend, daß die vom Montrealer Übereinkommen erfaßten Handlungen grundsätzlich als auslieferungsfähige Delikte angesehen werden, die "Einzelheiten" sich nach innerstaatlichem Recht oder etwa bestehenden Auslieferungsverträgen richten. Wegen der nahezu vollständigen Übereinstimmung dieser Normen mit denjenigen des Haager Übereinkommens darf hier auf die dortigen Ausführungen verwiesen werden. Festzuhalten ist, daß der Grundsatz der Nichtauslieferung politischer Täter nicht durchbrochen wurde. Der um Auslieferung ersuchte Staat ist jedoch verpflichtet, den Fall den zuständigen Behörden zum Zweck der Strafverfolgung zu unterbreiten. Diese ihrerseits dürfen die Taten von Terroristen nicht wegen ihrer politischen Motive privilegiert behandeln.

---

(670) Beachte auch § 153 c Abs. 1 Nr. 3 StPO.
(671) Die Abweichung betrifft Art. 6 Abs. 4.
(672) Abweichung in Abs. 4.

Unzulässig ist demnach der von Venezuela bei Hinterlegung seiner Ratifikationsurkunde zum Montrealer Übereinkommen am 21.11.1983 eingelegte Vorbehalt: (in Übersetzung) "Venezuela wird rein politische Gründe und die Umstände, unter denen die in Art. 1 dieses Übereinkommens genannten strafbaren Handlungen begangen wurden, berücksichtigen, um von einer Auslieferung oder strafrechtlichen Verfolgung des Täters abzusehen, sofern nicht finanzielle Erpressung oder Schäden für die Besatzung, Fluggäste oder sonstige Personen im Spiel sind." Großbritannien hat eine Gegenerklärung hierzu abgegeben, und zwar dahingehend, daß es den Vorbehalt nicht als gültig betrachtet, "soweit er darauf abzielt, die Verpflichtung nach Art. 7 des Übereinkommens, den Fall eines Straftäters den zuständigen Behörden zum Zweck der Strafverfolgung zu unterbreiten, einzuschränken." Eine Gegenerklärung der Bundesregierung zum Vorbehalt Venezuelas erfolgte wohl auch deshalb nicht, weil durch eine solche die Rechtstellung gegenüber Venezuela nicht hätte verbessert werden können. Schließlich war zu berücksichtigen, daß bereits in mehreren Fällen Vertragsstaaten des Haager Übereinkommens (u.a. Syrien, Thailand, Malta und Äthiopien) Tätern bei Flugzeugentführungen für den Fall der Aufgabe, ohne daß Personen zu Schaden kamen, Straffreiheit zugesichert hatten. Die Täter hatten sie entsprechend der Zusage anschließend nicht strafverfolgt. Die Staatengemeinschaft hatte gegenüber diesen Staaten deshalb jedoch keine Sanktionen verhängt.

Art. 10 und 12 Montrealer Übereinkommen verpflichten die Vertragsstaaten, sich ggf. bei der Verhinderung von strafbaren Handlungen im Sinne von Art. 1 im weitest möglichen Umfang zu unterstützen. Art. 10 Abs. 1 verpflichtet, "alle geeigneten Maßnahmen" zu diesem Zweck zu treffen. Dazu gehören primär präventive Kontroll- und Sicherheitsvorkehrungen vor dem Abflug wie z.B. Personenzugangskontrollen, Gepäckkontrollen usw.(673).
Art. 12 verpflichtet zur Übermittlung aller sachdienlichen Informationen an die potentiell betroffenen, zur Strafverfolgung gem. Art. 5 zuständigen Staaten. Diese Informierung soll die verständigten Staaten in die Lage setzen, Präventivmaßnahmen zur Verhinderung der widerrechtlichen Handlungen zu ergreifen(674).
Die auf die Verhinderung widerrechtlicher Handlungen gegen die Sicherheit der Zivilluftfahrt abzielenden Bestimmungen von Art. 10 Abs. 1 und Art. 12 Montrealer Übereinkommen haben keine Parallele im Haager Übereinkommen.

Art. 11 und 13 Montrealer Übereinkommen regeln die Verfolgung strafbarer Handlungen im Sinne des Übereinkommens. Sie betreffen gegenseitige Rechtshilfepflichten und Unterrichtungspflichten gegenüber der ICAO. Sie entsprechen in ihren Bemühungen um die Verfolgung widerrechtlicher Handlungen gegen die Sicherheit der Zivilluftfahrt den Bestimmungen der Art. 10 f. Haager Übereinkommen.

---

(673) Vgl. ausführlich Guillaume, S. 14 ff.. Zur Problematik der Kontrollen in tatsächlicher Hinsicht s. Faller, S. 21 ff.; trotz erheblicher Fortschritte in den vergangenen (fast) 20 Jahren hat die dort getroffene Grundaussage weiterhin Gültigkeit.
(674) BT-Drs. 8/216, S. 215.

cc) Bewertung

Das Montrealer Übereinkommen "vervollständigt" die Arbeiten der ICAO an Regelungen zur Sicherung des Luftverkehrs. Das Tokioter Abkommen vom 14.09.1963 über strafbare und bestimmte andere an Bord von Luftfahrzeugen begangene Handlungen beschränkte sich weitgehend darauf, der Abwicklung des Flugverkehrs bei Straftaten förderliche Pflichten festzuschreiben, z.B. das Recht, eine Person absetzen zu können.
Das Haager Übereinkommen vom 16.12.1970 betraf allein die Bekämpfung der widerrechtlichen Inbesitznahme von Luftfahrzeugen.
Die hiernach verbliebene Regelungslücke für andere widerrechtliche Handlungen gegen die Sicherheit der Zivilluftfahrt wurde durch das Montrealer Übereinkommen in weitem Umfang geschlossen. Deren Bestimmungen mit repressivem Charakter gehen jedoch nicht über diejenigen des Haager Übereinkommens hinaus. Insbesondere wird der Auslieferung kein Vorrang eingeräumt. Auch der Grundsatz "aut dedere aut punire" wird wiederum nicht festgeschrieben, sondern nur die Pflicht des "aut dedere aut iudicare."
Positiv zu bemerken ist, daß das Übereinkommen nahezu weltweit - in über 140 Staaten(675) - in Kraft ist und dies, obwohl es manchen Ländern nicht unerhebliche Änderungen der nationalen Rechtsordnungen abverlangte(676).
Einzelne verbliebene regionale Lücken vermögen ihm jedoch immer noch einen Teil seiner Wirksamkeit zu nehmen. Erinnert sei insoweit an Algerien, ein Land, in dem das Übereinkommen nicht in Kraft ist, und das wiederholt nicht nur arabischen Terroristen

(675) ICAO-Rundschreiben vom 19.07.1989, SG 1185/89, LE 3/34, LE 3/32, S. 2: 141 Mitgliedstaaten.
(676) Vgl. z.B. für Frankreich Guillaume, S. 45.

Zuflucht geboten hat(677).
Trotz alledem erscheint mir das Resumee von Schütz (678) zutreffend, "daß mit Abschluß des M.A. (Montrealer Übereinkommen) der internationalrechtliche Rahmen vervollständigt und operationalisiert wurde; es wurde ein potentiell wirkungsvolles rechtliches Instrumentarium zur Bekämpfung von Flugzeugentführungen u.ä. Terrorakten gegen die Zivilluftfahrt geschaffen. Zwar konnten keine Idealvorstellungen verwirklicht werden, wie die getroffene Lösung bezüglich Bestrafung und Auslieferung deutlich macht, doch dürften die vorgesehenen Mechanismen" - unter der Voraussetzung, daß die Vertragsstaaten die Abkommen bona fide anwenden - "hinreichend sein, eine Bestrafung der Täter im Normalfall zu gewährleisten. Auch eröffnet Artikel 10 M.A. weite Perspektiven für die Vertragsstaaten zu weitestgehender Zusammenarbeit und zu größtmöglicher Perfektionierung des Präventivsystems."
Man hätte also erwarten können, daß die Zahl der Luftfahrzeugentführungen und anderen Terrorakte gegen die Sicherheit der Zivilluftfahrt abnimmt. In der Praxis zeigte sich jedoch, daß Terroristen u.a. auf neue Aktionsformen auswichen.

d) <u>Das Protokoll zur Bekämpfung widerrechtlicher gewalttätiger Handlungen auf Flughäfen, die der internationalen Zivilluftfahrt dienen, in Ergänzung des am 23. September 1971 in Montreal beschlossenen Übereinkommens zur Bekämpfung widerrechtlicher Handlungen gegen die Sicherheit der Zivilluftfahrt (Ergänzungs-Protokoll vom 24. Februar 1988 zum Montrealer Übereinkommen)</u>

(677) Mc Whinney, S. 66.
(678) ÖJZ 1975, S. 230.

aa) <u>Historischer Hintergrund/Ausgangslage</u>

In bezug auf schwere Straftaten gegen Menschen auf einem Flughafen einerseits sowie Sachbeschädigungen oder Zerstörungen auf Flughäfen oder das Unterbrechen der Flughafendienste andererseits bestanden bis Mitte 1989 keine völkervertragsrechtlichen Pflichten zur Strafverfolgung. Der Umstand, daß auch diese Handlungen die sichere und geordnete Durchführung der Zivilluftfahrt beeinträchtigten, gab der ICAO Veranlassung, die Arbeiten zu einem das Montrealer ergänzenden Abkommen aufzunehmen. Deren Ergebnis ist das "Protocol for the Suppression of Unlawful Acts of Violence at Airports Serving International Civil Aviation, Supplementary to the Convention for the Suppression of Unlawful Acts against the Safety of Civil Aviation, Done at Montreal on 23 September 1971"(679), das am 24. Februar 1988 in Montreal auf einer internationalen Luftrechtskonferenz - der nach Zahl der Teilnehmerstaaten, 81, bis dahin umfassendsten Vertragskonferenz im ICAO-Bereich - von 47 Staaten, darunter der Bundesrepublik Deutschland, gezeichnet wurde. Es führte eine 1971 in Montreal und 1973 in Rom auf einer internationalen Konferenz über Luftrecht unter Ägide der ICAO von Griechenland erneut vorgetragene Initiative zum Abschluß, Sabotageakte auf Flughäfen in den Anwendungsbereich des Montrealer Übereinkommens einzubeziehen(680). Seitdem hatte es wiederholt terroristische Anschläge auf Flughäfen gegeben mit Schwerpunkt im Jahr 1985:

- Am 19.06.1985 kostete ein Sprengstoffanschlag in der Abflughalle des Flughafens Frankfurt/Main vier Menschenleben(681).
- Am 27.12.1985 warfen vier palästinensische Terroristen in der Abflughalle des römischen

(679) ICAO Doc. 9518 (1988).
(680) v. Bechtolsheim, ZLW 1974, S. 7; Guillaume, S. 50.
(681) CEDRE, Bd. 1, Nr. 3738.

Flughafens "Leonardo da Vinci" Handgranaten zwischen die an den Schaltern der Fluggesellschaften TWA und EL AL wartenden Passagiere und eröffneten anschließend mit Maschinenpistolen das Feuer. Bei der Aktion kamen neben drei der Terroristen 13 weitere Menschen ums Leben(682).

- Am gleichen Tag verübten palästinensische Terroristen in der Abflughalle des Flughafens Wien-Schwechat einen gleichgearteten Handgranaten-/Schußwaffenanschlag, der neben einem Terroristen zwei weitere Menschenleben kostete(683). Zu den Anschlägen am 27.12. bekannte sich die Abu-Nidal-Organisation.

bb) <u>Wesentlicher Regelungsgehalt des Ergänzungs-Protokolls zum Montrealer Übereinkommen</u>

Das Ergänzungs-Protokoll sieht einen Zusatz zu dem Montrealer Übereinkommen vor; beide Regelungskomplexe sollten zwischen den Vertragsparteien als eine einzige Übereinkunft angesehen und ausgelegt werden, Art. I.

Die Regelungen des Montrealer Übereinkommens sollen gemäß Ergänzungs-Protokoll auf weitere Deliktsformen Anwendung finden. Rechtstechnisch erfolgt die Ergänzung durch Hinzufügung je eines neuen Absatzes nach Art. 1 Abs. 1 - nebst Folgeänderung in Art. 1 Abs. 2 Buchst. a - und Art. 5 Abs. 2 Montrealer Übereinkommen. Gemäß Art. II Ergänzungs-Protokoll ist Art. 1 Montrealer Übereinkommen ein Abs. "1 bis" hinzuzufügen:

"(1 bis) Eine strafbare Handlung begeht jede Person, die widerrechtlich und vorsätzlich unter Verwendung einer Vorrichtung, einer anderen Sache oder einer Waffe

a) auf einem Flughafen, welcher der internationalen Zivilluftfahrt dient, gegen eine Person eine gewalttätige Handlung verübt, die eine schwere Verletzung oder den Tod verursacht oder zu

(682) A.a.O. Nr. 4032.
(683) A.a.O.

verursachen geeignet ist, oder

b) die Einrichtungen eines Flughafens, welcher der internationalen Zivilluftfahrt dient, oder ein nicht im Einsatz befindliches Luftfahrzeug, daß sich auf diesem Flughafen befindet, zerstört oder schwer beschädigt oder die Dienste des Flughafens unterbricht,

wenn diese Handlung die Sicherheit auf diesem Flughafen gefährdet oder zu gefährden geeignet ist."(684)

Versuch und Beteiligungsformen sind entsprechend Art. 1 Abs. 2 Montrealer Übereinkommen zu pönalisieren (Art. II Abs. 2 Ergänzungs-Protokoll). Die Gerichtsbarkeit respektive Strafgewalt ist gemäß Art. III des Protokolls entsprechend Art. 5 Abs. 2 Montrealer Übereinkommen auch für oben genannte strafbare Handlungen auf den Fall zu erstrecken, daß sich der Verdächtige im eigenen Hoheitsgebiet befindet, aber nicht ausgeliefert wird.(685)

cc) <u>Bewertung</u>

Das Ergänzungs-Protokoll zum Montrealer Übereinkommen, das am 6. August 1989 in Kraft getreten ist(686), wird aufgrund seiner Anbindung an das Montrealer Übereinkommen für terroristische Akte nur bedingt wirksam. Denn Art. 8 Montrealer Übereinkommen durchbricht - wie oben dargelegt(687) - nicht

(684) Gemeinsame Übersetzung in die deutsche Sprache von Österreich, der Schweiz und der Bundesrepublik Deutschland.

(685) In ihrem vorgenannten völkerrechtlich-materiellen Kern ist die Konvention gegenüber dem vom ICAO Rechtsausschuß nach langwierigen Beratungen im Kompromißwege ausgearbeiteten Entwurf unverändert geblieben.

(686) Mitteilung der ICAO vom 19.07.1989, SG 1185/89, LE 3/34, LE 3/32.
Die ersten zehn Vertragsstaaten sind: Weißrussische SSR, DDR, Ungarn, Kuwait, Marschall Inseln, Peru, Saudi Arabien, Türkei, UdSSR und die Vereinigten Arabischen Emirate. Gezeichnet worden war das Abkommen bis Mitte 1989 von über 70 Staaten.

(687) S.o. G II 3 c bb.

den Grundsatz der Nichtauslieferung politischer Täter und Art. 7 Montrealer Übereinkommen schließt nicht aus, daß der um Auslieferung ersuchte Staat die Strafverfolgung an Kriterien der Opportunität orientiert, wobei allerdings das politische Motiv nicht zu einer privilegierten Behandlung führen darf.

Es bleibt schließlich abzuwarten, wie bald die Staatengemeinschaft dem Ergänzungs-Protokoll zum Montrealer Übereinkommen durch möglichst zahlreiche Ratifikationen zumindest den notwendigen räumlichen Geltungsbereich verschafft.(688)

Insoweit ist zu beachten, daß die Tokioter, Haager und Montrealer Konvention die gebotene Ratifikation in jeweils weit über 100 Ländern erfahren haben. Das für die Bekämpfung des Terrorismus besonders bedeutsame Haager Übereinkommen hatte zudem nicht nur Änderungen der luftfahrtspezifischen Gesetze in den einzelnen Vertragsstaaten zur Folge, und damit Auswirkungen auf die Sicherheit des Luftverkehrs; es hat vielmehr darüber hinaus auch ein vorbildhaftes bilaterales Abkommen inspiriert(689), dasjenige zwischen den USA und Kuba vom 15.02.1973.

e) Das Abkommen zwischen den USA und Kuba zur Bekämpfung von Flugzeug- und Schiffsentführungen vom 15. Februar 1973

Bei dem "Memorandum of Understanding on the

---

(688) Der Frage, ob das Ergänzungs-Protokoll im Hinblick auf die Erweiterung des Straftatenkatalogs von Art. 1 Montrealer Übereinkommen um die Zerstörung oder schwere Beschädigung von Flughafeneinrichtungen gesetzgeberische Maßnahmen auf dem Gebiet des deutschen Strafrechts erfordert - z.B. die Novellierung von §§ 316 b und/ oder c StGB -, soll hier nicht (erneut) näher nachgegangen werden; verwiesen sei insoweit auf den entsprechenden Meinungsstreit zu Art. 2 Haager und Art. 3 Montrealer Übereinkommen.

(689) Guillaume, S. 44.

Hijacking of Aircraft and Vessels"(690) zwischen den Vereinigten Staaten von Amerika und Kuba handelt es sich nicht um ein formell als völkerrechtlicher Vertrag gestaltetes Abkommen, vielmehr kam es am 15.02.1973 durch Austausch diplomatischer Noten in Washington und Havanna zustande(691).

aa) Ausgangslage/historischer Hintergrund

Kuba wurde mit dem Untergang des Battista-Regimes das von Luftfahrzeugentführungen am stärksten betroffene Land. Von den 25 Luftfahrzeugentführungen zwischen 1958 und 1962 betrafen allein 16 Kuba (692). Nach der Machtübernahme durch Fidel Castro in Kuba wurden Flugzeugentführungen zwischen Kuba und den USA immer häufiger. Während Anfang der 60er Jahre überwiegend kubanische Luftfahrzeuge von Regime-Gegnern und Flüchtlingen in die USA entführt wurden und die erste nach Miami entführte Maschine am 01.04.1960 in den Vereinigten Staaten noch begeistert empfangen wurde(693), so häuften sich in den folgenden Jahren(694) Flugzeugentführungen in die umgekehrte Richtung, lt. Faller(695) zwischen 1961 und 1972 auf etwa 150.
Amerikaner wie Kubaner mußten daher ein gesteigertes Interesse an Abkommen zu deren Bekämpfung und der Abwicklung von Luftfahrzeugentführungen haben. Bereits 1961 schlug Kuba den USA daher vor, ein bilaterales Abkommen über die Rückführung entführter Flugzeuge bzw. Schiffe und deren Insassen sowie über die Auslieferung der Täter abzuschlie-

(690) ILM, XII, 1973, Nr. 2, S. 370 ff.
(691) Mc Whinney, S. 62 FN 49.
(692) Guillaume, S. 6.
(693) A.a.O.
(694) 1961 waren es bereits drei.
(695) Faller, S. 37.

ßen[696]. Dieser Vorschlag schien den USA jedoch unannehmbar, da Kuba darauf beharrte, daß er auch die Verpflichtung umfaßte, kubanische Flüchtlinge an das Regime von Fidel Castro auszuliefern, die keine andere Möglichkeit hatten, als diesem durch Boot- oder Luftfahrzeugentführungen zu entfliehen [697]. In den folgenden Jahren spielte sich dennoch eine Prozedur ein, die zwar nicht die Auslieferung des Täters beinhaltete[698], aber die alsbaldige Rückführung des entführten Flugzeugs und der Insassen[699]. Diese über ein Jahrzehnt mit Erfolg praktizierte Prozedur wurde mit dem Abkommen vom 15.02.1973 auf eine völkerrechtliche Grundlage gestellt, der es - soweit die Beachtung der festgeschriebenen Pflichten nicht bereits völkergewohnheitsrechtlich geboten war - deshalb bedurfte, weil Kuba das Haager Übereinkommen vom 16.12.1970 nicht gezeichnet hatte[700].

bb) Der wesentliche Regelungsgehalt des US-amerikanisch-kubanischen Abkommens

(1) Der Regelungsgegenstand

Der Regelungsgegenstand des Abkommens ist nicht beschränkt auf Luftfahrzeugentführungen. Erfaßt werden vielmehr die Deliktsformen "to seize, remove, appropriate or divert from its normal route an

(696) An einer solchen Regelung hatte Kuba auch deshalb ein großes Interesse, weil von Mitte 1959 bis 1961 ca. 25 kubanische Flugzeuge in den USA beschlagnahmt worden waren; Mc Whinney, S. 67 f.

(697) Faller, S. 39 f.; Mc Whinney, S. 62 f.

(698) Ein Ausnahmefall - Auslieferung nach Mexico - ist aus 1961 bekannt, vgl. Mc Whinney, S. 69 f.

(699) Vgl. im einzelnen: Faller, S. 38 f.; Mc Whinney, S. 63, 67 ff.

(700) Kuba hat dieses Übereinkommen bis heute nicht gezeichnet. In den USA hingegen war das Haager Übereinkommen bereits am 14.10.1971 in Kraft getreten.

aircraft or vessel" (Art. First). Außerdem werden in Art. Second Regelungen betreffend Gewaltakte und Plünderungen getroffen.

(2) Der Grundsatz "aut dedere aut punire" und die Pönalisierungsverpflichtung

Art. First des Abkommens sieht für die erstgenannten Deliktsformen vor:

"Any person who hereafter seizes, removes, appropriates or diverts from its normal route or activities an aircraft or vessel registered under the laws of one of the parties and brings it to the territory of the other party shall be considered to have committed an offense and therefore shall either be returned to the party of registry of the aircraft or vessel to be tried by the courts of that party in conformity with its laws or be brought before the courts of the party whose territory he reached for trial in conformity with its laws for the offense punishable by the most severe penalty according to the circumstances and the seriousness of the acts to which this Article refers."

Art. First geht damit (auch) auf der Rechtsfolgenseite weiter als die Parallelvorschrift des Art. 7 Haager Übereinkommen, die nur dazu verpflichtet, die strafbare Handlung seinen zuständigen Behörden zum Zweck der Strafverfolgung zu unterbreiten und damit Einstellungsmöglichkeiten einen weiten Spielraum läßt. Art. First verwirklicht demgegenüber voll den Grundsatz "aut dedere aut punire", denn der Entführer soll entweder im Landestaat "be brought before the courts" oder nach Auslieferung "be tried by the courts of that party". Damit insoweit keine Strafbarkeitslücken verbleiben, bestimmt Art. First letzter Satz:

"In the event that the offenses referred to above are not punishable under the laws existing in the country to which the persons committing them arrived, the party in question shall be obligated, except in the case of minor offenses, to return the persons who have committed such acts, in accordance with the applicable legal procedures, to the territory of the other party to be tried by its courts in conformity with its laws."

Die strafrechtliche Verfolgung terroristischer Akte ist jedoch mit der scheinbar lückenlosen Regelung des Art. First des US-amerikanisch-kubanischen Abkommens noch nicht sichergestellt. Vielmehr bedarf es hierzu einer Regelung für politisch motivierte Taten. Denn ebensowenig wie Art. 8 Haager Übereinkommen zu entnehmen ist, der Grundsatz der Nichtauslieferung politischer Täter sei für die Fälle von Luftfahrzeugentführungen durchbrochen(701), kann dies Art. First des US-amerikanisch-kubanischen Abkommens entnommen werden, obwohl - auch hier - politisch motivierte den weit überwiegenden Anteil der zu bekämpfenden Entführungsfälle zwischen beiden Ländern ausmachten.

Art. Fourth hat daher eine nicht nur klarstellende Funktion. Er lautet:

"The party in whose territory the perpetrators of the acts described in Article FIRST arrive may take into consideration any extenuating or mitigating circumstances in those cases in which the persons responsible for the acts were being sought for strictly political reasons and were in real and imminent danger of death without a viable alternative for leaving the country, provided there was no financial extortion or physical injury to the members of the crew, passengers or other persons in connection with the hijacking."

Indem bestimmt wird, daß politische Gründe nur eine Milderung der Strafe bewirken können, wird an dem Grundsatz "aut dedere aut punire" festgehalten. Die Bestrafung auch terroristischer Taten ist sichergestellt. Denn die Entführung eines Flugzeugs (oder Schiffs) als politisches Angriffsmittel im Sinne des terroristischen Kampfes wird durch Art. Fourth nicht privilegiert. Art. Fourth setzt vielmehr voraus, daß der Entführer nicht Angreifer ist, sondern als Ver-

(701) S.o. G II 3 b bb.

folgter gesucht wird "four strictly political reasons", also weder als Allgemeinkrimineller noch als politisch motivierter Gewalttäter. Bereits eine Körperverletzung oder Erpressung im Zusammenhang mit der Entführung würde eine Strafmilderung ausschließen.
Hervorzuheben sind auch die weiteren Voraussetzungen für eine Strafmilderung. Der Entführer muß sich in unmittelbar bevorstehender tatsächlicher Lebensgefahr befunden haben und darauf keine andere realisierbare Möglichkeit zum Verlassen des Landes gehabt haben. Art. Fourth privilegiert mithin nur Entführer, die sich in einer schwerwiegenden "Notstands-" Situation befunden haben. Dabei bleibt er hinsichtlich der Folgen noch hinter den Notstandsregelungen des deutschen StGB, § 34 [rechtfertigender Notstand] und insbesondere auch § 35 [entschuldigender Notstand] zurück(702), in dem er nur Strafmilderung vorsieht, nicht hingegen zwingend Straflosigkeit.

Art. Second des US-amerikanisch-kubanischen Abkommens ergänzt die vorangehende Bestimmung, in dem er die Vertragsstaaten verpflichtet, Gewaltakte und Plünderungen von Luftfahrzeugen und Schiffen und die Verschwörung zu diesen Taten unter Strafe zu stellen. Denn solche Taten waren wiederholt von Exil-Kubanern begangen worden.

(3) Weitere Vertragspflichten

Das US-amerikanisch-kubanische Abkommen beinhaltet neben o.a. Bestimmungen mit repressivem Charakter schließlich auch die Verpflichtung des Vertragsstaates, in den ein Luftfahrzeug (oder Schiff) entführt wird,

(702) Zur Rechtfertigung eines i.S.v. § 316 c Abs. 1 Nr. 1 StGB tatbestandsmäßig Handelnden, der sich der ('politischen') Verfolgung mit Gefahr für sein Leben durch Flucht ins Ausland entzieht, vgl. Wille, S. 234 f.

"(to) take all necessary steps to facilitate without delay the continuation of the journey of the passengers and crew innocent of the hijacking of the aircraft or vessel in question, with their belongings, as well as the journey of the aircraft or vessel itself with all goods carried with it, including any funds obtained by extortion or other illegal means, or the return of the foregoing to the territory of the first party; likewise, it shall take all steps to protect the physical integrity of the aircraft or vessel and all goods, carried with it, including any funds obtained by extortion or other illegal means, and the physical integrity of the passengers and crew innocent of the hijacking, and their belongings, while they are in its territory as a consequence of or in connection with the acts to which this Article refers." (Art. First Satz 2)

Diese Vorschrift stellt das Gegenstück zu Art. 11 Tokioter Abkommen und 9 Haager Übereinkommen dar (703). Inhaltlich geht die Regelung im US-amerikanisch-kubanischen Abkommen in zwei Punkten über diejenigen in den vorgenannten multilateralen Abkommen hinaus, indem bestimmt wird,

- daß der von den Entführern als Zielland gewählte Staat "all steps to protect the physical integrity" sowohl des entführten Luftfahrzeugs (oder Schiffs) als auch der Passagiere und der Crew zu ergreifen hat,
- daß neben dem entführten Luftfahrzeug (oder Seefahrzeug), den Passagieren, der Besatzung und der Ladung auch "any funds obtained by extortion or other illegal means" die Weiterreise zu ermöglichen ist.

Auch wenn diese Pflichten ohnehin völkergewohnheitsrechtlich bestanden haben mögen, ihre Aufnahme in das Abkommen ist sinnvoll gewesen, da sie wiederholt mißachtet worden waren.

(703) S. o. G II 3 a bb und G II 3 b bb.

cc) Bewertung des US-amerikanisch-kubanischen Abkommens

Der Erfolg eines die Bekämpfung von Entführungen von Luftfahrzeugen (und Seefahrzeugen) bezweckenden Abkommens läßt sich anhand des Rückgangs der Entführungsfälle verifizieren.
Laut Lagoni(704) ging die Zahl der Flugzeugentführungen auf dem amerikanischen Kontinent infolge des US-amerikanisch-kubanischen Abkommens "erheblich" zurück. Zwischen 1973 und 1975 gab es laut Clutterbuck(705) nicht eine Entführung von den USA nach Kuba oder umgekehrt. Das Abkommen war "100 per cent effective"(706). Die Wirksamkeit des Abkommens dürfte auf dessen Regelungstiefe beruhen, die - wie dargestellt - über diejenige der multilateralen Konventionen zur Sicherung des Luftverkehrs hinausgeht. Dies gilt in besonderem Maße für den unter dem Gesichtspunkt effektiver Terrorismusbekämpfung modellhaften Art. Fourth des Abkommens, mit dem sichergestellt wird, daß auch solche Personen, die die Entführungen von Luftfahrzeugen zum politischen Kampf einsetzen, keinen "Hafen" finden, in den sie flüchten können, ohne Strafverfolgungsmaßnahmen befürchten zu müssen. Obwohl das Abkommen keinen Vorrang der Auslieferung vorsieht, zeigte es Wirkung, da bekannt war, daß die kubanische Regierung Luftfahrzeugentführungen in aller Regel hart bestraft hatte und nur wenige Entführer, deren Tat von den kubanischen Behörden als politisch motiviert oder sonstwie begründet anerkannt worden war, mit baldiger Haftentlassung hatten rechnen können. Die übrigen - und es war abzusehen, daß dies nun auch für Terroristen gelten würde - "verbrachten lange Zeit in Gefängnissen, bevor sie unter dauernde Überwachung gestellt oder zur Arbeit auf die Zuckerrohrplantagen geschickt wurden"(707). Es bleibt zu

---

(704) EA 1977, S. 173.
(705) Clutterbuck, S. 130.
(706) Wilkinson, Terrorism and the liberal state, S. 246.
(707) Faller, S. 39.

hoffen, daß Kuba auch in Zukunft, obwohl das - ohnehin auf eine Geltungsdauer von 5 Jahren befristete - Abkommen bereits zum 15.04.1977 von Kuba aufgekündigt worden ist[(708)], entsprechend der Idee des US-amerikanisch-kubanischen Abkommens von 1973 Luftfahrzeugentführer auch bei politischen Motiven konsequent verfolgt.

Die Staatengemeinschaft kann jedoch nicht geduldig abwarten bis die oben genannten multilateralen Konventionen zur Sicherung des Luftverkehrs universelle Anwendung finden, da es bis dahin sichere Häfen für solche Terroristen geben wird, die Anschläge auf die Sicherheit des Luftverkehrs verüben. Es gab daher wiederholt Bestrebungen - insbesondere innerhalb der ICAO - zur Lösung der Probleme, die dann entstehen, wenn Staaten den Übereinkommen fernbleiben oder diese trotz Ratifikation nicht anwenden.

f) <u>Boykottabkommen/Die Erklärung des Bonner Weltwirtschaftsgipfels vom 17. Juli 1978 zu Flugzeugentführungen in der durch die Erklärung von Venedig von 1987 erweiterten Fassung</u>

Insbesondere im Rahmen der ICAO wurden wiederholt Initiativen ergriffen mit dem Ziel, den Konventionen zur Sicherung des Luftverkehrs weltweit Geltung zu verschaffen.

aa) <u>Ausgangslage/historischer Hintergrund</u>

Es hatte sich vielfach gezeigt, daß die sorgfältigst "ausgeklügelte" Konvention zur Sicherung des (zivilen) Luftverkehrs von geringem Nutzen ist, wenn auch nur wenige Länder den Konventionen fernblieben oder sie nicht anwandten und Personen, die gemäß den

---

(708) Tophoven, S. 256, FN 29;
Murphy, Protected Persons and Diplomatic Facilities, in: Evans/Murphy, S. 277 ff. (S. 324).

internationalen Abkommen strafbare Taten gegen die Sicherheit des Luftverkehrs verübt hatten, eine Zuflucht boten(709).
Einseitige Sanktionen eines betroffenen Landes hatten und haben jedoch keine Aussicht auf Erfolg, solange unbeteiligte Drittstaaten bereit sind, für das boykottierende Land "in die Bresche zu springen"(710). Es ergab sich daher das Bedürfnis einer konzertierten Aktion. Hierzu gab es aus der Staatengemeinschaft wiederholt detaillierte Vorschläge (711).

In erster Linie initiativ waren die Vereinigten Staaten von Amerika. Sie hatten als erste bereits 1970 den Entwurf eines "Boykott-Abkommens"(712) vorgelegt(713), der im April 1971 einem Unterausschuß des ICAO-Rechtsausschusses als modifizierter US-amerikanisch-kanadischer Entwurf(714) erneut vorgelegt und wiederholt zwischen 1970 und 1973 - als zeitgleich in Rom eine internationale Konferenz über Luftrecht und die zwanzigste außerordentliche Versammlung der ICAO zu diesem Themenkomplex stattfanden - im Rahmen der ICAO behandelt wurde (715), ohne jemals zu einem Abkommen geführt zu

(709) So konnten z.B. die Entführer, die am 05.04.1988 eine kuwaitische Boeing 747 in ihre Gewalt gebracht hatten und am 20.04. auf dem Flugplatz der Hauptstadt Algeriens unbehelligt das Luftfahrzeug hatten verlassen können, bis heute nicht strafrechtlich zur Verantwortung gezogen werden.

(710) Hailbronner, NJW 1973, S. 1639.

(711) Vgl. im einzelnen Mc Whinney, S. 48 ff.; Schütz, ÖJZ 1975, S. 231 f.

(712) Vgl. ICAO Legal Comittee, Working Paper presented by the United States Delegation, Draft Convention on Sanctions (A Convention regarding the Safety and Security of International Civil Air Transport Services), LC/Working Draft No. 776, 9. Oktober 1970.

(713) Mc Whinney, S. 49 ff.

(714) LC/SC CR-Report, Appendix D.

(715) Guilaume, S. 48.

haben[716]. Der US-amerikanisch-kanadische Entwurf sieht für den Fall des Festhaltens eines entführten Flugzeugs oder seiner Insassen und den Fall der Nichtbestrafung einer Flugzeugentführung oder eines Sabotageaktes gegen die internationale Zivilluftfahrt, der eine Zerstörung des Flugzeugs oder eine körperliche Beeinträchtigung von Flugzeuginsassen zur Folge hat, die Möglichkeit von Sanktionen vor. Betroffene Staaten (i.S.d. Art. 1) können gem. Art. 2 des Entwurfs eine Zusammenkunft der Luftverkehrsstaaten einberufen, die zusammen insbesondere die Suspendierung aller internationalen Flüge von und zu dem Staat, der seine Pflichten verletzt, beschließen können (Art. 4).
Dieser Vorschlag zur Ergreifung kollektiver Sanktionen gegen Staaten, die ihren Pflichten zur Strafverfolgung oder Auslieferung gem. den Übereinkommen von Den Haag und Montreal nicht nachkamen oder entführten Luftfahrzeugen und deren Insassen nicht die Fortsetzung der Reise ermöglichten, scheiterte primär wegen politischer Vorbehalte insbesondere der afrikanischen und arabischen Staaten, die offensichtlich ihre Handlungsfreiheit bei Aktionen arabischer Terroristen nicht beschränkt wissen wollten.
Vereinzelt - insbesondere von Frankreich - wurden jedoch auch rechtliche Bedenken vorgetragen. Gegen ein "Boykottabkommen" bestünden Bedenken vor dem Hintergrund der Schiedsklauseln in Art. 12 Haager und Art. 14 Montrealer Übereinkommen, im Hinblick auf das Abkommen von Chicago vom 07.12.1944 und die Unzahl zwei- und mehrseitiger Luftverkehrsabkommen, die Luftfahrtrechte garantieren[717]. Kollektive Sanktionen wie Blockaden könnten zudem gem. Art. 41 Charta der Vereinten Nationen nur vom Sicherheitsrat

(716) Zu den politischen Hintergründen s. Mc Whinney, S. 53 f.

(717) Mc Whinney, S. 59.

beschlossen werden(718). Gemäß Art. 34 und 35 der Wiener Konvention über das Recht der Verträge vom 23. Mai 1969 (WVRK) dürften zudem keine Pflichten zu Lasten von Drittstaaten begründet werden, die den Übereinkommen von Den Haag und Montreal und dem "Boykottabkommen" nicht beigetreten sind(719)(720). Dies lasse die Wirksamkeit des US-amerikanisch-kanadischen Vorschlags zweifelhaft erscheinen. Aus diesen rechtlichen Bedenken(721), denen hier nicht näher nachgegangen werden soll(722), resultierte ein französischer Vorschlag(723), im Wege der Inkorporierung des Haager und des Montrealer Übereinkommens in ein neues Kapitel XVII des Chicagoer Abkommens vom 07.12.1944 erstgenannten universelle Geltung zu verschaffen. Zugleich stünde ein Druckmittel gegen Nicht-Migliedstaaten zur Verfügung, der Ausschluß dieser Staaten aus der "special legal community of the air", der ICAO, aufgrund Art. 94 (b) Chicagoer Abkommen(724). Dieser Vorschlag hatte ebensowenig Erfolg wie andere Vorschläge westeuropäischer Staaten(725).

---

(718) Mc Whinney, S. 58.

(719) A.a.O.

(720) Zu der dem völkerrechtlichen Repressalienrecht zuzuordnenden Frage, ob auch ohne eine Konvention über Sanktionen in einem konkreten Zwischenfall eine Reihe von Staaten den internationalen Luftverkehr von und zu einem Staat suspendieren könnten, vgl. Hailbronner, NJW 1973, S. 1639.

(721) S. Mc Whinney, S. 60 f.

(722) Vgl. hierzu die Nachweise bei Verdross/Simma, § 434 FN 22 und § 1343 FN 5.

(723) French draft amendment to the Chicago Convention, Note presented by the French Government, ICAO Legal Comittee - 20th Session (Special) (Montreal, 9 - 30 January 1973), LC Working Draft No. 821, 15 December 1972; International Legal Materials, Vol. 12 (March 1973), S. 378 ff.

(724) In die gleiche Richtung ging ein gemeinsamer französisch, britisch, schweizerischer Vorschlag; vgl. Guillaume, S. 48 f. unter Hinweis auf die gem. Art. 88 Chicagoer Abkommen möglichen Sanktionen.

(725) S. die Kurzdarstellung bei v. Bechtolsheim, ZLW 1974, S. 3 ff. und Guillaume, S. 47 ff. sowie Schwenk, VN 1976, S. 97 ff. und die Nachweise bei Linke, ÖJZ 1976, S. 231.

Vorschläge der vier nordeuropäischen Staaten, Dänemark, Finnland, Norwegen und Schweden zur Eindämmung der mit einer schweren Schädigung der Zivilluftfahrt verbundenen Anschläge[726] sahen bei Verstößen gegen das Haager und Montrealer Übereinkommen ein kompliziertes Streitschlichtungsverfahren nach vorgeschalteter Tatbestandsaufnahme durch eine Kommission unabhängiger Experten vor. Diese Kommission hätte dem ICAO-Rat die Entscheidungsgrundlage für allfällige Maßnahmen liefern sollen.
Ein britisch-schweizerischer Vorschlag[727] zur Änderung der Art. 86 und 87 Chicagoer Abkommen[728] hatte zum Inhalt, die Mitgliedstaaten der ICAO zu verpflichten, ihren Luftraum für Flugzeuge desjenigen Staates zu sperren, der nach vorausgegangener Entscheidung des ICAO-Rates seinen Verpflichtungen aus den Abkommen von Den Haag und Montreal nicht nachkommt[729].
Alle diese Vorschläge begegneten jedoch einer starken Mehrheit von Staaten, die jede Art von Sanktionen ablehnte[730].
Auch ein Vorschlag der UdSSR und Bulgariens zu einer Ergänzung der Abkommen von Den Haag und Montreal durch Aufnahme einer Bestimmung, durch welche die

(726) The Nordic Draft. Proposal by the Delegations of Denmark, Finland, Norway and Sweden, LC/Working Draft No. 831, Revised, 24 January 1973; International Legal Materials, Vol. 12 (March 1973), S. 387 ff.. In die gleiche Richtung ging auch ein Vorschlag Belgiens auf der Diplomatischen Konferenz in Rom im August/September 1973 (CAS Doc 12), der von der bundesdeutschen Delegation als "zweckmäßigster" (v. Bechtolsheim, ZLW 1974, S. 6) unterstützt wurde, und ein die beiden o.g. verbindender Vorschlag Österreichs (CAS Doc 20).
(727) Er wurde auf der zeitgleich mit der Internationalen Konferenz über Luftrecht in Rom stattfindenden 20. (außerordentlichen) Versammlung der ICAO vorgetragen.
(728) Swiss-United Kingdom draft amendments to the Chicago Convention, LC/Working Draft No. 829, and Addenda, 17 January 1973; International Legal Materials, Vol. 12 (March 1973), S. 383 ff.
(729) S. Guillaume, S. 50.
(730) A.a.O., S. 50 f.

Auslieferung an den Eintragungsstaat des Flugzeugs zur unbedingten Pflicht gemacht worden wäre, blieb erfolglos. Der demgemäße Vorschlag war in seiner ursprünglichen Form auch für die Bundesrepublik Deutschland im Hinblick auf das grundgesetzlich geschützte Asylrecht nicht annehmbar. Er war zudem nur geeignet, die in Mitgliedstaaten der Konventionen aufhältlichen Täter einer sicheren Bestrafung zuzuführen. Hingegen eignete er sich zum einen nicht dazu, Mitgliedstaaten, die die Verpflichtungen aus oben genannten Konventionen nicht einhielten, zu deren Beachtung zu zwingen. Zum anderen stellte er keine wirksame Handhabe gegenüber Nicht-Mitgliedstaaten dar, welche ein entführtes Flugzeug oder seine Insassen festhielten oder aber Personen strafrechtlich nicht zur Verantwortung zogen, die Straftaten gegen die Sicherheit des Zivilluftverkehrs begangen hatten.

Erst 1978 gelang den 7 führenden Industrienationen der westlichen Hemisphäre, USA, Kanada, Japan, Großbritannien, Frankreich, Italien und Bundesrepublik Deutschland, auf dem sog. "Weltwirtschaftsgipfel" in Bonn eine Einigung über Sanktionen gegen Staaten, die Luftfahrzeugentführer aufnehmen und weder bestrafen noch ausliefern.
Diese Einigung folgte einer Gesetzesinitiative der USA. Sie hatten bereits mit Bundesgesetz vom 05.08.1974 ihrem Präsidenten das Recht eingeräumt, Boykottmaßnahmen gegen diejenigen Länder zu verhängen, die das Haager Übereinkommen mißachteten oder als Basis für Terroristen dienten, sowie darüber hinaus auch gegen solche Länder, die den

Luftfahrtverkehr mit Vorgenannten aufrecht erhielten (731)(732).

bb) **Der Regelungsgehalt der "Bonner Erklärung" des Weltwirtschaftsgipfels vom 17. Juli 1978 zu Flugzeugentführungen, ergänzt durch die Erklärung zum Terrorismus vom 09.06.1987 auf dem Weltwirtschaftsgipfel in Venedig**

Die Teilnehmerstaaten des Bonner Weltwirtschaftsgipfels verpflichteten sich am 17.07.1978 ein Land, das sich bei Akten des internationalen Terrorismus völkerrechtswidrig verhält, mit einem Luftfahrtboykott zu belegen.
Die Erklärung(733) lautet:

"Die Staats- und Regierungschefs, besorgt über Terrorismus und Geiselnahme, erklären, daß ihre Regierungen ihre gemeinsamen Bemühungen zur Bekämpfung des internationalen Terrorismus intensivieren werden.
In Fällen, in denen ein Land die Auslieferung oder gerichtliche Verfolgung von Flugzeugentführern verweigert bzw. solche Flugzeuge nicht zurückgibt, sind die Staats- und Regierungschefs daher gemeinsam entschlossen, durch ihre Regierungen sofort dafür zu sorgen, daß sämtliche Flüge in ein solches Land eingestellt werden.
Gleichzeitig werden ihre Regierungen Schritte einleiten, damit sämtliche Einflüge aus diesem Land sowie durch Luftfahrtunternehmen dieses Landes aus irgendeinem anderen Land unterbunden werden.
Die Staats- und Regierungschefs fordern andere Regierungen ausdrücklich auf, sich dieser Verpflichtung anzuschließen."

(1) Rechtsqualität der "Bonner Erklärung"

Die "Bonner Erklärung" wirft zunächst die Frage der rechtlichen Qualifizierung auf: völkerrechtlicher

---

(731) Vgl. Guillaume, S. 51 f.
(732) Zur völkerrechtlichen Zulässigkeit dieser Art von 'Selbsthilfe' vgl. Schütz, ÖJZ 1975, S. 232 ff.
(733) Bulletin der Bundesregierung Nr. 80 v. 19.07.1978, S. 766; engl. Fassung in: International Legal Materials, Vol. 17, 1978, S. 1285, und Busuttil, The International and Comparitive Law Quarterly 1982, S. 475.

Vertrag oder "nur" Äußerung einer politischen Verpflichtung ohne rechtliche Bindung(734)? Für letzeres spricht zum einen die bewußte Wahl der Form einer gemeinsamen Erklärung anstelle der typischen Form eines völkerrechtlichen Vertrages. Gegen die Qualifizierung als völkerrechtlicher Vertrag spricht weiterhin die mangelnde Präzision der in der Erklärung verwendeten Termini. So werden die grundlegenden Begriffe Flugzeugentführung/bzw. -entführer nicht definiert. Es wird insoweit insbesondere nicht ausdrücklich auf das Haager Übereinkommen Bezug genommen. Es ist daher u.a. nicht eindeutig, ob und ggf. welchen internationalen Bezug die Entführung haben muß.
Gegen die Qualifizierung als völkerrechtlicher Vertrag spricht weiterhin die geringe Regelungstiefe der "Bonner Erklärung". Es fehlt insbesondere an Durchführungsbestimmungen in der Erklärung(735).
Gegen die Qualifizierung als völkerrechtlicher Vertrag sprechen schließlich sowohl der Umstand, daß der Anschluß an die Erklärung formfrei erfolgen soll, als auch der, daß von keiner Seite der Wunsch nach Registrierung (gemäß Art. 102 Charta der Vereinten Nationen, Art. 80 Wiener Konvention über das Recht der Verträge vom 23.05.1969) geäußert wurde. Weiteres Indiz für die vorgenommene Klassifizierung ist schließlich, daß die Erklärung in keine nationale Sammlung völkerrechtlicher Verträge aufgenommen wurde.

Auch als Äußerung einer politischen Verpflichtung ohne rechtliche Bindung hat die "Bonner Erklärung"

(734) So: Oppermann, FS Schlochauer, S. 512; Busuttil, ICLQ 1982, S. 474 ff. m.w.N.
(735) Verfahren zur Durchführung der Erklärung wurden jedoch binnen Jahresfrist von den Sieben erarbeitet. Vgl. Verlautbarung über Flugzeugentführungen aus Anlaß des Weltwirtschaftsgipfels in Tokio am 28./ 29.06.1979, Bulletin der Bundesregierung Nr. 87 vom 05.07.1979, S. 820.

Bedeutung: Sie zeigt die Entschlossenheit der beteiligten Staaten, Fälle von Luftfahrzeugentführungen zu bekämpfen, und dient als Warnung gegenüber allen Staaten, die Flugzeugentführer weder ausliefern noch selbst strafrechtlich verfolgen, daß sie mit Sanktionen zu rechnen haben.

Bevor auf die Rechtsfolgenseite eingegangen werden soll, seien der Anwendungsbereich der "Bonner Erklärung" und deren Voraussetzungen erörtert.

(2) **Anwendungsbereich der "Bonner Erklärung"**

Die "Bonner Erklärung" befaßt sich gemäß Einleitungssatz ausdrücklich mit der "Bekämpfung des internationalen Terrorismus". Dies legt nahe, sie finde nur auf solche Fälle von Luftfahrzeugentführungen Anwendung, die zum ersten einen Akt des Terrorismus darstellen und zum zweiten internationalen Bezug haben. Ausgeschlossen wären also Flugzeugentführungen von Allgemeinkriminellen - z.B. mit dem Ziel der Erpressung - oder von politischen Flüchtlingen - z.B. im Verhältnis Kuba - USA. Ausgeschlossen wären weiterhin Entführungen von Flugzeugen einer inländischen Luftverkehrsgesellschaft im Inland, von der Ausländer nicht betroffen wurden. Beide Einschränkungen erscheinen so jedoch nicht gerechtfertigt.

Flugzeugentführungen ins Ausland mit politischer Motivation entweder zur Flucht oder aber zu terroristischen Zwecken in der Erwartung, im Ausland straflos zu bleiben, stellten die problematischen Fälle dar; problematisch deshalb, weil das Gebot der Strafverfolgung oder Auslieferung des Täters wiederholt nicht beachtet worden war. Sie waren beide Auslöser für die "Bonner Erklärung", und es ist nicht ersichtlich, daß diese beiden Fälle unterschiedlich behandelt werden sollten. Auch ist keine Erklärung für die Privilegierung in Fällen "nur" allgemeinkrimineller Zielsetzung des Luftfahrzeugentführers ersichtlich. Schließlich regelt Satz 2 der Erklärung ohne Einschränkung Fälle "von Flugzeugentführern", nicht etwa nur solche von Flugzeugentführungen durch Terroristen. Dies spricht dafür, daß die "Bonner Erklärung" Flugzeugentführungen ohne Rücksicht auf politische/terroristische Motive der Täter erfaßt(736). Die folgenden Ausführungen beschränken sich jedoch auf terroristische Fälle. Es stellt sich, da eine Definition des Begriffs "Flugzeugentführung" in der "Bonner Erklärung" fehlt, weiterhin die bereits erwähnte Frage, welche Formen den Sanktionsmechanismus der Erklärung auslösen sollen, nur solche mit internationalem oder auch solche mit ausschließlich nationalem Bezug. Insoweit gilt es zu beachten, daß die "Bonner Erklärung" eine Reaktion der Weltwirtschaftsgipfel-Staaten auf die vorangegangenen erfolglosen Bemühungen ist, alle Staaten an die Regelungen des Haager Übereinkommens zu binden. Richtig dürfte daher sein, den Anwendungsbereich der "Bonner Erklärung" ebenso abzugrenzen, wie im Übereinkommen von Den Haag, ihn also auf Fälle mit internationalem Bezug zu beschränken. Schließlich erklärt die "stillschweigende Bezugnahme" auf das Haager Übereinkommen das Fehlen einer Definition des Terminus "Flugzeugentführung". Die "Bonner Erklärung" geht von dem Begriff der Flugzeugentführung aus, wie er in Art. 1 des Übereinkommens von Den Haag definiert ist. Dies wird durch die Erklärung über den Terrorismus vom 20.07.1981 anläßlich des Weltwirtschaftsgipfels in Ottawa(737) bestätigt. In dieser nehmen die Erklärungsstaaten auf das Übereinkommen von Den

(736) Ebenso: Busuttil, ICLQ 1982, S. 476.
(737) Bulletin der Bundesregierung Nr. 71 vom 24.07.1981, S. 617.

Haag Bezug, in dem sie Sanktionen gegen Afghanistan ankündigen, weil sich dieses Land "in flagrantem Gegensatz zu ... internationalen Verpflichtungen aufgrund der Haager Konvention, der Afghanistan beigetreten ist", verhalten hat. Auch die zwischen den Sieben vereinbarten Richtlinien für die Anwendung der "Bonner Erklärung" beziehen sich explizit auf das Übereinkommen von Den Haag. Klargestellt sei jedoch, daß der Beitritt zu diesem Übereinkommen nicht Voraussetzung für die Verhängung von Sanktionen gem. der "Bonner Erklärung" sein dürfte; vielmehr bezweckt diese u.a. gerade v.v., daß bislang dem Haager Übereinkommen nicht beigetretene Staaten dieses beachten und ihm beitreten.

Der Sanktionsmechanismus gem. der "Bonner Erklärung" wird außer im Fall der Verweigerung der Bestrafung oder Auslieferung von Flugzeugentführern auch in dem der Verweigerung der Rückgabe eines entführten Flugzeugs ausgelöst, zu der die Staaten völkervertragsrechtlich aufgrund von Art. 11 Tokioter Abkommen und Art. 9 Haager Übereinkommen, im übrigen völkergewohnheitsrechtlich(738) verpflichtet sind.

1987 einigten sich die sieben Staaten des Weltwirtschaftsgipfels, den Anwendungsbereich der Bonner Erklärung zu erweitern. Sie verpflichteten sich, nicht nur in Fällen von Flugzeugentführungen, sondern darüber hinaus auch

> "in Fällen, in denen ein Land die Auslieferung oder Strafverfolgung derjenigen, die in dem Übereinkommen von Montreal zur Bekämpfung widerrechtlicher Handlungen gegen die Sicherheit der Zivilluftfahrt genannte strafbare Handlungen begangen haben, verweigert und/oder das betroffene Flugzeug nicht zurückgibt ... dafür zu sorgen, daß gemäß der Bonner Erklärung Flüge in ein solches Land eingestellt werden.

---

(738) S.o. G II 3 b bb.

Gleichzeitig werden ihre Regierungen Schritte einleiten, um im Sinne der Bonner Erklärung Einflüge durch Luftfahrtunternehmen dieses Landes aus ihm oder aus einem anderen Land zu unterbinden"(739).

(3) **Die angedrohten Sanktionen**

Wird eine der vorgenannten Alternativen erfüllt, sieht die "Bonner Erklärung" als Sanktion vor, "daß sämtliche Flüge in ein solches Land eingestellt" (Satz 2) und "sämtliche Einflüge aus diesem Land sowie durch Luftfahrtunternehmen dieses Landes aus irgend einem anderen Land unterbunden werden" (Satz 3).

Die in der Erklärung angedrohte Sanktion stellt eine Suspendierung von Überflugrechten dar. Ziel der Sanktion ist, den Verletzerstaat zu isolieren, indem die durch den internationalen Luftverkehr geschaffenen Verbindungen unterbrochen werden. Dies verdeutlicht, daß einerseits unter den "Flügen in ein solches Land" (Satz 2) nur solche mit dem Ziel der Landung daselbst und andererseits unter den "sämtlichen Einflügen aus diesem Land" nur solche nach einer Landung im Verletzerstaat zu verstehen sind (740). Denn im Fall des Überflugs ohne (Zwischen-) Landung im Verletzerstaat wäre die vorgesehene Sanktion zur Zielerreichung ungeeignet. Die Wendung "durch Luftfahrtunternehmen" in Satz 3 der "Bonner Erklärung" bringt zum Ausdruck, daß die Maßnahmen sich allein gegen den gewerblichen Luftverkehr richten. Dies dürfte auch für Satz 2 gelten(741), denn andernfalls würden nicht-gewerbliche aus einem Drittstaat kommende Einflüge gegenüber solchen aus dem von der Entführung betroffenen Staat privilegiert; hierfür aber ist ein sachlich

(739) Anlage zur Erklärung zum Terrorismus vom 09.06.1987 anläßlich des Weltwirtschaftsgipfels in Venedig, Bulletin der Bundesregierung Nr. 58 vom 12.06.1987, S. 510.
(740) Zweifelnd: Busuttil, ICLQ 1982, S. 477.
(741) A.A. Busuttil, ICLQ 1982, S. 478.

rechtfertigender Grund nicht ersichtlich[742]. Adressaten der Maßnahmen sind der Verletzerstaat bzw. die bei ihm registrierten Luftverkehrsgesellschaften. Betroffen sind auch Luftverkehrsgesellschaften von Drittstaaten; denn gemäß der "Bonner Erklärung" werden "sämtliche Einflüge in" bzw. "aus diesem Land" unterbunden. Dies wirft die Frage der Vereinbarkeit der angedrohten Sanktionen mit dem Völkerrecht auf[743].

---

(742) Außerdem ist der nicht-gewerbliche Verkehr wegen seiner geringen Bedeutung eine "quantité négligeable".

(743) Weiterhin stellt sich die Frage nach Entschädigungsansprüchen betroffener Luftfahrtunternehmen gegen die Bundesrepublik Deutschland im Fall der Verhängung von Sanktionen durch deren Luftverkehrsbehörden. Wenn durch deren Sanktionen der Flugbetrieb von Luftverkehrsgesellschaften eingeschränkt wird, so stellt sich diese Maßnahme als Eingriff in den eingerichteten und ausgeübten Gewerbebetrieb und damit als Verletzung einer diesen Unternehmen gegenüber obliegenden Amtspflicht i.S.v. § 839 BGB i.V.m. Art. 34 GG dar (vgl. auch das Fluglotsen-Urteil des BGH, BGH Z 69/128). Soweit einschlägige Luftverkehrsabkommen diesen Eingriff nicht rechtfertigen, erscheint es nur möglich, die für einen Anspruch aus Amtspflichtverletzung erforderliche Rechtswidrigkeit der Handlung wegen deren völkerrechtlicher Rechtfertigung zu verneinen. Zu beachten ist auch, daß Ausländern Ansprüche aus Amtspflichtverletzungen gem. § 839 BGB i.V.m. Art. 34 GG nur insoweit zustehen, als nach einer im Bundesgesetzblatt enthaltenen Bekanntmachung durch die Gesetzgebung des ausländischen Staates oder durch Staatsvertrag die Gegenseitigkeit verbürgt ist.

Von Sanktionen gem. der Bonner Erklärung betroffene Luftverkehrsgesellschaften könnten jedoch auch Entschädigungsansprüche aus enteignendem Eingriff bzw. - bei rechtswidrigem Handeln - enteignungsgleichem Eingriff geltend machen. Der Bestand des eingerichteten und ausgeübten Gewerbebetriebs gehört zu den durch Art. 14 GG geschützten Rechtspositionen. Zweifelhaft - und abstrakt kaum zu beantworten - ist jedoch, ob die Suspendierung von Luftverkehrsrechten eine Enteignung darstellt. Dies hängt von der Schwere des Eingriffs - seiner Dauer und seinen Auswirkungen - und gemäß der sog. 'Sonderopfertheorie' von der Verletzung des Gleichheitssatzes ab, also davon, ob die Sanktionen gleichmäßig gegen alle Luftfahrtunternehmen verhängt werden.

(4) Die Vereinbarkeit der angedrohten Sanktionen mit dem Völkerrecht

Die wesentlichen völkerrechtlichen Bedenken gegen die Verhängung kollektiver Sanktionen wurden oben [(744)] genannt. Es würde den Rahmen dieser Arbeit sprengen, die völkerrechtlichen Probleme zu vertiefen. Angezeigt erscheinen jedoch folgende Anmerkungen.

(a) Das Gewaltverbot gem. Art. 2 Ziff. 4 Charta der Vereinten Nationen

Grundsätzlichen Bedenken gegen die Verhängung von Sanktionen vor dem Hintergrund des Gewaltverbots gem. Art. 2 Ziff. 4 Charta der Vereinten Nationen kann entgegengehalten werden:
Es erscheint zweifelhaft, ob die Unterbindung des Luftverkehrs überhaupt eine Gewaltanwendung im Sinne von Art. 2 Ziff. 4 Charta der Vereinten Nationen darstellt[(745)]. Bejaht man dies, so gilt es zu beachten, daß es keinen "Double Standard" bei der Respektierung des Völkerrechts geben darf, der dem völkerrechtlich bedenkenloseren Partner eine Art faktische Privilegierung ermöglicht. Sollten Staaten ihre Pflichten bei der Bekämpfung des Terrorismus mißachten, müssen sie es sich folglich gefallen lassen, daß ihnen mit Mitteln des völkerrechtlichen Selbsthilferechts entgegnet wird[(746)].
Die Bekämpfung des Luftterrorismus ist eine völkerrechtliche Pflicht. Die völkerrechtliche Pflicht zur Verfolgung von Flugzeugentführern ist seinerseits, wenn nicht schon aus dem Gewaltverbot aus Art. 2 Ziff. 4 Charta der Vereinten Nationen sowie dem Grundsatz der "good neighbourliness"[(747)], so

---

(744) S.o. G II 3 f aa.
(745) Frowein, FS Mosler, S. 252.
(746) Oppermann, FS Schlochauer, S. 512.
(747) So: Schütz, ÖJZ 1975, S. 234 ff.

aus dem Abkommen von Chicago vom 07.12.1944 abzuleiten(748). Das Gebot der strafrechtlichen Verfolgung von Flugzeugentführern kann heute auch dem allgemeinen Völkergewohnheitsrecht entnommen werden(749). Dies belegt eine "weltweite" Demarche der Bundesregierung zusammen mit den Vereinigten Staaten von Amerika und den Niederlanden Anfang 1978, die ergab, daß alle Staaten die Bestrafung von Flugzeugentführern gemäß dem Übereinkommen von Den Haag befürworten.

(b) **Bilaterale und multilaterale Luftverkehrsabkommen**

Maßnahmen des betroffenen Staates gegenüber dem Verletzerstaat stehen weder bilaterale noch multilaterale Luftverkehrsabkommen entgegen. Vertragsrechte des Verletzerstaates aus internationalen Luftverkehrsabkommen können im Fall eines "wesentlichen Bruchs des Vertrages" durch eine der Parteien von der anderen suspendiert werden, Art. 60 WVRK. Hierzu zählen die "Verletzung einer Bestimmung, die für die Verwirklichung des Ziels und Zwecks des Vertrags wesentlich ist" (Art. 60 Abs. 3 (b) WVRK). Da die internationalen Luftverkehrsabkommen in der Regel eine Bezugnahme auf das Abkommen von Chicago enthalten, deren Ziel und Zweck die Gewährleistung der Luftsicherheit ist, liegt in den in der "Bonner Erklärung" aufgeführten Tatbeständen eine Verletzung im Sinne von Art. 60 Abs. 3 (b) WVRK. Fehlt es aber an einer entsprechenden Bezugnahme auf das Abkommen von Chicago, so kann das

(748) Vgl. Faller, S. 159 ff., der diese völkerrechtliche Verpflichtung überzeugend aus Art. 12 des Abkommens von Chicago ableitet.

(749) S.o. F; a.A. Busuttil, ICLQ 1982, S. 479 f. und Schütz, ÖJZ 1975, S. 233 im wesentlichen "unter Hinweis auf die [1975] nur kurze Zeit, die seit dem Abschluß der Konventionen [von Tokio, Den Haag und Montreal] verstrichen ist." Im Hinblick auf den weiteren Zeitablauf und die inzwischen erfolgten weiteren Beitritte zu den Konventionen, sind diese Argumente nicht mehr durchschlagend.

Gebot der strafrechtlichen Verfolgung von Entführern heute dem allgemeinen Völkergewohnheitsrecht entnommen werden.
Die in den bi- und multilateralen Luftverkehrsabkommen vorgesehenen obligatorischen Streitschlichtungsverfahren stehen den Sanktionen gemäß der "Bonner Erklärung" nicht entgegen(750). Danach soll zwar "sofort" dafür gesorgt werden, daß der Verletzerstaat vom internationalen Luftverkehr abgeschnitten wird. Der einseitigen Rechtsdurchsetzung durch Verhängung von Sanktionen müßte aber grundsätzlich die einvernehmliche Streitschlichtung durch ein Streitschlichtungsverfahren vorausgehen. Die Bestimmungen der "Bonner Erklärung" lassen sich völkerrechtskonform dahin auslegen, daß die Einleitung eines Streitschlichtungsverfahrens grundsätzlich vorrangig ist und die frühzeitige Verhängung von Sanktionen nur dann vorgesehen ist, wenn der Verletzerstaat sich anschickt, ein fait accompli zu schaffen, d.h. z.B. die Entführer frei ausreisen zu lassen oder den Strafanspruch durch eine symbolische Bestrafung zu verbrauchen.

(c) Der Sonderfall der Verhängung von Sanktionen gegenüber einem Drittstaat

Maßnahmen eines betroffenen Staates gegenüber einem Drittstaat, dessen Luftverkehrsgesellschaften Luftverkehrsverbindungen mit dem Verletzerstaat unterhalten, lassen sich nur als Erwiderung eines völkerrechtswidrigen Verhaltens des Drittstaates rechtfertigen. Denn grundsätzlich sind Repressalien nur gegen den Rechtsbrecher, nicht aber gegen Dritte zulässig. Die Durchbrechung der Isolation des Verletzerstaates durch den Drittstaat dürfte nicht als rechtmäßige Durchbrechung einer völkerrechtsmäßigen

(750) A.A. Busuttil, ICLQ 1982, S. 480 f.

Sanktion, sondern als völkerrechtswidrige Handlung, der Begünstigung des Begünstigers, anzusehen sein (751).

(d) **Der Sonderfall der Verhängung von Sanktionen durch einen Drittstaat gegenüber dem Verletzerstaat**

Maßnahmen eines Drittstaates gegenüber dem Verletzerstaat oder anderen Drittstaaten sind völkerrechtlich gerechtfertigt, da die Begünstigung eines Luftfahrzeugentführers ein Delikt "erga omnes" darstellt, auf das mithin alle Staaten mit Sanktionen reagieren können(752). Denn Entführer/Terroristen handeln im internationalen Verbund im Dienste wechselnder Ideologien, Strategien und Auftraggeber. Alle Luftverkehrsgesellschaften sind potentielles Angriffsobjekt, so daß die Begünstigung von Entführern, die zu weiteren Taten ermutigt, eine Verletzung des Anspruchs auf Luftsicherheit aller Staaten mit eigenen Luftverkehrsgesellschaften darstellt.

cc) Bewertung der "Bonner Erklärung" in der durch die Erklärung von Venedig von 1987 erweiterten Fassung

Die Bedeutung der "Bonner Erklärung" liegt darin, daß die sieben Erklärungsstaaten über 3/4 des internationalen Luftverkehrs auf sich vereinigen (753). Sie haben die Unfähigkeit der Staatengemeinschaft, sich auf ein internationales Abkommen über Sanktionen zu einigen, "überwunden". Damit haben sie die völkerrechtliche Bindung aller Staaten an die in den Übereinkommen von Den Haag und Montreal festgehaltenen Verpflichtungen unterstrichen.

---

(751) Schütz, ÖJZ 1975, S. 239; a.A. Busuttil, ICLQ 1982, S. 481 f.
(752) Frowein, FS Mosler, S. 252.
(753) Oppermann, FS Schlochauer, S. 512.

Die Erklärung hat weitgehend Zustimmung gefunden[754]. Europäische[755] aber auch nicht-europäische Staaten, z.B. Südafrika[756], haben sich ihr - formlos - angeschlossen.
Die "Bonner Erklärung" hat nach eigenem Eingeständnis der Erklärungsstaaten[757] jedoch nicht verhindern können, daß trotz gewissen Rückgangs[758] "mehrere" Flugzeugentführungen nicht im Einklang mit völkerrechtlichen Verpflichtungen behandelt worden sind[759].
Anwendung hat die "Bonner Erklärung" dennoch nur einmal nach der Entführung einer Maschine der Pakistan International Airlines im März 1981 gefunden. Afghanistan hatte die Entführer aufgenommen, ohne sie zu bestrafen[760].
In einem weiteren Fall 1982 genügte die Androhung, Sanktionen zu verhängen, um den Verletzerstaat, Südafrika, dazu zu bewegen, 45 Söldner zu verfolgen, die nach einem mißlungenen Umsturzversuch auf den Seychellen dorthin mittels Flugzeugentführung geflüchtet waren[761]. Es bleibt abzuwarten, ob

---

(754) Vgl. Verlautbarung über Flugzeugentführungen vom 29.06.1979 anläßlich des Weltwirtschaftsgipfels in Tokyo, Bulletin der Bundesregierung Nr. 87 vom 05.07.1979, S. 820 und Erklärung zur Luftsicherheit anläßlich des Weltwirtschaftsgipfels in Venedig vom 22.06.1980, Bulletin der Bundesregierung Nr. 75 vom 25.06.1980, S. 634.

(755) S. Oppermann, FS Schlochauer, S. 511.

(756) Busuttil, ICLQ 1982, S. 487 FN 116.

(757) Erklärung über den Terrorismus vom 20.07.1981 aus Anlaß des Weltwirtschaftsgipfels 1981 in Ottawa, Bulletin der Bundesregierung Nr. 71 vom 24.07.1981, S. 617.

(758) Erklärung zum internationalen Terrorismus vom 09.06.1984 aus Anlaß des Weltwirtschaftsgipfels in London, Bulletin der Bundesregierung Nr. 71 vom 14.06.1984, S. 629.

(759) Nach Erkenntnissen US-amerikanischer Behörden dürfte die Bonner Erklärung bis zum 04.09.1987 in über 80 Fällen anwendbar sein.

(760) Erklärung über den Terrorismus vom 20.07.1981 anläßlich des Weltwirtschaftsgipfels in Ottawa, Bulletin der Bundesregierung Nr. 71 vom 24.07.1981, S. 617.

(761) Busuttil, ICLQ 1982, S. 474 f., 487.

primär von den USA ausgehende Bemühungen, Sanktionen gemäß der "Bonner Erklärung" gegen sogenannte Verletzerstaaten zu verhängen, bei den anderen sechs Staaten des Weltwirtschaftgipfels Erfolg haben werden und - als mittelbare Folge - eine größere Bereitschaft aller Staaten hervorrufen, strafbare Handlungen gemäß den Übereinkommen von Den Haag und Montreal ohne Ausnahme strafrechtlich zu verfolgen. Jedenfalls ist die "Bonner Erklärung" geeignet, die Solidarität der Staaten bei der Bekämpfung bestimmter terroristischer Handlungsformen zu steigern, indem den nicht spezifisch antiterroristisch konzipierten Abkommen zur Sicherung des Luftverkehrs neues Gewicht gegeben wird. Bei diesen ging es - wie die dargestellten Einschränkungen bei politisch motivierten Taten zeigen - weniger um die Bekämpfung politisch motivierter Gewaltkriminalität, des Terrorismus, als um den Anschlag in einer bestimmten tatbestandsmäßigen Situation, die sich technisch gesehen als besonders gefährlich darstellt. Die "Bonner Erklärung" bezweckt hingegen sicherzustellen, daß gerade auch im Fall terroristischer Motivation den Verpflichtungen aus den Abkommen zur Sicherung des Luftverkehrs nachgekommen wird.

4. Konventionen zum Schutz der Seeschiffahrt

Die vorangegangene Darstellung der Konventionen zum Schutz des Luftverkehrs legt die Frage nahe, ob für in ähnlicher Weise betroffene Verkehrszweige entsprechende Schutzabkommen geschlossen wurden. Konkret stellt sich diese Frage für die Seeschiffahrt. Denn erstens hat auch diese häufig internationalen Bezug und zweitens befindet sich der Tatort nicht selten außerhalb von Hoheitsgewässern, auf hoher See, so daß die nationalen Strafverfolgungsbehörden häufig faktisch keine Möglichkeit haben, die Täter alsbald strafrechtlich zur Verantwortung zu ziehen; Tätern aber könnte die Möglichkeit offenstehen, sich durch Flucht in einen "sicheren Hafen" eines Landes, das bestimmte Akte weder selbst verfolgt noch ausliefert, endgültig der Strafverfolgung zu entziehen. Es würde den Umfang dieser Arbeit sprengen, der Frage nachzugehen, ob die Verfolgung politischer Ziele durch Piraten in jedem Fall die Anwendung des im Völkergewohnheitsrecht verankerten Piraterierechts ausschließt(762). Es sollen jedoch zumindest die im Zusammenhang mit der Terrorismusbekämpfung genannten Abkommen auf ihre Relevanz für die Bekämpfung des Phänomens des Terrorismus untersucht werden.

a) Genfer Übereinkommen vom 29. April 1958 über die Hohe See und das Seerechtsübereinkommen der Vereinten Nationen von 1982

Zu den Übereinkommen zur Bekämpfung des (internationalen) Terrorismus wird vereinzelt(763) **das Genfer Übereinkommen vom 29. April 1958 über die Hohe See**(764) gerechnet, das u.a. zur Zusammenarbeit beim Kampf gegen die Seeräuberei verpflichtet, Art. 14, und die Staaten - völkergewohnheitsrechtlichen Grundsätzen folgend(765) - ermächtigt, gegen Piraten auf hoher See - also außerhalb ihres Hoheitsgebietes - vorzugehen und die dabei ergriffenen "hostes humani generis" strafrechtlich zu verfolgen, Art. 19.

Die Einbeziehung des Übereinkommens vom 29.04.1958 über die Hohe See in eine Darstellung der Anti-

(762) S. einerseits Faller, S. 123 ff. und andererseits Abendroth, in: Strupp-Schlochauer, Bd. 3, S. 770 ("Piraterie").

(763) Rebmann, NJW 1985, S. 1737.

(764) BGBl. 1972 II, S. 1089.

(765) Denkschrift zum Übereinkommen, BT-Drs. VI 2726, S. 17 ff.

Terrorismus-Konventionen begegnet aus tatsächlichen und aus rechtlichen Gründen Bedenken. Zum einen gehören Handlungen im Sinne von Art. 14 des Übereinkommens über die Hohe See - "Gewalttaten, Freiheitsberaubungen und Plünderungen" auf einem privaten Schiff - kaum zum Repertoire typischer Aktionsformen von Terroristen - jedenfalls nicht mitteleuropäischer. Jedoch waren auch im europäischen Raum (einschl. des Mittelmeerraumes) in der jüngeren Vergangenheit vereinzelt Akte gegen die Sicherheit der Seeschiffahrt zu verzeichnen:

- Am 7. Oktober 1985 brachte ein vierköpfiges palästinensisches Kommando vor der ägyptischen Küste das Passagierschiff "Achille Lauro" in seine Gewalt. Im Verlauf der Entführung wurde ein amerikanischer Staatsangehöriger von den Entführern erschossen. Ziel der Entführung war die Freilassung in Israel inhaftierter Palästinenser. Am Nachmittag des 09.10.1985 gaben die Entführer auf und begaben sich gegen die Zusicherung von Straffreiheit in ägyptischen Gewahrsam. Ägypten schob die Entführer ab.
  Die internationale Komponente von Akten des Terrorismus wird in o.g. Fall auch durch die weitere Entwicklung belegt: In der Nacht zum 11.10.1985 wurde ein ägyptisches Flugzeug, in dem sich die 4 palästinensischen Entführer der Achille Lauro sowie der Drahtzieher im Hintergrund, Abu Abbas, befanden, von US-Kampfflugzeugen auf dem Weg nach Tunis über dem Mittelmeer abgefangen und zur Landung auf einem NATO-Stützpunkt auf Sizilien gezwungen(766). Die Entführer und Abbas wurden den italienischen Sicherheitsbehörden übergeben. Abbas ließen die Italiener

(766) Gemäß der Entschließung des Europäischen Parlaments vom 24.10.1985 zu der Ermordung von Leon Klinghoffer (Ziff. 3) handelt es sich hierbei um einen "rechtswidrigen Akt von Luftpiraterie", Dokument B 2 - 1104/85.

wegen fehlender Verdachtsmomente am 12. Dezember nach Jugoslawien ausreisen. Im sog. Achille-Lauro-Prozeß wurde er jedoch im Juli 1987 in Abwesenheit zu lebenslänglicher Haft verurteilt. Bereits im Juli 1986 waren zwei in die Entführung verwickelte Libanesen in der Bundesrepublik Deutschland festgenommen worden(767).

- Am 11.07.1988 eröffneten auf dem Kreuzfahrtschiff "City of Poros", das sich vor der griechischen Küste befand, maskierte Terroristen, darunter ein Libanese, mit automatischen Waffen das Feuer und warfen Handgranaten unter die 481 Passagiere und 20 Besatzungsmitglieder. Bei dem Anschlag kamen 12 Personen ums Leben und 98 wurden verletzt. Die Tat wird der Abu-Nidal-Gruppe zugerechnet(768). Bekennungen gingen nicht ein. Die Tat diente vermutlich der Freipressung in Athen inhaftierter Palästinenser.

In einer 1986 veröffentlichten Studie "Violence at Sea" listet das International Maritime Bureau laut Handelsblatt vom 09.07.86(769) Angriffe auf die Schiffahrt auf. Danach sollen seit 1960 Anti-Castro-Exilanten für 25 Angriffe auf die Schiffahrt - hauptsächlich mit Bomben - verantwortlich sein. 16 Angriffe werden der für die Unabhängigkeit der früheren "Spanisch-Sahara" kämpfenden Polisario-Front zugerechnet(770), drei Angriffe philippinischen Moslem-Separatisten, sechs Terroranschläge gegen Seefahrtziele zwischen 1971 und 1985 werden

(767) S. Fernschreiben der Presseagentur dpa 009/090107 und dpa 010/090108 sowie dpa 101317 jul 86.
(768) Bonner General-Anzeiger vom 12.07.1988, 21.07.1988; Fernschreiben der Presseagentur Reuter v. 11.08.1988, 13.29 Uhr.
(769) "Auf den Ozeanen treiben wieder Seeräuber und Terroristen ihr Unwesen"
(770) Insoweit ist allerdings die Einordnung der Tat als terroristische i.S. der hier zugrundegelegten Definition fraglich.

palästinensischen Gruppen zugeschrieben, fünf der IRA.

Angriffe gegen den Seeverkehr hatten und haben demnach in der Strategie terroristischer Gewalttäter nicht die gleiche Bedeutung wie solche gegen den Seeverkehr. Daß dennoch das Genfer Übereinkommen vom 29. April 1958 über die Hohe See von Rebmann zu den "Übereinkommen zur Bekämpfung des internationalen Terrorismus" gezählt wird, dürfte nicht zuletzt auch darauf beruhen, daß dessen Bestimmungen über die Seeräuberei (Art. 14 ff.) auch auf Luftfahrzeuge Anwendung finden(771). Gemäß Art. 15 des Übereinkommens über die Hohe See gelten als Seeräuberei folgende Handlungen:

"1. jede rechtswidrige Gewalttat, Freiheitsberaubung oder Plünderung, welche die Besatzung oder die Fahrgäste eines privaten Schiffes oder Luftfahrzeugs zu privaten Zwecken begehen und die gerichtet ist
a) auf hoher See gegen ein anderes Schiff oder Luftfahrzeug oder gegen Personen und Vermögenswerte an Bord dieses Schiffes oder Luftfahrzeugs;
b) an einem keiner staatlichen Hoheitsgewalt unterstehenden Ort gegen ein Schiff oder Luftfahrzeug oder gegen Personen und Vermögenswerte;
2. jede freiwillige Beteiligung an der Verwendung eines Schiffes oder Luftfahrzeugs, sofern dies in Kenntnis von Tatsachen erfolgt, die ihm die Eigenschaft eines Seeräuberschiffs oder -luftfahrzeugs verleihen;
3. jede Anstiftung zu den unter den Nummern 1 und 2 bezeichneten Handlungen oder jede absichtliche Erleichterung solcher Handlungen."

Art. 15 des Übereinkommens über die Hohe See findet damit in den beispielhaft aufgeführten Fällen terroristischer Akte gegen den Seeverkehr schon deshalb keine Anwendung, weil es sich nicht um Taten handelt, die von einem Schiff oder Luftfahrzeug aus-

(771) Zur Übertragung seerechtlicher Piraterieregeln auf Luftfahrzeuge siehe Wille, S. 213 ff.

gehen und sich gegen ein anderes richten(772). Davon unabhängig stellt sich die Frage, ob völkergewohnheitsrechtliche Piraterie-Regeln, die inhaltlich über Art. 15 hinausgehen, auch diesen Fall erfassen(773). Dieser Frage braucht hier jedoch nicht näher nachgegangen zu werden, da allein die Klassifizierung des Genfer Übereinkommens über die Hohe See vom 29.04.1958 in Frage steht.
Der wie vorliegend dargestellt eingeschränkte Regelungsbereich des Übereinkommens über die Hohe See schließt jedoch dessen Anwendbarkeit bei anderen terroristischen Fallkonstellationen nicht aus. Dem steht vielmehr nachfolgender Gesichtspunkt entgegen.
Das entscheidende rechtliche Bedenken, das gegen eine Klassifizierung des Genfer Übereinkommens über die Hohe See vom 29. April 1958 als Anti-Terrorismus-Konvention spricht, knüpft an an die Bestimmung des Art. 15, daß die darin genannten Handlungen nur dann als Seeräuberei gelten, wenn sie "zu privaten Zwecken" begangen werden. Der Hinweis darauf, daß ein Pirat politische Zwecke, nicht persönliche Ziele verfolgt, mag nicht genügend sein, um anderen Staaten die Behandlung derartiger Schiffe - aufgrund Völkergewohnheitsrecht - als Piratenschiffe unmöglich zu machen(774). Das Genfer Übereinkommen vom 29.04.1958 über die Hohe See findet jedenfalls nach seinem insoweit eindeutigen Wortlaut im Falle politischer Motive der Täter keine Anwendung(775). Es kann daher auch nicht zu den Anti-Terrorismus-

(772) Diese Voraussetzung des Art. 15 minimiert dessen Bedeutung für terroristische Akte gegen den Luftverkehr. Vgl. Schütz, ÖJZ 1975, S. 227.
(773) So: Faller, S. 127 ff.; Wille, S. 214 ff.
(774) Zweifelhaft; so: Abendroth, in Strupp-Schlochauer, Bd. 3 ("Piraterie").
(775) Ebenso: Faller, S. 125 ff. m.w.N. in FN 42.

Konventionen gezählt werden.[776]

Die Bestimmungen des Übereinkommens vom 29. April 1958 über die Hohe See zur weltweiten Ächtung der Seeräuberei in internationalen Meeresgewässern (Art. 14 - 21) wurden in Art. 100 - 107 des bislang nicht in Kraft getretenen **Seerechtsübereinkommens der Vereinten Nationen vom 30.04.1982**[777] nahezu wortgleich übernommen. Insbesondere wird bei der Definition der Seeräuberei in Art. 101 am Tatbestandsmerkmal "zu privaten Zwecken" festgehalten. Auch dieses Übereinkommen kann daher aus den nämlichen Gründen wie das Übereinkommen von 1958 nicht zu den Anti-Terrorismus-Konventionen gezählt werden.

Spezielle Abkommen zur Sicherung der Seeschiffahrt gegen terroristische Angriffe wurden erst 1988 in Rom auf einer internationalen Konferenz geschlossen.

b) Das Übereinkommen vom 10. März 1988 zur Bekämpfung widerrechtlicher Handlungen gegen die Sicherheit der Seeschiffahrt (Römisches Seeschiffahrtübereinkommen) und das Protokoll vom 10. März 1988 zur Bekämpfung widerrechtlicher Handlungen gegen die Sicherheit fester Plattformen, die sich auf dem Festlandsockel befinden (Protokoll zum Römischen Seeschiffahrtübereinkommen)

Das Römische Seeschiffahrtübereinkommen und das

---

(776) Auch aus diesem Grund war es kaum als Ausgangspunkt für Überlegungen geeignet, seine Bestimmungen über die Seepiraterie im Hinblick auf Angriffe gegen den Luftverkehr zu erweitern; vgl. Schütz, ÖJZ 1975, S. 227.

(777) UN Doc. A/CONF. 62/122 (mit Corrigenda); abgedruckt auch in ILM 21 (1982), S. 1261 ff. (Schlußakte ebd. S. 1245 ff.). Die amtliche deutsche Übersetzung ist soweit ersichtlich noch nicht veröffentlicht.

Protokoll zum Römischen Seeschiffahrtübereinkommen [778] stellen die zeitlich letzten internationalen Abkommen zur Bekämpfung des internationalen Terrorismus dar. In den Medien haben sie bislang kaum Resonanz gefunden[779].

aa) <u>Ausgangslage/historischer Hintergrund</u>

Nachdem am 07.10.1985 ein palästinensisches Terrorkommando das italienische Passagierschiff Achille Lauro auf dem Weg zwischen den ägyptischen Häfen Alexandria und Port Said in seine Gewalt gebracht und im Verlauf der Entführung einen US-amerikanischen Passagier getötet hatte, wurde das Thema "Terrorismus in der Seeschiffahrt" in verschiedenen internationalen Gremien behandelt, u.a. den Vereinten Nationen. In § 13 der Entschließung 40/61 der Generalversammlung der Vereinten Nationen vom 09. Dezember 1985 wurde die "International Maritime Organization" (IMO) aufgefordert, Empfehlungen über geeignete Maßnahmen zur Bekämpfung des internationalen Terrorismus in der Seeschiffahrt auszuarbeiten. Die Delegation der USA brachte auf der 14. Vollversammlung der IMO im November 1985 in London das Thema "Terrorismus in der Seeschiffahrt" zur Sprache. Am 20.11.1985 nahm die IMO die Entschließung "Measures to prevent unlawful acts which threaten the safety of ships and the security of their passengers and crews"[780] an.
In dieser Entschließung wurden u.a.

- die Regierungen aufgerufen, Sicherheitsmaßnahmen in Häfen und an Bord von Schiffen zu treffen (Ziff. 1) und

(778) BGBl. 1990 II, S. 494
(779) S. aber FAZ vom 05.01.1989, S. 3 "Reagan bittet um Ratifizierung von Anti-Terror-Abkommen".
(780) Doc. A 584 (14).

- das IMO-Maritime Safety Committee (IMO-Schiffsicherheitsausschuß, IMO-MSC) beauftragt, einen Maßnahmenkatalog "zur Verhütung krimineller Handlungen gegen Passagiere und Mannschaften an Bord von Schiffen"(781) auszuarbeiten (Ziff. 2).

Letztgenannter sieht technisch-praktische Präventivmaßnahmen zur Verbesserung der Sicherheit für die internationale Fahrgastbeförderung von mehr als 24 Stunden Dauer vor. Der Katalog erfaßt sowohl hafenseitige als auch schiffseitige Maßnahmen(782), um das Risiko zu mindern, daß Waffen oder sonstige gefährliche Gegenstände, unerwünschte oder verdächtige Personen an Bord der Schiffe gelangen.

Da die Maßnahmenkataloge der IMO zum einen völkerrechtlich nicht verbindlich sind - es handelt sich um "Empfehlungen", die lediglich eine konkrete Orientierungshilfe für die Regierungen darstellen - sie zum anderen lediglich technisch-praktischer Natur sind, soll auf deren Darstellung hier verzichtet werden.

Die sieben Staats- und Regierungschefs des Weltwirtschaftsgipfels bekundeten in ihrer Erklärung zum internationalen Terrorismus vom 5. Mai 1986 anläßlich des Weltwirtschaftsgipfels in Tokio(783) ihre Bereitschaft, "weitere Vorgehensweisen in internationalen Organisationen und Gremien, die sich zur Bekämpfung des internationalen Terrorismus in all seinen Formen eignen, ... zu fördern". Diese umfaßte den italienisch-österreichisch-ägyptischen Entwurf eines Übereinkommens zur Bekämpfung widerrechtlicher Handlungen gegen die Sicherheit der Seeschiffahrt. Dessen Verhandlung im Rahmen der IMO wurde im Hinblick auf die erst im September 1986 durch eine

---

(781) IMO-MSC 52/28 vom 26.02.1986 Annex 2; Vorentwurf der USA: IMO-MSC 52/2/6 Add. 1 vom 24.12.1985.

(782) Z.B. die Aufstellung von Hafen- und Schiffsicherheitsplänen.

(783) Bulletin der Bundesregierung Nr. 50 vom 13.05.1986, S. 426 f.

Empfehlung des MSC abgeschlossenen Beratungen über die o.a. "Maßnahmen zur Verhütung krimineller Handlungen gegen Passagiere und Mannschaften an Bord von Schiffen" erst im November 1986 auf der 57. IMO-Ratssitzung beschlossen. Da dessen Bestimmungen sich - teilweise wörtlich - an vorausgegangene internationale Regelungen anlehnen, so vor allem

- das Abkommen von Tokio vom 14. September 1963,
- das Übereinkommen von Den Haag vom 16. Dezember 1970,
- das Übereinkommen von Montreal vom 23. September 1971 und
- das Internationale Übereinkommen vom 18. Dezember 1979 gegen Geiselnahme[784],

konnte in einer relativ kurzen Zeitspanne die Voraussetzung dafür geschaffen werden, daß eine vom 01. bis 10. März 1988 in Rom tagende diplomatische Konferenz, an der 82 Staaten (davon sechs als Beobachter) teilnahmen, die Texte des Übereinkommens und des Protokolls verabschiedete. Das Übereinkommen wurde alsbald von über 40 Staaten, darunter Frankreich, Großbritannien, Italien, Spanien, Griechenland, Dänemark sowie den USA - das Protokoll von nahezu gleichvielen Staaten - unter dem Vorbehalt der Ratifikation unterzeichnet.

bb) Regelungsgegenstand des Römischen Seeschiffahrtübereinkommens und des Protokolls zum Römischen Seeschiffahrtübereinkommen

(1) **Regelungsgegenstand und sachlicher Anwendungsbereich des Römischen Seeschiffahrtübereinkommens**

Das Römische Seeschiffahrtübereinkommen bestimmt in

(784) BGBl. 1980 II, S. 1361; s. auch BT-Drs. 11/4946, S. 24.

Art. 1, 2 und 4 Regelungsgegenstand und sachlichen Anwendungsbereich.
Gemäß Art. 1 unterfallen diesem "vessel of any type whatsoever". Ähnlich den Konventionen zur Sicherheit des Luftverkehrs, die allgemein den Verkehr mit "Luftfahrzeugen" erfassen, wird durch den Begriff Wasserfahrzeuge "jeder Art" ein weiter Anwendungsbereich sichergestellt, der die Anwendbarkeit des Übereinkommens auch bei möglichen technischen Neuentwicklungen im Bereich des Seeverkehrs sicherstellt. Nicht erfaßt sind hingegen die - im Protokoll geregelten - Plattformen. Ihre Einbeziehung war auch im österreichisch-italienisch-ägyptischen Entwurf nicht vorgesehen. Die Tendenz zu entsprechender Erweiterung des Anwendungsbereichs des Übereinkommens war erstmals anläßlich informeller Konsultationen Anfang Februar 1987 in Wien deutlich geworden. Sie beruhte auf Feststellungen u.a. der USA, daß gerade in diesem Bereich aufgrund der besonders schwierigen Absicherungsmöglichkeiten eine besondere Gefährdung vorliegt. Daß die Regelungen für feste Plattformen, die sich auf dem Festlandsockel befinden, schließlich nicht im Übereinkommen, sondern einem zusätzlichen Protokoll getroffen wurden, hat keine sachlich-rechtlichen, sondern politische Gründe: Es galt die Konsensfähigkeit in bezug auf das Übereinkommen bei einer möglichst großen Anzahl von Staaten zu erhalten.

In bewußter Anlehnung an die Regelung für den Zivilluftverkehr(785) werden in Art. 2 Abs. 1 des Übereinkommens Wasserfahrzeuge, die bestimmte staatliche Aufgaben erfüllen, und solche, die nicht an der Seefahrt teilnehmen, vom Anwendungsbereich des Übereinkommens ausgenommen.

---

(785) Art. 3 Abs. 2 Haager Übereinkommen; Art. 4 Abs. 1 Montrealer Übereinkommen.

Art. 4 stellt den "internationalen Bezug" des Übereinkommens sicher, in dem er rein nationale Tatbestände ausklammert(786). Das betroffene Schiff muß gem. Abs. 1 tatsächlich oder (fahr-)planmäßig außerhalb des Hoheitsgewässers eines Vertragsstaates verkehren. Zur Vermeidung hierdurch möglicher Regelungslücken bestimmt Abs. 2, daß auch in Fällen ohne internationalen Bezug im Sinne des Abs. 1 das Übereinkommen Anwendung findet, wenn ein Täter oder Tatverdächtiger in einem anderen Staat angetroffen wird. Dies entspricht den Regelungen in Art. 3 Abs. 5 Haager Übereinkommen, Art. 4 Abs. 3 Montrealer Übereinkommen und Art. 13 Übereinkommen gegen Geiselnahme.

(2) **Die wesentlichen Vertragspflichten**

Art. 3 und 5 ff. enthalten die wesentlichen sachlichen Regelungen des Römischen Seeschiffahrtübereinkommens.

(a) **Pönalisierungsverpflichtung**

In Art. 3 wird - in enger Anlehnung an die entsprechenden Bestimmungen für den Luftverkehr in den Übereinkommen von Den Haag und Montreal - der Begriff der Straftaten verbindlich umschrieben, die gem. Art. 5 mit angemessenen Strafen zu bedrohen sind. Im einzelnen handelt es sich um

- die Inbesitznahme eines Schiffes durch Anwendung von Gewalt oder Einschüchterung, Art. 3 Abs. 1 Buchst. a(787),
- Gewalt gegen eine Person an Bord, Art. 3 Abs. 1

(786) Vgl. Art. 3 Abs. 3 Haager Übereinkommen; Art. 4 Abs. 2 Montrealer Übereinkommen; s. auch Art. 13 Übereinkommen gegen Geiselnahme.

(787) Vgl. Art. 1 Buchstabe a Haager Übereinkommen.

Buchst. b[788],

- Zerstörung des Schiffes oder Beschädigung von Schiff oder Ladung, Art. 3 Abs. 1 Buchst. c [789],
- Verbringen gefährdender Sachen an Bord, Art. 3 Abs. 1 Buchst. d[790],
- Zerstörung oder Beschädigung von Seenavigationseinrichtungen, Art. 3 Abs. 1 Buchst. e[791],
- Schiffsgefährdung durch unrichtige Angaben, Art. 3 Abs. 1 Buchst. f[792].
- In Art. 3 Abs. 1 Buchst. g, der keine Parallele in älteren Terrorismusabkommen, insbesondere den Luftverkehrskonventionen, hat, ist die Verletzung oder Tötung einer Person im Zusammenhang mit der Begehung oder der versuchten Begehung einer der vorgenannten Taten umschrieben. Dieser Tatbestand hat ersichtlich demonstrativen Charakter. Er stellt keine Erweiterung der gemäß dem Übereinkommen strafbaren Handlungsformen dar, sondern einen Spezialtatbestand. Seine Aufnahme in das Übereinkommen erscheint daher entbehrlich. Er war jedoch bereits im italienisch-österreichisch-ägyptischen Vorentwurf enthalten. Seine Aufnahme in das Übereinkommen ist vor dem

(788) Vgl. Art. 1 Abs. 1 Buchstabe a Montrealer Übereinkommen.

(789) Vgl. Art. 1 Abs. 1 Buchstabe b Montrealer Übereinkommen.

(790) Vgl. Art. 1 Abs. 1 Buchstabe c Montrealer Übereinkommen; Art. 3 Abs. 1 Buchstabe c und d Römisches Seeschiffahrtübereinkommen gehen insofern über die o.g. Parallelbestimmungen des Montrealer Übereinkommens hinaus, als erstere sich zusätzlich auf die Beschädigung bzw. die Gefährdung der Ladung beziehen.

(791) Gegenüber dem Paralleltatbestand des Art. 1 Abs. 1 Buchstabe d Montrealer Übereinkommen ist Art. 3 Abs. 1 Buchstabe e Römisches Seeschiffahrtübereinkommen einerseits enger und andererseits weiter gefaßt: In Betracht kommen nur Taten, die zu "ernstlichen" Beschädigungen oder Betriebsbeeinträchtigungen führen; andererseits kommt es auf die "internationale" Verwendung der Navigationseinrichtungen nicht an.

(792) Vgl. Art. 1 Abs. 1 Buchstabe e Montrealer Übereinkommen.

Hintergrund zu sehen, daß im Fall der Entführung der Achille Lauro ein Bürger eines bestimmten Staates unter den Passagieren herausgesucht und getötet worden war(793).

Art. 3 Abs. 2 erklärt den Versuch (Buchst. a) und die Teilnahme (Buchst. b) zu den vorgenannten Handlungen für strafbar(794).

Darüber hinaus erklärt Art. 3 Abs. 2 Buchst. c die bloße Androhung von Verletzungen oder Beschädigungen im Sinne von Abs. 1 für strafbar. Die Aufnahme dieses Tatbestandes resultiert aus der Erkenntnis, daß auch diese Verhaltensweisen geeignet sind, den Betrieb von Seeschiffahrtsdiensten ernstlich zu beeinträchtigen. Unter dem Gesichtspunkt der Bekämpfung des Terrorismus ist sie auch deshalb zu befürworten, weil das Mittel der Drohung mit schwersten Gewalttaten geeignet sein kann, Furcht und Schrecken zu erzeugen, und damit zur Strategie terroristischen Kampfes gehört. Die Bestimmung des Art. 3 Abs. 2 Buchst. c hat jedoch keine Parallele in den Übereinkommen zur Sicherheit des Luftverkehrs, obwohl sie hier aus entsprechenden Gründen zumindest in gleichem Maße gerechtfertigt wäre.

Bedenken begegnet der Hinweis in der Denkschrift zum Römischen Seeschiffahrtübereinkommen und zu dem dieses ergänzenden Protokoll (Teil II), Art. 3 Abs. 2 Buchst. c des Römischen Seeschiffahrtübereinkommens entspreche Art. 1 Abs. 1 des Übereinkommens gegen Geiselnahme(795). Denn Art. 1 Abs. 1 des Übereinkommens gegen Geiselnahme verlangt, daß der Täter "eine Person (...) in seine Gewalt bringt oder in seiner Gewalt hält und ... droht ..."; er setzt somit eine vollendete Freiheitsentziehung voraus mittels der ein weitergehendes Ziel, ein bestimmter

(793) Vgl. IMO Dokument PCUA 1/WP. 14, Ziff. 30.
(794) Vgl. Art. 1 Haager Übereinkommen und Art. 1 Abs. 2 Montrealer Übereinkommen.
(795) BR-Drs. 207/89, S. 26.

"Nötigungserfolg", verfolgt wird. Art. 3 Abs. 2 Buchst. c Römisches Seeschiffahrtübereinkommen hingegen läßt die einfache Drohung mit einer der in Art. 3 Abs. 1 genannten Taten ausreichen, ohne daß eine Nötigungshandlung zuvor begangen worden sein müßte; sie muß auch nicht nachfolgen.

Die oben genannten in Art. 3 umschriebenen Taten sind gem. Art. 5 von den Vertragsstaaten "mit angemessenen Strafen" zu bedrohen.
Der Vergleich dieser Norm mit den Parallelbestimmungen der Luftverkehrskonventionen(796) zeigt, daß die Schaffung eines einheitlichen Tatbestandes verlangt ist(797). Dieser einheitliche Tatbestand hat die in Art. 3 genannten Straftaten mit "angemessenen Strafen, welche die Schwere der Tat berücksichtigen" zu bedrohen. Er ist insoweit wortgleich mit Art. 2 Übereinkommen gegen Geiselnahme. Der Vorschlag in Art. 5 Römisches Seeschiffahrtübereinkommen entsprechend Art. 2 Haager Übereinkommen und Art. 3 Montrealer Übereinkommen festzuschreiben, daß die Straftaten "mit schweren Strafen" zu bedrohen sind, vermochte sich nicht durchzusetzen(798). Auch der deutschen Verhandlungsdelegation erschien er der stark unterschiedlichen Strafwürdigkeit der vom Übereinkommen er-

---

(796) Art. 2 Haager Übereinkommen; Art. 3 Montrealer Übereinkommen.
(797) Vgl. auch Art. 2 des 'Gesetzes zu dem Übereinkommen vom 10. März 1988 zur Bekämpfung widerrechtlicher Handlungen gegen die Sicherheit der Seeschiffahrt und zu dem Protokoll vom 10. März 1988 zur Bekämpfung widerrechtlicher Handlungen gegen die Sicherheit fester Plattformen, die sich auf dem Festlandsockel befinden', (BGBl. 1990 II, S. 494), mit dem die Regelung der §§ 6 und 316 c des Strafgesetzbuches auf Angriffe auf Seeschiffe erstreckt werden.
(798) Vgl. PCUA 1/WP. 14, Ziff. 34-38.

faßten Tatbestände nicht gerecht zu werden. Es kann jedoch davon ausgegangen werden, daß die Verpflichtung "angemessene Strafen" vorzusehen, letztlich das angestrebte Ziel ebenso erfüllt, wie jene "schwere Strafen" vorzusehen, zumal mangels weiterer Konkretisierung dieses Begriffs in beiden Fällen in gleicher Weise eine Auslegung des Übereinkommens "bona fide" geboten ist und - wie oben[(799)] dargelegt - im Eigeninteresse eines jeden Vertragsstaates steht.

(b) Erweiterung der Strafgewalt und Nebenpflichten im Zusammenhang mit einer tatbestandsmäßigen Handlung

Ist einerseits - wie das Tokioter Abkommen gezeigt hat - die Erstreckung nationaler Strafgewalt nicht ausreichend, wenn schützenswerte Rechtsgüter nicht in ausreichendem Umfang strafrechtlichen Schutz erfahren, so ist andererseits die Pönalisierung bestimmter Verhaltensweisen nicht ausreichend, wenn nicht zugleich sichergestellt ist, daß diese in jedem Fall einen Strafanspruch auslösen. Durch die Beschränkungen der nationalen Strafgewalten entstandene Lücken werden im Römischen Seeschiffahrtübereinkommen durch Art. 6 geschlossen[(800)]. Der Wortlaut spricht zwar - wie die Parallelbestimmungen in Art. 3 f. Tokioter Abkommen, Art. 4 f. Haager Übereinkommen und Art. 5 Montrealer Übereinkommen - von einer Erweiterung der nationalen Strafgerichtsbarkeit. Gemeint ist jedoch auch hier die Erweiterung der nationalen Strafgewalt, die mit der Strafgerichtsbarkeit in aller Regel kongruent ist[(801)]. Art. 6 Abs. 1 verlangt für die gemäß dem Übereinkom-

(799) S. FN 598.

(800) Ebensowenig wie Art. 3 Tokioter Abkommen, Art. 4 Haager Übereinkommen und Art. 5 Montrealer Übereinkommen läßt sich Art. 6 Römisches Seeschiffahrtübereinkommen eine Verpflichtung entnehmen, die "Gerichtsbarkeit" im Einzelfall jeweils auszuüben, s. dazu oben G II 3 b bb.

(801) S.o. G I 1.

men strafbaren Handlungen die Erstreckung der Strafgewalt gemäß dem

- Flaggenstaatsprinzip, Art. 6 Abs. 1 Buchst. a (802),
- Territorialprinzip, Art. 6 Abs. 1 Buchst. b (803) und dem
- Nationalitätenprinzip, Art. 6 Abs. 1 Buchst. c (804).

Art. 6 Abs. 4 stellt entsprechend dem auch in Art. 4 Abs. 2 Haager Übereinkommen, 5 Abs. 2 Montrealer Übereinkommen und 5 Abs. 2 Übereinkommen gegen Geiselnahme verwirklichten Prinzip der stellvertretenden Strafrechtspflege(805) - sicher, daß der Straftäter im Sinne von Art. 3 des Übereinkommens auch dann bestraft werden kann, wenn er nicht ausgeliefert wird.
Art. 6 Abs. 2 stellt den Vertragsstaaten darüber hinaus explizit die Erstreckung seiner Strafgewalt gemäß dem

- Domizilprinzip, Art. 6 Abs. 2 Buchst. a,
- (passiven) Personalitätsprinzip, Art. 6 Abs. 2 Buchst. b, und dem
- Staatsschutzprinzip, Art. 6 Abs. 2 Buchst. c (806), frei(807).

Die Ausübung nationaler "Strafgerichtsbarkeit" auch in anderen Fällen ist nicht ausgeschlossen, Art. 6 Abs. 5.

---

(802) Vgl. § 4 StGB.
(803) Vgl. § 3 StGB.
(804) Vgl. § 7 Abs. 2 Nr. 1 StGB.
(805) Vgl. § 7 Abs. 2 Nr. 2 StGB.
(806) Vgl. §§ 5 und 7 StGB.
(807) In seiner Sitzung vom 19./20.10.1987 sprach sich der IMO-Rechtsausschuß jedoch dagegen aus, im Römischen Seeschiffahrtübereinkommen auch die Gerichtsbarkeit des Staates festzuschreiben, in welchem der Schiffscharterer seinen Geschäftssitz hat. Dies wurde vor allem mit der Vermeidung von Zuständigkeitskonflikten begründet, einem - vor dem Hintergrund einer entsprechenden Bestimmung im Montrealer Übereinkommen (Artikel 5 Abs. 1 Buchst. d) - schwachen Argument.

Art. 7 begründet Verpflichtungen der Vertragsstaaten für den Fall, daß eine Person, die einer Straftat nach dem Übereinkommen verdächtig ist, im eigenen Hoheitsgebiet angetroffen wird:

- die Verpflichtung zur Inhaftierung eines Verdächtigen oder Täters zur Einleitung eines Straf- oder Auslieferungsverfahrens, Art. 7 Abs. 1,
- die Verpflichtung zur Durchführung einer vorläufigen Untersuchung, Art. 7 Abs. 2,
- die Verpflichtung, dem festgenommenen Täter eine Verbindung mit der Vertretung seines Heimatstaates zu ermöglichen, Art. 7 Abs. 3, Abs. 4,
- die Verpflichtung, bestimmte andere Staaten über die Festnahme und etwaige weiter ergriffene Maßnahmen zu unterrichten, Art. 7 Abs. 5.

Wegen der Parallelität der Tatbestände mit denen der Art. 6 der Übereinkommen von Den Haag und Montreal sowie desjenigen gegen Geiselnahme kann auf eine ausführliche Darstellung verzichtet werden.

Die Bestimmungen der Art. 8 f. Römisches Seeschifffahrtübereinkommen zur Übergabe eines Verdächtigen durch den Kapitän an die Behörden eines Vertragsstaates sind trotz größerer Regelungstiefe und Abweichungen im Detail mit derjenigen des Art. 9 Tokioter Abkommen vergleichbar. Eine detaillierte Darstellung erscheint daher auch insoweit entbehrlich. Hingewiesen sei lediglich auf Art. 8 Abs. 5, der einem Vertragsstaat, der einen Verdächtigen übernommen hat, das Recht einräumt, diesen an den Staat rückzuüberstellen, dessen Flagge das Schiff trug, dessen Kapitän den Verdächtigen zunächst übergeben hatte.

(c) Der Grundsatz "aut dedere aut iudicare"

Den Kern des Römischen Seeschiffahrtübereinkommens bilden Art. 10 f., die die Verpflichtung "aut dedere aut iudicare" enthalten.

Art. 11 Abs. 1 bis 4 entspricht den Art. 8 der Übereinkommen von Den Haag und Montreal und Art. 10 Übereinkommen gegen Geiselnahme. Auch insoweit sei daher auf die Ausführungen zu Art. 8 Haager Übereinkommen verwiesen(808), die verdeutlicht haben, daß politische Motive bei der Entscheidung über die Auslieferung Berücksichtigung finden dürfen. Diese Rechtsauffassung wird bestätigt durch einen "erfolglosen" Vorschlag Argentiniens im Rechtsausschuß der IMO(809), der vorsah, die Möglichkeit der Berufung auf die Auslieferungsausnahme bei politischen Delikten bei den im Übereinkommen aufgeführten Delikten auszuschließen. Einige Staaten hielten dem ausdrücklich entgegen, daß sich diese Forderung auch in älteren Konventionen nicht hatte verwirklichen lassen. Zudem sei durch Art. 10 Römisches Seeschiffahrtübereinkommen sichergestellt, daß der Täter strafrechtlich zur Verantwortung gezogen werde.
Für den Fall, daß mehrere Auslieferungsersuchen vorliegen, schreibt das Römische Seeschiffahrtübereinkommen dem auslieferungswilligen Staat - ebenso wie ältere Konventionen - nicht vor, an welchen von mehreren ersuchenden Staaten der Verdächtige auszuliefern ist.(810) Art. 11 Abs. 5 und Abs. 6 geben ihm jedoch die gebührende Berücksichtigung zweier spezifischer Gesichtspunkte auf. Zum einen ist - wie die Denkschrift(811) betont - "der in

---

(808) S.o. G II 3 b bb.
(809) IMO-Dokument LEG/ES. 1/WP. 2/Add. 1 vom 20.07.1987, S. 2.
(810) Keine Berücksichtigung fand ein Vorschlag der UdSSR, der vorsah, bei mehreren Auslieferungsersuchen dem des Flaggenstaates Priorität einzuräumen.
(811) Denkschrift zum Übereinkommen vom 10. März 1988 zur Bekämpfung widerrechtlicher Handlungen gegen die Sicherheit der Seeschiffahrt, Teil II. Besonderes. Zu Art. 11 (BR-Drs. 207/89 v. 21.04.1989, S. 28).

Art. 5 des Hohe-See-Übereinkommens und Art. 94 des Seerechtsübereinkommens von 1982 angesprochenen Verantwortlichkeit des Flaggenstaats für die seine Flagge führenden Schiffe Rechnung zu tragen. Zum anderen ist darauf zu achten, daß die in Art. 7 Abs. 3 genannten Rechte der Verdächtigen in dem Staat, in den er ausgeliefert werden soll, auch wirklich wahrgenommen werden können".
Liefert der darum ersuchte Staat - z.B. wegen politischer Motivation der Tat - nicht aus, so wäre dem Grundsatz "aut dedere aut iudicare" vollends nur Genüge getan, wenn er die Tat ausnahmslos selbst verfolgen muß. Wie in Art. 7 Haager und Montrealer Übereinkommen und Art. 8 Übereinkommen gegen Geiselnahme ist aber die Verfolgung terroristischer Taten nicht ausnahmslos sichergestellt. Zwar präzisiert Art. 10 Abs. 1 des Römischen Seeschiffahrtübereinkommens die Pflicht zur Strafverfolgung dahin, daß die Tat den Strafverfolgungsbehörden "unverzüglich" zu unterbreiten ist. Hierin dürfte jedoch allein eine Klarstellung liegen, da nach Sinn und Zweck auch der anderen Anti-Terrorismus-Übereinkommen, die einen solchen Zusatz nicht enthalten, ungerechtfertigte Verzögerungen eo ipso nicht vertragsgemäß sind. Die Strafverfolgungsbehörden aber können ihre Entscheidung nach den Rechtsvorschriften treffen, die in dem betreffenden Staat für die Ahndung von strafbaren Handlungen schwerer Art bestehen. Art. 10 verpflichtet somit nicht dazu, in jedem Fall Anklage zu erheben, sondern läßt etwaige innerstaatliche Vorschriften, nach denen unter bestimmten Voraussetzungen von einer Strafverfolgung oder der Erhebung einer öffentlichen Klage abgesehen werden kann - wie z.B. §§ 153 ff. StPO -, unberührt(812).
Hinzu kommt: Politische Opportunitätsentscheidungen

(812) Denkschrift, Teil II. Besonderes. Zu Art. 10 (BR-Drs. 207/89 v. 21.04.1989, S. 27 f.).

sind nach Artikel 10 Römisches Seeschiffahrtübereinkommen nur für die Frage ausgeschlossen, ob im Falle der Nichtauslieferung die Strafverfolgung eingeleitet wird; denn sie hat "ohne irgendeine Ausnahme" zu erfolgen. Politische Opportunitätsentscheidungen sind hingegen im Ermittlungsverfahren nicht mehr ausgeschlossen. Eine Entscheidung der Strafverfolgungsbehörden "in der gleichen Weise wie im Fall einer gemeinrechtlichen strafbaren Handlung", die u.a. in Art. 7 Haager und Montrealer Übereinkommen verlangt wird, gebietet Art. 10 Römisches Seeschiffahrtübereinkommen nicht. Die Strafverfolgungsbehörde kann demnach bei ihrer Entscheidung über die Einstellung des Verfahrens bzw. Anklageerhebung politische Motive des Beschuldigten berücksichtigen, soweit das interne Recht dies zuläßt.
Art. 10 Römisches Seeschiffahrtübereinkommen läßt somit insbesondere in den Ländern, in denen die Strafverfolgung nach dem Opportunitätsprinzip erfolgt, "Tür und Tor" offen, Straftaten von Terroristen nicht mit der gebotenen Konsequenz zu verfolgen.
Die Reduzierung der Verpflichtung bei der Entscheidung der Strafverfolgungsbehörden um das Gebot der Gleichstellung mit einer "gemeinrechtlichen strafbaren Handlung" stellt in Anbetracht der in manchen Ländern - nicht zuletzt wegen befürchteter Rache- und Freipressungsaktionen - geringen Bereitschaft zur konsequenten Verfolgung terroristischer Täter einen bedeutenden Rückschritt dar.

Für den Fall der Durchführung eines Verfahrens sichert Art. 10 Abs. 2 Römisches Seeschiffahrtübereinkommen dem Betroffenen eine "gerechte Behandlung" während des gesamten Verfahrens.

(d) Sonstige Vertragspflichten

Eine weitere Rechtshilfebestimmung enthält Art. 12 Römisches Seeschiffahrtübereinkommen[813]. Danach gewähren die Vertragsstaaten sich weitestgehende Hilfe; diese erfolgt auf vertraglicher oder nationaler Rechtsgrundlage; es werden demnach keine neuen Pflichten begründet. Insbesondere wird der in Rechtshilfeverträgen häufig festgelegte Grundsatz der Verweigerung der Rechtshilfe bei politischen Delikten nicht durchbrochen[814].

Die weiteren Sachbestimmungen des Römischen Seeschifffahrtübereinkommens betreffen präventive Amtshilfemaßnahmen, Art. 13 Abs. 1[815], präventiven Informationsaustausch, Art. 14[816], sowie die Fortsetzung der Reise, Art. 13 Abs. 2[817], und die Übermittlung von für die Überwachung der Einhaltung des Übereinkommens wesentlichen Daten an den IMO-Generalsekretär und von diesem an alle Vertragsstaaten, Art. 15[818].

---

(813) Vgl. Art. 10 Haager Übereinkommen, Art. 11 Montrealer Übereinkommen und Art. 11 Übereinkommen gegen Geiselnahme.

(814) Trotz der durch das Europäische Übereinkommen vom 27. Januar 1977 zur Bekämpfung des Terrorismus eingeleiteten i.S. einer Erweiterung der Rechtshilfe bei terroristischen Delikten positiven Entwicklung des Rechtshilferechts ist festzustellen, daß auch heute noch Rechtshilfeübereinkommen zur Diskussion gestellt werden, die bei allen politischen Delikten zwingend die Verweigerung der Rechtshilfe vorsehen (s. z.B. Entwürfe eines Vertrages zwischen Australien und der Bundesrepublik Deutschland über die sonstige Rechtshilfe in Strafsachen vom 21. Mai 1987 und 22. Oktober 1987).

(815) Vgl. Art. 10 Abs. 1 Montrealer Übereinkommen und Art. 4 Buchstabe b Übereinkommen gegen Geiselnahme.

(816) Vgl. Art. 12 Montrealer Übereinkommen.

(817) Vgl. Art. 9 Haager Übereinkommen und Art. 10 Abs. 2 Montrealer Übereinkommen.

(818) Vgl. Art. 11 Haager Übereinkommen und Art. 13 Montrealer Übereinkommen.

(3) Das Protokoll zum Römischen Seeschiffahrtübereinkommen

Das Protokoll zum Römischen Seeschiffahrtübereinkommen sieht dem Übereinkommen entsprechende Regelungen bei widerrechtlichen Handlungen gegen die Sicherheit fester Plattformen, die sich auf dem Festlandsockel befinden, vor.(819)
Der Terminus "feste Plattformen" wird in Art. 1 Abs. 3 unter Verwendung der Terminologie des - bislang nicht in Kraft getretenen - Art. 60 Seerechtsübereinkommen der Vereinten Nationen von 1982 definiert.
Art. 2 bestimmt, welche Straftaten unter das Protokoll fallen. Die Handlungsalternativen gem. Art. 2 Abs. 1 Buchst. a - d entsprechen denjenigen des Art. 3 Abs. 1 Buchst. a - d des Römischen Seeschiffahrtübereinkommens, Art. 2 Abs. 1 Buchst. e des Protokolls entspricht Art. 3 Abs. 1 Buchst. g des Übereinkommens. Anstelle der Tatbestandsmerkmale "Schiff" und "sichere Führung des Schiffes" sind dem Schutzzweck des Protokolls gemäß die Merkmale "feste Plattformen" und "Sicherheit der Plattformen" getreten.

Jede dieser Taten ist mit angemessener Strafe zu bedrohen, aufgefundene Verdächtige oder Täter sind strafrechtlich zu verfolgen oder auszuliefern, Art. 1 Abs. 1 des Protokolls in Verbindung mit Art. 5 bzw. Art. 10 f. des Römischen Seeschiffahrtübereinkommens.

Bedenklich ist in bezug auf die Pönalisierungspflicht das deutsche Zustimmungsgesetz zum Römi-

(819) Darüberhinaus findet das Protokoll (BGBl. 1990 II, S. 494) auf Gewalttaten gegen im Bereich der Hoheitsgewässer installierte feste Plattformen in dem in Art. 1 Abs. 2 beschriebenen Fall mit internationalem Bezug Anwendung: bei Antreffen eines Tatverdächtigen i.S. des Protokolls oder Verurteilten in einem anderen Vertragsstaat. (Vgl. Art. 4 Abs. 2 Römisches Seeschiffahrtübereinkommen, Art. 4 Abs. 3 Montrealer Übereinkommen und Art. 13 Übereinkommen gegen Geiselnahme.)

schen Seeschiffahrtübereinkommen und dem Protokoll[820]. Denn dieses nimmt gemäß Art. 2 nur Angriffe auf Schiffe in den Regelungsbereich eines - erweiterten - § 316 c StGB auf. Feste Plattformen werden ausgeklammert. So entsteht der Eindruck, daß das Protokoll von der Bundesrepublik Deutschland nicht umgesetzt wird. Denn das Protokoll legt in Artikel 1 Abs. 1 fest, daß Artikel 5 des Übereinkommens, aufgrund dessen § 316 c StGB auf Schiffe erweitert wird, auch für feste Plattformen Anwendung finden soll. Den Anforderungen des Protokolls ist insbesondere nicht bereits mit geltenden strafrechtlichen Bestimmungen Genüge getan. Zwar mag unter kriminalpolitischen Gesichtspunkten eine Einbeziehung der festen Plattformen deshalb entbehrlich erscheinen, weil andere Straftatbestände (§§ 123, 211, 222, 223, 240, 303, 305 StGB etc.) "ausreichen".
Dabei wird jedoch bereits übersehen, daß diese Normen auch für Angriffe auf Schiffe gelten und dennoch die Erweiterung des § 316 c StGB für erforderlich gehalten wird. Auch die im Gesetzgebungsverfahren vorgetragene Begründung, eine Erstreckung auf feste Bohrplattformen schaffe strafrechtliche Wertungswidersprüche, weil andere gefährdete Anlagen an Land nicht entsprechend geschützt werden, vermag nicht zu überzeugen.
Die exponierte Stellung von Plattformen auf Hoher See entspricht vielmehr der Situation der Schiffe und verlangt insofern mit diesen eine Gleichstellung.

Entscheidend aber ist, daß die Vertragsstaaten des Protokolls durch dieses völkerrechtlich verpflich-

(820) BGBl. 1990 II, S. 494.

tet sind, widerrechtliche Handlungen gegen die Sicherheit fester Plattformen, die sich auf dem Festlandsockel befinden, in einem einheitlichen Tatbestand unter Strafe zu stellen. Denn Art. 1 Abs. 1 des Protokolls verweist auf Art. 5 des Übereinkommens, der, wie vorstehend dargelegt[(821)], wie die Parallelbestimmungen in den Luftverkehrskonventionen, hierzu verpflichtet.

Abschließend ist darauf hinzuweisen, daß Art. 3 des Protokolls eine lückenlose "Strafgerichtsbarkeit" entsprechend der Regelung in Art. 6 Römisches Seeschiffahrtübereinkommen sichert.
Hinsichtlich Festnahme, Rechts- und Amtshilfe sowie Unterrichtung der IMO verweist Art. 1 Abs. 1 des Protokolls auf die diesbezüglichen Regelungen des Römisches Seeschiffahrtübereinkommens.

cc) Bewertung

Die von der Weltschiffahrtsorganisation der Vereinten Nationen vor dem Hintergrund der Entführung des internationalen Kreuzfahrtschiffes "Achille Lauro" ausgearbeiteten und im März 1988 in Rom auf einer diplomatischen Konferenz angenommenen Vorschriften des Römischen Seeschiffahrtübereinkommens und des Protokolls hierzu waren ausweislich der Präambel von der tiefen Besorgnis "über die weltweite Eskalation terroristischer Handlungen aller Art" inspiriert.
Es scheint jedoch, daß ein einzelner terroristischer Akt den Auslöser für Vereinbarungen darstellte, die weniger der Bekämpfung terroristischer als allgemeinkrimineller, die Sicherheit des Seeschiffahrtverkehrs beeinträchtigender Handlungsformen diente. Anders als in der Luftfahrt stellen nämlich

(821) G II 4 b bb (2) (a).

in der Seeschiffahrt terroristische nur einen kleinen Teil der ihre Sicherheit bedrohenden Akte dar(822). Die Hauptanwendungsfälle des Übereinkommens dürften folgerichtig außerhalb des Terrorismus im hier verwendeten Sinne liegen. Erfaßt werden von dem Übereinkommen und dem Protokoll hierzu neben zwar politisch motivierten, aber nicht terroristischen Aktionen - wie der Konfrontation von Umweltschützern mit Atommüll und ähnliches transportierenden Schiffen - z.B. auch Krawalle von Fußballfans auf Kanalfähren und die bewaffnete Meuterei auf hoher See.
Das Römische Seeschiffahrtübereinkommen genügt damit dem Anspruch, die Sicherheit des Seeverkehrs zu schützen; entsprechendes gilt für das Protokoll zum Seeschiffahrtübereinkommen hinsichtlich der Sicherheit fester Plattformen. Die Prävention und Repression terroristischer Akte erfolgt jedoch nur "bei" dieser Gelegenheit in entsprechendem Umfang wie in den Konventionen zur Sicherheit des Luftverkehrs. Sie ist hingegen nicht primäres Ziel des Römischen Seeschiffahrtübereinkommens und des Protokolls hierzu. Demgemäß heißt es in der Denkschrift zu Übereinkommen und Protokoll: "Die Motive des Täters spielen für die Anwendbarkeit des Übereinkommens keine Rolle"(823)
Da die Terrorismusbekämpfung bei Übereinkommen und Protokoll nicht im Vordergrund steht, tun sich bei diesen im Hinblick auf die Terrorismusbekämpfung entsprechende Lücken wie in den Konventionen zur Sicherheit des Luftverkehrs auf.

(822) Vgl. Handelsblatt vom 09.07.1986: "Auf den Ozeanen treiben wieder Seeräuber und Terroristen ihr Unwesen."
(823) BR-Drs. 207/89, S. 25.

5. Die CONVENTION TO PREVENT AND PUNISH THE ACTS OF TERRORISM TAKING THE FORM OF CRIMES AGAINST PERSONS AND RELATED EXTORTION THAT ARE OF INTERNATIONAL SIGNIFICANCE vom 2. Februar 1971 (OAS-Diplomatenschutzkonvention) und das Übereinkommen über die Verhütung, Verfolgung und Bestrafung von Straftaten gegen völkerrechtlich geschützte Personen einschl. Dipomaten vom 14. Dezember 1973 (UN-Diplomatenschutzkonvention)

Die Diplomatenschutzkonventionen vom 2. Februar 1971 (824) und 14. Dezember 1973(825) stellen nach den Konventionen zum Schutz des Luftverkehrs und denen zum Schutz der Seeschiffahrt die dritte Art von Abkommen dar, die der Bekämpfung spezieller Varianten kriminellen terroristischen Verhaltens dienen: Angriffen gegen völkerrechtlich geschützte Personen, insbesondere Entführungen. Deren Grundform, die politisch motivierte Geiselnahme in der Kriegsgeschichte, besitzt eine bis in das Altertum zurückreichende Tradition(826).

a) Die OAS-Diplomatenschutzkonvention

Sie stellt die zeitlich erste der beiden Konventionen zum Schutz von "Diplomaten" dar.

aa) Ausgangslage/historischer Hintergrund

Angriffe auf Diplomaten(827), speziell: Diplomaten-Entführungen, sind ein für Terroristen besonders wirksames Mittel der Zielerreichung. Damit lassen

(824) OAS/Official Records/Ser. P/English, AG/doc. 88 rev. 1. vom 2. Februar 1971; ILM 10. 1971, S. 255; Europarats-Drs. CM (71) 20 Appendix II; Alexander/Browne, S. 71 ff.; AöR, 16, 1974/75, S. 88 ff.
(825) BGBl. 1977 II, S. 1229.
(826) S. Middendorff, Menschenraub, S. 9 ff.
(827) Vgl. die Aufstellung von David, S. 105 f.

sich vor einer größtmöglichen Öffentlichkeit die Repressivität bestehender Herrschaftsstrukturen suggerieren oder die Ohnmacht und Unsicherheit bestehender politischer Systeme offenbaren. Ein internationaler Bezug ist hergestellt, der "normale" diplomatische Verkehr gefährdet. Außerdem sind Entführungen häufig finanziell attraktiv. Nach Mc Whinney(828) haben Entführer in Lateinamerika allein zwischen 1971 und 1975 ca. 80 Millionen US-Dollar Lösegeld für Geiseln erpreßt. Dabei hatten die Täter eine 80 %ige Chance, der Festnahme oder Tötung zu entkommen. Terroristen haben die Möglichkeit, die erpreßten Gelder zur Fortsetzung ihres Kampfes einzusetzen. Vor diesem Hintergrund lag es nahe, daß der "moderne Terrorismus" sich dieser Aktionsform bedienen würde.
Pesch(829) hat in ihrer Genese des Mittels der Diplomaten-Entführungen nachgewiesen, daß das Mittel, Diplomaten zu entführen, als Taktik terroristischer Gruppierungen in Lateinamerika entwickelt wurde. Eine Serie von Ausraubungen und Entführungen amerikanischer Bürger auf Kuba war bereits ab 1958 vom Bruder Fidel Castros, Raul Castro, begangen worden. Ein Jahrzehnt später waren Diplomaten das Ziel der Entführer. Am 28. August 1968 verlor der US-Botschafter in Guatemala John Gordon Mein bei einem Entführungsversuch das Leben. Ein Jahr später wurde der amerikanische Botschafter in Brasilien entführt; eben dort wurden 1970 der japanische Generalkonsul (11. März), der schweizerische Botschafter Bucher und der deutsche Botschafter von Holleben (11. Juni) entführt. In allen genannten Fällen gab die brasilianische Regierung den Forderungen der Entführer weitgehend nach. Anders reagierte die guatemaltekische Regierung im Fall der Entführung des deutschen Botschafters in Guatemala am 31. März 1970: Sie blieb hart;

---

(828) S. 260.
(829) S. 101 ff.; s. auch Mc Whinney, S. 259 ff.

die Entführer erschossen von Spreti nach fünf Tagen. Die Entführungen von Diplomaten blieben jedoch nicht auf Lateinamerika beschränkt. So wurde z.B. bereits 1970 ein deutscher Diplomat Opfer einer Entführung außerhalb Lateinamerikas: Am 1. Dezember 1970 kidnappten Anhänger der ETA im baskischen San Sebastian den deutschen Wahlkonsul Eugen Beihl in seiner Garage.

Da jedoch die erste Welle von Diplomaten-Entführungen durch Terroristen über Lateinamerika geschwappt war, laut Mc Whinney(830) waren zwischen 1968 und 1971 immerhin 17 der insgesamt 21 Entführungen dort begangen worden, lag es nahe, daß sich eine amerikanische Organisation, die "Organisation of American States (OAS)", als erste mit dem Problem der Bekämpfung dieses Phänomens befaßte.

Am 30. Juni 1970 hatte die Generalversamlung der OAS eine Resolution angenommen(831), die den Terrorismus im allgemeinen und Entführungen im besonderen verurteilte. Sie empfahl den Staaten, diese Taten unter Strafe zu stellen sowie alle Maßnahmen zu ihrer Verhütung und Bekämpfung zu ergreifen. Gleichzeitig war der Rechtsausschuß beauftragt worden, eine Konvention zur Bekämpfung von Anschlägen mit internationaler Rückwirkung zu erarbeiten. Dessen Entwurf(832) erfaßte nicht nur Straftaten gegen völkerrechtlich geschützte Personen, sondern alle terroristischen Handlungen von internationaler Bedeutung. Die Auslieferung wegen eines terroristischen Akts im Sinne der Konvention sollte schließlich nicht wegen ihres politischen Charakters versagt werden dürfen(833). Auf Druck insbesondere von

---

(830) S. 260.

(831) A.G./Rés. 4 (I-E/70).

(832) OEA/Documentos Oficiales/Ser. G, CP/ACTA 30/70 vom 9. Dezember 1970, S. 71 ff.

(833) Zur Vorgeschichte der OAS-Diplomatenschutzkonvention siehe den "Rapport of the Director of Legal Affairs of the Council of Europe" Europarats-Drs. CM (71) 20 vom 11. Februar 1971 Appendix I.

Chile - aber auch Boliviens und Perus - beschränkte sich die verabschiedete Konvention jedoch allein auf Angriffe gegen "persons to whom the state has the duty according to international law to give special protection", Art. 1 der OAS-Diplomatenschutzkonvention.

bb) **Wesentlicher Regelungsgehalt der OAS-Diplomatenschutzkonvention**

Vom sachlichen Regelungsbereich der OAS-Diplomatenschutzkonvention werden erfaßt "acts of terrorism, especially kidnapping, murder, and other assaults against the life or physical integrity" von völkerrechtlich geschützten Personen ebenso wie "extortion in connection with those crimes", Art. 1. Die völkerrechtlich geschützten Personen erfahren dadurch eine umfassende Absicherung gegen jedwede Art des Angriffs. Entführungen, Mord und andere Angriffe auf ihr Leben oder ihre physische Integrität werden beispielhaft ("especially") für die ganze Bandbreite möglicher Aktionsformen des Terrorismus ("acts of terrorism") zum Nachteil von völkerrechtlich geschützten Personen aufgeführt, andere Aktionsformen ausdrücklich nicht ausgeschlossen(834).
Der geschützte Personenkreis "persons to whom the state has the duty according to international law to give special protection" wird von der Konvention nicht näher umschrieben; vielmehr ist insoweit ein Rückgriff auf das Völkerrecht geboten. Diese Lösung hat zwar den Nachteil geringer Schärfe, da der Geltungsbereich nur unter Zuhilfenahme multilateraler Übereinkommen - z.B. Artikel 29, 37 Wiener

(834) In der OAS-Diplomatenschutzkonvention fehlt jedoch eine Art. 1 Buchst. b Haager Übereinkommen oder Art. 2 Abs. 1 Buchst. e UN-Diplomatenschutzkonvention vergleichbare Bestimmung zur Teilnahme, woraus sich "neue" Strafbarkeitslücken ergeben.

Übereinkommen über diplomatische Beziehungen vom 18. April 1961[835] und Artikel 40 Wiener Übereinkommen über konsularische Beziehungen vom 24. April 1964[836] - sowie bilateraler Übereinkommen und des Völkergewohnheitsrechts[837] ermittelt werden kann. Ihr Vorteil liegt jedoch darin, daß weitere Streitigkeiten über den Geltungsbereich im Rahmen der Arbeiten an der Konvention nicht "automatisch" zu einer einengenden Einigung der Konventionspartner beschränkt auf den "kleinsten gemeinsamen Nenner" führten. Allerdings erscheint eine Präzisierung - wie sie etwa in der UN-Diplomatenschutzkonvention vorgenommen wurde (Art. 1) - unter dem Gesichtspunkt der Rechtsklarheit vorzugswürdig[838].
In bezug auf die Verhütung und Bestrafung von "acts of terrorism" gegen den genannten Personenkreis verpflichtet Art. 1 der Konvention die Vertragsstaaten zur Zusammenarbeit. Diese hat zum ersten im Rahmen der nationalen Rechtsvorschriften zu erfolgen. Darüber hinaus gibt die Konvention selbst in Art. 8 neue Anstöße zur Zusammenarbeit:

"To cooperate in preventing and punishing the crimes contemplated in Article 2 of this convention, the contracting states accept the following obligations:
a. To take all measures within their power, and in conformity with their own laws, to prevent and impede the preparation in their respective territories of the crimes mentioned in Article 2 that are to be carried out in the territory of another contracting state.
b. To exchange information and consider effective administrative measures for the purpose of protecting the persons to whom Article 2 of this convention refers.
c. To guarantee to every person deprived of his freedom through the application of this convention every right to defend himself.

---

(835) BGBl. 1964 II, S. 959.
(836) BGBl. 1969 II, S. 1585.
(837) Vgl. im einzelnen Rozakis, ICLQ, 23, 1974, S. 32 ff.; s. auch die Aufzählung BT-Drs. 7/4820, S. 15 f.
(838) Zur Kritik an Art. 1 der OAS-Diplomatenschutzkonvention s. insbesondere Kearney, AJIL, 67, 1973, S. 88.

d. To endeavor to have the criminal acts contemplated in this convention included in their penal laws, if not already so included.
e. To comply most expeditiously with the request for extradition concerning the criminal acts contemplated in this convention."

Mit dieser die Prävention betonenden Regelung geht die OAS-Diplomatenschutzkonvention über die in den zuvor abgeschlossenen Luftverkehrskonventionen von Tokio und Den Haag enthaltenen Zusammenarbeitsverpflichtungen hinaus.

Art. 2 ff., der Kern des Regelungskomplexes der OAS-Diplomatenschutzkonvention, befassen sich mit der Verfolgung der von der Konvention erfaßten Taten gegen völkerrechtlich geschützte Personen. Sie enthalten neben der Verpflichtung des "due process" (Art. 4) und der Aufnahme der Konventionsdelikte in zukünftige Auslieferungsverträge und Auslieferungsgesetze (Art. 7) insbesondere diejenige des "aut dedere aut iudicare", wobei zweifelhaft bleibt, ob die der Konvention unterfallenden Taten der Privilegierung des politischen Delikts entzogen werden.
In Art. 2 werden die entsprechenden Delikte als "common crimes of international significance regardless of motive" bezeichnet. Diese werden also anscheinend aus den politischen Delikten "ausgeklammert", womit die Grundlage für die Auslieferung generell ohne Berücksichtigung der politischen Motive des Täters geschaffen wäre. Der Wortlaut von Art. 3 OAS-Diplomatenschutzkonvention läßt jedoch zweifeln, ob dies tatsächlich gewollt ist:

"Persons who have been charged or convicted for any of the crimes referred to in Article 2 of this convention shall be subject to extradition under the provisions of the extradition treaties in force between the parties or, in the case of states that do not make extradition dependent on the existence of a treaty, in accordance with their own laws. In any case, it is the exclusive responsibility of the state under whose jurisdiction or protection such persons are located to determine the nature of the acts and decide wether the standards of this convention are applicable."

Zu den in Art. 3 Satz 1 genannten "provisions of the extradition treaties in force" bzw. den "own laws" gehört nämlich insbesondere bei den lateinamerikanischen Staaten das Prinzip der Auslieferungsausnahme bei politischen Delikten(839). Art. 3 Satz 2 schließlich überläßt es dem ersuchten Staat "to determine the nature of the acts".

Gegen die Auffassung, Art. 2 OAS-Diplomatenschutzkonvention wolle jegliche Privilegierung als "politisches Delikt" ausschließen, spricht auch die Streichung von zwei eindeutig dahinzielenden Passagen im Entwurf der Konvention. Dessen Art. 3 Satz 1 bestimmte "los actos de terrorismo a que ce refiere esta convención ... no constituyen delitos politicos ni comunes conexos a éstos"; Art. 5 des Entwurfs bestimmte: "Las personas que participen en la concepción de los actos delictivos ... no están amparades por el asilo territorial el diplomatico y son susceptibles de extreadición...".

Dafür, daß der politische Charakter einer Tat gemäß der Konvention einem Auslieferungsersuchen weiterhin entgegengehalten werden kann, spricht schließlich auch Art. 5 der Konvention, der ausdrücklich im Fall von "legal or constitutional impediment" die Pflicht zu stellvertretender Strafverfolgung begründet. Auch wenn die in Art. 5 OAS-Diplomatenschutzkonvention aufgeführten Gründe der Nichtauslieferung weniger Spielraum lassen als vergleichbare Bestimmungen in den Luftverkehrsabkommen, die allgemein den Fall

(839) Stein, S. 145.

regeln, "wenn er (der ersuchte Staat) ihn (den Verdächtigen) nicht ausliefert" - so z.B. Art. 7 Haager Übereinkommen -, so bleibt diese Regelungsabweichung doch ohne Folgen, da die Mehrzahl der Verfassungen der OAS-Staaten, jedenfalls aber ihre Auslieferungsgesetze, die Auslieferungsausnahme bei politischen Delikten enthalten (840).
Schließlich ist "angesichts der engen Nachbarschaft und oft sogar undifferenzierten Gleichsetzung von politischem Delikt und Asyl" auch Art. 6 OAS-Diplomatenschutzkonvention nicht dazu "angetan, die Auffassung vom Wegfall der Auslieferungsausnahme zu stützen"(841). Die Bestimmung "None of the provisions of this convention shall be interpreted so as to impair the right of asylum" deutet vielmehr gerade vor dem Hintergrund der Streichung des o.a. Art. 5 des Entwurfs in die umgekehrte Richtung (842).
Festzuhalten bleibt: Art. 2 ff. OAS-Diplomatenschutzkonvention eröffnen den Vertragsstaaten allenfalls die Möglichkeit, Angriffe auf völkerrechtlich geschützte Personen allgemeinkriminellen Taten gleichzustellen und deretwegen auszuliefern. Es bleibt dem um Auslieferung ersuchten Staat jedoch überlassen (Art. 3 Satz 2), die Tat als politisches Delikt zu betrachten, dessentwegen nach den in Kraft befindlichen Auslieferungsverträgen keine Auslieferung stattfindet (siehe Art. 3

---

(840) So schon Stein, S. 145.
(841) A.a.O.
(842) Lacoste, (S. 156) hingegen ist der Auffassung, es könne sich bei Art. 6 des Übereinkommens nicht um ein Bekenntnis zum traditionellen (lateinamerikanischen) Asyl handeln. So sehr damit Widersprüche im Übereinkommen ausgeräumt werden könnten, für seine Auffassung, die nicht nur dem Wortlaut von Art. 6, sondern auch der dargestellten Entstehungsgeschichte der asylrelevanten Bestimmungen des Übereinkommens entgegensteht, findet Lacoste keine zwingenden Argumente.

Satz 1). Ein echter Fortschritt im Sinne des Entzugs jeglicher politischer Privilegierung bei Angriffen auf völkerrechtlich geschützte Personen ist demnach nicht erzielt worden[843].

cc) **Bewertung der OAS-Diplomatenschutzkonvention**

Der Erfolg, daß es auf regionaler Ebene gelang, ein Übereinkommen zum Schutz von "Diplomaten" zu schließen, welches gemäß Art. 9 u.a. allen UNO-Mitgliedstaaten offenstehen sollte, wird nicht nur durch die Kenntnis der Möglichkeit getrübt, die der Entwurf der OAS-Diplomatenschutzkonvention zu eröffnen schien. Er wird auch dadurch eingeschränkt, daß nur 13 der 22 an der Konferenz der OAS 1971 beteiligten Staaten die Konvention unterzeichneten. Ihr regionaler Geltungsbereich ist sehr begrenzt geblieben; laut Stein[844] ist sie seit dem 16.10.1973 in Kraft zwischen Costa Rica, der Dominikanischen Republik, El Salvador, Guatemala, Mexiko, Nicaragua, Uruguay, Venezuela und den Vereinigten Staaten von Amerika.
Da mit der OAS-Diplomatenschutzkonvention nicht einmal auf regionaler Ebene ein allgemein akzeptiertes Übereinkommen zur Bekämpfung von Anschlägen gegen völkerrechtlich geschützte Personen gelungen war, wurde das in dessen Art. 9 zum Ausdruck gekommene Ziel der Vertragsstaaten, dessen Zeichnung durch möglichst viele Staaten - weltweit - zu erreichen, nicht intensiv verfolgt. Beratungen im Rahmen des Europarates machten bereits Ende März 1971 deutlich, daß keine Neigung zum Beitritt zur OAS-Konvention bestand und zwar aus vorgenanntem Grund ebenso wie wegen der dargestellten Zweifel bei der Auslegung der Bestimmungen über die Qualifi-

---

(843) Ebenso: Stein, S. 141 ff. m.w.N.; a.A.: Brach, S. 402 ff. und auch Lacoste, S. 155 f.
(844) S. 141.

zierung der Taten als gemeine Verbrechen sowie der Auswirkungen auf das Asyl- und das Auslieferungsrecht[845]. Vielmehr befaßten sich von 1971 an die Vereinten Nationen mit der "Question of the protection and inviolability of diplomatic agents and other persons entitled to special protection under international law"[846].

b) Das Übereinkommen über die Verhütung, Verfolgung und Bestrafung von Straftaten gegen völkerrechtlich geschützte Personen einschließlich Diplomaten vom 14.12.1973

aa) Ausgangslage/historischer Hintergrund

Die Arbeiten in den Vereinten Nationen an einem Übereinkommen zum Schutz von völkerrechtlich geschützten Personen einschließlich Diplomaten bauten bewußt u.a. auf dem Ergebnis der entsprechenden Arbeiten in der Organisation Amerikanischer Staaten auf[847].
Im Rahmen von Vorarbeiten wurde vorgeschlagen, nicht nur Angriffe gegen völkerrechtlich geschützte Personen, sondern terroristische Aktivitäten allgemein zum Gegenstand der Betrachtungen zu machen, da nicht nur völkerrechtlich geschützte Personen, sondern "innocent people all over the world" von Entführungen bedroht waren[848]. Dieser prinzipielle Einwand gegen eine spezielle "Diplomatenschutzkonvention" [849] erscheint zwar gerechtfertigt; es galt

(845) Europarats-Drs. Gr/Prot. Dipl. (71) 1 vom 6. April 1971.
(846) Vgl. Kearney, AJIL, 67, 1973, S. 84 ff.
(847) S. Kearney, AJIL, 67, 1973, S. 84 ff. (87); ungenau insoweit die Denkschrift zur UN-Diplomatenschutzkonvention, BT-Drs. 7/4820, S. 13, nach der (nur) zwei Konventionen, die Übereinkommen von Den Haag und Montreal, als Vorbild dienten.
(848) Kearney, AJIL, 67, 1973, S. 86.
(849) S. hierzu auch vorstehende Ausführungen zu dem Entwurf des Rechtsausschusses der OAS zur späteren OAS-Diplomatenschutzkonvention.

jedoch zu verhindern, daß über die Frage des Umfangs des Untersuchungsgegenstandes die Arbeiten zur Vorbereitung eines Abkommensentwurfs gänzlich scheiterten. Die Mehrheit der Staaten in der International Law Commission (Völkerrechtsausschuß), einem Unterorgan der Generalversammlung der Vereinten Nationen, erreichte unter Berufung auf die Resolution 2780 (XXVI) der Generalversammlung vom 3. Dezember 1971(850) eine Beschränkung des Untersuchungsgegenstandes auf Diplomaten und andere völkerrechtlich geschützte Personen.
Neben der bereits dargestellten OAS-Diplomatenschutzkonvention lagen den Vereinten Nationen ein weiterer Entwurf von Uruguay(851) und ein von europäischen Staaten erarbeiteter Entwurf, der sogenannten "Rome draft", vor. Auf dieser Grundlage wurde unter Beachtung der als Vorbild dienenden Haager und Montrealer Übereinkommen ein Entwurf für die Generalversammlung erarbeitet(852), die am 14.

---

(850) Auszugsweise abgedruckt in Europarats-Drs. CM (72) 19 vom 17. Januar 1972, Appendix.

(851) UN Doc. A/C. 6/L. 822.

(852) Entstehung und Änderungen des Entwurfs lassen sich auf der Grundlage folgender Dokumentengruppierungen nachvollziehen:

1. Vorschlag (1971) des Völkerrechtsausschusses an die Vollversammlung, UN Doc. A/CN 4/L. 170/Add. 5 bzw. A/8410
2. Auftrag der Versammlung, A/Res/2780 - XXVI
3. Entwurf Kearney (USA), UN Doc. A/CN 4/L. 182
4. Stellungnahmen einiger Mitgliedstaaten, A/CN 4/253 + Add. 1-5
5. Listen vergleichbarer Konventionen, Conf. Room Doc. 1+2
6. Berichte der Arbeitsgruppe, L 186, 188, 189
7. Fassung des Entwurfs, AJIL, 67, 1973, S. 98 ff.

S. "Draft Report of the International Law Commission on the work of its twenty-fourth Session" 2 May - 7 July 1972, der unter Hinweis auf Vorentwürfe die Entstehungsgeschichte darstellt und auch eine Text-Kommentierung enthält, UN Doc. A/CN 4/L. 191.
"Comments and observations" insbesondere von Staaten sind wiedergegeben in UN Doc. A/9127 vom 28. August 1973.

Dezember 1973 nach einer Vielzahl von weiteren Änderungen[853] das Übereinkommen über die Verhütung, Verfolgung und Bestrafung von Straftaten gegen völkerrechtlich geschützte Personen einschließlich Diplomaten durch allgemeinen Konsens annahm.

bb) <u>Wesentlicher Regelungsgehalt der UN-Diplomatenschutzkonvention</u>

(1) **Regelungsgegenstand der Konvention**

Art. 1 Ziffer 1 enthält die für die Grenzen des Anwendungsbereichs des Übereinkommens wesentliche Definition der "völkerrechtlich geschützten Person".

(a) **Persönlicher Schutzbereich**

Die Fragen, inwieweit diese Definition Erweiterungen gegenüber dem Entwurf der Völkerrechtskommission enthält und inwieweit sie geltendes Völkerrecht aufgreift, erscheinen im Rahmen von Betrachtungen über der Bekämpfung des Terrorismus dienende Übereinkommen zweitrangig[854]. Terroristen orientieren sich bei der Wahl ihres Opfers nicht daran, ob dieses zu den völkerrechtlich besonders geschützten Personen zählt, vielmehr daran, ob es ein "hochrangiger Repräsentant" ist. Vor diesem Hintergrund ist die sachliche Beschränkung der Diplomatenschutzkonvention auf völkerrechtlich geschützte Personen eo ipso bedenklich, da insbeson-

---

Der Entwurf der International Law Commission ist erläutert bei Kearney, AJIL, 67, 1973, S. 84 ff. und Rozakis, ICLQ, 23, 1974, S. 32 ff.
Ein Meinungsaustausch hierzu fand statt im Europarat, Europarats-Doc. Gr/Prot. Dipl. (72) 7 vom 7. Oktober 1972 und Doc. Gr/Prot. Dipl. (72) 4 vom 16. März 1972 sowie Europarats-Doc. Gr/Prot. Dipl. (73) 1 vom 13. September 1973 und Gr/Prot. Dipl. (73) 3 vom 1. Oktober 1973.

(853) S. UN Doc. A 9407 vom 10. Dezember 1973.

(854) Vgl. hierzu BT-Drs. 7/4820, S. 15 f.; Rozakis, ICLQ, 23, 1974, S. 32 ff.; Lacoste, S. 101 f.; Kearney, AJIL, 67, 1973, S. 88; Wood, S. 799 ff.

dere hochrangige "Repräsentanten" der Wirtschaft nicht erfaßt sind.
Zu den völkerrechtlich geschützten Personen gehören gemäß Art. 1 Ziffer 1 der UN-Konvention
a) ein Staatsoberhaupt, einschließlich eines jeden Mitglieds eines Kollegialorgans, das nach der Verfassung des betreffenden Staates die Aufgaben eines Staatsoberhaupts wahrnimmt, ein Regierungschef oder ein Außenminister, wenn sie sich in einem fremden Staat aufhalten, sowie die sie begleitenden Familienmitglieder;
b) jeder Vertreter oder jede Amtsperson eines Staates oder jeder Beamter oder sonstiger Beauftragter einer zwischenstaatlichen Organisation, die zu der Zeit und an dem Ort der Begehung der gegen sie, ihre Diensträume, ihre Privatwohnung oder ihre Beförderungsmittel gerichteten Straftat nach dem Völkerrecht Anspruch auf besonderen Schutz gegen jeden Angriff auf ihre Person, Freiheit oder Würde haben, sowie die mit ihnen im gemeinsamen Haushalt lebenden Familienmitglieder.
Die Differenzierung zwischen beiden Gruppen - Staatsoberhäupter usw. (Ziffer 1 a) einerseits, die unabhängig vom Grund ihres Aufenthalts im Ausland geschützt sind, andererseits jeder Vertreter usw. (Ziffer 1 b), die nur bei offiziellen Funktionen im Ausland Schutz genießen, - wird vor dem Hintergrund der Entwicklung des völkerrechtlichen Schutzrechts für diese Personengruppen verständlich[855], die hier aus o.g. Grund nicht nachgezeichnet werden soll.

(b) Sachlicher Schutzbereich

Nach Abgrenzung des persönlichen Schutzbereichs durch Art. 1 Ziffer 1 grenzt Art. 2 den sachlichen Anwendungsbereich der Konvention ein.

(855) S. hierzu Rozakis, ICLQ, 23, 1974, S. 33 ff.

Erfaßt werden von der Konvention gemäß Art. 2 Abs. 1 vorsätzliche Angriffe auf die Person oder Freiheit einer der in Art. 1 Ziffer 1 genannten Personen, insbesondere die vorsätzliche Tötung und Entführung sowie der "gewaltsame Angriff auf die Diensträume, die Privatwohnung oder die Beförderungsmittel ..., der geeignet ist, deren Person oder Freiheit zu gefährden", die Bedrohung mit einem solchen Angriff, dessen Versuch und Teilnahmehandlungen[856]. Anders als in Art. 1 Haager und Montrealer Übereinkommen werden die von der Konvention erfaßten Delikte nicht näher definiert, sondern nur insoweit in ihren hauptsächlichen Merkmalen umschrieben, daß diese in den Grundzügen feststehen. Hintergrund hierfür war, daß "the precise coverage of article 2 (1) will depend upon the municipal laws of the States Parties to the Convention since the exact definition of the offences may differ somewhat under the various systems of criminal law"[857]. Dies gebietet zwar nicht zwingend eine nur rudimentäre Umschreibung der von der Konvention erfaßten Delikte. Insbesondere verlangte auch das Haager Übereinkommen von den Vertragsstaaten, daß sie ihr innerstaatliches Recht dem Übereinkommen entsprechend anpaßten. Bei den Beratungen über die Diplomatenschutzkonvention war jedoch zu berücksichtigen, daß Angriffe auf völkerrechtlich geschützte Personen, anders als Luftfahrzeugentführungen, in den meisten Staaten - so auch in Deutschland - bereits unter Strafe gestellt waren[858], so daß eine weitere Anpassung des Strafrechts in diesen Staaten mit der gewählten Umschreibung nicht

(856) Auch hier gilt wieder: Da eine Umschreibung dessen, was als Versuch und Teilnahmehandlung gelten soll, in der Konvention fehlt, ist insoweit auf das nationale Strafrecht zurückzugreifen. Insbesondere ist auch hier nicht eindeutig, ob auch die Anstiftung miterfaßt ist; s. dazu oben G II 3 b bb (1).

(857) Wood, S. 802.

(858) BT-Drs. 7/4820, S. 16 f.; Wood, S. 805.

erforderlich wurde. Allerdings weist Rozakis(859) zu Recht darauf hin, daß zumindest eine weite Umschreibung der erfaßten Taten geboten gewesen wäre, um Schwierigkeiten bei der Bestimmung des Anwendungsbereichs der Konvention zu verringern, die nach der jetzigen Fassung z.B. dann entstehen müssen, wenn ein Staat eine bestimmte Angriffsform noch für im Sinne der Konvention tatbestandsmäßig hält, ein anderer hingegen nicht.

Trotz der nur rudimentären Umschreibung der von der Diplomatenschutzkonvention erfaßten Delikte in dessen Art. 2 Abs. 1 bedarf es insoweit zweier klarstellender Anmerkungen.

Erstens: Das Tatbestandsmerkmal der "vorsätzlichen Begehung" einer der in Art. 2 Abs. 1 genannten Tathandlungen verlangt, daß die geschützte Person "in Kenntnis ihrer Eigenschaft als Repräsentant eines anderen Staates oder einer internationalen Organisation angegriffen wird". Es genügt nicht, "daß eine geschützte Person nur zufällig das Opfer einer Straftat wird"(860). Unter Berücksichtigung des Umstandes, daß es sich bei der Konvention vom 14. Dezember 1973 um eine solche speziell zum Schutz des diplomatischen Verkehrs im weitesten Sinne handeln soll, erscheint diese Einschränkung als gelungener Kompromiß zwischen den extremen Auffassungen, einerseits, die Motivlage des Täters sei in keiner Weise zu berücksichtigen, und andererseits, sie sei entscheidend, die Konvention solle nur Anwendung finden, wo "one of the determining motives is the status of the victim"(861). Die Konvention geht vielmehr davon aus, daß die in Art. 1 Ziffer 1 auf-

---

(859) ICLQ, 23, 1974, S. 50 f., 60.

(860) BT-Drs. 7/4820, S. 16; Report of the International Law Commission on the work of its twenty-fourth session, Official Records of the General Assembly, Twenty-seventh Session, (A/8710/Rev. 1) [1972], ILC Report, S. 95; Wood, S. 803; Kearney, AJIL, 67, 1973, S. 89.

(861) So die von Vertretern des Kongo und Gabuns geäußerte Auffassung, UN Doc A/C. 6/L. 9948.

geführten Personen besonderen Schutzes bedürfen und gewährt diesen unabhängig von den Motiven des Täters, also auch bei allgemeinkriminellen Taten. Unschädlich ist insoweit, daß gemäß Art. 2 Abs. 1 die vorsätzliche Begehung der dort genannten Taten nicht ausdrücklich "regardless of motive" mit Strafe zu bedrohen ist, wie dies noch Art. 2 der Draft Articles des Völkerrechtsausschusses(862) klarstellte(863). Solche Klarstellungen enthalten auch die Art. 2 Abs. 1 UN-Diplomatenschutzkonvention entsprechenden Bestimmungen der Art. 1 f. Haager und Art. 1 und 3 Montrealer Übereinkommen nicht, ohne daß Zweifel bestünden, daß sie auch für politisch motivierte Taten gelten. Die Streichung der Worte "regardless of motive" konnte daher erfolgen, ohne daß sich die Bedeutung von Art. 2 Abs. 1 UN-Diplomatenschutzkonvention änderte; diese Worte waren "überflüssig"(864).

Zweitens: Die "sonstigen Angriffe" im Sinne des Art. 2 Abs. 1 Buchst. a auf völkerrechtlich geschützte Personen müssen "serious crimes" darstellen(865). Das erhellt zum einen aus dem Zusammenhang, in dem sie erwähnt werden - Tötung und Entführung - und zum anderen aus der Entstehungsgeschichte der Norm: Anträge der Ostblockstaaten, auch leichtere Delikte in die Konvention aufzunehmen, wurden im Rechtsausschuß mit klarer Mehrheit abgelehnt(866). Daraus läßt sich jedoch nicht folgern, daß dem in Art. 1 genannten Personenkreis nicht auch Schutz vor "sonstigen Angriffen auf die Person, Freiheit oder

---

(862) AJIL, 67, 1973, S. 98 ff.
(863) S. Rozakis, ICLQ, 23, 1974, S. 50.
(864) Wood, S. 804.
(865) A.a.O., S. 802.
(866) BT-Drs. 7/4820, S. 16; s. auch Wood, S. 802 f. m.w.N.

Würde" zu gewähren ist. Vielmehr wird in Art. 2 Abs. 3 UN-Diplomatenschutzkonvention bestätigt, daß die Verpflichtung hierzu nach anderen völkerrechtlichen Normen fortbesteht(867).

(2) **Die wesentlichen Vertragspflichten**

Die wesentlichen sachlichen Regelungen außer der Abgrenzung von persönlichem Schutz- und Anwendungsbereich enthalten Art. 2 Abs. 1 letzter Satzteil bis Art. 11 der UN-Diplomatenschutzkonvention.

(a) **Pönalisierungsverpflichtung**

Gemäß Art. 2 Abs. 1 letzter Satzteil UN-Diplomatenschutzkonvention hat jeder Vertragsstaat die oben genannten Taten nach innerstaatlichem Recht mit Strafe zu bedrohen. Absatz 2 präzisiert, daß es sich um "angemessene Strafen, welche die Schwere der Tat berücksichtigen," handeln muß(868). Damit weicht der Wortlaut des Art. 2 Absatz 2 ab von demjenigen der Art. 2 Haager und Art. 3 Montrealer Übereinkommen, die zur Bedrohung "mit schweren Strafen" verpflichten. Ein Bedeutungsunterschied ist jedoch nicht gewollt. Der Vorschlag des Völkerrechtsausschusses in ihren Draft Articles, Straftaten gemäß Art. 2 Abs. 1 mit "severe penalties which take into account the aggravated nature of the offence" zu bedrohen(869), war schließlich nur deshalb fallengelassen worden, weil er dahin verstanden werden konnte, die Strafdrohung solle nur deshalb höher sein, weil das Opfer eine völkerrechtlich geschützte Person ist(870).

---

(867) Wood, S. 806; BT-Drs. 7/4820, S. 17.
(868) Vgl. im deutschen StGB § 102 [Angriff gegen Organe und Vertreter ausländischer Staaten] und § 239 b [Geiselnahme].
(869) Hierzu: Rozakis, ICLQ, 23, 1974, S. 53 f.
(870) Wood, S. 805.

(b) **Erweiterung der Strafgewalt**

Neben die Verpflichtung, schwere Angriffe auf völkerrechtlich geschützte Personen mit Strafe zu bedrohen, tritt gemäß Art. 3 diejenige zur Erstrekkung der "Gerichtsbarkeit"(871). In Anlehnung an die Regelungen der Art. 4 Haager und Art. 5 Montrealer Übereinkommen ist diese - zumindest (siehe Art. 3 Abs. 3) - entsprechend dem Territorialitätsprinzip ergänzt durch das Flaggenstaatsprinzip(872), Art. 3 Abs. 1 Buchst. a, zu erstrecken(873). Abweichend von vorgenannten Luftverkehrskonventionen ist sie auch entsprechend dem aktiven Personalgrundsatz, Art. 3 Abs. 1 Buchst. b, auszudehnen(874). Sie ist weiterhin von den

---

(871) Richtiger: der Strafgewalt, s.o. G I 1.

(872) Wood, S. 807 f., weist zutreffend darauf hin, daß es an einer speziellen Regelung für den Fall einer Straftat i.S. der Diplomatenschutzkonvention in einem Luftfahrzeug fehlt, das einer gemeinsamen oder internationalen Eintragung unterliegt (S. hierzu auch Shubber, BYIL, 52, 1981, S. 237 ff.). Es erscheint gerechtfertigt, die besonderen Regelungen in den Luftverkehrskonventionen - vgl. Art. 10 Tokioter Abkommen, Art. 5 Haager und Art. 9 Montrealer Übereinkommen - analog anzuwenden. Bei den von der Diplomatenschutzkonvention erfaßten Straftaten handelt es sich um entsprechend schwere wie in den Luftverkehrskonventionen. O.g. Vorschriften der Luftverkehrskonventionen bringen ein Prinzip zum Ausdruck, dessen Verallgemeinerung für schwere Taten Sinn und Zweck der verschiedenen Abkommen entspricht: daß ein zuvor bestimmter Staat die Strafgewalt bzgl. Taten auf einem Luftfahrzeug der oben bezeichneten Art ausüben soll. Spezielle Regelungen dieses Problems in Konventionen, die nicht dem Schutz des Luftverkehrs dienen, erscheinen zum einen aufgrund nicht vorhandener Sachnähe wenig zweckmäßig, zum anderen auch nicht geboten.

(873) Hinsichtlich der - negativ zu beantwortenden - Frage, ob Art. 3 Diplomatenschutzkonvention auch eine Verpflichtung zur Ausübung der (Straf-) Gerichtsbarkeit im Einzelfall entnommen werden kann, wird auf die diesbezüglichen Ausführungen zu Art. 4 Abs. 1 Haager Übereinkommen (G II 3 b bb) verwiesen.

(874) Diese Bestimmung hat insbesondere im angelsächsischen Rechtskreis Bedeutung, in dem das Territorialprinzip primärer Anknüpfungspunkt für die Strafgewalt ist.

Vertragsstaaten auf den Fall zu erstrecken, daß die Straftat sich gegen einen seiner Repräsentanten richtet, Art. 3 Abs. 1 Buchstb. c (Sonderfall des passiven Personalgrundsatzes), oder daß der Verdächtige sich auf seinem Hoheitsgebiet befindet und nicht ausgeliefert wird, Art. 3 Abs. 2 Diplomatenschutzkonvention.
Art. 3 folgt damit wie auch oben genannte Luftverkehrskonventionen(875) dem Prinzip der stellvertretenden Strafrechtspflege. Der Entwurf des Völkerrechtsausschusses, der dem Universalprinzip folgte, sah demgegenüber vor, daß Straftaten im Sinne der Konvention "shall be made by each State Party a crime under its internal law, wether the commission of the crime occurs within or outside of its territory", Artikel 2 Abs. 1 a.E. des Entwurfs(876). Wegen der damit verbundenen Erhöhung der Gefahr mehrfacher Bestrafung des Täters wegen ein und derselben Tat - zumal eine Rangfolge der zur Strafverfolgung berufenen Staaten nicht festgelegt wurde -, erscheint die Letztfassung vorzugswürdig. Die Möglichkeit, einen Verdächtigen im Sinne der Diplomatenschutzkonvention strafrechtlich zu verfolgen, ist dadurch ausnahmslos sichergestellt, die Möglichkeit zur Ausübung der Strafgewalt also in befriedigendem Umfang gewährleistet.

(c) Der Grundsatz "aut dedere aut iudicare"

Die Vorschriften der Art. 2 und 3 UN-Diplomatenschutzkonvention, die für bestimmte Taten die Möglichkeit der Ausübung der Strafgewalt eröffnen sollen, werden ergänzt durch Art. 7 f., mit denen die Verpflichtung zur Ausübung der Gerichtsbarkeit nach dem Prinzip "aut dedere aut iudicare" begründet wird.

---

(875) Art. 4 Abs. 2 Haager Übereinkommen und Art. 5 Abs. 2 Montrealer Übereinkommen.
(876) S. Rozakis, ICLQ, 23, 1974, S. 52.

Art. 7 f. entsprechen inhaltlich weitgehend den Bestimmungen der Art. 7 f. der Übereinkommen von Den Haag und Montreal. Dies gilt insbesondere für Art. 8, der auch soweit sein Wortlaut - geringfügig - von dem der Art. 8 Haager und Montrealer Übereinkommen abweicht, keine davon abweichende Auslegung der im Zusammenhang mit dem Haager Übereinkommen erörterten Punkte zuläßt. Es kann daher - auch wenn es sich bei Art. 7 f. UN-Diplomatenschutzkonvention um die "Kernvorschriften" dieses Übereinkommens handelt - in erster Linie auf die dortigen Ausführungen verwiesen werden(877). Dort ist insbesondere herausgearbeitet, daß politische Motive der Verdächtigen bei der Frage der Auslieferung Berücksichtigung finden können. Sie sind jedoch demgemäß irrelevant für die Entscheidung der Strafverfolgungsbehörden in einem nach den Übereinkommen zwingend einzuleitenden Ermittlungsverfahren. Der Wortlaut von Art. 7 UN-Diplomatenschutzkonvention legt hinsichtlich Einleitung bzw. Durchführung eines Ermittlungsverfahrens Abweichungen von den Regelungen oben genannter Luftverkehrskonventionen nahe. Art. 7 UN-Diplomatenschutzkonvention lautet:

"Der Vertragsstaat, in dessen Hoheitsgebiet sich der Verdächtige befindet, hat, wenn er ihn nicht ausliefert, den Fall ohne irgendeine Ausnahme und ohne unangemessene Verzögerung seinen zuständigen Behörden zum Zweck der Strafverfolgung in einem Verfahren nach seinem Recht zu unterbreiten."

Art. 7 UN-Diplomatenschutzkonvention präzisiert gegenüber den Bestimmungen der Luftverkehrskonventionen die Verpflichtung zur Einleitung der Strafverfolgung, die "ohne unangemessene Verzögerung" zu erfolgen hat. Auch ohne ausdrückliche Erwähnung gebieten jedoch Sinn und Zweck der oben genannten Luftverkehrskonventionen die Einleitung der Strafverfol-

(877) S.o. G II 3 b bb.

gung "without undue delay", so daß diese Wendung in der UN-Diplomatenschutzkonvention nur klarstellenden Charakter hat(878).
Entfallen ist in Art. 7 der UN-Diplomatenschutzkonvention der in oben genannten Luftverkehrskonventionen enthaltene Nebensatz, daß die Verpflichtung zur Auslieferung oder Einleitung der Strafverfolgung den Vertragsstaat trifft "unabhängig davon, ob die strafbare Handlung in seinem Hoheitsgebiet begangen wurde". Eine Inhaltsänderung war damit jedoch nicht bezweckt. Art. 7 UN-Diplomatenschutzkonvention entspricht vielmehr wörtlich Art. 6 des Konventionsentwurfs des Völkerrechtsausschusses. Dessen Entwurf lag jedoch - wie bereits erwähnt - die Verwirklichung des Universalprinzips zugrunde, so daß es der "entfallenen" Wendung nicht bedurfte. Mit der wörtlichen Übernahme von Art. 6 des Entwurfs ohne Berücksichtigung der Abweichungen der UN-Diplomatenschutzkonvention gegenüber deren Entwurf, die zu vorgeschildertem Auslegungsproblem führt, war eine Inhaltsänderung jedoch nicht beabsichtigt. Vielmehr erschien den Verfassern oben genannter Nebensatz überflüssig, zumal die Unbedingtheit der Verpflichtung zur Strafverfolgung auch durch die Worte "ohne irgendeine Ausnahme" ausgedrückt erscheint(879).

Art. 7 Diplomatenschutzkonvention unterscheidet sich von Art. 7 der Übereinkommen von Den Haag und Montreal auch dadurch, daß deren Satz 2 weggefallen ist. Dieser bestimmte: "Diese Behörden treffen ihre Entscheidung in der gleichen Weise wie im Fall einer gemeinrechtlichen strafbaren Handlung schwerer Art nach dem Recht dieses Staates." Stattdessen heißt es nunmehr in Satz 1, daß ein Vertragsstaat

(878) Wood, S. 811; Lacoste, S. 120.
(879) Vgl. Wood, S. 811.

den Fall "ohne irgendeine Ausnahme ... seinen zuständigen Behörden zum Zweck der Strafverfolgung in einem Verfahren nach seinem Recht zu unterbreiten" hat. Hier offenbart sich ein wesentlicher - bereits im Zusammenhang mit Art. 10 Abs. 1 S. 2 Römisches Seeschiffahrtübereinkommen erörterter(880) - Unterschied zwischen Art. 7 UN-Diplomatenschutzkonvention einerseits und Art. 7 der Übereinkommen von Den Haag und Montreal andererseits(881). Politische Opportunitätsentscheidungen sind nach Art. 7 UN-Diplomatenschutzkonvention nur für die Frage ausgeschlossen, ob im Falle der Nichtauslieferung die Strafverfolgung eingeleitet wird; denn sie hat "ohne irgendeine Ausnahme" zu erfolgen(882). Politische Opportunitätsentscheidungen sind hingegen im Ermittlungsverfahren nicht mehr ausgeschlossen. Die Strafverfolgungsbehörde kann vielmehr bei ihrer Entscheidung über die Einstellung des Verfahrens bzw. Anklageerhebung politische Motive des Beschuldigten berücksichtigen(883), soweit das interne Recht dies zuläßt(884). Art. 7 UN-Diplomatenschutzkonvention bleibt insoweit hinter den Regelungen in Art. 7 der Übereinkommen von Den Haag und Montreal zurück, die klarstellen, daß politische Motive für die Entscheidung der Strafverfolgungsbehörde nicht wesentlich sind, diese vielmehr "in der gleichen Weise wie im Fall einer gemeinrechtlichen strafbaren Handlung schwerer Art" zu treffen ist. Auch Art. 7 UN-Diplomatenschutzkonvention läßt somit insbesondere in den Ländern,

---

(880) S.o. G II 4 b bb (2) (c).

(881) Unrichtig insoweit Rumpf, Außenpolitik 1985, S. 393: "Die Bestimmungen betreffend ... Auslieferung ... stimmen mit denen der Abkommen zum Schutz der zivilen Luftfahrt überein."

(882) BT-Drs. 7/4820, S. 18.

(883) Ebenso wohl auch Stein, S. 131 m.w.N.

(884) In der Bundesrepublik Deutschland könnte § 153 d StPO i.V.m. § 120 Abs. 1 Nr. 4 GVG ein Einfallstor für entsprechende Überlegungen bei einer Straftat gem. § 102 StGB darstellen.

in denen die Strafverfolgung nach dem Opportunitätsprinzip erfolgt, "Tür und Tor" offen, Straftaten von Terroristen gegen völkerrechtlich geschützte Personen nicht mit der gebotenen Konsequenz zu verfolgen(885).

Art. 11, der vorschreibt, daß der Ausgang eines Verfahrens dem Generalsekretär der Vereinten Nationen mitzuteilen ist(886), dürfte demgegenüber kaum dazu geeignet sein, ausreichenden Druck auf die Vertragsstaaten auszuüben, damit diese Straftaten gegen völkerrechtlich geschützte Personen mit der gebotenen Konsequenz verfolgen.

(d) Präventionspflichten und Informationspflichten

Neben vorgeschilderten Kernbestimmungen der UN-Diplomatenschutzkonvention ist insbesondere Art. 4 bemerkenswert.

Art. 4 UN-Diplomatenschutzkonvention ist Art. 10 Montrealer Übereinkommen und Art. 8 Buchst. a und b der OAS-Diplomatenschutzkonvention nachgebildet, als deren Vorläufer wiederum Art. 12 der Genfer Konvention zur Verhütung und Bekämpfung des Terrorismus(887) angesehen werden kann. Die gemäß Art. 4 zu treffenden Präventionsmaßnahmen und der Informationsaustausch stehen unter dem Vorbehalt nationalen Rechts. Es sollen nämlich alle der Prävention dienenden "durchführbaren" Maßnahmen getroffen und Informationen ausgetauscht bzw. die "geeigneten" Maßnahmen abgestimmt werden; durchführbar und geeignet können jedoch nur die mit den

(885) Vgl. auch die Kommentierung des Entwurfs der International Law Commission durch diese: "The obligation of the State where the alleged offender is present will have been fulfilled once it has submitted the case to its competent authorities ..."; zitiert bei Rozakis, ICLQ, 23, 1974, S. 56.

(886) S. Art. 11 Haager und Art. 13 Montrealer Übereinkommen.

(887) S.o. G II 1 b.

Rechtsordnungen der Vertragsstaaten zu vereinbarenden Maßnahmen sein. Diese ihrerseits müssen nach Sinn und Zweck der Konvention eine Zusammenarbeit ermöglichen, welche die Erreichung des mit Art. 4 der Diplomatenschutzkonvention verfolgten Ziels, Angriffe auf völkerrechtlich geschützte Personen zu verhindern, möglich macht. Abstrakt ist der gebotene Umfang der Zusammenarbeit kaum näher zu bestimmen, zumal es an - wünschenswerten - konkretisierenden Bestimmungen entsprechend Art. 15 ff. Genfer Konvention zur Verhütung und Bekämpfung des Terrorismus fehlt. In Betracht kommen neben nachrichtendienstlichen Maßnahmen zur Erkenntnisgewinnung und polizeilichen (Exekutiv-) Maßnahmen bei Verdacht der Vorbereitung einer Straftat im Sinne der UN-Diplomatenschutzkonvention insbesondere die Warnung des Staates, dessen Repräsentant mögliches Opfer eines Anschlags werden könnte. Entsprechende Warnmeldungen zwischen den Staaten sind heute - zumindest im Verhältnis der westlichen Staaten untereinander - alltäglich. Der von Rozakis(888) im Zusammenhang mit der Art. 4 entsprechenden Bestimmung der UN-Diplomatenschutzkonvention im Entwurf des Völkerrechtsausschusses gerügte Mangel "of an institutional organ of coordination" wirkte sich insoweit kaum aus.

Art. 5 Abs. 1 ergänzt Art. 4 insoweit, als nach Begehung einer Straftat im Sinne der Konvention weitere Informationspflichten gegenüber solchen Staaten begründet werden, die durch eine Straftat mitbetroffen sein können. Dazu gehört - unabhängig davon, ob dieser Staat Vertragsstaat der Konvention ist - ebenso der Staat, gegen dessen Repräsentant sich der Angriff richtete, wie derjenige, in den der Verdächtige geflüchtet ist.

---

(888) ICLQ, 23, 1974, S. 63 f.

Art. 5 ist damit geeignet, die rechtstatsächliche Basis für nationale Maßnahmen ebenso wie für internationale Rechtshilfeersuchen zu schaffen. Ohne einen Informationsfluß entsprechend Art. 5 könnte ein Zufluchtsland im Einzelfall keinen "Anlaß" für die Einleitung von Strafverfolgungsmaßnahmen sehen oder keine Möglichkeit sachgerechter Entscheidung über Strafverfolgung oder Auslieferung haben; der angegriffene Staat könnte im Einzelfall nicht die Möglichkeit haben, ein Auslieferungsersuchen an den Tatortstaat oder ein Zufluchtsland zu stellen.
Die Vorschrift, die keine Parallele in den älteren Luftverkehrsübereinkommen von Den Haag und Montreal hat, ist insbesondere in den Fällen von Bedeutung, in denen der Tatortstaat kein eigenes Interesse an der strafrechtlichen Verfolgung der Verdächtigen hat, z.B. weil Tatortstaat einerseits und Zufluchtsland andererseits verfeindeten politischen Lagern angehören. Hier besteht nunmehr eine vertragliche Pflicht zur Übermittlung "aller sachdienlichen Angaben über die begangene Straftat und aller verfügbaren Informationen, welche die Identität des Verdächtigen betreffen". So wenig diese Verpflichtung konkretisiert ist, so sehr kann sie aufgrund dessen, daß sie nach dem Wortlaut von Art. 5 "alle ... Angaben" und "alle ... Informationen" umfaßt, an die Grenzen nationaler Rechtsordnungen stoßen. Diesbezüglich gilt das zu Art. 4 Ausgeführte entsprechend: Art. 4 und 5 implizieren "the limitations imposed by national law"(889).

Die Verpflichtung von Drittstaaten zur Übermittlung von Informationen an den Staat, dessen Repräsentant angegriffen wurde, steht gemäß Art. 5 Abs. 2 ausdrücklich unter dem Vorbehalt nationalen Rechts. Absatz 2 wurde auf Initiative der Bundesrepublik Deutschland, damals ein noch junges Mitglied der

(889) Wood, S. 810.

Vereinten Nationen, in die Konvention aufgenommen. Denn - so die Denkschrift zur Konvention[890] - eine "derartige Bestimmung schien angesichts der bei Entführungen von Diplomaten und Konsuln gemachten Erfahrungen notwendig, weil der Entsendestaat, dessen Vertreter Opfer eines Anschlages geworden ist, nur dann die geeigneten Maßnahmen zu seiner Befreiung treffen kann, wenn er sofort und in vollem Umfang über die Umstände der Tat und die Lage, in der sich das Opfer befindet, informiert wird. Außerdem ist diese Information aus humanitären Gründen mit Rücksicht auf die Angehörigen des Opfers geboten."
Weitere Informationspflichten folgen aus Art. 10, der die Verpflichtung zur Leistung von Rechtshilfe in Anlehnung an Art. 11 Montrealer Übereinkommen konstituiert.

(e) Weitere Pflichten im Zusammenhang mit einer tatbestandsmäßigen Handlung

Art. 6 enthält im wesentlichen übereinstimmend[891] mit Art. 6 der Übereinkommen von Den Haag und Montreal und Art. 13 Tokioter Abkommen - so daß auf die dortigen Ausführungen verwiesen werden kann - Regelungen, welche Maßnahmen ein Staat zu treffen hat, wenn sich ein Verdächtiger in seinem Hoheitsgebiet aufhält: Sicherstellung der Anwesenheit des Verdächtigen bis zur Einleitung eines

---

(890) BT-Drs. 7/4820, S. 17.

(891) Neu ist die Einbeziehung staatenloser Personen in Art. 6 Abs. 1 Buchst. b und Abs. 2 Buchst. a. Diese Regelung soll dem Umstand Rechnung tragen, "daß Terroristen häufig keine Staatsangehörigkeit besitzen oder sich diese nur schwer feststellen läßt" (BT-Drs. 7/4820, S. 18). So sehr die Gleichstellung Staatenloser zu begrüßen sein mag, vorgenannte Begründung erscheint nur bedingt plausibel. Mögen bei arabischen Terroristen bisweilen Probleme bei der Bestimmung der Staatsangehörigkeit bestehen, so handelt es sich jedoch um seltene Einzelfälle.

Straf- oder Auslieferungsverfahrens nach Maßgabe der Vorschriften des innerstaatlichen Rechts und Notifizierung der ergriffenen Maßnahmen allen in Betracht kommenden Staaten[(892)] gegenüber. Diese erhalten damit die Möglichkeit, ein Auslieferungsersuchen vorzubereiten. Art. 6 UN-Diplomatenschutzkonvention schafft damit die Voraussetzungen dafür, daß die Verpflichtung zur Auslieferung gemäß Art. 7 f. entstehen kann. Art. 6 Abs. 1 Satz 1 verlangt ebensowenig wie Art. 6 Abs. 1 der Übereinkommen von Den Haag und Montreal legislative Maßnahmen: die Schaffung neuer Rechtsvorschriften. Art. 6 Abs. 1 Satz 1 UN-Diplomatenschutzkonvention setzt vielmehr voraus, daß das nationale Recht - der Schwere von im Sinne der Konvention tatbestandsmäßigen Angriffen entsprechend - Möglichkeiten, die Anwesenheit des Verdächtigen sicherzustellen, bietet[(893)].

Schutzvorschriften zugunsten des Verdächtigen enthalten Art. 6 Abs. 2[(894)] - Recht zur Verbindungsaufnahme des Verdächtigen mit einem Vertreter seines Heimatstaates - und Art. 9, der dem Verdächtigen während des gesamten Verfahrens eine gerechte Behandlung garantiert. Art. 9 soll, wie vor dem Hintergrund der Art. 4 und 8 Buchst. c der OAS-Diplomatenschutzkonvention deutlich wird, auf denen diese Vorschrift aufbaut[(895)], dem Verdächtigen insbesondere alle Verteidigungsrechte garantieren; die Anwendung verfahrensrechtlicher Sonderbestimmungen sollte hiermit ausgeschlossen

---

(892) Auch hier ist unerheblich, ob es sich um Vertragsstaaten handelt oder diplomatische Beziehungen bestehen. In jedem Fall besteht die Möglichkeit ihrer Unterrichtung über den Generalsekretär der Vereinten Nationen. BT-Drs. 7/4820, S. 18; Rozakis, ICLQ, 23, 1974, S. 55.

(893) Rozakis, ICLQ, 23, 1974, S. 55.

(894) Vgl. Art. 6 Abs. 3, 4 der Übereinkommen von Den Haag und Montreal, s. auch Art. 13 Abs. 3 Tokioter Abkommen.

(895) Wood, S. 812.

werden. Nach Rozakis(896) stellen die Vorschriften zum Schutz des Verdächtigen "an indispensable counter-balancing factor to the increased powers that States-parties acquire by the provisions against 'alleged offenders'" dar, der es bedarf, weil "terrorism has generated hatred and ill-will and has reduced the degree of tolerance and patience to the extent that exasperated State organs may abuse 'alleged offenders' to the detriment of justice and human rights. The present 'Draft Articles' formally invite a great number of States, many of which have suffered from terroristic activities, to increase and organise their jurisdictional power through the assistance of their provisions. It must therefore be ensured that the official State, in satisfying an aroused public opinion, shall not detonate massive revenge against any persons who may fall under its enlarged jurisdiction."

Aus der Sicht nicht-lateinamerikanischer Staaten unbedeutend ist die Vorschrift des Art. 12. Bei den dort erwähnten Verträgen handelt es sich um - das gesandtschaftliche Asylrecht regelnde - Abkommen zwischen lateinamerikanischen Staaten(897),

---

(896) ICLQ, 23, 1974, S. 61.

(897) Unter "Asylverträge" im Sinne von Artikel 15 des Übereinkommens sind ausschließlich die zwischen bestimmten latein-amerikanischen Staaten bestehenden Asylkonventionen (Abkommen von Montevideo von 1889, 1933 und 1939, von Havanna von 1928 und von Caracas von 1954) zu verstehen (s. Denkschrift zur Diplomatenschutzkonvention vom 14.12.1973, BT-Drs. 7/4820, zu Artikel 12). Die Asylkonventionen regeln das gesandtschaftliche Asylrecht, das bei politischen Straftaten, nicht aber bei gemeinen Verbrechen Anerkennung findet; sie sehen eine Einschränkung der Verpflichtung zur Strafverfolgung im Asyl gewährenden Land nicht vor.
Das - heute kaum noch praktizierte - gesandtschaftliche (oder diplomatische bzw. interne) Asyl gewährt Schutz an privilegierten Orten (z.B. Botschaftsgebäuden) im Staatsgebiet der Heimat des Asylsuchenden. Im Gegensatz hierzu steht das externe (territoriale) Asylrecht, das Schutz innerhalb des Aufnahmelandes bietet.

die nach ausdrücklicher Regelung des Art. 12 nur inter partes gelten. Sie wird hier daher nicht näher erörtert(898).

cc) Bewertung der UN-Diplomatenschutzkonvention und die Bedeutung der Entschließung der Generalversammlung A/9407

Die UN-Diplomatenschutzkonvention trifft eine völkerrechtliche Regelung für einen weiteren Teilbereich möglicher terroristischer Anschlagsziele. Sie betont gegenüber älteren Konventionen stärker den präventiven Aspekt: Sie verpflichtet zur Zusammenarbeit bereits bei der Verhütung von Angriffen gegen völkerrechtlich geschützte Personen. Hiermit ist jedoch nur scheinbar ein wesentlicher, nicht zu erwartender Fortschritt in den internationalen Beziehungen gelungen. Die Verpflichtung, den von der Konvention erfaßten Personenkreis besonders zu schützen, wurde nämlich nicht erst durch die Konvention begründet. Sie bestand vielmehr weitestgehend bereits vor deren Inkrafttreten aufgrund bilateraler und multilateraler völkerrechtlicher Verträge - insbesondere aufgrund der Wiener Übereinkommen über diplomatische und konsularische Beziehungen. Dies läßt sich bereits dem Namen der UN-Konvention entnehmen, nach der Straftaten "gegen völkerrechtlich _geschützte_ Personen einschließlich Diplomaten" von

(898) Hierzu s. Wood, S. 813 ff. m.w.N. Auch in dem Fall, daß Art. 12 Diplomatenschutzkonvention Anwendung findet, dürfte der Asyl gewährende Staat zu (stellvertretender) Strafverfolgung gem. Art. 7 der Konvention verpflichtet sein. Denn Art. 12 "läßt die Anwendung der ... geltenden Asylverträge ... unberührt"; nicht hingegen wird darüberhinaus die Unanwendbarkeit der Diplomatenschutzkonvention erklärt. Die "geltenden Asylverträge" i.S.v. Art. 12 Diplomatenschutzkonvention enthalten im übrigen keine die Jurisdiktion des Asyl gewährenden Staates einschränkende Bestimmung. Vgl. im einzelnen Shubber, BYIL, 52, 1981, S. 232 ff. zur wortgleichen Bestimmung des Art. 15 Übereinkommen gegen Geiselnahme.

der Konvention erfaßt werden.(899) Zwar war dieser besondere Schutz nicht allen von der UN-Konvention erfaßten Personen in gleichem Umfang zu gewähren (900). Staatsoberhäuptern gegenüber bestanden (und bestehen) aufgrund ihrer besonders exponierten Stellung und der hieraus resultierenden höheren Gefährdung besonders weite Schutzverpflichtungen. Diese umfassen exekutive Maßnahmen wie nachrichtendienstliche Maßnahmen, namentich im Vorfeld eines Besuchs, und Personenschutzmaßnahmen, z.B. in Form einer Eskorte; sie umfaßten darüber hinaus bereits vor Geltung der Diplomatenschutzkonvention legislative Maßnahmen, wie die Schaffung spezieller Straftatbestände zum Schutz von Staatsoberhäuptern, und die Verfolgung von Angreifern(901).

Diplomaten sind gemäß Art. 29, 37 Wiener Diplomatenrechtskonvention durch "alle geeigneten Maßnahmen" vor Angriffen gegen ihre Person, Freiheit oder Würde zu schützen. Der Umfang der gemäß Art. 29, 37 Wiener Diplomatenrechtskonvention zu ergreifenden Maßnahmen ist abhängig von der jeweiligen Bedrohungssituation und kann - auch aus praktischen Gründen - nicht ebensoweit gehen wie bei Staatsoberhäuptern. Außerdem fehlte es insoweit an einer völkerrechtlichen Verpflichtung zur Schaffung spezieller Straftatbestände. Sie wird erst durch die Konvention begründet.

Entsprechendes wie für den Schutz von Diplomaten gilt gemäß Artikel 40 Wiener Konsularrechtskonvention für Konsularbeamte.

Für sogenannte Ad hoc-Diplomaten bestand hingegen nicht einmal eine generelle Verpflichtung, Schutzmaßnahmen zu ergreifen(902). Auch insoweit stellt

---

(899) Seidl-Hohenveldern, Rz. 1024, schreibt daher, die UN-Diplomatenschutzkonvention "verpflichtet die Staaten lediglich zu einer Selbstverständlichkeit".
(900) Vgl. im einzelnen Rozakis, ICLQ, 23, 1974, S. 34 ff.
(901) A.a.O., S. 35.
(902) A.a.O., S. 40 f.

Artikel 4 UN-Diplomatenschutzkonvention einen Fortschritt dar. Allerdings ist zu beachten, daß dieser Personenkreis - da er lediglich die zweite Ebene staatlicher Repräsentanten darstellt - nicht primäres Angriffsziel von Terroristen ist.

Zu bemängeln ist schließlich, daß der Umfang der von den Staaten gemäß Art. 4 zu übernehmenden präventiven Verpflichtungen nicht näher umschrieben wurde. Art. 4 stellt keinen nennenswerten Fortschritt (insbesondere) gegenüber den insoweit konturlosen Parallel-Bestimmungen der Wiener Übereinkommen über diplomatische und konsularische Beziehungen dar(903). Auch hatte Art. 4 nicht die erhoffte Wirkung, ein "point of departure for a cogent and comprehensive organisational structure for the prevention of crimes against internationally protected persons"(904) zu werden.
Positiv sind - daran sei abschließend erinnert - die oben angesprochenen, gegenüber älteren Abkommen erweiterten, sonstigen Informationspflichten (Art. 5, Art. 10, Art. 11) zu vermerken.

Daß die UN-Diplomatenschutzkonvention in ihren Kernbestimmungen zum Komplex Auslieferung oder Strafverfolgung hinter den entsprechenden Bestimmungen älterer Anti-Terrorismus-Übereinkommen zurückbleibt, dürfte einen ihrer schwerwiegendsten Mängel darstellen: Politische Motive können selbst bei der Entscheidung über die Einstellung eines Verfahrens durch die Strafverfolgungsbehörden berücksichtigt werden. Eine Gleichstellung mit allgemeinkriminellen Taten erfolgt - anders als bei den Übereinkommen von Den Haag und Montreal - nicht.

---

(903) Daher begegnet die Kommentierung von Simma/Verdross, § 909, Bedenken, wonach die UN-Diplomatenschutzkonvention "zur näheren Durchführung" von Art. 29 Wiener Diplomatenrechtskonvention angenommen wurde.

(904) Rozakis, ICLQ, 23, 1974, S. 64.

Den zweiten schwerwiegenden Mangel stellt die bislang unzureichende Anzahl von nur 74 Vertragsstaaten dar (Stand 31.12.1989).

Die Bedeutung der UN-Diplomatenschutzkonvention vom 14. Dezember 1973 scheint schließlich durch die "Entschließung der Generalversammlung über den Bericht des 6. Ausschusses (A/9407)"(905) vom gleichen Tag eingeschränkt. In Ziffer 4 dieser Entschließung, deren Bestimmungen sich gemäß ihrer Ziffer 6 "auf das beigefügte Übereinkommen beziehen" und - wenn sie auch nicht Bestandteil desselben ist (906) - "stets zusammen mit diesem zu veröffentlichen ist", heißt es, "daß die im Einklang mit den Zielen und Grundsätzen der Charta der Vereinten Nationen und der Erklärung über die Grundsätze des Völkerrechts betreffend freundschaftliche Beziehungen und Zusammenarbeit zwischen den Staaten gemäß der Charta der Vereinten Nationen stehende Ausübung des legitimen Rechts auf Selbstbestimmung und Unabhängigkeit durch die gegen Kolonialismus, Fremdherrschaft, ausländische Besatzung, rassische Diskriminierung und Apartheid kämpfenden Völker von dem beigefügten Übereinkommen nicht berührt wird". Diese Bestimmung scheint aus dem Anwendungsbereich der UN-Diplomatenschutzkonvention die Fälle ausgrenzen zu wollen, in denen eine im Sinne der Konvention tatbestandsmäßige Handlung in "Ausübung des legitimen Rechts auf Selbstbestimmung und Unabhängigkeit durch die gegen Kolonialismus, Fremdherrschaft, ausländische Besatzung, rassische Diskriminierung und Apartheid kämpfenden Völker" begangen

---

(905) UN Doc. A/Res/3166 (XXVIII); dt. Übersetzung: BT-Drs. 7/4820, S. 21.

(906) Dieser ganz herrschenden Auffassung (a.A. Algerien) hat auch das Sekretariat der Vereinten Nationen Rechnung getragen, indem es zur Unterzeichnung lediglich den Text der Konvention aufgelegt und die Resolution an die für die Unterschriften vorgesehenen Seiten angefügt hat.

wird. Die Einfügung eines derartigen Artikels in die Konvention hatten 37 afrikanische und arabische Staaten verlangt(907). Damit wäre die Konvention jedoch unannehmbar geworden; bei typischen terroristischen Angriffen auf Diplomaten, wie sie z.B. aus dem Libanon bekannt sind, könnten sich Befürworter finden, die diese Taten "rechtfertigten". Die Berücksichtigung des Rechts auf Selbstbestimmung und Unabhängigkeit in oben genannter Form in der Entschließung gerade anstelle der Einfügung o.a. Bestimmung in die Konvention belegt, daß Ziffer 4 der Entschließung nicht den Sinn der von 37 Staaten erstrebten Regelung haben kann(908). Richtig - und allein mit dem Wortlaut von Ziffer 4 der Entschließung übereinstimmend, der besagt, daß oben genannte Rechte von dem Übereinkommen "nicht berührt" werden - ist vielmehr, wie Lacoste(909) formuliert:
"Weder kann das Abkommen Vorwand dazu sein, das Selbstbestimmungsrecht eines Volkes zu unterdrücken, noch kann ein unter das Abkommen fallendes Verbrechen als rechtmäßige Ausübung des Selbstbestimmungsrechts angesehen werden."(910) Die Bezugnahme auf die Charta schließt vielmehr jede Gewaltanwendung gegen Diplomaten aus, da diese mit den Sicherheits- und Friedenszielen der Vereinten Nationen unvereinbar wären(911). Zutreffend weist Lacoste(912) auch auf das Urteil des internationalen Gerichtshofs in Den Haag vom 24.05.1980 über die Geiselnahme in Teheran hin. Dort hebt der Gerichtshof hervor:
"Menschliche Wesen rechtswidriger Weise ihrer Freiheit zu berauben und sie physischem Zwang unter schwierigen Bedingungen auszusetzen, ist als solches bereits offenkundig unvereinbar mit den Prinzipien

---

(907) UN Doc. A/C 6L. 951.
(908) Vgl. die Stellungnahmen von UN-Mitgliedstaaten in UN Doc. A/PV. 2202 vom 15. Dezember 1973, S. 98 ff.
(909) S. 47.
(910) S. auch BT-Drs. 7/4820, S. 14.
(911) Art. 1 Ziff. 1, Art. 2 Ziff. 2 und 3, Art. 73 Buchst. c Charta der Vereinten Nationen.
(912) S. 47.

der Charta der Vereinten Nationen sowie auch mit den grundlegenden Prinzipien, die in der allgemeinen universellen Erklärung der Menschenrechte aufgezählt worden sind. ... In den Beziehungen zwischen den Staaten gibt es keine grundlegendere Vorbedingung als die Unverletzlichkeit der Diplomaten und Botschaften. ..." Die Resolution mindert deshalb nicht die Bedeutung der UN-Diplomatenschutzkonvention.

6. Das Internationale Übereinkommen vom 18. Dezember 1979 gegen Geiselnahme

Das im Rahmen der Vereinten Nationen 1979 zustande gekommene Übereinkommen gegen Geiselnahme ist das Ergebnis einer Initiative des seinerzeit noch jungen Mitglieds der Vereinten Nationen Bundesrepublik Deutschland zur Bekämpfung des Terrorismus.

a) Ausgangslage/historischer Hintergrund

Im Gesetzentwurf der Bundesregierung "Entwurf eines Gesetzes zu dem Internationalen Übereinkommen vom 18. Dezember 1979 gegen Geiselnahme"(913) heißt es: "Das Problem der Geiselnahme ist auf internationaler Ebene in den letzten Jahren zunehmend zu einem ernsten Faktor geworden, der die Beziehungen zwischen den Staaten, die internationale Sicherheit und den Weltfrieden stört"(914). Dies könnte auf den ersten Blick Erstaunen hervorrufen, da in den Jahren zuvor einige Abkommen mit dem Ziel der Bekämpfung auch der Geiselnahme zustandegekommen und von einer Vielzahl von Staaten ratifiziert worden sind:

Das IV. Genfer Abkommen zum Schutze von Zivilpersonen in Kriegszeiten vom 12. August 1949 hatte

(913) BT-Drs. 8/4133.
(914) A.a.O., S. 1.

die bis dahin völkerrechtlich nicht zweifelsfrei geklärte Frage der Zulässigkeit der Geiselnahme im Krieg - für Friedenszeiten war sie geklärt - entschieden. Die Geiselnahme - in Kriegszeiten insbesondere als Mittel zur Wahrung von Ruhe und Ordnung in besetzten Gebieten begangen, welche die bis Mitte des 18. Jahrhunderts ebenfalls übliche "vertragliche" Geiselnahme im Krieg mit dem Ziel der Sicherung von zwischen Krieg führenden Parteien getroffenen Übereinkommen verdrängt hatte - ist gemäß Art. 34 untersagt(915). Das IV. Genfer Abkommen normiert in Art. 146 f. die Verletzung der Rechtsfolge dieses Gebots dahingehend, daß Geiselnehmer entweder auszuliefern oder strafrechtlich zu verfolgen sind. Art. 85 I. Genfer Zusatzprotokoll von 1977(916), das auch antikoloniale und ähnliche Befreiungskriege in die völkerrechtliche Regelung internationaler Konflikte einbezieht, verweist auf die einschlägigen Pönalisierungsverpflichtungen der Genfer Abkommen von 1949, und damit auf Art. 146 f. des IV. Genfer Abkommens vom 12.08.1949(917).

Das Verbot der Geiselnahme in Friedenszeiten ist nicht streitig. Vielmehr war bereits vor 1979 wiederholt in Anti-Terrorismus-Konventionen das Verbot spezieller Formen der Freiheitsberaubung kodifiziert worden. So trifft Art. 11 Tokioter Abkommen Regelungen für den Fall der sogenannten Luftpiraterie, das Haager Übereinkommen fordert die Bestrafung - oder Auslieferung - von Luftfahrzeugentführern, und gemäß Art. 2 Diplomatenschutzkonvention ist die Entführung völkerrechtlich geschützter Personen unter Strafe zu stellen. Auch das

(915) Zur Tradition der Geiselnahme durch Staaten insbesondere im Krieg s. Strupp-Schlochauer-Tobler, S. 635 ff.

(916) BT-Drs. 10/406.

(917) Zum Gesamtkomplex der Genfer Rotkreuz-Konventionen von 1949 und der Zusatzprotokolle von 1977 s.o. C IV 4.

Europäische Übereinkommen zur Bekämpfung des Terrorismus vom 27. Januar 1977 erfaßt ausdrücklich die Straftat, "die eine Entführung, eine Geiselnahme oder eine schwere widerrechtliche Freiheitsentziehung darstellt".
Es fehlte jedoch eine weltweit geltende völkervertragliche Norm, die nicht nur regional begrenzt bzw. nur bei besonders gefährlichen Handlungsalternativen - wie z.B. der sog. Luftpiraterie - oder in bezug auf einen besonders gefährdeten Personenkreis - Diplomaten -, sondern weltweit und allgemein die Verpflichtung der Staaten erstens zur Pönalisierung der Geiselnahme und zweitens zur Strafverfolgung bei Nichtauslieferung kodifizierte. Denn die oben angeführten Konventionen erfaßten eine Vielzahl von Fällen, in denen Personen ihrer Freiheit beraubt wurden und mit ihrer Freiheit und häufig auch ihrem Leben für die Erfüllung bestimmter Forderungen hafteten, nicht.
Laut Clutterbuck(918) waren "erst" Ende der 60er Jahre die ersten Geiselnahmen durch Terroristen zu verzeichnen - und zwar in Südamerika(919). Allein in Uruguay wurden zwischen Juli 1970 und März 1971 fünf Personen entführt, darunter z.B. ein Richter(920); auf seine "Entführung" hätte keine der vorgenannten Konventionen Anwendung gefunden. Schon wegen ihrer zeitlichen Länge besonders grausam sind die sich in den letzten Jahren häufenden Geiselnahmen im Libanon. Hiervon waren wiederholt auch Deutsche betroffen. Erinnert sei an die Geiselnahmen von Cordes und von Schmidt im Januar 1987 mit dem Ziel der Freilassung des in der Bundesrepublik Deutschland inhaftierten Mohammad Ali Hamadei, diejenigen des Deutsch-Libanesen Ralph Schray im Januar 1988 und der Mitarbeiter Quint, Strübig und Kemptner der Hilfsorganisation Asme Humanitas

(918) S. 40 ff.
(919) S. auch Strupp-Schlochauer-Tobler, S. 635 ff.
(920) Vgl. Middendorff, Menschenraub..., S. 21.

im Mai 1989 bei Sidon/Südlibanon. In allen aufgeführten Fällen wie auch bei den weiteren 15 im August 1989 im Libanon als Geiseln "gefangen gehaltenen" Ausländern(921) sind die Luftverkehrskonventionen ebensowenig wie die Diplomatenschutzkonventionen einschlägig, was - nachträglich noch - das Bedürfnis für eine eigenständige Geiselnahme-Konvention belegt.

Auslöser für die Initiative der Bundesrepublik Deutschland in den Vereinten Nationen zur Schaffung eines Internationalen Übereinkommens gegen Geiselnahme waren die schwerwiegenden terroristischen Anschläge deutscher Terroristen im Jahr 1975:

- Die Entführung und Geiselnahme des Berliner CDU-Vorsitzenden Lorenz am 27. Februar 1975 durch Mitglieder der "Bewegung 2. Juni", um die Entlassung von Straf- und Untersuchungshäftlingen und deren Beförderung ins Ausland durchzusetzen. Lorenz wurde im Austausch gegen fünf inhaftierte deutsche Terroristen freigelassen.

- Die Geiselnahme in der Deutschen Botschaft in Stockholm am 24. April 1975(922) und

- der Überfall am 21. Dezember 1975 auf die OPEC-Konferenz in Wien unter der vermuteten Beteiligung der deutschen Terroristen Klein und der hiervon 1990 durch das Landgericht Köln freigesprochenen Gabriele Kröcher-Tiedemann. Den Terroristen war nach der Geiselnahme der Mitglieder der OPEC-Konferenz die Ausreise ermöglicht worden.

---

(921) Zusammenstellung in der tageszeitung (taz) vom 02.08.1989, S. 3.

(922) Sie wird ausdrücklich erwähnt im Antrag des deutschen Außenministers zur Ergänzung der Tagesordnung der 31. Generalversammlung der Vereinten Nationen um den Tagesordnungspunkt 'Entwurf eines Internationalen Abkommens gegen Geiselnahme', UN Doc. A/31/242 Annex, S. 1.

Vorausgegangen war die Geiselnahme israelischer Sportler bei den olympischen Spielen in München 1972 durch Palästinenser(923). Ebenfalls im Dezember 1975 hatte eine Gruppe von Ambonesen in den Niederlanden einen Eisenbahnzug und dessen Passagiere in seine Gewalt gebracht, um die niederländische Regierung zur Unterstützung ihrer politischen Ziele gegenüber der Regierung Indonesiens zu nötigen. 1977 folgte die Geiselnahme Schleyers(924). Außenpolitisch erfolgte die deutsche Initiative (925) insofern zu einem günstigen Zeitpunkt als die Beratungen über den (internationalen) Terrorismus in den Vereinten Nationen(926) ins Stocken geraten waren und die konkrete Initiative die Möglichkeit bot, den Beratungen durch Abtrennung eines Teilbereichs terroristischer Aktionen in beschränktem Umfang "neuen Schwung" zu geben(927). Diese Einschätzung der deutschen Bundesregierung bestätigte sich; es gelang - entgegen manchen Erwartungen - in den Jahren 1977 bis 1979 in einem ad hoc-Ausschuß der Generalversammlung auf der Grundlage

(923) S.o. C IV 3.
(924) Presse- und Informationsamt der Bundesregierung, Dokumentation zu den Ereignissen und Entscheidungen im Zusammenhang mit der Entführung von Hanns Martin Schleyer.
(925) Ausgangspunkt war die Rede des deutschen Außenministers vor dem Plenum der 31. Generalversammlung der Vereinten Nationen am 28. September 1976, Bulletin der Bundesregierung Nr. 107 vom 29.09.1976, S. 1065 ff.
(926) S.o. C IV 3.
(927) Vgl. BT-Drs. 8/1408, S. 12 ('Mitwirkung der Bundesrepublik Deutschland in den Vereinten Nationen'); BT-Drs. 8/4133, S. 14 ('Denkschrift zum Übereinkommen'); Kausch, VN 1980, S. 77 f.; Lagoni, EA 1977, S. 175 ff.

eines deutschen Vorentwurfs(928) Einvernehmen über den Entwurf eines Übereinkommens gegen Geiselnahme zu erzielen(929), das auf der 34. Generalversammlung der Vereinten Nationen am 18.12.1979 durch Konsens angenommen wurde - während in Teheran "Studenten" seit Wochen das Personal der Botschaft der USA in ihrer Gewalt hielten.

b) Wesentlicher Regelungsgehalt des Übereinkommens gegen Geiselnahme

Das Übereinkommen gegen Geiselnahme ist älteren Anti-Terrorismusübereinkommen nachgebildet: den Konventionen zum Schutz des zivilen Luftverkehrs von Den Haag und Montreal und der UN-Diplomatenschutzkonvention.

aa) Regelungsgegenstand: Geiselnahme

Art. 1 bestimmt internationaler Vertragspraxis im Bereich des internationalen Strafrechts folgend zunächst den Begriff der Geiselnahme. In Art. 3 und 34 des IV. Genfer Abkommens vom 12. August 1949 zum Schutze von Zivilpersonen in Kriegszeiten hatte man auf eine Definition der Geiselnahme (noch) verzichtet. Dies war möglich, da die Geiselnahme dort nicht im Mittelpunkt des Abkommens stand. Im Fall des Übereinkommens vom 18. Dezember 1979 konnte hierauf nicht verzichtet werden, ohne zugleich wesentliche Fragen zum Anwendungsbereich der Konven-

(928) Draft Convention Against The Taking of Hostages, UN Doc. A/AC 188/L. 3 vom 22.07.1977 in: Report Of The Ad Hoc Comittee On The Drafting Of An International Convention Against The Taking Of Hostages, General Assembly Official Records, 32nd Session, Supplement No. 39 (A/32/39) (1977), S. 106 ff. Wegen der Erläuterungen des deutschen UN-Botschafters zum Entwurf s. UN Doc. A/AC 188/SR. 10 vom 15.08.1977.

(929) Zum Verlauf der Beratungen in den Vereinen Nationen s. Platz, ZaöRV, 40, 1980, S. 276 ff.; Shubber, BYIL, 52, 1981, S. 206 ff.; BT-Drs. 8/4133, S. 14.

tion unbeantwortet zu lassen. Bestätigt wurde diese Auffassung der deutschen Bundesregierung bei den Beratungen über die Definition der Geiselnahme(930); diese verliefen sehr kontrovers. Es liegt nahe, daß bereits der Umstand zu Problemen bei der Umschreibung des Terminus "Geiselnahme" führen mußte, daß der Begriff Geiselnahme im Lauf der Geschichte - wie dargelegt - für die unterschiedlichsten Erscheinungsformen gebraucht worden war: einerseits für die vertragliche Stellung von Geiseln zwischen kriegführenden Staaten zum Zweck der Sicherung getroffener Übereinkommen und andererseits für die "einseitige" Geiselnahme durch einzelne oder Gruppen, welche die staatliche Macht herausfordern.

Bei den Beratungen wurde zum einen versucht, auch "staatliche Massengeiselnahmen" - die Unterdrückung von Völkern und Volksteilen im Zusammenhang mit Kolonialismus oder Okkupation - in ein Verbot einzubeziehen(931). Zum anderen wurde die Legitimation von Befreiungskämpfen thematisiert(932). Staaten der Dritten Welt wollten verhindern, daß Aktionen nationaler Befreiungsbewegungen auf die gleiche Stufe gestellt werden mit Taten gewöhnlicher Verbrecher(933). Die gefundene Definition, deren Ausgangspunkt die in der Völkerrechtsliteratur zu Art. 3 und 34 der IV. Genfer Rotkreuz-Konvention vom 12. August 1949 entwickelte "herrschende Meinung" war(934), kann als im Sinne der westlichen Staaten gelungene, weil umfassende Umschreibung angesehen werden. Nach Art. 1 des

(930) UN Doc. A/C. 6/31 SR.56, S. 11;
A/C. 6/31 SR.58, S. 14 f.;
A/C. 6/31 SR.59, S. 7.

(931) UN Doc. A/AC. 188/L. 9 vom 15.08.1977 und A/C 6/33/SR 51 Ziff. 38.

(932) UN Doc. A/AC. 188/L.10 vom 16.08.1977.

(933) Un Doc. A/AC. 188/SR.10 vom 15.08.1977, S. 5 und A/AC. 188/SR.12 vom gleichen Tag, S. 2 ff.

(934) Pictet, Commentary, S. 229 ff.

Internationalen Übereinkommens gegen Geiselnahme begeht die Straftat der Geiselnahme

"wer eine andere Person (im folgenden als 'Geisel' bezeichnet) in seine Gewalt bringt oder in seiner Gewalt hält und mit dem Tod, mit Körperverletzung oder mit der Fortdauer der Freiheitsentziehung für diese Person droht, um einen Dritten, nämlich einen Staat, eine internationale zwischenstaatliche Organisation, eine natürliche oder juristische Person oder eine Gruppe von Personen zu einem Tun oder Unterlassen als ausdrückliche oder stillschweigende Voraussetzung für die Freigabe der Geisel zu nötigen...".

Diese Definition umfaßt zwei weltweit geläufige Tatbestände, den der Freiheitsberaubung und den der Nötigung. Sie ist vom Wortlaut her der des § 239 b StGB ähnlich.

- Täter kann hier wie dort jede Person sein - "wer" -, neben einer Privatperson also insbesondere auch ein staatlicher Funktionsträger. Ein Staat kann jedoch weder Täter noch Teilnehmer (935) an einer Tat im Sinne von Art. 1 Abs. 2 des Übereinkommens sein, denn das geltende nationale und internationale Strafrecht kennt grundsätzlich nur die Verantwortlichkeit von Individuen.

  Täter können neben den oben genannten auch Exponenten sogenannter Guerilla- oder Befreiungsbewegungen sein. Dies war während der Beratungen ein wichtiger Streitpunkt. Tansania(936) hatte vorgeschlagen, daß "for the purposes of this convention, the term 'taking of hostages' shall not

(935) Ebensowenig wie die Übereinkommen von Den Haag und Montreal und die Diplomatenschutzkonvention schafft das Übereinkommen gegen Geiselnahme Klarheit in bezug auf die - m.E. zu bejahende Frage -, ob auch die Anstiftung tatbestandsmäßig i.S.v. Art. 1 Abs. 2 Buchst. b ist (S.o. G II 3 b bb; bejahend auch Platz, ZaöRV, 40, 1980, S. 286; a.A. Lacoste, S. 110).

(936) Der afrikanische Staat war hierin von Algerien, Ägypten, Guinea, Lesotho, Libyen und Nigeria unterstützt worden.

include any act or acts carried out in the process of national liberation against colonial rule, racist and foreign régimes, by liberation movements recognized by the United Nations or regional organisations."(937) Auch wenn eine Gleichstellung von Taten nationaler Befreiungsbewegungen mit solchen anderer, von Terroristen, nicht angezeigt erscheinen sollte, wäre die von Tansania vorgeschlagene Regelung nicht gerechtfertigt. Die Ausklammerung dieser Taten aus dem Begriff der Geiselnahme hätte nämlich zur Folge gehabt, daß nicht nur die Regelung über die Auslieferung, sondern auch diejenige über die (stellvertretende) Strafverfolgung keine Anwendung gefunden hätte. Befreiungsbewegungen wären damit nach dem Übereinkommen gegen Geiselnahme besser gestellt als nach den Genfer Rotkreuz-Konventionen von 1949. Da aber schon das "ius in bello" bestimmte Verhaltensweisen als Methoden der Kriegsführung verbot, wäre es widersprüchlich, das gleiche Verhalten in "Friedenszeiten" nicht unter Strafe zu stellen (938).

- Tatopfer, Geisel, kann jede andere Person sein. Einschränkungen enthält das Abkommen insoweit nicht. Geisel kann also ein Unbeteiligter ebenso wie ein Funktionsträger eines bekämpften Regimes sein. Die von einigen Staaten erstrebte Beschränkung des Geiselnahmebegriffs auf sogenannte "unschuldige" Geiseln(939) konnte sich - erfreulicherweise - nicht durchsetzen. Mit dieser Einfügung sollte die Strafbarkeit von besonderen Eigenschaften des Opfers abhängig gemacht werden.

(937) UN Doc. A/AC. 188/L.5 (1977).
(938) Verwey, AJIL, 75, 1981, S. 74 f.
(939) S. hierzu Frankfurter Rundschau vom 29.11.1976: "Von 'schuldigen Geiseln'..." und "Die Welt" vom 29.11.1976: "Libyen hölt Geisel-Konvention aus" sowie Verwey, AJIL, 75, 1981, S. 71.

Ziel war, die Anwendbarkeit des Übereinkommens bei solchen Geiselnahmen auszuschließen, die sich gegen Repräsentanten von als kolonialistisch, imperialistisch oder rassistisch eingestuften Regimes gerichtet hätten. Damit hätten im Rahmen der Definition des Art. 1 Übereinkommen gegen Geiselnahme die besonderen politischen Umstände einer Geiselnahme Relevanz. Die Ausgrenzung bestimmter Opfer begegnet den gleichen Bedenken wie der Vorschlag der Ausgrenzung der Taten von Befreiungsbewegungen. In beiden Fällen wäre bestimmten Geiselnahmen das Stigma des Verbrechens genommen(940). Das Übereinkommen gegen Geiselnahme hätte wesentlich an Bedeutung für die Terrorismusbekämpfung verloren.

- Tathandlung ist das in eigene Gewalt bringen oder in eigener Gewalt halten ("seize or detain") der

---

(940) Daß überhaupt die Idee der Differenzierung zwischen "schuldigen" - d.h. aufgrund ihres vorangegangenen Tuns für ihre Situation verantwortlichen - und "unschuldigen" Geiseln aufkommen konnte, stellt eine Besonderheit bei der Betrachtung terroristischer Taten dar. Sie liegt in deren politischer Motivation begründet. Der Gedanke der Differenzierung zwischen "schuldigen" und "unschuldigen" Opfern wurde zwar von westlichen Staaten entschieden abgelehnt. Sie hatten ihn jedoch bei der Ausarbeitung des Europäischen Übereinkommens vom 27. Januar 1977 zur Bekämpfung des Terrorismus selbst verwendet. In der Entschließung 74 (3) des Ministerkomitees des Europarats vom 24. Januar 1974 (Alexander/Browne, S. 108 f.) wird der besonders schwerwiegende Charakter terroristischer Akte damit erläutert, daß sie "innocent persons foreign to the motives behind them" treffen könnten. Darin kann jedoch kein Widerspruch gesehen werden. Der Europarat hatte nicht die Vorstellung, daß es Personen gibt, die legitimerweise mit terroristischen Aktionen "bekämpft" werden können. Ihm lag vielmehr daran, auf die besondere Rücksichtslosigkeit hinzuweisen, die Terroristen zeigen, wenn sie in Kauf nehmen, daß außer der Person, der ihr Angriff gilt, auch beliebige Dritte geschädigt werden.

Geisel; hierunter ist die Begründung der eigenen physischen Herrschaft zu verstehen.[941]
Auffällig ist, daß das Übereinkommen kein besonderes Tatmittel verlangt. Insbesondere findet sich keine Beschränkung dahin, daß die Tathandlung die Anwendung von Gewalt oder Drohung voraussetzt. Ältere Anti-Terrorismus-Abkommen - wie Art. 1 Haager Übereinkommen - setzen ausdrücklich Gewaltanwendung voraus bzw. beziehen sich - wie Art. 1 Montrealer Übereinkommen und Art. 2 Diplomatenschutzkonvention - auf Gewalttaten. Dennoch erscheint es unzulässig, hieraus rückzuschließen, auch Art. 1 Übereinkommen gegen Geiselnahme setze die Anwendung von Gewalt oder deren Androhung voraus. Ein dahingehender Vorschlag fand vielmehr keine Berücksichtigung[942].

- Weiteres Tatbestandsmerkmal ist die Absicht der Drohung mit dem Tod, mit Körperverletzung oder mit Fortdauer der Freiheitsentziehung. Während die Tatalternative "Drohung mit dem Tode" in § 239 b StGB und Artikel 1 Übereinkommen gegen Geiselnahme übereinstimmen, scheint hinsichtlich der Tatalternative "Drohung mit Körperverletzung" eine Divergenz insofern vorzuliegen, als gemäß § 239 b StGB nur die Drohung mit einer "schweren Körperverletzung" tatbestandsmäßig ist. Der Auffassung von Platz[943], hierin dürfte letztlich jedoch keine entscheidende Abweichung liegen, kann nicht gefolgt werden. Platz beruft sich auf die Entstehungsgeschichte des Übereinkommens; aus dieser gehe hervor, daß ein schweres Übel im Sinne des Begriffs "coups et blessures" (körperlicher Schaden oder Ver-

(941) Ihr entspricht die Tatalternative des "sich eines anderen bemächtigen" in § 239 b StGB.
(942) UN Doc. A/C. 6/34/WG. 1/R.2 vom 16.10.1979, S. 1.
(943) ZaöRV, 40, 1980, S. 286.

letzung) im französischen Recht gemeint ist. Er verkennt insoweit, daß die diesbezügliche Stellungnahme(944) sich auf einen Entwurf des Übereinkommens bezog, dessen Geiselnahmedefinition ausdrücklich nur Drohungen mit "einer schweren Körperverletzung" umfaßte(945).
Eine Divergenz liegt auch insoweit vor, als gemäß Art. 1 Übereinkommen gegen Geiselnahme anders als nach § 239 b StGB auch die Drohung mit jeder Fortdauer der Freiheitsentziehung - nicht nur der von über eine Woche Dauer - tatbestandsmäßig ist.

- Art. 1 Übereinkommen gegen Geiselnahme verlangt weiterhin, daß die Absicht besteht, eines der vorgenannten Nötigungsmittel gegenüber "einem Dritten" anzuwenden. Nötigungsadressat kann nach dem ausdrücklichen Wortlaut nicht nur eine natürliche Person, sondern auch "ein Staat, eine internationale zwischenstaatliche Organisation, eine ... juristische Person oder eine Gruppe von Personen sein". Zwar erfaßt der Geiselnahmetatbestand des deutschen StGB auch ohne entsprechende Klarstellung alle aufgeführten Nötigungsadressaten. Es bedurfte jedoch im Übereinkommen gegen Geiselnahme entsprechender Konkretisierung des Nötigungsadressaten im Hinblick auf solche Rechtsordnungen, die als Geiselnahme nur die Drohung gegenüber einem eingeschränkten Personenkreis - insbesondere nur gegenüber einer natürlichen Person - tatbestandlich erfassen.
  Der eindeutige Wortlaut der Definition in Art. 1 Abs. 1 Übereinkommen gegen Geiselnahme verlangt weiterhin - entsprechend § 239 b StGB(946) bis zu seiner Novellierung durch das sogenannte Arti-

---

(944) UN Doc. A/34/39, S. 13 Ziff. 33.
(945) A.a.O., S. 12.
(946) LK-Schäfer, § 239 b Rz. 6.

kelgesetz 1989[947] -, daß Personenverschiedenheit zwischen der Geisel und dem Dritten besteht [948].

Abschließend zur Bestimmung des Geiselnahmetatbestandes ist anzumerken, daß das Motiv und die besonderen politischen Umstände einer Geiselnahme keine Wesensmerkmale darstellen, allgemeinkriminelle Taten ebenso wie terroristische von der Definition des Art. 1 Übereinkommen gegen Geiselnahme erfaßt werden[949]. Dagegen spricht insbesondere nicht der letzte Absatz der Präambel, der die Notwendigkeit internationaler Zusammenarbeit bei "Geiselnahmen als Äußerungen des internationalen Terrorismus" betont. Westliche Staaten hatten vielmehr der zitierten, von der UdSSR vorgeschlagenen Formulierung[950] erst zugestimmt, nachdem Übereinstimmung hatte erzielt werden können, hiermit solle keine Beschränkung auf "those acts which are manifastations of international terrorism" erfolgen[951].

bb) Anwendungsbereich

Die dargestellte Definition der Geiselnahme und die hieran anknüpfenden völkerrechtlichen Pflichten der Art. 2 ff. des Übereinkommens sind im Zusammenhang mit der Beschränkung des Anwendungsbereichs des Übereinkommens in dessen Art. 13 zu sehen. Danach ist es nicht anwendbar,

(947) Gesetz zur Änderung des Strafgesetzbuches, der Strafprozeßordnung und des Versammlungsgesetzes und zur Einführung einer Kronzeugenregelung bei terroristischen Straftaten vom 09.06.1989, BGBl. 1989 I, S. 1059; kritisch zu der angesprochenen Änderung Bernsmann/Kunert, NStZ 1989, S. 450.
(948) Ebenso Shubber, BYIL, 52, 1982, S. 214; a.A. - ohne Begründung - Platz, ZaöRV, 40, 1980, S. 286.
(949) Platz, a.a.O., S. 286 f.
(950) UN Doc. A/34/39 Ziff. 87.
(951) Verwey, AJIL, 75, 1981, S. 88 f.

"wenn die Tat innerhalb eines einzigen Staates begangen wird, die Geisel und der Verdächtige Angehörige dieses Staates sind und der Verdächtige im Hoheitsgebiet dieses Staates aufgefunden wird".

Die Beschränkung des Anwendungsbereichs einer internationalen Konvention auf Taten mit internationalem Bezug ist - wie keiner näheren Erörterung bedarf - gerechtfertigt. Allerdings erscheint die Beschränkung in Art. 13 zu eng. Wenn auch bei der Geiselnahme die persönliche Freiheit und Unversehrheit der Geisel die primär geschützten Rechtsgüter darstellen, so darf nicht unberücksichtigt bleiben, daß daneben auch die Entschließungsfreiheit des genötigten Dritten geschützt ist. Dies gilt besonders bei Akten des internationalen Terrorismus, die aufgrund ihrer Zielrichtung "gegen einen Staat" geeignet sein können, die Beziehungen zwischen Staaten zu beeinträchtigen. Art. 5 Abs. 1 Buchstabe c berücksichtigt dies im Rahmen der Regelung der Gerichtsbarkeit und Art. 6 Abs. 2 Buchstaben b, c, f im Rahmen der Informationspflichten. In Art. 13 jedoch wird der gebotene Schutz des Dritten außer acht gelassen. Die Unanwendbarkeit des Übereinkommens wird nicht zusätzlich auch davon abhängig gemacht, daß die genötigte Person oder Körperschaft dem Staat der Geisel und des Verdächtigen angehören.

Eine weitere wesentliche Einschränkung des Anwendungsbereichs des Übereinkommens gegen Geiselnahme enthält Art. 12, der die Rechtsgrundlage bestimmter Verpflichtungen von der Geiselnahmekonvention in das humanitäre Kriegsvölkerrecht verlagert. Er wird im Anschluß an die Darstellung der Regelungen der Geiselnahmekonvention betreffend Auslieferung oder Strafverfolgung dargestellt werden.

cc) Die wesentlichen Vertragspflichten

Art. 2 ff. enthalten die wesentlichen sachlichen Regelungen des Übereinkommens gegen Geiselnahme.

(1) Pönalisierungsverpflichtung

Art. 2 verpflichtet die Vertragsstaaten Geiselnahmen "mit angemessenen Strafen, welche die Schwere der Tat berücksichtigen", zu bedrohen. Der Wortlaut des Art. 2 Übereinkommen gegen Geiselnahme entspricht demjenigen von Art. 2 Abs. 2 UN-Diplomatenschutzkonvention. Diese Bestimmung wiederum ist - wie ausgeführt(952) - inhaltsgleich mit Art. 2 Haager und Art. 3 Montrealer Übereinkommen, die zur Bedrohung "mit schweren Strafen" verpflichten. Entsprechend den dortigen Regelungen, auf deren Kommentierungen im übrigen verwiesen wird, verlangt Art. 2 die Schaffung eines eigenständigen Tatbestandes. Bereits die einleitenden Ausführungen zur Definition der Geiselnahme haben deutlich gemacht, daß zweifelhaft ist, ob der deutsche Gesetzgeber seine dementsprechende Verpflichtung erfüllt hat. Mit § 239 b StGB jedenfalls sind - wie dargestellt - nicht alle vom Geiselnahmeübereinkommen erfaßten Tatmodalitäten unter Strafe gestellt. Auch § 239 a StGB und die Freiheitsberaubung gem. § 239 StGB erfassen nicht alle vom Übereinkommen gegen Geiselnahme geregelten Fälle, z.B. nicht den des schon im Rahmen noch strafloser Vorbereitung einer Entführung gescheiterten Versuchs, eine Person in eigene Gewalt zu bringen, um einen Dritten unter Androhung der Fortdauer der Freiheitsentziehung zu der Verbreitung einer politischen Erklärung zu nötigen. § 239 a StGB ist in einem solchen Fall nicht

(952) S.o. G II 5 b bb.

anwendbar, da keine Erpressung gewollt ist. Der Versuch des Vergehens der Freiheitsberaubung gem. § 239 StGB ist nicht strafbar.

(2) **Erweiterung der Strafgewalt**

Die in Art. 2 enthaltene Verpflichtung zur Pönalisierung der Geiselnahme wird der Erkenntnis folgend, daß sie nur in Zusammenhang mit einer Regelung über die Erstreckung nationaler Strafgewalten eine lückenlose Verfolgung von Geiselnehmern ermöglicht, in Art. 5 "ergänzt".
Art. 5 verpflichtet zur Erstreckung der Strafgewalt ähnlich den Bestimmungen der Art. 3 UN-Diplomatenschutzkonvention, Art. 4 Haager Übereinkommen, Art. 5 Montrealer Übereinkommen und Art. 6 Römisches Seeschiffahrtübereinkommen. Er geht jedoch mit Absatz 1 Buchstabe b (aktives Personalitätsprinzip), Absatz 1 Buchstabe c (Adressatenprinzip) sowie Absatz 1 Buchstabe d (passives Personalitätsprinzip) weiter als vorgenannte Übereinkommen (953).
Die Reihenfolge bei der Aufzählung der einzelnen Prinzipien war streitig, weil einzelne Länder die Bestimmung einer Reihenfolge wünschten, welche Prinzipien vor- und welche nachrangig zur Strafverfolgung berechtigten. Letztlich konnte sich die Forderung nach einer solchen Prioritätenbestimmung nicht durchsetzen(954).
Eine Verpflichtung zur Strafverfolgung bei Nichtauslieferung enthält Art. 5 jedoch ebensowenig wie die o.a. Bestimmungen vorgenannter Übereinkommen(955). Auf die Ausführungen zu diesen wird im übrigen verwiesen.

---

(953) S. im einzelnen Shubber, BYIL, 52, 1981, S. 219 ff. Ebensowenig wie die UN-Diplomatenschutzkonvention enthält das Übereinkommen gegen Geiselnahme eine Spezialbestimmung für Taten in Luftfahrzeugen; s. hierzu G II 5 b bb.
(954) Verwey, AJIL, 75, 1981, S. 89 f.
(955) S. G II 3 a bb (2) (a).

(3) Der Grundsatz "aut dedere aut iudicare"

Da jedoch weder die Pönalisierung eines bestimmten Verhaltens noch die Erstreckung der nationalen Strafgewalt zwingend zur Folge hat, daß jede einzelne Geiselnahme strafrechtlich verfolgt wird - das wäre nur dann der Fall, wenn in allen Staaten uneingeschränkt das Legalitätsprinzip gelten würde -, verpflichtet das Übereinkommen gegen Geiselnahme in Art. 8 ff., Geiselnehmer nach dem Grundsatz "aut dedere aut iudicare" entweder auszuliefern oder selbst strafrechtlich zu verfolgen.
Art. 8 Abs. 1 Übereinkommen gegen Geiselnahme ist - von einer redaktionellen Änderung abgesehen - wortgleich mit dem die Verpflichtung zur Strafverfolgung im Falle der Nichtauslieferung konstituierenden Bestimmungen der Art. 7 Haager und Montrealer Übereinkommen und Art. 10 Römisches Seeschiffahrtübereinkommen. Bereits deren Analyse[956] hatte ergeben, daß politische Motive zwar bei der Frage der Auslieferung, nicht aber bei der Entscheidung der Strafverfolgungsbehörden in den zwingend einzuleitenden Ermittlungsverfahren relevant sind; denn diese haben ihre Entscheidung in der gleichen Weise wie im Fall einer <u>gemeinrechtlichen</u> strafbaren Handlung bzw. anderen Straftat schwerer Art nach dem Recht dieses Staates zu treffen (Art. 7 S. 2 Haager und Montrealer Übereinkommen, Art. 10 Abs. 1 Satz 2 Römisches Seeschiffahrtübereinkommen, Art. 8 Abs. 1 Satz 2 Übereinkommen gegen Geiselnahme).
Zwar gilt auch damit die Verpflichtung zur Strafverfolgung nicht "ausnahmslos"[957], da sich in zahlreichen Ländern die Strafverfolgung nach Prinzipien der Opportunität richtet. Dennoch ist mit Art. 8 Abs. 1 Satz 2 Übereinkommen gegen Geisel-

(956) S. insbesondere G II 3 b bb (2) (c).
(957) Unkorrekt: Platz, ZaöRV, 40, 1980, S. 294.

nahme gegenüber der lückenhaften Regelung in Art. 7 Diplomatenschutzkonvention(958) ein qualitativer Sprung zurück zur Regelungstiefe in den Luftverkehrskonventionen von Den Haag und Montreal gelungen, die zumindest die Besserstellung terroristischer Täter wegen ihrer politischen Motive verhindern.(959)

Spezielle - sich insbesondere aus dem Vertrags-, Enumerations- und Territorialitätsprinzip ergebende - auslieferungsrechtliche Probleme regelt Art. 10 Übereinkommen gegen Geiselnahme in inhaltlicher Übereinstimmung mit Art. 8 Haager Übereinkommen, Montrealer Übereinkommen, UN-Diplomatenschutzkonvention und Art. 11 Römisches Seeschiffahrtübereinkommen, so daß auf dortige Ausführungen verwiesen werden kann.

(4) Spezielle Auslieferungsschranken

In Gegensatz zu vorgenannten enthält das Übereinkommen gegen Geiselnahme über die Regelungen zur Beseitigung bestimmter Auslieferungshindernisse in Art. 10 hinaus in Art. 9 Abs. 1 ausdrücklich auch Auslieferungsschranken.
Danach ist die Auslieferung ausgeschlossen, wenn der um Auslieferung ersuchte Vertragsstaat ernstliche Gründe zu der Annahme hat, daß das auf das Übereinkommen gestützte Auslieferungsersuchen wegen Geiselnahme gestellt worden ist, um eine Person

---

(958) S.o. G II 5 b bb (2) (c).
(959) Auch hinsichtlich der Frage, ob die Pflicht zu stellvertretender Strafverfolgung gem. Art. 8 Übereinkommen gegen Geiselnahme davon abhängig ist, ob ein gem. Art. 5 Abs. 1 des Übereinkommens primär zur Verfolgung berufener Staat ein Ersuchen um Auslieferung gestellt hat, wird auf die Darstellung zu Art. 7 Haager Übereinkommen (G II 3 b bb (2) (c)) verwiesen. S. auch UN Doc. A/AC. 188/L.14 und den Vorbehalt der Niederlande zu Art. 8 des Übereinkommens gegen Geiselnahme, UN Doc. C.N.296.1988. Treaties - 6 (Depositary Notification).

wegen ihrer Rasse, ihrer Religion, ihrer Staatsangehörigkeit, ihrer ethnischen Herkunft oder ihrer politischen Anschauungen zu verfolgen oder zu bestrafen, und die Lage des Verfolgten aus diesen Gründen oder deswegen, weil er nicht mit den zuständigen Behörden seines Heimat- oder Schutzstaates Verbindung aufnehmen kann, erschwert werden könnte. Diese Bestimmung ist an den Wortlaut des Art. 5 Europäisches Übereinkommen vom 27. Januar 1977 zur Bekämpfung des Terrorismus angelehnt, der wiederum Art. 3 Abs. 2 Europäisches Auslieferungsübereinkommen nachgebildet ist. Sie beinhaltet eine Auslieferungsausnahme nicht wegen der politischen Motive des Täters bei der Tat, sondern - wie auch der Artikel 12 UN-Diplomatenschutzkonvention nachgebildete[960], nur lateinamerikanische Staaten betreffende Art. 15 - wegen politischer Verfolgung. Lediglich Art. 9 Abs. 1 Buchstabe b ii Übereinkommen gegen Geiselnahme geht über die bekannten Auslieferungsausnahmen bei politischer Verfolgung hinaus, indem ein Auslieferungsverbot für den Fall ausgesprochen wird, daß die Lage des Auszuliefernden wegen fehlender Betreuungsmöglichkeiten durch seinen Heimatstaat erschwert wird.

Art. 9 stellt eine der Konzessionen an arabische Staaten dar, die in der Frage der Einbeziehung von Geiselnahmen durch Befreiungsbewegungen in die Definition der Geiselnahme nachgeben mußten. Sie ist vor dem Hintergrund mangelnder Bereitschaft zur Auslieferung von Palästinensern nach Israel oder Schwarzafrikanern nach Südafrika zu sehen. Mangels Verpflichtung zur Auslieferung erscheint eine entsprechende Ausnahmeregelung für den Fall eines Auslieferungsantrags aufgrund des Übereinkommens gegen Geiselnahme nicht zwingend geboten. Jeder Vertragsstaat kann im Einzelfall entscheiden, ob er bei

(960) S. dazu G II 5 b bb (2) (e).

Vorliegen der Voraussetzungen ausliefern will. Art. 9 Abs. 1 Übereinkommen gegen Geiselnahme erhält seine Bedeutung jedoch in dem Fall, daß ein Angehöriger eines Staates A von einem Staat B an den Staat C ausgeliefert werden soll. Hier gibt Art. 9 Abs. 1 Übereinkommen gegen Geiselnahme dem Staat A die notwendige rechtliche Handhabe, um die Auslieferung seines Staatsangehörigen zu verhindern.
Bedeutung erlangt Art. 9 Abs. 1 Übereinkommen gegen Geiselnahme daher nicht (erst) vor dem Hintergrund des - von den Ostblockstaaten bekämpften (961) - Art. 9 Abs. 2, nach der die Bestimmungen des Übereinkommens gegen Geiselnahme (älteren) Auslieferungsverträgen vorgehen. Soweit ältere Verträge zur Auslieferung verpflichten, beschränkt Art. 9 Abs. 2 zwischen Vertragsparteien im Fall eines Auslieferungsersuchens aufgrund der Geiselnahmekonvention diese Verpflichtung(962).
Art. 9 Übereinkommen gegen Geiselnahme stellt damit ein Novum dar(963); die Regelungen aller vorgeschilderten Anti-Terrorismus-Übereinkommen enthalten Bestimmungen zur Erweiterung der Möglichkeiten zur Strafverfolgung. Art. 9 Übereinkommen gegen Geiselnahme hingegen führt eine Auslieferungsschranke ein.

(5) Die Sonderregelung für Geiselnahmen in Befreiungskonflikten

Ein Novum bildet auch die bereits mehrfach genannte Sonderregelung in Artikel 12 Übereinkommen gegen Geiselnahme betreffend die Behandlung von Geiselnahmen in Befreiungskonflikten. Die Frage, ob Geiselnahmen durch Befreiungsbewegungen vom Anwen-

(961) Verwey, AJIL, 75, 1981, S. 81.
(962) Platz, ZaöRV, 40, 1980, S. 295; Verwey, AJIL, 75, 1981, S. 91 f.
(963) Verwey, AJIL, 75, 1981, S. 91.

dungsbereich der Konvention ausgenommen werden sollten, stellte eines der Hauptprobleme bei den Beratungen zum Übereinkommen dar(964). Hintergrund hierfür war die Befürchtung von Staaten der Dritten Welt, das Übereinkommen gegen Geiselnahme könnte den von ihnen unterstützten Kampf von Befreiungsbewegungen kriminalisieren(965). Im Rahmen der Definition der Geiselnahme hatten diese Staaten ihre Bedenken nicht zur Geltung bringen können. Dort hatten die westlichen Staaten sich mit ihrer Auffassung durchsetzen können, der Zweck heilige - entgegen Machiavelli - nicht die Mittel; der Straftatbestand der Geiselnahme erhielt die gebotenen weiten Konturen. Auch konnte Einigkeit dahingehend erzielt werden, daß die Geiselnahme eine gemäß Völkerrecht verbotene Handlung darstellt und "no one should be granted an open licence for the taking of hostages" (966).

Nun galt es den genannten Bedenken von Staaten der Dritten Welt Rechnung zu tragen, indem Geiselnahmen im Kriege und in Befreiungskonflikten eine "Sonderbehandlung" gewährt wurde. Unabhängig von der Frage, ob diese Sonderbehandlung zu rechtfertigen ist, sei darauf hingewiesen, daß die spezielle Regelung in Art. 12 Übereinkommen gegen Geiselnahme aufgrund des beschränkten Anwendungsbereichs des Überein-

---

(964) Dies war bereits bei den Arbeiten am deutschen Vorentwurf vorausgesehen worden. Dessen Art. 10 Abs. 1 enthält aus diesem Grund eine Kollisionsregel, die den Vorrang der Genfer Konventionen vom 12.08.1949 vorsah (UN Doc. A/AC. 188/L.3 vom 22.07.1977). Weitergehende Ausnahmeregeln zugunsten von Befreiungsbewegungen waren deshalb nicht vorgesehen, weil sie dahin hätten verstanden werden können, daß sie Taten von Befreiungsbewegungen vom Geiselnahmeverbot der Genfer Rotkreuz-Konventionen freistellten. Dies hätte einen schweren, nicht gewollten Rückschlag im Prozeß der Humanisierung bewaffneter Konflikte bedeutet.

(965) Kausch, VN 1980, S. 78.

(966) Report of Working Group I, UN Doc. A/33/39 Ziff. 16; s. auch Bericht des ad hoc-Ausschusses für die Ausarbeitung einer Internationalen Konvention gegen Geiselnahme, UN Doc. A/34/39, Ziff. 16 ff.

kommens gemäß Art. 13 relativ geringe Bedeutung hat, weil Aktionen von Angehörigen von Befreiungsbewegungen, die lediglich in ihrem Kampfgebiet Geiseln unter den Angehörigen des bekämpften Staates nehmen, bereits nach Art. 12 vom Anwendungsbereich des Übereinkommens ausgenommen sind. Zugleich galt es zu verhindern, daß das Prinzip "aut dedere aut iudicare" ausgehöhlt wurde. Dies gelang, indem die Rechtsquelle für das Gebot, Geiseln entweder auszuliefern oder selbst zu bestrafen, von dem Übereinkommen gegen Geiselnahme in das humanitäre Kriegsvölkerrecht verlagert wurde. Da gemäß Art. 12[(967)] das Übereinkommen gegen Geiselnahme nur dann keine Anwendung findet, wenn aufgrund des humanitären Kriegsvölkerrechts im Einzelfall die Verpflichtung zur Strafverfolgung oder Auslieferung tatsächlich besteht[(968)], ist die lückenlose Geltung des Prinzips "aut dedere aut iudicare" für Geiselnahmen mit internationalem Bezug gewährleistet[(969)].

Bei den Bestimmungen des humanitären Kriegsvölkerrechts, auf die sich Art. 12 Übereinkommen gegen Geiselnahme bezieht, handelt es sich um die Genfer Abkommen von 1949 zum Schutze von Kriegsopfern und die Zusatzprotokolle zu jenen Abkommen von 1977. Das (IV.) Genfer Abkommen zum Schutze von Zivilpersonen in Kriegszeiten vom 12. August 1949 untersagt in Art. 34 "das Festnehmen von Geiseln" unabhängig von der der Tat zugrundeliegenden Motivation. Mit Art. 1 Abs. 4 I. Zusatzprotokoll von 1977 werden antikoloniale und Befreiungskriege in die völkerrechtliche Regelung internationaler Konflikte einbezogen. Es verweist ausdrücklich auf die einschlägigen Pönalisierungsverpflichtungen der Art. 146 f. des IV. Genfer Abkommens.

(967) Zur Entstehungsgeschichte der Norm s. Platz, ZaöRV, 40, 1980, S. 288 ff.
(968) Verwey, AJIL, 75, 1981, S. 78 ff.
(969) S. BT-Drs. 8/4133, S. 16.

Nachteile scheint die Regelung des Art. 12 Übereinkommen gegen Geiselnahme aufgrund dessen, daß die lückenlose Geltung des Prinzips "aut dedere aut iudicare" gewährleistet ist, nur auf den ersten Blick nicht zu bergen. Bei näherer Betrachtung zeigt sich jedoch, wie problembehaftet Art. 12 ist. Die eigentliche Gefahr liegt - wie Kausch(970) zutreffend feststellt - darin, "daß unter Hinweis auf die von den Befreiungsbewegungen als gerecht empfundenen Situationen militärische Gewalt unter dem Schutz des Genfer Rechts zur Durchsetzung des - allgemein anerkannten - Selbstbestimmungsrechts eingesetzt wird, wo nach objektiven Kriterien der Einsatz solcher Gewalt nur etwa als Verteidigung gegen einen Angriff zu rechtfertigen wäre". Die "eigentliche Gefahr" liegt "in der Dehnbarkeit der letztlich auf Motivation abstellenden Kriterien" (971).

(6) Weitere Pflichten im Zusammenhang mit einer tatbestandsmäßigen Handlung

Weitere Regelungen des Übereinkommens gegen Geiselnahme betreffen

- die Beendigung der Geiselnahme (Art. 3, 14),
- die Vorbereitung und Durchführung von Strafverfahren (Art. 6, 8 Abs. 2),
- die Zusammenarbeit bei vorbeugenden Maßnahmen (Art. 4) und
- die sonstige oder auch sogenannte "kleine" Rechtshilfe.

(a) Maßnahmen zur Beendigung der Geiselnahme

Aus dem Problem der Befreiung von Geiseln

(970) VN 1980, S. 79.
(971) Vgl. auch Green, Archiv des Völkerrechts, 18, 1979, S. 129 ff.

immanenten Gründen können Fragen der Beendigung einer Geiselnahme kaum abstrakt normiert werden. Der Geiselnehmer darf sich nämlich nicht auf eine bestimmte Reaktion einstellen können. Die die Beendigung der Geiselnahme betreffende Bestimmung des Art. 3 konnte folglich nur in Form einer Generalklausel das Ziel vorgeben. Sie verpflichtet den Vertragsstaat, in dessen Hoheitsgebiet der Täter die Geisel in seiner Hand hält, alle ihm geeignet erscheinenden Maßnahmen zu treffen, um das Los der Geisel zu erleichtern und ihre Freilassung herbeizuführen.(972)

Die Regelung des Art. 3 hinsichtlich der Befreiung von Geiseln steht damit in einem Spannungsverhältnis zu der im Übereinkommen konstituierten Pflicht zu Auslieferung oder stellvertretender Strafverfolgung. Es kann im Einzelfall zur Erleichterung des Loses der Geiseln insbesondere zu ihrer Befreiung unumgänglich sein, auf Strafverfolgungsmaßnahmen gegen die Täter zu verzichten und ihnen die Ausreise zu ermöglichen. Wenn auch der Verpflichtung gemäß Art. 8 des Übereinkommens, Täter entweder auszuliefern oder aber Strafverfahren gegen sie einzuleiten, nicht der uneingeschränkte Vorrang vor Art. 3 eingeräumt werden kann, da die Bestimmungen der Art. 3 und 8 Übereinkommen gegen Geiselnahme grundsätzlich gleichwertig sind(973), so gebietet das Übereinkommen doch, prinzipiell Strafverfolgungsmaßnahmen einzuleiten. Würden Staaten unter Berufung auf Art. 3 Geiselnehmer nicht nur in seltenen Ausnahmefällen, sondern regelmäßig unbehelligt ausreisen lassen, wäre nämlich die staatliche Reaktion für die Geiselnehmer berechenbar, und

(972) Art. 3 Übereinkommen gegen Geiselnahme hat Art. 9 Haager Übereinkommen zum Vorbild.

(973) Der Vorschlag der Niederlande, Art. 3 Vorrang vor anderen Bestimmungen - insbesondere vor der Verpflichtung zur Auslieferung oder Strafverfolgung - einzuräumen, fand keine Mehrheit (UN Doc. A/AC. 188/SR. 13 Ziff. 18).

die gesetzliche Strafandrohung für Geiseln hätte überhaupt keine Abschreckungswirkung mehr. Zugleich wäre das Abkommen sinn- und zweckentleert.

Eine nur bedingt zur Klarstellung in bezug auf nach dem Übereinkommen zulässige Maßnahmen geeignete Bestimmung enthält Art. 14. Diese Vorschrift ist im Falle gewaltsamer Aktionen von Staaten zur Befreiung von Geiseln im Ausland von Bedeutung. Sie verbietet, das Übereinkommen entgegen der Charta der Vereinten Nationen als Rechtfertigung für Verletzungen der territorialen Unversehrtheit oder politischen Unabhängigkeit eines Staates auszulegen. Arabische und Dritte-Welt-Staaten(974) hatten sich vor dem Hintergrund der Geiselbefreiungsaktionen Israels 1976 in Entebbe/Uganda und Ägyptens 1978 in Larnaka/Zypern für diese Bestimmung eingesetzt. Art. 14 verweist jedoch lediglich auf die Regeln des Gewaltverbots der Charta der Vereinten Nationen; ein Gebot zu einengender oder erweiternder Interpretation des bestehenden Rechts über Notwehr, Nothilfe, Retorsion, humanitäre Intervention(975) und Selbstverteidigung kann ihm nicht entnommen werden(976).
(977)

(b) Die Vorbereitung und Durchführung von Verfahren

Ebenso wie die Bestimmungen über die Beendigung der Geiselnahme stehen auch diejenigen über die Vorbereitung und Durchführung von Verfahren

---

(974) UN Doc. A/AC. 188/L.11 vom 16.08.1977.

(975) Zu Retorsion und humanitärer Intervention als Instrumente des Friedensvölkerrechts gegen terroristische Aktionen s. Blumenwitz, S. 11 ff.

(976) S. Bericht des ad hoc-Ausschusses für die Ausarbeitung einer Internationalen Konvention gegen Geiselnahme, UN Doc. A/34/39 (1979), Ziff. 21 ff.; Kausch, VN 1980, S. 80.

(977) Erinnert sei in diesem Zusammenhang auch an den US-amerikanischen Versuch zur Befreiung der in ihrer Teheraner Botschaft von iranischen "Studenten" festgehaltenen Geiseln.

in Zusammenhang mit der Verpflichtung zur Auslieferung oder Strafverfolgung, da sie wesentlich von der Befürchtung geprägt sind, ein festgenommener oder ein ausgelieferter Geiselnehmer könnte nicht in jedem Staat ein "faires Verfahren" erwarten.

Art. 6 Abs. 1 Übereinkommen gegen Geiselnahme regelt inhaltlich übereinstimmend mit Art. 6 Abs. 1, Abs. 2 Haager Übereinkommen die Festnahme eines Verdächtigen. Art. 6 Abs. 2 und Abs. 4 Übereinkommen gegen Geiselnahme verpflichten - älteren Anti-Terrorismus-Übereinkommen entsprechend(978)- den Vertragsstaat, der Maßnahmen im Sinne des Abs. 1 ergriffen hat, zur Information der von der Geiselnahme Betroffenen. Weitere Informationspflichten nach Ausgang des Verfahrens enthält **Art.** 7.
Abs. 3 - 5 des Art. 6 befassen sich detaillierter als ältere diesbezügliche Bestimmungen(979) mit der konsularischen Betreuung Festgenommener ohne jedoch wesentlich Neues gegenüber dem geltenden Recht, insbesondere dem Wiener Übereinkommen über konsularische Beziehungen vom 24.04.1963(980), zu enthalten.

Die Kernbestimmung des Übereinkommens (Art. 8), die dem Prinzip "aut dedere aut iudicare" Geltung verschafft, enthält hinsichtlich der Durchführung eines Strafverfahrens wegen Geiselnahme, auf welches das Übereinkommen vom 18. Dezember 1979 Anwendung findet, eine Klarstellung: Die Staaten haben dem Verdächtigen "eine gerechte Behandlung zu gewährleisten ..., die den Genuß aller Rechte und Garantien einschließt, die das Recht des Staates

(978) Z.B. Art. 6 Abs. 4 Haager Übereinkommen, Art. 13 Abs. 5 Tokioter Übereinkommen.
(979) Z.B. Art. 6 Abs. 3 Haager Übereinkommen, Art. 13 Abs. 3 Tokioter Abkommen.
(980) BGBl. 1969 II, S. 1585.

vorsieht ...", **Art. 8 Abs.** 2 Übereinkommen gegen Geiselnahme.
Während Art. 8 Abs. 1 Übereinkommen gegen Geiselnahme eine Sonderbehandlung von Geiselnehmern zu deren Gunsten vermeiden will, hat Art. 8 Abs. 2 zum Ziel, eine (terroristische) Geiselnehmer schlechter als andere schwere Straftäter stellende Behandlung zu verhindern.

Art. 11 verpflichtet die Vertragsstaaten in Anlehnung an ähnliche Bestimmungen in älteren Übereinkommen(981) zu "weitestgehender Hilfe im Zusammenhang mit Verfahren ..." gegen Geiselnehmer, namentlich auch "zur Überlassung aller ihnen zur Verfügung stehenden und für das Verfahren erforderlichen Beweismittel".

(c) Zusammenarbeit auf präventivem Gebiet

Zur Zusammenarbeit auf präventivem Gebiet sind die Vertragsstaaten gem. Art. 4 des Übereinkommens verpflichtet. Die Bestimmung ist gegenüber den Parallelvorschriften Art. 10 Montrealer Übereinkommen und Art. 4 Diplomatenschutzkonvention, auf deren Kommentierung im übrigen verwiesen wird, auf Vorschlag Jugoslawiens ergänzt worden. Im Gegensatz zu den Vorläufern werden Maßnahmen auch gegen Organisationen verlangt, die Akte von Geiselnahme fordern oder begehen. Hiermit sollte die Tätigkeit gewalttätiger Exilorganisationen unterdrückt werden können, von der (auch) Jugoslawien wiederholt betroffen war. Die Vorschrift ist - wie Platz zu Recht betont (982) - geeignet, eine nicht unerhebliche Bedeutung für eine kriminalpolizeiliche Zusammenarbeit bei der internationalen Terrorismusbekämpfung zu gewinnen.

---

(981) Z.B. Art. 10 Haager Übereinkommen.
(982) ZaöRV, 40, 1980, S. 300.

dd) Das Verhältnis zu anderen Konventionen

Nachdem die Konventionen zum Schutz des Luftverkehrs Regelungen für einen kleinen aber bedeutenden Teilbereich besonders gefährlicher terroristischer Handlungsalternativen getroffen hatten, die Diplomatenschutzkonvention Regelungen in bezug auf einen besonders gefährdeten Personenkreis getroffen hatte und außerdem durch das Europäische Übereinkommen zur Bekämpfung des Terrorismus vom 27. Januar 1977 regional begrenzt Regeln zur Bekämpfung des Terrorismus aufgestellt worden waren, wurde mit dem Übereinkommen gegen Geiselnahme ein allgemeines, jede Geiselnahme umfassendes, weltweite Geltung beanspruchendes Regelwerk geschaffen. Es dient der Schließung der Lücken, die vorgenannte Konventionen belassen hatten. Es stellt sich jedoch im Hinblick auf den zum Teil vergleichbaren Regelungsinhalt die Frage, welches Übereinkommen bei einer Geiselnahme Anwendung findet, die sowohl in den Regelungsbereich des Übereinkommens gegen Geiselnahme fällt wie auch in den einer der - älteren - Konventionen, z.B. in den der Diplomatenschutzkonvention oder in den einer der - jüngeren - Konventionen zum Schutz der Seeschiffahrt. Dieses Problem stellt sich z.B. vor dem Hintergrund des Art. 9 Übereinkommen gegen Geiselnahme, der für bestimmte Fälle Ausnahmen von der Auslieferungsverpflichtung vorsieht und in Abs. 2 die Geltung dieser Ausnahme auch für andere Auslieferungsverträge zwischen den Vertragsstaaten feststellt.

In gleicher Weise wird das Problem auch in dem Fall akut, daß Art. 15 Übereinkommen gegen Geiselnahme zur Anwendung kommt, für den es jedenfalls in den Luftverkehrskonventionen keine Parallele gibt. Der deutsche Vorentwurf eines Übereinkommens gegen Geiselnahme[983] hatte eine Konkurrenzbestimmung enthalten. Dessen Art. 10 Abs. 1 sah vor:

"Dieses Übereinkommen läßt die Genfer Abkommen vom 12.08.1949 zum Schutze von Kriegsopfern, das Übereinkommen vom 16.12.1970 zur Bekämpfung der widerrechtlichen Inbesitznahme von Luftfahrzeugen, das Übereinkommen vom 23.09.1971 zur Bekämpfung widerrechtlicher Handlungen gegen die Sicherheit der Zivilluftfahrt und das Übereinkommen vom 14.12.1973 über die Verhütung, Verfolgung und Bestrafung von Straftaten gegen völkerrechtlich geschützte Personen einschließlich Diplomaten unberührt."

Die Nichtaufnahme dieses Passus könnte zu der Annahme verführen, das Übereinkommen gegen Geiselnahme gehe für die dort geregelten Fälle den älteren genannten Konventionen vor[984]. Dem steht jedoch der übereinstimmende Wille der an der Redaktion des Entwurfs des Übereinkommens beteiligten Staaten im ad hoc-Committee entgegen. Sie stimmten inhaltlich mit der vorzitierten Regelung überein; "a convention against the taking of hostages must supplement, but not affect, excisting and generally acceptet international legal instruments"[985]. Art. 10 Abs. 1 des deutschen Vorentwurfs wurde (lediglich) gestrichen, weil man ihn für überflüssig hielt. Das Übereinkommen schränkt demnach Verpflichtungen, die sich aus den spezielleren Luftverkehrskonventionen oder der Diplomatenschutzkonvention ergeben, nicht ein. Entsprechendes hat bereits aus den erwähnten Gründen für die - jüngeren - Konventionen zum Schutz der Seeschiffahrt zu gelten[986].

---

(983) UN Doc. A/32/39, S. 106 ff.

(984) Vgl. auch Art. 59 Wiener Konvention über das Recht der Verträge (BGBl. 1985 II, S. 926).

(985) Stellungnahme des kanadischen Vertreters, UN Doc. A/33/39 (1978), S. 65.

(986) Vgl. Kausch, VN 1980, S. 78; Platz, ZaöRV, 40, 1980, S. 292; Shubber, BYIL, 52, 1981, S. 229 ff.

c) **Bewertung**

Den angestrebten Abschreckungseffekt kann das Übereinkommen gegen Geiselnahme nur im Fall einer ausreichenden Anzahl von Ratifikationen erreichen. Daß es bislang nicht einmal zwischen 60 Staaten in Kraft ist, stellt einen wesentlichen Mangel dar. Dieser Mangel wird verstärkt dadurch, daß das Übereinkommen namentlich weder in Israel noch allen arabischen Staaten in Kraft ist(987).
Das Übereinkommen selbst erscheint bei gehöriger Anzahl von Ratifikationen geeignet, das gesetzte Ziel zu erreichen. Trotz erheblicher Widerstände war eine Einigung gelungen auf

- eine umfassende Definition der Geiselnahme,
- die lückenlose Geltung des Geiselnahmeverbots und
- die lückenlose Geltung des Grundsatzes "aut dedere aut iudicare" für - beinahe(988) - alle Fälle von Geiselnahmen mit internationalem Bezug unabhängig von ihrem Motiv und ihren konkreten Umständen.

Zu begrüßen ist, daß die in Art. 8 Abs. 1 geregelte Verpflichtung des um Auslieferung ersuchten Staates zur Strafverfolgung bei Ablehnung des Ersuchens - den Luftverkehrskonventionen von Den Haag und Montreal wie auch Art. 10 des Übereinkommens zur Bekämpfung widerrechtlicher Handlungen gegen die Sicherheit der Seeschiffahrt entsprechend - wieder die Besserstellung terroristischer Täter wegen ihrer politischen Motive ausschließt. Die Klarstellung in Art. 8 Abs. 1 Satz 2 Übereinkommen gegen Geiselnahme, daß die Strafverfolgungsbehörden "ihre Entscheidung in der gleichen Weise wie im Fall einer gemeinrechtlichen Straftat schwerer Art" zu treffen haben, ist bedeutsam vor dem Hintergrund, daß im

(987) Ausnahmen: z.B. Jordanien, Ägypten, Oman; Stand: jeweils 31.12.1989.
(988) Vgl. die Erläuterung zu Art. 13.

internationalen Bereich gerade politisch motivierte Taten besondere Probleme bei der Strafverfolgung bereiten. Diese These wird ebenso eindringlich durch die Entschließung der Generalversammlung der Vereinten Nationen über den Bericht des Sechsten Ausschusses zur UN-Diplomatenschutzkonvention wie durch die die Anwendung des Übereinkommens gegen Geiselnahme beschränkende Bestimmung des Art. 12 bestätigt. Diese Norm mag als "Niederlage" empfunden werden, weil hierdurch Akte von Befreiungsbewegungen auf eine "andere" Stufe gestellt werden als sonstige Geiselnahmen. Damit spiegeln sich jedoch allein die heutigen politischen Realitäten wider(989). Unter den heutigen Bedingungen stellt es meines Erachtens einen Erfolg dar, die ausnahmslose Geltung des Geiselnahmeverbots und die strafrechtliche Prüfung aller Geiselnahmen mit internationalem Bezug verwirklicht zu haben, sei es auch unter Einbeziehung des humanitären Kriegsvölkerrechts.

Darüber sollen jedoch nicht die Lücken vergessen werden, die das Übereinkommen hinterläßt. Allein im Bereich der informationellen Zusammenarbeit sind dies zwei.
Gemäß Art. 4 sind die Vertragsstaaten zur Zusammenarbeit bei der Verhütung von Geiselnahmen verpflichtet; gemäß Art. 11 sind sie dies zur Rechtshilfe in Verfahren, die in bezug auf die in Art. 1 genannten Straftaten eingeleitet werden. Die vom Übereinkommen erfaßten Akte stellen jedoch bereits aufgrund ihres internationalen Bezuges häufig solche dar, die sich über einen längeren Zeitraum erstrecken und deren Lösung gegenseitige Konsultationen voraussetzt. Eine demgemäße Verpflichtung zur Konsultation und Kooperation im Rahmen der Bemühungen zur Beendigung der Geiselnahme ist aber trotz eines ent-

(989) Green, Archiv des Völkerrechts, 18, 1979, S. 129 ff.

sprechenden australischen Vorschlags(990) nicht verankert worden.
In Zusammenhang mit der Beendigung der Geiselnahme steht auch die zweite Lücke. Es fehlt eine Bestimmung, die den Tatortstaat im Fall der Flucht des Verdächtigen verpflichtet, betroffenen Staaten, insbesondere möglichen Zufluchtsstaaten, sachliche Angaben über die begangene Straftat und Informationen über die Identität des Verdächtigen zu übermitteln. Hierin liegt ein Rückschritt gegenüber der UN-Diplomatenschutzkonvention, die dies in Art. 5 vorsieht.
Auch in einem weiteren Punkt erreicht das Übereinkommen gegen Geiselnahme nicht die Regelungstiefe der UN-Diplomatenschutzkonvention. Nach dessen Art. 2 Abs. 1 Buchstabe c ist auch die Bedrohung mit einem Angriff gegen völkerrechtlich geschützte Personen einschließlich Diplomaten unter Strafe zu stellen. Dem Vorschlag Mexikos(931), auch die Bedrohung mit Geiselnahmen zu pönalisieren, widersprach unverständlicherweise jedoch u.a. Italien(932), weil diese "totally subjective" sei, andererseits aber bereits "covered by article 2" sei. Beide Argumente vermögen meines Erachtens nicht zu überzeugen. Die Bedrohung äußert sich objektiv in dem Inaussichtstellen eines Übels. Sie wird von Art. 2 i.V.m. Art. 1 Übereinkommen gegen Geiselnahme nicht erfaßt; sie stellt namentlich keine strafbare Vorbereitungshandlung dar.

(990) UN Doc. A/C. 6/33/SR.49.
(931) UN Doc. A/AC 188/SR.12 Ziff. 18.
(932) UN Doc. A/AC 188/SR.14 Ziff. 24.

7. Das Europäische Übereinkommen vom 27. Januar 1977 zur Bekämpfung des Terrorismus und das Übereinkommen über die Anwendung des Europäischen Übereinkommens zur Bekämpfung des Terrorismus zwischen den Mitgliedstaaten der Europäischen Gemeinschaften

Das Europäische Übereinkommen vom 27. Januar 1977 und dasjenige über dessen Anwendung zwischen den Mitgliedstaaten der Europäischen Gemeinschaften resultieren wie die pan-amerikanische OAS-Diplomatenschutzkonvention vom 2. Februar 1971 aus dem Bemühen, auf regionaler Ebene zwischen solchen Staaten, die durch gemeinsame Interessen und moralisch-politische Grundsätze verbunden sind, wirksamere Maßnahmen zur Bekämpfung des Terrorismus zu verabreden, als dies im Rahmen weltweiter Organisationen, der UNO und ihren Unterorganisationen, möglich war(993).

a) Das Europäische Übereinkommen vom 27. Januar 1977 zur Bekämpfung des Terrorismus (Europäische Terrorismuskonvention)

Der Europarat hatte auf dem Gebiet der internationalen Zusammenarbeit in Strafsachen im regionalen Bereich bedeutende Erfolge verzeichnen können. Er-

(993) Entsprechendes gilt für die am 22.08.1988 in Kraft getretene "SAARC Regional Convention on Suppression of Terrorism" der Mitgliedstaaten der South Asian Association for Regional Cooperation Bangladesh, Bhutan, Indien, Malediven, Nepal, Pakistan und Sri Lanka vom 04.11.1987. (Zur SAARC s. 'Dokumente zu den politischen Entwicklungen in Südostasien', in: Europa - Archiv 1990, S. D 30 ff.)
Sie weist in wesentlichen Punkten Übereinstimmung mit der Europäischen Terrorismuskonvention auf. Gem. Art. I sollen Taten i.S.d. Haager und Montrealer Übereinkommens, der UN-Diplomatenschutzkonvention sowie Mord, Geiselnahme u.a. "be regarded as terroristic and for the purpose of extradition shall not be regarded as a political offence ...". Im Fall der Nichtauslieferung verpflichtet Art. IV zu stellvertretender Strafverfolgung. Art. VIII verpflichtet die Vertragsstaaten zu gegenseitiger Rechtshilfe bei Straftaten gem. Art. I.

innert sei an das Europäische Auslieferungsübereinkommen vom 13.12.1957(994) und das Europäische Übereinkommen über die Rechtshilfe in Strafsachen vom 20. April 1959(995), als im Mai 1975 eine Initiative der europäischen Justizminister den Anstoß zur Ausarbeitung der Europäischen Terrorismuskonvention gab(996).

aa) <u>Ausgangslage/historischer Hintergrund</u>

Der Europarat hatte sich bereits seit Anfang der 70er Jahre, als in Europa terroristische Aktionen "zunahmen", die - wie namentlich der Anschlag palästinensischer Terroristen auf die israelische Mannschaft bei den olympischen Spielen 1972 in München - große Öffentlichkeitswirkung hatten, darum bemüht, einen eigenen Beitrag zur Bekämpfung des Terrorismus zu leisten. Diese Arbeiten fanden ihren Niederschlag zunächst in der "Recommendation 684 (1972) on international terrorism"(997), in der dem Ministerkomitee empfohlen wird, "(to) work out, in close cooperation a joint european front to combat terrorism". Es folgte die Empfehlung 703 der beratenden Versammlung des Europarats vom 16. Mai 1973. Darin wies sie auf die "Notwendigkeit, terroristische Handlungen, wie Tötung, Entführung oder Gefährdung unschuldiger Menschen, ohne Rücksicht auf ihre Ursachen als gefährliche Verbrechen zu bestrafen, sowie auf das Erfordernis einer gemeinsamen Vorgangsweise der Mitgliedstaaten des Europarats zum Zwecke wirksamer Maßnahmen gegen den Terrorismus" hin(998). Das Bedürfnis konzertierter Aktion gerade

(994) BGBl. 1964 II, S. 1389; 1982 I, S. 2071.
(995) BGBl. 1964 II, S. 1369, 1386; 1976 II, S. 1799.
(996) Letztlich war diese Initiative von Frankreich ausgegangen, Harmsen, AWR-Bulletin, S. 243.
(997) Europarat Doc. CM (72) 167 vom 31. Oktober 1972.
(998) Recommendation 703 (1973), Conseil de l'Europe, Assemblée Consultative, 24ième session ordinaire, (1re partie), 14 - 18 mai 1973, Textes Adoptés par l'Assemblée.

der Europaratsstaaten erstarkte, als die Bemühungen in den Vereinten Nationen um intensivere Maßnahmen zur Bekämpfung des Terrorismus zu scheitern drohten (999). Hinzu kam: Die Arbeiten in den Vereinten Nationen und in ihren Unterorganisationen an Übereinkommen zur Bekämpfung des Terrorismus zielten in ihren Kernbestimmungen jeweils auf eine Erweiterung der nationalen Strafgewalt für bestimmte Taten und die Schaffung der Voraussetzungen für die Auslieferung. Für den Fall der Nichtauslieferung verpflichteten sie zu eigener, "stellvertretender" Strafverfolgung. Wie bereits dargestellt, berührt jedoch keines der bereits geschilderten Übereinkommen(1000) unmittelbar das wesentliche Hindernis bei der Verfolgung terroristischer Taten: die Nichtauslieferung bei politischen Delikten. Auch wenn dieses Prinzip im Fall der Geltung des Gebots stellvertretender Strafverfolgung keinen Täter, der in einen Vertragsstaat geflüchtet ist, vor Strafverfolgung im Ausland "schützt", so hat der Täter in einem Zufluchtsland doch erheblich größere Chancen, einer angemessenen Strafe, welche die Schwere der Tat berücksichtigt, zu entgehen.

Hierfür bestehen sowohl rechtliche wie auch tatsächliche Gründe. Zum einen verpflichtet keines der bereits erörterten, in den Vereinten Nationen und ihren Unterorganisationen erarbeiteten Abkommen, die Vertragsstaaten dazu, die Täter vor Gericht zu stellen. Vielmehr wird lediglich die Pflicht begründet, die Tat den zuständigen Behörden zum Zweck der Strafverfolgung zu unterbreiten. Diese haben für ihre Entscheidung über das Ob und Wie der Strafverfolgung zumindest den gleichen Spielraum wie im Fall anderer, nicht-politischer schwerer Straftaten. Sie können Verfahren wegen der von den Übereinkommen

(999) S.o. C IV 3.

(1000) Zu dem Projekt von 1881 eines Vertrages, bestimmte Taten nicht als politische anzusehen, vgl. Mettgenberg, VuV 1934/35, S. 598 f.

erfaßten terroristischen Akte somit nach dem Recht ihres Staates einstellen. In Staaten, in denen das Opportunitätsprinzip allgemein oder auch nur für Auslandstaten gilt, können die zuständigen Behörden die Nichtverfolgung von Terroristen schon deshalb als vorteilhaft ansehen, weil andernfalls Racheaktionen oder Freipressungsaktionen von Sympathisanten des Inhaftierten zu befürchten sind. Diese Gefahr besteht namentlich bei kleineren Staaten. Jedoch: Selbst in dem Fall, daß die Beschuldigten vor Gericht gestellt werden, erscheint das Ziel einer angemessenen Bestrafung in einem dritten Staat schwerer erreichbar als im Tatortstaat - nicht zuletzt auch deshalb, weil Beweismittel schwerer zu erreichen sind.
Weitere Bemühungen mußten also neben der Erweiterung der Möglichkeit zu stellvertretender Strafrechtspflege insbesondere das Ziel verfolgen, die Möglichkeiten zur Auslieferung zu verbessern, indem das Prinzip der Nichtauslieferung wegen politischer Taten eingeschränkt wird. Denn die privilegierte Behandlung von Personen, die Gewaltakte begangen haben, "nur" weil sie für diese politische Motive in Anspruch nehmen, kann nicht gerechtfertigt sein, wenn das eingesetzte Mittel außerhalb eines jeden Rahmens liegt, zumal dann, wenn das Ziel die Beseitigung einer Ordnung ist, in der die Menschenrechte und Grundfreiheiten geschützt sind(1001).
Die Einschränkung des Prinzips der Nichtauslieferung wegen politischer Taten ist jedoch - wie bereits im Zusammenhang mit der Darstellung der geschichtlichen Entwicklung des Privilegs der Nichtauslieferung politischer Täter angesprochen(1002) - nur im Fall eines gemeinsamen Interesses der "Herrschenden" an der Beibehaltung des politischen status quo bzw. Verhinderung seiner gewaltsamen

(1001) Ausführlich hierzu s.o. G I 2 b.
(1002) S.o. G I 2 a.

Veränderung durchsetzbar. Dies wiederum ist nur im Verhältnis zwischen politisch nahestehenden Staaten auf Dauer gewährleistet. Außerdem erscheint die Einschränkung des Prinzips der Nichtauslieferung wegen politischer Taten nur zwischen denjenigen Staaten gerechtfertigt, welche die Vorherrschaft des Rechts und die Menschenrechte anerkennen. Im Europarat haben sich solche Staaten zusammmengefunden. Sie sind gemäß Art. 1 b und 3 Satzung des Europarats und aufgrund der Europäischen Menschenrechtskonvention dazu verpflichtet, die Menschenrechte einschließlich der Grundrechte des Angeklagten und des verurteilten Straftäters zu schützen. Diese Bestimmungen können als Garantie gegen eine mißbräuchliche Ausnutzung dieser Einschränkung (i.e.: des Prinzips der Nichtauslieferung politischer Täter) durch totalitäre Regime gelten(1003). Die Grundlage für die Einschränkung des Privilegs der Nichtauslieferung politischer Täter über die durch Art. 3 Abs. 3 Europäisches Auslieferungsübereinkommen vom 13. Dezember 1957 gezogene Grenze (Attentatsklausel) hinaus sahen auch die Vertreter der Mitgliedstaaten des Europarats im Januar 1974 für gegeben an. Demgemäß äußerten sie in der Entschließung 74 (3) des Ministerkomitees des Europarats vom 24. Januar 1974(1004) die Überzeugung, "that extradition is a particularly effective measure for achieving this result" (i.e.: that the authors of acts of international terrorism do not escape punishment) "and that the political motive alleged by the authors of certain acts of terrorism should not have as a result that they are neither extradited nor punished".

(1003) So auch: Stein, ZaöRV, 37, 1977, S. 670 unter Hinweis auf Ziff. 12 Explanatory Report zur Geiselnahmekonvention (Alexander/Browne, S. 96 ff.).
(1004) Alexander/Browne, S. 108 f.

Den Mitgliedstaaten wurde empfohlen, bei Auslieferungsersuchen wegen typischer terroristischer Straftaten - wie Anschlägen auf die Zivilluftfahrt, Angriffen auf Diplomaten und andere völkerrechtlich geschützte Personen sowie Geiselnahmen - die besondere Schwere dieser Straftat zu berücksichtigen und im Fall der Ablehnung eines Auslieferungsersuchens die eigenen Strafverfolgungsbehörden mit dem Fall zu befassen. Die Resolution folgt (noch) dem Grundsatz "aut dedere aut iudicare". Sie legt jedoch besonderes Gewicht auf die Auslieferung; andere Maßnahmen treten demgegenüber zurück[1005].
Im Mai 1975 wurden die Justizminister der Mitgliedstaaten des Europarats initiativ. Sie hielten ein informelles Treffen in Obernai/Elsaß ab, auf dem sie sich (u.a.) mit den Fragen der "possibility ... of limiting the notion of 'political offence' as a defence to requests for extradition" und der "feasibility ... of preparing within the Council of Europe a European Convention against terrorism, taking account of the importance that should be given to the principle aut dedere aut iudicare which implies extended adoption of iurisdiction founded on the principle of universability"[1006] befaßten.

Vom Europäischen Ausschuß für Strafrechtsfragen wurde eine Arbeitsgruppe, das "Committee to examine the problems raised by certain new forms of concerted acts of violence", eingesetzt, die in dem kurzen Zeitraum vom Oktober 1975 bis Februar 1976 einen ersten Übereinkommensentwurf[1007] ausarbeitete. Dieser wurde vom Europäischen Ausschuß für Strafrechtsfragen im Mai und vom Ministerkomitee im Juni

---

(1005) Explanatory Report, Ziff. 26 (Alexander/Browne, S. 96 ff.).
(1006) European Committee On Crime Problems, International Terrorism, Europarat Doc. DPC/CEPC (75) 22 vom 23. Mai 1975.
(1007) Europarat Doc. DPC/CEP/AV (76) 2 Rev. vom 10. Februar 1976.

des gleichen Jahres gebilligt[1008].
Abgesehen von Irland und Malta haben alle (damaligen) Mitgliedstaaten des Europarats das Übereinkommen bereits am ersten Tage seiner Auflegung, dem 27. Januar 1977, unterzeichnet. In allen diesen Staaten ist das Abkommen inzwischen auch in Kraft getreten[1009]. Außerdem ist es am 22.05.1989 auch für Irland und nach dessen Beitritt zum Europarat schließlich 1990 auch für Finnland in Kraft getreten. Malta, das das Übereinkommen später ebenfalls unterzeichnet hat, ist der einzige Signatarstaat, der die Europäische Terrorismuskonvention noch nicht ratifiziert hat.

bb) Wesentlicher Regelungsgehalt der Europäischen Terrorismuskonvention

Der Titel der Europäischen Terrorismuskonvention ist wenig präzise. Er erweckt den - falschen - Eindruck, das Europaratsübereinkommen vom 27. Januar 1977 enthalte eine umfassende Regelung von Problemen der Terrorismusbekämpfung auf europäischer Ebene. Tatsächlich finden sich in ihm allein auslieferungs- und rechtshilferechtliche Bestimmungen.

(1008) S. Explanatory Report (Alexander/Browne, S. 96 ff.).

(1009) Frankreich hatte ursprünglich die Ratifizierung des Europäischen Übereinkommens zur Bekämpfung des Terrorismus zurückstellen wollen, bis im Rahmen eines "espace iudiciaire européen" ein Abkommen über die strafrechtliche Zusammenarbeit der EG-Mitgliedstaaten ausgearbeitet ist (Lacoste, S. 197 ff.; Stein ZaöRV, 37, 1977, S. 682; Stein, S. 155 ff.; Wilkinson, Terrorism & the Liberal State, S. 289 f.; Corves/Bartsch, ZStW, 34, 1985, S. 510 f.). Frankreich bezweckte damit angeblich, einen 'Konflikt' zwischen dem Europaratsübereinkommen einerseits und dem noch zu erarbeitenden EG-Abkommen andererseits zu vermeiden (Ott, H.P., Vertrag auf französisch). Dieses wurde bis heute nicht erarbeitet. Frankreich hat erst 10 Jahre nach der Unterzeichnung die Europäische Terrorismuskonvention (1987) ratifiziert.

Anders als vorstehend erläuterte beginnt das Europäische Übereinkommen zur Bekämpfung des Terrorismus nicht mit einer mehr oder minder detaillierten Umschreibung des Verhaltens, das in jedem Vertragsstaat unter Strafe zu stellen ist. Vielmehr wird die Strafbarkeit bestimmten Verhaltens vorausgesetzt.

(1) Auslieferungsrechtliche Bestimmungen der Europäischen Terrorismuskonvention

Den einen Kern der auslieferungsrechtlichen Bestimmungen bilden Art. 1 und 2, die eine "Änderung der Qualifizierung" von - definitionsgemäß: politischen - terroristischen Aktionen bewirken.

(a) Dem Auslieferungsprivileg des politischen Delikts obligatorisch entzogene Straftaten

Bestimmte Terrorakte werden nunmehr als nichtpolitische, nicht mit einer solchen zusammenhängende oder auf politischen Beweggründen beruhende(1010) angesehen. Um eine "reine" Fiktion(1011) handelt es sich jedoch nicht. Ein Blick auf den Katalog der in Art. 1 aufgeführten Straftaten zeigt, daß es sich hierbei um solche handelt, die auch zu allgemeinkriminellen Zwecken verübt werden können, z.B. Flugzeugentführungen, die in der Vergangenheit - vereinzelt - auch zu dem alleinigen Zweck verübt worden sind, Lösegeld zu erpressen.
Bei den Katalogstraftaten des Art. 1 handelt es sich jedoch um solche, die ihrer Art und Zielsetzung nach häufig als internationale Terrorakte anzusehen

---

(1010) Die Bezugnahme in Art. 1 erster Satzteil und die entsprechende in Art. 2 Europäische Terrorismuskonvention auf politische Straftaten, Zusammenhangstaten und "auf politischen Beweggründen beruhende Straftaten" trägt der Auffassung Rechnung, daß das politische Delikt auch mit subjektiven Merkmalen definiert wird (S.o. G I 2 b und Bartsch, NJW 1977, S. 1987).

(1011) Stein, ZaöRV, 37, 1977, S. 671.

und deshalb zum Teil bereits Regelungsgegenstand älterer internationaler Übereinkommen zur Bekämpfung des Terrorismus geworden sind - so die

- Straftaten im Sinne des Haager Übereinkommens (Art. 1 Buchst. a) und die
- Straftaten im Sinne des Montrealer Übereinkommens (Art. 1 Buchst. b).

Weiterhin erfaßt Art. 1

- einen Teilbereich schwerer Straftaten im Sinne der erst nach der Europäischen Terrorismuskonvention in Kraft getretenen UN-Diplomatenschutzkonvention (Art. 1 Buchst. c) sowie
- "eine Straftat, die eine Entführung, eine Geiselnahme oder eine schwere widerrechtliche Freiheitsentziehung darstellt" (Art. 1 Buchst. d) und
- "eine Straftat, bei deren Begehung eine Bombe, eine Handgranate, eine Rakete, eine automatische Schußwaffe oder ein Sprengstoffbrief oder -paket verwendet wird, wenn dadurch Personen gefährdet werden" (Art. 1 Buchst. e).
- Außerdem erfaßt Art. 1 auch den Versuch und die Teilnahme an o.a. Straftaten (Art. 1 Buchst. f).

Soweit Art. 1 in Buchst. a und b unter unmittelbarer Bezugnahme auf die Übereinkommen von Den Haag und Montreal Straftaten als nicht-politische "fingiert", kann auf eine Erläuterung der Tatbestände verzichtet und auf die obigen Ausführungen (1012) zu den genannten Luftverkehrskonventionen verwiesen werden.

Die unter Buchst. c aufgeführten "schweren Straftaten", die in einem "Angriff auf das Leben, die

(1012) G II 3 b bb und G II 3 c bb.

körperliche Unversehrtheit oder die Freiheit völkerrechtlich geschützter Personen" bestehen, entsprechen einem Teilbereich der in der UN-Diplomatenschutzkonvention genannten. Eine Bezugnahme auf diese Konvention erfolgte aus zwei Gründen nicht. Zum ersten war die UN-Diplomatenschutzkonvention im Zeitpunkt der Erarbeitung der Europäischen Terrorismuskonvention noch nicht in Kraft getreten. Zum zweiten sollte der Anwendungsbereich der Europäischen Terrorismuskonvention nur Straftaten besonderer Schwere erfassen(1013). Gewalttaten, die sich nicht unmittelbar gegen Leben, körperliche Unversehrtheit oder Freiheit einer völkerrechtlich geschützten Person richteten, sondern "lediglich" gegen Sachen mit nur potentieller Gefährdung von Personen, erschienen den Vätern der Europäischen Terrorismuskonvention als Delikte geringerer Schwere. Zu den letztgenannten zählten sie "die vorsätzliche Begehung ... eines gewaltsamen Angriffs auf die Diensträume, die Privatwohnung oder die Beförderungsmittel einer völkerrechtlich geschützten Person, der geeignet ist, deren Person oder Freiheit zu gefährden" im Sinne des Art. 2 Abs. 1 Buchst. b UN-Diplomatenschutzkonvention sowie die Drohung, einen Angriff gegen völkerrechtlich geschützte Personen zu begehen (Art. 2 Abs. 1 Buchst. c UN-Diplomatenschutzkonvention). Auch die Taten, die sich unmittelbar gegen Leben, körperliche Unversehrtheit oder die Freiheit richten, sollen nur dann in den Anwendungsbereich der Europäischen Terrorismuskonvention fallen, wenn es sich um "schwere Straftaten" handelt, die in einem "Angriff" bestehen, Art. 1 Abs. 1 Buchst. c. Einfache Körperverletzungen beispielsweise sind demnach nicht tatbestandsmäßig i.S.v. Art. 1

(1013) Explanatory Report, Ziff. 36 (Alexander/Browne, S. 96 ff.).

Abs. 1 Buchst. c Europäische Terrorismuskonvention[1014].

Die in Art. 1 Abs. 1 Buchst. c vorgenomme Abgrenzung erscheint nicht unbedenklich. Dies gilt namentlich für die Ausgrenzung der Straftaten, die sich nicht unmittelbar gegen eines der Rechtsgüter Leben, körperliche Unversehrtheit und Freiheit richten. Zum einen handelt es sich bei vorgenannten Rechtsgütern um die höchsten, die jedenfalls mittelbar gefährdet sind. Zum anderen sind auch terroristische Akte dieser Art geeignet, die diplomatischen Beziehungen zwischen Staaten erheblich zu stören. Für ihre Ausgrenzung läßt sich allerdings anführen, daß gerade die in Art. 2 Abs. 1 Buchst. b UN-Diplomatenschutzkonvention aufgeführten zu den am wenigsten präzise umschriebenen Handlungsalternativen zählen, so daß deren Übernahme - jedenfalls bei entsprechendem Wortlaut - oder die Bezugnahme hierauf der gebotenen Rechtsklarheit geschadet hätte.

In den Anwendungsbereich der Europäischen Terrorismuskonvention fällt gemäß Art. 1 Buchst. d auch "eine Straftat, die eine Entführung, eine Geiselnahme oder eine schwere widerrechtliche Freiheitsberaubung darstellt". Diesen Delikten ist gemein, daß sie schwere Eingriffe in die persönliche Freiheit mit sich bringen. Was im einzelnen unter einer "Entführung", einer "Geiselnahme" oder einer schweren widerrechtlichen Freiheitsberaubung zu verstehen ist, sagt die Europäische Terrorismuskonvention nicht. Ein Rückgriff auf das nationale Strafrecht scheint daher geboten. Da der genannte Tatbestand "offence involving kidnapping" jedoch unter Bedachtnahme auf das common law formuliert

(1014) Sie erfüllen allerdings auch nicht die Voraussetzungen für die Anwendbarkeit der UN-Diplomatenschutzkonvention, die ebenfalls nur auf "serious crimes" anwendbar ist. S.o. G II 5 b bb (1) (b).

wurde[1015], ist zu seiner Auslegung vorrangig ein Rückgriff hierauf angezeigt.
Das mit "Entführung" übersetzte "kidnapping" ("enlèvement") verlangt demnach eine mit dem Fortbringen der betroffenen Person verbundene Freiheitsbeschränkung[1016], da kidnapping nach common law "the forcible abduction or stealing <u>and carrying away</u> of a person ..."[1017] bedeutet. Nicht jede im Sinne von § 239 StGB tatbestandsmäßige Handlung ist folglich zugleich eine "Entführung" im Sinne der Europäischen Terrorismuskonvention, sondern nur die mit einer unfreiwilligen Ortsveränderung des Opfers verbundene.

Die in die deutsche Sprache mit "Geiselnahme" übersetzte Tatbestandsalternative "taking of a hostage" kann ebenfalls nicht mit dem gleichnamigen Tatbestand des § 239 b StGB gleichgestellt werden, da § 239 b StGB nicht als Vorbild für das Europäische Übereinkommen zur Bekämpfung des Terrorismus gedient hat. Vielmehr ist insoweit eine Anlehnung an die Definition des Internationalen Übereinkommens vom 18.12.1979 gegen Geiselnahme geboten[1018].

Die dritte unter Art. 1 Buchst. d Europäische Terrorismuskonvention fallende Tatalternative ist die schwere widerrechtliche Freiheitsentziehung, die "serious unlawful detention" bzw. "sequestration arbitraire". Bei der Fassung von Art. 1 Buchst. d hat den Vätern der Europäischen Terrorismuskonvention die "sequestration arbitraire" im Sinne von Art. 341 Code Pénal als Vorbild gedient[1019]. Gemäß Art. 341 Code Pénal sind strafbar "ceux

---

(1015) Linke, ÖJZ 1977, S. 234.
(1016) A.a.O.
(1017) Black, Stichwort: "Kidnapping". Hervorhebung im Text erfolgte durch den Verfasser.
(1018) Zu den Unterschieden s.o. G II 6 b aa.
(1019) Explanatory Report, Ziff. 37 (Alexander/Browne, S. 101 f.).

qui, sans ordre des autorités constituées et hors les cas où la loi ordonne de saisir des prévenus, auront arrêté, détenu ou séquestré des personnes quelconques ...".
Im Gegensatz zum Kidnapping verlangt die sequestration arbitraire keine mit einem Fortbringen des Opfers verbundene Freiheitsbeschränkung. Sie schließt damit eine durch die gebotene einschränkende Interpretation des Begriffs "Entführung" (Kidnapping) aufgetane Lücke.
Im Hinblick darauf, daß die Freiheitsentziehung Fälle minderer Schwere nicht erfassen soll, wurde ihr im englischen Originaltext des Übereinkommens das Adjektiv "serious" beigefügt. Daraus kann jedoch nicht geschlossen werden, nur Freiheitsentziehungen mit Gewaltandrohung seien tatbestandsmäßig. Eine solche Einschränkung enthält auch Art. 341 Code Pénal nicht.
Schließlich erhellt der vorzitierte Art. 341 Code Pénal die Bedeutung des Merkmals widerrechtlich ("unlawful"). Die Freiheitsentziehung darf nicht bereits durch ein Recht zur Festnahme gerechtfertigt sein.

In Art. 1 Buchst. e Europäische Terrorismuskonvention werden schließlich solche Straftaten zusammengefaßt, bei denen Waffen bzw. Mittel von besonderer Allgemeingefährlichkeit benutzt werden. Der Anwendung der Tatmittel Bombe, Handgranate, Rakete, automatische Schußwaffe(1020) und Sprengstoffbrief oder -paket ist gemein, daß ihre Wirkung unkontrollierbar ist; sie sind geeignet, unbestimmte Opfer wahllos zu treffen. Art. 1 Buchst. e Europäische Terrorismuskonvention verlangt, daß vorgenannte Tatmittel "endangered persons, i.e. created

(1020) Gemeint sind Serienfeuerwaffen, nicht Einzelschußwaffen, die automatisch nachladen. Denn nur erstgenannte haben die gleiche Wirkung und Eignung wie die anderen genannten Tatmittel.

a risk for persons, even without actually injuring them"[(1021)]. Bei der Gefahr für Personen muß es sich demnach um eine konkrete handeln[(1022)]; sie ist immer dann gegeben, wenn der Täter eine Lage herbeiführt, in der er Gefahren für Personen - genauer: die Rechtsgüter Leben, Gesundheit und körperliche Integrität von Personen - nicht beherrscht. Nach dem - durch die Verwendung des Plurals in der oben zitierten Ziffer 38 des Explanatory Report bestätigten - ausdrücklichen Wortlaut, der sich auf "persons" bzw. "des personnes" bezieht, setzt Art. 1 Buchst. e voraus, daß mehr als eine Person entsprechend gefährdet wird. Die Gefährdung einer einzelnen Person dürfte nicht ausreichen. Die gegenteilige Auffassung[(1023)] berücksichtigt nicht, daß charakteristisch für oben genannte Tatmittel ist, daß sie nicht nur eine Person - das gewünschte Opfer - treffen können. Wenn bereits die Gefährdung einer einzelnen Person hätte tatbestandsmäßig sein sollen, hätte keine Veranlassung bestanden, die Herbeiführung des Gefährdungserfolges auf genannte Tatmittel zu beschränken, zumal andere - wie etwa die nichtautomatische Schußwaffe - ebenso gut geeignet sind, Leib und Leben einzelner Personen zu gefährden. Hervorzuheben ist abschließend, daß Buchst. e nur solche Taten erfaßt, die in allen ihren Elementen vorsätzlich begangen worden sind. Namentlich auch der Eintritt der konkreten Gefahr für Personen muß demnach vom Vorsatz umfaßt sein. Dies folge - so die Denkschrift - aus der in Art. 1 Buchst. f geregelten Strafbarkeit des Versuchs. Zwingend erscheint dieses Argument nicht. Im deutschen Recht ist zumindest umstritten, ob und inwieweit bei erfolgsqualifizierten

---

(1021) Explanatory Report, Ziff. 38 (Alexander/Browne, S. 102).

(1022) Ebenso: Linke, ÖJZ 1977, S. 234; Lacoste, S. 107; Denkschrift, BT-Drs. 8/1204, S. 13.

(1023) Linke, ÖJZ 1977, S. 234 (ohne Begründung).

Delikten nach §§ 11 Abs. 2, 18 StGB strafbarer Versuch möglich ist[1024]. Es ist nichtsdestoweniger davon auszugehen, daß allein die vorsätzliche Gefährdung tatbestandsmäßig ist. Denn erst im Fall vorsätzlicher Gefährdung erreichen die in Buchst. e zusammengefaßten Fälle der Anwendung gefährlicher Mittel eine Qualität, die derjenigen der in Buchst. a - d des Art. 1 aufgeführten - allesamt vorsätzlichen - Straftaten gleichwertig ist. Diese Gleichwertigkeit erscheint beispielsweise im Fall der Zündung einer Bombe an einem einsamen Ort zu Versuchszwecken, ohne daß eine damit verbundene Gefährdung von Personen zumindest in Kauf genommen wurde[1025], nicht gegeben.

Der Versuch, eine der unter den Buchst. a - e aufgeführten Straftaten zu begehen und die Beteiligung als "Mittäter oder Gehilfe" hieran, sollen gemäß Art. 1 Buchst. f ebenfalls nicht als politische Straftat gelten. Diese scheinbar problemlose Norm wirft zahlreiche Fragen auf. Hinsichtlich des "Versuchs" stellt sich die Frage, was darunter zu verstehen ist. Ebensowenig wie z.B. Haager und Montrealer Übereinkommen definiert die Europäische Terrorismuskonvention diesen Begriff. Allerdings zeigt der Explanatory Report, der in diesem Zusammenhang auf das nationale Recht Bezug nimmt[1026], daß dieses - auch hier - entscheidend ist.
Die Beteiligung als "Mittäter oder Gehilfe" bzw. - wie es in den beiden Originalsprachen englisch und französisch des Übereinkommens heißt - als "accomplice" bzw. "co-auteur ou complice" wirft wiederum die bereits in Zusammenhang mit dem Haager Übereinkommen[1027] erörterte Frage auf, ob auch der "An-

(1024) Vgl. Jescheck, Lehrbuch, S. 472 f.; Baumann/Weber, § 33 I 5.
(1025) Straftat gem. § 311 Abs. 1, 4 StGB.
(1026) Rz. 39 (Alexander/Browne, S. 102).
(1027) S.o. G II 3 b bb.

stifter" erfaßt wird. Entgegen Lacoste[1028] ist dies aus den im Zusammenhang mit dem Haager Übereinkommen dargestellten Gründen zu bejahen, weil ein unterschiedlicher Sinngehalt den Termini "accomplice" bzw. "complice" in den einzelnen Übereinkommen nicht unterstellt werden kann, zumal die Übereinstimmung im Gebrauch der Worte bei den Beratungen bekannt war[1029].

Schließlich berücksichtigt die Europäische Terrorismuskonvention nicht, daß die in Art. 1 genannten Haager und Montrealer Übereinkommen bereits Versuch und Beteiligung als strafbare Handlungen erwähnen. Die Entpolitisierung dieser Teilnahmehandlungen ergibt sich demnach bereits aus Art. 1 Buchst. a und b, ohne daß es eines weiteren Rückgriffs auf Art. 1 Buchst. f Europäische Terrorismuskonvention bedurft hätte. Die letztgenannte Vorschrift kann daher in bezug auf die Einbeziehung von Versuch und Teilnahme an Straftaten im Sinne der beiden o.a. Luftverkehrskonventionen nur klarstellende Funktion haben, da die Begriffe sinngleich verwendet werden.

(b) Dem Auslieferungsprivileg des politischen Delikts gemäß Artikel 2 fakultativ entzogene Straftaten

Der Katalog der von Art. 1 umfaßten Straftaten ist eng beschränkt. Er enthält von Buchst. e abgesehen nur solche Straftaten, hinsichtlich der Terrorismusübereinkommen aus den 70er Jahren bereits Teilregelungen treffen. Die von Terrorismusübereinkommen jüngeren Datums erfaßten Straftaten finden grundsätzlich keine Berücksichtigung. Art. 1 Buchst. e vermag diese Lücke nur zum Teil zu schließen. Insbesondere erfaßt Art. 1 Buchst. e weder alle schweren Gewalttaten gegen das Leben, die

(1028) S. 109 ff.
(1029) Explanatory Report, Rz. 39 (Alexander/Browne, S. 102).

körperliche Unversehrtheit oder die Freiheit einer Person, noch alle eine Gemeingefahr für Personen herbeiführenden schweren Straftaten gegen Sachen(1030). Wenigstens diese letzte Lücke schließt Art. 2 Europäische Terrorismuskonvention zum Teil. Anders als Art. 1 gebietet diese Vorschrift den Vertragsstaaten zwar nicht vorgenannte Straftaten - sowie deren Versuch und Beteiligungshandlungen (1031) als nicht-politische anzusehen; sie ermöglicht es ihnen aber. Da die Nichtauslieferung politischer Straftäter - wie dargelegt(1032) - kein Satz des ius cogens ist, kann Art. 2 nur die Bedeutung einer unmittelbar anwendbaren (self-executing) Regel des Völkerrechts zukommen, die es Staaten, denen die Auslieferung nach ihrem Auslieferungsrecht bei politischen Taten verwehrt wäre, ermöglicht, sie in den genannten Fällen doch zu gewähren, ohne daß das nationale Gesetz zusätzlich geändert werden müßte(1033). Wie der einzelne Vertragsstaat diese Möglichkeit nutzt, ist ihm nach Artikel 2 völlig freigestellt(1034).

(1030) Nicht erfaßt wird beispielsweise die von den Brigate Rosse in Italien, aber auch bereits von den Revolutionären Zellen (RZ) in Berlin geübte Praxis, exponierten Beamten gezielt in die Beine zu schießen.

(1031) S. hierzu oben G II 7 a bb (1) (a).

(1032) G I 2.

(1033) Unstr., s.: Bartsch, NJW 1977, S. 1986; Lacoste, S. 111; Linke, ÖJZ 1977, S. 234 und Stein, ZaöRV, 37, 1977, S. 674, der zutreffend darauf hinweist, daß die Derogation dort scheitert, wo das Verbot der Auslieferung wegen politischer Taten Verfassungsrang hat, weil die ratifizierte Konvention im Rang hinter der Verfassung zurückbleibt.

(1034) Die Bundesrepublik Deutschland hat in Art. 2 des Zustimmungsgesetzes die Anwendung der sog. Übergewichtstheorie festgelegt. Art. 2 Gesetz zu dem Europäischen Übereinkommen vom 27. Januar 1977 zur Bekämpfung des Terrorismus vom 28. März 1978 lautet: "Bei der Prüfung der Zulässigkeit der Auslieferung ist eine schwere Gewalttat im Sinne des Artikels 2 Abs. 1 des Übereinkommens oder eine schwere Straftat im Sinne des Artikels 2 Abs. 2 des Übereinkommens nicht als eine politische Straftat, als eine mit einer solchen zusammenhängende oder als eine auf politischen Beweggründen beruhende

Da eine ein Auslieferungsersuchen ablehnende Entscheidung zwar nicht nach der Europäischen Terrorismuskonvention aber entsprechend Art. 18 Abs. 2 Europäisches Auslieferungsübereinkommen zu begründen ist, kann davon ausgegangen werden, daß Art. 2 "mittelbar" einen gewissen Druck auf den ersuchten Staat ausübt. Der ersuchte Staat wird abwägen müssen, ob der politische Gehalt der Tat oder aber der kriminelle Charakter überwiegt. Da Art. 2 nur schwere Taten erfaßt, wird die pauschale Ablehnung eines Auslieferungsersuchens wegen der politischen Implikation einer Straftat politisch seltener durchzuhalten sein.

Die Abgrenzung der von Art. 2 erfaßten Straftaten ist verglichen mit dem Katalog in Art. 1 wenig präzise. Dies gilt zum einen für den bereits erwähnten Begriff der "schweren Gewalttat" ("serious offence"/"acte grave") in Absatz 1. Laut Explanatory Report[(1035)] soll der Terminus "Gewalttat" ebenso zu verstehen sein wie in Art. 4 Abs. 1 Haager Übereinkommen. Da sich jedoch auch dort eine nähere Definition nicht findet, ist eine solche Interpretationshilfe nur bedingt hilfreich. Dies

---

Straftat anzusehen, wenn die Tat bei Abwägung aller Umstände, insbesondere der Beweggründe des Täters sowie der Art ihrer Ausführung und ihrer verschuldeten Auswirkungen, kein angemessenes Mittel ist, das mit ihr erstrebte Ziel zu erreichen. Dies ist in der Regel der Fall,

1. wenn durch die Tat der Tod oder eine schwere Körperverletzung (§ 224 StGB) des Opfers verursacht,
2. wenn durch die Tat das Leben oder die Gesundheit einer großen Zahl von Menschen gefährdet oder
3. wenn die Tat grausam oder mit gemeingefährlichen Mitteln begangen

worden ist."

Weiter geht der britische Suppression of Terrorism Act 1978, der den in Art. 2 Europäische Terrorismuskonvention umschriebenen Taten den politischen Charakter aberkennt.

(1035) Ziff. 40 (Alexander/Browne, S. 102).

gilt um so mehr, als sich Art. 2 Abs. 1 Europäische Terrorismuskonvention nur auf "schwere" Gewalttaten bezieht. In Ermangelung konkretisierender Merkmale in der Konvention ist die Frage, wann eine "schwere Gewalttat gegen das Leben, die körperliche Unversehrtheit oder die Freiheit einer Person" im Sinne von Art. 2 Abs. 1 vorliegt, mittels der nationalen Rechtsordnungen zu beantworten. Letztlich entsteht hierdurch kein (unmittelbarer) Nachteil(1036), da Art. 2 ohnehin lediglich eine Norm darstellt, die es dem ersuchten Staat freistellt, bestimmte Taten als politische (oder als Zusammenhangstat) anzusehen. Im ersuchten Staat aber kann die Differenzierung auf der Grundlage des eigenen Rechts erfolgen; sie birgt damit jedenfalls keine besonderen Probleme, die sich aufgrund der Unkenntnis ausländischen Rechts ergeben könnten. Beispielsweise gehört im deutschen Recht zu den Gewalttaten gegen die körperliche Unversehrtheit im Sinne von Art. 2 Abs. 1 Europäische Terrorismuskonvention jedenfalls nicht die einfache Körperverletzung gemäß § 223 StGB, denn hier fehlt es an jeder besonderen Schwere des Angriffs. Andererseits dürfte z.B. die schwere Körperverletzung bereits im Hinblick auf die besondere Tatfolge dem Anwendungsbereich des Art. 2 Abs. 1 unterfallen(1037).
Ein dem Erörterten gleichgelagertes Auslegungsproblem stellt sich auch im Zusammenhang mit dem Begriff der gegen Sachen gerichteten "schweren Straftat" im Sinne von Art. 2 Abs. 2, die eine Gemeingefahr für Personen herbeiführt. Die Verfasser der Europäischen Terrorismuskonvention dachten hierbei ausweislich des Explanatory Report(1038) an Anschläge auf nukleare Einrichtungen oder Staudämme.

(1036) Die fehlende Präzisierung in Art. 2 wurde jedoch als Argument gebraucht, die von Art. 2 erfaßten Straftaten nicht neben den in Art. 1 genannten in die Regelung des Art. 6 einzubeziehen.

(1037) Vgl. Art. 2 S. 2 Ziff. 1 Gesetz zu dem Europäischen Übereinkommen vom 27. Januar 1977 zur Bekämpfung des Terrorismus vom 28. März 1978.

(1038) Ziff. 41 (Alexander/Browne, S. 102).

(c) Die Asylklausel, Artikel 5 Europäische Terrorismuskonvention

Nach Art. 5 ist das Europäische Übereinkommen zur Bekämpfung des Terrorismus nicht so auszulegen,

"als enthalte es eine Verpflichtung zur Auslieferung, wenn der ersuchte Staat ernstliche Gründe für die Annahme hat, daß das Auslieferungsersuchen wegen einer in Artikel 1 oder 2 genannten Straftat gestellt worden ist, um eine Person wegen ihrer Rasse, ihrer Religion, ihrer Staatsangehörigkeit oder ihrer politischen Anschauungen zu verfolgen oder zu bestrafen, oder daß die Lage dieser Person aus einem dieser Gründe erschwert werden könnte".

Die Aufnahme der Klausel wurde für geboten erachtet, "to safeguard the traditional right of asylum"(1039). Zwingend erforderlich war die Klausel zum Schutz des Asylrechts jedoch nicht. Daß das Recht der Staaten auf Gewährung politischen Asyls von der durch Art. 1 und 2 Europäische Terrorismuskonvention erweiterten Auslieferungsverpflichtung grundsätzlich nicht berührt wird, ergibt sich daraus, daß die Europäische Terrorismuskonvention die Auslieferungsverpflichtung allein um Fälle erweitert, in denen die Straftat politischen Charakter hat. Anknüpfungspunkt des Asylrechts ist jedoch nicht der Charakter einer Straftat, sondern das Motiv der Verfolgung(1040). Nur wenn letzteres ein politisches ist, kann der aufnehmende Staat Asyl gewähren. Tatsächlich kann es jedoch sein, daß eine politische Tat auch politische Verfolgung nach sich zieht. Selbst damit läßt sich die Aufnahme von

---

(1039) Explanatory Report, Ziff. 49 (Alexander/Browne, S. 96 ff.). Zum Verhältnis der Bestimmungen der Europäischen Terrorismuskonvention zum Grundsatz des non-refoulement s. Lacoste, S. 136 ff. (142, 149 ff.).

(1040) Die Verfolgung wegen terroristischer Delikte, definitorisch politische Taten, stellt auch nicht eo ipso einen Fall politischer Verfolgung dar. Vgl. oben G I 2 c. Zum Verhältnis von Auslieferung und Asylgewährung vor dem Hintergrund der Europäischen Terrorismuskonvention s. insbesondere Riedel, DöV 1979, S. 27.

Art. 5 jedoch nicht rechtfertigen. Das Europäische Übereinkommen zur Bekämpfung des Terrorismus stellt keinen selbständigen Auslieferungsvertrag dar; es handelt sich vielmehr um ein Übereinkommen mit Komplementärcharakter gegenüber älteren Auslieferungsübereinkommen. Diese ändert es gemäß Art. 3(1041) nur insoweit ab, als für bestimmte terroristische Akte der auslieferungshindernde Einwand der politischen Natur der Tat nicht mehr geltend gemacht werden kann. Das Europäische Auslieferungsübereinkommen enthält in Art. 3 Abs. 2 - ebenso wie zweiseitige Auslieferungsverträge - eine Asylschutzklausel. Die bewußt inhaltsgleiche Wiederholung(1042) der einzelnen Elemente der politischen Verfolgung von Art. 3 Abs. 2 Europäisches Auslieferungsübereinkommen in Art. 5 Europäische Terrorismuskonvention ist daher überflüssig; sie ist zudem eher schädlich als nützlich. Dies aus drei Gründen.

Zum ersten gebietet Art. 3 Abs. 2 i.V.m. Abs. 1 Europäisches Auslieferungsübereinkommen zwingend, bei politischer Verfolgung nicht auszuliefern ("die Auslieferung wird nicht bewilligt"). Aufgrund seiner Abweichung im Wortlaut könnte Art. 5 Europäische Terrorismuskonvention jedoch dahin mißverstanden werden, als sei die Nichtauslieferung im Fall politischer Verfolgung bei Geltung des Europäischen Übereinkommens zur Bekämpfung des Terrorismus fakultativ. Diese Auslegungsmöglichkeit wird gestärkt durch Ziffer 50 des Explanatory Report(1043), wonach der ersuchte Staat für den Fall, daß er "substantial grounds" für die Annahme hat, der Verdächtige solle aus politischen Gründen

(1041) Art. 3 bestimmt hinsichtlich der in Art. 1 und 2 genannten Straftaten in Übereinstimmung mit dem völkerrechtlichen Prinzip der Derogation einer zwischenstaatlichen Vereinbarung durch eine spätere, daß Auslieferungsverträge durch die Europäische Terrorismuskonvention ergänzt und geändert werden.

(1042) Vgl. Explanatory Report, Rz. 49 (Alexander/Browne, S. 46 ff.).

(1043) Alexander/Browne, S. 104.

verfolgt werden, "may refuse extradition". Allerdings werden gemäß Art. 3 Europäische Terrorismuskonvention Bestimmungen der zwischen Vertragsstaaten anwendbaren Auslieferungsverträge und Übereinkommen nur insoweit geändert, "soweit sie mit dem vorliegenden Übereinkommen unvereinbar sind". Da Art. 3 Abs. 2 Europäisches Auslieferungsübereinkommen ebenso wie Art. 5 Europäische Terrorismuskonvention eine (Straf-) Verfolgung aus politischen Gründen verhindern wollen, besteht eine solche Unvereinbarkeit jedoch nicht. Art. 3 Abs. 2 Europäisches Auslieferungsübereinkommen bleibt anwendbar, die Nichtauslieferung im Fall politischer Verfolgung ergo obligatorisch[(1044)].

Außer wegen der Möglichkeit zur Fehlintepretation von Art. 5 ist dessen Aufnahme in die Europäische Terrorismuskonvention zum zweiten auch deshalb schädlich, weil die Asylschutzklausel eine nicht gerechtfertigte Verbindung zwischen Terrorismus einerseits und Asylrecht andererseits herstellt [(1045)], und zum dritten, weil sie geeignet ist, dem Argument Vorschub zu leisten, es gebe ein "Sonder-Asylrecht" für Terroristen[(1046)].

Daß die Klausel dennoch Aufnahme fand, dürfte nicht zuletzt darin begründet liegen, daß - durch vermeintliche Klarstellung - dem Vorwurf der Boden entzogen werden sollte, die Konvention beseitige "eine wesentliche Menschenrechtsinstitution - das

---

(1044) Bartsch, NJW 1977, S. 1987; Linke, ÖJZ 1977, S. 235: "Das Übereinkommen ... behält das Asylrecht ... in dem Umfang vor, in dem es bereits in Art. 3 Abs. 2 des Europäischen Auslieferungsübereinkommens ... verankert ist"; Lacoste, S. 146 ff. m.w.N. auch zur Gegenansicht.

(1045) S. hierzu: Linke, S. 235 f.; v. Pollern, BayVBl 1977, S. 693.

(1046) Bartsch, NJW 1977, S. 1988.

Asylrecht"(1047).
Aus tatsächlichen Gründen dürfte die Klausel jedoch kaum je zur Anwendung kommen können(1048). Die Nichtauslieferung unter Berufung auf Art. 5 enthält den Vorwurf an die Adresse eines Mitgliedstaates des Europarats, der zugleich Mitglied der Menschenrechtskonvention ist, der um Auslieferung ersuchende Staat betreibe politische Verfolgung oder sei nicht in der Lage, terroristischen Straftätern ein faires, von politischen Einflußnahmen freies Verfahren zu garantieren. Diesen Vorwurf zu erheben, betont Stein(1049), "hieße eine diplomatische und psychologische Schwelle zu überschreiten, deren hemmende Wirkung nicht gering eingeschätzt werden sollte und die es wenigstens ausschließen dürfte, daß Art. 5 zum Vorwand genommen wird, um eine aus sonstigen Motiven der Staatsraison getroffene Entscheidung zu rechtfertigen". Dies gilt um so mehr, als der ersuchte Staat im Fall der Ablehnung eines Auslieferungsersuchens unter Berufung auf Art. 5 dem ersuchenden Staat gemäß Art. 18 Abs. 2 Europäisches Auslieferungsübereinkommen die für seine Entscheiung maßgeblichen Gründe mitzuteilen hat(1050), Gründe deren Stichhaltigkeit einer schiedsgerichtlichen Klärung unterzogen werden können(1051). Letztlich ist die Gefahr der Umgehung

---

(1047) Vgl. die Nachweise bei Riedel, DÖV 1979, S. 31 FN 40 und seine kritische Stellungnahme zu diesen Vorwürfen, a.a.O., S. 31 ff.
Gusy, NJW 1978, S. 1717 ff., geht von der Unvereinbarkeit der auslieferungsrechtlichen Regelungen der Europäischen Terrorismuskonvention mit Art. 16 Abs. 2 S. 2 GG aus und hält die Bundesrepublik Deutschland aufgrund dessen zur Einlegung eines Vorbehalts gem. Art. 13 der Europaratskonvention für verpflichtet; s. dagegen Stein, S. 285 ff. und oben G I 2 c.

(1048) A.A. - ohne nähere Begründung - Riedel, DÖV 1979, S. 31.

(1049) ZaöRV, 37, 1977, S. 677.

(1050) Explanatory Report, Ziff. 51 (Alexander/Browne, S. 96 ff.).

(1051) Art. 10 Europäische Terrorismuskonvention.

der durch die Europäische Terrorismuskonvention erweiterten Auslieferungspflichten unter Berufung auf die Asylschutzklausel auch dadurch gemindert, daß - subsidiär - die Verpflichtung zu stellvertretender Strafverfolgung besteht (Art. 7).

(d) Der Grundsatz "aut dedere aut iudicare"

Eine die Möglichkeit zur Verwirklichung des Grundsatzes "aut dedere aut iudicare" vorbereitende Bestimmung enthält Art. 4, der Art. 8 Abs. 1 Satz 1 Haager und Montrealer Übereinkommen(1052) nachgebildet wurde(1053). Danach gelten die in Art. 1 und 2 aufgeführten Straftaten als in bestehenden Auslieferungsverträgen und Übereinkommen enthalten. Art. 4 hat Bedeutung für Auslieferungsverträge, die dem Enumerationsprinzip folgen.

Die Verpflichtung des Aufenthaltsstaates, eine eigene (stellvertretende) Strafgerichtsbarkeit in allen Fällen einer Ablehnung einer Auslieferung zu begründen, enthält Art. 6, diejenige von einer solchen auch Gebrauch zu machen, Art. 7. Beide Bestimmungen sind in Anlehnung an Art. 6 Abs. 2 Haager und Art. 5 Abs. 2 Montrealer Übereinkommen bzw. Art. 7 Haager und Montrealer Übereinkommen entstanden.
Sie enthalten jedoch bemerkenswerte Abweichungen.

Nach Art. 6 Abs. 1 trifft jeder Vertragsstaat
"die notwendigen Maßnahmen, um seine Gerichtsbarkeit über eine in Artikel 1 genannte Straftat für den Fall zu begründen, daß der Verdächtige sich in seinem Hoheitsgebiet befindet und er ihn nach Eingang eines Auslieferungsersuchens eines Vertragsstaats nicht ausliefert, dessen Gerichtsbarkeit auf

(1052) S. dazu oben G II 3 b bb.
(1053) Linke, ÖJZ 1977, S. 235.

einer Zuständigkeitsregelung beruht, die in gleicher Weise im Recht des ersuchten Staates vorgesehen ist".

Art. 7 bestimmt:
"Ein Vertragsstaat, in dessen Hoheitsgebiet eine Person aufgefunden wird, die einer in Artikel 1 genannten Straftat verdächtigt wird, und der ein Auslieferungsersuchen nach Maßgabe des Artikels 6 Abs. 1 erhalten hat, unterbreitet, wenn er die Person nicht ausliefert, den Fall ohne irgendeine Ausnahme und ohne unangemessene Verzögerung seinen zuständigen Behörden zum Zweck der Strafverfolgung. Diese Behörden treffen ihre Entscheidung in der gleichen Weise wie im Fall einer Straftat schwerer Art nach dem Recht dieses Staates."

- Bemerkenswert ist zunächst, daß sich die Verpflichtungen in Art. 6 und 7 allein auf den Katalog von Straftaten des Art. 1 Europäisches Übereinkommen zur Bekämpfung des Terrorismus beziehen.
  Die in Art. 2 angeführten Straftaten sind nicht berücksichtigt worden, weil sie nicht schwer genug seien und für nicht ausreichend präzis umschrieben gehalten wurden(1054). Die von Linke für die Nichteinbeziehung der von Art. 2 erfaßten Straftaten vorgetragenen Argumente vermögen die Ausklammerung jedoch nicht zu rechtfertigen. Soweit die fehlende Präzisierung in Art. 2 gerügt wird, wäre angezeigt gewesen, dort Präzisierungen vorzunehmen. Soweit geltend gemacht wird, die von Art. 2 erfaßten Straftaten seien nicht schwer genug, sind die im Zusammenhang mit Art. 2 Abs. 2 im Explanatory Report(1055), Ziffer 41, genannten Taten in Erinnerung zu rufen: Anschläge auf nukleare Einrichtungen oder Staudämme. Wieso ausdrücklich als "schwere" Gewalttaten gegen das Leben, die körperliche Unversehrtheit oder Freiheit einer Person bzw. "schwere" Straftaten gegen

(1054) Linke, ÖJZ 1977, S. 236.
(1055) Alexander/Browne, S. 96 ff.

Sachen, die eine Gemeingefahr für Personen herbeiführen, bezeichnete Taten im Zusammenhang mit der Verwirklichung des Prinzips der stellvertretenden Strafrechtspflege nicht mehr ausreichend "schwer" sein sollen, erscheint unerfindlich. Hier besteht ein Widerspruch. Neben den genannten Einschränkungen enthalten Art. 6 und 7 Europäisches Übereinkommen zur Bekämpfung des Terrorismus auch weitere Limitierungen, die einen Rückschritt bedeuten.

- Nach Art. 6 Abs. 2, 7 Haager und Art. 5 Abs. 2, 7 Montrealer Übereinkommen - ebenso auch nach Art. 3 Abs. 2, 7 UN-Diplomatenschutzkonvention, Art. 5 Abs. 2, 8 Geiselnahmekonvention - ist der Grund der Nichtauslieferung irrelevant. Es besteht insbesondere eine Verpflichtung zu stellvertretender Strafrechtspflege auch für den Fall, daß kein Auslieferungsersuchen gestellt wird.
  Auch die Europäische Terrorismuskonvention enthält für die nämlichen Fälle von Angriffen auf den zivilen Luftverkehr entsprechende Verpflichtungstatbestände, nach denen jedoch eine zusätzliche Voraussetzung erfüllt sein muß: der Eingang eines Auslieferungsersuchens (nach Maßgabe des Art. 6 Abs. 1). Art. 6 und 7 Europäische Terrorismuskonvention gelten aber nicht alleine für Angriffe auf den Luftverkehr im Sinne der Übereinkommen von Den Haag und Montreal. Der engere Wortlaut der Art. 6 und 7 Europäische Terrorismuskonvention ist damit zu erklären, daß neben bestimmten Angriffen auf den zivilen Luftverkehr auch andere terroristische Straftaten erfaßt werden. Für diese ist die Pflicht zu stellvertretender Strafrechtspflege einge-

schränkt. Die Europäische Terrorismuskonvention zielt (im übrigen) darauf ab, den Auslieferungsverkehr bei Taten mit politischem Charakter zu erleichtern. Sie will jedoch aufgrund sonstigen Völkervertragsrechts bestehende Pflichten zu Auslieferung oder stellvertretender Strafrechtspflege nicht beschränken. Ein solcher Wille kommt weder im Übereinkommen selbst noch - soweit ersichtlich - in einem der die Konvention vorbereitenden Dokumente zum Ausdruck. Das Spannungsverhältnis zwischen Art. 6 und 7 Europäische Terrorismuskonvention einerseits und oben genannten Bestimmungen des Haager und des Montrealer Übereinkommens andererseits ist deshalb dahin aufzulösen, daß die gegenüber Art. 6 und 7 Europäische Terrorismuskonvention weitergehenden Verpflichtungen in den Luftverkehrskonventionen unberührt bleiben(1056).

- Die zweite Abweichung der Bestimmungen betreffend das Prinzip der stellvertretenden Strafrechtspflege in der Europäischen Terrorismuskonvention von älteren Konventionen stellt ebenfalls eine Einschränkung dar: Die Gerichtsbarkeit des um Auslieferung ersuchenden Staates muß auf einer Zuständigkeitsregelung beruhen, die in gleicher Weise im Recht des ersuchten Staates vorgesehen ist, Art. 6 Abs. 1 letzter Halbsatz. In dieser Voraussetzung findet das auslieferungsrechtliche Erfordernis der beiderseitigen Verfolgbarkeit Ausdruck. Eine "Erweiterung des Anwendungsbereichs" - wie die Denkschrift zur Europäischen Terrorismuskonvention(1057) wissen machen will, "da für die Verfolgungszuständigkeit nicht allein das Territorialprinzip maßgebend" sei - hat vor-

(1056) A.A. - aber ohne Begründung - Linke, ÖJZ 1977, S. 236.
(1057) BT-Drs. 8/1204, S. 14.

stehende Voraussetzung jedoch nicht zur Folge. Die Verfolgungszuständigkeit wird durch die Europäische Terrorismuskonvention in keiner Weise beschränkt oder erweitert. Sie bleibt eine Frage nationalen Rechts. Allein Art. 6 Abs. 2(1058) befaßt sich mit der Frage der Strafgerichtsbarkeit und stellt klar:

"Dieses Übereinkommen schließt eine Strafgerichtsbarkeit, die nach innerstaatlichem Recht ausgeübt wird, nicht aus."

Art. 6 Abs. 1 trägt dem Umstand Rechnung, daß das innerstaatliche Recht verschiedener Europaratsstaaten grundsätzlich nur das Territorialprinzip anerkennt(1059). Das gilt namentlich für Großbritannien.

Die Regelung des Art. 6 Abs. 1 bezweckt zudem zu verhindern, daß ein Staat, der Aufenthaltsstaat, der von den unmittelbaren Auswirkungen einer terroristischen Tat unter Umständen nicht betroffen war, die Bürde der Strafverfolgung zu tragen hat, während primär zur Verfolgung berufene Staaten, insbesondere der Tatortstaat, untätig bleiben(1060). Wer dies allein oder primär als eine Regelung darstellt, die "den Vorrang der Auslieferung vor der nur stellvertretend ausgeübten Gerichtsbarkeit des Aufenthaltsstaates besonders deutlich macht"(1061), stellt nur die halbe Wahrheit dar. Sie ist vielmehr auch Ausdruck des insbesondere bei kleinen Staaten zu beobachtenden Unbehagens, Terroristen mit der

---

(1058) Die Regelung wird von Lacoste, S. 117 f., für "überflüssig" gehalten.
(1059) Explanatory Report, Rz. 56 (Alexander/Browne, S. 104 f.).
(1060) Linke, ÖJZ 1977, S. 236.
(1061) A.a.O.

gebotenen Konsequenz zu verfolgen(1062). Sie reißt eine Lücke für den Fall auf, daß ein Staat auf ein Auslieferungsersuchen verzichtet, anstatt die ausnahmslose welt- bzw. zumindest europaweite Bekämpfung terroristischer Akte sicherzustellen. Sie steht zudem in einem Spannungsverhältnis zu den Verpflichtungen aus den Übereinkommen von Den Haag und Montreal zu stellvertretender Strafrechtspflege. Diese treffen für bestimmte Angriffe auf den zivilen Luftverkehr Regelungen dahin, daß die Gerichtsbarkeit zu erweitern ist und in jedem Fall der Nichtauslieferung Maßnahmen der stellvertretenden Strafrechtspflege zu ergreifen sind. Art. 6 Abs. 1 Europäische Terrorismuskonvention könnte dahin interpretiert werden, im Verhältnis zwischen den Vertragsstaaten dieses neueren Übereinkommens werde die Pflicht zur Begründung der eigenen Gerichtsbarkeit und zu stellvertretender Strafverfolgung nach den älteren Übereinkommen von Den Haag und Montreal eingeschränkt(1063). Meines Erachtens kann dem jedoch aus den oben im Zusammenhang mit dem Erfordernis eines Antrages auf Auslieferung in Art. 6 f. genannten Gründen nicht gefolgt werden. Die Bedeutung des Art. 6 Abs. 1 letzter Halbsatz liegt tiefer; sie liegt darin, daß verhindert werden sollte, "daß sich ein Land zum 'Europarat-Staatsanwalt' aufschwingt", weil es eine besonders ausgedehnte Gerichtsbarkeit in Anspruch nimmt und durch Stellung eines Auslieferungs-

(1062) Dieses findet seinen Ausdruck u.a. auch im Vorbehalt der Niederlande zu Art. 5 Abs. 1 i.V.m. Art. 8 Geiselnahmekonvention (C.N. 296. 1988 Treaties - 6 (Depositary Notification) vom 20.07.1989). Entsprechend ihrer Anregung zu einer Änderung des Entwurfs der Geiselnahmekonvention (UN Doc A/AC. 188/L. 14) behalten sich die Niederlande vor, nur im Fall der Ablehnung eines Auslieferungsersuchens Maßnahmen der stellvertretenden Strafrechtspflege zu ergreifen.

(1063) So: Linke, ÖJZ 1977, S. 234, 236.

ersuchens die Vertragsstaaten zumindest zu stellvertretender Strafrechtspflege zwingt[1064]. Art. 6 Abs. 1 letzter Halbsatz stellt damit eine weitere Manifestation des die Europaratsstaaten überfallenden Unbehagens dar, wenn sie Terroristen strafrechtlich konsequent verfolgen sollen. Art. 6 Abs. 1 letzter Halbsatz ist um so bedenklicher, als die Europäische Terrorismuskonvention keinen Staat verpflichtet, die Strafgewalt in bestimmtem (Mindest-)Umfang auszüben. Insbesondere besteht nicht die Verpflichtung, ein Gerichtsverfahren zu eröffnen und den Angeschuldigten gegebenenfalls zu verurteilen[1065]. Die Bestimmung kann dazu führen, daß trotz Auslieferungsersuchens eines von einer terroristischen Tat betroffenen Staates allein aufgrund des Ausbleibens eines Auslieferungsersuchens durch den Tatortstaat - sei es aus "guten Gründen" oder willkürlich - der Terrorist unbehelligt bleibt. Daher wäre zu begrüßen gewesen, wenn Art. 6 Europäische Terrorismuskonvention sich stärker an den Parallelbestimmungen der Luftverkehrskonventionen von Den Haag und Montreal orientiert hätte. Es bleibt zu hoffen, daß primär zur Verfolgung berufene Staaten, namentlich der Tatortstaat, in Problemfällen ihr Interesse an der Auslieferung bekunden, indem sie ein Auslieferungsersuchen stellen.

Neben den vorstehend dargestellten Abweichungen des Art. 6 von (älteren) Parallelbestimmungen, die nur mittelbar auf die Verpflichtung zu stellvertre-

(1064) Stein, ZaöRV, 37, 1977, S. 678

(1065) Falsch insoweit die Begründung zum "Entschließungsantrag zu den Problemen im Zusammenhang mit der Bekämpfung des Terrorismus", Bericht im Namen des Ausschusses für Recht und Bürgerrechte über die Probleme im Zusammenhang mit der Bekämpfung des Terrorismus, Europäisches Parlament, Sitzungsdokumente, Serie A, Dokument A 2 - 0155/89, 2. Mai 1989, S. 16.

tender Strafrechtspflege gemäß Art. 7 Einfluß haben, weil diese "ein Auslieferungsersuchen nach Maßgabe des Artikels 6 Abs. 1" voraussetzt, gilt es auch kurz auf die Besonderheiten des Art. 7 Europäische Terrorismuskonvention einzugehen.
Art. 7 präzisiert die Pflicht zu stellvertretender Strafrechtspflege zum ersten dahin, daß sie "ohne irgendeine Ausnahme" gilt. Gleichlautende Regelungen, auf deren Darstellung verwiesen wird, enthalten auch andere Anti-Terrorismus-Übereinkommen, namentlich die Luftverkehrskonventionen von Den Haag(1066) und Montreal.
Es entspricht dem im Gebot zu bedingungsloser stellvertretender Strafverfolgung zum Ausdruck gekommenen Willen der Vertragsstaaten im Fall der Nichtauslieferung terroristischer Gewalttäter, ausnahmslos die Befassung der zuständigen Behörde sicherzustellen, dieses Gebot auch auf solche Fälle zu erstrecken, in denen nicht der politische Charakter der Tat, sondern andere Gründe der Auslieferung entgegenstehen. Daher dürfte der Aufenthaltsstaat sowohl im Fall fehlender vertraglicher Auslieferungsbeziehungen, wie z.B. auch im Fall der Ablehnung eines Auslieferungsersuchens aufgrund des Prinzips der Nichtauslieferung eigener Staatsangehöriger, zu stellvertretender Strafrechtspflege verpflichtet sein(1067).
Art. 7 Europäische Terrorismuskonvention präzisiert die Pflicht zu stellvertretender Strafrechtspflege zum zweiten dahingehend, daß die Befassung der zuständigen Behörden "ohne unangemessene Verzögerung" zu erfolgen hat. Eine Parallele hierzu findet sich bereits in Art. 7 Diplomatenschutzkonvention(1068). Ebenso wie dort handelt es sich um eine Klarstellung. Vertragsgemäß ist auch nach den

(1066) S.o. G II 3 b bb (2) (c).
(1067) Ebenso: Lacoste, S. 123 f.; Stein, ZaöRV, 37, S. 678 f.
(1068) S.o. G II 5 b bb (2) (c).

anderen o.a. internationalen Übereinkommen zur Bekämpfung des Terrorismus nur die Auslieferung "sans retard injustifié", wie es in der französischen Originalsprache der Europäischen Terrorismuskonvention lautet. "Ungerechtfertigte" Verzögerungen sind eo ipso solche, die nicht mit Sinn und Zweck eines Übereinkommens vereinbar sind, das die Möglichkeit der aus Sachgründen immer zeitnah zur Tat gebotenen Bestrafung von Terroristen gewährleisten will.
Nach Art. 7 Europäische Terrorismuskonvention haben die für die Strafverfolgung zuständigen Behörden "ihre Entscheidung in der gleichen Weise wie im Fall einer Straftat schwerer Art nach dem Recht dieses Staates" zu treffen. Die Forderung einer Entscheidung wie im Fall einer Straftat "schwerer Art" entspricht derjenigen u.a. im Haager und Montrealer Übereinkommen. Im Rahmen der Europäischen Terrorismuskonvention hat sie nur für die in Art. 1 Buchst. c - e aufgeführten Tatbestände besondere Bedeutung. Sie werden allein durch diese Bestimmung explicit schweren Straftaten gleichgestellt, mit denen sie aufgrund dessen - z.B. verfahrensmäßig - gleich zu behandeln sind.
Ein wesentliches Manko wiederholt sich in Art. 7 Europäische Terrorismuskonvention. Ebensowenig wie Art. 7 UN-Diplomatenschutzkonvention und Art. 10 Römisches Seeschiffahrtübereinkommen - damit abweichend von Art. 7 Satz 2 Haager und Montrealer Übereinkommen sowie Art. 8 Abs. 1 Satz 2 Geiselnahmekonvention - schreibt Art. 7 Europäische Terrorismuskonvention vor, daß die Strafverfolgungsbehörden ihre Entscheidungen "in der gleichen Weise wie im Fall einer gemeinrechtlichen strafbaren Handlung" zu treffen haben. Wie bereits im Zusammenhang mit der Kritik an Art. 7 UN-Diplomatenschutzkonvention und Art. 10 Römisches Seeschiffahrtübereinkom-

men dargestellt(1069), können sich damit die Möglichkeiten vergrößern, ein Verfahren nach dem Recht des Aufenthaltsstaates des Terroristen einzustellen, weil danach auch der politische Charakter einer Tat für die Frage der Strafverfolgung relevant sein kann.

Bevor auf Einschränkungen der Verpflichtung zur Auslieferung eingegangen werden soll, die sich aus der Möglichkeit ergeben, diesbezüglich einen Vorbehalt einzulegen, Art. 13 Europäische Terrorismuskonvention, soll nachfolgend zunächst auf die Verpflichtung zur Leistung sonstiger Rechtshilfe gemäß Art. 8 Europäische Terrorismuskonvention eingegangen werden.

(2) Sonstige Rechtshilfe in Strafsachen

Nach Art. 8 Abs. 1 Satz 1 Europäische Terrorismuskonvention gewähren die Vertragsstaaten einander "im Zusammenhang mit Verfahren, die in bezug auf die in Artikel 1 oder 2 genannten Straftaten eingeleitet werden, weitestgehend Rechtshilfe in Strafsachen". Nach dem Wortlaut scheint eine eigenständige Verpflichtung zur Rechtshilfe geschaffen(1070), deren Details sich gem. Art. 8 Abs. 1 Satz 2 nach dem Recht des ersuchten Staates richten. Die Bezugnahme auf die Bestimmungen aller zwischen Vertragsstaaten anwendbaren Verträge und Übereinkommen über die Rechtshilfe in Strafsachen, namentlich auch das Europäische Übereinkommen über die Rechtshilfe in Strafsachen, in Abs. 3 von Art. 8 Europäische Terrorismuskonvention, verdeutlicht jedoch, daß keine selbständige Verpflichtung begründet werden soll. Die Verträge usw. sollen vielmehr zwischen den Vertragsstaaten der Europäischen Terrorismuskon-

(1069) S.o. G II 5 b bb (2) (c) und G II 4 b bb (2) (c).
(1070) So im Ergebnis auch Stein, ZaöRV, 37, 1977, S. 687.

vention mit dem geänderten Inhalt gem. Art. 8 Grundlage für die Leistung der Rechtshilfe sein(1071). Demgemäß ist auch der Inhalt der Verpflichtung in Art. 8 Abs. 1 Europäische Terrorismuskonvention nicht näher beschrieben. Vielmehr ist ausweislich des Explanatory Report unter Rechtshilfe i.S.v. Art. 8 Europäische Terrorismuskonvention das im Übereinkommen vom 20. April 1959 über die Rechtshilfe in Strafsachen Geregelte zu verstehen(1072). Dieses umfaßt die (gerichtliche) Rechtshilfe im engeren Sinne - z.B. Zeugenvernehmungen, Durchsuchungen und Beschlagnahmen sowie Auskünfte aus dem Strafregister.

Rechtshilfe ist gem. Art. 8 Abs. 1 Satz 1 Europäische Terrorismuskonvention zu leisten sowohl in bezug auf die in Art. 1 als auch die in Art. 2 genannten Straftaten. Anders als bei der Verpflichtung zu Auslieferung oder stellvertretender Strafrechtspflege bestanden bei der sonstigen Rechtshilfe, der "niedrigsten Stufe der Bindung staatlicher Souveränität"(1073), keine Bedenken gegen die Gleichstellung der Straftaten gemäß Art. 1 und 2.

Auch über den Umfang der "weitestgehenden" Rechtshilfe, zu der Art. 8 Abs. 1 Europäische Terrorismuskonvention verpflichtet, enthält diese keine konkretisierenden Bestimmungen(1074). Eine Erweiterung gegenüber den Verpflichtungen gemäß dem Europäischen Übereinkommen vom 20. April 1959 über die Rechtshilfe in Strafsachen dürfte jedoch nicht beabsichtigt gewesen sein; vielmehr wurde Art. 8 Abs. 1 Satz 1 Europäische Terrorismuskonvention Art. 1 des Übereinkommens vom 20. April 1959 nachgebildet, das dessen Vertragsstaaten bereits

(1071) Grützner/Pötz, Teil III 8, Rz. 8.
(1072) Ziff. 62 (Alexander/Browne, S. 105).
(1073) Stein, ZaöRV, 37, 1977, S. 679.
(1074) Vgl. Linke, ÖJZ 1977, S. 237.

dazu verpflichtet, "... so weit wie möglich Rechtshilfe zu leisten"(1075).

Für die Vertragsstaaten des Europäischen Übereinkommens über die Rechtshilfe in Strafsachen bringt erst Art. 8 Abs. 1 Satz 3 Europäische Terrorismuskonvention eine Erweiterung der Pflicht zur Leistung sonstiger Rechtshilfe(1076). Nach dieser Bestimmung, für die es keine Parallele in anderen überregionalen Anti-Terrorismus-Konventionen gibt, darf die Rechtshilfe "nicht allein mit der Begründung verweigert werden, daß es sich um eine politische Straftat, um eine mit einer politischen Straftat zusammenhängende oder um eine auf politischen Beweggründen beruhende Straftat handelt." Art. 8 Abs. 1 Satz 3 Europäische Terrorismuskonvention, der dem politischen Charakter der Tat mit den selben Worten wie Art. 1 dieser Konvention umschreibt, ändert insoweit namentlich Art. 2 Buchst. a Europäisches Übereinkommen über die Rechtshilfe in Strafsachen ab (Art. 8 Abs. 3 Europäische Terrorismuskonvention).

Diese Erweiterung wird jedoch durch Art. 8 Abs. 2 wieder eingeschränkt. Danach kann die Gewährung von Rechtshilfe unter den gleichen Voraussetzungen abgelehnt werden, unter denen gemäß Art. 5 auch die Auslieferung abgelehnt werden kann, z.B. wenn der Betroffene die in der Menschenrechtskonvention garantierten Verteidigungsrechte nicht ausüben kann. Anders als die Asylschutzklausel des Art. 5 für die Auslieferungsverpflichtung hat Art. 8 Abs. 2 Europäische Terrorismuskonvention für die Verpflichtung zur Leistung von Rechtshilfe eine eigen-

(1075) Explanatory Report, Ziff. 63 (Alexander/Browne, S. 106).

(1076) Nach deutschem Recht ist die "sonstige Rechtshilfe" bei politischen Straftaten grundsätzlich nicht ausgeschlossen, argumentum e contrario aus § 6 IRG (vgl. Walter, in: Grützner/Pötz, vor § 59 Randziffer 10).

ständige Bedeutung. Denn anders als die Asylschutzklausel des Art. 5, die Art. 3 Abs. 2 Europäisches Auslieferungsübereinkommen lediglich inhaltsgleich wiederholt, hat Art. 8 Abs. 2 Europäische Terrorismuskonvention keine Parallele im Europäischen Übereinkommen über die Rechtshilfe in Strafsachen. Allerdings hatten einige Staaten bereits im Zusammenhang mit vorgenanntem Europaratsübereinkommen von 1959 Vorbehalte des Inhalts erklärt, daß Rechtshilfeersuchen abgelehnt werden können, wenn der Betroffene aus Gründen, die für die Asylgewährung relevant sind, benachteiligt werden könnte(1077).

Obwohl mit Art. 8 Abs. 2 Europäische Terrorismuskonvention der grundsätzlichen Tendenz dieses Übereinkommens zuwider völkervertragsrechtlich ein neues Rechtshilfehindernis geschaffen wird, kann die Vorschrift nicht als Rückschritt betrachtet werden. Art. 5 Europäische Terrorismuskonvention war insbesondere deshalb zu kritisieren, weil er infolge einer Abweichung vom Wortlaut des Art. 3 Abs. 2 Europäisches Auslieferungsübereinkommen zu Fehlinterpretationen Anlaß gibt. Dies gilt jedoch für Art. 8 Abs. 2 nicht, da ihm keine Parallelbestimmung im Europäischen Rechtshilfeübereinkommen entspricht. Nachdem bereits Art. 5 in die Europäische Terrorismuskonvention aufgenommen wurde, erscheint Art. 8 Abs. 2 auch nicht (mehr) deshalb

(1077) S. Grützner/Pötz, Teil III 2, Rz 6.
Der Vorbehalt Belgiens beispielsweise lautet: "Die Regierung des Königreichs Belgien behält sich das Recht vor, einem Rechtshilfeersuchen nicht stattzugeben,
a) wenn ernstliche Gründe für die Annahme bestehen, daß sich das Ersuchen auf Ermittlungen bezieht, die eingeleitet worden sind, um den Beschuldigten wegen seiner politischen oder religiösen Überzeugung, seiner Staatsangehörigkeit, seiner Rasse oder seiner Zugehörigkeit zu einer Bevölkerungsgruppe zu verfolgen, zu bestrafen oder auf andere Weise zu behelligen; ..." (BGBl. 1976 II, S. 1799).

abzulehnen, weil er die terroristische Tat in die Nähe des asylbegründenden Verhaltens rückt. Schließlich dürfte er aus den gleichen Gründen wie Artikel 5(1078) kaum je zur Anwendung kommen dürfen. Er findet demnach nur in seltenen, zu begründenden Ausnahmefällen Anwendung, in denen eine Verbesserung der völkervertragsrechtlichen Rechtstellung des Betroffenen nicht nur vertretbar, sondern sogar wünschenswert erscheint. Zu beachten ist dabei, daß Art. 8 Abs. 2 Europäische Terrorismuskonvention nicht jegliche Rechtshilfeleistung untersagt, sondern nur die Verpflichtung hierzu entfällt. Es bleiben danach namentlich Rechtshilfemaßnahmen zur Entlastung des Betroffenen möglich.

Ein genauer Vergleich zwischen den Inhalten der Rechtshilfeverpflichtung gemäß Art. 8 Europäische Terrorismuskonvention einerseits zu anderen Anti-Terrorismus-Konventionen, insbesondere zu Art. 17 der Konvention zur Verhütung und Bekämpfung des Terrorismus vom 16.11.1937 andererseits, wäre interessant. Insbesondere der Vergleich mit Art. 17 der Konvention von 1937 würde jedoch den Rahmen dieser Arbeit sprengen. Zwei Unterschiede zwischen den Konventionen erscheinen mir jedoch wesentlich. Einerseits enthält die Konvention von 1937 über Bestimmungen betreffend die (gerichtliche) Rechtshilfe hinaus auch stärker das präventive Element betonende, insbesondere Art. 15 betreffend die Zusammenarbeit zwischen - polizeilichen - Zentralstellen(1079). Derartige Bestimmungen enthalten auch Art. 10 Abs. 1 Montrealer Übereinkommen, Art. 4 UN-Diplomatenschutzkonvention, Art. 4 Geiselnahmekonvention und Art. 13 Römisches Seeschiffahrtübereinkommen. Andererseits beschränkt Art. 17 der Konvention von 1937(1080) die Verpflichtung der

(1078) S. dazu oben G II 7 a bb (1) (c).
(1079) S.o. G II 1 b aa.
(1080) S.o. G II 1 b cc.

Staaten mehrfach. Sie gilt nur "selon leur législation nationale, leur pratique en cette matière et les conventions conclues ou à conclure". Sie gilt namentlich nicht in den Fällen, in denen das nationale Recht Rechtshilfe bei politischen Taten ausschließt.
Letzteres gilt auch für die die sonstige Rechtshilfe treffenden Bestimmungen der anderen o.a. Anti-Terrorismus-Übereinkommen, Art. 10 Haager Übereinkommen, Art. 11 Montrealer Übereinkommen, Art. 10 Diplomatenschutzkonvention, Art. 11 Geiselnahmekonvention und Art. 12 Römisches Seeschifffahrtübereinkommen. Absatz 1 Satz 3 stellt demnach das wesentliche, neue Element im Verpflichtungstatbestand des Art. 8 Europäische Terrorismuskonkonvention dar.

Inwieweit Einschränkungen dieses Verbots, die Ablehnung eines Rechtshilfeersuchens auf den politischen Charakter einer Tat zu stützen, zulässig sind, soll nachfolgend in Zusammenhang mit der Vorbehaltsmöglichkeit des Art. 13 erörtert werden.

(3) Vorbehalte

Eine besondere Regelung der Möglichkeit, Vorbehalte zu erklären, findet sich in Art. 13 Europäische Terrorismuskonvention.

(a) Die Vorbehaltsmöglichkeit des Art. 13 Europäische Terrorismuskonvention

Art. 13 Abs. 1 Europäische Terrorismuskonvention räumt jedem Vertragsstaat die Möglichkeit ein, sich durch einen Vorbehalt das Recht zu erhalten, im Einzelfall ein Auslieferungsersuchen wegen des politischen Charakters der zugrundeliegenden Straftat ablehnen zu können. Bedingung ist, daß er sich verpflichtet, vor seiner Entscheidung über das Auslieferungsersuchen besonders schwerwiegende Merkmale der Straftat gebührend zu berücksichtigen. Beispielhaft führt Art. 13 Abs. 1 als Kriterien für diese Bewertung der Straftat auf,

"a) daß sie eine Gemeingefahr für das Leben, die körperliche Unversehrtheit oder die Freiheit von Personen herbeigeführt hat,
b) daß sie Personen betroffen hat, die mit den Beweggründen, auf denen die Straftat beruht, nichts gemein hatten,
c) daß bei ihrer Begehung grausame oder verwerfliche Mittel angewandt worden sind."

Von dieser Vorbehaltsmöglichkeit haben zahlreiche Staaten - zum Teil bereits bei Unterzeichnung [(1081)] - Gebrauch gemacht[(1082)], so daß sich die Frage nach der näheren Bedeutung der Vorbehaltsmöglichkeit stellt.

Mit Art. 1 Europäische Terrorismuskonvention übernehmen die Vertragsstaaten die Verpflichtung, bestimmte schwerste Terrorakte nicht als politische Straftaten anzuerkennen. Art. 13 eröffnet die Möglichkeit, sich dieser Verpflichtung wieder zu entziehen. Das grundlegende Prinzip des einzigen überregionalen multilateralen Abkommens, das dem Grundsatz umfassend Rechnung trägt, daß selbst ein als legitim anzusehender politischer Kampf nicht jedes Mittel und insbesondere nicht die Begehung schwerster Straftaten gegen das Leben und die körperliche Unversehrtheit rechtfertigen kann[(1083)], wird damit wieder in Frage gestellt.

Da Art. 13 die Möglichkeit für einen Vorbehalt eröffnet, mit dem der Grundsatz der Nichtanerkennung

(1081) Bartsch, NJW 1977, S. 1987.
(1082) S. im einzelnen Grützner/Pötz, Teil III 8, Rz. 3. Auch Finnland hat sich 1990 unter Bezugnahme auf Art. 13 das Recht vorbehalten "to refuse extradition in respect of any offence mentioned in Article 1 which it considers to be a political offence."
(1083) S. Stein, S. 149.

von Terrorakten als politische Straftat wieder durchbrochen wird, stellt er eine Schwachstelle der Konvention dar. Schwach ist auch die für die Bestimmung des Art. 13 im Explanatory Report gegebene Begründung, zumal sie auch einfach-gesetzliche Bestimmungen berücksichtigt:
"The Convention thus recognizes that a Contracting State might be impeded, e.g. for legal or constitutional reasons, from fully accepting the obligations arising from Article 1 whereby certain offences cannot be regarded as political for the purposes of extradition."(1084)
Jedenfalls einfach-gesetzliche Normen hätten durch das Ratifizierungsgesetz derogiert werden können. Verfassungsrechtliche Normen der Europaratsstaaten aber zielen soweit ersichtlich grundsätzlich nur darauf ab, das Asylrecht zu gewährleisten(1085). Dieses aber wird bereits durch Art. 5 Europäische Terrorismuskonvention gewährleistet. Dennoch haben nur die Bundesrepublik Deutschland, Liechtenstein, Luxemburg, Österreich, Spanien, die Türkei, das Vereinigte Königreich und Irland die Europäische Terrorismuskonvention vorbehaltlos ratifiziert.

Die Verpflichtung zur Abwägung gemäß Art. 13 Abs. 1 zweiter Satzteil stellt eine wegen der fehlenden Möglichkeit effektiver Überprüfung nur beschränkten Schutz vor Mißbrauch bietende Bedingung für die Ablehnung eines Auslieferungsersuchens dar. In welchem Maß sich die Vertragsstaaten tatsächlich hierdurch bei ihrer Entscheidung leiten lassen,

(1084) Ziff. 72 (Alexander/Browne, S. 107).

(1085) Vgl. z.B. Art. 16 Abs. 2 S. 2 GG, Art. 23 Abs. 2 der portugiesischen Verfassung (Não é admitida a extradicão por motivos politicos.");
Art. 5 der griechischen Verfassung verbietet "die Auslieferung von Ausländern, die wegen ihres Kampfes für die Freiheit verfolgt werden ...".
Die Präambel der französischen Verfassung fordert, daß "toute homme persecuté en raison de son action en faveur de la liberté a droit d'asile sur les territoires de la République".

bleibt abzuwarten. Entsprechendes rechtstatsächliches Material ist dem Verfasser nicht bekannt bzw. nicht zugänglich. Es kann - mit Vallée(1086) - nur gehofft werden, daß die betroffenen Staaten erkennen, daß die besonders schwerwiegenden Merkmale - insbesondere Gemeingefahr, Willkür des Schadeneintritts und Grausamkeit des Tatmittels - die Auslieferung grundsätzlich rechtfertigen. Andernfalls wird die Europäische Terrorismuskonvention ihrem Anspruch nicht gerecht werden, der Auslieferung den gebotenen Vorrang einzuräumen. Das Prinzip "dedere ad iudicandum" wäre vollends reduziert auf das aus älteren Konventionen bekannte "aut dedere aut iudicare".

Während Art. 13 Abs. 2 Europäische Terrorismuskonvention sich mit der Form eines Vorbehalts befaßt und Absatz 3 den Grundsatz der Gegenseitigkeit festschreibt, fehlt es an einer ausdrücklichen Regelung dahin, ob auch andere Vorbehalte zulässig sind.

(b) Vorbehalte zu anderen Konventionsbestimmungen

Es ist fraglich, ob über Art. 13 Abs. 1 hinaus auch Vorbehalte zu anderen Bestimmungen der Europäischen Terrorismuskonvention möglich sind(1087).
Dieser Frage soll hier vor dem Hintergrund des Vorbehaltes Norwegens zu Art. 8 Europäische Terrorismuskonvention(1088) nachgegangen

---

(1086) Vallée, S. 765.

(1087) Zu den bis 1981 erklärten Vorbehalten s. Lacoste, S. 133.

(1088) "... Norway declares that it reserves the right to refuse extradition and mutual assistance in criminal matters in respect of any offence mentioned in Article 1 which it considers to be a political offence, an offence connected with a political offence or an offence inspired by political motives. In this case Norway undertakes to take into due consideration, when evaluating the character of the offence, any particularly serious aspects of the offence including:
a) that it created a collective danger to the life, physical integrity or liberty of persons; or

werden.(1089) In Ermangelung einer speziellen Regelung erscheint ein Rückgriff auf Art. 19 ff. Wiener Konvention über das Recht der Verträge vom 23. Mai 1969 geboten. Danach kann ein Staat einen Vorbehalt erklären, es sei denn:

"(a) der Vorbehalt ist durch den Vertrag ausgeschlossen;
(b) der Vertrag sieht vor, daß nur bestimmte Vorbehalte gemacht werden dürfen, die den in Frage stehenden Vorbehalt nicht mit einschließen oder
(c) der Vorbehalt ist in anderen als den in Punkten (a) und (b) behandelten Fällen mit dem Gegenstand und Zweck des Vertrages nicht vereinbar."

An einem Ausschlußtatbestand im Sinne von Art. 19 Buchst. (a) Wiener Vertragsrechtskonvention fehlt es, jedoch könnte Art. 19 Buchst. (b) Wiener Vertragsrechtskonvention einschlägig sein. Denn nach Art. 13 Abs. 1 Europäische Terrorismuskonvention ist nur ein Vorbehalt zu Art. 1 zulässig. Es fragt sich jedoch, ob Art. 13 Abs. 1 Europäische Terrorismuskonvention einen solchen bestimmten Vorbehalt mit "Ausschlußwirkung" gegenüber anderen darstellt. Dies ist zweifelhaft, da eine ursprünglich als Absatz 4 vorgesehene Bestimmung weitere Vorbehalte ausschloß. Abs. 4 lautete: "Aucune autre réserve n'est admise." Hätte diese Bestimmung konstitutiven Charakter gehabt, wären andere Vorbehalte aufgrund dessen unzulässig geworden, hätte sie deklaratorischen Charakter gehabt, wäre mit der Streichung eine Änderung der Rechtslage nicht verbunden; weitergehende Vorbehalte blieben unzuläs-

---

b) that it affected persons foreign to the motives behind it; or
c) that cruel or vicious means have been used in the commission of the offence"
(BGBl. 1982 II, S. 775).

(1089) Auch Italien hatte den bei Unterzeichnung der Europäischen Terrorismuskonvention erklärten Vorbehalt auf Art. 8 des Europaratsübereinkommens erstreckt. Bei Hinterlegung der Ratifikationsurkunde hat Italien diesen jedoch nicht bestätigt (vgl. Art. 23 Abs. 2 Wiener Vertragsrechtskonvention), sondern nur noch einen Vorbehalt gemäß Art. 13 Abs. 1 Europäische Terrorismuskonvention erklärt (BGBl. 1986 II, S. 673).

sig[1090]. Um den Charakter der weggefallenen Bestimmung zu eruieren, erscheint entgegen Lacoste[1091] ein "Zurückgreifen auf die Vertragsmaterialien" mit Art. 31 f. Wiener Konvention über das Recht der Verträge vom 23. Mai 1969 vereinbar. Denn Art. 13 Abs. 1 Europäische Terrorismuskonvention gibt auf die Frage, ob "nur" der dort genannte Vorbehalt gemacht werden darf, keine eindeutige Antwort. Er äußert sich vielmehr allein dahin, daß ein bestimmter Vorbehalt gemacht werden darf, und läßt offen, was für andere gilt. Entgegen Lacoste ist Art. 13 Abs. 1 Europäische Terrorismuskonvention schon deshalb nicht "eindeutig", weil ältere Europaratsübereinkommen eine ausdrückliche Regelung der Frage der Zulässigkeit anderer als der explizit zugelassenen Vorbehalte enthielten. Die Antwort auf die eingangs gestellte Frage der Zulässigkeit "anderer" Vorbehalte geben die - weitgehend vertraulich geführten - Beratungen, die zum Abschluß der Europäischen Terrorismuskonvention führten. Über deren Ergebnis wird in der Denkschrift[1092] berichtet: "In der mit der Erarbeitung des Übereinkommens befaßten Arbeitsgruppe des Europäischen Ausschusses für Strafrechtsfragen bestand Einvernehmen darüber, daß auch weitergehende Vorbehalte erklärt werden können, soweit diese mit Gegenstand und Zielsetzung des Übereinkommens vereinbar sind."[1093]

Mit Gegenstand und Zweck der Europäischen Terrorismuskonvention vereinbar dürften - aufgrund der Gleichartigkeit - insbesondere solche Vorbehalte sein, die - wie derjenige Norwegens[1094] - in Parallele zu Art. 13 Abs. 1 Europäische Terrorismuskonvention die Verpflichtung zur Leistung von

---

(1090) So: Stein, S. 681.
(1091) S. 132 FN 15.
(1092) BT-Drs. 8/1205.
(1093) Die Streichung des ursprünglich als Absatz 4 vorgesehenen Passus "Aucune autre réserve n'est admise" war demnach Beleg für eine Meinungsänderung.
(1094) BGBl. 1982 II, S. 775.

Rechtshilfe gemäß Art. 8 dieser Konvention beschränken(1095). Entsprechendes dürfte für die Erklärung Frankreichs(1096) zur Unanwendbarkeit der Europäischen Terrorismuskonvention auf vor seinem Inkrafttreten begangene strafbare Handlungen gelten, die Vorbehaltscharakter hat. Denn auslieferungsrechtliche Verträge dürften nach Natur und Ziel - einer zwischenstaatlichen Übung entsprechend - in ihren auslieferungsrechtlichen Bestimmungen entgegen Art. 28 Wiener Vertragsrechtskonvention grundsätzlich zurückwirken(1097). Die entgegenstehende Beschränkung Frankreichs scheint aber nicht mit Gegenstand und Zweck des Vertrages - der Europäischen Terrorismuskonvention - unvereinbar, da dessen Regeln sich wesentlich auch auf zukünftige terroristische Aktionen beziehen, hinsichtlich der die Europäische Terrorismuskonvention einen präventiven Effekt zu erzielen hofft.
Andererseits scheint die Grenze der Vereinbarkeit mit Gegenstand und Zweck des Vertrages überschritten, wo wesentliche Verpflichtungen der Vertragsstaaten tangiert werden. Namentlich die Verpflichtung zu stellvertretender Strafrechtspflege nach Art. 7 Europäische Terrorismuskonvention kann nicht eingeschränkt werden(1098); dies wurde bislang auch nicht versucht(1099).

(1095) Für die Zulässigkeit von Vorbehalten über Art. 13 Abs. 1 Europäische Terrorismuskonvention hinaus spricht sich auch Linke, ÖJZ 1977, S. 238 unter ausdrücklichem Hinweis darauf aus, daß andere Übereinkommen des Europarats Vorbehalte explizit ausschließen. Ähnlich: Bartsch, NJW 1977, S. 1987 und Lacoste, S. 133.
(1096) BGBl. 1987 II, S. 821.
(1097) So für die Europäische Terrorismuskonvention auch Linke, ÖJZ 1977, S. 238.
(1098) Bartsch, NJW 1977, S. 1987; Lacoste, S. 133; Linke, ÖJZ 1977, S. 238.
(1099) Zypern hat zwar unter Bezugnahme auf Art. 7 Europäische Terrorismuskonvention eine Erklärung abgegeben (BGBl. 1979 II, S. 754); sie hat jedoch keinen Vorbehaltscharakter, sondern dient der Erläuterung.

cc) Bewertung

Ziel der Europäischen Terrorismuskonvention sollte sein, das wesentliche Hindernis bei der Auslieferung politischer Täter zu beseitigen: das Prinzip der Nichtauslieferung wegen politischer Taten. Damit würde der Grundsatz "aut dedere aut iudicare" einen neuen Inhalt bekommmen. Die Auslieferung hätte stärkeres Gewicht. Es wäre das Prinzip "primo dedere secundo iudicare" oder besser: "dedere ad iudicandum" umgesetzt. Dies ist nur in engen Grenzen gelungen. Die Europäische Terrorismuskonvention erfaßt in Art. 1 und Art. 2 nur einen Teilbereich schwerster Terrorakte. Es fehlt namentlich das für die Terrorismusbekämpfung in der Bundesrepublik Deutschland wichtige, weil bereits terroristische Organisationsformen bekämpfende Delikt der Bildung und Unterstützung terroristischer Vereinigungen (§ 129 a StGB)(1096). Dessen Einbeziehung war nicht möglich, ohne daß die Europäische Terrorismuskonvention erst die Verpflichtung schuf, dieses Verhalten unter Strafe zu stellen. Denn nicht in allen Europaratsstaaten gab es den §§ 129, 129 a StGB entsprechende Bestimmungen(1097).
Unverständlicherweise werden von dem Teilbereich der entpolitisierten Delikte nur die in Art. 1 Europäische Terrorismuskonvention genannten dem Auslieferungsprivileg obligatorisch entzogen. Für die in Art. 2 aufgeführten ist nur die entsprechende Möglichkeit geschaffen. Aber selbst in bezug auf den Kernbereich des Übereinkommens - die in Art. 1 genannten Straftaten - ist in Art. 13 Europäische

(1096) Die Bildung einer Bande, um bestimmte schwerste Straftaten zu begehen, war nach Art. 3 Abs. 1 der nie in Kraft getretenen Genfer Konvention zur Verhütung und Bekämpfung des Terrorismus zu pönalisieren. Keine der in Kraft getretenen globalen Anti-Terrorismus-Übereinkommen enthält jedoch eine entsprechende Bestimmung.

(1097) Solche gab es beispielsweise nicht in der Schweiz, vgl. Lacoste, S. 193 f.

Terrorismuskonvention ein Vorbehalt vorgesehen. Zahlreiche Staaten haben hiervon Gebrauch gemacht, u.a. die EG-Staaten Belgien, Dänemark, Frankreich, Griechenland, die Niederlande und Portugal[1098] sowie Finnland, Island, Norwegen, Schweden, die Schweiz und Zypern. Die Vorbehaltsmöglichkeit ist daher in praxi geeignet, der Konvention in bezug auf die Verpflichtung zur Auslieferung die Wirkung zu nehmen.
Entsprechendes würde auch in bezug auf die Verpflichtung gemäß Art. 8 zur Leistung von Rechtshilfe gelten; erfreulicherweise hat jedoch nur Norwegen einen Vorbehalt zu dieser Bestimmung eingelegt.

Die eingelegten Vorbehalte zeigen, daß auch in (West-)Europa - genauer: zwischen den Europaratsstaaten, die allein gemäß Art. 11 Vertragsparteien der Europäischen Terrorismuskonvention werden können[1099] - zum einen das gegenseitige Vertrauen noch nicht groß genug ist. Zum zweiten wollen manche Staaten nicht die Möglichkeit verlieren, auf Freipressungsversuche von Terroristen flexibel zu reagieren[1100]. Anderenfalls hätten die Staaten jeden Versuch der politischen Veränderung mit

(1098) S. hierzu die Erklärungen der Regierungen der Bundesrepublik Deutschland vom 13.12.1982 (BGBl. 1983 II, S. 175) und Belgiens (BGBl. 1986 II, S. 494) sowie Lacoste, S. 133 f.; Stein, ZaöRV, 37, 1977, S. 681 f.

(1099) Art. 11, der der Europäischen Terrorismuskonvention die Form eines geschlossenen Übereinkommens gibt, weicht von den Regelungen in anderen strafrechtlichen Übereinkommen des Europarats ab. Art. 11 gehörte zu den lange streitigen Punkten der Europäischen Terrorismuskonvention.

(1100) Tophoven, Informationsdienst Terrorismus 9/1989, S. 5 f., berichtet über Fälle der Zusammenarbeit westlicher Regierungen mit Terroristen. Griechenland beschuldigt er, zwei Abu-Nidal-Terroristen (Osama Abdel al-Zomar und Mohamed Rashid) nicht ausgeliefert zu haben, um die "Gunst" der Terrororganisationen zu erhalten, damit diese keine Anschläge gegen griechische Interessen verüben.

Mitteln der Gewaltkriminalität als nicht legitimierbar zurückweisen müssen. Sie hätten im Verhältnis zueinander auf die Auslieferungsausnahme des "politischen Delikts" für Terrorakte uneingeschränkt verzichten müssen. Dies gilt auch vor dem Hintergrund der Menschenrechte, zu deren Schutz die Mitglieder des Europarates aufgrund der Satzung der Organisation und der Europäischen Menschenrechtskonvention verpflichtet sind. Es scheint bisweilen wenig beachtet zu werden, daß diese nicht nur die Gewährleistung der Grundrechte von Angeklagten und von verurteilten Straftätern beinhalten, sondern ebenso auch den Schutz des Rechts auf Leben, Unversehrtheit und Freiheit eines jeden - potentiellen - Opfers von terroristischen Akten.

Anstatt auf die Auslieferungsausnahme des "politischen Delikts" für Terrorakte uneingeschränkt zu verzichten, haben die Europaratstaaten über die Möglichkeit der Einlegung eines Vorbehalts hinaus in Art. 14 Europäische Terrorismuskonvention die Möglichkeit der fristlosen Kündigung geschaffen. Sie enthebt den kündigenden Staat auch der sich aus dem Übereinkommen ergebenden Verpflichtung, einem bereits gestellten Auslieferungsersuchen zu entsprechen(1101). Wenn es in der Denkschrift(1102) heißt, "dadurch soll der besonderen Tragweite der durch das Übereinkommen übernommenen Verpflichtungen Rechnung getragen werden", so stellt auch dies eine beschönigende Umschreibung für das fehlende Vertrauen unter den Europaratstaaten dar. Art. 14 Europäische Terrorismuskonvention läßt vielmehr den Bestand der vertraglichen Bindung für jeden echten Konfliktfall zweifelhaft erscheinen. Dies wird deutlich vor dem Hintergrund, daß für den extremen Fall einer politischen Umwälzung in einem Mitgliedstaat des Europarats weg von einem Rechtsstaat hin zu einem totalitären Staat, der die Menschenrechte

(1101) BT-Drs. 8/1204, S. 15; Linke, ÖJZ 1977, S. 238.
(1102) BT-Drs. 8/1204, S. 15.

mißachtet, bereits Art. 15 das automatische "Außerkrafttreten" der Europäischen Terrorismuskonvention solchen Staaten gegenüber bestimmt, die aus dem Europarat austreten oder aufhören dessen Mitglieder zu sein. Die Regelung in Art. 15 korrespondiert mit Art. 11; nur gegenüber Mitgliedstaaten des Europarats sollen die Pflichten der Europäischen Terrorismuskonvention gelten(1103).(1104)

Die zahlreichen Ausnahmen und Einschränkungsmöglichkeiten in der Europäischen Terrorismuskonvention bewirken, daß die ursprünglich subsidiär vorgesehene Verpflichtung zu stellvertretender Strafrechtspflege wieder in den Vordergrund rückt. Um so bedenklicher ist, daß sie nur beschränkt gilt, nämlich vom Eingang eines Auslieferungsersuchens eines Staates abhängig ist, dessen Gerichtsbarkeit auf einer Zuständigkeitsregelung beruht, die in gleicher Weise im Recht des ersuchten Staates vorgesehen ist.

Spektakuläre Fälle, in denen eine sonst verweigerte Auslieferung erst im Hinblick auf die Europäische Terrorismuskonvention bewilligt worden wäre, sind dem Verfasser nicht bekannt(1105). Dennoch möchte

(1103) Deshalb konnte auf eine eigenständige Konvention nicht zugunsten eines Zusatzprotokolls zum Europäischen Auslieferungsabkommmen verzichtet werden. Denn dieses stellt gem. Art. 30 ein "offenes" Übereinkommen dar.

(1104) Hintergrund der Regelung in Art. 15 war das vorübergehende Ausscheiden Griechenlands aus dem Europarat, Linke, ÖJZ 1977, S. 238.

(1105) Allerdings soll nach Pressemeldungen ein französisches Gericht im März 1990 die Auslieferung von drei mutmaßlichen PIRA-Terroristen von Frankreich an die Bundesrepublik Deutschland für zulässig erklärt haben. Diesen wird u.a. die Ermordung eines britischen Soldaten durch ein Sprengstoffattentat 1989 in Hannover vorgeworfen. Es soll sich um die erste Anwendung der Europäischen Terrorismuskonvention von 1977 durch Frankreich handeln. S. Süddeutsche Zeitung vom 09.03.90 "IRA-Terroristen dürfen an Bonn ausgeliefert werden" und Die Welt vom 09.03.1990 "Liefert Paris Terroristen aus?".

ich mich der Bewertung der Europäischen Terrorismuskonvention von Riedel(1106) nicht anschließen: "Als Mittel zur Bekämpfung des internationalen Terrorismus ist die Bedeutung der Konvention insgesamt nur marginal, ein grobmaschiges Netz, für einen kleinen, aber beweglichen Fisch". Auch wenn die Europäische Terrorismuskonvention insbesondere wegen des beschriebenen Geltungsbereichs, der Vorbehaltsmöglichkeiten und des Rechts zu fristloser Kündigung keine umfassende Lösung, kein umfassendes Übereinkommen zur Bekämpfung des Terrorismus darstellt, wie ihr Titel glauben machen will, so schließt sie doch zumindest teilweise eine der wesentlichen Lücken bei der Terrorismusbekämpfung: die - nicht zu rechtfertigende - auslieferungsrechtliche und rechtshilferechtliche Privilegierung schwerster politischer Straftaten. Sie stellt damit einen weiteren Schritt in die richtige Richtung dar.

b) Das Übereinkommen über die Anwendung des Europäischen Übereinkommens zur Bekämpfung des Terrorismus zwischen den Mitgliedstaaten der Europäischen Gemeinschaften (Dubliner Übereinkommen)

Daß von den 20 Staaten, in denen die Europäische Terrorismuskonvention heute in Kraft ist, nur 8 keinen Vorbehalt gemäß Art. 13 Abs. 1 Europäische Terrorismuskonvention eingelegt haben, zeigt, daß jedenfalls der Rahmen des Europarats nur bedingt geeignet war/ist, wirksame Maßnahmen zur gemeinsamen Abwehr des Terrorismus zu ergreifen. Es erscheint daher kaum verwunderlich, daß die Idee gebar, wirksamere Vereinbarungen zwischen weniger Partnern zu treffen.

(1106) DÖV 1979, S. 31.

aa) **Ausgangslage/historischer Hintergrund**

1979 bestand die Hoffnung, in kleinerem Rahmen als dem Europarat - zwischen den damals 9 Mitgliedstaaten der Europäischen Gemeinschaften, von denen bis dahin allein die Bundesrepublik Deutschland und das Vereinigte Königreich[1107] die Europäische Terrorismuskonvention vorbehaltlos ratifiziert hatten - eine Einigung zu erzielen, die die uneingeschränkte Anwendung des Europaratsabkommens wenigstens unter den EG-Staaten sicherstellte. Dieses Ziel schien erreichbar, "da zwischen den Neun engere Beziehungen bestehen"[1108].
In vertraulichen Beratungen wurde im Rahmen der politischen Zusammenarbeit das Übereinkommen über die Anwendung des Europäischen Übereinkommens zur Bekämpfung des Terrorismus zwischen den Mitgliedstaaten der Europäischen Gemeinschaften erarbeitet, das am 4. Dezember 1979 in Dublin von allen Justizministern der damals 9 EG-Mitgliedstaaten[1109] unterzeichnet wurde.

bb) **Wesentlicher Regelungsbereich**

Anders als die bereits dargestellten Übereinkommen enthält das Dubliner Übereinkommen nicht eine neue materielle Bestimmung. Es will allein den Kernbestimmungen der Europäischen Terrorismuskonvention möglichst uneingeschränkte Geltung verschaffen.

(1107) Spanien folgte 1980, Luxemburg 1981 und Irland 1989.

(1108) Antwort vom 15. April 1980 auf die schriftliche Anfrage Nr. 1521/79 vom 16.01.1980 von Frau Charzat an die Außenminister der neun Mitgliedstaaten der Europäischen Gemeinschaften, die im Rahmen der politischen Zusammenarbeit zusammenarbeiten. Amtsblatt der Europäischen Gemeinschaften Nr. C 126 vom 27.05.1980, S. 55 f.

(1109) Belgien, Dänemark, Bundesrepublik Deutschland, Frankreich, Irland, Italien, Luxemburg, Niederlande, Vereinigtes Königreich von Großbritannien und Nordirland.
Das Übereinkommen ist in deutscher Sprache abgedruckt in: Bulletin der Europäischen Gemeinschaften, 12, 1979, S. 102.

Deshalb findet es gemäß Art. 1 nur dann Anwendung, wenn im Verhältnis zweier EG-Staaten zumindest einer die Europäische Terrorismuskonvention nicht oder nicht vorbehaltlos ratifiziert hat.
Für den erstgenannten Fall sieht es die Anwendbarkeit der Kernbestimmungen der Europäischen Terrorismuskonvention im Verhältnis der EG-Staaten vor. Gemäß Art. 2 Abs. 2 Dubliner Übereinkommen sollen im Verhältnis der EG-Staaten Art. 1 - 8 aber auch Art. 13 Europäische Terrorismuskonvention Anwendung finden. Es besteht also grundsätzlich weiterhin die Möglichkeit, einen Vorbehalt einzulegen.
Für den in Art. 2 Abs. 1 geregelten zweitgenannten Fall, dem der Geltung eines Vorbehalts gemäß Art. 13 Europäische Terrorismuskonvention, sieht das Dubliner Übereinkommen vor, daß dieser Vorbehalt zu wiederholen ist, damit er auch im Verhältnis zu einer Vertragspartei des Dubliner Übereinkommens gilt.
Voraussetzungen und Grenzen der Möglichkeit, einen Vorbehalt gemäß Art. 13 Europäische Terrorismuskonvention einzulegen, bestimmt Art. 3 Dubliner Übereinkommen wie folgt:

"1. Jeder Mitgliedstaat, der von dem nach Artikel 13 des Europäischen Übereinkommens gestatteten Vorbehalt Gebrauch gemacht hat, erklärt, ob er bei der Anwendung des vorliegenden Übereinkommens von diesem Vorbehalt Gebrauch machen will.
2. Jeder Mitgliedstaat, der das Europäische Übereinkommen unterzeichnet, aber nicht ratifiziert, angenommen oder genehmigt hat, erklärt, ob er bei der Anwendung des vorliegenden Übereinkommens von dem nach Artikel 13 des Europäischen Übereinkommens gestatteten Vorbehalt Gebrauch machen will.
3. Jeder Mitgliedstaat, der das Europäische Übereinkommen nicht unterzeichnet hat, kann erklären, ob er sich das Recht vorbehält, die Auslieferung wegen einer in Artikel 1 des Europäischen Übereinkommens aufgeführten Straftat abzulehnen, die er als politische Straftat, als eine mit einer politischen Straftat zusammenhängende oder als eine auf politischen Beweggründen beruhende Straftat ansieht,

sofern er sich verpflichtet, den Fall ohne jede Ausnahme und ohne unangemessene Verzögerung seinen zuständigen Behörden zum Zweck der Strafverfolgung zu unterbreiten.
Diese Behörden treffen ihre Entscheidung in der gleichen Weise wie im Fall einer Straftat schwerer Art nach dem Recht dieses Staates."

Von der Möglichkeit des Art. 3 Abs. 1 haben Belgien, Italien und die Niederlande Gebrauch gemacht(1110).
Hinzu kommt:
Die Regelung des Absatzes 3 von Art. 3 Dubliner Übereinkommen ist noch "weicher" als die in Art. 13 Abs. 1 Europäische Terrorismuskonvention. Denn bei der Entscheidung, ob die Auslieferung im Einzelfall verweigert wird, ist die Schwere der Straftat nicht in Erwägung zu ziehen. Das Prinzip des "primo dedere secundo iudicare" wird damit aufgegeben. Art. 3 Abs. 3 Dubliner Übereinkommen entfaltet jedoch keine Wirkung für das Land, für das die Bestimmung geschaffen wurde: Irland, das 1979 als einziger EG-Staat die Europäische Terrorismuskonvention nicht unterzeichnet hatte, hat das Übereinkommen des Europarats 1989 vorbehaltlos ratifiziert.
Von Bedeutung ist hingegen Art. 3 Abs. 4 Dubliner Übereinkommen, nach dem andere als vorgenannte Vorbehalte zwischen den Mitgliedstaaten wirkungslos sind. Hiervon dürfte Frankreich betroffen sein, das die Geltung der Europäischen Terrorismuskonvention auf Taten ab dem Zeitpunkt des Inkrafttretens der Europäischen Terrorismuskonvention beschränkt hat.

Die Möglichkeiten, sich Ersuchen um Rechtshilfe und speziell auch Auslieferung zu entziehen, sind nach dem Dubliner Übereinkommen geringer. Es wurde keine Möglichkeit zu ggf. auch fristloser Kündigung geschaffen, die den kündigenden Staat auch solcher Verpflichtungen aus dem Übereinkommen enthebt, die sich aus einem bereits gestellten Ersuchen ergeben.

(1110) Auskunft des Auswärtigen Amtes, Bonn, vom 16.11.1989.

cc) Bewertung

Das Dubliner Übereinkommen ist noch nicht in Kraft getreten.
Vertragspartei ist(1111) neben Belgien, Italien, Luxemburg und den Niederlanden auch Frankreich, welches das Übereinkommen zunächst ohne die Absicht baldiger Ratifikation unterzeichnet hatte(1112). Es fehlt demnach noch die Ratifikation von Dänemark, der Bundesrepublik Deutschland, Irlands und des Vereinigten Königreichs. Von diesen zuletzt genannten Staaten hat allein Dänemark einen Vorbehalt zu Art. 13 Europäische Terrorismuskonvention erklärt; einen entsprechenden Vorbehalt hat Dänemark auch bei Unterzeichnung des Dubliner Übereinkommens am 04.12.1979 angekündigt(1113). Den drei anderen Genannten müßte die Ratifikation relativ "leichter" fallen. Trotz alledem wurden in der Bundesrepublik Deutschland, der ansonsten entschiedenes Eintreten bei internationalen Maßnahmen zur Bekämpfung des Terrorismus bescheinigt werden kann, bislang keine gesetzgeberischen Initiativen ergriffen.(1114) Dies

(1111) Stand: 1. Mai 1989; Irland und das Vereinigte Königreich haben noch 1990 mitgeteilt, die Prüfung der Frage der Ratifizierung des Dubliner Übereinkommens sei noch nicht abgeschlossen!

(1112) S. hierzu Lacoste, S. 228 f.

(1113) Der dänische Vorbehalt lautet nach den vom Auswärtigen Amt in Bonn zur Verfügung gestellten Unterlagen:
"I medfor af Art. 3, Stk. 1, vil Danmark ved an vendelsen af Overenkomsten gore brug af et forbehold svarende til det danske forbeholf efter Art. 13 i Den europaeiske Konvention om bekaempelse of Terrorisme."
(Übersetzung des Verfassers:
In Übereinstimmung mit Art. 3 Abs. 1 über die Anwendung des Übereinkommens wird Dänemark von einem Vorbehalt Gebrauch machen analog dem dänischen Vorbehalt gemäß Art. 13 des Europäischen Übereinkommens zur Bekämpfung des Terrorismus.)

(1114) Entsprechendes gilt für Großbritannien und die Republik Irland. Deren Regierungen haben auf Anfrage im Frühjahr 1990 mitgeteilt, daß die Prüfung der Frage der Ratifizierung des Dubliner Übereinkommens noch nicht abgeschlossen sei.

dürfte u.a. darin begründet liegen, daß das Dubliner Übereinkommen gegenüber der Europäischen Terrorismuskonvention nur einen geringen Fortschritt darstellt. Zwar fehlt die besondere Möglichkeit zu - auch fristloser - Kündigung gemäß Art. 14 Europäische Terrorismuskonvention. Kein Staat kann sich demnach durch fristlose Kündigung seiner Verpflichtungen in bezug auf ein bereits eingegangenes Auslieferungs- oder anderes Rechtshilfeersuchen "entledigen". Aber nicht einmal die EG-Staaten konnten sich auf eine uneingeschränkte Anwendbarkeit der Europäischen Terrorismuskonvention - also ohne Vorbehalte - verständigen.
Vielmehr haben Belgien, Italien und die Niederlande ihre Vorbehalte gem. Art. 13 Europäische Terrorismuskonvention wiederholt, Dänemark hat einen solchen angekündigt. Von den Beziehungen zu Frankreich abgesehen, das zwar zur Europäischen Terrorismuskonvention, nach Auskunft des Auswärtigen Amtes in Bonn nicht aber zum Dubliner Übereinkommen einen Vorbehalt eingelegt hat, stellt das Dubliner Übereinkommen gegenüber keinem Mitgliedstaat der Europäischen Gemeinschaften die auslieferungsrechtlichen Beziehungen in bezug auf den auslieferungshindernden Einwand des politischen Delikts auf eine neue Grundlage(1115).

Daß auch im Rahmen der EG-Staaten keine Einigung auf ein Abkommen erzielt werden konnte, das ohne Einschränkung auf die rechtshilferechtlichen Schranken des politischen Delikts verzichtet, scheint kaum verwunderlich. Zwar hatte Frankreich im Rahmen von Überlegungen zur Schaffung eines einheitlichen europäischen Rechtsraumes(1116) einen Konventionsentwurf vorgelegt, der bei schwersten Straftaten die Pflicht zur Auslieferung und anderer Formen der

(1115) Luxemburg, das keinen Vorbehalt zum Dubliner Übereinkommen erklärt hat, hatte bereits die Europäische Terrorismuskonvention vorbehaltlos ratifiziert.

(1116) Stein, S. 155 ff. (156); Lacoste, S. 226 ff.; Wilkinson, Terrorism & the Liberal State, S. 289 f.

Rechtshilfe ohne jede Rücksicht auf den möglichen politischen Charakter des Delikts vorsah(1117). Dem 1977 vom damaligen französischen Staatspräsidenten Giscard d'Estaing angeregten "espace judiciaire européen", der eine "politique commune de justice pénale" zum Ziel hatte, war jedoch kein Erfolg beschieden gewesen. Insbesondere die Niederlande

---

(1117) Der Entwurf soll lt. Stein, S. 156 FN 357 veröffentlicht sein in der Ausgabe Juni-November 1978 des Journal des juristes démocrates, S. 16 (vgl. auch Europe, Agence internationale d'informations pour la presse, Nr. 2421 vom 05.04.1978, S. 4, und Nr. 2666 vom 25.04.1979, S. 6). In den Eingangserwägungen zu diesem Entwurf wird lt. Stein, a.a.O., unter Ziff. 3 das Ziel genannt: "prévoir l'obligation d'extrader, quel que soit le mobile de l'infraction,serait-il politique, et l'obligation de juger si l'extradition est refusée pour l'un des cas retenus par la convention elle-même" (letzteres betraf nach Art. 3 des Entwurfs eigene Staatsangehörige, parallele Strafverfahren, den Grundsatz des ne bis in idem sowie die Verjährung und die Amnestie).

Art. 1 des Entwurfes bestimmte: "... donnera lieu de plein droit à extradition entre Etats contractants tout acte de violence contre les personnes ou contre les biens commis sur le territoire de l'un des Etats contractants membres de la communauté européenne, quelque soient ses mobiles ou ses circonstances, qui est puni par la législation de l'Etat requérant et celle de l'Etat requis d'une peine privative ou restrictive de liberté d'au moins cinq ans ou d'une peine plus sévère. Lorsqu'une condamnation est intervenue sur le territoire de l'Etat requérant la peine prononcée doit être d'une durée d'au moins deux ans".

Art. 6 bestätigte die Irrelevanz politischer Zusammenhänge ausdrücklich auch für die Rechtshilfe im übrigen: "Les Etats contractants s'accordent l'entraide judiciaire la plus large possible en matière pénale dans toute procédure relative aux infractions visées à l'article 1er. Dans tous les cas, la loi applicable en ce qui concerne l'assistance mutuelle en matière pénale est celle de l'Etat requis.

hatten sich ihm 1980 widersetzt(1118). Wie gering bis heute die Möglichkeiten eingeschätzt werden, auf dem Gebiet der Zusammenarbeit bei politischen Taten einen Fortschritt zu erreichen, wird nicht zuletzt dadurch belegt, daß selbst im Rahmen des Abbaus der Grenzkontrollen an den Binnengrenzen zunächst der sogenannten Schengener Staaten(1119) und sodann der Staaten der Europäischen Gemeinschaft keine

---

Toutefois, l'entraide judiciaire ne pourra pas être refusée pour le seul motif qu'elle concerne une infraction politique ou une infraction connexée à une telle infraction ou une infraction inspirée par des mobiles politiques" (Stein, a.a.O.).

(1118) Lacoste, S. 229; Stein, S. 157, insbes. FN 361.

(1119) Belgien, Niederlande, Luxemburg, Frankreich, Bundesrepublik Deutschland. Schengen ist ein kleiner luxemburgischer Grenzort, in dem am 14.06.1985 das "Übereinkommen zwischen den Regierungen der Staaten der Benelux-Wirtschaftsunion, der Bundesrepublik Deutschland und der Französischen Republik betreffend den schrittweisen Abbau der Kontrollen an den gemeinsamen Grenzen" (GMBl. 1986, S. 79) geschlossen wurde (s. hierzu auch Busch, KritJ 1990, S. 1 ff. (S. 6 ff.). Diesem Übereinkommen ist Italien im November 1990 beigetreten.) Ein "Übereinkommen zur Durchführung des Übereinkommens von Schengen vom 14. Juni 1985 zwischen den Regierungen der Staaten der Benelux-Wirtschaftsunion, der Bundesrepublik Deutschland und der Französischen Republik betreffend den schrittweisen Abbau der Kontrollen an den gemeinsamen Grenzen" wurde am 19.6.1990 paraphiert; es ist jedoch noch nicht ratifiziert. Dieses beinhaltet vor dem Hintergrund des beabsichtigten Wegfalls der Grenzkontrollen zwischen den Vertragsstaaten u.a. Bestimmungen über den Austausch personenbezogener Daten, die Nacheile und auch die Auslieferung (Art. 50 ff.) (s. näher Weichert, Demokratie und Recht 1990, S. 251 ff. mit zahlreichen weiteren Nachweisen).
In Art. 59, 63 des Durchführungsübereinkommen verpflichten sich die Vertragsstaaten zur Auslieferung nach Maßgabe des Europäischen Auslieferungsübereinkommens vom 13. September 1957 nicht hingegen auch nach Maßgabe der Europäischen Terrorismuskonvention von 1977 oder des Dubliner Übereinkommens.

rechtspolitischen Initiativen mit dem Ziel ergriffen werden, die Beschränkungen der internationalen Rechtshilfe bei politischen Delikten fallen zu lassen(1120).

(1020) Hinzuweisen ist jedoch - erneut - darauf, daß einige zweiseitige Auslieferungsverträge Ausnahmen von der Anwendbarkeit der Auslieferungsausnahme bei politischen Delikten enthalten, z.B. derjenige der Bundesrepublik Deutschland mit Kanada (BGBl. 1979 II, S. 665; 1979 II, S. 1049) in bezug auf Angriffe gegen völkerrechtlich geschützte Personen sowie die Auslieferungsverträge zwischen der Bundesrepublik Deutschland einerseits und Frankreich, Jugoslawien und USA andererseits in bezug auf Straftaten zu deren Verfolgung die Vertragsparteien aufgrund mehrseitiger internationaler Übereinkommen verpflichtet sind (s. Stein, S. 100 ff.; 158 ff. (161)).

H Schlußbetrachtung

I Defizite im völkerrechtlichen Regelwerk zur Bekämpfung des Terrorismus und Vorschläge zu deren Beseitigung

Mit den dargestellten internationalen Übereinkommen zur Bekämpfung des Terrorismus wurde ein ausreichend starkes Netz rechtlich verbindlicher, weltweit geltender Normen zur Bekämpfung des Terrorismus nicht geschaffen. Diese Übereinkommen lassen eine systematische Entwicklung nicht erkennen. Sie stellen vielmehr "Stückwerk" dar. Jeweils im Zusammenhang mit Hoch-Zeiten des Erscheinens bestimmter Formen terroristischen Verhaltens gelang es, globale Übereinkommen zu schließen, die dieses Handeln für strafwürdig erklärten und die Auslieferung deswegen erleichtern sollten(1121). Diese Übereinkommen sind jedoch jeweils bedenklich lückenhaft.

Hierfür ist eine Vielzahl von Gründen verantwortlich. In erster Linie ist die Uneinigkeit der Staatengemeinschaft zu nennen. Die Erkenntnis, daß - entgegen Machiavelli - der Zweck die Mittel nicht heiligt, hat sich offensichtlich nicht durchgesetzt. Vielmehr wird der Terrorist u.a. - aber nicht nur - im nahöstlichen Raum geschützt nach der Devise "one nations terrorist is anothers freedom fighter". Guerilla und Terrorist unterscheiden sich jedoch in der Kampfstrategie. Dies gebietet, sie unterschied-

(1121) Eine Besonderheit unter den geltenden Übereinkommen stellt insoweit nur die Europäische Terrorismuskonvention dar, die eine größere Mehrzahl von Handlungen betrifft. Entsprechendes gilt für die - nicht in Kraft getretenen - Genfer Übereinkommen vom 16.11.1937 und das Dubliner Übereinkommen sowie auch für die SAARC Regional Convention on Suppression of Terrorism der Mitgliedstaaten Bangladesh, Bhutan, Indien, Malediven, Nepal, Pakistan und Sri Lanka der South Asian Association for Regional Cooperation vom 04.11.1987.

lich zu behandeln. Der Freiheitskämpfer, der sein Ziel mit Guerillamethoden zu erreichen sucht, mag mit gutem Grund besonderen Regeln des humanitären Kriegsvölkerrechts unterworfen sein. Der Terrorist, der seine Vorstellungen durch schwerste Angriffe namentlich auf Leib, Leben und die persönliche Freiheit willkürlich ausgesuchter "unbeteiligter" Opfer zu erreichen sucht, ist - unabhängig von seinen Zielen - strafrechtlich zu verfolgen. Daß terroristische Aktionen sich zudem häufig gegen Staaten richten, die ein Höchstmaß an politischen Freiheiten gewähren, deren demokratische Legitimation und deren Rechtsstaatlichkeit nicht ernsthaft in Zweifel gezogen werden können, unterstreicht allenfalls dieses Gebot.

Die Uneinigkeit der Staatengemeinschaft stellt jedoch nicht den einzigen Grund für die mangelnde Regelungstiefe der Übereinkommen dar. Hinzu kommt vielmehr selbst zwischen sich politisch nahestehenden Staaten, die sich alle die Verpflichtung zur konsequenten Verfolgung von Terroristen zu eigen machen, fehlendes Vertrauen in die Fähigkeit des jeweils anderen Staates, terroristischen Gewalttätern ein rechtsstaatliches Verfahren gewährleisten zu können. Andernfalls hätten die Europäische Terrorismuskonvention und/oder zumindest das Dubliner Übereinkommen von allen Signatarstaaten vorbehaltlos angenommen werden müssen.

Einen in engem Zusammenhang mit vorgenanntem stehenden Grund für die mangelnde Regelungstiefe der Übereinkommen stellt das überlieferte Asylrecht dar. Die dadurch nicht gebotene, aber darin begründet liegende undifferenzierte Gleichsetzung zwischen der Asyl begründenden politischen Verfolgung einerseits und der auf politischen Motiven beruhenden - regelmäßig gegen staatliche Interessen gerichteten - Gewalttat andererseits bedingte zum Beispiel das Scheitern einer US-amerikanischen Initiative in den Vereinten Nationen zur Ausarbeitung einer Anti-Terrorismus-Konvention mit.

Als vierter Grund ist schließlich die fehlende Weitsicht der am Zustandekommen der Übereinkommen Beteiligten anzuführen, die sich mit "überholten" Problemen befaßten. Die Kodifizierung weitgehend bereits als Gewohnheitsrecht geltenden Völkerrechts zum Beispiel in Art. 11 Abs. 2 Tokioter Abkommen und die nur als ein Baustein unter vielen zur Bekämpfung des Terrorismus geeignete Erweiterung der Gerichtsbarkeiten durch das Tokioter Abkommen war bereits im Zeitpunkt der Beratungen zu diesem Abkommen erkennbar zur Zielerreichung ungeeignet bzw. unzureichend, i.e. um die von Terroristen für den Luftfahrzeugverkehr ausgehenden Gefahren zu bekämpfen.

Die Lückenhaftigkeit der Übereinkommen, deren Ursachen vorstehend angesprochen wurden, offenbart sich nicht nur in fehlenden oder offensichtlich unzureichenden Bestimmungen über die Prävention von terroristischen Akten. Insoweit kann aus der Sicht der Bundesrepublik Deutschland erfreulicherweise ohnehin festgestellt werden, daß die Kooperation nicht nur zwischen den Staaten der westlichen Hemisphäre, namentlich innerhalb der Europäischen Gemeinschaften, Gesamt-Westeuropas und den sieben Staaten des Weltwirtschaftsgipfels intensiv ist, sondern auch mit einigen Staaten der östlichen Hemisphäre sowie vereinzelt auch arabischen Staaten zunehmend intensiver wird.

Die Lückenhaftigkeit offenbart sich vielmehr auch in den Kernbestimmungen der Übereinkommen betreffend die Auslieferung oder stellvertretende Strafverfolgung.

Das einzige multilaterale, für eine Mehrheit der westeuropäischen Staaten geltende Übereinkommen, das bei der Frage der Leistung von Rechtshilfe und speziell der Auslieferung wegen einer terroristischen, also definitorisch politischen Tat, das wesentliche Hindernis - den rechtshilfehindernden Einwand des politischen Delikts - beseitigt, stellt die Europäische Terrorismuskonvention dar. Die weltweiten Übereinkommen hingegen äußern sich zu diesem Problem nicht, obwohl es bereits bei deren Ausarbeitung thematisiert worden war. Nicht einmal die Verpflichtung, sogenannte sonstige Rechtshilfe zu leisten, wurde darin unabhängig vom politischen Charakter einer Tat konstituiert. Um die Konsensfähigkeit nicht zu gefährden, wurde vielmehr ein erkanntes Problem ausgeklammert und damit einer Lösung gerade nicht zugeführt. Das Gebot "aut dedere aut iudicare" ist aufgrund des unberührt gelassenen auslieferungshindernden Einwands des politischen Delikts bei den weltweiten Übereinkommen für terroristische Taten de facto reduziert auf das Gebot zu stellvertretender Strafrechtspflege. Auch Europäische Terrorismuskonvention und Dubliner Übereinkommen sind insoweit nur bedingt vorbildhaft. Die Kernbestimmungen dieser Übereinkommen, die den rechtshilfehindernden Einwand des politischen Delikts für terroristische Gewalttaten ausschließen sollen, verlieren durch die Möglichkeit, einen diesbezüglichen Vorbehalt einzulegen, erheblich an Wirkung. Gegenüber Staaten, die von der Vorbehaltsmöglichkeit Gebrauch gemacht haben, kann kaum mehr von einem - von der Europäischen Terrorismuskonvention beabsichtigten - Vorrang der Auslieferung gesprochen werden; vielmehr tritt bei

diesen das in den globalen Übereinkommen manifestierte Gebot zu stellvertretender Strafrechtspflege wieder stärker in den Vordergrund.
Selbst das Prinzip "aut dedere aut iudicare" ist nur unvollkommen verwirklicht. Um so weniger wird nach dem Grundsatz verfahren "aut dedere aut punire". Es besteht nach den geschilderten Übereinkommen allein die Verpflichtung, einen Fall den zuständigen Behörden zum Zweck der Strafverfolgung zu unterbreiten. Soweit nicht uneingeschränkt das Legalitätsprinzip gilt, bleibt den Strafverfolgungsbehörden die Möglichkeit, ein Verfahren gegen einen Terroristen wegen des politischen Charakters der Tat einzustellen. Nicht nur Pressionen auf den Aufenthaltsstaat des Terroristen im Zusammenwirken mit Weisungsgebundenheit von Strafverfolgungsbehörden können dazu führen, daß eine Nicht-Verfolgung selbst schwerster Gewalttaten als opportun dargestellt wird. Da die dargestellten Übereinkommen zur Bekämpfung des Terrorismus - abgesehen von Haager Übereinkommen, Montrealer Übereinkommen sowie Geiselnahmekonvention - nicht vorschreiben, daß die Strafverfolgungsbehörden ihre Entscheidungen "in der gleichen Weise wie im Fall einer gemeinrechtlichen strafbaren Handlung" zu treffen haben, ist nicht auszuschließen, daß allein der politische Charakter einer Tat nach einzelstaatlichem Recht als Grund für die Nicht-Verfolgung ausreicht.

Die kritisierte Lückenhaftigkeit der Übereinkommen resuliert schließlich daraus, daß die Übereinkommen auch bei einer Gesamt-Betrachtung bei weitem nicht alle Formen terroristischen Handelns erfassen. Während die in den Vereinten Nationen und ihren Unterorganisationen erarbeiteten Übereinkommen sich bewußt auf einen kleinen Ausschnitt möglicher terroristischer Handlungsformen beschränken, erfaßt von

den in Kraft befindlichen überregionalen Übereinkommen allein die im Rahmen des Europarats zustandegekommene Europäische Terrorismuskonvention eine Vielzahl unterschiedlicher Handlungsformen. Auch dabei finden jedoch wichtige Tatbestände keine Berücksichtigung. Nicht alle schweren Gewalttaten gegen das Leben, die körperliche Unversehrtheit oder die Freiheit einer Person sowie nicht alle gegen Sachen gerichteten schweren Straftaten, die eine Gemeingefahr für Personen herbeiführen, werden von dem Gebot zumindest stellvertretender Strafrechtspflege erfaßt(1122). Auch wird die Drohung mit einer Tat im Sinne der Übereinkommen grundsätzlich nicht(1123) erfaßt, obwohl bereits das Mittel der Drohung mit schwersten Gewalttaten geeignet sein kann, Furcht und Schrecken zu erzeugen, und damit zur Strategie des terroristischen Kampfes gehört.
Noch weniger erfassen die Übereinkommen den Tatbestand der Bildung einer terroristischen Vereinigung oder andere Tatbestände im Vorfeld einer terroristischen Gewalttat. Diese wurden zwar von Artikel 3 und Artikel 13 und 14 der nicht in Kraft getretenen Genfer Konvention zur Verhütung und Bekämpfung des Terrorismus vom 16.11.1937 in den Regelungsbereich einbezogen, jedoch in nie - selbst in Art. 4 Geiselnahmekonvention nicht - wieder erreichter Weise.
Namentlich der Tatbestand der Bildung einer terroristischen Vereinigung ist selbst in der Bundesrepublik Deutschland stark umstritten(1124). Ihm wird der Vorwurf gemacht, er schaffe "unwürdiges Gesinnungsstrafrecht". Der Streit um die Legitimation der Vorschrift soll und kann hier nicht vertieft werden. Nach einer bislang wenig beachteten,

(1122) Vgl. Art. 2, 7 Europäische Terrorismuskonvention
(1123) Ausnahmen stellen Art. 2 UN-Diplomatenschutzkonvention und Art. 3 Abs. 2 Buchst. c Römisches Seeschiffahrtübereinkommen dar.
(1124) Vgl. neben der einschlägigen Kommentarliteratur zu § 129 a StGB statt vieler Dahs, NJW 1976, s. 2145 ff. ("Niederlage des Rechtsstaates").

ausführlichen Analyse des Problems resümiert Langer-Stein[1125]:
"Faßt man die typischen Gefahrenmomente der kriminellen Vereinigung zusammen, so ist an erster Stelle die Latenzgefahr zu nennen. Diese besitzt sowohl einen objektiven Ursprung, nämlich in der Gefährlichkeit der Gruppe, die dauerhaft zusammengeschlossen ist, und in der ein organisierter Willensbildungsprozeß stattfindet, als auch einen subjektiven, der aus der Tätereinstellung folgt. Hinzu tritt eine Aktionsgefahr für die Rechtsgüter, die die Gruppe plant zu verletzen. Des weiteren ist die kriminelle Vereinigung gefährlicher, als außer den intendierten Delikten noch andere Rechtsverletzungen begangen werden. Die Ursache dieser Nebenfolgen sind das Selbsterhaltungsinteresse der Gruppe und die daraus entstehende Folgekriminalität sowie Handlungen, die der Tarnung des kriminellen Zusammenschlusses dienen. Bei den Hintermännern der kriminellen Vereinigung können außerdem Beweisprobleme entstehen.

Kriminelle Vereinigungen können also gefährlicher sein als Individuen, deshalb ist eine Strafbarkeit der kriminellen Vereinigung erforderlich und verhältnismäßig i.e.S."

Da eine solche Bestimmung im Fall international aktiver Terroristen bei möglichst globaler Geltung größtmögliche Effiziens entfaltet, kann der Auffassung von Lacoste[1126] nicht gefolgt werden, das Delikt der Bildung und Unterstützung einer kriminellen/terroristischen Vereinigung habe keinen Platz in der Europäischen Terrorismuskonvention. Vielmehr gilt: Gerade weil z.Z. im internationalen Raum wenig Neigung zu einer entsprechenden Erweiterung der

(1125) S. 187.
(1126) S. 225.

Anti-Terrorismus-Übereinkommen besteht, sollte die Notwendigkeit hierzu betont werden.

Die angesprochene Lückenhaftigkeit der einzelnen Übereinkommen ist aufgrund differierender Regelungen unterschiedlich. Diese Differenzen offenbaren, daß eine systematische Entwicklung nicht stattgefunden hat. Sie bieten zugleich Ansatzpunkte für neue Initiativen mit dem Ziel der Verbesserung des (völkerrechtlichen) Instrumentariums zur Bekämpfung des Terrorismus. Bereits in der Vergangenheit waren - auch bewußt - "Lücken" von Übereinkommen nicht geschlossen worden und der nicht erfaßte Bereich einer Regelung in einem selbständigen Übereinkommen zugeführt worden. Dies gilt z.B. im Verhältnis der älteren zu den jüngeren Konventionen zur Sicherung der Zivilluftfahrt. Auch die Europäische Terrorismuskonvention baut auf der Tatsache auf, daß das Haager und Montrealer Übereinkommen ebenso wie die Geiselnahmekonvention das Privileg der Nichtauslieferung politischer Täter nicht tangieren, obwohl es eines der wesentlichen Hindernisse bei der Verfolgung von terroristischen Gewalttätern war, die Handlungen gegen die Sicherheit des Zivilluftverkehrs oder Geiselnahmen verübt hatten.
Die Schließung der Lücken dürfte zum einen durch bilaterale Verträge zu erreichen sein. Denn hier brauchen die Vertragspartner keine Rücksicht auf Dritte zu nehmen, die wiederum nur einen Minimalkonsens statt einer umfassenden Bereinigung offengelassener Probleme zulassen würden. Eine zweite Möglichkeit stellten regionale Übereinkommen dar, in denen die Regierungen politisch nahestehender Staaten eine weitestgehende Einigung erreichen. Handelt es sich dabei um "offene" Übereinkommen, die den Beitritt weiterer Länder zulassen, kann im günstigsten Fall

eine zwischen wenigen, nahestehenden Staaten ausgearbeitete "maximale" Vereinbarung weltweite Geltung erlangen. Die Frage des politisch vorteilhaftesten Procederes ist jedoch zurückzustellen. Zunächst sollen die Ansatzpunkte für Maßnahmen auf dem Gebiet des internationalen Strafrechts i.w.S. aufgezeigt werden.

Die aus dem Fehlen einer systematischen Entwicklung der verschiedenen Übereinkommen resultierenden Ansatzpunkte für neue Maßnahmen auf dem Gebiet des internationalen Strafrechts i.w.S. sind vielschichtig.

Erstens:
Es könnten Übereinkommen ausgearbeitet werden, die "neue" Tatbestände erfassen. Damit sind nicht allein solche gemeint, die neue Rechtsgüter schützen. Es reicht nicht, neue terroristische Verhaltensweisen unter Strafe zu stellen, etwa die "Ergänzung" der für den Luft- und Seeverkehr geltenden Übereinkommen um ein solches für andere Verkehrsarten, z.B. den Bahnverkehr. Im Zusammenhang mit der Inbetriebnahme von Hochgeschwindigkeitszügen mögen im Bereich des Bahnverkehrs ähnliche Sicherheitsvorkehrungen erforderlich und ähnliche Straftatbestände geboten sein, wie im Bereich des Luftverkehrs. Hierbei handelt es sich jedoch um eine rechtstatsächliche Entwicklung, die abzuwarten sein wird.
Mit den "neuen" Tatbeständen, die in noch auszuarbeitenden Übereinkommen einer Regelung zugeführt werden könnten, sind vielmehr solche gemeint, deren Relevanz für die Terrorismusbekämpfung bereits bekannt ist, die jedoch keine Berücksichtigung in den geltenden Übereinkommen gefunden haben, zumeist weil dies politisch nicht durchsetzbar war.

Dies gilt für Tatbestände im Vorfeld schwerster Rechtsgutverletzungen durch Terroristen:

- Die Bildung einer terroristischen Vereinigung
  Am weitreichendsten, am schwierigsten durchsetzbar, aber auch am wirksamsten erscheint die Einbeziehung des Tatbestandes der Bildung einer terroristischen Vereinigung in ein neues Übereinkommen. Das Problem der Legitimation einer Vorschrift, nach der "bereits" die Bildung einer Vereinigung strafbar ist, deren Zweck oder Tätigkeit darauf gerichtet ist, schwerste Straftaten zu begehen, wurde bereits angerissen. Im internationalen Bereich dürfte die Frage der Legitimation eines der Hauptprobleme bei Verhandlungen über ein Übereinkommen darstellen, in das der Tatbestand der Bildung einer terroristischen Vereinigung einbezogen werden soll. Eine Beschränkung des Straftatenkatalogs auf Taten im Sinne des Haager, des Montrealer Übereinkommens, des Ergänzungsprotokolls hierzu, der UN-Diplomatenschutzkonvention, der Geiselnahmekonvention, des Römischen Seeschiffahrtübereinkommens sowie des Protokolls hierzu müßte insoweit die Möglichkeit zum Konsens eröffnen. Denn durch diese Beschränkung wird nur der Schutz solcher Rechtsgüter erweitert, deren Schutzbedürftigkeit bereits durch andere internationale Übereinkommen manifestiert ist.
  Daß einer Initiative auf Einbeziehung des Tatbestandes der Bildung einer terroristischen Vereinigung in ein internationales Übereinkommen nicht jeder Erfolg versagt sein muß, erhellt schon daraus, daß jedenfalls viele europäische Staaten den Tatbestand der kriminellen Vereinigung kennen[(1127)].

(1127) S. Rebmann, NJW 1985, S. 1738 FN 39. Vgl. weiterhin Art. 288 portugiesisches StGB von 1982. Zu Überlegungen, einen solchen Tatbestand in das schweizerische Strafgesetzbuch einzufügen, s. Lacoste, S. 193 f.

- Die Androhung
  Sie ist zwar in den in Art. 2 UN-Diplomatenschutzkonvention und Art. 3 Abs. 2 Buchst. c Römisches Seeschiffahrtübereinkommen genannten Fällen zu verfolgen. Dies gilt hingegen z.B. nicht für den Fall der Drohung mit einem Anschlag auf den Luftverkehr, obwohl solche Fälle zahlreich sind und bereits die Drohung dazu zwingen kann, ein Luftfahrzeug unter Vernachlässigung anderer Sicherheitsaspekte vorzeitig zu landen. Bereits die Drohung mit einem Anschlag auf den Luftverkehr kann daher geeignet sein, die Sicherheit der Luftfahrt zu gefährden.
- Urkundsdelikte
  Terroristen müssen auf Tarnung bedacht sein. Daher bedienen sie sich häufig gefälschter Ausweispapiere. Der Mißbrauch von Ausweispapieren war daher nach Art. 14 Genfer Konvention zur Verhütung und Bekämpfung des Terrorismus unter Strafe zu stellen. In späteren Konventionen wurde dieser Gedanke nicht wieder aufgegriffen.
- Waffen- und Sprengstoffdelikte
  Terroristen bedienen sich bei ihren Taten häufig Waffen und Sprengstoffs. Deren Herstellung, Besitz usw. in der Absicht einen terroristischen Akt auszuführen, gehörten zu den gemäß Art. 2 Ziffer 5 o.g. Übereinkommens nach dem Prinzip "aut dedere aut iudicare" zu verfolgenden Taten. An diese Tatbestände könnte ein neues Abkommen anknüpfen. Damit könnte auch erreicht werden, daß Terroristen, deren Festnahme vor Ausführung einer den Ermittlungsbehörden unbekannt bleibenden Tat gelang, nach dem Prinzip "aut dedere aut iudicare" wenigstens für die bereits begangenen Waffen- und Sprengstoffdelikte verfolgt werden können und nicht etwa straffrei ausgehen.

Die Chancen für ein derartiges Abkommen schienen jüngst günstig. In Reaktion auf den Sprengstoffanschlag vermutlich palästinensischer Terroristen auf ein PanAm Passagierflugzeug, der zum Absturz des Luftfahrzeugs am 21.12.1988 über der schottischen Ortschaft Lockerbie führte, war Anfang 1989 von der Bundesrepublik Deutschland u.a. der Abschluß eines Sprengstoffübereinkommens vorgeschlagen worden. Denn bei vorgenanntem Anschlag waren - ebenso wie bei anderen Anschlägen in der jüngeren Vergangenheit - neuartige Sprengstoffe verwendet worden, die bei Kontrollen mit den herkömmlichen, insbesondere auf Flughäfen eingesetzten Röntgengeräten nicht erkannt werden konnten. Da der Luftverkehr zu den Angriffsobjekten zählt, bei denen Sprengstoffanschläge größtmögliche Schäden verursachen und viele Opfer fordern, lag es nahe, daß sich die Internationale Zivilluftfahrt-Organisation der Aufgabe annahm, ein 'Sprengstoff-Übereinkommen' auszuarbeiten(1128). Das Sub-Committee On The Preparation Of A New Legal Instrument Regarding The Marking Of Explosives For Detectability, ein Unterausschuß des ICAO-Rechtsausschusses, erarbeitete einen entsprechenden Entwurf, die "Draft Convention On The Marking Of [Plastic And Sheet] Explosives For The Purpose Of Detection"(1129). Dieser Entwurf(1130) befaßt sich jedoch allein mit der Markierung bestimmter Sprengstoffe, sogenannter "plastic and sheet explo-

(1128) Daneben wird z.Z. an der Entwicklung unterschiedlicher Systeme von Sprengstoffdetektoren gearbeitet.

(1129) LC/SC-MEX-Report 19/1/90, Appendix D.

(1130) Der Weg, eine selbständige neue Konvention zu erarbeiten und nicht einen Annex zum Abkommen von Chicago, wurde gewählt, damit ein Abkommen geschaffen werden kann, das nicht nur bei Angriffen auf die Zivilluftfahrt, sondern auch bei sonstigen Anschlägen unter Verwendung von Sprengstoff - z.B. im Bereich des Seeverkehrs - Anwendung finden kann. Demgemäß waren zu den Beratungen im ICAO-Unterausschuß sowohl Beobachter der Internationalen Kriminalpolizeilichen Organisation, IKPO-Interpol, als auch der IMO eingeladen.

sives"[1131], zum Zweck ihrer Entdeckbarkeit, nicht hingegen allgemein mit Herstellung, Besitz u.s.w. von Waffen und Sprengstoffen, in der Absicht einen terroristischen Akt auszuführen. Die Vertragsparteien sollen Herstellung, Im- und Export dieser - in einem Annex zur Konvention definierter - Sprengstoffe, die nicht mit einem Additiv versehen sind, das ihre Detektion ermöglicht, verbieten, Art. I f.. Über bereits hergestellte Sprengstoffe dieser Art sollen sie strikte Kontrolle üben, Art. III. Schließlich soll eine technische Komission eingerichtet werden, die technische Entwicklungen bei Sprengstoffen beobachten soll, damit ggf. die technischen Bestimmungen im Annex der Konvention aktualisiert werden können.
Entgegen dem vom Spezial-Berichterstatter vorgelegten ersten Rohentwurf einer Konvention[1132] sieht der Entwurf des Unterausschusses[1133] hingegen keine Pönalisierungspflicht vor. Jener hatte noch vorgesehen, den dargestellten Luftverkehrskonventionen von Den Haag und Montreal[1134] entsprechende Verpflichtungen zu begründen. So beinhaltete er vier Regelungskomplexe[1135] betreffend:

(1131) Diese Formulierung ist insofern unbefriedigend, als insbesondere das Wort "sheet" nur etwas über die Form, nicht aber etwas über die Art des Sprengstoffs aussagt. Die Konvention sollte jedoch alle Sprengstoffe umfassen, die derzeit nicht mit gängigen Aufspürungsmethoden entdeckt werden können. Mit der Aufgabe, ein geeignetes Additiv für diese zu finden, befaßt sich eine "Ad Hoc Group of Specialists" (ICAO Doc. AH/-DE/2 vom 24.11.1989). An der Unlösbarkeit dieser Aufgabe könnte das Zustandekommen der Konvention noch scheitern.

(1132) LC/SC-MEX-Report 19/1/90, Appendix C.

(1133) Zur Vorgeschichte s. LC/SC-MEX-Report 19/1/90, S. 1 ff. Der Entwurf des Rechtsausschusses (LC/27-WP/10 - 2 Appendix vom 11.04.1990) folgt (auch) insoweit dem Entwurf des Unterausschusses.

(1134) G II 3 b, c.

(1135) Entsprechendes gilt für einen von der Bundesrepublik Deutschland dem Unterausschuß des ICAO-Rechtsausschusses Ende 1989 zugeleiteten Vorentwurf (LC/SC-MEX-WP 4). Er folgte inhaltlich weitgehend dem Rohentwurf, sah jedoch Abweichungen im Aufbau und Textangleichungen an die älteren Luftverkehrskonventionen vor.

1. die Einführung einer Strafvorschrift für das Herstellen u.s.w. von Sprengstoffen ohne Additive, die sie detektierbar machen, Art. 2 Abs. 1-3,
2. die Verpflichtung zur Erstreckung der Jurisdiktionszuständigkeit bzw. Strafgewalt, Art. 2 Abs. 4,5,
3. die Verpflichtung zu stellvertretender Strafrechtspflege, Art. 3 bis 5,
4. die Verpflichtung zur Leistung von Rechtshilfe, Art. 6.

Diese Vorschläge hatten sich jedoch im Unterausschuß nicht durchsetzen können; sie erschienen der Mehrheit nicht notwendig. Diese wünschte, daß der Schwerpunkt der Konvention auf Präventiv-Bestimmungen liegt. Sie befürchtete außerdem, daß die oben aufgeführten Regelungskomplexe eine Einigung und das Inkrafttreten des Übereinkommens erschweren könnten. Selbst für den ohnehin kleinen Ausschnitt strafwürdiger Handlungen, die mittels der neuen, unter Ägide der ICAO entstehenden Konventionen verhindert werden sollen, wird daher voraussichtlich keine umfassende Regelung geschaffen werden; insbesondere werden nicht die aus den eingangs genannten Gründen erforderlichen strafrechtlichen Bestimmungen geschaffen(1136).

(1136) Diese Einschätzung wird durch das Ergebnis der Sitzung des ICAO Rechtsausschusses vom 27. März bis 12. April 1990 in Montreal bestätigt (s. Report On The 27th Session Of The Legal Committee, ICAO Dokument C-WP/9074 vom 25.04.1990, Attachment 1. S. auch den 'Draft Report...'. ICAO Dokument LC/27 - WP/10-2 Addendum vom 11.04.1990). Die Aufnahme strafrechtlicher Bestimmungen unterblieb. Die Draft Convention soll, sofern bis dahin ein geeignetes Additiv gefunden sein sollte, ohne diese Bestimmungen auf einer diplomatischen Konferenz im Februar 1991 angenommen werden. Vorbild für strafrechtliche Bestimmungen hätten Art. 7 ff. Übereinkommen vom 26. Oktober 1979 über den physischen Schutz von Kernmaterial (BT-Drs. 11/3990 vom 14.02.1989) sein können. Da solche nicht einmal mehr von den sich bei Fragen der Terrorismusbekämpfung führend gebenden Staaten des Weltwirtschaftsgipfels gefordert werden (vgl. Erklärungen zum Weltwirtschaftsgipfel in Houston (Texas) vom 9. bis zum 11.07.1990, EA 1990, Folge 16, S. D 422 ff.), dürfte die neue Konvention - falls überhaupt - ohne solche Bestimmungen beschlossen werden.

Zweitens:
Weiterer Ansatzpunkt für neue Maßnahmen auf dem Gebiet des internationalen Strafrechts im weiteren Sinne zur Verbesserung des Instrumentariums zur Bekämpfung des Terrorismus könnte die unterschiedliche Ausprägung des Grundsatzes "aut dedere aut iudicare" sein.
Hier erscheint - um die gebotene Gleichbehandlung terroristischer Gewalttäter mit allgemeinkriminellen Schwerstverbrechern zu verwirklichen - wünschenswert, die Entscheidung der Strafverfolgungsbehörden an die gleichen Grundsätze "wie im Fall einer gemeinrechtlichen strafbaren Handlung" zu binden, wie dies bislang in dem Haager und dem Montrealer Übereinkommen sowie der Geiselnahmekonvention geschehen ist. Dabei gilt es zur Vermeidung von Strafbarkeitslücken zu beachten, daß die Verpflichtung zu stellvertretender Strafrechtspflege unabhängig davon bestehen sollte, ob ein Auslieferungsersuchen durch einen Staat gestellt wurde, dessen Gerichtsbarkeit auf einer Zuständigkeitsregelung beruht, die in gleicher Weise im Recht des ersuchten Staates vorgesehen ist(1137).

Drittens:
Den dritten Ansatzpunkt für eine neue Initiative auf internationaler Ebene mit dem Ziel der Verbesserung des rechtlichen Instrumentariums weist die Europäische Terrorismuskonvention.
Die terroristische Tat dürfte nicht als politische angesehen werden. Der Terrorist dürfte nicht in den Genuß der Vergünstigungen kommen, die (anderen) politischen Tätern gewährt werden, da das vom Terrorist benutzte Mittel in keinem Verhältnis zu dem von ihm erstrebten Ziel steht.

Die vorgenannten Vorschläge basieren auf der Analyse der in Kraft getretenen Anti-Terrorismus-Übereinkom-

(1137) Vgl. Art. 6 Europäische Terrorismuskonvention.

men. Ihnen kann daher nicht ganz zu Unrecht entgegengehalten werden, sie wären - jedenfalls zum Teil - verwirklicht worden, wenn dies auf politischer Ebene durchsetzbar gewesen wäre. Die gefundene Lösung sei vielleicht rechtlich nicht befriedigend. Es habe sich aber bei dieser um den größten gemeinsamen Nenner gehandelt. So zutreffend dieser Einwand sein mag, er rechtfertigt nicht, es zu unterlassen, in Zukunft auf weitergehende Absprachen zu drängen. Für eine solche sei abschließend auch ein neuer Weg gezeigt: Die Schaffung einer internationalen Anklagebehörde für Taten im Sinne der Abkommen zur Bekämpfung des Terrorismus(1138).

Der Gedanke, eine internationale Anklagebehörde zu errichten, wurde zuletzt von der International Law Association aufgegriffen. Das International Criminal Law Committee der International Law Association befaßte sich ab 1977(1138a) mit dem Entwurf eines Statuts einer Internationalen Untersuchungskommission und eines Internationalen Strafgerichtshofs(1138b).

(1138) Eine Übersicht über bis 1982 erstellte Entwürfe und Vorschläge für eine internationale Strafgerichtsbarkeit und den Entwurf einer Internationalen Strafrechtlichen Untersuchungskommission gibt Oehler, S. 653 ff. Vgl. auch Jescheck, GA 1981, S. 49 ff. (59 ff.); Grebing, GA 1976, S. 97 ff. und Mettgenberg, VuV 1935/36, S. 21.

(1138a) International Law Association, Report of the 58. Conference in Manila 1978, S. 473 ff.

(1138b) S. die DRAFT STATUTE FOR AN INTERNATIONAL COMMISSION OF CRIMINAL INQUIRY (Resolution von Paris vom 17./18. Mai 1978), International Law Association, Report of the 58. Conference in Manila 1978, S. 482 - 485;
Report of the 59. Conference in Belgrad 1980, S. 5 (Resolutions) und S. 401 ff., insbes. S. 429 - 439 (= DRAFT STATUTE FOR AN INTERNATIONAL CRIMINAL COURT);
Report of the 60. Conference in Montreal 1982, S. 11 f. (Resolutions) und S. 377 ff., insbes. S. 424 ff. (DRAFT STATUTE FOR AN INTERNATIONAL COMMISSION OF CRIMINAL INQUIRY (As amended at the Committee Session held on 16th and 17th May, 1981 at Paris)), S. 445 ff. (Explanatory Report zu o.g. DRAFT STATUTE von Prof. D. Oehler) und S. 454 ff. (DRAFT STATUTE FOR AN INTERNATIONAL CRIMINAL COURT (As amended at the Committee Session held on 16th and 17th May 1981 in Paris));

Die Einrichtung einer International Commission of Criminal Inquiry sollte nach Vorstellung des International Criminal Law Committee nicht ein Zwischenschritt auf dem Weg zur Schaffung eines internationalen Strafgerichtshofes sein(1138c); vielmehr stehen beide Entwürfe miteinander in Verbindung(1138d).

Auf eine Analyse des umfassenden Projektes, darf hier deshalb verzichtet werden, weil das mit diesem verfolgte Ziel nicht speziell die Verbesserung des Instrumentariums zur Bekämpfung des Terrorismus ist.

Report of the 61. Conference in Paris 1984, S. 4 ff. (Resolutions) und S. 252 ff., insbes. S. 257 ff. (STATUTE FOR AN INTERNATIONAL CRIMINAL COURT), S. 279 ff. (Explanatory Report zu vorgenannten STATUTE), S. 292 ff. (Protocol I to the Statute for an International Criminal Court and to the Statute for an International Commission of Criminal Inquiry: containing the punishments for the offences described therein and other provisions related thereto.) und S. 300 ff. (Explanatory Report to the Protocol I); Report of the 62. Conference in Seoul 1986, S. 28 ff. (Resolutions) und S. 357 ff., insbes. S. 366 ff. (Protocol II to the Statute for an International Criminal Court and to the Statute for an International Commission of Criminal Inquiry on defences to be applied in international criminal jurisdiction, prepared by Prof. D. Oehler, Rapporteur (revised and adopted)), S. 369 ff. (Explanatory Report to Protocol II on Defences) sowie S. 374 ff. (Protocol III, Draft Protocol on Secondary Liability). Report of the 63. Conference in Warsaw 1988, S. 18 f. (Resolutions) und S. 381 ff., insbes. S. 391 ff. (Protocol II to the Statute (Revised)), S. 394 ff. (Explanatory Report to the Protocol II on Defences (Revised)), S. 402 ff. (Protocol III to the Statute for an International Commission of Criminal Inquiry on the Forms of Commission of Offences: Preparation, ... (Revised)) u. S. 405 ff. (Explanatory Report dazu).

(1138c) De Schutter, Prospective Study ..., in: Réflexions ..., S. 259, schlägt die Schaffung einer "International Commission of investigation" als "intermediary step" auf dem Weg zur Schaffung eines internationalen Strafgerichtshofes vor.

(1138d) Einen Überblick über den Inhalt der bis 1982 vorliegenden Draft Statutes for an International Commission of Criminal Inquiry und for an International Criminal Court gibt Oehler, S. 658 f.

Das darf jedoch nicht darüber hinwegtäuschen, daß auch terroristische Taten, z.B. solche gemäß der UN-Diplomatenschutzkonvention, in dessen Regelungsbereich fallen. Erfreulich ist, daß die Arbeiten der International Law Association auf ihrer 64. Konferenz 1990 in Canberra mit der Annahme der Statuten abgeschlossen werden konnten(1139).
Die Verwirklichung der bereits wiederholt thematisierten Idee, einen internationalen Strafgerichtshof zu gründen, erscheint trotz alledem in absehbarer Zukunft nicht allzu wahrscheinlich. Denn sie wäre mit dem Verzicht auf einen wesentlichen Teil der Souveränität bei den Staaten verbunden, die zu seinen Gunsten auf die Ausübung ihrer Gerichtsbarkeit verzichten. Zu diesem Verzicht aber sind die Staaten nicht bereit. Dies haben bisherige Versuche, eine Einigung über die Gründung eines internationalen Strafgerichtshofs zu erreichen, hinreichend deutlich gemacht. Entsprechendes gilt zur Zeit für die Gründung einer europäischen Polizei mit Exekutivbefugnissen(1140). Auch hier zeichnet sich ab, daß allenfalls ein europäisches Kriminalamt mit Zentralstellenaufgaben ähnlich denjenigen des Bundeskriminalamtes politisch durchsetzbar ist(1141).
Im Falle seiner Errichtung könnte diese Behörde wesentliche Unterstützungsaufgaben für die Anklagebehörde übernehmen. Diese internationale Anklagebehörde, für deren Einrichtung hier - in Anbetracht der geringer eingeschätzten Erfolgsaussichten für die Errichtung eines Internationalen Strafgerichtshofs um so mehr - plädiert wird, könnte an die Stelle oder besser noch an die Seite der bestehenden nationalen Anklagebehörden gestellt werden. Sie müßte Einfluß auf das Verfahren haben dadurch, daß ihr ein eigenes Anklage- und Antragsrecht zugebilligt wird. Sie brauchte jedoch die nationale An-

---

(1139) Der Report of the 64. Conference in Canberra 1990 wird voraussichtlich 1991 erscheinen.
(1140) S. hierzu Klink, Die Polizei 1987, S. 183.
(1141) Rebmann, Straßburger Gespräche, Band 4, S. 18; Steinke, BKA-Vortragsreihe, Bd. 23, 1977, S. 41; Stümper CIF 1987, S. 36.

klagebehörde nicht vollständig zu ersetzen. Dies hätte einen erheblichen Eingriff in die geltenden Verfahrensordnungen zur Voraussetzung. Zugleich hätte die vollständige Ersetzung den Nachteil, daß eine unter Umständen sachnähere Behörde von den Ermittlungen ausgeschlossen würde. Die internationale Anklagebehörde könnte vielmehr ihr Tätigwerden auf solche Fälle beschränken, in denen bei Gericht Anträge gestellt bzw. von der nationalen Anklagebehörde Entscheidungen getroffen werden (sollen), die aus der Sicht eines objektiven, mit dem Ermittlungsstand vertrauten Verfahrensbeobachters nicht mit dem Ermittlungsergebnis vereinbar sind. Sie soll demnach mit den nationalen Behörden kooperieren und nur in Ausnahmefällen eingreifen, z.B.:

- wenn Beweismittel nicht mit der gebotenen Sorgfalt zusammengetragen werden,
- wenn Opportunitätsentscheidungen - z.B. über die Einstellung eines Verfahrens - getroffen werden, die nicht mit Sinn und Zweck der internationalen Übereinkommen zur Bekämpfung des Terrorismus in Einklang stehen,
- wenn die nationale Behörde zu rechtsstaatlicher Verfolgung nicht in der Lage ist, z.B. weil sie Pressionen ausgesetzt ist.

Vorteile einer internationalen Anklagebehörde sind damit angedeutet. Sie kann sichern, daß Beweismittel für und gegen den einer terroristischen Gewalttat mit internationalem Bezug Verdächtigen sorgfältig zusammengetragen werden. Es gilt sich in diesem Zusammenhang zu vergegenwärtigen, daß selbst die Anklage in einem strafverfolgenden Staat nicht unbedingt Ausdruck eines besonderen Gerechtigkeitswillens sein muß(1142). Die Anklage kann vielmehr auch bezwecken, ein Verfahren zu "irgendeinem"

(1142) De Schutter (Prospective Study ..., in: Réflexions ..., S. 265 f.) schlägt daher als ersten Schritt auf dem Weg zur Schaffung eines internationalen Strafgerichtshofes die (offizielle) Zulassung von "international legal observer" vor.

rechtskräftigen Abschluß zu bringen, ohne daß die Tat aufgeklärt wird. So kann sie dazu dienen, einen Verdächtigen zu schützen, dessen Verurteilung dem verfolgenden Staat - vor dem Hintergrund einer Nötigung oder aus welchen Gründen auch immer - nicht opportun erscheint. Andererseits kann sie auch dazu dienen, einen Unschuldigen zu verfolgen, sei es, um einen politischen Gegner zu schädigen, sei es, um den oder die wahren Verantwortlichen zu decken, sei es aus sonstigen Motiven. Die Einschaltung einer internationalen Anklagebehörde könnte die Sicherheit der Wahrheitsfindung erhöhen - zugunsten und zu Lasten des Verdächtigen.
Ihr Tätigwerden ist zugleich geeignet, den möglicherweise auf einen verfolgenden Staat von anderen Staaten ausgeübten politischen Druck zu beseitigen, eine Entscheidung in dem einen oder anderen Sinn zu treffen. In gleicher Weise ist sie geeignet, den verfolgenden Staat vor Erpressungsversuchen von Terroristen zu schützen. Die internationale Anklagebehörde ist damit geeignet, die Durchsetzung des Prinzips "aut dedere aut iudicare" zu fördern.

Auf der anderen Seite erscheint der Eingriff in die Souveränität der Staaten bei Gründung einer internationalen Anklagebehörde geringer als im Fall der Gründung eines internationalen Strafgerichtshofs. Damit dürfte die Akzeptabilität größer sein. Denn die letzte Entscheidung, der Urteilsspruch, bleibt Sache jedes einzelnen Staates. Seine Richter können in einem Verfahren nach dem formellen und materiellen Strafrecht dieses Staates urteilen.
Im Rahmen dieses Rechts kann schließlich die internationale Anklagebehörde darauf achten, daß der Verdächtige, Angeschuldigte bzw. Beschuldigte seine Verfahrensrechte wahrnehmen kann. Auch der international operierende Terrorist müßte daher erkennen, daß die Tätigkeit der internationalen Anklagebehörde

auch geeignet ist, in seinem Interesse zu liegen, weil sie seine Interessen z.B. an einem rechtsstaatlichen Verfahren schützen kann.

Zudem dürfte die Internationalität eo ipso geeignet sein, die Reputation einer Anklagebehörde zu erhöhen. Die Vorlage ihres Ermittlungsergebnisses, ggf. ihrer Anklageschrift, vor der Weltöffentlichkeit erscheint schließlich geeignet, eine solche starke psychologische Wirkung gerade auch auf die mit dem Verfahren befaßte nationale Anklagebehörde auszuüben, daß sachlich nicht zu rechtfertigende Anträge und Entscheidungen dieser Behörde ausgeschlossen erscheinen.

Die Wege, die zur Erreichung des Ziels der Einrichtung einer internationalen Anklagebehörde der beschriebenen Art eingeschlagen werden können, sind vielfältig. Einer wäre, in den Vereinten Nationen ein entsprechendes Übereinkommen zu erarbeiten, das eine internationale Anklagebehörde als Sonderorganisation der Vereinten Nationen vorsieht(1143). Ein anderer wäre, zunächst auf regionaler Ebene, zwischen politisch nahestehenden Staaten, eine entsprechende Behörde aufzubauen(1143a). Die Fragen der Verwirklichung eines derartigen Projekts sind primär politischer Natur. Über sie kann erst entschieden werden, wenn die Haltung der Staatengemeinschaft hierzu bekannt sein wird; sie haben daher hier offenzubleiben.

(1143) S. hierzu neben dem oben angesprochenen Vorschlag der International Law Association auch denjenigen - zur Resolution 44/29 der Vereinten Nationen über den internationalen Terrorismus (UN Doc. A/Res/44/29 vom 31.01.1990) - Bulgariens, der CSSR, der DDR, Ungarns, Polens und der UdSSR "To consider .. the establishment within the Secretariat of a centre of international terrorism..." (A/C.6/44/L.3 = A/44/762 vom 1. Dezember 1989, S. 6 f.) und De Schutter, Prospective Study ..., in: Réflexions..., S. 259.

(1143a) Vgl. auch Oehler, S. 659, der hierfür den Rahmen des Europarats für geeignet hält.

II Die Gesetzgebung der Bundesrepublik Deutschland zur Bekämpfung des Terrorismus - Ansatzpunkte für weitere internationale Übereinkommen zur Bekämpfung des Terrorismus?

Bei einer Arbeit, die sich mit internationalen Abkommen zur Bekämpfung des Terrorismus befaßt, die weitestgehend bereits von der Bundesrepublik Deutschland ratifiziert wurden, erscheint interessant, im Rahmen der Schlußbetrachtung näher zu prüfen, ob und wie die Verpflichtungen aus den Übereinkommen "umgesetzt" wurden. Auf eine zusammenfassende Darstellung dieser Frage kann hier jedoch nicht zuletzt im Hinblick auf ihre wiederholte Behandlung im Zusammenhang mit der Analyse der einzelnen Abkommen verzichtet werden.
Entsprechend interessant wäre eine Untersuchung der nationalen Gesetzgebung der Bundesrepublik Deutschland insbesondere auf den Gebieten des materiellen und formellen Strafrechts zur Bekämpfung des Terrorismus. Diese Gesetzgebung hat jedoch Eingang nicht nur in die Kommentarliteratur gefunden. Es gibt vielmehr darüber hinaus ausführliche Studien zu diesem Thema. Zu nennen sind hier namentlich die Arbeiten von Basten "Von der Reform des politischen Strafrechts bis zu den Anti-Terror-Gesetzen" und Klughardt "Die Gesetzgebung zur Bekämpfung des

Terrorismus aus strafrechtlich-soziologischer Sicht"(1144).
Diese Arbeiten befassen sich aus sozialwissenschaftlicher bzw. strafrechtlich-soziologischer Sicht mit der (bundes-)deutschen Anti-Terrorismus-Gesetzgebung bis 1981 bzw. 1984.
Hinzu kommt die ausführliche Untersuchung von Wittke(1145), der der Frage nachgeht, ob und inwieweit die in der Bundesrepublik Deutschland zur Bekämpfung des Terrorismus ergriffenen Maßnahmen auf der Grundlage rationaler politischer Entscheidungen ergriffen wurden.

Seit Fertigstellung o.a. Arbeiten sind zwei weitere Gesetze mit terrorismusspezifischen Normen auf den Gebieten des materiellen und des formellen Strafrechts in Kraft getreten, die gleichfalls beide im juristischen Schrifttum hinreichend analysiert wurden,

- das Gesetz zur Bekämpfung des Terrorismus vom

(1144) Vgl. auch Böckenförde, NJW 1978, S. 1881 ff.; Dahs, NJW 1976, S. 2145 ff.; Ebert, JR 1978, S. 136 ff.; Erhard, ZRP 1980, S. 25 ff.; Jung, JuS 1976, S. 477 f.; Krekeler, AnwBl 1979, S. 212 ff.; Kurth, Rechtsgrundlagen der Terrorismusbekämpfung, 1979; Lameyer, ZRP 1978, S. 49 ff.; Lange, NJW 1978, S. 784 ff.; Langer-Stein, Legitimation und Interpretation ..., 1987; Laufhütte, MDR 1976, S. 441 ff.; Löchner, FS Rebmann, S. 303 ff.; Rebmann, NStZ 1981, S. 457 ff.; Rieß, Schriftenreihe Bd. 148, S. 169 ff.; Rudolphi, JA 1979, S. 1 ff.; Scheerer, in: Politik der inneren Sicherheit, S. 121 ff.; Schmid, Polizeiblatt BW 1978, S. 178 ff.; Schöneich, in: Geistig-politische Auseinandersetzung mit dem Terrorismus, 1979, S. 110 ff.; Schulz, ZRP 1975, S. 19; Stree, NJW 1976, S. 1177 ff.; Sturm, JZ 1976, S. 347 ff.; ders., MDR 1977, S. 6 ff.; Vogel, DRiZ 1976, S. 88 f.; ders., DRiZ 1977, S. 303 f.; ders., NJW 1978, S. 1217 ff.; Winterfeld, ZRP 1977, S. 265 ff.
S. weiterhin Merten, DVBl 1987, S. 395 ff.; ders., DVBl 1988, S. 19 f.; Schoen, DVBl 1988, S. 16; Völz, Texte zur inneren Sicherheit, 1987, S. 87 ff. und - satirisch - Müller-Dietz, JZ 1976, S. 141.

(1145) Terrorismusbekämpfung als rationale politische Entscheidung. Die Fallstudie Bundesrepublik.

19.12.1986[(1146)] und

- das Gesetz zur Änderung des Strafgesetzbuches, der Strafprozeßordnung und des Versammlungsgesetzes und zur Einführung einer Kronzeugenregelung bei terroristischen Straftaten (sog. Artikelgesetz 1989)[(1147)].

Auf die namentlich in den vorgenannten Arbeiten besprochenen und die beiden soeben aufgeführten Gesetze soll aus den genannten Gründen nicht näher eingegangen werden. Ein zusammenfassender Überblick über die wesentlichen Änderungen erscheint jedoch hilfreich für die Überlegung, ob sich hieraus unmittelbar Anhaltspunkte für neue internationale Übereinkommen zur Bekämpfung des Terrorismus ergeben.

(1146) Vgl. Achenbach, Kriminalistik 1987, S. 297 ff.; Dencker, StrafVert 1987, S. 117 ff.; ders., KritJ 1987, S. 36 ff.; Ellerich, W+S 1987, S. 346 ff.; Kovacic, Der legale Terror, 1987; Kühl, NJW 1987, S. 737 ff.; Rebmann, NStZ 1986, S. 289 ff.; Richter, W+S 1987, S. 196 ff.; Schnarr, MDR 1988, S. 89 ff.
Eine Zusammenfassung der schriftlichen Stellungnahmen zum Gesetzentwurf der Fraktionen der CDU/CSU und FDP zur Bekämpfung des Terrorismus (BT-Drs. 10/6286) wurde als Anlage zum Protokoll der 101. Sitzung des Rechtsausschusses am 14.11.1986 herausgegeben.

(1147) Zum Artikelgesetz 1989 allgemein s. Kniesel, Die Polizei 1989, S. 231 ff.; Achenbach, Kriminalistik 1989, S. 633 ff.; Strafrechtskommission des DRB, DRiZ 1988, S. 29 f.
Speziell zu Problemen der Kronzeugenregelung s. Füllkrug, Kriminalistik 1985, S. 410 ff.; Hannover, KritJ 1989, S. 394 ff.; Haurand, Kriminalistik SKRIPT 1988, S. 33 ff. und 89 ff.; Jung, ZRP 1986, S. 38 ff.; Lisken, DRiZ 1987, S. 184 ff.; Oehler, ZRP 1987, S. 41 ff.; Schmidt-Jortzig, NJW 1989, S. 129 ff.; Zuck, MDR 1989, S. 1065 f.
Allgemeine und ältere Abhandlungen, die sich (auch) mit Problemen des Instituts des Kronzeugen befassen:
Jahrreis, FS Lange, S. 765 ff.; Jung, Straffreiheit für den Kronzeugen?, 1974; Meyer, ZRP 1976, S. 25 ff.; Middendorff, ZStW 1973, S. 1102; Pfiszter, PFA Schlußbericht 1987, S. 51 ff.; Rebmann, DRiZ 1979, S. 368; Schulz/Hermann, Der Kriminalist 1983, S. 385 ff.; Schwind, Kriminologie 1986, S. 339; Schwindt, Kriminalistik 1987, S. 309; Steinke, Kriminalistik 1987, S. 99; Stümper, CIF 1987, S. 33.

1 Überblick über die bisherigen gesetzgeberischen Maßnahmen mit Bezug zur Terrorismus-Bekämpfung

Die gesetzgeberischen Maßnahmen in der Bundesrepublik Deutschland gegen terroristische Gewaltkriminalität, die sich auf einen Zeitraum von beinahe 20 Jahren erstrecken, betreffen mehrere Felder der Gesetzgebung: das Strafrecht, das Strafverfahrensrecht, das Standes- und Berufsrecht der Rechtsanwälte sowie Teilbereiche des Verwaltungsrechts.

Ein Sonderrecht für Terroristen gibt es in der Bundesrepublik Deutschland jedoch nicht. Allein der 1976 mit dem sog. "Anti-Terrorismus-Gesetz" eingeführte Straftatbestand des § 129 a StGB [Bildung terroristischer Vereinigungen] zieht sich als Spezialnorm wie ein roter Faden als Anknüpfungspunkt mannigfacher Folgeregelungen durch das materielle und speziell das formelle Strafrecht. § 129 a StGB ist mit den Worten des ehemaligen Generalbundesanwalts Rebmann(1148) "als materiell-rechtliche Grundlage der gerichtsverfassungsrechtlichen Kompetenzzuweisung der Dreh- und Angelpunkt für die justitielle Bewältigung der terroristischen Gewaltkriminalität in der Bundesrepublik Deutschland".

In der folgenden Gesetzgebungsübersicht sind in chronologischer Reihenfolge diejenigen Bundesgesetze - ohne die Zustimmungsgesetze zu internationalen Regelungen - aufgeführt, die - zumindest u.a. - gesetzliche Vorschriften von einiger Bedeutung zur besseren Bekämpfung terroristischer Gewaltkriminalität enthalten. Zugleich ist in Stichworten ihr wesentlicher Inhalt wiedergegeben:

1. **Elftes Strafrechtsänderungsgesetz vom 16. Dezember 1971(1149)**
   Strafrecht: Strafbarkeit des Angriffs auf den Luftverkehr (Luftpiraterie) (§ 316 c StGB).

(1148) NStZ 1986, S. 289.
(1149) BGBl. 1971 I, S. 1977.

2. **Zwölftes Strafrechtsänderungsgesetz vom 16. Dezember 1971**(1150)
   Strafrecht: Erweiterung des ehemaligen Tatbestandes des erpresserischen Kindesraubes durch Einführung der Strafbarkeit des erpresserischen Menschenraubes (§ 239 a StGB) und Einfügung des Tatbestandes der Geiselnahme (§ 239 b StGB).
   Strafverfahren: Zulässigkeit der Telefonüberwachung in diesen Fällen.
3. **Waffengesetz vom 19. September 1972**(1151)
   Strafrecht: Schaffung einheitlicher, bundesrechtlicher Strafvorschriften.
   Strafverfahren: Zulässigkeit der Telefonüberwachung bei schweren Straftaten gegen das Waffengesetz.
   Sonstiges: Einschränkung der Befugnis zum Erwerb, Besitz und Führen von Waffen.
4. **Viertes Gesetz zur Reform des Strafrechts vom 23. November 1973**(1152)
   Strafrecht: Strafbarkeit der Verherrlichung von Gewalt (§ 131 StGB).
5. **Erstes Gesetz zur Reform des Strafverfahrensrechts vom 9. Dezember 1974**(1153)
   Strafverfahren: Abschaffung der gerichtlichen Voruntersuchung; Erzwingbare Pflicht zur Zeugenaussage vor dem Staatsanwalt; Konzentration richterlicher Zuständigkeiten im Ermittlungsverfahren (§§ 98, 162 StPO).
   Sonstiges: Möglichkeit des vorläufigen Berufs- oder Vertretungsverbotes in ehrengerichtlichen Verfahren gegen Rechtsanwälte.
6. **Gesetz zur Ergänzung des Ersten Gesetzes zur Reform des Strafverfahrensrechts vom 20. Dezember 1974**(1154)
   Strafverfahren: Beschränkung der Wahlverteidiger

(1150) BGBl. 1971 I, S. 1979.
(1151) BGBl. 1972 I, S. 1797.
(1152) BGBl. 1973 I, S. 1725.
(1153) BGBl. 1974 I, S. 3393, 3533.
(1154) BGBl. 1974 I, S. 3686.

auf maximal drei (§ 137 StPO); Verbot der Mehrfachverteidigung (§ 146 StPO); Regelung des Verteidigerausschlusses (§§ 138 a ff. StPO); Schaffung der Möglichkeit zur Hauptverhandlung ohne Angeklagten bei verschuldeter Verhandlungsunfähigkeit (§ 231 a StPO); Verschärfung der Ordnungsstrafgewalt in der Hauptverhandlung (§§ 177, 178 GVG).

7. **Vierzehntes Strafrechtsänderungsgesetz vom 22. April 1976**(1155)
   Strafrecht: Einfügung der Straftatbestände der Befürwortung (§ 88 a StGB) und Anleitung zu Straftaten (§ 130 a StGB)(1156) sowie Änderung der Tatbestände Androhung, Belohnung und Billigung von Straftaten (§§ 126, 140, 145 d StGB).
8. **Gesetz zur Änderung des Strafgesetzbuches, der Strafprozeßordnung, des Gerichtsverfassungsgesetzes, der Bundesrechtsanwaltsordnung und des Strafvollzugsgesetzes vom 18. August 1976**(1157), sog. "Anti-Terrorismus-Gesetz"
   Strafrecht: Einfügung des Straftatbestandes der Bildung terroristischer Vereinigungen (§ 129 a StGB), mit dem die Mitgliedschaft, das Unterstützen einer und die Werbung für eine Vereinigung, deren Zwecke oder Tätigkeit auf das Begehen bestimmter schwerer Straftaten unter schwerere Strafe gestellt wird als die für die Bildung anderer (krimineller) Vereinigungen gem. § 129 StGB vorgesehene; Erweiterung der Strafbarkeit der Nichtanzeige geplanter Straftaten (§§ 138, 139 StGB).

(1155) BGBl. 1976 I, S. 1056.

(1156) Das "Kernstück" (Sturm, JZ 1976, S. 347) des Gesetzes, die §§ 88 a und 130 a StGB, wurden bereits 5 Jahre später durch das Neunzehnte Strafrechtsänderungsgesetz vom 07.08.1981 wieder aufgehoben (vgl. hierzu Klughardt, S. 129 ff.); § 130 a StGB wurde weitere 5 Jahre später wieder eingeführt durch das Gesetz zur Bekämpfung des Terrorismus vom 19.12.1986.

(1157) BGBl. 1976 I, S. 2181.

Strafverfahren: Erleichterung der Verhängung von Untersuchungshaft bei Verdacht nach § 129 a StGB (§ 112 StPO); Erweiterung der Wirkungen des Verteidigerausschlusses (§§ 138 a ff. StPO); Kontrolle des schriftlichen Verteidigerverkehrs bei Verfahren nach § 129 a StGB (§§ 148, 148 a StPO) und entsprechende Regelungen im Strafvollzug (§§ 26, 27, 29, 122 StVollzG); Erweiterung der Zuständigkeit des Generalbundesanwalts und des Oberlandesgerichts für Straftaten nach § 129 a StGB.
Sonstiges: Gegenständlich und zeitlich beschränktes Vertretungsverbot als neue ehrengerichtliche Maßnahmen gegen Rechtsanwälte.

9. **Gesetz zur Änderung des Einführungsgesetzes zum Gerichtsverfassungsgesetz vom 30. September 1977** (1158), sog. "Kontaktsperregesetz"
Strafverfahren: Regelung der Zulässigkeit der Unterbrechung des Kontakts zwischen Gefangenen mit der Außenwelt (§§ 31, 38 EGGVG).
10. **Gesetz zur Änderung der Strafprozeßordnung vom 14. April 1978** (1159)
Strafverfahren: Verschärfung der Verteidigerausschlußregelung (§ 138 a StPO); Einführung von Trennscheiben für das mündliche Gespräch mit dem inhaftierten Mandanten bei Verfahren nach § 129 a StGB (§ 142 StPO); erweiterte Eingriffsermächtigung für die Strafverfolgungsorgane: Durchsuchung von Gebäuden (§ 103), Kontrollstellen (§ 111 StPO), Identitätsfeststellungen (§ 163 b f. StPO).
11. **Gesetz zur Änderung des Waffenrechts vom 31. Mai 1978** (1160)
Strafrecht: Erhöhung der Strafdrohungen.
Sonstiges: Verschärfte Kontroll- und Genehmigungsmöglichkeiten bei Waffen und Kriegswaffen.
12. **Gesetz zur Änderung des Straßenverkehrsgesetzes vom 3. August 1978** (1161)

(1158) BGBl. 1977 I, S. 1877.
(1159) BGBl. 1978 I, S. 497.
(1160) BGBl. 1978 I, S. 641.
(1161) BGBl. 1978 I, S. 1177.

Sonstiges: Ermächtigungsgrundlage für die Schaffung fälschungssicherer Kraftfahrzeugkennzeichen.

13. **Gesetz zur Änderung des Gesetzes über Versammlungen und Aufzüge vom 25. September 1978**(1162)

Strafrecht: Erweiterung der Strafbarkeit bewaffneter Teilnahme an Versammlungen.

Sonstiges: Verwaltungsrechtliche Maßnahmen gegen unfriedliche Versammlungen.

14. **Strafverfahrensänderungsgesetz 1979 vom 5. Oktober 1978**(1163)

Strafverfahren: Maßnahmen gegen den Mißbrauch des Rechts der Richterablehnung (§ 29 StPO); Schutz gefährdeter Zeugen durch Schaffung einer Ausnahme von der Pflicht zur Angabe des Wohnortes (§ 68 S. 2 StPO); Einschränkung der Pflicht zur Verwendung präsenter Beweismittel (§ 245 StPO) und der Zulässigkeit der Beschwerde gegen Entscheidungen des Ermittlungsrichters beim BGH (§ 304 StPO).

Sonstiges: Maßnahmen zur Beschleunigung ehrengerichtlicher Verfahren gegen Rechtsanwälte.

15. **Gesetz zur Änderung des Gesetzes über Personalausweise und zur Regelung der Meldepflicht in Beherbergungsstätten vom 6. November 1978**(1164)

Sonstiges: Beschränkung der Möglichkeit, mit einem Personalausweis das Inland zu verlassen und Verpflichtung zur handschriftlichen Ausfüllung von Hotelmeldezetteln.

16. **Achtzehntes Strafrechtsänderungsgesetz**(1165)

Strafrecht: Änderungen bei § 126 Abs. 1 Nr. 6 und 7 [Störung des öffentlichen Friedens durch Androhung von Straftaten], § 129 a Abs. 1 Nr. 3 und § 138 Abs. 1 Nr. 9 StGB.

17. **Gesetz zur Änderung des Einführungsgesetzes zum Gerichtsverfassungsgesetz vom 04.12.1985**(1166)

(1162) BGBl. 1978 I, S. 1571.
(1163) BGBl. 1978 I, S. 1645.
(1164) BGBl. 1978 I, S. 1712.
(1165) BGBl. 1980 I, S. 373.
(1166) BGBl. 1985 I, S. 2141.

Strafverfahren: Beiordnung eines Rechtsanwalts als Kontaktperson im Falle der Kontaktsperre.

18. **Paßgesetz und Gesetz zur Änderung der Strafprozeßordnung vom 19. April 1986**(1167) sowie **Zweites Gesetz zur Änderung personalausweisrechtlicher Vorschriften vom 19. April 1986**(1168)

Strafverfahren: Schaffung einer Rechtsgrundlage (§ 163 d StPO) für Schleppnetzfahndungen, u.a. mit dem Anknüpfungspunkt § 129 a StGB.
Sonstiges: Grundlage für die Ausgabe fälschungssicherer Pässe und Personalausweise.

19. **Gesetz zur Bekämpfung des Terrorismus vom 19. Dezember 1986**(1169)

Strafrecht: Strafbarkeit der Anleitung zu bestimmten terroristischen Straftaten (§ 130 a StGB), Erweiterung des Straftatbestandes der Bildung krimineller Vereinigungen (§ 129 a StGB), Strafverschärfung für bestimmte Arten der Sachbeschädigung (§ 305 a StGB)(1170).
Strafverfahren: Erweiterung der Zuständigkeit der Oberlandesgerichte und des Generalbundesanwalts auf neue Formen terroristischer Gewalttaten (§ 120 Abs. 2 GVG).

20. **Strafverfahrensänderungsgesetz 1987 vom 22.01.1987**(1171)

Strafverfahren: Wegfall des für Verfahren nach § 129 a StGB bedeutsamen Verbots der sukzessiven

(1167) BGBl. 1986 I, S. 537.
(1168) BGBl. 1986 I, S. 545.
(1169) BGBl. 1986 I, S. 2566.
(1170) Zur Bedeutung der Rechtsänderungen ist festzustellen: 1988 konnte in drei Fällen gefährlicher Eingriffe gem. § 315 Abs. 1 StGB, in weiteren drei Fällen der Zerstörung wichtiger Arbeitsmittel gem. § 305 a StGB und in fünf Verfahren wegen Störung öffentlicher Betriebe gem. § 316 b Abs. 1 StGB aufgrund der Einbeziehung der betreffenden Tatbestände in die Vorschrift des § 129 a StGB nach dieser Bestimmung ermittelt werden. Diese 11 Verfahren stellen ca. 4,9 % der 1988 nach Erkenntnissen des BKA eingeleiteten Ermittlungsverfahren wegen Tatverdachts gemäß § 129 a StGB dar. Fünf Ermittlungsverfahren wurden 1988 wegen Verdachts einer Straftat nach § 130 a StGB, vier wegen Verdachts gem. § 305 a StGB eingeleitet.
(1171) BGBl. 1987 I, S. 475.

Mehrfachverteidigung.

Sonstiges: Korrekturen des Rechts der Besuchs- und Postkontrolle im Strafvollzug.

21. **Gesetz zur Änderung des Straßenverkehrsgesetzes vom 28. Januar 1987**(1172)

Sonstiges: Schaffung einer Rechtsgrundlage für den Zugriff u.a. der Polizeien aller Bundesländer auf das Zentrale Verkehrsinformationssystem beim Kraftfahrtbundesamt in Flensburg(1173)

22. **Gesetz zur Änderung des Strafgesetzbuches, der Strafprozeßordnung und des Versammlungsgesetzes und zur Einführung einer Kronzeugenregelung bei terroristischen Straftaten vom 09.06.1989**(1174)

Strafrecht: Erhöhung der Mindeststrafe für erpresserischen Menschenraub (§ 239 a StGB) und für Geiselnahme (§ 239 b StGB) von drei auf fünf Jahre Freiheitsstrafe; Erweiterung des Tatbestandes des erpresserischen Menschenraubes auf die Fälle, in denen der Entführte selbst erpreßt wird, sowie Erweiterung des Straftatbestandes der Geiselnahme auf Fälle, in denen der Entführte

---

(1172) BGBl. 1987 I, S. 486.

(1173) Die Zuordnung des Gesetzes zur Änderung des Straßenverkehrsgesetzes zu den Bestimmungen zur Bekämpfung des Terrorismus (so z.B. Spranger, S. 108) ist in besonderem Maße zweifelhaft. Denn nicht nur dort, sondern allgemein bei kriminellen Handlungen spielen Fahrzeuge eine besondere Rolle. Hier wie dort bedienen sich Straftäter häufig gestohlener und mit gefälschten Kennzeichen versehener Fahrzeuge. Hier wie dort ist für die umgehende Identifizierung eine sofortige Auskunft aus dem Zentralen Fahrzeugregister durch Abruf im automatisierten Verfahren unverzichtbar. Diese Möglichkeit hatte vor Inkrafttreten des Gesetzes nur ein Teil der Polizeibehörden der Bundesländer. Da sie nun den Polizeibehörden aller Bundesländer gegeben ist, ist die Bekämpfung aller Formen von Kriminalität, nicht nur oder in besonderer Weise des Terrorismus, erleichtert.
Den Bezug zur Bekämpfung des Terrorismus erhielt das Gesetz durch den Umstand, daß die terroristische Bedrohungslage ein Argument auf politischer Ebene für den nicht unumstrittenen Gesetzentwurf war. Näher zum Gesetz zur Änderung des Straßenverkehrsgesetzes s. Tegtmeyer, DNP 1987, S. 103 ff.

(1174) BGBl. 1989 I, S. 1059.

selbst zu Handlungen genötigt oder die Drohung mit Freiheitsentziehung von über einer Woche Dauer als Mittel der Nötigung eingesetzt wird. Strafverschärfung für den Diebstahl von Waffen und Sprengstoff (besonders schwere Fälle des Diebstahls gem. § 243 Abs. 1 Nr. 7 StGB). Schaffung eines besonders schweren Falles der Störung öffentlicher Betriebe (§ 316 b StGB) in den Fällen, in denen durch die Tat die Versorgung der Bevölkerung mit lebenswichtigen Gütern beeinträchtigt wird.

Strafprozeßrecht: Aufnahme des besonders schweren Falles des Landfriedensbruchs (§ 125 a StGB) in den Katalog der Anlaßtaten des § 112 a Abs. 1 Nr. 2 StPO mit dem Ziel, künftig auch gegen Wiederholungstäter, die eines besonders schweren Falles des Landfriedensbruchs dringend verdächtig sind, unter den einengenden Voraussetzungen des § 112 a StPO Haft mit dem Zweck verhängen zu können, die drohende Gefahr der Wiederholung abzuwenden.

Einführung einer Kronzeugenregelung bei terroristischen Straftaten: Nach § 1 der Regelung kann der Generalbundesanwalt mit Zustimmung eines Strafsenats des Bundesgerichtshofs von der Verfolgung absehen, sofern ein Täter oder Teilnehmer einer terroristischen Straftat gegenüber einer Strafverfolgungsbehörde sein Wissen über Tatsachen offenbart, deren Kenntnis geeignet ist, die Begehung einer solchen Straftat zu verhindern, die Aufklärung einer solchen Straftat zu fördern oder zur Ergreifung eines Täters oder Teilnehmers einer solchen Straftat zu führen. Nach § 2 der Regelung kann, sofern nicht nach § 1 bereits im Vorfeld von der Verfolgung abgesehen wurde, das Gericht im Urteil von Strafe absehen oder die Strafe nach seinem Ermessen mildern. § 3 der Kronzeugenregelung begrenzt ihren Anwendungsbereich dahin, daß sie auf Völkermord überhaupt nicht anwendbar, auf Mord und Totschlag nur insoweit anwendbar ist, als es um Strafmilderung nach § 2 geht. Hiervon sind Fälle des Versuchs, der Anstiftung und der Beihilfe zu Mord oder zum Totschlag ausgenommen. In § 4 der Regelung ist festgeschrieben, daβ ein Dritter, der zwischen dem Täter und der Strafverfolgungsbehörde ggf. vermittelt, nicht zur Anzeige der ihm offenbarten Straftaten verpflichtet ist. Nach § 5 der Regelung ist sie nur anzuwenden, wenn das Wissen über die Tatsachen bis zum 31. Dezember 1992 offenbart worden ist(1175).

(1175) Erstmals wurde die Kronzeugenregelung in einem Verfahren gegen ein ehemaliges Mitglied der "Arbeiterpartei Kurdistans" (PKK) angewendet (s. Frankfurter Rundschau vom 28.02.1990 und taz vom 27.03.1990 'Strafrabatt für einen Kronzeugen'). Vor der 27. Groβen Strafkammer des Landgerichts Berlin war gegen den ehemaligen Angehörigen der PKK Ali CETINER wegen Beteiligung an der Ermordung des "PKK-Abweichlers" Bayrakli im Juni 1984 verhandelt worden.
CETINER hatte in der Mordsache BAYRAKLI seine Tatbeteiligung gestanden, nachdem ihm seitens der Bundesanwaltschaft und der Staatsanwaltschaft Berlin die Anwendung der Kronzeugenregelung in Aussicht gestellt worden war. Voraussetzung für die Anwendung der Kronzeugenregelung war die Zusage CETINERs, auch in der zur Zeit laufenden Hauptverhandlung vor dem Oberlandesgericht Düsseldorf gegen 18 "PKK"-Angehörige durch seine Zeugenaussagen an der Aufklärung der bereits von ihm geschilderten Straftaten mitzuwirken.
Am 19.02.90 hatte CETINER die in polizeilichen Vernehmungen gemachten Aussagen zum Mord an BAYRAKLI bestätigt. Für die Tatausführung hatte er ein vierköpfiges "Killerkommando" unter Führung des Kurden Ali AKTAS verantwortlich gemacht.
Als eigenen Tatbeitrag hatte der Angeklagte eingeräumt, zusammen mit einem inzwischen verstorbenen Mitglied des Exekutivkomitees der "PKK" in Europa die Exekution des "Abtrünnigen" BAYRAKLI beschlossen zu haben. Das Gericht verurteilte den Angeklagten am 26.03.1990 zu 5 Jahren Freiheitsstrafe.
Im Bereich des deutschen Linksterrorismus könnte die Kronzeugenregelung laut Generalbundesanwalt von Stahl im Zusammenhang mit den Festnahmen von sieben (vormaligen) Angehörigen der Rote Armee Fraktion in der ehemaligen DDR (s. Horchem, Das Parlament 1990, S. 54 ff.) zur Anwendung kommen (s. FAZ vom 08.11.1990, S. 7; kritisch: Hannover, Demokratie und Recht 1990, S. 277 ff., der eine Amnestie fordert).

Bereits dieser Überblick zeigt, daß der Gesetzgeber einerseits erkannte legislative Lücken bei der Bekämpfung des Terrorismus - zum Teil, wie bei der Einführung der sog. Kontaktsperre, in nicht zu überbietender Eile - geschlossen hat, daß er andererseits im Einzelfall auch prüft und ggf. auch einschränkende Regelungen zurückgenommen hat, wie z.B. mit dem Strafverfahrensänderungsgesetz 1987. Hierbei hat er die in der Bundesrepublik Deutschland gewonnenen Erfahrungen und die jeweilige besondere Lage berücksichtigt. Ohne daß das Problem hier wegen der bewußt unterbliebenen Analyse der vorstehend aufgeführten Strafgesetze näher beleuchtet werden könnte, drängt sich doch der Verdacht auf, daß der Gesetzgeber jedenfalls vereinzelt auch Verschärfungen des Strafrechts vorgenommen hat, deren sachliche Notwendigkeit mehr als zweifelhaft erscheint(1176). Ihm ist nicht zuletzt deshalb wiederholt der Vorwurf gemacht worden, er berücksichtige zu wenig, daß sich mit dem Strafrecht gesellschaftliche Konflikte nicht lösen lassen. Bei diesen bildet das Strafrecht kein taugliches Mittel zur Bekämpfung von Gewalttätigkeiten. Es kann umgekehrt sogar zur Gewalteskalation beitragen. Für terroristische Gewalt gilt dies in besonderer Weise.

(1176) Dies gilt z.B. für die Einfügung von § 243 Abs. 1 Nr. 7 StGB. Der Diebstahl der darin aufgeführten Sachen ist durch die Regelbeispiele des § 243 Abs. 1 Nr. 1 und 2 StGB bereits ausreichend unter strafrechtlichen Schutz gestellt. Von § 243 Abs. 1 Nr. 7 StGB werden zusätzlich nur solche Fälle erfaßt, in denen die darin genannten Waffen bzw. Sprengstoffe ungesichert sind. In aller Regel aber werden Waffen und Sprengstoffe unter Verhaltensweisen beschafft, die die Tatbestandsmerkmale des § 244 StGB bzw. der §§ 249, 250 Abs. 1 StGB erfüllen.

Außerdem besteht hinsichtlich des geschützten Rechtsgutes bei den in § 243 Abs. 1 Nr. 1 bis 6 StGB aufgeführten Regelbeispielen und dem neu aufgenommenen ein rechtsdogmatischer Unterschied. Die ehemals geltende Vorschrift schützte im wesentlichen das Eigentum, während Schutzgut der neuen Nr. 7 die öffentliche Sicherheit ist. Es soll den von den Gegenständen in den Händen eines Straftäters abstrakt ausgehenden Gefahren Rechnung getragen werden.

Schwerste terroristische Gewalttaten werden von Überzeugungstätern begangen, die sich von mehr oder minder hohen Strafdrohungen nicht schrecken lassen. Gerade weil im Hinblick auf den gebotenen Opferschutz Gewalttätigkeiten nicht geduldet werden können, sind daher alle Möglichkeiten der Gewaltvermeidung auszuschöpfen. Dabei ist die geistig-politische Auseinandersetzung vorrangig(1177).

Daß die Bewertung über die gefundenen Lösungen höchst unterschiedlich ausfällt, beruht jedoch bedauerlicherweise auch auf den politischen Motiven, die die Terroristen in Anspruch nehmen.

2. **Relevanz der bisherigen gesetzgeberischen Maßnahmen in der Bundesrepublik Deutschland für neue Initiativen auf völkerrechtlichem Gebiet**

Die aufgezählten Gesetze stellen - unabhängig davon, wie man zu ihnen steht - das Ergebnis der Überprüfung von Mängeln des gesetzlichen Instrumentariums der Bundesrepublik Deutschland zur Bekämpfung des Terrorismus dar. Bereits daraus folgt, daß es sich verbietet, pauschal ihre Übernahme durch andere Rechtsordnungen zu fordern. Namentlich unsere europäischen Nachbarn haben auf die terroristische Bedrohung in ihren Ländern mit demgemäßen Rechtsänderungen reagiert. Ein Vergleich der gesetzlichen Bestimmungen zur Bekämpfung des Terrorismus in bezug auf das materielle Straf- und Verwaltungsrecht und das formelle Strafrecht im Europarat durch die "Group of Minister's Counsellors On Terrorism" (1178) hat zahlreiche Parallelen bei den legislativen Maßnahmen zur Bekämpfung des Terrorismus aufgezeigt; sie hat jedoch keine Anstöße zur

(1177) Die politische Situation auf dem Gebiet der inneren Sicherheit verlangt zunächst Aufklärung, welche Kräfte mit welchen Mitteln den Kampf um die Zerstörung unserer Rechts- und Verfassungsordnung betreiben. Diese Aufklärung ist ein Verfassungsauftrag an die Bundesregierung (NPD - Beschluß des Bundesverfassungsgerichts vom 29.10.1975 - BVerfGE 40, S. 287 -).

(1178) Europarats-Dokument MCT-C (87) 8 vom 17. Juni 1987 und Addendum vom 26. November 1987.

Rechtsangleichung geben können. Hierfür ursächlich sind im wesentlichen drei Momente.

- Zum ersten stellen die Rechtsänderungen vielfach Reaktionen auf ein bestimmtes Verhalten nationaler Terrorgruppen dar, das in anderen Staaten nicht als Problem existent ist. Beispielhaft sei eine aktuelle britische Rechtsänderung aufgeführt.

  Großbritannien hat 1989 die Sammlung von Geldmitteln für terroristische Vereinigungen unter Strafe gestellt; außerdem wurden Vorschriften geschaffen, die die Möglichkeit zur Beschlagnahme finanzieller Mittel, z.B. Sparguthaben, eröffnen, von denen vermutet wird, daß sie der Finanzierung terroristischer Aktivitäten dienen. Hintergrund für diese legislative Maßnahme(1179) sind in Nordirland durchgeführte "offene" Sammlungen zugunsten irischer terroristischer Gruppen. Da weiterhin bekannt war, daß diese zum Teil über erhebliche finanzielle Mittel verfügen, die sie sogar als Bauspargeld angelegt haben sollen, ergab sich für Großbritannien die Notwendigkeit zu o.a. Bestimmungen. Entsprechende Erscheinungen gab es in Deutschland nicht.(1180)

(1179) Prevention of Terrorism (Temporary Provisions) Act 1989.

(1180) Hier werden derzeit lediglich im Zusammenhang mit dem Problem des Waschens von Drogengewinnen Überlegungen zur Änderung der Vorschriften über den Verfall, die Einführung einer Vermögensstrafe u.s.w. angestellt; s. näher Arzt, NStZ 1990, S. 1 ff. Das Problem der Wäsche von Drogengewinnen hat auf internationaler Ebene im Europarat zur Ausarbeitung der CONVENTION ON LAUNDERING, SEARCH, SEIZURE AND CONFISCATION OF THE PROCEEDS FROM CRIME geführt. Am 08.11.1990 wurde sie von 12 Mitgliedstaaten des Europarats gezeichnet. Die Konvention verpflichtet die Vertragsstaaten zur Pönalisierung des Waschens von Erträgen aus Straftaten (Art. 6) und zur Zusammenarbeit bei Ermittlungen und Verfahren hinsichtlich der Einziehung von Tatwerkzeugen und Erträgen (Art. 7 ff.). Daß es sich um keine spezifische Anti-Terrorismus-Konvention handelt, wird vor dem Hintergrund von Art. 18 Ziffer 1 Buchst. d) deutlich. Danach kann die ersuchte Partei die internationale Zusammenarbeit immer dann ablehnen, wenn die dem Ersuchen zugrunde liegende Tat eine politische ist.

- Zum zweiten stellen die Rechtsänderungen eine Reaktion auf das Verhalten von Terrorgruppen dar, das in vielen Staaten bekannt, jedoch nur in wenigen ein besonderes Problem darstellt. Beispielhaft sei ein Fall aus Belgien aufgeführt: In Belgien wurde 1987 über einen Gesetzentwurf beraten, der vorsah, die auf vier begrenzte Anzahl von Ersatzgeschworenen auf zwölf auszudehnen. Hintergrund für diese Maßnahme war zu verhindern, daß Verhandlungen im Court d'Assize (Gericht erster Instanz) nur deshalb nicht stattfinden können, weil sich zu viele Geschworene nach Erhalt von Drohungen unter falschem Vorwand zurückziehen. Zwar wurden auch in der Bundesrepublik Deutschland Justizbedienstete wiederholt von Terroristen bedroht, aber das "belgische Problem" kann in dieser Art in Deutschland kaum aktuell werden, da hier Verhandlungen gegen "hochkarätige" Terroristen grundsätzlich vor OLG-Senaten stattfinden; zur Besetzung dieser Senate gehören jedoch keine Schöffen (§§ 120, 122 GVG).

- Schließlich gilt es zu beachten, daß Terrorismus nicht mehr als **eine** Form der Kriminalität - nämlich politisch motivierte - darstellt, die weitgehend mit den Mitteln des "allgemeinen Strafrechts" bekämpft wird. Dieses Faktum hat mit dazu beigetragen, daß eine Vielzahl von Staaten des Europarats im Rahmen einer Befragung, die die "Group of Minister's Counsellors On Terrorism" durchgeführt hat, auf die Frage nach besonderen gesetzlichen (Straf-)Bestimmungen zur Bekämpfung des Terrorismus mit "nein" geantwortet hat. Denn es wurden - wie in der Bundesrepublik Deutschland - häufig keine Vorschriften geschaffen, die allein der Bekämpfung des Terrorismus dienen; vielmehr wurden auf der Grundlage der Erfahrungen mit terroristischen Erscheinungsformen Normen geschaffen, die auch im Fall nicht politisch motivierter Gewaltkriminalität Anwendung finden(1181). Ein Vergleich Terrorismus-spezifischer Normen kann demnach nicht isoliert, sondern nur vor dem Hintergrund der gesamten (Straf-)Rechtsordnung erfolgen. Dies zeigt sich z.B. auch bei der Frage der Einführung des Rechtsinstituts des Kronzeugen; hier ist von Bedeutung, ob die Verfolgung einer Tat entsprechend dem Legalitätsprinzip grundsätzlich zwingend vorgesehen ist - so z.B. in Deutschland und Italien -, oder ob sie Opportunitätserwägungen folgt, so z.B. in Frankreich und Großbritannien.

Dennoch erscheinen Rechtsangleichungen wünschenswert. Das rechtshilfe- und speziell auslieferungsrechtliche Prinzip der beiderseitigen Strafbarkeit könnte ansonsten nicht zuletzt vor dem Hintergrund der Öffnung der Grenzen innerhalb der Europäischen Gemeinschaften und neuerdings zunehmend auch zum Ostblock terroristischen Gewalttätern das Tor zu sicheren Häfen eröffnen. Aus der Sicht der Bundesrepublik Deutschland als Rechtshilfe beantragendes (wie auch als diese gewährendes) Land ergeben sich Lücken bei der Bekämpfung des internationalen Terrorismus im Bereich der internationalen Rechtshilfe soweit ersichtlich - abgesehen von den bereits genannten Umständen - allein infolge

(1181) Auch hier setzt Kritik an Rechtsänderungen im Zusammenhang mit der Bekämpfung des Terrorismus an: Der Terrorismus sei wiederholt nur als Vehikel für Verschärfungen des Strafrechts benutzt worden. Dem solle - so vereinzelte Vorschläge (Winterfeld, ZRP 1975, S. 265 ff.) - dadurch entgegengewirkt werden, daß die regelungsbedürftige Gesamtmaterie in <u>einem</u> Gesetz zur Bekämpfung des Terrorismus kodifiziert wird. So wäre ein Maßnahmegesetz für Ausnahmesituationen geschaffen, das Manipulationen des geltenden Rechtssystems erübrigen würde. Gegen diesen Vorschlag (ablehnend z.B. Rebmann, DRiZ 1979, S. 364) ist jedoch geltend zu machen, daß Terroristen so eine Sonderbehandlung erführen, obwohl die terroristische nur <u>eine</u> Form schwerster Gewaltkriminalität darstellt.

dessen, daß manche Staaten nur einen mit § 129 StGB, nicht aber einen mit § 129 a StGB vergleichbaren Tatbestand kennen. Für dessen Einbeziehung in ein internationales Übereinkommen wurde auch bereits an anderer Stelle plädiert(1182).

3. Aktuelle Initiativen zur Verbesserung des gesetzlichen Instrumentariums zur Bekämpfung des Terrorismus in der Bundesrepublik Deutschland

Auch wenn sich eine Notwendigkeit zu Rechtsangleichungen in Zukunft aus akuellen(1183), z.Z. in

---

(1182) Da zumindest derzeit selbst in der Europäischen Gemeinschaft der Integrationsprozeß noch nicht so weit fortgeschritten ist, daß an die Stelle des Systems von Rechtshilfe und Auslieferung ein neuartiges Prinzip entsprechend der Überstellung in konförderierten Staaten gesetzt werden könnte (vgl. Europäisches Parlament, Sitzungsdokumente Serie A, Dokument A 2 - 0155/89 vom 2. Mai 1989, S. 20 f.), gilt es, das bestehende System effizienter zu gestalten.

(1183) Auf ältere Forderungen, namentlich solche in Gesetzesentwürfen, die in den parlamentarischen Beratungen keine Zustimmung gefunden haben, soll hier schon deshalb nicht eingegangen werden, weil weder neue Gesichtspunkte erkennbar sind, die eine Neubewertung erfordern, noch sich Änderungen der parlamentarischen Mehrheiten abzeichnen, aufgrund der die Forderungen erneut aufgegriffen werden könnten.
Zu diesen älteren Forderungen gehören:
- die Anhebung des Höchstmaßes der zeitigen Freiheitsstrafe auf 20 Jahre (Sturm, JZ 1980, S. 83; BT-Drs. 8/322; 8/1845; dagegen Rebmann, DRiZ 1979, S. 368),
- die Wiedereinführung der Todesstrafe (Vgl. Die Welt vom 23.09.1977, "CDU-Politiker Zimmermann: Die Todesstrafe ist nicht tabu" und Wittke, S. 192),
- Einschränkungen des Rechts der Strafaussetzung zur Bewährung (Althammer, S. 214; dagegen Rebmann, DRiZ 1979, S. 367 f.; s. auch Koalitionsvereinbarungen zwischen CDU, CSU und FDP für die 11. Legislaturperiode bei Voss u.a., DRiZ 1987, S. 282),
- die Sicherungsverwahrung für terroristische Ersttäter (Witte, DRiZ 1978, S. 289 (293); Winterfeld, ZRP 1977, S. 265 (269); zurückhaltend Rebmann, DRiZ 1979, S. 368); der Vorschlag steht in krassem Gegensatz zur derzeitigen Praxis - bis-

der Diskussion befindlichen Novellierungsvorschlä-

---

lang wurde in der Bundesrepublik Deutschland gegen keinen wegen terroristischer Straftaten verurteilten Gewalttäter Sicherungsverwahrung angeordnet, BT-Drs. 10/6772, S. 7 f.),
- die Schaffung eines Straftatbestandes gegen die Befürwortung der Anwendung von Gewalt und Erweiterung des § 140 StGB (Rebmann, DRiZ 1979, S. 368; ders. NStZ 1989, S. 102; Koalitionsvereinbarungen von CDU, CSU und FDP für die 11. Legislaturperiode, Voss u.a., DRiZ 1987, S. 282),
- die Wiedereinführung des alten § 110 StGB [Aufforderung zum Ungehorsam gegen Gesetze] (Wittke, S. 191),
- die Einführung eines Tatbestandes der Staatsverleumdung (Wittke, S. 192),
- die Einführung von Schnellgerichten in terroristischen Verfahren (s. Der SPIEGEL 1977/41, S. 21, 40 f.; 1977/38, S. 20),
- die erstinstanzliche Zuständigkeit des BGH in Terroristenstrafsachen (dagegen - schon aus völkerrechtlichen Gründen - Rebmann, DRiZ 1979, S. 365),
- die Verteidigerausschließung wegen Verfahrenssabotage (s. Rebmann, DRiZ 1979, S. 368),
- die Einführung einer prozessualen Mißbrauchsklausel (a.a.O., S. 369),
- die Einführung der Möglichkeit zur stufenweise Anklage einzelner in Tateinheit mit dem Dauerdelikt des § 129 a StGB begangener Straftaten (Vorabanklage) (Witte, DRiZ 1978, S. 292 f.; Rebmann, DRiZ 1979, S. 369 f.).

S. im übrigen auch Althammer, S. 192 ff. "Die Initiativen der CDU/CSU" und die Rechtspolitischen Forderungen der Arbeitsgruppe Recht der CDU/CSU Bundestagsfraktion (Stand: Juni 1987), erhältlich ebendort, die darüber hinaus die Forderungen beinhalten:
- die Erweiterung des Tatbestandes des § 113 StGB [Widerstand gegen Vollstreckungsbeamte] auf die Fälle des Mitführens anderer Waffen als Schußwaffen und auf Körperverletzungen, ferner auf Fälle, in denen der Angegriffene in die Gefahr des Todes oder einer schweren Körperverletzung gebracht wird;
- die Erweiterung der Möglichkeiten, Räumlichkeiten zu durchsuchen und Sachen zu beschlagnahmen (§ 103 StPO),
- die Verbesserung des Schutzes gefährdeter Zeugen in der Hauptverhandlung; besteht Anlaß zu der Besorgnis, daß Leben, Leib oder Freiheit des Zeugen oder eines Angehörigen gefährdet ist, soll das Gericht dem Zeugen gestatten, Vornamen, Zunamen und Alter nicht angeben zu müssen, § 68 StPO.

gen mit dem Ziel u.a. der effektiveren Bekämpfung

Vgl. auch das Endgutachten der Unabhängigen Regierungskommission zur Verhinderung und Bekämpfung von Gewalt "Gewalt in der Bundesrepublik Deutschland", das sich nicht primär aber auch mit der Bekämpfung politisch motivierter Gewalt befaßt und u.a. (S. 290 ff.) vorschlägt:
- Überprüfung von § 125 (Abs. 2 StGB) [Landfriedensbruch], §§ 17 a, 27 Abs. 2 Versammlungsgesetz [Schutzwaffen- und Vermummungsverbot],
- Entfallen des Antragserfordernisses in § 123 StGB [Hausfriedensbruch], wenn nach Auffassung der Strafverfolgungsbehörde ein besonderes öffentliches Interesse die Verfolgung gebietet,
- Neufassung von § 240 StGB - Klarstellung, daß auch Sitzblockaden strafbar sind,
- Erweiterung der Tathandlungen bei § 130 a StGB [Anleitung zu Straftaten] in bezug auf die in § 129 a StGB aufgeführten, aber in § 126 StGB nicht erwähnten Straftatbestände des § 305 a StGB und des § 315 Abs. 1 StGB,
- Erweiterung des § 305 a StGB [Zerstörung wichtiger Arbeitsmittel] durch Streichung des Erfordernisses "wesentlich" und Aufnahme des § 316 b Abs. 1 Nr. 3 StGB.

Hinsichtlich älterer Gesetzentwürfe mit für die Bekämpfung des Terrorismus relevanten Vorschriften auf den Gebieten des Straf- und Strafprozeßrechts wird verwiesen auf:
- den Entwurf eines Gesetzes zum Schutz des Gemeinschaftsfriedens, Gesetzesantrag des Freistaates Bayern, BR-Drs. 507/74 vom 26.06.1974, Gesetzentwurf des Bundesrates BR-Drs. 507/74 vom 08.11.1974 (= BT-Drs. 7/2854 vom 28.11.1974), Gesetzentwurf der Fraktionen der CDU/CSU, BT-Drs. 7/2772 vom 11.11.1974;
- den Entwurf eines Dreizehnten Strafrechtsänderungsgesetzes, BR-Drs. 791/74 vom 28.11.1974;
- den Entwurf eines Gesetzes zur Änderung der Strafprozeßordnung, BT-Drs. 7/3649 vom 16.05.1975;
- den Entwurf eines Gesetzes zur Bekämpfung terroristischer krimineller Vereinigungen, BT-Drs. 7/4004 vom 01.09.1975;
- den Entwurf eines Gesetzes zur Erleichterung der Strafverfolgung krimineller Vereinigungen, Gesetzesantrag Nordrhein-Westfalens und Gesetzentwurf des Bundesrates, BR-Drs. 176/75, sowie den Entwurf eines Gesetzes zur Änderung des StGB, der StPO, des GVG und der Bundesrechtsanwaltsordnung, BT-Drs. 7/4005 vom 01.09.1975;
- den Entwurf eines Gesetzes zur Bekämpfung von Terrorismus und Gewaltkriminalität sowie zum Schutz des inneren Friedens, BT-Drs. 8/322 vom 26.04.1977;

des Terrorismus nicht ergeben dürfte, sollen sie aufgrund ihrer Aktualität und zur Abrundung zum Abschluß kurz angesprochen werden.

Klargestellt sei zunächst, daß zahlreiche Neuerungen sicherheitsrelevanter, dem Verwaltungsrecht zuzuordnender Gesetze mit datenschutzrechtlichem Bezug nicht durch spezielle, neue Erfordernisse der Sicherheitsbehörden bei der Bekämpfung des Terrorismus veranlaßt sind, sondern eine Folge der Fortentwicklung des Persönlichkeitsschutzes durch das Urteil des Bundesverfassungsgerichts zum Volkszählungsgesetz vom 15.12.1983(1184) darstellen. Das gilt für die Novellierung des Bundesverfassungsschutzgesetzes ebenso wie für die Schaffung eines Gesetzes über den Militärischen Abschirmdienst

---

- den Entwurf eines Zweiten Gesetzes zur Bekämpfung von Terrorismus und Gewaltkriminalität sowie zum Schutz des Inneren Friedens, BT-Drs. 8/996 vom 05.10.1977;
- den Entwurf eines Gesetzes zur Änderung des Versammlungsgesetzes und des Strafgesetzbuches, BT-Drs. 8/2677 vom 16.03.1979;
- den Entwurf eines ... Strafrechtsänderungsgesetzes, BR-Drs. 135/82 vom 13.04.1982;
- den Entwurf eines ... Strafrechtsänderungsgesetzes - § 125 StGB -, BT-Drs. 10/901 vom 19.01.1984;
- den Entwurf eines ... Strafrechtsänderungsgesetzes - § 129 a StGB -, BT-Drs. 10/1883 vom 20.08.1984;
- den Entwurf eines Zweiundzwanzigsten Strafrechtsänderungsgesetzes, BT-Drs. 10/2396 vom 19.11.1984;
- den Entwurf eines Gesetzes gegen den Zeugen vom Hörensagen im Strafprozeß, BT-Drs. 10/2799 vom 25.01.1985;
- den Entwurf eines Gesetzes zum Verbot unmenschlicher Haftbedingungen, BT-Drs. 10/2819 vom 31.01.1985;
- den Entwurf eines Gesetzes zur Gewährleistung der rechtsstaatlichen Ordnung und der öffentlichen Sicherheit, BR-Drs. 409/86 vom 19.09.1986;
- den Entwurf eines Gesetzes zur Bekämpfung des Terrorismus und zur Stärkung der inneren Sicherheit, BR-Drs. 564/86 vom 24.11.1986.

(1184) BVerfGE 65, S. 1 ff.

und eines Gesetzes über den Bundesnachrichtendienst[1185] und die - derzeit als Referentenentwürfe vorliegenden - Novellierungsvorschläge betreffend das Gesetz über das Bundeskriminalamt und das Bundesgrenzschutzgesetz.
Die Bedeutung o.a. Gesetzesvorhaben für die Terrorismusbekämpfung ergibt sich aus der Wichtigkeit des Informationsflusses zwischen den Sicherheitsbehörden für eine erfolgreiche Ermittlungsarbeit gerade in diesem Bereich. Da mit den Vorhaben keine Änderungen speziell des Instrumentariums zur Bekämpfung des Terrorismus verbunden sind, kann auf ihre Darstellung hier verzichtet werden.
Entsprechendes gilt für den (Referenten-)Entwurf eines Gesetzes zur Änderung und Ergänzung des Strafverfahrensrechts - Strafverfahrensänderungsgesetz (1989) - mit dem insbesondere Rechtsgrundlagen geschaffen werden sollen für

- besondere Ermittlungsmethoden (Rasterfahndung, Einsatz verdeckter Ermittler, längerfristige Observation) und
- die Verarbeitung und Nutzung personenbezogener Informationen für die Strafverfolgung.

Eine weitere Initiative zu Rechtsänderungen hat ebenfalls datenschutzrechtlichen Hintergrund: die Schaffung von Rechtsgrundlagen für die sogenannte Häftlingsüberwachung von terroristischen Gewalttätern[1186]. Sie hat zum Hintergrund, daß in Straf-

---

(1185) S. Art. 2, 3 und 4 des - noch nicht in Kraft getretenen - Gesetzes zur Fortentwicklung der Datenverarbeitung und des Datenschutzes, Gesetzesbeschluß des Deutschen Bundestages vom 31. Mai 1990, BR-Drs. 379/90 vom 01.06.90; vgl. ergänzend Beschlußempfehlung und Bericht des Innenausschusses des Deutschen Bundestages vom 28.05.1990, BT-Drs. 11/7235 vom 29.05.90.

(1186) Die gesetzliche Regelung der Häftlingsüberwachung sollte nach Schoreit bereits zu Beginn der 11. Legislaturperiode in Betracht gezogen werden (MDR 1987, S. 890). Sie wird z.B. gefordert von Zeiger, S. 88.
Zu Maßnahmen der Häftlingsüberwachung s. die Antwort der Bundesregierung auf die Kleine Anfrage der Abgeordneten Frau Schilling und der Fraktion DIE GRÜNEN, BT-Drs. 11/4364 vom 18.04.1989, S. 3 ff.

oder Untersuchungshaft befindliche terroristische Gewalttäter oder terroristischer Gewalttaten Verdächtige weiterhin versuchen, aus der Haft heraus an der Fortsetzung terroristischer Aktivitäten mitzuwirken. Zur Verhütung, Unterbindung und Aufklärung von Straftaten, die sie dabei unter Nutzung von Kontakten mit der Außenwelt begehen, planen, fördern oder unterstützen, sowie zur Wahrung der Sicherheit oder Ordnung der Justizvollzugsanstalten ist eine (zentrale) Sammlung und Auswertung von Erkenntnissen, die im Rahmen der Überwachung von Besuchen, der Postkontrolle, im Rahmen einer Haftraumdurchsuchung und von Schriftproben gewonnen werden, durch die Polizei erforderlich. Als Rechtsgrundlagen für die Überwachung im Strafvollzug kommen zur Zeit § 27 i.V.m. § 24 f. (Besuche), § 29 i.V.m. § 28 (Postkontrolle) und § 84 i.V.m. § 19 Abs. 2 (Haftraumdurchsuchung) Strafvollzugsgesetz in Betracht. Diese Vorschriften regeln die Häufigkeit, Untersagung und Überwachung der Besuche und des Schriftwechsels sowie die Haftraumdurchsuchung; § 34 Strafvollzugsgesetz regelt die Zulässigkeit der Übermittlung der bei der Überwachung der Besuche oder des Schriftwechsels anfallenden Erkenntnisse an die zuständigen Vollzugsbediensteten, zuständigen Gerichte und diejenigen Behörden, die zuständig sind, Straftaten oder Ordnungswidrigkeiten zu verhüten oder zu verfolgen.

Im Rahmen des Vollzugs der Untersuchungshaft sind Beschränkungen nur in den Grenzen des § 119 StPO möglich. Es ist fraglich, ob diese Blankettnorm eine ausreichende Rechtsgrundlage auch für die Weitergabe jener Erkenntnisse aus der Häftlingsüberwachung darstellt, die nicht auf Flucht- und/oder Verdunkelungsgefahr hindeuten. Denn der Zweck der Untersuchungshaft könnte die Weitergabe von Erkenntnissen an die Polizei nur in diesem engen Rahmen erlauben.

Nach geltendem Recht dürfen Erkenntnisse aus der Häftlingsüberwachung, die sich zunächst als nichtrelevant im Sinne von § 34 Strafvollzugsgesetz, § 119 Abs. 3 StPO darstellen, nicht an die Polizei weitergegeben werden. Damit fallen aus der Häftlingsüberwachung mehrere Bereiche heraus, z.B. die Erfassung von Postkontakten eines Häftlings. Da häufig erst die Gesamtauswertung von zunächst unverfänglich erscheinenden Einzelinformationen zu wesentlichen Erkenntnissen über terroristische Aktivitäten führt, ist gesetzlicher Handlungsbedarf gegeben. Regelungen über die Erhebung der mit der Häftlingsüberwachung zu erlangenden Informationen könnten im Strafvollzugsgesetz und der Strafprozeßordnung erfolgen. Soweit bekannt hat der Bundesminister der Justiz entsprechende Vorschläge bislang jedoch nicht erarbeitet. Wenn der Gesetzgeber nicht bald tätig wird, ist zu befürchten, daß terroristische Häftlinge in Zukunft nicht im bisherigen Umfang überwacht werden können, da keine Eingriffsnormen vorhanden sind, die den im Urteil des Bundesverfassungsgericht zum Volkszählungsgesetz dargestellten verfassungsrechtlichen Anforderungen genügen.

Auf eine strengere Überwachung bzw. "Abschottung" inhaftierter Terroristen zielt auch die dritte hier anzusprechende - bereits im Stadium erster Überlegungen auf Widerstände stoßende - Initiative zur Verbesserung des gesetzlichen Instrumentariums zur Bekämpfung des Terrorismus ab. Diese hat die Beschränkung der Außenkontakte inhaftierter Terroristen im Vorfeld einer Kontaktsperre zum Ziel(1187). Andererseits fordert Löchner(1188) - bei der Generalbundesanwaltschaft für terroristische Verfahren zuständig - den "Fortbestand der geltenden Kontaktsperreregelung ... bei einem

(1187) Vgl. W. Schreiber, Schlußbericht, S.39 f.
(1188) FS Rebmann, S. 319.

Wegfall der terroristischen Bedrohung ... kritisch zu überprüfen". Der auf Erweiterung der Möglichkeiten zur Beschränkung der Außenkontakte inhaftierter Terroristen gerichteten Initiative wird voraussichtlich kein Erfolg beschieden sein. Zwar haben polizeiliche Erkenntnisse in Zusammenhang mit der Offensive der Roten Armee Fraktion, die in dem Mordattentat auf den Industriellen Zimmermann in Gauting gipfelte, "Unzulänglichkeiten" bei der geltenden "Kontaktsperreregelung" ergeben: ein Hungerstreik von Gefangenen aus dem terroristischen Bereich und eine damit einhergehende Serie terroristischer Anschläge deutete damals auf Verbindungen zwischen inhaftierten Terroristen und der terroristischen Szene hin. Die - strengen - Voraussetzungen für die Anordnung einer Kontaktsperre nach §§ 31 ff. EGGVG 'gegenwärtige von einer terroristischen Vereinigung ausgehende Gefahr für Leben, Leib oder Freiheit einer Person' waren jedoch nicht erfüllt. Neben verfassungsrechtlichen Bedenken sprechen jedoch - wie W. Schreiber(1189) betont - insbesondere rechtstatsächliche und ermittlungstaktische Erwägungen gegen eine Ausweitung der Kontaktsperreregelung. Die Sicherheitsbehörden des Bundes gehen davon aus, daß durch eine Erleichterung der Voraussetzungen für die Verhängung von Kontaktsperre der damit erstrebte Erfolg, nämlich Anschlagsplanungen zu unterbinden, nicht erreicht wird; auf der anderen Seite aber gingen die ohne Kontaktsperre durch Maßnahmen der Häftlingsüberwachung gewonnenen Erkenntnisse verloren. Ein Sicherheitsvorteil wäre mithin nicht erreicht.

Eine vierte aktuelle Initiative zur Verbesserung des gesetzlichen Instrumentariums zur Bekämpfung des Terrorismus betrifft Maßnahmen zur Vermeidung von

(1189) Schlußbericht, S. 41.

Mißbräuchen im Postlagerverkehr[1190].

Das Postlagerverfahren hat seine benutzungsrechtliche Grundlage in § 54 Postordnung vom 16. Mai 1963 [1191]. Nach derzeitiger Rechtslage muß bei entsprechenden Sendungen keine korrekte Empfängerbezeichnung angegeben werden. Vielmehr kann stattdessen ein beliebiges Chiffre gewählt werden. Der Empfänger kann sich auch eine Postlagerkarte ausstellen lassen. Diese wird an jedermann ohne Identitätsprüfung und ohne Nachweis - also absolut anonym - ausgegeben. Gegen die Postlagerkarte werden postlagernde Briefsendungen wiederum ohne jede Identitätsprüfung - ausgeliefert, § 54 Abs. 3 Postordnung.

Seit Jahren ist eine Zunahme des Mißbrauchs des anonymen Postlagerverkehrs festzustellen. Dies gilt insbesondere im Bereich der links- und der rechtsextremistischen Szene, welche die Anonymität für ihre illegalen Zwecke nutzt. Die für das Verfassen, Herstellen und Verbreiten einschlägiger Untergrundpublikationen verantwortlichen Personen bedienen sich in zunehmendem Maße des Mittels der Postlagerkarte. Sie sind daher kaum zu ermitteln.

Die Anonymität des Postlagerverkehrs hat aus der Sicht der Sicherheitsbehörden folgende Nachteile:

- Maßnahmen nach dem G-10 können unterlaufen werden.
- Die Ausführung von Beschlüssen gem. §§ 99 f. StPO wird erschwert, weil "an den Beschuldigten gerichtete Briefe und Sendungen" nicht bestimmt werden können.
- Die Behörden können ihre Aufgaben nach § 1 Gesetz zur Überwachung strafrechtlicher und anderer Verbringungsverbote nicht erfüllen.

(1190) W. Schreiber, Schlußbericht, S. 43.

(1191) BGBl. 1963 I, S. 341 zuletzt geändert durch die Verordnung zur Veränderung postbenutzungsrechtlicher Vorschriften vom 23. Juni 1989 (BGBl. 1989 I, S. 1158).

Ein Bündel von Maßnahmen ist denkbar, um die Möglichkeiten zum Mißbrauch des Postlagerverkehrs einzuschränken, z.B.

- das Verbot von Chiffre-Adressen,
- die Ausgabe von Postlagerkarten nur gegen (Identitäts-)Nachweis und insbesondere
- die Prüfung der Identität des Empfängers einer jeden im Postlagerverkehr herausgegebenen Sendung.

Die aus sicherheitspolitischen Erwägungen angezeigt erscheinenden Änderungen im Postlagerverkehr werden derzeit vor dem Hintergrund potentieller Umgehungsweisen (Zeitungsannonce mit Chiffre-Angaben) und postalischer Bedürfnisse ("Massenverkehr") geprüft. Letztgenannte stehen den sicherheitspolitischen Forderungen diametral entgegen; eine Änderung der Postordnung dürfte daher bei der derzeitigen Bedrohungslage politisch nicht durchsetzbar sein.

Vor dem Hintergrund in Umfang und Verbreitung zunehmender Veröffentlichungen, die die politisch motivierte Anwendung von Gewalt befürworten und zur Nachahmung namentlich von militanten Anschlägen auf den Bahnverkehr, öffentliche Versorgungsbetriebe sowie auf Polizei- und Baufahrzeuge auffordern[(1192)], schlug der ehemalige Generalbundesanwalt[(1193)] die Ergänzung der Tatbestände der §§ 130 a [Anleitung zu Straftaten] und 140 StGB [Belohnung und Billigung von Straftaten] sowie die Einfügung eines gegenüber dem Entwurf des Tatbestandes der Befürwortung von Straftaten im Entwurf des sog. "Artikelgesetzes 1989"[(1194)] im Anwendungsbereich erweiterten § 130 b StGB vor. Das Für und Wider entsprechender Änderungen wurde weitgehend bei den Beratungen über den Entwurf eines

(1192) S. hierzu Rebmann, NStZ 1989, S. 97 ff.
(1193) A.a.O., S. 102; seine Vorschläge wurden von der Unabhängigen Regierungskommission zur Verhinderung und Bekämpfung von Gewalt in ihrem Endgutachten aufgegriffen, ebendort, S. 294.
(1194) BT-Drs. 11/2834 v. 26.08.1988.

Gesetzes zur Änderung des Strafgesetzbuches, der Strafprozeßordnung und des Versammlungsgesetzes und zur Einführung einer Kronzeugenregelung bei terroristischen Straftaten erörtert. Diese haben gezeigt, daß der Gesetzgeber zu ihnen derzeit nicht bereit ist. Hieran dürfte sich in absehbarer Zukunft nichts ändern, zumal die vom ehemaligen Generalbundesanwalt bejahte(1195) Notwendigkeit der Änderungen (Erweiterung des Anwendungsbereichs o.a. Strafnormen um die Straftatbestände des § 305 a [Zerstörung wichtiger Arbeitsmittel] und § 315 Abs. 1 StGB [Gefährliche Eingriffe in den Bahn-, Schiffs- und Luftverkehr]) vor dem Hintergrund der seit 1986 deutlich rückläufigen Anschlagszahlen eher ab- als zunimmt(1196).

Die zunehmende Verbreitung von Untergrundschriften war für den ehemaligen Generalbundesanwalt außerdem

---

(1195) NStZ 1989, S. 97 ff.

(1196) <u>Politisch motivierte Anschläge/Anschlagszahlen</u>

	1984	1985	1986	1987	1988	1989	1990 (Jan Ende Okt.
Brandanschläge	200	254	395	288	195	131	85
Sprengstoffanschläge	51	72	72	47	22	15	11
Anschläge auf energieführende Einrichtungen	11	10	164	92	34	16	5
gefährliche Eingriffe in den Bahnverkehr	76	98	124	72	43	22	3

(Anmerkung: Zahlenangaben des BKA. Die Angaben für 1990 sind vorläufig; sie stehen unter dem Vorbehalt weiterer Abstimmung zwischen dem BKA und u.a. den Landeskriminalämtern.)

Die Übersicht ergibt, daß seit 1986 in allen genannten Bereichen die Anzahl der Anschläge erheblich zurückgegangen ist. Die Sicherheitsbehörden schließen hieraus jedoch nicht auf ein Nachlassen der Gewaltbereitschaft der extremistischen Szene. Sie führen den Rückgang vielmehr auf das Fehlen eines zentralen Reizthemas zurück.

Anlaß[1197], die Verlängerung der Verjährungsfristen - sowie der Abschlußfristen nach § 111 n Abs. 2 StPO - für sog. Presseinhaltsdelikte vorzuschlagen, die strafbaren Inhalt im Sinne der §§ 129 a, 130 a, 140 StGB enthalten[1198]. Dieser Vorschlag wurde bereits 1987 von der CDU/CSU-Bundestagsfraktion aufgegriffen und in den Katalog der "Rechtspolitischen Forderungen der Arbeitsgruppe Recht der CDU/CSU-Bundestagsfraktion für die XI. Legislaturperiode" aufgenommen. Er fußt auf der Erkenntnis, daß insbesondere in Strafverfahren nach den genannten Strafvorschriften, die durch die Veröffentlichung oder Verbreitung von Druckwerken begangen werden, sog. "Presseinhaltsdelikte", die Tataufklärung zunehmend dadurch unterlaufen wird, daß die als Tatmittel dienenden Druckschriften entweder überhaupt kein Impressum oder ein ganz oder teilweise unwahres Impressum aufweisen [1199]. Die Straftaten unterliegen der in den Landespressegesetzen bestimmten sechsmonatigen Strafverfolgungsverjährung für Vergehen bzw. zwölfmonatigen für Verbrechen[1200]. Unterbrechungshandlungen nach § 78 c StGB können nicht herbeigeführt werden. In vielen der wegen solcher Presseinhaltsdelikte eingeleiteten Ermittlungsverfahren gibt es Ermittlungsansätze, denen aber in sechs bzw. zwölf Monaten nicht ausreichend oder nur mit einem in der Praxis nicht zur Verfügung stehenden Personaleinsatz nachgegangen werden kann. Daraus resultiert die Forderung, die Strafverfolgungsverjährung in diesen Fällen nicht mehr nach den presserechtlichen Vorschriften zu privilegieren. Für solche Presse-

---

(1197) NStZ 1989, S. 97 ff.
(1198) Ebenso: Schmidt, MDR 1990, S. 104.
(1199) Rebmann, NStZ 1989, S. 97 ff.; Schmidt, MDR 1990, S. 104.
(1200) Ausnahmen: Bayern und Hessen, nach deren Landespressegesetzen auch Verbrechen nach 6 Monaten verjähren.

inhaltsdelikte, die den Tatbestand der §§ 129 a, 130 a oder 140 StGB erfüllen, sollten anstelle der kurzen Verjährungsfrist von sechs bzw. zwölf Monaten die in § 78 StGB bestimmten Verjährungsfristen treten.

Unter dem Gesichtspunkt der Terrorismusbekämpfung ist die geforderte Rechtsänderung hilfreich. Die Verlängerung der Verjährungsfrist dient der Bekämpfung einer bestimmten Form des Vorfeldterrorismus; indem die Propagierung von Gewalt besser strafrechtlich verfolgt werden kann, werden damit verbundene Nachahmungstendenzen, die zum Lern- und Rekrutierungsfeld eines terroristischen Umfeldes führen können, effektiver unterbunden.

Das war bislang nur unzureichend möglich. Wesentliche Gründe hierfür sind

- konspirative Herstellungs- und Vertriebsstrukturen der Druckschriften,
- anonyme Adressaten (Verwendung von Postlagerkarten) und pseudonyme Absender,
- weiträumige Verbreitung/überregionaler Vertrieb der Schriften,
- die Notwendigkeit umfangreicher kriminaltechnischer Untersuchungen sowie
- die Notwendigkeit personal- und zeitbindender Exekutivmaßnahmen (insbesondere zum Teil bundesweit gleichzeitig durchzuführender, koordinierter Durchsuchungen).

Auch wenn die vorgeschlagenen Änderungen zumindest dann, wenn die Druckwerke, durch die die Delikte begangen wurden, überhaupt kein oder ein falsches Impressum aufweisen, hilfreich erscheinen; ihre Realisierung ist aus verfassungsrechtlichen Gründen schwierig. Der von Rebmann(1201) vorgezeichnete Weg eines Bundesgesetzes aufgrund der Rahmengesetzgebungskompetenz des Bundesgesetzgebers für die allgemeinen Rechtsverhältnisse der Presse, Art. 75

(1201) NStZ 1989, S. 102.

Nr. 2 GG, erscheint nicht gangbar. Zwar läßt die Rahmengesetzgebungskompetenz zu, die Materie, hier: die allgemeinen Rechtsverhältnisse der Presse, in einzelnen Punkten, hier: die Verjährung von Presseinhaltsdelikten, abschließend zu regeln, wenn nur die gesamte Regelung noch ausfüllungsfähig und -bedürftig bleibt.
Gegen die vom Bundesverfassungsgericht grundsätzlich für möglich gehaltene "punktuelle Vollregelung" im Bereich der Rahmengesetzgebung bestehen jedoch so lange durchgreifende verfassungsrechtliche Bedenken, als der Bund nicht zugleich in einem Rahmengesetz auch den Rahmen "im übrigen" für das Presserecht abgesteckt hat(1202).
Die Inanspruchnahme einer Bundeskompetenz aus Artikel 74 Nr. 1 GG (Strafrecht) "kraft Sachzusammenhangs", weil anders die Bekämpfung des Terrorismus verständigerweise nicht geregelt werden könnte, ohne daß zugleich insoweit auch die Verjährungsfristen im Pressebereich mitgeregelt würden, begegnet einem hohen verfassungsrechtlichen Risiko. Angesichts der insoweit eindeutigen Entscheidung des Bundesverfassungsgerichts(1203) dürfte die Zuordnung der Verjährungsproblematik bei Presse-(inhalts-) delikten zum Gebiet des Strafrechts oder des gerichtlichen Verfahrens - Artikel 74 Nr. 1 GG - ausscheiden.
Eine Verlängerung der Verjährungsfrist kann demzufolge wohl nur durch eine Änderung der Landespressegesetze erreicht werden. Inwieweit dies bei dem gegebenen Sachverhalt möglich erscheint, unterliegt letztlich der Beurteilung der Länder. Da Presseinhaltsdelikte jedenfalls nicht in allen Bundesländern zahlenmäßig eine größere Rolle spielen, erscheint zweifelhaft, ob alle Bundesländer einen zwingenden gesetzgeberischen Handlungsbedarf sehen. Nur in

(1202) BVerfGE 7, S. 29 f., 41.
(1203) BVerfGE 7, S. 29, 40.

diesem Fall aber ließe sich die gebotene Einheitlichkeit der Verjährungsfristen herstellen.

Abschließend sei darauf hingewiesen, daß die Fraktion DIE GRÜNEN mit dem auf einer Pressekonferenz am 29. März 1990 durch ihren innenpolitischen Sprecher M. Such vorgestellten(1204) "Entwurf eines ... Strafrechtsänderungsgesetzes (... StrÄndG) zur Liberalisierung des politischen Straf- und Verfahrensrechts" eine den genannten Gesetzen und Gesetzentwürfen diametral entgegenstehende "Revision der 'Anti-Terrorismus-Gesetze'" vorschlagen. Anknüpfend an eine bereits 1984 durch DIE GRÜNEN vorgelegte Initiative(1205) versuchen sie den Nachweis zu führen, daß §§ 129, 129 a StGB und die an § 129 a StGB gekoppelten verfahrensrechtlichen Vorschriften rechtsstaatswidrig und/oder zur Eindämmung schwerer Kriminalität untauglich sind.
Die nach eigener Einschätzung der GRÜNEN "wichtigsten Vorschläge betreffen

a) <u>aus dem Strafgesetzbuch</u>
- die Strafdrohung gegen kriminelle bzw. terroristische Vereinigungen (§§ 129, 129 a StGB),
- Anleitung zu Straftaten (§ 130 a)
- Anzeigepflicht bei § 129 a-Delikten (§ 138 II)

b) <u>aus der Strafprozeßordnung</u>
- Bereinigung der Befugnisse zu Telefonüberwachungen, Haussuchungen und Einrichtung besonderer Straßenkontrollen um die Anlaßdelikte §§ 129, 129 a StGB,
- Keine Untersuchungshaft ohne Haftgrund für § 129 a-Delikte,

---

(1204) S. DIE GRÜNEN im Bundestag - Pressedienst - Pressemitteilung Nr. 300/90 vom 29.03.1990. Der Gesetzentwurf der Fraktion DIE GRÜNEN hat schließlich den Titel erhalten: Entwurf eines Gesetzes zur Änderung des Strafrechts (Strafrechtsänderungsgesetz - StrÄndG), BT-Drs. 11/7139 vom 15.05.1990.
(1205) BT-Drs. 10/2396 vom 19.11.1984.

- Keine Beschränkung der Verteidiger-Anzahl, kein Verbot gemeinschaftlicher Verteidigung, kein Ausschluß von VerteidigerInnen,
- Keine Überwachung des Verkehrs von Inhaftierten mit ihren Verteidigern,
- Keine Identitäts-Feststellungen, Durchsuchungen oder "Schleppnetz-Fahndungen" gegen Unverdächtige,
- Keine Gerichtsverhandlungen in Abwesenheit der Angeklagten

c) aus dem (Einführungsgesetz zum) Gerichtsverfassungsgesetz
   - Keine Sonderzuständigkeit des Generalbundesanwalts sowie der Oberlandesgerichte als Eingangsinstanz für Delikte nach §§ 129, 129 a StGB,
   - Keine Kontaktsperre zwischen Inhaftierten und ihren Anwälten

d) aus dem Strafvollzugsgesetz
   - Keine Hafterschwerungen für Gefangene aufgrund § 129 a StGB

e) Streichung der Kronzeugenregelung für den Bereich des § 129 a StGB"(1206).

Die Streichungsvorschläge der GRÜNEN können und sollen hier ebensowenig vertieft behandelt werden wie die bereits aufgeführten Gesetze und Initiativen zur Ergänzung des gesetzlichen Instrumentariums zur Bekämpfung des Terrorismus. Trotz aller Distanz gegenüber den Vorschlägen der GRÜNEN aufgrund der darin zum Ausdruck kommenden Fehlbewertung der Gefährlichkeit des Zusammenschlusses von Personen zu terroristischen Vereinigungen(1207) ist nicht zu

(1206) DIE GRÜNEN im Bundestag - Pressedienst - Pressemitteilung Nr. 300/90 vom 29.03.1990, S. 2.
(1207) S. hierzu Langer-Stein, S. 153 ff. (187).

übersehen, daß DIE GRÜNEN in der Begründung ihres Gesetzesantrages wesentliche Schwachstellen und bedenkliche Fälle der Anwendung bestehender Gesetze zur Bekämpfung des Terrorismus aufgezeigt haben. Namentlich die bislang insbesondere von der Polizei in Zusammenhang mit Großveranstaltungen (z.B. Tagung von Internationalem Währungsfond und Weltbank in Berlin im Herbst 1988) geforderte, insgesamt mehr als tausendfach erfolgte Einrichtung von Kontrollstellen gemäß § 111 StPO hat bislang niemals den erstrebten Erfolg gehabt: die Festnahme auch nur eines bestimmten (terroristischen) Täters.
Dies legt den Verdacht nahe, die Einrichtung von Kontrollstellen auf der Grundlage von § 111 StPO erfolgt zum ersten ohne Beachtung des Verhältnismäßigkeitsgrundsatzes. Zum zweiten scheinen Kontrollstellen gemäß § 111 StPO trotz der Stellung der Norm im Prozeß- und nicht im Polizeirecht wesentlich zur Verfolgung präventiver Ziele eingerichtet zu werden.

III Epilog

Bereits im ersten Drittel des 20. Jahrhunderts zeigten sich Defizite bei der Bekämpfung internationaler Formen von Kriminalität. Auch Terroristen nutzten die sich aus der Beschränkung von strafrechtlichen Bestimmungen auf das Hoheitsgebiet jeweils eines Staates ergebenden Lücken.
Jeweils nach Perioden größter terroristischer Bedrohung fand die Staatengemeinschaft zum Konsens, so daß heute für einen beachtenswerten Teil kriminellen terroristischen Verhaltens besondere völkerrechtliche Bestimmungen gelten.
Die erzielten Fortschritte bei der Bekämpfung des Terrorismus vermögen jedoch noch nicht zu befriedigen.
Dafür sind die dargestellten Lücken, die das bestehende Regelwerk läßt - namentlich z.B. die nicht befriedigende Einschränkung des Prinzips der Auslieferungsausnahme bei politischen Taten -, zu groß. Sie gilt es vordringlich zu schließen.
Solange dies nicht einmal zwischen befreundeten Staaten möglich ist, sind Vorschläge, (zumindest) für das Europa der Zwölf, einen einheitlichen Rechtsraum zu schaffen, a priori zum Scheitern verurteilt. Es gilt, im Bewußtsein, daß nur kleine Schritte möglich sind, beharrlich nach Möglichkeiten optimaler Regeln zur Bekämpfung kriminellen terroristischen Verhaltens zu suchen. Ein großer Fortschritt bei der Bekämpfung des internationalen Terrorismus wäre erreicht, wenn es gelänge, eine "internationale Anklagebehörde" ins Leben zu rufen. Diese könnte als "Wächter" die Beachtung der völkerrechtlichen Pflichten zur Bekämpfung des Terrorismus "sicherstellen". Die Idee der Errichtung einer internationalen Anklagebehörde erscheint auch

in Anbetracht der Haftung der Staaten bei Mißachtung ihrer völkerrechtlichen Pflichten zur Erreichung des vorgenannten Ziels geeignet.